赣西北客赣方言语法比较研究

罗荣华 著

复旦大学出版社

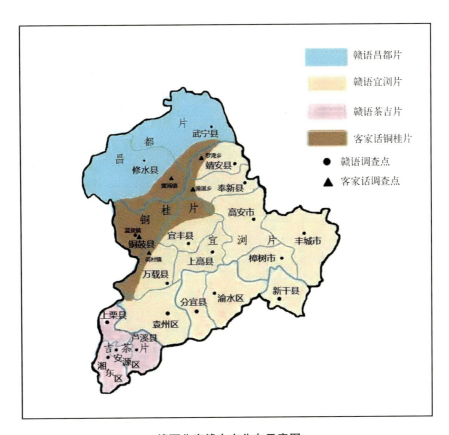

赣西北客赣方言分布示意图

序 | PREFACE

　　本书是方言语法比较研究的专著,在汉语方言学史上第一篇比较研究方言语法的单篇论文是赵元任的《北京、苏州、常州语助词的研究》(载《清华学报》三卷二期,1926年)。这篇论文的发表年份比现代方言学的奠基巨著《现代吴语的研究》还早两年,不过它对方言学界和语法学界的影响不算大。一直到朱德熙发表《北京话、广州话、文水话和福州话里的"的"字》(《方言》1980年第3期)和《关于汉语方言里的两种反复问句》(《中国语文》1985年第1期),才逐渐形成方言语法比较研究的高潮,此后相关项目、会议、论文迭出,蔚为风气。

　　1991年朱德熙和余霭芹在美国华盛顿大学主持"汉语方言语法比较研究"(Project of Comparative Chinese Grammar)项目,专题比较研究汉语各大方言反复问句。

　　1993年8月复旦大学主办中国东南部方言语法研讨会,日本京都大学和中国香港中文大学资助了会议。此会是国内第一次研讨汉语方言语法的学术会议,由来自各大方言区的学者参加,报告各大方言动词的"体貌"。会后出版的会议论文集《动词的"体"》(香港中文大学出版社,1994年)是国内第一部比较研究方言语法的论文集。此后出版的论文集有《汉语方言体貌论文集》(胡明扬主编,1996年)、《汉语方言共时历时研讨会论文集》(伍云姬主编,1999年)等。

　　刘丹青于2001年发表《吴语的句法类型特点》(刊《方言》2001年第4期)一文,此后形成的方言语法类型学比较研究可以说方兴未艾。

　　罗荣华的《赣西北客赣方言语法比较研究》,在十多年来实地调查、方言描写和专题研究的基础上,比较研究赣西北十九县市的客赣方言语法,基础扎实,功力深厚,全面细致,堪称地区方言语法比较研究佳作。

　　展读本书让我有机会较全面地了解客赣方言语法的全貌,同时思考吴语和客赣方言语法的种种关系,可以比较之处甚多,以下略为讨论两个问题:人称代词复数和小称变调。

丰城等地人称代词复数,用后加"仂"(有的方言也写作"来")表示,如"我仂"即"我们",是排除式。吴语温州话"我们"称"我徕[lie⁰]",语音面貌相似,也是排除式。词源是相当于普通话"些"的数量不定的量词,例如"该徕、许徕"(这些、那些)。在本书里有一个例句:"箇仔桃仂留得自家吃,那仔桃仂等外婆吃。"(这些桃子留给自己吃,那些桃子给外婆吃。)从这个用例来看,人称代词的复数形式跟不定量词可能也有词源关系。

上高方言通过声调变为高升调,表示主观小量,例如桶 $t^h oŋ^{213}$→小桶 $t^h oŋ↗$。吴语温岭、龙游、武义、永康、温州等地方言通常也用变音或变调的手段来表示小称。例如永康话:马 mua^{13}→小马 mua^{24}。

多年前我曾计划全面比较吴语和客赣方言,但由于种种原因,未能如愿,只是曾从吴语的若干语音特征出发比较它们在语音上的共性,制成如下表格:

方言语音特征	例字	南昌赣语	梅县客家话	苏州吴语	温州吴语
1. 阳韵知母读舌尖前音	张	t-(万年)	ts-	t-(衢州)	t-(云和)
2. 知彻澄母读舌尖前音	猪	t-(鹰潭)	ts-	t-(开化)	t-(丽水)
3. "溪"读舌面前送气音	溪	$tɕ^h$-(德化)	h-	$tɕ^h$-(开化)	$tɕ^h$-(龙游)
4. 疑母读鼻音	岳	$ŋɔk^7$	$ŋɔk^8$	$ŋɔʔ^8$	$ŋo^8$
5. 鼻音自成音节	五	ŋ̇	ŋ̇鱼	ŋ̇	ŋ̇
6. 不分平卷舌	诗	sɿ	sɿ	sɿ	sɿ
7. 见晓齐撮颚化	鸡	tɕi	tɕi	tɕi	tsɿ
8. 知照读舌尖音	之/资	tsɿ	tsɿ	tsɿ	tsɿ
9. 韵母高化	歌	kɔ	kɔ	kəu	ku
10. 梗摄二三等异读	撑	$t^h aŋ$	$ts^h aŋ$	$ts^h aŋ$	$ts^h iɛ$
	称	$ts^h əŋ$	$ts^h əŋ$	$ts^h ən$	$ts^h eŋ$
11. 平去入各分阴阳		√	√	√	√
12. 鸟字读端母		tieu	tiau	ciɔ	tiɛ

此表列出 12 项语音特征，其中第 1—9 项为声母，9—10 项为韵母，第 11 项为声调，第 12 项为特字。在全部 12 项中仅第 3 项"溪"字读音客家话与吴语及赣语不同，其余 11 项为三种方言共有。

我 2011 年退休前夕，荣华来复旦欲跟我做博士后，但我因即将退休，并应聘要去泰国清莱大学任教一年，故我先担任了荣华的第一年的联系导师，第二年推荐戴耀晶担任他的联系导师。不过此后他跟我的联系和来往一直不断，他待人诚恳谦和，为学勤奋踏实，锲而不舍，终成硕果，可喜可贺。

序于上海景明花园静思斋
2022 年夏

目录 CONTENTS

第一章　绪论 ··· 1
 1.1　赣西北概况 ·· 1
 1.2　赣西北客赣方言研究概述 ··· 4
 1.3　赣西北语音面貌概述 ··· 9
  1.3.1　赣西北赣方言语音特点 ··· 9
  1.3.2　赣西北客家方言语音特点 ····································· 12
  1.3.3　各方言点声韵调系统及其说明简介 ························· 13
 1.4　本研究的意义、目的、内容和方法 ································· 13
  1.4.1　研究意义和目的 ·· 13
  1.4.2　研究内容 ·· 13
  1.4.3　研究方法 ·· 17
 1.5　语料、体例说明 ··· 18
  1.5.1　语料来源 ·· 18
  1.5.2　体例说明 ·· 20
  1.5.3　常用符号和相关虚词说明 ···································· 21

第二章　词缀和构词法 ·· 22
 2.1　词缀 ·· 22
  2.1.1　前缀 ·· 22
  2.1.2　中缀 ·· 23
  2.1.3　后缀 ·· 26
  2.1.4　词缀讨论 ·· 32
 2.2　构词法 ··· 37

2.2.1 复合构词法 ………………………………………… 37
2.2.2 派生构词法 ………………………………………… 39
2.2.3 复杂的构词法 ……………………………………… 42
2.2.4 构词法小结 ………………………………………… 44
2.3 本章小结 ………………………………………………… 44

第三章 代词 …………………………………………………… 45
3.1 人称代词 ………………………………………………… 45
3.1.1 三身代词 …………………………………………… 45
3.1.2 非三身代词 ………………………………………… 52
3.1.3 本节小结 …………………………………………… 56
3.2 指示代词 ………………………………………………… 56
3.2.1 近指和远指 ………………………………………… 56
3.2.2 表个体和人物的指示代词 ………………………… 57
3.2.3 表程度的指示代词 ………………………………… 58
3.2.4 表方式或性状的指示代词 ………………………… 59
3.2.5 表处所的指示代词 ………………………………… 60
3.2.6 表时间的指示代词 ………………………………… 63
3.2.7 表数量的指示代词 ………………………………… 65
3.2.8 本节小结 …………………………………………… 66
3.3 疑问代词 ………………………………………………… 75
3.4 本章小结 ………………………………………………… 75

第四章 副词 …………………………………………………… 77
4.1 范围副词 ………………………………………………… 77
4.1.1 统括性范围副词 …………………………………… 78
4.1.2 唯一性范围副词 …………………………………… 82
4.1.3 限定性范围副词 …………………………………… 84
4.2 程度副词 ………………………………………………… 86
4.3 时间副词 ………………………………………………… 86
4.3.1 正$_2$、还正、刚$_1$、才 …………………………… 86

- 4.3.2 就$_2$ ··· 88
- 4.3.3 "快要"类时间副词 ··· 88
- 4.3.4 多时 ··· 90
- 4.3.5 "一直"类副词 ·· 90
- 4.3.6 "正好$_1$"类副词 ··· 91
- 4.3.7 总算 ··· 92

4.4 频率副词 ··· 92
- 4.4.1 又 ·· 92
- 4.4.2 还 ·· 93
- 4.4.3 也 ·· 94
- 4.4.4 再、凑 ·· 94
- 4.4.5 重(新)、过 ·· 94
- 4.4.6 "经常"类副词 ·· 95
- 4.4.7 紧 ·· 95

4.5 否定副词 ··· 95

4.6 情态副词 ··· 96
- 4.6.1 "一起$_2$"类情态副词 ··· 96
- 4.6.2 "故意"类情态副词 ··· 97
- 4.6.3 白、白白哩 ·· 98
- 4.6.4 够 ·· 98
- 4.6.5 "正好$_2$"类情态副词 ··· 99
- 4.6.6 消停 ··· 100
- 4.6.7 一口气、一下子(仔) ··· 100
- 4.6.8 硬$_1$、硬是$_1$ ·· 101
- 4.6.9 好生仔、好正仔、好好子 ··· 101
- 4.6.10 一个劲、死命个、拼命个 ··· 102

4.7 语气副词 ··· 103
- 4.7.1 "反正"类语气副词 ··· 103
- 4.7.2 "情愿"类语气副词 ··· 103
- 4.7.3 "幸亏"类语气副词 ··· 105
- 4.7.4 "确实"类副词 ·· 106

- 4.7.5 硬₂/硬是₂ ………………………………………… 106
- 4.7.6 "干脆"类语气副词 ……………………………… 106
- 4.7.7 "肯定"类语气副词 ……………………………… 107
- 4.7.8 "可能"类语气副词 ……………………………… 108
- 4.7.9 就₃、就是₃ ………………………………………… 108
- 4.7.10 "差点儿"类语气副词 …………………………… 109
- 4.8 本章小结 …………………………………………………… 109

第五章 介词 …………………………………………………… 111

- 5.1 表示时间、处所等的介词 ………………………………… 111
  - 5.1.1 从 …………………………………………………… 112
  - 5.1.2 在 …………………………………………………… 113
  - 5.1.3 往、向 ……………………………………………… 114
  - 5.1.4 当、等 ……………………………………………… 115
  - 5.1.5 沿到、顺到、遮到₁ ………………………………… 116
  - 5.1.6 "给"类介词 ………………………………………… 116
- 5.2 引进方式、手段等的介词 ………………………………… 118
  - 5.2.1 靠 …………………………………………………… 118
  - 5.2.2 用 …………………………………………………… 118
  - 5.2.3 拿 …………………………………………………… 118
  - 5.2.4 借、趁 ……………………………………………… 119
  - 5.2.5 照（到）、按（照）、依照、遮（到）₂ …………… 119
  - 5.2.6 比 …………………………………………………… 120
- 5.3 引进关涉对象和范围的介词 ……………………………… 121
  - 5.3.1 对到 ………………………………………………… 121
  - 5.3.2 跟、和、同、绕 …………………………………… 121
  - 5.3.3 就、就到 …………………………………………… 124
  - 5.3.4 对、对于、话起 …………………………………… 125
  - 5.3.5 "除了"类介词 ……………………………………… 126
  - 5.3.6 尽、随、随便 ……………………………………… 127
- 5.4 引进原因、目的介词 ……………………………………… 127

    5.4.1 因为 …………………………………………………………… 127
    5.4.2 为了、为哩、为哒、为过 …………………………………… 128
 5.5 处置与被动类介词 ……………………………………………… 129
 5.6 本章小结 ………………………………………………………… 129

第六章 连词 …………………………………………………………… 131
 6.1 联合关系连词 …………………………………………………… 131
    6.1.1 并列关系连词 ……………………………………………… 132
    6.1.2 递进关系连词 ……………………………………………… 133
    6.1.3 选择关系连词 ……………………………………………… 134
    6.1.4 连贯关系连词 ……………………………………………… 137
    6.1.5 取舍关系连词 ……………………………………………… 138
 6.2 偏正关系连词 …………………………………………………… 139
    6.2.1 因果关系连词 ……………………………………………… 139
    6.2.2 转折关系连词 ……………………………………………… 141
    6.2.3 假设关系连词 ……………………………………………… 142
    6.2.4 条件关系连词 ……………………………………………… 144
    6.2.5 目的关系连词 ……………………………………………… 146
    6.2.6 让步关系连词 ……………………………………………… 146
 6.3 本章小结 ………………………………………………………… 147

第七章 助词 …………………………………………………………… 150
 7.1 结构助词 ………………………………………………………… 150
    7.1.1 个[ko⁰] …………………………………………………… 151
    7.1.2 得[ti⁰] …………………………………………………… 157
 7.2 语气助词 ………………………………………………………… 161
    7.2.1 陈述语气词 ………………………………………………… 162
    7.2.2 疑问语气词 ………………………………………………… 164
    7.2.3 祈使语气词 ………………………………………………… 168
    7.2.4 感叹语气词 ………………………………………………… 169
    7.2.5 赣西北客赣方言典型语气词 ……………………………… 170

7.3 本章小结 …………………………………………………………… 173

第八章 体貌范畴 …………………………………………………… 175
8.1 实现体 ……………………………………………………………… 176
  8.1.1 过$_1$ ……………………………………………………… 177
  8.1.2 哩$_1$ ……………………………………………………… 179
  8.1.3 了$_1$ ……………………………………………………… 180
  8.1.4 嘚$_1$、哒$_1$ ……………………………………………… 180
  8.1.5 泼、刮、落 ……………………………………………… 181
8.2 经历体 ……………………………………………………………… 183
  8.2.1 经历体标记"过$_2$" ……………………………………… 183
  8.2.2 上高话动态助词、事态助词"来" ……………………… 186
8.3 进行体 ……………………………………………………………… 194
  8.3.1 在、在块、在里、正在、正式 …………………………… 195
  8.3.2 V正、V正V仔 …………………………………………… 197
  8.3.3 V稳$_2$、V稳$_2$V稳$_2$ ……………………………………… 197
8.4 持续体 ……………………………………………………………… 198
  8.4.1 V+倒 ……………………………………………………… 198
  8.4.2 V+稳$_1$ …………………………………………………… 199
  8.4.3 V+过$_1$/哩$_1$/了$_1$/嘚$_1$/哒$_1$ ……………………………… 199
  8.4.4 紧/总+V …………………………………………………… 200
  8.4.5 动词重叠 ………………………………………………… 200
  8.4.6 V着/倒(N)在(N) ………………………………………… 201
8.5 起始体 ……………………………………………………………… 202
8.6 继续体 ……………………………………………………………… 204
8.7 已然体 ……………………………………………………………… 206
  8.7.1 过$_2$、哩$_2$、哒$_2$、嘚$_2$ ………………………………… 206
  8.7.2 去哩$_2$、去了$_2$、去过$_2$、去哒$_2$、来哩$_2$、来嘚$_2$ ……… 207
8.8 重行体 ……………………………………………………………… 209
  8.8.1 前加式 …………………………………………………… 209
  8.8.2 后附式 …………………………………………………… 209

8.8.3　糅合式 …………………………………………… 210
　8.9　先行体 ………………………………………………………… 211
　　　8.9.1　着 ……………………………………………………… 212
　　　8.9.2　纽 ……………………………………………………… 217
　　　8.9.3　正 ……………………………………………………… 218
　　　8.9.4　起 ……………………………………………………… 218
　8.10　将行体标记 …………………………………………………… 220
　　　8.10.1　上高话将行体标记"嗟" ……………………………… 220
　　　8.10.2　袁州话将行体标记"格" ……………………………… 229
　　　8.10.3　将行体标记"去"和"去哩₂" …………………………… 229
　8.11　动量减小貌 …………………………………………………… 230
　　　8.11.1　VV（仔） ……………………………………………… 231
　　　8.11.2　VV看 ………………………………………………… 232
　　　8.11.3　V下（仔） …………………………………………… 232
　　　8.11.4　V下（仔）看 ………………………………………… 233
　8.12　本章小结 ……………………………………………………… 233

第九章　主观量范畴 ……………………………………………………… 234
　9.1　主观量范畴研究综述 ………………………………………… 234
　9.2　表达主观量的语音手段 ……………………………………… 235
　　　9.2.1　重音手段 ……………………………………………… 235
　　　9.2.2　变音手段 ……………………………………………… 237
　9.3　表达主观量的词汇手段 ……………………………………… 238
　　　9.3.1　与主观量有关的数量词 ……………………………… 238
　　　9.3.2　与主观量相关的副词 ………………………………… 240
　　　9.3.3　与主观量相关的助词 ………………………………… 244
　　　9.3.4　与主观量相关的词缀 ………………………………… 246
　9.4　与主观量有关的框架 ………………………………………… 249
　　　9.4.1　"V下（仔）NP"结构 ………………………………… 249
　　　9.4.2　强调句式"连字句" …………………………………… 250
　　　9.4.3　反问句式"不就是…嘿/咪/么/啵/吵" ……………… 250

9.5 与主观量相关的复句 ·················· 251
　9.5.1 容认性让步句与主观量 ············· 251
　9.5.2 虚拟性让步句与主观量 ············· 251
　9.5.3 忍让性让步句与主观量 ············· 253
9.6 本章小结 ······················· 253

第十章 程度范畴 ······················ 254
10.1 程度范畴概述 ···················· 254
10.2 状态形容词 ····················· 255
　10.2.1 XA 式状态形容词 ··············· 255
　10.2.2 叠音后缀状态形容词 ············· 258
　10.2.3 XA 式的重叠式 ················ 259
　10.2.4 中缀状态形容词——四字格式 ········· 260
10.3 表程度的重叠形式 ·················· 261
　10.3.1 完全重叠 ·················· 261
　10.3.2 不完全重叠——A 里 AB ············ 266
10.4 程度状语 ······················ 267
　10.4.1 程度副词充当程度状语 ············ 267
　10.4.2 指示代词充当程度状语 ············ 276
　10.4.3 语气副词充当程度状语 ············ 278
10.5 程度补语 ······················ 279
　10.5.1 组合式 ··················· 281
　10.5.2 粘合式 ··················· 282
10.6 本章小结 ······················ 285

第十一章 处置与被动范畴 ·················· 286
11.1 处置式 ······················· 287
　11.1.1 处置式定义及其研究综述 ··········· 287
　11.1.2 处置式的结构类型及其特点 ·········· 288
　11.1.3 处置式标记考察 ··············· 293
11.2 被动式 ······················· 298

  11.2.1 被动式定义及其研究综述 …………………………………… 298
  11.2.2 被动式的结构类型及其特点 …………………………………… 298
  11.2.3 被动标记分布特点及其语法化考察 …………………………… 302
 11.3 处置、被动共用同一标记现象研究 ……………………………………… 310
  11.3.1 处置、被动共用同一标记现象综述 …………………………… 310
  11.3.2 "畀"的功能分布 ……………………………………………… 312
  11.3.3 "畀"的语法化 ………………………………………………… 315
 11.4 本章小结 …………………………………………………………………… 321

第十二章 疑问范畴 ……………………………………………………………… 322
 12.1 是非问句 …………………………………………………………………… 322
  12.1.1 倾向性是非问 …………………………………………………… 323
  12.1.2 非倾向性是非问 ………………………………………………… 327
  12.1.3 两种是非问的比较 ……………………………………………… 328
 12.2 特指问 ……………………………………………………………………… 329
  12.2.1 特指问的一般格式 ……………………………………………… 329
  12.2.2 特指问的简略格式 ……………………………………………… 344
 12.3 选择问句 …………………………………………………………………… 345
 12.4 正反问 ……………………………………………………………………… 346
  12.4.1 否定词"不"构成的正反问及其省略式 ……………………… 347
  12.4.2 否定词"冇"构成的正反问及其省略式 ……………………… 349
  12.4.3 "啊"的性质探讨 ……………………………………………… 350
 12.5 本章小结 …………………………………………………………………… 351

第十三章 否定范畴 ……………………………………………………………… 352
 13.1 否定词"不"和"唔" ……………………………………………………… 354
  13.1.1 "不""唔"的使用情况 ……………………………………… 354
  13.1.2 "不""唔"的语法意义 ……………………………………… 355
  13.1.3 "唔/不"功能分布 …………………………………………… 358
 13.2 冇、冇有、冇得 …………………………………………………………… 366
  13.2.1 "冇""冇有""冇得"的使用情况 …………………………… 366

　　　　13.2.2 "冇/冇有"的来源 ························ 366
　　　　13.2.3 "冇/冇有"的语法意义 ···················· 367
　　　　13.2.4 "冇/冇有"的否定式 ······················ 369
　　13.3 莫、嫑、唔爱、唔着 ································ 379
　　　　13.3.1 "莫""嫑""唔爱""唔着"使用情况 ········ 379
　　　　13.3.2 "莫"字句的语义与功能 ···················· 380
　　　　13.3.3 "莫"字句的人称选择 ······················ 385
　　　　13.3.4 "莫"的语法化及类型学考察 ················ 386
　　　　13.3.5 本节小结 ································ 387
　　13.4 本章小结 ·· 387

第十四章　比较范畴 ·· 389
　　14.1 等比句 ·· 390
　　　　14.1.1 表肯定意义的等比句 ························ 390
　　　　14.1.2 表否定意义的等比句 ························ 393
　　14.2 差比句 ·· 394
　　　　14.2.1 表肯定意义的差比句 ························ 395
　　　　14.2.2 表否定意义的差比句 ························ 398
　　14.3 递比句 ·· 401
　　　　14.3.1 表示肯定意义的递比句 ······················ 401
　　　　14.3.2 表示否定意义的递比句 ······················ 402
　　14.4 极比句 ·· 402
　　　　14.4.1 A＋最/不晓得几/第一/顶/头/格外＋W ········ 402
　　　　14.4.2 "比"字极比句 ······························ 403
　　　　14.4.3 W 唔/不 W 似 B ···························· 405
　　14.5 比较句结构分析 ·································· 406
　　　　14.5.1 比较词、比较项和比较值的结合关系 ·········· 406
　　　　14.5.2 比较项(A、B)的类型、语义特点及其省略 ······ 409
　　　　14.5.3 比较值(W、Z)的类型和语义特点 ·············· 410
　　14.6 本章小结 ·· 412

第十五章　结语 ·· 415
　15.1　语法现象的一致性和差异性 ·································· 415
　15.2　语法形式的多样性 ·· 417
　15.3　语法成分的历史层次性 ······································ 418
　15.4　客赣方言接触情况 ·· 418
　15.5　需进一步研究的地方 ·· 419

参考文献 ·· 421

附录一　赣西北二十二个方言点的音系 ····························· 437
附录二　赣西北客赣方言两百常用词词缀比较表 ····················· 459
附录三　赣西北客赣方言"XA"式状态形容词表 ······················ 481

后记 ··· 487

第一章
绪 论

1.1 赣西北概况

赣西北是指宜春市的袁州区、丰城市、樟树市、高安市、万载县、上高县、铜鼓县、宜丰县、奉新县、靖安县,萍乡市的安源区、湘东区、芦溪县、上栗县,新余市的渝水区、分宜县,吉安市的新干县,九江市的武宁县、修水县,共跨五市十九个县市区,[①]总面积3.39万平方公里,总人口1 054.75万。[②]

据《中国语言地图集·汉语方言卷》(第2版,2012)的最新研究成果,赣西北的十九个县市区有客、赣两种方言,赣方言分属于三个片区,具体是:宜浏片(袁州区、丰城市、樟树市、高安市、万载县、上高县、铜鼓县、宜丰县、奉新县、靖安县、渝水区、分宜县、新干县,共13个县市区)、吉茶片(芦溪县、上栗县、安源区、湘东区,共4个县区)、昌都片(修水县、武宁县,共2个县);客家方言属于铜桂片(万载县、铜鼓县、宜丰县、高安市、奉新县、靖安县、武宁县、修水县,共8个县市[③])。具体见图1"赣西北客赣方言地图"。

今赣西北的十九个县市区在远古时期属扬州;春秋时期,先后分属吴、楚、越三国;秦代属九江郡;汉代属豫章郡;三国时属吴。

[①] 宜春市为发展经济和旅游陆续划分出了"宜春经济技术开发区""宜阳新区""明月山温泉风景名胜区",新余市为发展经济和旅游陆续划分出了"新余高新技术产业园区""仙女湖风景名胜管理区",萍乡市划分出了"萍乡经济技术开发区"。这些都是经济、旅游特色区,从行政区域看,仍属于原有的行政区划。

[②] 地理面积和人口是以各县市区政府网发布的最新数据统计所得。

[③] 客家方言铜桂片涉及八个县市,其中铜鼓县县城和大部分乡镇说客家话,万载县、宜丰县、高安市、奉新县、靖安县、武宁县、修水县七个县市只有少部分乡镇说客家话。

三国吴宝鼎二年(267年),置安成郡,宜春、萍乡一带,为安成郡辖地。隋王朝统一天下,废安成郡。开皇十八年(598年)设袁州,治所设于宜春县。初设时,袁州辖宜春、萍乡、新喻(今新余)三县。宋开宝八年(975年),万载县由筠州划入。淳化三年(992年),划新喻入临江军。此后九百余年,袁州一直管宜春、萍乡、万载、分宜四县。1970年,萍乡从宜春划出,变为省辖市,管辖芦溪、安源、湘东和上栗。

高安建县始于汉高祖六年(公元前201年),取名建成。建成县管辖的范围相当于今高安、上高、宜丰、万载四县(市)全境和樟树市一部分。中平年间(184～189年),从建成县划出一部分设置上蔡县(今上高县)。黄武年间(222～228年),又从建成县、上蔡县分别划出一部分设置宜丰、阳乐(今万载县)两县。唐武德五年(622年),为避太子李建成名讳,改建成为高安,同时在高安设置靖州,恢复望蔡(今上高县)、宜丰、阳乐三县,增设华阳县,连同高安,五县悉统于州。武德七年(624年),先改名米州,继改名筠州;武德八年(625年)废。南唐保大十年(952年)复置筠州,领高安、上高、万载、清江四县,高安是筠州治所。宋宝庆元年(1225年),为避理宗赵昀名讳,改筠州为瑞州。元朝改州为路,高安归瑞州路治。明清两朝改路为府,高安归瑞州府治。瑞州辖高安、上高、新昌(今宜丰)三县。

南唐升元二年(938年)割高安、新淦(今新干)两县之地田置清江县于萧滩镇(今樟树市临江镇)。宋淳化三年(992年),于清江县置临江军,元改临江路,明改临江府。其辖境相当于今樟树市、新干县、峡江县与新余市渝水区。1949年,于樟树镇建立清江县,1988年,改设樟树市;1949年至1960年,新余县先后属袁州专区、南昌专区和宜春专区,1960年改新余县为省直辖的新余市,1963年,撤销新余市,恢复新余县,仍属宜春专区,1983年恢复新余市,并将宜春地区的分宜县划归新余市管辖。

武宁建县始于汉,取名艾县。隋代并入建昌县,唐代为武宁县,800年析武宁县西八乡建分宁县(今修水、铜鼓),唐宋两代因之。分宁县元代升为宁州,清嘉庆六年(1801年)改名义宁州。1910年,铜鼓废营建抚民厅,从义宁州析出,1913年,铜鼓废厅建县。1912年义宁州改名义宁县,1914年改名为修水县。

南唐升元元年(937年),武宁县南朱家山以南至铁门槛一部分划出,与建昌、奉新两县各划出之地设靖安县。

奉新建县始于汉。汉灵帝中平二年(185年)分海昏、建昌两地,设置新吴县,县治在今会埠故县,属豫章。唐中宗神龙二年(706 年)县衙由故县迁至冯川。南唐保大元年(943 年),吴把帝位让于唐,为避嫌,遂更新吴为奉新。

丰城建县始于汉。东汉建安十五年(210 年),孙权据吴,析南昌县南境置富城县,属扬州豫章郡。晋太康元年(280 年),移治丰水西(今荣塘墟),改名丰城县,后县名时有更改,依次为富城、丰城、广丰、丰城、吴皋、富州、丰城。唐武德五年(622 年),复置丰城县,属洪州。宋隆兴二年(1164 年),丰城隶属隆兴府辖地。元至元二十三年(1286 年),以丰城户满五万,升丰城为富州,属龙兴路。明洪武九年(1376 年),改富州为丰城县,隶南昌府。清承明制,丰城属南抚建督粮道南昌府。

明清时,奉新、靖安、丰城、铜鼓、修水、武宁为南昌府管辖。

自宋至清,今赣西北十九个县市区的境域属袁州、瑞州、临江、宁州、洪州(南昌)五府,今属九江市、宜春市、新余市、萍乡市、吉安市五市。

赣西北历史悠久,文化源远流长。经考古发现,在四五万年以前的旧石器时代就有人类在赣西北这块土地上栖息。迄今为止,考古学家们已在赣西北发现了多处新石器时代的文化遗址,如新干的玛瑙山、牙牙山等新石器时代遗址,樟树的筑卫城、樊城等新石器时代遗址。所出土新石器文物表明,五千年前的赣西北原始先民就已打造了农耕狩猎的石制工具。赣西北商周文化遗址也有多处,在全国有较大影响的有吴城商代遗址,新干商墓。位于江西樟树市的吴城遗址发现于 1973 年,这是我国长江以南地区最早发现的商代遗址,发现了龙窑、水井、墓葬、铸铜、"回廊式"路面、宗教场所等重要遗迹,出土的石器、陶器、青铜器、玉器、牙雕等 1 100 多件较完整的文物、文字和符号 200 个①、纹样 40 余种,尤其是商代龙窑的发现,属我国早期龙窑的首次发现,把我国的龙窑历史推前了近千年。吴城商代遗址的发掘否定了"商文化不过长江"的论断。1989 年,距离"吴城商代遗址"不过 20 公里的新干大洋洲商代大墓的发掘,推动了吴城文化研究的纵深发展。该墓所出土的青铜器以其品类齐全,造型奇特,纹饰精美,数量之多闻名于世。新干墓的陶、原始瓷器形状、纹饰、文字、符号与吴城文化一致。吴城商代遗址和新干商代大墓出土的大量文物表明,"吴城文化"是一种融合晋陕地区先周文化与汉水流域荆蛮文化及赣鄱流域夷越文化而形成的一支自成体系的青铜文化,其族属应为句吴,吴城文化的实质就是吴国的早期文化。赣江中游

---

① 在吴城遗址的原始文字符号中,有一部分(如"田""五""十""中""祖""甲"等)与殷墟甲骨文相类。

的樟树、新干一带,是吴国(古句吴)始建地,也是吴文化的发祥地。这也充分说明人类进入文明社会以后,距今三千二百多年前,在赣西北这块神奇的土地上,就有过高度发达的青铜文化。

赣西北历来为"江南佳丽之地,文物昌盛之邦"。唐代大文豪王勃《滕王阁序》中的"物华天宝""人杰地灵",其人、其事、其物均出自丰城。韩愈在袁州担任刺史时,曾写下"莫以宜春远,江山多胜游"的诗句赞美宜春。宜春自古以来人文荟萃,英才辈出。历史名人有汉代高士徐孺子、晋代文学家陶渊明,唐代诗人刘慎虚、郑谷,宋代史学家刘恕,元代学者杜本、诗人揭傒斯、范德机,明代史学家陈邦瞻、科学家宋应星、抗倭名将邓子龙,清代名臣陈宝箴、辛从益、杨锡绂以及清官况钟。现代名人有陈三立、陈寅恪、陈封怀、陈衡恪、杨杏佛、熊佛西、吴有训、张国焘、夏征农等。宜春宗教文化源远流长,是中国佛教"禅林清规"的发祥地。诸多禅宗祖庭集中于赣西北这方神奇的土地,无数法门龙象开堂说法于赣西北的群山峻岭之间,如袁州仰山栖隐禅寺、靖安宝峰禅寺、奉新百丈禅寺、宜丰洞山普利禅寺、宜丰黄檗禅寺等等,可谓云蒸霞蔚,异彩纷呈。禅宗五家中,临济宗萌芽于宜丰黄檗,曹洞宗扬穗于宜丰洞山,沩仰宗结果于袁州仰山。马祖道一、百丈怀海、黄檗希运、仰山慧寂、洞山良价等高僧大德荟萃赣西北,使得赣西北的禅宗文化丰富多彩。诸多口语、成语和词句,多次历史上的重大政治事件,都因禅的因缘形成或联系于赣西北,所留下的大量禅宗语录也为研究赣西北方言史提供了宝贵的资料。

赣西北还是革命的摇篮。安源是中国工人革命运动的策源地。20世纪20年代,毛泽东、刘少奇、李立三在此领导工人革命。安源、修水是秋收起义主要爆发地,铜鼓是秋收起义前委所在地和指挥中心。万载、修水、铜鼓、上栗、袁州等地是湘鄂赣革命根据地,其中万载县的仙源乡还是中共湘鄂赣省委、湘鄂赣省苏维埃政府驻扎地。

1.2 赣西北客赣方言研究概述

检索中国期刊网等相关数据库,赣西北二十二个方言点共有138篇研究方言的期刊论文,24篇研究方言的硕士学位论文,7部方言学术专著,2部内部刊印的方言资料。各方言点已有研究文献数据具体见表1-1。

表 1-1　赣西北客赣方言研究文献

文献\方言点	丰城	樟树	新干	新余	分宜	袁州	萍①乡	上栗	万载	宜丰	上高
论文	18	5	3	23	1	19	25	1	2	5	9
硕士论文	4	1	4	0	1	4	3	1	0	0	2
专著	2	0	0	0	0	1	0	0	0	0	1②

文献\方言点	高安	奉新	靖安	武宁	修水	铜鼓	奉新客	靖安客	万载客	修水客	铜鼓客
论文	14		0	8	4	0	0	0	0	1	0
硕士论文	2	0	0	1	0	0	0	0	0	0	0
专著	1	1	0	0	0	0	0	1③	0	0	0

上表数据表明：萍乡、新余、袁州三地的方言研究文献超过 20 篇；丰城、高安、上高三地的方言研究文献超过 10 篇；武宁、新干、樟树、修水、宜丰五地方言研究论文超过 5 篇，万载、分宜、上栗三地各两篇，奉新、靖安各有一部专著，另外铜鼓尚未见相关研究成果。以上方言研究文献绝大多数是研究赣方言，只有两篇论文研究了铜桂片的客家方言。

赣西北各方言点的研究成果不均衡，研究成果多一些的方言点，其作者一般呈现两个特点：一是在高校工作的语言学领域的教授，比如：丰城点的陈小荷、曾莉莉，宜丰点的邵宜，上高点的罗荣华，武宁点的阮绪和，袁州点的饶星，高安点的颜森、童芳华，新余点的王晓君、曾海清，萍乡点的马春玲；二是各高校语言学专业的硕士研究生，比如：南昌大学的刘胜利、余颂辉、孙多娇，江西师范大学的曾莉莉、谌剑波、付婷、宋小花、熊杨清、王柔曼，福建师范大学的钟昆儿，湖南师范大学的范颖，云南师范大学的王建芳，天津师范大学的陈文华，广西师范学院的罗芬芳，华东师范大学的单芸、罗秀云，江苏师范大学的李梓超，厦门大学的姚奇。

---

① 芦溪县、安源区、湘东区三地紧挨一起，且方言一致性较强，都属于萍乡市管辖，故以"萍乡"概称。三地的研究成果都归并到萍乡点，本项目萍乡点的调查点是安源区罗家塘社区。
② 《上高方言》，该书于 2016 年内部刊印，由上高县多位政协老干部编撰。
③ 《靖安客语》，该书于 2007 年内部刊印，由靖安县的骆厚生、李良安和陈茂华编撰。

赣西北的赣方言有代表性的成果有：魏钢强的《萍乡方言词典》和《萍乡方言志》、陈小荷的《丰城赣方言语法研究》、曾莉莉的《丰城方言研究》和关于丰城方言的系列论文，罗荣华关于上高方言的系列论文，阮绪和关于武宁方言的系列论文，王晓君关于新余方言的系列论文，邵宜关于宜丰方言的系列论文。

赣西北的赣方言的研究情况与整个方言研究的现状一样，学者们研究较早，较全面的是语音方面，他们对赣西北大部分县市的语音系统及其变调等进行了深入研究，有 1 部专著（《奉新音系》，余直夫 1975）和有 51 篇论文（包括硕士学位论文）探讨了赣西北部分方言点的音系、连读变调、轻声、音韵特点和历史方音等。重要的论文有：《高安（老屋周家）方言的语音系统》（颜森 1981），《宜丰话全升调的性质》（陈昌仪 1989），《萍乡方言的文白异读及其音变特点》（岳立静 1998），《江西宜春方言音系》（刘平 2001），《江西武宁礼溪话音系》（钟明立 2004），《高安（灰埠）方言的轻声研究》（谌剑波 2005），《赣语宜丰话词汇变调的类型及其表义功能》（邵宜 2006），《上高（镇渡）音系》（余颂辉 2006），《丰城方言的连续变调研究》（曾莉莉 2006），《江西万载方言的音韵特点》（孙宜志 2007），《丰城方言的轻声和连读变调》（曾莉莉 2007），《二十世纪二十年代的江西高安方音》（李军 2009），《江西省武宁话知系三等韵今读》（陈凌，汪平 2009），《江西新余赣方言音系》（王晓君 2010），《新干方言语音研究》（李梓超 2012），《高安（太阳）方言单双字调声学实验研究》（聂有才 2013），《赣语武宁话古全浊声母字今读的社会语言学调查》（黎金飞 2013），《新余市分宜县赣语音韵特点》（袁婕妤 2013），《赣语新干三湖话语音研究》（钟昆儿 2015），《江西新余方言的变音》（王晓君 2015），《一百七十年前的樟树方音》（邓强 2015），《丰城方言同音字汇》（曾莉莉 2016），《丰城段潭方言的几个语音问题研究》（陈文华 2017），《高安灰埠方言的语音特点》（谌剑波 2017）。

词汇[①]方面的成果不多，主要是余心乐、颜森、魏钢强、饶星、童芳华、马春玲、姚奇等学者的成果，其中论文有 20 篇，专著有 2 部，重要论文有：《赣西北方言词考释》（余心乐 1964），《高安（老屋周家）方言词汇（一）》（颜森 1982），《高安（老屋周家）方言词汇（二）》（颜森 1982），《高安（老屋周家）方言词汇（三）》（颜森 1982），《新干方言本字考》（颜森 1983），《〈萍乡方言词典〉引论》（魏钢强 1995），《萍乡方言词汇管窥》（马春玲 1996），《袁州方言词汇（上）》（饶星 2004），《袁方

---

① 包括方言本字考一类的论文。

言词汇(下)》(饶星2005),《萍乡方言特征词研究》(姚奇2014),《江西丰城方言词汇研究》(范颖2016),《丰城方言个体特征词研究》(曾莉莉2016)。专著有:《萍乡方言词典》(魏钢强1998),《高安方言词典》(童芳华2012)。

语法的研究成果20世纪较少,进入21世纪后逐渐多了一些,尤其是近十年发表了50多篇。据不完全统计,语法类论文共有80多篇,主要集中在词法方面,具体有如下几类:

(一)助词类:《丰城话动词之后的"着"》(陈小荷1996),《宜春话的语气助词"着"》(刘平2002),《宜春话的将来时态助词"格"及其来源》(陈海波2006),《赣语宜丰话"得"的研究》(邵宜2007),《从几个标记助词看赣方言与近代汉语的关系》(邵宜2007),《赣方言语助词"时"的语法功能及与近代汉语之比较》(邵宜2007),《丰城话中助词"哩"的考察》(周根飞2008),《修水方言动词的体》(罗芬芳2009),《赣语上高话事态助词、动态助词"来"研究》(罗荣华2012),《赣语上高话经历体"来"和完成体"过"》(罗荣华2013),《赣语上高话将行体"嗟"》(罗荣华2013),《宜春方言中作为标记的"时"》(刘星2016),《赣语赣语上高话完成体"刮"》(罗秀云、罗荣华2017),《萍乡话中的"个"》(文西2019),《赣语樟树方言中的"得"》(习晨2019),《赣语上高话的体貌系统》(罗秀云2019)。

(二)词缀类:《宜春话的"积"尾》(饶星1981),《樟树方言的词缀研究》(付婷2006),《赣语新余方言的小称词缀"的"及其他相关词缀》(王晓君2004),《新余方言中的语缀》(阮寅夏2009),《江西樟树方言的跨类词缀"叽"》(吴慧2010),《袁州方言的后缀"的"》(韩佳琨2013),《赣语丰城话的"叽、仔、子"尾》(曾莉莉2014),《新干方言词缀研究》(王柔曼2015),《丰城方言"叽"尾的语法化考察》(傅文臻2017)。

(三)代词类:《丰城方言代词概要》(聂国春2004),《武宁话的代词》(阮绪和2006),《宜春(袁州区)方言代词研究》(孙多娇2007),《萍乡方言的三身代词》(李含茹2010),《新干方言代词研究》(宋小花2014),《赣语新余方言的指示代词》(何余华2014),《萍乡方言的人称代词》(邹瑄2015)。

(四)形容词类:《萍乡方言形容词的特别格式》(刘胜利2002),《新余方言形容词分析》(刘君君2004),《江西萍乡方言"X+形"类形容词研究》(欧琳琪2008),《新余方言三片及其三代人的形容词重叠式比较》(曾海清2010),《新余方言形容词重叠式A个AB式》(曾海清2010),《袁州(天台)方言的状态形容词》(刘英、唐艳平2015),《江西新余方言的"A里AB"式形容词》(曾海清2016),

《新余方言三片形容词重叠式 AA 的比较研究》(温爱华 2017),《赣语新余方言"X 人"式形容词》(温爱华 2017),《新余方言形容词的程度表达及其量级》(刘君君 2017)。

（五）语气词类:《赣方言的"加"》(饶星 1993),《赣语新余方言语气词的几个特点》(王晓君 2006),《宜春方言常用语气词探析》(曾莉莉 2013),《丰城方言常用语气词研究》(曾莉莉、刘英 2015),《芦溪方言语气词研究》(王建芳 2016)。

（六）其他类:《丰城话的主观量范畴及其相关句式》(陈小荷 1997),《江西武宁(上汤)话一种特殊的动词重叠结构》(阮绪和 2003),《赣语宜丰话"约数(量)"的表示方式》(邵宜 2004),《谈丰城话里"起"的一种用法》(王淑清 2006),《江西武宁话的"拿"字句》(阮绪和 2006),《江西武宁(上汤)话的程度副词"死、几、蛮"》(阮绪和 2006),《武宁话的重叠式》(阮绪和、陈建华 2006),《宜春方言称谓研究》(易维 2010),《赣语上高话的主观量表达》(罗荣华 2011),《修水赣方言语法特色研究》(罗芬芳 2011),《江西修水话程度副词"闷"和"几"的用法考察》(章蜜 2011),《宜春方言句尾"去了"的研究》(单芸 2012),《高安方言程度副词的五种类型》(童芳华 2013),《新余方言"够 V 哩"结构考察》(曹跃香、敖双 2014),《赣语(上高话)"有"和"冇/冇有"的情态动词用法》(罗荣华 2014),《赣语上高话处置式和被动式共用标记"畀"研究》(罗荣华 2014),《赣语上高话"莫"字句研究》(罗荣华、姚永峰 2016),《万载方言特殊句式的结构考察》(汤潍芬 2016),《赣语上高话被动标记"讨"研究》(罗荣华 2018),《江西宜春话虚词研究》(易琼 2018),《萍乡方言小型口语语料库建设初探》(李艳芳 2018),《论樟树方言被动标记"等"及其语法化》(习晨、罗昕如 2019)。

陈小荷的《丰城赣方言语法研究》(2012)是赣西北唯一的语法专著,该著较为系统深入地研究了丰城赣方言的语法系统。曾莉莉的《丰城方言研究》对丰城方言的语音、词汇和语法进行了较为深入的研究。

此外,赣西北的十九个县市区的志书自 20 世纪 80 年代开始陆续撰成出版,志书中的"方言"章、卷也对赣西北的音系、词汇、语法作了简要概述;刘纶鑫的《客赣方言比较研究》(1999),陈昌仪的《赣方言概要》(1991),《江西省方言志》(2005),李如龙、张双庆主编的《客赣方言调查报告》(1992),对赣西北的部分方言点的音系、词汇、语法特点都有一些精辟独到的论述。

赣西北客家方言的研究成果比较少,只有两篇文章涉及客家方言,具体是:《上栗方言中的客家方言成分研究》(刘胜利 2005),《江西修水县客家话语音特点》(卢继芳 2017)。

综上所述,赣西北客赣方言的研究成果呈现三个不均衡:一是客赣方言研究不均衡,主要研究了赣方言,客家方言研究成果非常少;二是研究的成果的不均衡,语音研究较早,也较全面,每个方言点均有音系方面的研究成果,词汇研究成果不多,主要集中在萍乡、高安、袁州三地,语法研究起步较晚,研究的成果主要集中在词法方面,句法方面较少,系统性的语法研究仅见陈小荷的《丰城赣方言语法研究》;三是研究成果地域分布不均衡,萍乡、新余、袁州、丰城、高安、上高六地研究成果多一些,万载、分宜、上栗三地很少,铜鼓、靖安、尚未见相关研究成果。因此,对赣西北客赣方言语法作多维、深入的比较研究是有必要,也是有意义的一项工作。

1.3　赣西北语音面貌概述

1.3.1　赣西北赣方言语音特点

赣西北赣方言的十七个方言点分属于三个片区,具体是:

宜浏片:丰城、樟树、新干、新余、分宜、袁州、万载、铜鼓、宜丰、上高、高安、奉新、靖安

昌都片:武宁、修水

吉茶片:萍乡①、上栗

根据刘纶鑫(1999)、谢留文(2006)的研究,宜浏片的语音特点有如下一些②:

1. 最突出的特征在于其止摄开口三等精、庄与知三、章组字因为声母的不同韵母有别,只是丰城、靖安③例外。(参见表 1-2)

2. 这一片没有撮口呼,宜丰、上高除了 u 韵母之外,没有以[u]为介音的合口韵母。

3. 这一片泥、来二母大都洪混细分,靖安有一部分泥母细音字也混同为[l]。

---

① 萍乡点包括安源区、湘东区、芦溪县。
② 刘纶鑫(1999)的赣西北有 12 个方言点,与谢留文(2006)的宜浏片(仅江西境内有 13 个方言点)相比,少铜鼓赣语点。
③ 丰城的韵母完全一样,靖安的韵母大部分一样,略有不同,参见表 1-2。

4. 晓、匣母合口字大都读[f]。但奉新无[f]，包括非组字都读零声母。

5. 知三、章读[t、tʰ]，袁州读[tʃ、tʃʰ]，樟树读[tʂ、tʂʰ]。

6. 影母开口洪音字读[ŋ]。

7. 咸、山、蟹三摄一二等有区分的痕迹。

8. 高安、上高、樟树、新余、新干透、定二母开口洪音字读[h]。

9. 高安、奉新、靖安、丰城、万载的入声依古声母的清浊分为两类，高安、奉新、靖安、丰城阴入高，阳入低；万载阴入低，阳入高。新余的阴平和入声都依今声母的送气与否分为两类。上高、分宜、袁州、樟树、新干只有一个入声；分宜无入声。

10. 新干部分全浊上声字、少数次浊上声字读阴平。

11. 这一片还有一些特殊的现象。如：高安、宜丰、丰城、新干等地书、禅母部分字读[h]声母；奉新没有[tsʰ]声母，清从、初崇读[tʰ]；高安、奉新咸、山、蟹、效四摄一二等均有区分的痕迹；奉新无[f]，心、邪母字不论洪细都读[s]；晓细音字读零声母；万载、上高、高安、宜丰溪、群母细音字读[ɕ]；奉新溪母开口洪音字读[h]。①

表1-2 赣西北止摄精、庄与知三、章两类声母的韵母区别

例 字 方言点	止摄精、庄组声母字				止摄知三、章组声母字			
	子	字	死	事	知	纸	是	屎
靖安	ᶜtso	tʰe²	ᶜso	so²	ᶜte	ᶜte	so²	ᶜso
奉新	ᶜtsu	tʰu²	ᶜsu	su²	ᶜtiə	ᶜtiə	sə²	ᶜsə
高安	ᶜtsu	tsʰu²	ᶜsu	sɵ²	ᶜtɵ	ᶜtɵ	sɵ²	ᶜsɵ
宜丰	ᶜtsu	tsʰu²	ᶜsu	su²	ᶜtə	ᶜtə	ɕiə²/hiə²	ᶜsə
上高	ᶜtsu	tsʰu²	ᶜsu	su²	ᶜtɵ	ᶜtɵ	sɵ²	ᶜsɵ
万载	ᶜtsu	tsʰu²	ᶜsu	su²	ᶜtsɿ	ᶜtsɿ	sɿ²	ᶜsɿ
丰城	ᶜtsɿ	tsʰɿ²	ᶜsɿ	sɿ²	ᶜtsɿ	ᶜtsɿ	sɿ²	ᶜsɿ

---

① 第2—9条引自刘伦鑫(1999)。

续 表

例 字 方言点	止摄精、庄组声母字				止摄知三、章组声母字			
	子	字	死	事	知	纸	是	屎
樟树	⁻tsɿ	tsʰɿ²	⁻sɿ	sɿ²	⁻tʃ	⁻tʃ	ʃ²	⁻ʃ
新干	⁻tsɿ	tsʰɿ²	⁻sɿ	sɿ⁴	⁻tʃ	⁻tʃ	ʃ²	⁻ʃ
新余	⁻tsɿ	tsʰɿ²	⁻sɿ	sɿ²	⁻ti	⁻ti	ɕi²	⁻sɵ
分宜	⁻tsu	tsʰu²	⁻su	su²	⁻tsɿ	⁻ti	sɿ²	⁻sɿ
袁州	⁻tsɿ	tsʰɿ²	⁻sɿ	sɿ²	⁻tʃ	⁻tʃ	ʃ²	⁻ʃ
铜鼓	⁻tsu	tsʰu²	⁻su	su²	⁻tsɿ	⁻tsɿ	sɿ²	⁻sɿ

根据刘纶鑫(1999)、谢留文(2006)的研究,昌都片的修水、武宁的语音特点有如下一些:

1. 修水赣语的古声母送气影响调类分化,阴平、阴去各依声母送气与否分为两类;武宁赣语的声母送气不影响调类分化。

2. 修水、武宁有全浊塞音、塞擦音声母;修水的次清声母读不送气浊音。

3. 修水、武宁泥来母不混。修水的泥母遇洪音一般读[n],细音读[ȵ],来母遇洪音读[l],细音读[d]。

4. 修水溪母部分读[h],书、禅两母部分读[f];武宁晓、匣合口字读[f],但"冯""红"读[h]。

5. 修水影母开口洪音字读[ŋ];武宁影母洪音读[ŋ]。

6. 修水、武宁咸、山、蟹三摄一二等主要元音有别。

7. 修水无撮口呼,武宁有撮口呼。

8. 武宁部分全浊入声字归阴去。

根据魏钢强(1995)、谢留文(2006)的研究,吉茶片的萍乡、上栗的语音特点有如下一些[①]:

1. 萍乡、上栗有丰富的鼻化韵,韵母数目少,一般在三十几个到四十多个。

---

① 第1、2条转引自谢留文(2006),第3条转引自魏钢强(1995)。

2. 萍乡、上栗方言没有入声。古清声母入声字今都读阴平,古全浊声母入声字今大多读去声。

3. 萍乡、上栗古全浊声母字今读塞音、塞擦音时一般都读送气清音,但萍乡有些字例外,读不送气清音。

1.3.2 赣西北客家方言语音特点

赣西北客家方言的五个方言点,具体是:铜鼓县永宁镇、万载县高村镇、修水县黄港镇、奉新县澡溪乡、靖安县罗湾乡。

赣西北客家方言分布在铜鼓大部分乡镇,修水、武宁、靖安、奉新、高安、宜丰、万载部分乡镇,属客家方言铜桂片。这些客家人主要是明清以来从粤北、闽西和赣南迁徙过来的,其语音特点与广东省以梅县为代表的粤台片较为接近。主要语音特点是:

1. 古全浊声母字,不论四声,今逢塞音、塞擦音读送气清音。
2. 有些古浊音声母上声字(次浊上声字多,全浊上声字少)今读阴平。古浊音声母上声今读阴平的字,各客家方言点多少略有不同。
3. 鼻音韵尾只有[-n -ŋ]韵尾,没有[-m];入声韵尾有[-t -k -ʔ]。
4. 声调都是6个,平声、入声分阴阳,上声、去声不分阴阳。调型和调值非常接近。阴平是中升调,阳平是低声调或低降升调,上声是低降调,去声是高降调,阳入的调值比阴入的调值高,阴入是低短调,阳入是高短调。具体见表1-3。

表1-3 五个客家方言点声调表

方言点 调类	阴平	阳平	上声	去声	阴入	阳入
铜鼓(永宁镇)	24	212	31	53	2	5
修水(黄港镇)	24	13	21	53	2	5
靖安(罗湾乡)	45	224	11	41	21	5
奉新(澡溪乡)	24	13	21	53	2	5
万载(高村镇)	24	13	42	53	2	5

1.3.3 各方言点声韵调系统及其说明简介

赣西北二十二个方言点声韵调系统及其特点见附录一"赣西北二十二个方言点音系"。

1.4 本研究的意义、目的、内容和方法

1.4.1 研究意义和目的

全面调查赣西北客、赣方言的语法现象,在方言接触的视域中进行比较研究。本项目的研究意义主要有三点:

1. 可以归纳客、赣方言语法的主要特点和类型特征,比较客、赣方言的联系与区别,为客、赣方言的关系及分区等研究提供翔实的、有价值的语言材料。

2. 可以考察客、赣方言接触导致的语法演变,联系语音、历史等领域的研究成果,理清客、赣方言演变的历史层次,为汉语方言接触演变的研究提供具有类型学意义的个案;还有助于了解汉语方言的演进历史和方言之间的融合过程,认识方言语法发生接触演变的方式和规律,从而丰富语言(方言)接触理论。

3. 可以寻绎客、赣方言某些成分的语法化轨迹,为汉语语法史和语法化的相关研究提供佐证。

1.4.2 研究内容

本书以赣西北客赣方言的口语为研究对象,重点描写十三个语法专题。从词语构成、虚词功能、句法分布、转换关系、语义表现、语音影响、认知解释、历史层次、方言比较、方普比较等方面展开描写、分析和讨论,尽可能深化认识、揭示规律。本项目的主要研究内容如下:

1. 词缀与构词法

赣西北客赣方言的词缀有前缀、中缀和后缀。客家方言的"阿"前缀正在消失中,仅限于"阿公""阿婆""阿姐"等亲属称谓前;赣西北有特色的中缀是"数"和"叮";赣方言有着丰富的"子"缀变音现象,在不同的方言点会变成"仔""伢""唧"等,而客家方言没有"子"变音后缀;客家方言有特殊的性属后缀"嫲"。赣西北客赣方言的构词手段一致性较强,复合构词法完全一致;派生构词法略有不同。高

升调构词法仅存于赣语区的上高、宜丰和万载,可以通过改变声调从而改变词性和词义。

2. 代词

赣西北客赣方言的人称代词最大的差别就是第一人称,赣方言点中第一人称主要是"我",其次是"阿",而客家方言点一律为"偓"。第二人称和第三人称客赣方言基本一致,一般用"你/尔"和"渠",唯独萍乡的三身代词"巷、恨、□[xān²⁴]"很特别,是由客家方言的系词"係"与赣语三身代词"我""尔""渠"合音而成,是客赣接触的结果。赣方言三身代词的复数标记多用"伢/喈/人",而客家方言多用"等"。赣方言点大多数有排除式和包括式之分,客家方言点大多没有包括式。赣西北客赣方言的指示代词大部分相同,语音形式上略有不同。大部分赣方言点的指示代词存在多分现象,一般为近指、次近指和远指;但客家方言点大多只能有近指和远指二分。

3. 副词

赣西北客赣方言的副词包括范围副词、时间副词、频率副词、情态副词、语气副词、程度副词和否定副词。这一章探讨了前五类副词。具体是:(1)范围副词分为统括性副词、唯一性副词和限定性副词,有特色的统括性范围副词是"(一)下""一起"和"交";(2)有特色的时间副词是"正""还正""易得"和"多时";(3)表频率的副词大多与普通话相似,有特色的是"凑"和"过";(4)有特色的情态副词是"够""特竟/特事""消停""好生(仔)"和"好正子(仔)";(5)有特色的语气词是"反正/横直""情愿/情肯""好得""左思""硬₂/硬是₂"。

4. 介词

赣西北客赣方言的介词有五大类:(1)引进时间、处所、方向的介词,主要有:从、在、往、顺倒、沿倒、向倒、得等;(2)引进方式、手段等的介词,主要有:靠、用、拿、借、照、照到、按照;(3)引进关涉对象和范围的介词,主要有:对到、跟、和、帮、就、对、对于、除刮、除泼、佮;(4)引进原因、目的的介词,主要有:因为、为了;(5)处置与被动类介词主要有:拿、把、畀、捉到;被、拿、等、让、讨、畀。赣西北的这些介词会因浙赣线、三二〇国道这些交通大动脉和九岭山脉等因素的影响而呈现出一些区域性特点。①

---

① 九岭山脉为幕连九山脉的南支,在罗霄山脉之北,山体为北东南西走向,分布范围较广,绵延于江西省的永修、安义、新建、湾里、奉新、靖安、武宁、宜丰、万载、修水、铜鼓及湖南省的浏阳等12县区之间。

5. 连词

赣西北客赣方言的连词没有普通话丰富,日常会话中往往会省去一些连词。在连词的使用上一般是连词单用较多,连词合用较少。赣西北客赣方言的连词可以分为联合关系连词和偏正关系连词两类。赣西北各个方言点之间连词一致性较高,差异性主要体现在双音节连词的构词语素上。比如"除非"类连词,后一构词语素分别是"话""刮""泼""哩""哒"等。有些连词有多种功能,比如"就是"可以表示因果关系、转折关系和假设关系,还可表示让步关系。赣西北比较有特色的是句末的语气助词"时",可以表示假设关系,可以单用,也可以与"要是"合用,构成"要是…时"的句式。

6. 助词

赣西北客赣方言的各方言点的结构助词都是"个"和"得",其语法功能与句法分布也基本一致。赣西北的人称代词复数可以兼表领属,但在不同方言点有所区别:奉新客、靖安客、万载客、修水客、铜鼓客这五个客家方言点和丰城、分宜、袁州这三个赣方言点的人称代词复数可以兼表领属,但只表复数,人称代词单数与亲属称谓之间一般不加领属标记"个"。樟树、新干、新余、萍乡、上栗、万载、宜丰、上高、高安、奉新、靖安、武宁、修水、铜鼓这十四个赣语方言点人称代词复数兼表领属,即可以表复数,也可以表单数,没有单复数之分。赣西北各方言点的"得"用于否定句的动词后面,均可以表示"懊悔、自责"的主观情态义。赣西北各方言点的语气词比较丰富且自成系统,同一种语气可以用多种不同的句末语气词进行表达,同一个句末语气词可以表达不同的语气。由于各方言点音系不一样,且语气词多用同音或音近词记录,各方言点一致性很小,客赣方言之间也没有明显的区别。

7. 体貌范畴

赣西北的体貌范畴是一个完整的层级系统,首先可以分为"体""貌"两大类;"体"又可以分完整体和非完整体,完整体包括完成体、经历体等,非完整体包括进行体、持续体、起始体、继续体等;貌指动量减小貌、随意貌等。体貌范畴的表达手段有体貌助词、部分时间副词、动词的重叠和包含体貌意义的语气词。本章共考察完成体、经历体、进行体、持续体、起始体、继续体、已然体、重行体、先行体、将行体和动量减小貌等十一个体貌范畴。

8. 主观量范畴

"主观量",指的是语言的主观性在量范畴上的具体体现,是一种带有主观感受、态度和评价意义的量。赣西北的主观量表达手段有语音、词汇、语法三个方面,这些表达手段都存在主观大量与主观小量的对立。语音方面,主要采用重音和变调的"小称音变"手段;词汇方面多采用副词、语气词和词缀手段;语法手段则多采用"连字句"和"一＋V＋就＋数量"等格式,还采用让步复句。

9. 程度范畴

客观世界的事物存在质与量的差别,程度范畴则是量的差别,是从事物的多少、高低、深浅等方面进行观察。赣西北程度范畴主要包括两个层面的表现形式:一是词法层面,主要包括状态形容词、固定短语等形式。状态形容词包括前缀式(如:墨乌、乜烂)、后缀式(如:矮墩墩、孤零零)、中缀式(津咕巴甜、老里巴实、累煞巴人)。状态形容词内部所蕴含的高程度量级别还有高低之分,如一般认为前加式比后加式程度量级别更高,如墨乌个＞乌沉沉。二是句法层面,主要包括程度状语、程度补语、表程度的句式、重叠等。程度状语主要由程度副词、部分指示代词和气副词充当,如"蛮""几""箇样""确实"等;程度补语主要由程度副词或正在虚化的短语等充当,如"死""伤""不过"等;与程度量紧密相关的重叠式形容词包括构词重叠的状态形容词(梆咕梆硬、真真假假、婆婆妈妈、土里土气、古里古怪)和构形重叠的形容词重叠式(梆硬梆硬、红红仔、实叮实、熨熨帖帖)。

10. 处置和被动范畴

赣西北客赣方言的处置式标记有"拿""畀""把"和"捉到"四个。丰城、奉新客等十四个方言点有两个处置标记;修水、铜鼓客这两个方言点还有三个处置标记。赣西北客赣方言的被动式标记共有"等""拿""畀""让""讨""被"六个。每个方言点至少有两个被动标记,最多有四个被动标记。"拿""等""让""畀"都是从使役动词语法化为被动标记,而"被""讨"则是从"遭受"义动词语法化为被动标记。赣西北的樟树、新干、新余、萍乡、上栗、铜鼓、万载客、修水客这八个方言点处置式和被动式使用不同的语法标记,但在丰城、分宜、袁州、万载、上高、宜丰等方言点处置与被动共有介词"畀";丰城、高安、奉新、靖安、武宁、修水、奉新客、靖安客、铜鼓客等方言点处置与被动共有介词"拿"。

11. 疑问范畴

赣西北客赣方言的疑问范畴包括是非问、特指问、选择问和正反问,以及语气词、疑问代词,还包括一些特殊的疑问结构和用法。赣西北客赣方言的疑问结构跟普通话相似,也可分为是非问、特指问、选择问和正反问四类。与普通话相比,其疑问句在语气词、疑问词、句式和句调等有一定的地方色彩。比如,正反问使用"V＋啊＋不(冇)＋V"("你走啊不走？""你有啊冇有？")的格式来表达；是非问句的疑问信息只能由语气词负载,其句末语气词多用"嚜""啊""吧"。

12. 否定范畴

赣西北客赣方言所使用的否定词有：不、唔、冇、冇有、冇得、莫、不要、嫑、唔爱、唔着。"不""唔"相当于普通话的"不","唔"是客赣方言固有的否定词,"不"是北方方言和普通话的语法成分。"冇/冇有/冇得"大部分用法与普通话的"没"和"没有"相当,但"冇/冇有/冇得"还有否定意愿动词用法。"莫"相当于普通话的"别""不要",表禁止或劝阻；极少几个方言点用"不要""嫑""唔爱""唔着"表达祈使否定。

13. 比较范畴

比较和辨别两种或两种以上同类事物的异同,是语言中一种重要的语义范畴。赣西北客赣方言的比较范畴中有等比句、差比句、递比句、极比句四类比较句,这四类比较句共有二十四种句式。从比较词相对于比较值 W 的位置看,大体上可以把它们归纳为两大类,一类是比较词位于 W 之前,一类是比较词位于 W 之后。前者与普通话常用比较句一致,后者具有地方特色的比较句,该类比较句是古汉语比较句在赣西北客赣方言中的遗存。

1.4.3 研究方法

1. 调查法。a. 方言田野调查,对普通调查点的发音合作人进行录音约 6 个小时,重点调查点约 15 个小时,并进一步依据《赣西北客赣方言语法调查手册》进行田野调查；b. 文献资料调查,全面调查、收集 22 个方言点已有研究文献,地方文献和口语语料等。

2. 描写和比较法。以描写语言学、语言类型学等现代学科的手段和方法记录描写赣西北客赣方言语法的面貌和特点；从内部比较、对外比较、纵向比较、横向比较等多个方面进行客赣方言的语法比较研究。

3. 两个"三角"研究法。方言语法的研究应该重视两个"三角"("普一方一古"大三角和"表一里一值"小三角)的立体研究。一方面,以方言为出发点,纵观古汉语,以古证方；在共时平面横向考察方言现象在共同语中的反映,并且与其他方言进行比较。另一方面,在方言语法本身的各个专题的研究上,从语法、语义、语用三个方面进行考察,探究某些语法现象的演变轨迹和语法发展的规律。

1.5 语料、体例说明

1.5.1 语料来源

语料主要来自笔者所做的田野调查。在进行田野调查之前,笔者阅读了大量相关文献,并与自己的母语方言做比较,以便发现值得研究的语法现象,然后拟定调查大纲。根据语法调查大纲,选定调查对象,进行田野调查,再进行核实、校对;另一部分语料来自各方言点的谚语、歌谣、俗语和场景录音转写的方言材料。各方言点的调查对象情况见表1-4:

表1-4 发音人情况简表

方言点	姓名	性别	出生成长地	出生年月	职业
丰城(赣)	徐星明	男	丰城市剑光镇一五九大院	1948年1月	工人
丰城(赣)	龚建辉	男	丰城剑光街道后街居委会	1957年2月	教师
丰城(赣)	曾莉莉	女	丰城市剑光街道后街居委会	1977年11月	教师
樟树(赣)	杨林	女	樟树市洋湖乡东阁村委熊家山	1988年10月	干部
樟树(赣)	刘嘉豪	男	樟树市淦阳街道曲水村	1996年10月	学生
新干(赣)	杨海生	男	江西省新干县三湖镇山里村	1964年12月	干部
新干(赣)	邓必清	女	新干县桃溪乡山下村	1996年10月	学生
新余(赣)	刘思洋	男	新余市渝水区城北街道铁路社区	2000年10月	工人
新余(赣)	何永红	男	新余市渝水区下村镇邓家村	1964年5月	农民
新余(赣)	廖娜娜	女	新余市渝水区鹄山乡廖家村	1989年10月	教师
分宜(赣)	黄娇娇	女	新余市分宜县洋江镇礼台村	1991年6月	教师
袁州(赣)	张启芳	男	袁州区化成街道化成居委会	1957年11月	工人
袁州(赣)	刘盼	女	袁州区西村镇圳江村	1996年6月	学生

续 表

方言点	姓 名	性别	出生成长地	出生年月	职业
萍乡(赣)	胡子健	男	萍乡市安源区白源街道木沙塘社区	1985年11月	教师
萍乡(赣)	王建芳	女	萍乡市安源区白源街道木沙塘社区	1988年10月	教师
萍乡(赣)	周 娟	女	萍乡安源区后埠街道办马煌桥社区	1977年12月	教师
上栗(赣)	崔 敏	女	上栗县金山镇白合村	1996年5月	学生
万载(赣)	郭志坚	男	万载县高城乡联胜村	1984年10月	农民
万载(赣)	郭龙俊	女	万载县康乐街道百盛家园	1989年2月	教师
万载(赣)	巢禾根	男	万载县康乐镇十字布村	1971年4月	教师
万载(客)	练勇明	男	万载县仙源乡高岭村	1972年8月	教师
万载(客)	杨 健	女	万载县高村镇新竹村	1993年12月	学生
铜鼓(赣)	时秋梅	女	铜鼓县大段镇浒村	1967年9月	农民
铜鼓(赣)	李 萍	女	铜鼓县大段镇古桥村	1990年1月	工人
铜鼓(客)	卢全玖	男	铜鼓县永宁镇西湖村	1957年4月	农民
铜鼓(客)	吴义成	男	铜鼓县温泉镇石桥村	1966年2月	农民
铜鼓(客)	吴小娟	女	铜鼓县温泉镇石桥村	1993年2月	教师
宜丰(赣)	胡桃花	女	宜丰县桥西乡湾里村	1975年4月	教师
上高(赣)	施光荣	男	上高县敖阳街道办敖山居委会	1952年5月	教师
高安(赣)	袁国平	男	高安市瑞州街道办西门上袁村	1957年8月	农民
高安(赣)	袁晓芳	女	高安市瑞州街道办西门上袁村	1987年6月	教师
高安(赣)	舒 鹏	男	江西高安市瑞州街道办舒家村	1989年9月	学生
奉新(赣)	李福贵	男	奉新县冯川镇金沙居委会	1960年3月	干部
奉新(赣)	喻永尚	男	奉新县赤岸镇遐富村喻下组	1997年12月	学生
奉新(赣)	邓润妹	女	奉新县冯川镇华林居委会	1971年8月	干部

续 表

方言点	姓名	性别	出生成长地	出生年月	职业
奉新(客)	兰剑峰	男	奉新县澡溪乡九仙村	1981年7月	教师
奉新(客)	杨兰	女	奉新县澡溪乡澡面村	1994年11月	学生
靖安(赣)	刘贤武	男	靖安县中源乡三坪村	1966年1月	教师
靖安(赣)	陈明安	男	靖安县双溪镇东方社区	1961年2月	干部
靖安(客)	陈克香	女	靖安罗湾乡塘埠村	1954年12月	干部
修水(赣)	谢水根	男	修水县义宁街道办宁红居委会	1958年5月	干部
修水(赣)	周红安	男	修水县溪口镇南田村	1972年6月	医生
修水(赣)	冷志敏	男	修水县古市镇杨坊村	1995年6月	学生
修水(客)	许玲丽	女	修水县黄港镇桥上村	1985年7月	教师
武宁(赣)	卢小燕	女	武宁县石渡乡盘溪村	1962年5月	工人
武宁(赣)	阮长青	女	江西省九江市武宁县船滩镇吴湾村	1998年11月	学生

1.5.2 体例说明

1. 标音采用国际音标,在音标外加方括号[ ],调值用数字表示,标在音节的右上方,如:到[tau^{24}]、鞋[xai^{35}];轻声音节的调值在右上方标注数字"0",如,过[ko^0]。

2. 方言语料中本字不明或考不出本字的用同音字替代,同音字用波浪线标出,如"伶俐<u>干净</u>";无同音字可写的用"□"代替,并后加国际音标。如"□[pʰai^{213}]崽"。

3. 句首的 * 表示这个句子在某一方言中不成立,如" * 我喫饭先";两可情况用/标示,如"我喫泼/过三碗酒",这句话可以说"我喫泼三碗酒",也可以说"我喫过三碗酒";例句中加( )的成分,表示可用可不用,如"(NP$_1$)+拿+NP$_2$+VP+渠(+去)",该处置式格式中的"NP$_1$"和"去"可出现,也可不出现,句子都成立。

4. 方言例句的翻译用双括号标出置于方言例句之后,如"小李话过会来(小李说了会来）"；方言例句或词语注释有时采用随文注释的方式，用小号字体标注并置于右下角，如"碗讨_被渠_他打烂箇_了""跌泼_{丢掉}"，"丢掉"就是对方言词"跌泼"的解释。

5. 赣西北的赣方言点只列出县级行政区划名，如：袁州、丰城、铜鼓、万载；赣西北的客家方言点在县级行政区划名右下角标明"客"，如：铜鼓_客、万载_客、奉新_客。

1.5.3 常用符号和相关虚词说明

1. 常用符号说明

S	主语	V	动词	O	宾语		
A[①]	形容词	C	补语	P	介词		
VP	动词谓语	AP	形容词谓语	NP	名词性短语		
VO	动宾短语	VC	动补短语	CL	量词		

2. 常用虚词说明

（1）箇、個、个、嗰。这四个字都读[ko⁰]，指示代词记为"箇"，量词记为"個"，结构助词记为"个"、语气词记为"嗰"。

（2）哩、仂。这两个字都读[li⁰]，完成体标记和句末语气词记为"哩"，人称代词的复数标记记为"仂"，如"我仂""你仂"，名词性后缀也记为"仂"，如"车仂""瓜仂"。

（3）"唧""仔""积""基"这四个字用于记录词缀，都读[tɕi⁰]，在已有的研究文献中，宜春（袁州）方言记为"积"、丰城方言记为"基"、上高方言记为"唧"，除掉引用已有文献外，为了统一，全文统一记为"仔"。

---

① 第十四章中的"A"表示"比项"。

第二章
词缀和构词法

2.1 词　　缀

赣西北客赣方言的词缀比较丰富,有的与普通话相同,有的具有一定的地方特色。词缀是黏附在词根上构成新词的语素,它本身不能单独构成词。黏附在词根前面的词缀称为前缀,黏附在词根后面的词缀称为后缀,插入词根中间的词缀称为中缀。赣西北客赣方言研究词缀的成果不多,主要有以下几篇:《樟树方言的词缀研究》(付婷 2006),《江西樟树方言的跨类词缀"叽"》(吴慧 2010),《新干方言词缀研究》(王柔曼 2015),《新余方言中的语缀》(阮寅夏 2009)。

2.1.1 前缀

赣西北客赣方言的前缀主要有"初""第""老""阿"四个。

2.1.1.1 初

赣西北客赣方言的"初"与普通话一致,加在"一"至"十"的前面。例如:初一、初二、初十。

2.1.1.2 第

赣西北客赣方言的"第"与普通话用法一致,加在序数词前,表示次序,常用来表示名次。例如:第一、第二、第三、第十。

2.1.1.3 老

"老"是赣西北客赣方言中使用最普遍的前缀,具体用法有如下几种:

(1) 用在称谓前:老公、老婆、老弟、老妹、老庚_{同龄人}、老爷_{父亲}、老娘_{母亲}、老表_{表兄弟}、老哥、老姐、老狗_{男性老人的贬称}、老棺材_{年纪偏大男性的贬称}等。

(2) 加在单姓称呼前,表示对年长的熟悉的人的称呼。例如:老罗、老王、老李、老赵。

(3) 用在动植物等名称前。例如:老鼠、老虎、老鸦、老姜①生姜、老酒时间久的米酒、老面面酵子,做成的馒头叫"老面馒头"等。

(4) 用在排行前。在"二"至"十"前,表示兄弟的排行;加在"大"前表示排行第一;加在"小"前表示排行最小。例如:老三、老五、老大、老小、老几。"老几"还用于反问句"你算老几?"中,带有轻蔑色彩。

上述"老"缀的用法在赣西北客赣方言各方言点中基本一致。

2.1.1.4 阿

"阿"作为前缀一般附在姓名、表亲属的语素等前面。赣西北的赣方言未见前缀"阿",但在客家话②中还残存一些用法。万载、靖安客家话有"阿公祖父""阿婆祖母"的说法;万载、修水客家话还有"阿哥""阿姐"的说法;铜鼓客家话面称已经不说"阿哥""阿姐"了,但引称的时候还会说"阿哥""阿姐",这表明赣西北客家话受到本地赣语的影响,"阿"前缀在逐渐消失。

2.1.2 中缀

赣西北客、赣方言的常用中缀有"里""数""咕""叽"等。

2.1.2.1 里[li⁰]③

中缀"里"多构成四字格的多音节形容词,"里"的主要作用是衍音,没有实义。这些四字格的词语带有很强的主观性,主要是形容人的性状,并含有不满的情绪和贬义的色彩。不过,在新余方言中,A里AB式还可以表示中性或褒义④。

---

① "老姜"可以指普通的"姜",还可以特指生长一年以上的姜,与"新姜"相区别,这里的"老"有"陈年"的意思。

② 《梅县方言词典》(1995)中"阿"做前缀的词有阿姊、阿姑、阿爸、阿姆、阿婆、阿公、阿哥、阿嫂、阿舅、阿伯、阿叔等。

③ 有些方言点的部分词缀是轻声,有些方言点的部分词缀有声调,由于各方言点的调值不同,因此词缀只标声韵不标调,各方言点的不同读音尽量标出,下同。

④ 曾海清(2017)指出:"普通话中性词是不能进入形容词重叠式A里AB的,而新余方言可以。如:矮里矮胖、安里安静、乇里乇黑、高里高瘦、密里密麻、完里完整、光里光溜、平里平坦、完里完全、长里长大。""普通话中褒义词是不能进入形容词重叠式A里AB的,而新余方言进入形容词重叠式A里AB的褒义词数量众多,例如:安里安稳、安里安定、安里安分、安里安全、安里安心、白里白胖、大里大方、实里实在、津里津甜、和里和气、干里干净、扎里扎实、齐里齐整、整里整齐、普里普通、本里本分、轻里轻松、老里老实、踏里踏实、秀里秀气、结里结实、崭里崭新、苗里苗条、方里方正、规里规矩、和里和睦、稳里稳当、工里工整、牢里牢靠、快里快活、认里认真、舒里舒服、自里自在、诚里诚恳、恩里恩爱、高里高兴、恭里恭敬、快里快乐、爽里爽快、顺里顺当、斯里斯文、痛里痛快、辛里辛苦、清里清楚、正里正当、壮里壮实、仔里仔细、松里松软、清里清白、勤里勤快、厚里厚实、简里简单、宽里宽敞、平里平坦、清里清凉、清里清爽、严里严密、严里严实、凉里凉快、平里平安、平里平稳、漂里漂亮、亲里亲热、甜里甜蜜、齐里齐全、开里开心、端里端正、热里热闹、痛里痛快、欢里欢喜。"

按结构形式分为以下三类:

(1) A 里 AB

结构上"AB"为双音节形容词,通常能够独立成词,A 为重复音节,"里"为嵌入性中缀,此式也是不完全重叠式形容词。例如①:

麻里麻烦、啰里啰嗦、糊里糊涂、邋里邋遢、结里结赖、零里零碎

懵里懵懂、慌里慌张、模里模糊、古里古怪、马里马虎、潦里潦草

"A 里 A 气"是"A 里 AB"的一种特例,即"AB"的"B"为形容词后缀"气",构成"A 里 A 气"的固定格式。第一组的"A 气"可以成词,第二组的"A 气"不能成词。例如:

第一组:娇里娇气、小里小气、土里土气、老里老气、邪里邪气、洋里洋气

第二组:怪里怪气、流里流气、妖里妖气、骚里骚气、蛮里蛮气、阴里阴气

(2) A 里 BC

该格式"AC"或"BC"往往是个性质形容词。例如,"AC"的有:客气、零星、土气、正经、啰嗦,这些词中间插入"里巴""里八"后构成了"客里巴气""零里巴星""土里巴气""正里八经""啰里八嗦"。"BC"的只有"糊涂",前面插入"稀里"后构成"稀里糊涂"。

2.1.2.2 数[su⁰]

"数②"在赣西北的客赣方言中为量词中缀,用在相同的数词或量词中间,构成"A 数 A"格式,"A"为单音节量词或十、百、千、万、亿等数词,是说话人主观上认为接近或达到对某个数量的估计,表示主观大量。这种结构非常能产,存在于名量词、时量词、数词等词中。例如:

名量词:桶数桶、筐数筐、碗数碗、篮数篮、瓶数瓶、车数车、箩数箩

时量词:日数日、夜数夜、月数月、年数年

数词:十数十、百数百、千数千、万数万

2.1.2.3 咕[ku⁰]

"咕"在赣西北客赣方言中是作为形容词中缀,嵌套在四字格词语"A 咕 AB"或"A 咕 BC"结构中,主要用来形容事物的形状、颜色、味道等特征,起强调

---

① 本章的用例以上高话为主,其他方言点用例会特别说明。
② 丰城方言已有研究成果记为"似",上高方言已有研究成果记为"士",本书均记为"数"。

作用。例如:

(1) A 咕 AB:梆咕梆硬、泡咕泡松、津咕津甜、揪咕揪酸、通咕通红、雪咕雪白

(2) A 咕 BC:墨咕漆黑、黑咕隆咚、圆咕隆咚、毛咕隆咚

2.1.2.4 叮[ta⁰]

"叮"作为中缀,可以与形容词相结合,构成"A 叮 A""A 叮 AB""A 叮 BC"等结构,比形容词本身表达的程度更深,有加强语气的作用;也可以与量词相结合,常用于物量词,组成"X 叮 X 叽"结构。

1. 形容词中缀

(1) A 叮 A

常用的有"实叮实""硬叮硬"等,后常附结构助词"个",在句中常作状语、谓语。以丰城方言为例:

① 我今年实叮实个赚哩十万块钱。(我今年实实在在挣了十万块钱。)

② 箇份报告硬叮硬是渠写个。(这份报告确实是他写的。)

③ 箇转干部选拔明叮明个。(这次干部选拔很透明。)

(2) A 叮 AB

以樟树方言为例:老叮老实、合叮合适、慢叮慢腾、富叮富实$_{有料、料足}$、精叮精光。

(3) A 叮 BC

以新干方言为例:老叮泼实、慢叮滴哆。

2. 量词中缀

樟树方言的中缀"叮"常用于物量词中,并与后缀"仔"连用,构成"Q 叮 Q 仔"结构,以樟树方言为例:

① 渠屋个崽女個叮個仔都喫价。(她家的儿女个个都出色。)

② 箇十啊只猪,只叮只仔都秃壮个。(这十来头猪只只都膘肥体壮。)

③ 拿箇只鱼剁得块叮块仔。(把这只鱼切成一块一块的。)

从意义上看,单音节量词重叠嵌入中缀"叮",强调的是"每一",但其前不能直接加上具体的数词。

在赣南的石城、寻乌等客家方言中,"叮"还可以用于几乎所有的单音节量词

中间,构成"A吖A",例如:本吖本(书)、双吖双(鞋)、斤吖斤(肉)、次吖次(输)、千吖千(学生),它们可以表示数多、量大、时长的主观大量意义,并兼有"每一"的意义。这种用法在赣西北的客家方言中没有。

2.1.3 后缀

赣西北客赣方言的常用后缀有"子""仔""仂""唧""头""牯""婆""嫲""客""鬼""佬"等。

2.1.3.1 仂①

"仂"尾一般在袁州、上栗、分宜、高安、奉新、靖安、新余、分宜等地都存在,但"仂"尾的构词能力比"子"尾、"仔"尾更弱些。"仂"尾在袁州、奉新和靖安等地区的方言中构词能力较强一些。下面以袁州话为例,简单介绍一下"仂"尾的用法。

(1) 用在普通名词性语素后构成名词:桃仂、瓜仂、鞋仂、袜仂、绳仂、竹仂、叶仂、藤仂、梨仂、柿仂、菇仂、麦稿仂、麻仂_{芝麻}、茄仂、瓜仂_{南瓜}、芋仂_{芋头}、猴仂_{猴子}、鸟仂、乌雀仂_{乌鸦}、虫仂_{虫子}、驴狗仂_驴、猫仂、兔仂、屑仂_{垃圾}、坛仂_{坛子}、罐仂_{瓶子}、盖仂_{盖子}、袋仂_{口袋}、扣仂_{纽扣}、粽仂、疤仂_疤、棍仂、笛仂。

(2) 用在指人的普通名词后面:伢仂_{小孩}、崽仂_{男孩}、女仂_{女孩}。

(3) 用在人称代词后面,表示复数。我仂、你仂、渠仂。该用法在赣西北大部分方言点都有。

2.1.3.2 子

"子"尾在赣西北客赣方言中最常用,22个方言点均使用,但构词能力有强有弱,在丰城、分宜、萍乡、上栗、高安、武宁、修水等方言点"子"尾的构词能力比较强,在宜丰、上高、万载等方言点它的构词能力就弱些。赣西北客家方言的"子"尾的构词能力要比周边的赣方言要强一些,在万载、奉新和靖安等方言点中都有体现。下面以丰城话为例。

1. 名词②+子

(1) 指人名词:叫话子_{乞丐}、贩子、败家子、哑巴子、麻子、聋子、瞎子、疯子、左撇子、婊子、憨婆子_{傻女人}。

(2) 肢体器官:腰子_肾、肚子、膀子、胡子。

---

① 常用后缀的标音见表2-2,行文中不再标音。
② 这里的"名词"既指名词,还包括名词性语素,下同。

(3) 动物：骡子、狮子、猴子、豹子、兔子、燕子、鲤子。

(4) 植物：桃子、梨子、柚子、茄子、柑子、耳子_黑木耳_、尼子_丝瓜_、瓠子_葫芦_、菇子_蘑菇_、麻子_芝麻_、麦子_小麦_。

(5) 食品：粽子、饼子、包子、饺子。

(6) 日常用品：桌子、杌子_小方凳_、筷子、皮箱子、镜子、盒子、裤子、褂子、帽子、袜子、板子_木板_、帐子_蚊帐_、本子_作业本_、碾子、磨子_石磨_、帚子_扫帚_、剃子_理发用的推剪_。

(7) 时间名词：日子、月子。

(8) 其他：面子、里子、样子、毫子_硬币_、星子_星星_、落雹子_冰雹_、池子、步子_台阶_。

在这些词类当中，根据意义和构成分类，有的词原来的名词语素不成词，"子"缀有成词作用，例如：狮子、猴子、兔子、茄子、粽子、饺子、筷子、板子、鼻子、胡子、椅子、镜子、帽子、褂子等。有成词作用的"子"缀，具有强制性，没有"子"缀这些语素不能单说。有的词有无"子"都不改变词语的基本意义，比如奉新方言的"腰子"，即"腰＝腰子"。有的语素已成词，"子"缀起转义作用，例如：鱼子_鱼卵_、面子、里子、月子等；有的语素单独用时作量词，已经是成词语素，加上"子"缀后变成名词，例如：桌子、盒子、本子、板子；还有一些词语加上"子"缀还增添了感情色彩，一般是表贬义，如：麻子、左撇子。

2. 动词＋子

"动词＋子"这种用法在丰城话中不常用，赣西北客赣方言中用例也不多。根据其意义可以大致分成两类：其一是不加"子"缀是动词，加上"子"后变成了相关的工具，如：盖子、罩子、筛子、起子_螺丝刀_、垫子、钉子；另一类表示某一类人，有时会指品性不好的人，如：结巴子、贩子、叫话子_乞丐_、败家子。

3. 形容词＋子

"形容词＋子"这种构词法在丰城话中也不常用，如：聋子、瞎子、疯子、猛子_个子高的人_、矮子、胖子、瘦子。但在赣西北其他方言中还有流子、痞子、癫子、蠢子、驼子、呆子、瘸子、光子_瞎子_等用法，都是指人的名词，并且都带有贬义，表示某人身体或精神上带有不好的性状或品质。

2.1.3.3 仔

"仔"尾或记作"叽""积""崽""则""者"，均为"子"变音，其作用也相当于"子"尾，赣西北各方言点构词能力各有不同。

"仔"缀在赣西北方言中的构词能力比"子"缀弱，武宁、高安方言点没有"仔"缀。但在宜丰、上高方言中"仔"缀比"子"缀的构词能力强些。以上高方言为例：

港仔_{小河}、甽仔_{小溪}、竹仔、笋仔、叶仔、桃仔、柿仔、薯仔、芋仔、猴仔、鸟仔、鸽仔、虫仔、糖蜂仔_{蜜蜂}、鱼仔_{小鱼}、骡仔、羊仔、兔仔、鸭仔、鸡仔、巷仔、牖仔_{窗户}、梯仔、隔被仔_{褥子}、坛仔、瓶仔、席仔、帐仔、桌仔、柜仔、凳仔、葫芦勺仔、坛仔、瓶仔、巾仔、脑梳仔、线车仔_{自行车}、裤仔、帽仔、鞋仔、袜仔、手缠仔_{手镯}、馅仔、丸仔、粽仔、禾镰仔、笋仔、筛仔、轮仔、磨仔、钳仔、起仔、锤仔、钉仔、绳仔、棍仔、笛仔、树仔。

"仔"缀作为名词的构词词缀，例如"凳仔""袜仔"中的"仔"是一个名词化标记，使用上具有强制性。这种作用也是它最主要的作用，在赣西北其他方言亦然。

"仔"缀还会附加在"伢""妹"之后，构成"伢仔_{男孩}""妹仔_{女孩}"。"伢仔""妹仔"又可与人名中某一个字组合，构成"名_{单音节}＋伢仔/妹仔"称呼语，一般用于长辈称呼晚辈或者比较亲密的平辈之间，有小称意味，表示亲昵、亲密的感情色彩，例如：明伢仔、翔伢仔、军伢仔、凤妹仔、盼妹仔、薇妹仔。

"仔"在上高方言中可作"小称标记"，主观上认为表示物体偏小的事物一般都可以加"仔"。一般可以加在名词、形容词、动词、量词和数量短语之后，如"树仔_{小树}""少少仔_{比较少}""做做仔_{慢慢做}""几个仔""斤把仔"，"仔"就有表小型、少量、弱化等语义特征，使用上是非强制性的。这种用法在赣西北其他方言中都有。

2.1.3.4 嘚

"嘚"尾在赣西北新余、万载、靖安、奉新等几个方言点都存在，彼此之间既有相同之处也有不同之处。以下以新余方言中的"嘚"尾为例，略作介绍。

1. 名词＋嘚

"嘚"缀是名词的构词词缀，是名词化标记，使用上具有强制性。例如：茄嘚_{茄子}、猪嘚_{小猪}、狗嘚_{小狗}、伢嘚_{小男孩}、鞋嘚_{鞋子}、桃嘚、柑嘚_{柑橘}、猴嘚、麻鸟嘚_{麻雀}、凳嘚、杯嘚、笼嘚、褂嘚_{上衣} 等。

另外"嘚"可以加在人名或亲属称谓后，表示亲昵感情色彩，如：华嘚、敏嘚、盼盼嘚、爸爸嘚、妈妈嘚、姐姐嘚、哥哥嘚。

有时候加上"嘚"后表达说话人的不满、鄙夷或调侃的情感，如：癞痢嘚、瘸脚嘚、瞎子嘚、聋牯嘚、豁嘴嘚、壮牯嘚等。

2. 动词＋嘚

动词加后缀"嘚"后变成名词，表示与该动作相关的事物，"嘚"改变了词性。例如：扇嘚、夹嘚_{夹子}、盖嘚、架嘚_{架子}、扣嘚_{扣环}、叉嘚_{衣叉}、梳嘚、铲嘚、筛嘚、钳嘚_{老虎钳}、锤嘚_{铁锤}、锯嘚、刨嘚、钩嘚、刷嘚、磨嘚。

3. 量词＋嘚

词缀"嘚"附加在单音节名量词之后，表示与该计量单位相关的事物，例如：盒嘚、本嘚、格嘚_{写字的格子}、袋嘚_{口袋}、尺嘚、箱嘚、间嘚_{房间}。

"嘚"缀在新余等方言中可作"小称标记"，主观上认为表示物体偏小的事物一般都可以加"嘚"。"嘚"缀有表小型、弱化、少量等语义特征，使用上是非强制性的，一般可以加在名词、形容词、动词和数量短语后，例如"刀嘚_{小刀}""船嘚_{小船}""台嘚_{小饭桌}""轻轻嘚""看看嘚""两碗嘚""三斤嘚""两日嘚"。

2.1.3.5 头

"头"尾在赣西北方言中的用法与普通话差不多，无附加义，是一个常用的名词后缀。以上高话为例：

1. 名词＋头：

（1）表示方位处所名词：前头、后头、上头、下头、里头、外头、东头、西头。

（2）表示时间名词：钟头、昼头_{中午}、夜头_{晚上}。

（3）表示器具用品：锄头、榔头、斧头、木头、石头、砖头、枕头、插头。

（4）粮食作物、食物：芋头、洋芋头、谷头、馒头。

（5）表示人或动物的器官：赚头_{舌头}、指头、肩头、拳头、额头、骨头。

（6）其他名词：零头_{剩余的东西}、日头_{太阳}、屌头_{傻子}、贱骨头、轻骨头。

2．形＋头：甜头、苦头、滑头。

3．动＋头：吃头、看头、想头、搞头、盼头、盖头。

4．量词＋头：年头、块头、个头。

"头"加在表时间处所的名词性语素后，主要起衍音作用；附着在表示器具用品、粮食作物、食物和身体器官的名词性语素后，是名词化标记，使用上具有强制性，起构词作用；而加在形容词、动词和量词后，主要是起转类作用。

2.1.3.6 牯

"牯"在赣西北方言中附着于名词性和形容词性的语素或词后边，是一个构词能力较强、使用较为普遍的一个后缀。"牯"最初是表示"阉割过的公牛"，后引申为表示雄性牲畜的意义，随着社会的发展，"牯"也用于指人（男性）和事物。指男性时常带有贬义色彩；但用于表示一些普通事物时，"牯"的性别标记淡化，没有实际意义。

1. 加在指牲畜名词后，表雄性。例如：牛牯、猪牯、狗牯、猫牯。

2. 加在指人名词后，用于称谓特征人群，常带贬义。例如：贼牯_{小偷}、聋牯、懵牯_{糊涂蛋}、蠢牯、矮牯_{矮子}、壮牯_{胖子}。

"牯"缀词指人多用于指男性,例如"蠢牯""矮牯""壮牯";但并不完全局限于男性,像"贼牯""聋牯"也可以用来指女贼、女聋子。

3. 加在呈团状、疙瘩状物体后,与名词性语素或词语构成名词,不表示性别,没有实际意义。例如:凼牯_{小水坑}、米牯、大蒜牯、葱牯、日牯_{太阳}、鹅佬牯_{鹅卵石}、石头牯、尾牯_{尾巴}、拳头牯、膝头牯、肩头牯。

4. "牯"在某些方言点还可以加在人名后,表示称呼。在樟树、上高等方言点的"牯"就可以加在男性人名前,如:荣牯、明牯、军牯、清牯、自牯、圆牯等。

2.1.3.7 公

在赣西北方言中,"公"是表示性别的词缀,一般用来表示雄性,与"婆"相对。

1. 表示家畜、家禽等动物的性别,如:鸡公、鸭公、狗公。

2. 用来表示人,指男性:

(1) 用在表亲属称谓语素后,构成表示亲属关系的称谓词,例如:舅公、太公、外公等。

(2) 标记具有各种特征的男性,如:斋公_{吃斋的男人}、聋公_{耳聋的男人}、新郎公。

3. 在某些情况下意义已虚化,不具有指示事物性别的作用。如:月公_{月亮}、虾公_{虾子}、雷公_{雷电}、鼻公_{鼻子}、膝脑公_{膝盖}。

2.1.3.8 婆、嫲

在赣西北方言中,"婆"是一个表示性别的词缀,用来表示雌性,与表示雄性的"牯"和"公"相对。"婆"作为性属标记,标记家禽、家畜或女性,其次用作非性属标记动物或植物。

1. 用作性属标记

(1) 指雌性家禽、家畜,例如:鸡婆、鸭婆、狗婆、猪婆、猫婆、牛婆。

(2) 指具有各种特征的女性,多带贬义,例如:神婆_{巫婆}、媒婆、斋婆_{吃斋的女人}、生婆_{接生女人}、拐婆_{脚拐的女人}、蠢婆、懒婆、疯婆_{发疯的女人}、大肚婆_{怀孕的女人}等。

2. 用作非性属标记,例如:虱婆、蚐婆_{蟑螂}、芋婆_{大芋头}、薯婆_{大番薯}等。

在赣方言一般用"婆"作性属标记,但在客家方言一般用"嫲",既可以用作性属标记,又可以用作非性属标记。例如,在铜鼓客家话中"牛嫲""猪嫲""矮子嫲"中"嫲"是性属标记,但在"虱嫲""勺嫲_瓢""舌嫲_{舌头}"中的"嫲"则是非性属标记。

2.1.3.9 佬

"佬"一般只用于人,不用于牲畜。"佬"的性属标记不明显,多用于指称男性,也可用于指称女性。有转类、变义、增音、衍音等功能。具体用法如下:

1. 附于性质形容词或名词后,指称某类人。如:好佬_{能力强的人}、河佬_{骂名}、大佬_{资历老、辈分高、说话顶用的人}、和事佬_{劝和的人}、口水佬_{专说不做的人}、阔佬、乡巴佬、番薯佬_{蔑称,宜春话中特指宜春北部山区的吃番薯长大的人}、木佬_{呆头呆脑的人}。

2. 附于国名和地域后。如:外国佬、日本佬、美国佬、北方佬、江西佬、河南佬等。

3. "佬"可附在部分名词后,用来指称某一事物。如:手指佬_{手指}、脚佬_{脚趾}、墓佬_{坟墓}、土佬_{土块}等。

2.1.3.10 客

"客"既是一个实义语素,如"客人""做客",也是一个词缀语素。作为词缀语素,一般用来形容人,"客"的性属标记不明显,多用来指男性与小孩,但也可以指女性,感情色彩上属于中性偏贬义。赣西北方言中用"客"词缀构成的名词有指代某一类人的意义,"有……特征的人"。以新余方言为例:

1. 有贬义色彩的,例如:眼镜客、口水客、假事客、嫖客、屎客、尿客、色客、小气客、牛皮客。

2. 中性色彩的,例如:女嘚客_{女人}、伢嘚客_{小孩}。

3. 从事某种职业的人,一般是社会底层的职业。例如:剃头客、豆腐客、信客、膏药仔客。

2.1.3.11 鬼

"鬼"可以单独做名词,也可以做名词性语素,例如"牛鬼蛇神""神出鬼没";"鬼"还可以做后缀,一般附着在名词、动词和形容词后,表示"在某方面很……的人",贬义色彩比"客""佬"都更浓厚,但虚化程度不及"客""佬"。

1. 名词+鬼:酒鬼、烟鬼、色鬼、赤膊鬼_{光着身子的人}。

2. 动词+鬼:赌鬼、病鬼、死鬼、饿死鬼、怕死鬼、讨债鬼。

3. 形容词+鬼:懒鬼、恶鬼、小鬼、穷鬼、小气鬼、邋遢鬼、瘦精鬼_{长得很瘦的人}。

4. 其他:现世鬼、火烧鬼、短命鬼_{夭折的小孩}、少亡鬼_{夭折的小孩}、后仉鬼_{小孩、青少年}。

2.1.3.12 手

"手"用于后缀表示"精通某一职业的人",赣西北客赣方言均用,有一部分与普通话一致。例如:扒手、老手、新手、骗子手、帮手、高手。但也有个别普通话没有的,例如:摸手_{能够点穴使人生病甚至死亡的人}。

2.1.3.13 恁

后缀"恁"用于人称代词"我""你""渠"后,无实在意义,等同于"我""你""渠"。赣西北万载、宜丰、高安、奉新等方言点也有类似的后缀,无实义。陈昌仪(1995)曾报道铅山方言人称代词单数加附加成分可以表示主格与宾格的区别。我们调查赣西北这几个点,没发现有主格、宾格的区别。"恁"在上高话中一般用作主语、宾语。例如:

(1) 我恁看不上渠。(我看不上他。)
(2) 渠恁打过我。(他打了我。)
(3) 爸爸骂过渠恁。(爸爸骂了他。)

2.1.3.14 复合词缀

在赣西北客赣方言中还存在一些复合词缀,如:牯佬、头牯、牯仂、婆子、婆仔、婆仂、牯子、牯嘚、牯仔、仂子、仂仔等。下面介绍常用的几个。

1. 牯佬,多指男性,略带轻贱义。如:炭牯佬_{挖煤的人}、兵牯佬_{士兵}、山牯佬_{长住山里没见过世面的人}。
2. 头牯:日头牯_{太阳}、石头牯、肩头牯、拳头牯。
3. 牯仂:猫牯仂_{公猫}、蠢牯仂_{愚蠢的男人}、木头牯仂、拳头牯仂。
4. 婆子:牛婆子、虱婆子、湖南婆子_{湖南的女子}、飞婆子_{昆虫}、媒婆子。

2.1.4 词缀讨论

赣西北客赣方言中常见的前缀"老""初""第"的用法和功能和普通话基本一致。前缀"阿"在赣方言中没有,在客家话中还有残存。

赣西北客赣方言的中缀不是很发达,能产性也不高,主要有"里""咕""叮""数",常嵌套于三音节的数词结构、量词结构或四音节形容词性结构之中。中缀"里""咕"也常见于其他方言,但"叮""数"是赣西北比较有特色的中缀。"叮"与形容词相结合,比形容词本身表达的程度更深,有加强语气的作用,如:稳叮稳当、老叮老实;也可以与量词相结合,常用于物量词中间,有"每一"的意思,如:个叮个(仔)、块叮块(仔)。中缀"数"常用于数词或量词中间,表达主观大量。

赣西北方言中的后缀比较多,既有词汇意义基本消失的典型词缀,也有词汇意义正在虚化的类词缀。有"子""仔""仂""嘚"常用的名词标记;也有"牯""公""婆""嫲"等性属标记及其与其他词缀组合而成的复合词缀;还有只用于表述人的"客""佬""鬼"缀;还有用法与普通话几乎一致的"头";也有仅在某几个方言点中才有的"手""恁"等词缀。我们调查了赣西北客赣方言二十二个方言点的两百个常用词(详情见附录二"两百常用词词缀表"),并且对每个方言点的词缀使用频率进行了统计,使用频率排前三的词缀具体情况见表 2-1①。

表 2-1 赣西北客赣方言两百常用词后缀(使用频率前三)统计表

	丰城	樟树	新干	新余	分宜	袁州	萍乡	上栗	万载	宜丰	上高
第一	子76	子64	子58	唧69	子73	伢53	子94	子89	唧105	仔84	仔74
第二	仔29	仔45	仔51	子40	仔16	子48	仔16	仔12	子17	子20	子24
第三	头8	婆11	婆10	伢12	伢9	仔17	婆9	头5	婆10	婆11	婆11
	高安	奉新	靖安	武宁	修水	铜鼓	奉新客	靖安客	万载客	修水客	铜鼓客
第一	子90	伢86	伢103	子82	子83	子66	子101	子96	子93	子92	子89
第二	伢20	唧54	子42	头12	头13	唧36	头9	头9	头10	头11	头11
第三	头9	子24	唧14	婆8	婆7	头10	嬷7	公7	婆5嬷5	嬷7	嬷7

上表统计数据表明:赣西北客赣语中"子""仔""伢""唧"这几个名词后缀用得最广泛,分布最广。其中"子"缀占有绝对优势,有 15 个点的"子"缀排第一,奉新客的"子"缀百分比最高,达到 50.5%,新干的"子"缀百分比最低,但也有 29%,15 个点的"子"缀平均百分比高达 41.5%。比较有意思的是,五个客家方言点一致性很强,只有"子",没有"子"变音的其他后缀,且"子"缀占绝对优势,平均百分比 47.1%,排第二的是"头"缀,平均百分比只有 5%。赣方言点有 10 个点"子"缀排第一,这 10 个点中排第二的后缀分别是"仔""伢""唧""头",其中"仔"缀有 6 个,它们是丰城、樟树、新干、分宜、萍乡、上栗,这 6 个方言点都在浙赣线上。高安排第二的后缀是"伢"缀,占 10%;铜鼓排第二的后缀是"唧"缀,占 18%,都是"子"变音的后缀。另外,修水、武宁排第二的后缀是"头",占比只有 6%左右,这跟客家方言点一致,这表明修水、武宁的词缀受到了客家话的影响。

"伢"缀排名第一的有 3 个点:奉新、靖安、袁州。这三个点排名第二、第三

---

① 表中的"第一""第二"和"第三"是指每个方言点后缀使用频率的排序,表中的词缀后的数字是指在"两百个常用词"中出现的次数。

的都是"子"缀变音后缀,分别是"嘚、子""子、嘚"和"子、仔"。奉新、靖安紧挨一起,三个后缀一致性很强。

"仔"缀排名第一的有 2 个点:宜丰、上高。排名第二、第三的后缀分别是"子"和"婆",两地紧挨一起,一致性相当强。

"嘚"缀排名第一的有 2 个点:万载、新余。排名第二、第三的后缀分别是"子、伢"和"子、婆"。万载点排名第二、第三后缀与宜丰、上高一致性很强。

上述数据还表明:在"子"缀构词能力强的方言中,其他后缀的构词能力就弱一些。有的方言中不用"子"缀,"仔""伢""嘚"缀就会分担"子"的功能,这就体现了方言中词缀的互补性和不平衡性。

"子""仔""伢""嘚"功能复杂,既是构词后缀,又是构形语缀。这些词缀大部分能够做小称标记,具有表小的功能。"仔"缀的用法最为复杂,"仔"在丰城、萍乡和樟树等方言点还可以做形容词缀,以丰城方言为例:作古认真仔、雪白仔等;也可加在重叠的名词、形容词后边,如"盖盖仔""尖尖仔""高高仔"等;也可以用在少数动词后面,如"笑笑仔";还可以用在数量短语后,如"三只仔""一块仔"表示主观小量;丰城方言的"子"一般只作为名词词尾,"伢"作代词词尾和名词词尾,这说明各方言点的词缀分工是较为明确的,彼此之间不能互换且无规律可循,这从另一方面说明方言词缀的使用是约定俗成的,具有客观性。

赣西北赣方言中作性属标记的"牯""公""婆",其中"牯""公"一般表雄性,"婆"表雌性。它们既用来指家畜、家禽,也用来指人;由于社会的发展变化,也用来表述一些性别不明显或者是无性别的事物,性属标记功能逐渐淡化,例如:鼻公、虾公、拳头牯、石头牯、虱婆、蚊婆。客家方言中也用"牯""公"后缀表雄性,表雌性用"嬷"不用"婆"。"牯""公""嬷"在客家方言中,除了用作性属标记时,还可以用指同类中的粗大者,不表性别,例如:手指公_{大拇指}、碗公_{大碗}、石头牯_{大石头}、刀嬷_{大刀}。"牯""嬷"用于指男性、女性的词中,有时候表示贬义,比如:"花牯"指好色的人、"番嬷"指外国女人、"老举嬷"指妓女。但用于指男孩子、女孩子的姓名后就表示亲热的感情色彩。客赣方言中"牯""公""婆""嬷"后缀都用可作非性属标记。有学者认为表示人身体部位与"牯""公"搭配的原因可能与先民的性生殖器官图腾和中国的阴阳学说有关。鼻子、拳头和膝盖与男性生殖器官有相似之处。① "虾"和"雷"属"阳",所以与表示雄性的"公"结合;"虱婆"与"蚊婆"与女性

---

① 《新余市志》(江西省新余市地方志编撰委员会 1995)。

生殖器官有相似之处,且它们喜欢待在阴凉之处。语言的发展都是有源可溯,但随着社会的发展,这些性属标记功能逐渐虚化,表示雌雄的语素失去了原有部分的实词意义,成为类词缀。在赣西北方言中还存在一些复合词缀,由"牯"和"婆"与其他词缀组合而成,例如:牯佬、牯仂、牯子、头牯、婆仂、婆子等。

"客""佬""鬼"缀在赣西北方言中是语义色彩中性偏贬义的后缀,常用来指一些身体和精神上带有不好性状和品质的人。"客"和"鬼"还可以用作实义语素使用,属于类词缀范畴,而"佬"的虚化程度高于"客"和"鬼"缀,只作词缀语素使用。三者主要构成称谓名词,多用于男性,后来社会发展也用于指女性,使之变成非性属标记,或者是性属标记不明显。在语义色彩上,"鬼"的贬义色彩最浓,多用于詈骂语,再者是"佬"缀、"客"缀,"客"属于中性偏贬义,贬义色彩不那么浓厚。但随着社会生活的变化,"鬼"有的情况下也表示中性甚至是褒义色彩,例如:"机灵鬼",就会用来描述机灵聪明的小孩子,表示喜爱之情。这也说明了在语素虚化、泛化的过程中,使"客"尾、"鬼"尾具有实义的语素发展成为类词缀。

方言的发展变化也受到地理位置和交通线等因素的影响,赣西北方言也不例外。赣西北等地区内部存在三条路线,一是浙赣线,途经丰城、樟树、新干、新余、分宜、袁州、萍乡等地;二是三二〇国道线,途经萍乡、袁州、万载、上高、高安等地;还有一条就是九岭山脉线,奉新、靖安、武宁、修水、铜鼓、宜丰。沿着这些路线和山脉线的地区,相邻的地区会相互影响,甚至在某些词语、词缀的用法上出现相同的情况,例如宜丰和上高、武宁和修水等地区就出现这种情况。交通路线的发展也会使语言内部发生变化,与樟树毗邻的新干的一些乡镇,其方言就会向樟树方言靠拢;与新余毗邻的新干的一些乡镇,其方言就会受到新余方言的影响。

赣西北客赣方言二十二个方言点的词缀读音见表2-2。

表2-2 赣西北客赣方言词后缀读音

	丰城	樟树	新干	新余	分宜	袁州	萍乡	上栗	万载	宜丰	上高
子	tsɿ^{55}	tsɿ^0	tsɿ^0	tsɿ^{55}	tsɿ^0	tsɿ^0	tsɿ^5	tsɿ^5	tsu^{213}	tsu^0	tsu^0
仔	tɕi^{55}	tse^0	tɕi^0	tɕi^{55}	tɕi^0	tsi^5	tɕi^5	tɕi^0	te^0	tɕi^0	tɕi^0
仂	li^{55}	li^0	li^0	li^{33}	li^0	li^0	li^5	li^3	li^{213}	li^0	li^0
嘚	—	—	tɛ^0	tɛ^{55}	tɛ^0				tɛ^0		

续 表

	丰城	樟树	新干	新余	分宜	袁州	萍乡	上栗	万载	宜丰	上高
头	tʰɛu³³	tʰɛu⁰	hɛu⁰①	xɛu³³	tʰɛu⁰	tʰeu⁰	tʰɛə⁴	tʰɛi⁴	tʰeu⁴⁵	tʰɛu⁰	hɛu⁰
牯	ku³³	ku⁰	ku⁰	ku⁵⁵	ku⁰	ku⁰	ku⁵	ku⁵	ku⁵	ku⁰	ku⁰
婆	pʰo⁵⁵	pʰo⁰	pʰo⁰	pʰo¹¹³	pʰo⁰	pʰo⁰	pʰo⁴	pʰo⁴	pʰo⁵	pʰo⁰	pʰo⁰
公	kuŋ⁵⁵	kuŋ⁰	koŋ⁰	kuŋ⁴²	kuəŋ⁰	kuəŋ⁰	kuən⁴	kən⁴	kuŋ³¹	kən⁰	kəŋ⁰
嫲											
鬼	kui⁴¹	kui⁰	kui⁰	kuei³²⁴	kui⁴²⁴	kui³¹	kui³⁵	kɛi³⁵	kuøi³⁵	ki²¹	ki²¹³
客	ka³³	ka³	ka²	ka¹³	kʰaʔ³⁵	kʰaʔ⁵	kʰa²⁴	kʰɑʔ⁴	kʰaʔ³	kʰaʔ⁵	kʰaʔ⁴
佬	lau³³	lau⁰	lau⁰	lau⁴⁵	lau⁰	lau⁰	lau⁵	lau³⁵	lau⁴⁵	lau⁰	lau⁰

	高安	奉新	靖安	武宁	修水	铜鼓	奉新客	靖安客	万载客	修水客	铜鼓客
子	tsu³³	tsu⁰	tsu⁰	tsɿ⁰	tsɿ⁰	tsu⁰	tsɿ⁰	tsɿ⁰	tsɿ⁰	tsɿ⁰	tsɿ⁰
仔	tsu³³				tsai³¹	tɕi⁰					
伲	li³³	li⁰	li⁰	li⁰	di⁰	li⁰					
嘚		tɛ⁰	tɛ⁰								
头	xɛu¹³	tʰau²¹³	tʰau²⁴	tiau²²	dɛi²¹³	tʰɛu⁰	tʰɛu¹³	tʰɛu²²⁴	tʰɛu¹³	tʰɛu¹³	tʰɛu²¹²
牯	ku³³	ku⁰	ku⁰	ku⁴²	ku³¹	ku⁰	ku²¹	ku¹¹	ku⁴²	ku²¹	ku³¹
婆	pʰo³³	pʰo²¹³	pʰo²⁴	po²²	bo²¹³	pʰo⁰	pʰɔ¹³	pʰɔ²²⁴	pʰɔ¹³	pʰɔ¹³	pʰɔ²¹²
公	kuŋ³⁵	kəŋ⁴²	kəŋ⁵³	kəŋ²⁴	kəŋ³³⁴	kən⁰	kəŋ²⁴	kəŋ⁴⁵	kəŋ⁴²	kəŋ²¹	kəŋ²⁴
嫲							ma¹³	ma²²⁴	ma¹³	ma¹³	ma²¹²
鬼	kui⁴²	kui³⁵	kui³⁵	kui⁴²	kui³¹	ki²¹	kui²¹	kui¹¹	kui⁴²	kui²¹	kui³¹

① "头"缀在新干有两种读音：1. 一般读成[hɛu⁰]；2. 由外面传入或新词读[tʰɛu⁰]，如"馒头""罐头"等。

续 表

	高安	奉新	靖安	武宁	修水	铜鼓	奉新客	靖安客	万载客	修水客	铜鼓客
客	$k^ha\text{?}^5$	$ka\text{?}^4$	$ka\text{?}^2$	k^ha^{54}	ha^0	$k^ha\text{?}^5$	k^hak^2	k^hak^{21}	k^hak^2	k^hak^2	k^hak^2
佬	lau^{33}	lau^{35}	lau^{35}	lau^{42}	lau^0	lau^0	lau^{21}	lau^{11}	lau^{42}	lau^{31}	lau^{31}

2.2 构 词 法

葛本仪《现代汉语词汇学》指出:"构词法指的是词的内部结构规律的情况,也就是词素结合方式方法。"赣西北客赣方言的构词手段比较丰富,构词法主要有两种:复合构词法、派生构词法。复合构词法是用句法手段进行构词,而派生构词法是用形态手段进行构词。

2.2.1 复合构词法

复合构词法是指几个词根根据句法的结构规则构造新词的方法,一般有并列、偏正、主谓、补充、述宾等类型。赣西北客赣方言的合成词大多数是由词根复合法构成的。

2.2.1.1 复合构词表

考察复合构词法,主要有语法关系以及词类两个角度。下面以上高话为例,上高方言的词语主要由词根复合法构成,具体见表2-3。

表2-3 复合构词表①

		主 谓	偏 正	述 宾	述补(正偏)	联 合
N+N	名词	月光 月亮	露水		口前 门外	翼膀 翅膀
	动词					
	形容词					油人 油腻

---

① 此表参照了盛益民(2015)。

续 表

		主谓	偏正	述宾	述补(正偏)	联合
N+V	名词	粥饮 米糊	体会			
	动词	眼妒	风干			
	形容词	肉痛	上进			
N+A	名词	天晴 晴天 月大 大月	狐臭			
	动词	眼痒 嫉妒				
	形容词	面薄 害羞	雪白			
V+N	名词		滚水 热水	叫鸡 公鸡	困间 卧室	
	动词			剃脑 理发		
	形容词		中立	听话 乖巧 晒人 很晒		
V+V	名词			惊蛰	通知	调钩 调羹 裁缝
	动词			吃亏 拖累 受累	看到	收捡 整理 爱惜
	形容词				想通	活变 灵活 拗捩 桀鹜不驯 结赖 麻烦
A+N	名词		新妇 媳妇			
	动词					
	形容词		细毛 小气 活性 活泼	累人 累		
A+A	名词		大寒			
	动词					欢喜
	形容词					齐整 漂亮 强横 蛮横

续 表

		主谓	偏正	述宾	述补(正偏)	联合
A+V	名词		长带_{茄子}			
	动词		安嘱叮嘱			
	形容词		暖活			
V+A	名词		附近		证明	
	动词			偷懒	摆平	
	形容词		喷臭		闹哄	

此外,还有一些由数词、量词、名词组合而成的构词方式,如:Num+N→N(三伏、二婚)、Num+Cl→N(百叶牛肚)、Cl+N→N(截砖砖头)、Cl+Cl→N(尺寸、斤两)、Cl+Cl→A(分寸)等。

2.2.1.2 形容词的并列构词

少数单音节形容词可以由正反义并列构词,多数情况下是由"正+反"构成,例如:早晏、好歹、大细、高矮、贵贱、多少、厚薄、长佇_{长短}等;但也有部分是"反+正"的组合,例如:轻重、输赢、冷热等,"反+正"多是声调组合上符合平上去入的顺序。

2.2.2 派生构词法

派生是一种用形态手段构成新词的方法,即在词根上加上形态成分构成新词。能用作派生的手段主要有如下几种:附加、重叠、内部交替、超音段手段等。

附加是指在词根的基础上添加词缀的手段。赣西北客赣方言中的词缀主要有:第一、初一、老一、一里、一咕、一数一、一子、一仔、一仍、一头、一佬、一婆、一牯、一客等。

赣西北客赣方言中广泛存在着重叠构词现象,比如上高话中的重叠可用于名词、形容词、动词、副词、拟声词等词类。

内部交替指的是用改变音段成分的手段进行构成的方法,例如上古汉语中的清浊别义。

超音段手段指的是用改变超音段成分(如声调、重音等)的手段进行构词的方法,例如上古汉语中的四声别义、汉语方言中的小称变调等。上高、万载、宜丰三地方言中存在少量用变调作为手段的构词,比如上高方言中的"油""茶""姨""口"等两百多个读如高升调表示小称、区别词义等。

下面主要讨论附加和重叠这两种最主要的派生方式。

2.2.2.1 附加

主要是前缀、中缀、后缀与词根组合成新词,具体见表 2-4。

表 2-4 派生构词表

词缀		附 加 方 式	例 词
前缀	初	加在数字"一"到"十"前,表示农历每个月前十天的次序。	初一、初二、初十
	第	加在数字前表示次序,数字后面通常也可以加上量词,但在表示时间、编号和某些简称前不加"第"。	第一、第二、第一百 第一个、第二十条、第一百名
	老	(1) 用在数字"一"到"十"和"大""落小""几"前表示排行。 (2) 与某些不能单独成词的语素构成新词。 (3) 用在亲属称谓前。 (4) 加在单音节姓氏前,表示亲昵。	(1) 老大、老二、老落老小、老几 (2) 老师、老鼠、老虎、老姜 (3) 老公、老弟、老妹、老庚同龄人、老爷父亲、老表表兄弟 (4) 老罗、老王、老刘、老赵
中缀	里	形容词中缀,多构成四音节的形容词,有两种结构:① A 里 A 气;② A 里 AB,多形容人的性状,多含贬义。	① 土里土气、流里流气、怪里怪气 ② 糊里糊涂、啰里啰嗦、邋里邋遢
	咕	形容词中缀,嵌套在四字格词语① A 咕 AB;② A 咕 BC,形容事物的形状、颜色、味道等特征,起强调作用。	① 邦咕邦硬、津咕津甜、雪咕雪白 ② 黑咕隆咚、圆咕隆咚、毛咕隆咚
	咧	(1) 形容词中缀,与形容词结合,组成① A 咧 AB,加深程度;② A 咧 A,常与助词"个"联用。 (2) 量词中缀,与"仔"连用组成"X 咧 X 仔"结构,常用于物量词。	(1)① 老咧老实、慢咧慢腾、合咧合适;② 实咧实个、硬咧硬个、明咧明个 (2) 个咧个仔、块咧块仔、只咧只仔
	数	量词中缀,嵌入相同的数词或量词之间,组成"X 数 X"格式,常用于物量词,也用于时量词,表主观大量。	碗数碗、桶数桶、日数日、年数年、斤数斤、万数万

续 表

词缀		附 加 方 式	例 词
后缀	仈	(1) 加在普通名词后帮助构成名词,起成词作用。 (2) 代词后缀,常加在人称代词"你""我""渠"后,表复数。	(1) 星仈、沙仈、菇仈 (2) 你仈、我仈、渠仈
	仔	(1) 加在普通名词后帮助构成名词,起成词作用。 (2) 加在独立成词的名词后,作小称标记。	(1) 港仔、畑仔 (2) 刀仔、马仔
	子	(1) 加在名词后,① 加在成词语素后,起衍音作用;② 加在不成词语素后,帮助构词。 (2) 加在动词语素后,构成表示相关工具的名词。 (3) 加在形容词语素后,构词指人名词,多含贬义。 (4) 加在量词后,起转类作用。	(1) ① 车子、刀子、爪子 ② 猴子、茄子、筷子 (2) 起子、钳子、盖子 (3) 瞎子、瘸子、疯子 (4) 个子、本子
	头	(1) 加在名词后,① 成词作用;② 衍音作用。 (2) 加在动词后,起转类作用。 (3) 加在形容词后,起转类作用。 (4) 加在量词后,起转类作用。	(1) ① 榔头、骨头、斧头 ② 夜头、昼头、前头 (2) 吃头、盼头、搞头 (3) 轻骨头、贱骨头、苦头、甜头、滑头 (4) 个头、块头、年头
	牯	(1) 加在指牲畜名词后,表雄性。 (2) 加在指人名词后,用于称谓特征人群,常带贬义。 (3) 加在呈团状、疙瘩状物体后,与名词性语素或词语构成名词,不表示性别,没有实际意义。	(1) 猪牯、牛牯、狗牯 (2) 蠢牯、憎牯、矮牯 (3) 眼牯、囟牯、米牯
	婆	(1) 用作性属标记,加在表雌性家禽、家畜名词后。 (2) 性属标记,用来表人,指女性。 (3) 不表性别,作名词标记。	(1) 鸡婆、猪婆、牛婆 (2) 媒婆、斋婆、能干婆 (3) 虱婆、蚤婆
	客	加在表人的名词后,表示"…多的人"性属标记不明显,感情色彩上中性偏贬义。	尿客、屎客、嫖客

41

续 表

词级	附加方式	例词
后缀 公	（1）用作性属标记,加在表雄性家禽、家畜名词后。 （2）性属标记,用来表人,指男性① 用在亲属称谓名词后,构成称谓词;② 用在身份名词后。 （3）不表性别,作名词标记。	（1）鸡公、鸭公、猪公 （2）① 舅公、外公、公公 　　② 斋公、新郎公 （3）雷公、虾公、鼻公

2.2.2.2 重叠

赣西北客赣方言各方言点都有重叠构词现象,下面以上高话为例作简单介绍。上高话用重叠的手段构成名词的数量不多,主要有以下两类：

（1）是用作亲属称谓词,例如：公公爷爷、婆婆奶奶、伯伯、叔叔、爷爷爸爸、爸爸、姆姆伯母、婶婶、舅舅、嫂嫂、哥哥、姐姐、姑姑、姨姨比母亲小的姨妈。

（2）另一类是用作一般词语,主要有以下这些：凌凌冰凌、盖盖盖子、袋袋衣服的口袋、馍馍馒头、毛毛婴儿、须须须状物、疤疤疤痕、把把物品的手柄、板板饼状物或物品板结、边边物品的边沿、坡坡物体突起的部分、槽槽中间凹下条状体、蒂蒂瓜果或花朵的柄、趾趾物体折断后留下的残余、足足器皿的底部、蔸蔸植物的蔸、搭搭门的挂环、点点小点、仁仁果仁、缝缝缝隙、梗梗植物的茎、梗、稿稿晒干的农作物的枝干、拱拱物体拱起的部分、箍箍用铁或者竹篾做成的箍、根根植物的根、筋筋韧带或嚼不烂的东西、壳壳果实的外壳、垴垴植物的球状根茎或小的球状物、窟窟地上的窟窿、瓢瓢瓜果果肉中包着种子的瓢、丫丫树木的枝丫、芽芽植物的芽或短小的芽状物、影影影子、脚脚沉淀物、籽籽植物的种子、舷舷边沿、屑屑细碎的物体、皮皮动植物的表皮、尾尾植物的末端。

2.2.3 复杂的构词法

复合、附加、重叠三种构词法一共能组成六种复杂的构词法来,分别是：重叠＋重叠,重叠＋附加,重叠＋复合,附加＋附加,附加＋复合,复合＋复合。下面以上高话为例讨论"复合＋复合"之外的其他五种复杂的构词法。

2.2.3.1 重叠＋重叠

上高话的"重叠＋重叠"的构词法所构成的词语特别少,例如：

婆婆妈妈形容人动作琐细、言语啰唆

2.2.3.2 重叠＋附加

根据重叠与附加的前后位置,主要有两类：（1）重叠＋附加；（2）附加＋重叠,这两种都存在。上高话中"重叠＋附加"的构词法可以构成名词、副词等。例如：

名词：蚂蚂子_{蚂蟥}

副词：细细仔、慢慢仔、好好仔、轻轻仔

我们认为副词后缀"仔"是从名词后缀"仔"发展而来的。

上高话中"附加＋重叠"的构词法可以构成名词,数量不多。例如：

瓜子壳壳、桃仔籽籽_{桃核}、碗仔足足_{碗底}、桌仔舷舷_{桌子边沿}、树仔丫丫_{树桠}、薯仔芽芽_{红薯芽}、树仔蔸蔸_{树蔸}、瓶仔盖盖_{瓶盖}、胡子须须_{胡须}

2.2.3.3 重叠＋复合

根据重叠与复合的前后位置,主要有两类：（1）复合语素＋重叠；（2）重叠＋复合语素。两种都存在,例如：

(1) N＋XX：蚕［宝宝］、盐［咯咯］_{盐蛋}、咸［咯咯］_{咸蛋}、饼［屑屑］_{细碎的饼干}

　　V＋XX：蒸［咯咯］_{水蒸蛋}、削［满满］_{打水漂游戏}

(2) A＋XX：假［咯咯］_{不能孵出小鸡的鸡蛋}、红［瓢瓢］_{红瓢}

(3) NN＋N：［凌凌］构_{冰凌}、［鳞鳞］甲_{穿山甲}、［灵灵］牌_{灵牌}

(4) VV＋N：［粘粘］草—_{一种野草,果实粘人衣物}、［纠纠］风_{龙卷风}

2.2.3.4 附加＋附加

根据附加与附加的前后、高低位置,主要有三类：

(1)［前缀＋词根］＋后缀：［老虎］子_{玻璃子}、［老鼠］仔、［老弟］仔

(2) 前缀＋［词根＋后缀］：老［瘟鬼］、老［色鬼］

(3)［词根＋后缀］＋后缀：［指头］佬、［兵牯］佬、［矮仔］鬼、［石佬］牯、［后伢］鬼、［肩佬］牯、［膝佬］公

2.2.3.5 附加＋复合

根据附加与复合的前后、高低位置,主要有六类：

(1)［前缀＋词根］＋词根：［老鼠］窠、［老鼠］屎、［老天］爷

(2) 前缀＋［词根＋词根］：老［棺材］、老［伙计］、老［地方］

(3) 词根＋［前缀＋词根］：乌［老鸦］、野［老公］、野［老婆］

(4) 词根＋［词根＋后缀］：烂［芋头］_{喻没有见解主张的人}、细［指佬］、轻［骨头］、贱［骨头］

(5)［词根＋词根］＋后缀：［学生］仔、［暗边］仔、［水车］仔、［狐狸］婆、［火烧］鬼_{做事急急忙忙的人}、［短命］鬼_{骂人的话,诅咒人年纪很小就死亡}、［少亡］鬼_{骂人的话,诅咒人未成年就死亡}

（6）［词根＋后缀］＋词根：［木头］人、［镢头］把、［柑子］皮、［鸟仔］窠、［瓜子］壳

2.2.4 构词法小结

赣西北客赣方言的构词手段比较丰富,构词法主要有两种:复合构词法、派生构词法。复合构词法一般有并列、偏正、主谓、补充、述宾等类型,此外还有一些由数词、量词、名词组合而成的构词方式。派生构词法一般有附加、重叠、变调三种类型。附加有"前缀＋词根""词根＋中缀＋词根"和"词根＋后缀"三类;重叠构词法构成一般名词,在上高等方言点较为丰富,比较有特色;高升调构词法在上高、宜丰和万载存在,通过改变声调从而改变词性和词义。复合、附加、重叠三种构词法一共能组成六种复杂的构词法来,分别是:重叠＋重叠,重叠＋附加,重叠＋复合,附加＋附加,附加＋复合,复合＋复合。

2.3 本章小结

赣西北客赣方言的词缀有较多的相同点,也有少量的不同点。客赣方言词缀相比较,不同点有如下几点:1. 客家方言有特殊的性属后缀"嫲",赣方言没有;2. 客家方言大部分方言点有"阿"前缀,但仅限于"阿公""阿婆""阿姐"等亲属称谓前,使用频率也极低;3. 赣方言有着丰富的"子"缀变音现象,在不同的方言点会变成"仔""仂""唧"等,但在不同方言点会使用某几个且使用频率各有不同。客家方言没有"子"变音后缀"仔""仂""唧"。

赣西北客赣方言接触中,客家方言受赣方言影响更大些。奉新客家话受赣语影响较大,没有"阿"前缀了。客家话除了使用后缀"嫲"外,也使用后缀"婆"。受赣语的影响,客家方言点会少量使用中缀"数",表达主观大量。

赣西北客赣方言的构词手段一致性较强,复合构词法完全一致;派生构词法略有不同。高升调构词法仅存于赣语区的上高、宜丰和万载,通过改变声调从而改变词性和词义。

第三章 代　词

代词是不依据分布的标准划分出来的一种具有指示、区别和替代功能的特殊的词类,是独立于体词、谓词和加词的篇章层面的词类。从指代的对象看,代词可以指代某种实词、短语、句子,甚至更大的单位。

按照代词的指代功能来划分,可以把代词分为人称代词、指示代词和疑问代词三大类。

3.1　人称代词

人称代词是体词性的,主要用于指代人称的,有的也可以指代事物,比如第三人称代词。人称代词包括三身代词、反身代词、旁称代词和总称代词。

3.1.1　三身代词

三身代词是第一人称代词、第二人称代词和第三人称代词的合称。第一人称代词是自称,第二人称代词是对称,第三人称代词是他称,第三人称代词可以指人,也可以指物。三身代词都有单复数之分。

3.1.1.1　单数形式

1. 在赣西北各个方言点中,三身代词以"我/阿/偃/䢼""你/尔/恨""渠/他/□[xān²⁴]"来表示,相当于普通话中的"我""你""他",在句子中可以做主语、宾语和定语,没有格与性别的区别。以袁州话为例①:

---

① 本章未标记方言点出处的用例为袁州话。

(1) 我姓王。

(2) 你行面,我等下仔就来。(你先走,我等会儿就来。)

(3) 渠比你高发仔。(他比你高一点儿。)

(4) 你昨日去哩哪里?我昨日回老家哩①。(你昨天去了哪儿?我昨天回老家了。)

(5) 箇里个人都晓得渠。(这里的人都认识他。)

(6) 你姐姐回来哩么?(你姐姐回来了吗?)

2. 赣西北客赣方言口语中的第二人称没有尊称形式"您",如要表达对对方的尊敬,一般在"你"之后加上能表示尊敬的称呼等来表示。丰城、新余、修水、袁州等地一般会用"你老人家"来表示对长者的尊敬。例如:

(7) 你老人家高寿呀?

(8) 公公,你老人家先坐一下。(爷爷,您先坐一会儿。)

3. 第三人称单数"渠"有虚指的用法。例如:

(9) 明日要吃渠三大碗。(明天要吃他三大碗。)

(10) 管渠几多仔钱我都要买。(管它多少钱我都要买。)

(11) 你等到渠做,渠又等到你做,结果冇得人做。(你等着他做,他又等着你做,结果没有人做。)

3.1.1.1.2 复数形式

1. 赣西北客赣方言中人称代词的复数表示法一般是在单数人称代词后面加词尾"仂/人/等/几/来/嘚",相当于普通话中的"们"。这种复数表示法在方言中并不少见。赣西北各个方言点的具体情况见表 3-1。

表 3-1 人称代词复数标记

	丰城	樟树	新干	新余	分宜	袁州	萍乡	上栗	万载	宜丰	上高
我们	我仂	我仂	我叽	我来	我嘚	我仂	巷仂	我仂	我仂	阿仂	我仂
咱们	我等	我嘚	我嘚	——	俺人	——	巷□$t^h\varepsilon^4$	我同	我人	阿人	我人

---

① "哩"在袁州话中可以位于动词后面,也可以位于句末,动词后的"哩"相当于普通话的"了$_1$",是实现体标记;句末后的"哩"相当于普通话的"了$_2$",表肯定的语气词。

续 表

	丰城	樟树	新干	新余	分宜	袁州	萍乡	上栗	万载	宜丰	上高
你们	你伙	你伙	你叽	你来	你嘚	你伙	恨伙	你伙	尔伙	尔伙	尔伙
他们	渠伙	渠伙	渠叽	渠来	渠嘚	渠伙	□xān²⁴伙	渠伙	渠伙	渠伙	渠伙

	高安	奉新	靖安	武宁	修水	铜鼓	奉新客	靖安客	万载客	修水客	铜鼓客
我们	我伙	我伙	我伙	我伙	我伙	偃伙	偃等	偃恁	偃等	偃等
咱们	我等	俺伙	我人	——	我①伙	——					
你们	尔伙	尔伙	尔伙	尔伙	你伙	你等	你恁	你等	你等
他们	渠伙	渠伙	渠伙	渠伙	渠伙	渠伙	渠等	渠恁	渠等	渠等

上表表明：排除式复数标记"伙"使用最为广泛，"叽"用于新干，"来"用于新余；"嘚"用于分宜，"等"一般用于客家方言点，"恁"用于万载客家方言点。例如：

(12) 你一個仔去吧，渠伙不去哩。(你一个人去吧，他们不去了。)

(13) 你伙啥嘛时候过来呀？(你们什么时候过来呀？)

(14) 娘爷一了仔不会打我伙。(爸妈一向不会打我们。)

与普通话不同的是，普通话词尾"们"既可加在人称代词后表复数，又可加在表人的普通名词表复数，如"朋友们""小孩子们"。但在赣西北客赣方言中除了三身代词，其他名词都不存在"数"的语法范畴。如需表示人或事物的多数，一般是在名词前加上表示复数的副词或数(指)量短语等。例如：

(15) 渠伙一下是我个朋友。(他们都是我的朋友们。)

(16) 我下昼喫哩三块西瓜。(我下午吃了三块西瓜。)

(17) 要箇仔细人仔先回去，我转下仔街凑。(让这些小孩子们先走，我再逛会儿街。)

另外，在"我""你"和"渠"之后加上表复数的词尾"伙"后，再省去"屋里"，便有"我家""你家"和"他家"的意思，可以在句中充当主语、宾语和定语。例如：

(18) 渠伙[屋里]②只有五亩田。(他家只有五亩田。)

---

① 修水方言的包括式的"我伙"的"我"读为"高降调"[51]。

② 例句中的"屋里"可以承上句的语境而省略，也可以补出。

(19) 有时间就来我伲[屋里]耍下仔。(有时间就来我家玩会儿。)

(20) 你伲[屋里]个饭菜蛮好喫。(你家的饭菜很好吃。)

2. 第一人称复数有包括式和排除式两种。包括式是指包括听话人,排除式是指不包括听话人,大多数赣方言点有与普通话的"咱们"相当的第一人称包括式代词。17个赣语点中的13个点有包括式与排除式的区别,其中分宜、上高、宜丰、万载、靖安5个点用"人"表示第一人称复数的包括式;丰城、高安两个点用"等"表示第一人称复数的包括式。新余、袁州、武宁、铜鼓4个赣语点和铜鼓、修水、万载、靖安、奉新5个客家点没有排除式与包括式的区别。详见表3-1。丰城话的"我等"是包括式,"我伲"是排除式;上高话的"我人"是包括式,"我伲"是排除式。例如:

(21) A:我等去喫饭么?(咱们去不去吃饭?)

B:你伲先去,我伲晏毛仔去。(你们先去,我们晚点去。)(丰城)

(22) A:我伲先走哩,你坐下仔凑。(我们先走了,你再坐一会儿。)

B:我等一起走吧。(咱们一起走吧。)(丰城)

(23) 我等班上个人比渠伲班上个人多。(咱们班的人比他们班的人多。)(丰城)

(24) 你伲两個人就到箇里割禾,我伲三個人去许边栽禾嗟。(你们两个人就在这里割稻子,我们三个人要到那边去插秧。)(上高)

(25) 明日会天晴,我人去山上捡菇伲吧。(明天是晴天,咱们去山上采蘑菇吧。)(上高)

修水赣语通过超音段手段的变调法来区别排除式与包括式。排除式的"我伲"的"我"读为中降调[ŋo³¹],包括式的"我伲"的"我"读为高降调[ŋo⁵¹]。例如:

(26) 我[ŋo³¹]伲先走,你等下再来。(我们先走,你等下再来。)

(27) 我[ŋo⁵¹]伲一起去回吧?(咱们一起回家吧?)

袁州、铜鼓、新余、铜鼓客、修水客等方言点不分包括式和排除式,如果要把说话者和听话者双方都包括进去,通常用"代词复数+数量短语"来表示。例如:

(28) 我伲两個同伴来嘅,你咋嘛来嘅。(我们两个一起来的,你怎么来的?)

(29) 你先走吧,我伓三個人再坐下仔凑。(你先走吧,咱们三个人再坐会儿。)

(30) 我伓几個人去食堂喫饭,你去么?(我们几个人去食堂吃饭,你去不去?)

(31) 偃等两個人去学堂,你去哪子?(我们两个人去学校,你去哪里?)(铜鼓_客)

(32) 你先睡哩,偃等四個人再聊下子哈。(我先睡觉了,我们四个人再聊会儿。)(铜鼓_客)

3.1.1.3 领属语

1. 赣西北各个方言点中,当人称代词表领属关系时,并且后面接一般名词,则通常是在名词后加定语标记"个"。例如:

(33) 箇是渠个药,你莫喫错哩。(这是他的药,你别吃错了。)

(34) 你个手缠仔蛮好看哩!(你的手镯子很好看呀!)

(35) 渠个书冇刮哩,等渠妈妈骂哩渠一餐。(他的书丢掉了,被他妈妈骂了他一顿。)

(36) 我伓个东西蛮好吃。(我们的东西很好吃。)

2. 如果人称代词后接的是方位短语或表亲属、社会关系、处所的名词时,定语标记"个"可省略。例如:

(37) 我坐在渠[个]面前。(我坐在他的前面。)

(38) 渠[个]爷老子而今不喫烟哩。(他的爸爸现在不抽烟了。)

(39) 箇是我伓[个]老师,不是你伓[个]老师。(这是我们老师,不是你们老师。)

(40) 你伓[个]屋场一共有几多几人?(你们的村子一共有多少人?)

(41) 那是我伓[个]学堂。(那是我的学校。)

3. "我个"在严格意义上表领属关系,第一人称复数形式"我伓"表领属是由表复数衍变过来的,"我伓"既可以表领属又可以表复数。若要强调领属关系,则可以加上"个"。例如:

(42) A:李强是我伓老师。(李强是我们老师。)

　　B:李强是我伓个老师。(李强是我们的老师。)

赣西北各方言点均有三身代词,具体见表3-2。

表 3-2 三身代词表

代词\方言点	第一人称 单数	第一人称 复数 包括式	第一人称 复数 排除式	第二人称 单数	第二人称 复数	第三人称 单数	第三人称 复数
武宁	我 ŋo⁴²	——	我伲 ŋo⁴² li⁰	你 ȵiɛ²²	你伲 ȵiɛ²² li⁰	渠 tɕiɛ²²	渠伲 tɕiɛ²² li⁰
萍乡	楚 xɔ³¹ li⁵	楚□ xɔ³¹ t'ɛ⁴	楚伲 xɔ³¹ li⁵	很 xɛ¹¹	很伲 ȵi¹¹ li⁵	□ xān²⁴	□伲 xān²⁴ li⁵
上栗	我 ŋo³¹	我同 ŋo³¹ t'aŋ⁴	我伲 ŋo¹³ li³	很你 hɛ³¹ ȵ³¹	很伲 hɛ¹³ li³	他 ha¹³	他 ha¹³ li³
丰城	我 ŋo²⁵	我等 ŋo²⁵ tm⁵⁵	我伲 ŋo²⁵ li⁵⁵	你 ȵi²⁵ 尔您 ŋ²⁵	你伲 ȵi²⁵ li⁵⁵	渠 tɕiɛ²⁵	渠伲 tɕiɛ²⁵ li⁵⁵
樟树	我 ŋo⁴⁴	我伲 ŋo⁴⁴ tɛ⁰	我伲 ŋo⁴⁴ li⁰	你 ȵi⁴⁴	你伲 ȵi⁴⁴ li⁰	渠 kei⁴⁴	渠 kei⁴⁴ li⁰
新干	我 ŋo³¹	我包 ŋo³¹ pau⁰	我叽 ŋo³¹ tɕi	你 ȵi³¹	你叽 ȵi³¹ tɕi	渠 kei³¹	渠叽 kei³¹ tɕi
新余	我 ŋo⁴⁴⁵	——	我来 ŋa⁴⁵ lai³³	你 ȵi⁴⁴⁵	你来 ȵi⁴⁵ lai³³	渠 ke⁴⁴⁵	渠来 ke⁴⁵ lai³³
分宜	我 ŋo³⁵	俺目 ŋon³⁵ ȵi⁵	我嘀 ŋo³⁵ tɛ⁵	你 ȵi³⁵	你嘀 ȵi³⁵ tɛ⁵	渠 kie³⁵	渠嘀 ke³⁵ tɛ⁵
高安	我 ŋo³⁵	我等 ŋo³⁵ tɛn³³	我伲 ŋo³⁵ li³³	尔 ŋ³⁵	尔伲 ŋ³⁵ li³³	渠 kie³⁵	渠伲 kie³⁵ li³³
宜丰	阿 a³¹	阿人 a³¹ ȵin⁰	阿伲 a³¹ li⁵	尔 ŋ³¹	尔伲 ŋ³¹ li⁰	渠 kie³¹	渠伲 kie³¹ li⁰
上高	我 ŋo³¹	我人 ŋo³¹ ȵin⁰	我伲 ŋo³¹ li³¹	尔 ŋ³¹	尔伲 ŋ³¹ li⁰	渠 tɕiɛ³¹	渠伲 tɕiɛ³¹ li⁰

续 表

代词 方言点	第一人称			第二人称		第三人称	
	单数	复数 包括式	复数 排除式	单数	复数	单数	复数
袁州	我 ŋo²⁴	—	我伢 ŋo²⁴ li⁰	你 ȵi²⁴	你伢 ȵi²⁴ li⁰	渠 ke²⁴	渠伢 ke²⁴ li⁰
万载	我 ŋo³¹	我人 ŋo³¹ ȵin⁴⁵	我伢 ŋo³¹ li²¹³	尔 ŋ³¹	尔伢 ŋ³¹ li²¹³	渠 kie³¹	渠伢 kie³¹ li²¹³
万载客	偲 ȵai⁴²	—	偲恁 ȵai⁴² nen²⁴	你 ȵi⁴²	你恁 ȵi⁴² nen²⁴	渠 tɕi⁴²	渠恁 tɕi⁴² nen²⁴
铜鼓	我 ŋo²¹	—	我伢 ŋo²¹ li⁰	尔 ŋ²¹	尔伢 ŋ²¹ li⁰	渠 tɕie⁵¹	渠伢 tɕie⁵¹ li⁰
铜鼓客	偲 ȵai²¹²	俺伢 ŋon³⁵ li⁰	偲等 ȵai²¹² ten⁴⁴	你 ȵi²¹²	你伢 ȵi²¹² li⁰	渠 tɕi²¹²	渠等 tɕi²¹² ten⁴⁴
奉新	我 ŋo⁴²	—	我伢 ŋo⁴² li⁰	你 ȵi⁴²	你伢 ȵi⁴² li⁰	渠 tɕi⁴²	渠伢 tɕi⁴² li⁰
奉新客	偲 ȵai²¹	—	偲等 ȵai²¹ li⁰	尔 ŋ²¹	尔伢 ŋ²¹ li⁰	渠 tɕi²¹	渠伢 tɕi²¹ li⁰
靖安	我 ŋo⁴¹⁵	我伢 ŋo⁴¹⁵ li⁴¹⁵	我人 ŋo⁴¹⁵ ȵin⁴⁴	你 ȵi⁴¹⁵	尔伢 ŋ⁴¹⁵ li⁴¹⁵	渠 tɕi³³	渠伢 tɕi³³ li⁴¹⁵
靖安客	偲 ȵai²¹	—	偲等 ȵai²¹ ten⁴⁴	你 ȵi²¹	你等 ȵi²¹ ten⁴⁴	渠 tɕi²¹	渠等 tɕi²¹ ten⁴⁴
修水	我 ŋo³¹	我伢 ŋo³¹ di⁰	—	尔 ŋ³¹	尔伢 ŋ³¹ di⁰	渠 ɔ²¹³	渠伢 ɔ²¹³ di⁰
修水客	偲 ȵai²¹	—	偲等 ȵai²¹ ten⁴⁴	你 ȵi²¹	你等 ȵi²¹ ten⁴⁴	渠 tɕi²¹	渠等 tɕi²¹ ten⁴⁴

3.1.2 非三身代词

非三身代词包括反身代词、旁称代词和总称代词,赣西北各个方言点均存在非三身代词的用法。

3.1.2.1 反身代词

1. 反身代词"自己"在赣西北客赣方言中主要有"自家"和"自己"两种说法,仅丰城用"个已"。用法与普通话相似,可在句子中充当主语、宾语、定语、状语和同位语。例如:

(43) 自己/自家不争气,莫怪别人家看不起。(自己不争气就不要怪别人看不起。)

(44) 渠只好自己/自家安慰自己/自家。(他只好自己安慰自己。)

(45) 自己/自家个事要自己/自家做。(自己的事情要自己做。)

(46) 读书是自己/自家个事。(读书是自己的事情。)

(47) 箇只门是渠自己/自家开个,我冇推渠。(这门是它自己开的,我没有推它。)

(48) 渠自家都不赛力读书,哪个帮得哩渠?(他自己都不努力读书,谁帮得了他?)

2. "自家"和"自己"几乎可以完全替换。若旁称代词与反身代词对举时,则"自己"一般多和"别人"对举,而"自家"多和"人家"对举。例如:

(49) 你做箇么缺德个事,害哩别人家,又害哩自家。(你做这么缺德的事情,既害了别人,又害了自己。)

3.1.2.2 旁称代词

1. 旁称代词"人家"在赣西北客赣方言中主要有"别人家""别家""别人"和"人家"这四种用法。"别个"用于武宁;"人家"的用法与普通话基本相同,在句中可以作主语、宾语、定语和同位语。例如:

(50) 我伇箇么帮忙,别人家还不见得会领情呢。(我们这么帮忙,人家还不见得会领情呢。)

(51) 我不好怪人家,只能怪自家。(我不能怪别人,只能怪自己。)

(52) 我给婆婆买哩两只西瓜,快发仔给人家送得去。(我给奶奶买了两个西瓜,快点儿给她送过去。)

(53) 老李是只好人,别人家个事就是他自家个事。(老李是个好人,别人的事就是他自己的事。)

(54) 人家老王都不怕,你怕啥仔哦?(人家老王都不怕,你怕什么哦?)

(55) 别个事让别个做,不要多管闲事。(别人的事让别人做,不要多管闲事。)(武宁)

2. "人家"既可指说话人自己,当"人家"可以称代说话人自己时,相当于"我",带有撒娇的语气,女生和小孩子用得较多。此时"人家"不能和"别人家"互换。例如:

(56) A:你咋么把杯子打烂哩!(你怎么把杯子打烂了?)
　　　B:人家不是特竟打烂嗰。(我不是故意打烂的。)

(57) 人家在睡觉诶,你在箇里吵啥嘛?(我在睡觉诶,你在这里吵什么?)

(58) 你走慢发仔,人家勒不到你呀!(你走慢点儿,我跟不上你呀!)

阮绪和(2006)指出:武宁话中的旁指代词"人家""别个"可以用来表示说话人自己,带有拒绝、埋怨、责怪等不高兴的感情色彩。这种用法在赣西北客赣方言中均有。以武宁话为例:

(59) 嗯去吧,人家/别个不去。(你去吧,我不去。)

(60) 嗯不要总是话人家/别个。(你不要总是说我。)

3. "人家"还可以指具体某个人,也可指其他人。此时"人家"不能和"别人家"互换。例如:

(61) 渠又不是话你,你咋仔骂人家?(他又不是说你,你为什么骂他?)

(62) 小张忙得不得了,人家哪里有时间同伴你转街。(小张太忙了,他哪有时间跟你逛街。)

(64) 踩线车撞到哩人家,也不晓得给人家赔只礼。(骑自行车撞到了他,也不知道给他道歉。)

(65) 我去超市问哩,人家都话冇得卖。(我去超市问了,别人都说没有卖。)

4. 当"人家"后接一个表人的名词时,可构成同位短语进行复指,在句中作主语和宾语。此时"人家"不能和"别人家"互换。例如:

(66) 人家老李一年赚得蛮多钱。(人家老李一年可以赚很多钱。)

(67) 你看人家小刘几勤快仔呀。(你看人家小刘多勤快呀。)

5. "别人家"可以看作是"别人"和"人家"的一个合称,一般可以和"别人""人家"通用,其意义和用法基本上也相同。在具体使用的过程中,音节的对称平衡是两者的选择的关键。例如:

(68) 你又不是别人家！(你又不是别人！)

6. "人家"还有一个特殊的含义,即特指"亲戚"。在"去人家""走人家"中,"人家"特指"亲戚",意为"走亲戚"。这里的"人家"不能用"别人家"替换。

3.1.2.3 统称代词

统称代词"大家"在赣西北客赣方言中有以下几种说法:"大家"的使用最为广泛;"齐家"多用于上高、宜丰、万载、靖安客;"侪家"一般用于上高、靖安、奉新客;"我伲"用于上栗;"一伙"用于修水。统称代词表示某个范围内的所有人,可以是包括说话者和听话者在内的所有人,也可以是除去说话者和听话者之外的所有人,在句中可以作主语、宾语、定语和同位语,作定语时要加上定语标记"个"。例如:

(69) 大家一起去。

(70) 夜里看电影个事已经通知大家哩。(晚上看电影的事情已经通知大家了。)

(71) 大家个事大家一起做。(大家的事情大家一起做。)

(72) 我伲大家一起去转街。(我们大家一起去逛街。)

(73) 明日齐家/侪家都去山上捡菇伲。(明天大家都去山上采蘑菇。)(上高)

赣西北各方言点均有非三身代词,具体见表3-3。

表3-3 赣西北各方言点非三身代词

	反身代词	旁称代词	统称代词
武宁	自家 $ts_1^{13}ka^{24}$ 各人 $ko^{54}n.in^{22}$	别家 $pie^{23}ka^{24}$ 别个 $pie^{23}ko^{35}$ 人家 $n.in^{22}ka^{24}$	大家 $tai^{13}ka^{24}$

续　表

	反身代词	旁称代词	统称代词
萍乡	自己 tsʰʅ¹¹ tɕi⁵ 自家 tsʰʅ¹¹ ka⁴	别人 pʰiɛ¹¹ ȵiən⁴ 人家 ȵiən⁴⁴ ka⁴	大家 tʰai¹¹³ ka⁴
上栗	自己 tsʰʅ³¹ tɕi⁵	别人 pʰiɛʔ⁴ ȵiə̃⁴	我同 ŋo³¹ tʰəŋ⁴ 大家 tʰai³¹ ka⁴
丰城	个己 ko²¹ tɕi⁵⁵	别人家 piɛʔ⁵ ŋ⁵⁵ ga⁵⁵ 人家 ŋ⁵⁵ ga⁵⁵ 别家 piɛʔ⁵ ga⁵⁵	大家 tʰai²¹ ka⁵⁵
樟树	自家 tsʰʅ²⁵ ka²⁵	别家 pʰiɛʔ³ ka²⁵	大家 tʰai¹¹ ka²⁵
新干	自己 sʅ³³ tɕi³¹ 自家 sʅ³³ ka⁵³	别人 ȵin²⁴ 别人 pʰiɛʔ² ka⁵³ 人家 ȵin²⁴ ka⁵³	大家 tʰai³³ ka⁵³
新余	自家 tsʅ¹³ ka⁴⁵	别人家 pʰie¹³ ȵin⁴² ka³³	大家 tʰai¹³ ka⁴²
分宜	自家 tsʰɿ²¹ ka⁵	人家 ȵiən⁴⁴ ka³ 别人家 pʰiɛ³⁵ ȵiən⁴⁴ ka³	大家 tʰai²¹³ ka³
高安	自己 tsʰu¹¹ tɕi⁴² 自家 tsʰu¹¹ ka³⁵	别家 pʰiɛt¹ ka³³ 别人家 pʰiet¹ in³³ ka³³ 人家 in³³ ka³⁵	大家 tʰa¹¹ ka³⁵
宜丰	自家 tsʰu⁵³ ka⁴⁴	别人 pʰiɛʔ⁵ ȵin⁴⁴	齐家 tɕi²⁴ ka⁴⁴
上高	自家 tsʰu⁵² ka⁴⁴	人家 ȵin³³⁴ ka⁴⁴ 别人 pʰiɛʔ⁴ ȵin⁴⁴	侪家 tsʰai³³⁴ ka⁴⁴ 白读 齐家 tɕi³³⁴ ka⁴⁴ 文读
袁州	自家 tsʰu²² ka⁴ 自己 tsʰʅ²² tɕi⁴	别人 pʰie⁵⁵ ȵin² 人家 ȵin² ka⁴ 别人家 pʰie⁵⁵ ȵin² ka⁴	大家 tʰai²² ka⁴
万载	自家 tsʰu⁵¹ ka³	人家 ȵin⁴⁴ ka³¹	齐家 tɕi⁴⁴ ka³
万载客	自家 tsʰu⁵³ ka²⁴	别人 pʰiɛʔ⁴ ȵin¹³	大家 tʰai⁵³ ka²⁴
铜鼓	自己 tsʰʅ⁵¹ tɕi²¹	别人 pʰiɛt³ ȵin²¹³ 别人家 pʰiɛt³ ȵin²¹³ ka³⁴	大家 tʰai⁵¹ ka³⁴

续　表

	反身代词	旁称代词	统称代词
铜鼓客	自家 ts^{h}ʅ^{212}ka^{44}	别人家 p^{h}iɛt^5 ȵin^{212}ka^{44}	大家 t^{h}ai^{53}ka^{24}
奉新	自家 t^{h}u^{32}ka^{42}	别人家 p^{h}iɛl^{21} ȵin^{213}ka^{42}	大家 t^{h}ai^{32}ka^{42}
奉新客	自家 ts^{h}u^{53}ka^{24}	样介 ioŋ^{53}tɕie^{24}	侪家 ts^{h}ai^{13}ka^{24}
靖安	自家 t^{h}u^{33}ka^{53} 自己 t^{h}u^{33}tɕi^{35}	人家 ȵin^{24}ka^{53} 别家 p^{h}iɛt^{5}ka^{53}	侪家 ts^{h}ai^{334}ka^{53}
靖安客	自家 ts^{h}ʅ^{41}ka^{45}	人家 ȵin^{224}ka^{45} 别人家 p^{h}iɛt^{5}ȵin^{224}ka^{45}	齐家 tɕi^{224}ka^{42}
修水	自己 dzʅ^{44}tɕi^{31} 自家 dzʅ^{44}ka^{334}	人家 ȵin^{213}ka^0	一伙 il^{45}fo^0 大家 dai^{44}ka^0
修水客	自家 ts^{h}ʅ^{53}ka^{24}	人家 ȵin^{13}ka^{24}	大家 t^{h}ai^{53}ka^{24}

3.1.3　本节小结

赣西北客赣方言中,赣方言点中第一人称为"我""阿",而客家方言点为"𠊎"。客赣方言中三身代词的复数形式有所不同,赣方言多用附加成分"伙/㘔/人",而客家方言多用"等"。赣方言点大多数有包括式,客家方言点大多没有包括式,若要把说话者和听话者都包括进去,客家方言常用"自家两個人"来表示。

3.2　指示代词

赣方言中指示代词的用法与普通话很相似,按指示对象的不同,可以分为指人体与名物、程度、方式与性状、处所、时间和数量等几类,在句中可作主语、谓语、宾语、定语和状语。

3.2.1　近指和远指

所谓的近指、更近指、远指和更远指只是相对而言,并没有绝对的标准,有时仅仅是语感上的细微差异,有时候可能会伴随着指示的动作。据我们的调查情况来看,根据所指代的地理位置的远近,有些地方的指示代词只能二分,有的可以三分,有的甚至可以四分。根据《江西省方言志》(陈昌仪 2005)的调查,靖安、奉新、丰城、樟树近指、远指均多分,宜丰、高安、新余、分宜、上高、袁州近指多分,萍乡、新干远指多分,武宁、修水、万载近指、远指二分。我们调查了赣西北各个方言点,与《江西省方言志》略有不同,具体情况是:武宁、樟树、新干、新余、高安、宜丰、上高、袁州、万载、奉新近指多分;靖安远指多分。其他点近指和远指两分(详情见表3-4)。例如:

(74) 细伢不作兴箇双鞋伲,也不作兴那双鞋伲。(儿子不喜欢这双鞋,也不喜欢那双鞋。)

(75) 你要里本书,还是箇本书?(你要这本书,还是那本书?)

(76) 里_{近指}是小红,箇_{次近指}是小李,那_{远指}是小王。(这是小红,这是小李,那是小王。)

(77) 红色个放到以块_{近指},蓝色个放到箇块_{次近指},黑色个放到许块_{远指}。(红色的放到这里,蓝色的放到这里,黑色的放到那里。)(上高)

3.2.2 表个体和人物的指示代词

在普通话中最基本的形式是"这"和"那",在赣西北客赣方言中"这"的语音形式大多为"该/箇/里/以","那"的语音形式大多为"那/许/该"。各方言点具体标音见表3-4。在袁州话中,"里"是近指,"箇"是次近指,"那"是远指。

1. "里/箇""那"单用时可称代所要说的人或事物。当作主语时,一般多指事物;指人时,多用于"是"字句中,介绍人或物的场合。例如:

(78) 里_{近指}是我家公,箇_{次近指}是我家婆。(这是我公公,这是我婆婆。)

(79) 箇是你伲新来个老师。(这是你们新来的老师。)

2. "箇/里""那"很少单独作定语或动词的宾语,后面必须加上量词才可。与"(数)+量+名词"结构连用时,可以对人、事物确指的作用。例如:

(80) 我坐箇把车,你坐那把。(我坐这辆车,你坐那辆。)

(81) 我想买箇只。(我想买这个。)

(82) 那個办法不好,想过一只凑。(那个办法不好,再重新想一个。)

(83) 箇只笔是哪個嗰?我用一下。(这支笔是谁的?我用一下。)

(84) 箇三张凳仔一下是新个。（这三张凳子都是新的。）

(85) 斗闹个是那几只细人仔。（争吵的是那几个小孩子。）

(86) 箇两领衣服我都蛮作兴。（这两件衣服我都很喜欢。）

(87) 那杯水咋个倒刮哩？（那杯水怎么倒掉了？）

3. 在赣西北客赣方言中，指示代词后面最为常见的量词是"個"和"只"，构成指量短语后，相当于普通话中的"这个"，可以在句子中作主语、宾语、定语。例如：

(88) 箇只是老张。（这个是老张。）

(89) 我要箇只。（我要这个。）

(90) 那只菜不好吃一下。（那个菜一点儿也不好吃。）

(91) 不要讲哩，那只事我晓得哩。（不要说了，那个事我知道了。）

(92) 我那只老弟到外地做生意去哩。（我那个弟弟到外面做生意去了。）

(93) 我冇去那只学堂读书。（我没去那个学校读书。）

4. "箇/里""许"还可引进表后果的小句，起连接作用，都表达"那么"之意。例如：

(94) 渠要是冇在屋里是，许就麻烦啰。（他如果没在家，那就麻烦啦。）（上高）

(95) 名字跟电话都不晓得，箇怎仔寻得到？（名字和电话都不知道，这怎么找得到？）（上高）

3.2.3 表程度的指示代词

在表程度的指示代词方面，赣方言点中被广泛运用的是"箇/该/那/许（么/样/子）"，客家方言点中被广泛运用的是"咁（么/样/子）"。

1. 表程度的指示代词"箇/许/箇么/那么/许么"多用在形容词前表程度深，也可用在能愿动词前，一般在句子中作状语，意义相当于普通话中的"这么/那么"。若"箇么/那么/许么＋adj./v."修饰名词时，中间一般要加上定语标记"个"。例如：

(96) 箇只包箇么贵，渠咋嘛买得起？（这个包这么贵，他怎么买得起？）

(97) 你箇么不放心就自家去看一下。（你这么不放心就自己去看一下。）

(98) 床那么阔，起码困得下四個人。（床那么宽，起码能睡下四个人。）

(99) 还那么多时间,晏下仔去也来得赢。(还那么多时间,晚点儿去也来得及。)

(100) 哪里有箇么容易个事。(哪里有这么容易的事。)

(101) 箇么大个字,你冇看得?(这么大的字,你没看见?)

(102) 箇么多个人,我咋嘛好意思?(这么多人,我怎么好意思?)

2. 有时用在单音节形容词后的时候"么"可以省略,构成"箇+adj."结构。例如:

(103) 箇大个雨,莫出去哩。(这么大的雨,不要出去了。)

(104) 箇好个伞就丢刮哩,忒可惜哩!(这么好的伞就扔掉了,太可惜了!)

(105) 正箇大仔个细人仔就晓得帮屋里做事,真个蛮懂事。(才这么大的小孩子就知道帮家里做事,真的很懂事。)

(106) 箇大个年纪还连常去田里做事。(这么大的年纪还经常去田里做事。)

3.2.4 表方式或性状的指示代词

在表方式或性状的指示代词方面,赣方言的语音形式一般以"箇/该/里/许/那"开头,使用最为广泛的词尾是"样",上高、上栗会用词尾"子",萍乡用词尾"虫";客家方言的语音形式一般以"咁"开头。袁州话中表方式或性状的指示代词有"箇/里样"和"那样",相当于普通话的"这样""那样"。

1. 这类代词指示方式或性状,常常修饰动词,在句中可作状语。例如:

(107) 箇样做对你有啥嘛好处?(这样做对你有什么好处?)(状语)

(108) 你要那样想,我也冇办法。(你要那样想,我也没办法。)(状语)

(109) 箇样走要走到几时仔?(这样走要走到什么时候?)(状语)

(110) 要里样写,字才会好看。(要这样写,字才会好看。)(状语)

2. "箇样/里样/那样"也可以在句中充当定语和补语,作定语时后面需要加上定语标记"个"。例如:

(111) 箇样个伢伢你也喜欢?(这样的男生你也喜欢?)(定语)

(112) 先不晓得渠是只箇样个人。(以前不知道他是个这样的人。)(定语)

(113) 他读书蛮勤快,那本书都等渠用得那样哩。(他读书很勤快,那本书

都被他用得那样了。)(补语)

3. "箇样/里样/那样"还能在句子里单独充当主语、谓语或宾语。例如：

(114) 箇样就蛮好哩,不要再改哩!(这样就很好了,不要再改了!)(主语)

(115) 那样冇灵。(那样不行。)(主语)

(116) 莫搭识渠,渠连常箇样。(不要理他,他经常这样。)(谓语)

(117) 渠就是喜欢那样。(他就是喜欢那样。)(宾语)

(118) 不是那样个,我冇打渠。(不是那样的,我没打他。)(宾语)

4. "箇样"与"里样"或"箇样/里样"与"那样/许样"对举的时候,是虚指用法,泛指众多的行为,表达行为不定的意思。例如：

(119) 一下仔箇样,一下仔那样,冇一下停。(一会儿这样,一会儿那样,没有停的时候。)

(120) 一下仔里样,一下仔箇样,不晓得渠要做啥仔。(一会儿这样,一会儿那样,不知道他要做什么。)

(121) 各个人都有箇样那样个不足。(每个人都有这样那样的缺点。)

(122) 老爷话要箇样做,老娘话要许样做,我到底听谁个呢?(爸爸说要这样做,妈妈说要那样做,我到底听谁的呢?)(上高)

3.2.5 表处所的指示代词

在表处所的指示代词方面,赣方言大多数方言点一般是"箇里/该里/里里/许里/那里";宜丰、上高是"箇块/以块/许块",武宁用"里墭/箇墭/许墭";客家方言是"以子/该子"。

袁州话中,"里里/箇里/许里""里块仔/箇块仔/许块仔""里边/箇边/许边""里头/箇头/许头"都是表示指处所的指示代词,但是有范围大小的差异。按范围从小到大依次排列,分别是"里里/箇里/许里"＜"里块仔/箇块仔/许块仔"＜"里边/箇边/许边"。

3.2.5.1 里里、箇里、那里

1. "里里"是近指,指称离说话者最近的处所,"箇里"是次近指,指称离说话者较近的处所;"那里"是远指,指称离说话者较远的处所。它们都在句中充当主语、宾语和定语,也常跟介词组合成介宾短语。当作主语时,多用在"是"字句、"有"字句和存现句中;当作宾语时,常用在"来""到"等动词或"到""往""沿""在"

等介词后；当用作定语时，后面要加定语标记"个"。例如：

(123) 箇里只有一只学堂。（这里只有一个学校。）（主语）

(124) 那里就是我做事个地方。（那里就是我做事的地方。）（主语）

(125) 箇里凉快，我们到箇里歇一下吧。（这里凉快，我们在这里休息一下吧。）（主语、宾语）

(126) 今家莫走哩，就住到里里。（今天别走了，就住在这里。）（宾语）

(127) 我在那里读哩三年书。（我在那里读了三年书。）（宾语）

(128) 那里个衣裳还要便宜。（那里的衣服更便宜。）（定语）

2. "里里/箇里/那里"还可直接加在某些名词（多为表人或具体事物的名词）或人称代词的后面，表示处所，这种用法与普通话相似。例如：

(129) 我正从朋友那里归来。（我刚从朋友那里回来。）

(130) 渠个作业在老师那里。（他的作业在老师那里。）

(131) 姆妈要你去渠那里拿屋里个锁匙！（妈妈要你去她那儿拿家里的钥匙！）

(132) 得空来我箇里耍下仔啊！（有空来我这里玩玩！）

(133) 今家街上那里有人打架。（今天街上那儿有人打架。）

3. 另外，"里里""箇里"可以连用，也可以对举使用，有泛指"到处"意思，相当于普通话中的"这里那里"，例如：

(134) 你里里箇里在寻啥嘛啊？（你这里那儿在找什么啊？）

(135) 渠一下仔里里，一下仔箇里，做啥仔哦？（她一会儿这里，一会儿那里，做什么哦？）

3.2.5.2 里块仔、箇块仔、那块仔

同样是表处所的指示代词，但相比于"里里/箇里/许里"，"里块仔/箇块仔/那块仔"表示的范围更大。相当于普通话中的"这块儿/那块儿"，有时候含有不清楚或说不清楚具体位置之意。可在句中充当主语、宾语和定语，作定语时后面要加上定语标记"个"。例如：

(136) 快来里里，里块仔有蛮多鱼仔。（快来这里，这块儿有很多鱼。）（主语）

(137) 渠屋里就在箇块仔。（他家就在这块儿。）（宾语）

(138)那块仔个房价蛮贵。(那块儿地房价很贵。)(定语)

3.2.5.3 里边、箇边、那边

1."里边/箇边/那边"同样可以指称处所,用于指称地方较大、范围较宽泛的处所,可在句中充当主语、宾语和定语。作定语时后面要加上定语标记"个"。例如:

(139)浙江那边而今在落大雨。(浙江那边现在在下大雨。)(主语)

(140)南昌箇边里阵仔也蛮热。(南昌这边这会儿也很热。)(主语)

(141)(扫地时)你扫箇边,我扫那边。(你扫这边,我扫那边。)(宾语)

(142)里边个葡萄更甜,先喫里边个。(这边的葡萄更甜,先吃这边的。)(定语)

(143)你莫去河那边嘞。(你不要去河那边啦。)(宾语)

2."里边/箇边/那边"与"里里/箇里/那里"相比较,前者所指称的范围较大、较广泛,后者相对来说范围更小、更具体。例如:

(144)(在田里收割稻子时)你割箇里,我割那里。

(145)(在田里收割稻子时)你割箇边,我割那边。

前一个例句中,所指的是很具体的某一块地方。两个人都是收割整个稻田里的某一块较小的地方,还存在很多空余地方需要收割。而后者则不同,可以是指以某处为界限,将稻田分为两半,一个人负责一半,此时就可以包括整个稻田。

3.2.5.4 里头、箇头、那头

1."里头/箇头/那头"也可以指称处所,它们的用法和"里边/箇边/那边"相同,都可以做主语、宾语、定语。所不同的是当我们使用"里头/箇头""那头"指称处所时,往往是把处所理解成如同直线或棍子一样的具有两端的一个形式。例如:

(146)(床上睡觉时)我困箇头,你困到那头去。(我睡这头,你睡那头去。)

(147)(排队时)我站里头,你站那头。(我站这头,你站那头。)

2.另外,"那头"还有一个特殊的意义,就是指称和阳世相对的阴间,"去那头"有"去死"之意。

3.2.6 表时间的指示代词

在表示时间的指示代词方面,赣西北客赣方言点的语音形式大同小异。以袁州话的近指为例,按照时间段从长到短的顺序,最常见的说法有"箇阵仔""箇只时候""箇下仔""箇刻仔",分别相当于普通话的"这段时间""这个时候""这会儿"和"这刻"。远指依此类推。

3.2.6.1 箇阵仔、箇刻仔

1. 表示时间的指示代词主要有"箇阵仔/里阵仔/那阵仔"和"箇刻仔/里刻仔/那刻仔",在句子中作主语、宾语、定语、状语,作定语时,需要加上定语标记"个"。例如:

(148) 上昼有发仔冷,里刻仔出日头哩。(上午有点儿冷,这会儿出太阳了。)(主语)

(149) 我会一直记到箇刻仔。(我会一直记着这会儿。)(宾语)

(150) 同那阵仔比,而今舒服多哩。(跟那会儿比,现在舒服多了。)(宾语)

(151) 里阵仔个天气不是蛮好,连常落雨。(这会儿的天气不是很好,经常下雨。)(定语)

(152) 不晓得渠箇刻仔在搞啥嘛。(不知道他这会儿在做什么。)(状语)

(153) 那刻仔我心情蛮不好。(那会儿我心情很不好。)(状语)

2. "箇阵仔/那阵仔""箇刻仔/那刻仔"用在某些词语后,表示某一确定的时间。例如:

(154) 昨日箇阵仔,我伅在考试。(昨天这会儿,我们在考试。)

(155) 我读书那刻仔,男同学蛮少。(我读书那会儿,男同学很少。)

3. "箇阵仔"指称的时间长、跨度大,是一段时间;"箇刻仔"指称的时间短、跨度小,是某个时间点。例如:

(156) 你挨夜仔去,箇刻仔渠冇得时间。(你傍晚去,这会儿他没有时间。)

(157) 你过几工去,箇阵仔渠冇得时间。(你过几天去,这会儿他没有时间。)

3.2.6.2 箇只时候

"箇只时候"可以指称过去、现在和未来的时间,相当于普通话中的"这个时

候",一般都在句中作状语。例如:

(158) 我是旧年箇只时候大学毕业嗰。(我是去年这个时候大学毕业的。)
(159) 箇只时候渠肯定还在铺上。(这个时候他肯定还在床上。)
(160) 明年箇只时候还不晓得会在哪里做事。(明年这个时候还不知道会在哪儿工作。)

3.2.6.3 箇下仔

"箇下仔"用于称较近的时间,可指称目前、现在,也可指一段时间。"那下仔"用于称较远的时间,指称过去的某个时间。分别相当于普通话中的"这会儿"和"那会儿",一般都在句中作状语。例如:

(161) 我箇下仔搞手脚不赢,有事等下再话着。(我现在手忙脚乱,有事等会再说。)
(162) 你箇下仔闲得么?想请你帮只忙。(你这会儿有空吗?想请你帮个忙。)
(163) 渠那下仔还正两岁,哪里晓得箇只事!(他那会儿才两岁,哪里知道这个事!)

3.2.6.4 "里刻仔""箇刻仔""那刻仔"区别

1. 表近指的"里"与表次近指的"箇"所构成的指示时间代词,两者间有细微区别,"里"所表达的开始时间要更近。例如:

(164) 你到箇刻仔正架式看书,特晏哩吧。(你到这会儿才开始看书,太晚了吧。)
(165) 你到里刻仔正架式看书,特晏哩吧。(你到这会儿才开始看书,太晚了吧。)

2. 近指的表时间的指示代词多用来指称当前的时间,远指的既可用来指称过去的时间又可用来指称将来的时间。例如:

(166) 里刻仔我蛮忙,你自家去吧。(这会儿我很忙,你自己去吧。)
(167) 那阵仔我在外地做事,每日都蛮累人。(那会儿我在外面做事,每天都很累。)
(168) 正那刻仔冇落雨,你咋么冇出门?(刚那会儿没下雨,你怎么没出门?)
(169) 明年那刻仔我伲就不在宜春哩。(明年那会儿我们就不在宜春了。)

3.2.7 表数量的指示代词

在表数量的指示代词方面,赣方言中最为广泛使用的是在基本指示代词后加词尾"仔";其次是加词尾"些",用于武宁、萍乡、丰城、奉新等地。但客家方言略有不同,例如铜鼓客用词尾"子",靖安客、修水客用词尾"兜子"。就袁州话而言,表示数量的指示代词主要有"箇仔/里仔/那仔"和"箇发仔/里发仔/那发仔"。

3.2.7.1 箇仔、里仔、那仔

1. "里仔/箇仔/那仔"相当于普通话中的"这些/那些",用来指代复数的人和事物。前者用于近指和次近指,后者用于远指。在句中一般直接修饰名词做定语,中间不能插入数量短语。例如:

(170) 箇仔桃伪留得自家吃,那仔桃伪等外婆喫。(这些桃子留着自己吃,那些桃子给外婆吃。)

(171) 那仔水蛮邋遢,莫吃!(那些水很脏,不要吃!)

(172) 我不想喫里仔水果。(我不想吃这些水果。)

(173) 箇仔茶叶是渠带到香港来嗰。(这些茶叶是他带到香港来的。)

(174) 箇仔衣裳一下要拿到口前去晒一下。(这些衣服全部要拿到外面去晒一下。)

2. "里仔/箇仔/那仔"也可直接作主语和宾语。例如:

(175) 箇仔一下是我个学生。(这些都是我的学生。)

(176) 里仔是你个,那仔是你姐姐个。(这些是你的,那些是你姐姐的。)

(177) 你先把箇仔搬得去着,等下仔来搬那仔。(你先把这些搬过去,等会儿来搬那些。)

(178) 用刮蛮多,只盈得箇仔哩。(用了很多,只剩下这些了。)

3.2.7.2 里发仔、箇发仔、那发仔

"里发仔/箇发仔_{次近指}"是近指,"那发仔"是远指,分别相当于普通话中的"这点儿""那点儿",表示少量。在句中主要是充当定语,也可以充当主语和宾语。例如:

(179) 就里发仔/箇发仔菜,咋么够喫?(就这点儿菜,怎么够吃?)

(180) 那发仔钱咋嘛够用?(那点儿钱怎么够用?)

(181) 那发仔就算哩,特加少哩。(那点儿就算了,太少了。)

(182) 你啥嘛都冇听到,就听到里发仔/箇发仔。(你什么都能听到,就听到这点儿。)

3.2.8 本节小结

1. 赣西北客赣方言各方言点的指示代词在句法功能上基本上是相同的。

2. 在表示时间的指示代词方面,客赣方言的语音形式略有不同。

(1) 近指代词赣方言多用"箇""该",而客家方言多用"以";远指代词赣方言多用"许""那",而客家方言多用"该"。

(2) 在表示程度、方式性状的指示代词方面,赣方言点多用以"箇/该"开头的语音形式;客家方言点多用以"咁"开头的语音形式。例如,袁州话中的"箇样"和客家方言中的"咁样"。

(3) 在表示处所的指示代词方面,赣方言点多用词尾"里",而客家方言多用词尾"子"。例如,袁州话中的"那里"和客家方言中的"那子"。

3. 大部分赣方言点的指示代词存在多分现象,一般为近指、次近指和远指;但客家方言点大多只能有近指和远指二分。

赣西北各方言点均有指示代词,具体见表3-4。

表 3-4 赣西北各方言点指示代词表

方言点	功能	近 指	次近指	远 指	更远指
萍乡	个体名物	该只 kəo²⁴ tʂa⁴ 该个 kəo²⁴ ko¹		那只 lɛ¹¹ tʂa⁴ 那个 lɛ¹¹ ko¹	
	程度	箇史 ko¹¹ sɿ⁵		那史 lɛ¹¹ sɿ⁵	
	方式性状	箇史 ko¹¹ sɿ⁵		那史 lɛ¹¹ sɿ⁵	
	处所	箇里 ko¹¹ li⁵		那里 lɛ¹¹ li⁵	
	时间	该时仔 kəo²⁴ sɿ⁴⁴ tɕi⁵ 该会仔 kəo²⁴ fi¹ tɕi⁵ 该刻仔 kəo²⁴ kʰɛ⁴ tɕi⁵		那时仔 lɛ¹¹ sɿ⁴⁴ tɕi⁵ 那会仔 lɛ¹¹ fi¹ tɕi⁵ 那刻仔 lɛ¹¹ kʰɛ⁴ tɕi⁵	
	数量	该些 kəo²⁴ ɕi⁴		那些 lɛ¹¹ ɕi⁴	

续 表

方言点	功能	近指	次近指	远指	更远指
丰城	个体名物	该个 kɛ²⁵ ko²¹⁴ 该只 kɛn²⁵ tsaʔ³		许个 ɛ²⁵ ko²¹⁴ 许只 ɛ²⁵ tsaʔ³	
	程度	箇着 ko²⁵ tsʰʔ⁵ 箇样 ko²⁵ ioŋ²¹⁴ 箇 ko²⁵		许样 ɛ²⁵ ioŋ²¹⁴ 许 ɛ²⁵	
	方式性状	该仔 kɛn²⁵ tɕi³³ 该个 kɛn²⁵ ko²¹⁴		许仔 ɛn²⁵ tɕi³³ 许个 ɛn²⁵ ko²¹⁴	
	处所	箇里 ko²⁵ li³³ 该边 kɛ²⁵ piɛn²⁵ 该块 kɛ²⁵ kʰuai²¹⁴		许里 ɛ²⁵ li³³ 许边 ɛ²⁵ piɛn²⁵ 许块 ɛ²⁵ kʰuai²¹⁴	
	时间	箇间仔 ko²⁵ kan²⁵ tɕi³³ 箇时仔 ko²⁵ sɿ³³ tɕi³³		许间仔 ɛ²⁵ kan²⁵ tɕi³³ 许时仔 ɛ²⁵ sɿ³³ tɕi³³	
	数量	该些 kɛ²⁵ ɕiet⁵ 该咪仔 kɛ²⁵ mi²⁵ tɕi³³ 箇多仔 ko²⁵ to²⁵ tɕi³³		许些 ɛ²⁵ ɕiet⁵ 许咪仔 ɛ²⁵ mi²⁵ tɕi³³ 许多仔 ɛ²⁵ to²⁵ tɕi³³	
铜鼓	个体名物	箇个 ko⁵¹ ko⁵¹ 箇只 ko⁵¹ taʔ³		许个 xeʔ³ ko⁵¹ 许只 xeʔ³ taʔ³	
	程度	箇 ko⁵¹			
	方式性状	箇个 ko⁵¹ ko⁵¹ 箇样 ko⁵¹ ioŋ⁵¹		许个 xeʔ³ ko⁵¹ 许样 xeʔ³ ioŋ⁵¹ 许□ xeʔ³ kɔŋ³³	
	处所	箇里 ko⁵¹ li²¹		许里 xeʔ³ li²¹	
	时间	箇下嘚 ko⁵¹ xa⁵¹ teʔ³ 箇阵嘚 ko⁵¹ xa⁵¹ teʔ³			
	数量	箇仔 ko⁵¹ tɕi⁰			
铜鼓客	个体名物	以只 i³¹ tʃak² 以个 i³¹ kei⁵³		该只 kai³¹ tʃak² 该个 kai³¹ kei⁵³	

续 表

方言点	功能	近 指	次近指	远 指	更远指
铜鼓客	程度	咁 kan²⁴　咁么 kan²⁴ man²⁴ 咁样 kan²⁴ niɔŋ⁵³　以样 i³¹ niɔŋ⁵³			
	方式性状	咁个 kan²⁴ ki⁵³ 以样 i³¹ niɔŋ⁵³		咁个 kan³¹ ki⁵³ 咁样 kan³¹ niɔŋ⁵³	
	处所	以子 i³¹ tsɿ³¹		该子 kai³¹ tsɿ³¹	
	时间	以下仔 i³¹ ha²⁴ tsɿ³¹ 以阵仔 i³¹ tʃʰən⁵³ tsɿ³¹			
	数量	以仔 i³¹ ɕi⁰			
奉新客	个体名物	以个 i²¹ kɛi⁵³ 以只 i²¹ tak²		该个 kai²¹ kɛi⁵³ 该只 kai²¹ tak²	
	程度	咁么 kan²⁴ man²⁴			
	方式性状	咁 kan²⁴ 咁样 kan²⁴ niɔŋ⁵³		该样 kai²¹ niɔŋ⁵³	
	处所	以子 i²¹ tsɿ²¹ 以边 i²¹ piɛn²⁴		该子 kai²¹ tsɿ²¹ 该边 kai²¹ piɛn²⁴	
	时间	以阵仔 i²¹ tsʰən⁵³ tsɿ²¹			
	数量	以子 i²¹ tsɿ²¹		该子 kai²¹ tsɿ²¹	
靖安	个体名物	箇个 ko³⁵ ko³³		许个 xɛ³⁵ ko³³	
	程度	箇样 ko³⁵ iɔŋ¹¹			
	方式性状	箇样 ko³⁵ iɔŋ¹¹		许样 xɛ³⁵ iɔŋ¹¹	
	处所	箇里 ko³⁵ li³⁵		许里 xɛ³⁵ li³⁵	
	时间	箇下嘚 ko³⁵ xa¹¹ tɛʔ²		许下嘚 xɛ³⁵ xa¹¹ tɛʔ²	
	数量	箇点嘚 ko³⁵ tiam³⁵ tɛʔ²			

续 表

方言点	功能	近指	次近指	远指	更远指
靖安客	个体名物	以 i¹¹ 以该 i¹¹ koi⁴¹		该 kai¹¹ 该该 kai¹¹ koi⁴¹	
	程度	咁弄 kan²²⁴ nioŋ⁵³		该咁弄 kai¹¹ kan²²⁴ nioŋ⁵³	
	方式性状	咁子 kan²²⁴ tsʅ¹¹		该咁子 kai¹¹ kan²²⁴ tsʅ¹¹	
	处所	以坨子 i¹¹ tʰuo²²⁴ tsʅ¹¹		该坨子 kai¹¹ tʰuo²²⁴ tsʅ¹¹	
	时间	以阵子 i¹¹ tʃʰən⁴¹ tsʅ¹¹		该阵子 kai¹¹ tʃʰən⁴¹ tsʅ¹¹	
	数量	以兜子 i¹¹ tɛu⁴⁵ tsʅ¹¹		该兜子 kai¹¹ tɛu⁴⁵ tsʅ¹¹	
修水	个体名物	箇个 ko³¹ ko⁰ 箇只 ko³¹ ta³¹		那个 ɛn³⁵ ko⁰ 那只 ɛn³⁵ ta³¹	
	程度	箇 ko³¹ 箇样 kɔŋ³³⁴ n̠ioŋ⁰			
	方式性状	箇样 kɔŋ³³⁴ n̠ioŋ⁰		那样 ɛn³⁵ n̠ioŋ⁰	
	处所	箇里 ko³³⁴ di⁰		那里 ɛn³⁵ di⁰	
	时间	箇下嘚 ko³¹ ha⁴⁴ tə⁰ 箇个时间 ko³¹ ko⁰ sʅ²¹³ kan³³⁴			
	数量	箇仔 ko³¹ tsai³¹			
修水客	个体名物	以只 i²¹ tak² 以个 i²¹ kɔi⁵³		该只 kai²¹ tak² 该个 kai²¹ kɔi⁵³	
	程度	咁 kan²⁴ 咁样 kan²⁴ nioŋ⁵³			
	方式性状	咁 kan²⁴ 咁样 kan²⁴ nioŋ⁵³		该样 kai²¹ nioŋ⁵³	
	处所	以子 i²¹ tsʅ²¹		该子 kai²¹ tsʅ²¹	
	时间	以阵子 i²¹ tʃʰən⁵³ tsʅ¹¹			
	数量	以兜 i²¹ tɛu²⁴			

续　表

方言点	功能	近指	次近指	远指	更远指
万载客	个体名物	以只 i⁴² tak²		该只 kai²¹ tak²	
	程度	咁 kan²⁴			
	方式性状	咁 kan²⁴ 以咁 i⁴² kan²⁴ 咁子 kan²⁴ tsʅ⁰		咁给 kan²⁴ kai⁴²	
	处所	以子 i⁴² tsʅ²¹		该子 kai²¹ tsʅ²¹	
	时间	以阵子 i⁴² tʃʰən⁵³ tsʅ⁰			
	数量	以□仔 i⁴² tiɛt² tsʅ⁰			
万载	个体名物	箇个 koʔ⁵ ko⁰ 箇只 koʔ⁵ taʔ³	以 i²¹³	许个 heʔ⁵ ko⁰ 许只 heʔ⁵ taʔ³	
	程度	咁 kon⁵¹ 咁么 kon⁵¹ man³¹			
	方式性状	咁样 kon³¹ ioŋ⁵¹		许样 he²¹³ ioŋ⁵¹	
	处所	箇里 ko⁵¹ li²¹³	以里 i²¹³ li²¹³	许里 he²¹³ li²¹³	
	时间	箇下嘚 ko⁵¹ ha⁵¹ teʔ³			
	数量	箇□嘚 ko⁵¹ tɕin⁴⁴ teʔ³ 箇仔 ko⁵¹ tɕi²¹³		许□嘚 he²¹³ tɕin⁴⁴ teʔ³	
分宜	个体名物	该只 koi³⁵ ta³⁵ 该个 koi³⁵ ko⁴⁴		许只 xɛ⁴²⁴ ta³⁵ 许个 xɛ⁴²⁴ ko⁴⁴	
	程度	该 koi³⁵ 该么 koi³⁵ mo³⁵			
	方式性状	箇样 kɔ²¹³ kɔ³⁵		许样 xɛ⁴²⁴ iɔ³⁵	
	处所	该里 koi³⁵ li³⁵		许里 xɛ⁴²⁴ li³⁵	

续　表

方言点	功能	近指	次近指	远指	更远指
分宜	时间	脸挨仔 lian^{424} ŋai^{35} tɕi^0			
	数量	箇嘚 koi^{35} tɛ^0		许嘚 xɛ^{424} tɛ^0	
高安	个体名物	箇一 ko^{24} it^1 ko^{22}		许一个 xɔi^{31} it^1 ko^{22}	
	程度	箇 ko^{24} 箇样 kɔŋ^{24} kɔŋ^{33}			
	方式性状	箇样 kɔŋ^{24} ko^{33} 箇个 ko^{24} ko^{22}		许样个 xɔi^{31} iɔŋ^{33} ko^{33} 许个 xa^{31} ko^{22}	
	处所	箇里 ko^{24} li^{31} 箇嘚 ko^{24} tə^0	以嘚 i^{424} tə^0	许里 xɔi^{31} li^{31} 许嘚 ɔi^{31} tə^0	
	时间	箇阵安 ko^{24} tʰən^{22} ŋon^{24} 箇刻仔 ko^{24} kʰiɛl^4 tsu^{31} 箇下仔 ko^{24} xa^{11} tsu^{31}			
	数量	箇栏仔 ko^{24} lon^{13} tsu^{31}		许栏仔 xɔi^{31} lon^{13} tsu^{31}	
武宁	个体名物	该个 kœi^{24} ko^0	里个 li^{24} ko^0	唔个 n^{13} ko^0	
	时间	该昼 kœi^{24} tsu^{35}	里昼 li^{24} tsu^{35} 里下 li^{24} xa^0	唔昼 n^{13} tsu^{35}	
	数量	箇些 kœi^{24} ɕiɛ^{24}	里是 li^{24} sɿ^{13}		
	处所	该墠 kœi^{24} ta^{54} 该里 kœi^{24} li^0	里墠 li^{24} ta^{54}	唔墠 n^{13} ta^{54} 唔里 n^{13} li^0	
	程度	该样 kœi^{24} iɔŋ^{13}	里样 li^{24} iɔŋ^{13} 里 li^{24}		
	方式性状	该样 kœi^{24} iɔŋ^{13}	里样 li^{24} iɔŋ^{13}	唔样 n^{13} iɔŋ^{13}	
上栗	个体名物	箇只 ko^{41} tɑʔ^4	以只 i^{35} tɑʔ^4	那只 lɛ^{214} tɑʔ^4	

续 表

方言点	功能	近指	次近指	远指	更远指
上栗	程度	箇子 ko⁴¹tsɿ⁵			
	方式性状	箇子 ko⁴¹tsɿ⁵		那子 lɛ²¹⁴tsɿ⁵	
	处所	箇里 ko⁴¹li⁵	以里 i³⁵li³	那里 lɛ²¹⁴li⁵	
	时间	箇薄仔 ko⁴¹pʰɔʔ⁵tɕi⁵			
	数量	箇仔 ko⁴¹tɕi⁵			
新余	个体名物	该一个 kɔi⁴⁴⁵iɛ⁴⁵ko⁴² 该只 kɔi⁴⁴⁵tæ⁴⁵	以个 i³²⁴ko⁴²	许个 xe¹¹³ko⁴² 许只 xe¹¹³tæ⁴⁵	
	程度	箇 ko³³ 箇么 ko³³mə⁰	以 i³²⁴ 以么 i³²⁴mə⁰	许 xe¹¹³ 许么 xe¹¹³mə⁰	
	方式性状	该样 kɔi⁴⁴⁵ȵiɔŋ³³	以样 iŋ³²⁴ȵiɔŋ³³	许样 xe⁴²ȵiɔŋ³³	
	处所	箇里 ko³³li³²⁴ 箇来 ko³³lai¹¹³	以里 i³²⁴li³²⁴ 以来 i³²⁴lai¹¹³	许里 xe¹¹³li³²⁴ 许来 xe¹¹³lai¹¹³	
	时间	箇下嗻 kɔi⁴⁴⁵xa³³te⁴⁵ 箇时间 kɔi⁴⁴⁵ɕi⁴²kan⁴⁴⁵	以时嗻 i³²⁴ɕi⁴²te⁴⁵ 以时间 i³²⁴ɕi⁴²kan⁴⁴⁵	许时间 xe¹¹³ɕi⁴²kan⁴⁴⁵	
	数量	该仔 kɔi⁴⁴⁵te⁴⁵	以仔 i³²⁴te⁴⁵	许仔 xe¹¹³te⁴⁵	
宜丰	个体名物	箇个 ko⁵³ko⁰ 箇只 ko⁵³taʔ⁵	以个 li²¹ko⁰ 以只 taʔ⁵	许个 ha⁵³ko⁰ 许只 ha⁵³taʔ⁵	
	程度	箇 ko⁵³			
	方式性状	箇样 ko⁵³ȵiɔŋ⁵³		许样 ha⁵³ȵiɔŋ⁵³	
	处所	箇块 ko⁵³kʰai⁵³	以块 i²¹kʰai⁵³	许块 ha⁵³kʰai⁵³	
	时间	箇时仔 ko⁵³sɿ²⁴tɕi⁰			
	数量	箇忽仔 ko⁵³fət⁵tɕi⁰ 箇仔 ko⁵³tɕi⁰		许忽仔 ha⁵³fət⁵tɕi⁰	

续　表

方言点	功能	近　指	次近指	远　指	更远指
上高	个体名物	箇个 koi^{52} ko^0 箇只 koi^{52} taʔ^4	以个 i^{213} ko^0、 以只 i^{213} taʔ^4	许个 hɛ^{213} ko^0 许只 hɛ^{213} taʔ^4	
	程度	箇 ko^{52}	以 i^{213}	许 hɛ^{213}	
	方式性状	箇仔 ko^{52} tɕi^0 箇样仔 ko^{52} ioŋ^{44} tɕi^0	以仔 i^{213} tɕi^0 以样 i^{213} ioŋ^{44}	许仔 hɛ^{213} tɕi^0 许样仔 hɛ^{213} ioŋ^{44} tɕi^0	
	处所	箇里 ko^{52} ti^0 箇块 ko^{52} khai^{52}	以里 i^{213} ti^0 以块 i^{213} khai^{52}	许里 hɛ^{213} ti^0 许块 hɛ^{213} khai^{52}	
	时间	箇刻仔 ko^{52} kʰɛ^{24} tɕi^0 箇时仔 ko^{52} sɿ^{24} tɕi^0	以刻仔 i^{213} kʰɛ^{24} tɕi^0 以时仔 i^{213} sɿ^{24} tɕi^0	许刻仔 hɛ^{213} kʰɛ^{24} tɕi^0 许时仔 hɛ^{213} sɿ^{24} tɕi^0	
	数量	箇仔 ko^{52} tɕi^0	以仔 i^{213} tɕi^0	许仔 hɛ^{213} tɕi^0	
袁州	个体名物	箇只 ko^{113} tʃaʔ^5	里只 li^{31} ʃaʔ^5 里个 li^{31} ko^0	那只 le^{113} tʃaʔ^5 那个 le^{113} ko^0	
	方式性状	箇样 ko^{113} ioŋ^2	里样 li^{31} ioŋ^2	那样 le^{113} ioŋ^2	
	处所	箇里 ko^{113} li^0 箇头 ko^{113} tʰeu^0 箇块仔 ko^{113} kʰuai^{31} tsi^5	里里 li^{31} li^0 里头 li^{31} tʰeu^0 里块 li^{31} kʰuai^{31} tsi^5	那里 le^{113} li^0 那头 le^{113} tʰeu^0 那块仔 li^{213} kʰuai^{31} tsi^5	
	数量	箇仔 ko^{113} tsi^5 箇发仔 ko^{113} faʔ^5 tsi^5	里仔 li^{31} tsi^5 里发仔 li^{31} faʔ^5 tsi^5	那仔 le^{113} tsi^5 那发仔 le^{113} faʔ^5 tsi^5	
	时间	箇阵仔 ko^{113} tʃʰm^{113} tsi^5 箇刻仔 ko^{113} kʰeʔ^5 tsi^5 箇时仔 ko^{113} ʃɿ^{33} tsi^5	里阵 li^{31} tʃʰm^{113} tsi^5 里刻仔 li^{31} kʰeʔ^5 tsi^5 里时仔 li^{31} ʃɿ^{33} tsi^5	那阵仔 le^{113} tʃʰm^{113} tsi^5 那刻仔 le^{113} kʰeʔ^5 tsi^5 那时仔 le^{113} ʃɿ^{33} tsi^5	
	程度	箇 ko^{113}　箇么 ko^{113} mo^0			

续 表

方言点	功能	近指	次近指	远指	更远指
新干	个体名物	箇一个 koi³³ it² ko³³ 箇个 koi³³ ko³³ 箇只 koi³³ tsaʔ²	里个 li³¹ ko³³ 嗯 ŋ³¹	那一个 lɛ³³ it² ko³³ 那个 lɛ³³ ko³³ 那只 lɛ³³ tsaʔ²	
	程度	箇么 koi³³ mo⁰	里么 li³¹ mo⁰	那么 lɛ³³ mo⁰	
	方式性状	箇样 koi³³ iɔŋ⁰	里唠 li³¹ lau³³	那样 lɛ³³ iɔŋ⁰	
	处所	箇里 ko³³ li⁰ 箇□ ko³³ uei⁰ 箇边 ko³³ piɛn⁵³ 箇啦 ko³³ la⁰ 箇块嘚 ko³³ kʰuai³³ te⁰	里边 li³¹ piɛn⁵³ 里啦 li³¹ la⁰ 里块得 li³¹ kʰuai³³ te⁰	那里 lɛ³³ li⁰ 那□ lɛ³³ uei⁰ 那边 lɛ³³ piɛn⁵³ 那啦 lɛ³³ la⁰ 那块嘚 lɛ³³ kʰuai³³ te⁰	
	时间	箇子 ko³³ tsi⁰ 箇下嘚 ko³³ xa⁵³ te⁰ 箇时间 ko³³ sø²⁴ kan⁵³	里子 li³¹ tsi⁰ 里下嘚 li³¹ xa⁵³ te⁰ 里时间 li³¹ sø²⁴ kan⁵³	那子 lɛ³³ tsi⁰ 那下嘚 lɛ³³ xa⁵³ te⁰ 那时间 lɛ³³ sø²⁴ kan⁵³	
	数量	箇昵 ko³³ ȵi⁵³	里昵 li³¹ ȵi⁵³	那昵 lɛ³³ ȵi⁵³	
樟树	个体名物	箇个 kɔi¹¹ ko¹¹ 箇一个 kɔi¹¹ iʔ³ ko¹¹ 箇只 kɔi¹¹ tʂaʔ³	里个 li³¹ ko¹¹ □个 kɔːˀ³¹ ko¹¹	许个 hɛ¹¹ ko¹¹ 许只 hɛ¹¹ tʂaʔ³	□个 hɛː³⁵ ko¹¹
	程度	箇 kɔi¹¹　箇么 kɔi¹¹			
	方式性状	箇样 kɔi¹¹ iɔŋ¹¹		许样 hɛ¹¹ iɔŋ¹¹	
	处所	箇里 kɔi¹¹ li⁰	□里 kɔːˀ³¹ li⁰	许里 hɛ¹¹ li⁰	□里 hɛː³⁵ li⁰
	时间	箇阵仔 kɔi¹¹ tʂʰɛn¹¹ tɕi⁰ 箇时候 kɔi¹¹ ʂʅ²⁴ hɐu¹¹			
	数量	箇仔 kɔi¹¹ tɕi⁰		许仔 hɛ¹¹ tɕi⁰	
奉新	个体名物	箇个 ko³² ko⁰ 箇只 ko³² taʔ⁴	以个 i³⁵ ko⁰ 以只 i³⁵ taʔ⁴	许个 hɛ³⁵ ko⁰ 许只 ko³² taʔ⁴	

续 表

方言点	功能	近指	次近指	远指	更远指
奉新	程度	箇么 ko^{32} mo^0			
	方式性状	箇样 ko^{32} ioŋ^{32}		许样 hɛ^{35} ioŋ^{32}	
	处所	箇里 ko^{32} li^0	以里 i^{35} li^{40}	许里 hɛ^{35} li^0	以嘚 i^{35} tɛʔ
	时间	箇阵嘚 ko^{32} tʰən^{32} tɛ^0 箇下嘚 ko^{32} ha^{32} tɛ^0			
	数量	箇滴嘚 ko^{32} tiʔ^2 tɛ^0	以滴嘚 i^{35} tiʔ^2 tɛ^0	许滴嘚 hɛ^{35} tiʔ^2 tɛ^0	

3.3 疑问代词

疑问代词的主要用法是对各种对象提出疑问，许多疑问代词和指示代词都有一一对应的关系。和普通话相比，赣西北客赣方言点中的疑问代词在词形上区别较大，但在用法上区别较小。具体用法详见第十二章疑问范畴。

3.4 本章小结

赣西北客赣方言中，人称代词最大的差别就是第一人称，赣方言点中第一人称主要是"我"，其次是"阿"，而客家方言点一律为"偓"。第二人称和第三人称客赣方言基本一致，一般用"你/尔"和"渠"，唯独萍乡的三身代词"巷""恨""□[xān^{24}]"很特别，是由客家方言的系词"係"与赣语三身代词"我""尔""渠"合音而成，这可以看作客赣接触结果，具体论述可参见《萍乡方言的三身代词》(李含茹 2010)。赣方言三身代词的复数标记多用"伋/嘚/人"，而客家方言多用"等"。赣方言点大多数有排除式和包括式之分，客家方言点大多没有包括式，若要把说话者和听话者都包括进去，客家方言常用"自家兩個人"来表示。

赣西北客赣方言的指示代词大部分相同,语音形式上略有不同。大部分赣方言点的指示代词存在多分现象,一般为近指、次近指和远指;但客家方言点只有近指和远指二分。

第四章
副　词

副词是指在句子中表示行为或状态特征的词,用以修饰动词、形容词、其他副词或全句,表示时间、地点、程度、方式等概念。关于副词的归属问题——实词还是虚词,汉语语法学界一直存在争论。相对其他虚词,副词的意义比较实在,介于实词与虚词之间,有些专家认为是半实半虚的词。蒋绍愚、曹广顺(2005)对副词的界定:"副词是只能在状中结构中充当修饰成分而从不充当被修饰成分的词。"杨荣祥(2005)也有与此基本一致的界定:"在句法结构中,一般只能充当谓词性结构中的修饰成分而从不充当被修饰成分的词。"蒋绍愚、曹广顺、杨荣祥把副词称之为"词",避免了虚实之争,也准确地揭示了副词的语法特点。

关于副词的分类,学界有诸多种分类,各有千秋。我们在汲取各家所长的基础上并结合赣西北客赣方言的特点,把赣西北客赣方言的副词分为七大类:范围、程度、时间、频率、否定、情状和语气副词。

赣西北客赣方言的副词没有普通话丰富,一部分副词和普通话一样的,且用法与意义也大同小异;还有一部分是普通话没有的,有一定的特色。下面主要以袁州话为例来考察赣西北客赣方言中副词的用法。

4.1　范　围　副　词

范围副词是对事物的外延或数量进行说明限制的副词。范围副词大致可以分为统括性、唯一性和限定性三种。

4.1.1 统括性范围副词

所谓统括性范围副词,就是指所概括的对象是某个范围内的全体成员。统括性范围副词又可以分为表范围和表数量两类。在赣西北客赣方言中,表范围的统括性范围副词主要有"都""全(部)""一下$_1$"①"下""净$_1$"②等;表数量的统括性范围副词主要有"一共""总共""一起$_1$""一下$_2$"等。另外赣西北客赣方言大多数方言点有一个表示范围的后置性副词"交"。

4.1.1.1 都、全(部)、齐、下、一下$_1$、净$_1$

赣西北统括性范围副词"都""全(部)""一下$_1$""下""净$_1$"。各方言点的具体使用情况见表 4-1。

表 4-1 表范围统括性范围副词

	丰城	樟树	新干	新余	分宜	袁州	萍乡	上栗	万载	宜丰	上高
都	√	√	√	√	√	√	√	√	√	√	√
全(部)	√	√	√	√						√	
一下$_1$	√	√				√	√	√			√
下										√	
净$_1$	√	√	√	√		√	√				√

	高安	奉新	靖安	武宁	修水	铜鼓	奉新$_客$	靖安$_客$	万载$_客$	修水$_客$	铜鼓$_客$
都	√	√	√	√	√	√	√	√	√	√	√
全(部)	√	√	√	√		√					√
一下$_1$	√	√	√	√				√			

---

① "一下"有几种用法,表"全、都"义的是统括性范围副词,记为"一下$_1$";表"总共"义的是统计数量的统括性范围副词,记为"一下$_2$";表"完全、彻底"义的是语气副词,记为"一下$_3$"。

② 范围副词"净"有几种用法,表"全、都"义的是统括性范围副词,记为"净$_1$";表"光、只"义的是唯一性范围副词,记为"净$_2$";表"总是、老是"义的是频率副词,记为"净$_3$"。

续 表

	高安	奉新	靖安	武宁	修水	铜鼓	奉新客	靖安客	万载客	修水客	铜鼓客
下	√								√		√
净₁	√	√	√	√	√	√	√	√	√	√	√

上表表明：从使用范围看，"都"广泛地用于赣西北客赣方言点，但在各方言点使用频率不高；其次是"净₁"；再次是"一下₁"；"一下₁"和"净₁"在各方言点使用频率很高。樟树、新干、万载、宜丰、上高、高安、铜鼓客、万载客等方言点可省略"一"直接用"下"；新余、分宜把"一下"读成[ia³⁵]，是"一下"的合音；丰城、樟树、分宜、宜丰、高安、武宁、奉新、奉新客还用"全（部）"；这些都相当于普通话中的"都"，表示所指范围内无一例外，用来总括它前面提到的人或事物，在句法结构上是状语，修饰它后面的动词或形容词。例如：

(1) 箇仔菜我一下要。（这些菜我全要。）（袁州）

(2) 教室个人一下走过,尔还不走呃？（大家都走啦,你还不走吗？）（上高）

(3) 田里个西瓜下[ia³⁵]烂刮哩。（田里的西瓜全烂掉了。）（分宜）

(4) 菜下舞好哩,快滴仔食。（菜都弄好了,快点儿吃。）（万载客）

(5) 昨日栽个辣椒秧仔全（部）晒死哩。（昨天种的辣椒秧都晒死了。）（丰城）

1. 在语义指向上，"一下₁"一般前指句子的主语、介词"把"的宾语,也可前指处所状语。例如：

(6) 厂里个事渠伩一下不管。（工厂的事他们都不管。）

(7) 箇屋里个人一下走哩。（这屋子里的人都走了。）

(8) 渠伩箇仔人我一下认得。（她们这些人我都认识。）

(9) 明明把作业一下做完哩。（明明把作业都做完了。）

(10) 大家一下来哩。（大家都来了。）

(11) 北京、深圳、上海我一下去过哩。（北京、深圳、上海我全去过了。）

例(6)是歧义句，"一下₁"既可指向"厂里个事"，意为"厂里的任何事都不管"；"一下₁"还可指向"渠伩"，意为"他们都不管厂里的事"。

79

2. 总括副词"都""一下₁"一般可以互换,但"都"的使用范围比"一下₁"略广一些。"一下₁"一般不用于总括时间段和带有"每一"意义的时间成分。例如:

(12)渠一工到夜都在困觉。(他一天到晚都在睡觉。)

(13)我年年都会出去耍。(我每年都会出去旅游。)

在这两个例中,都只能用"都",不能用"一下₁"替换。

3. "净₁"相当于普通话中的"全","都"和"净₁"在表示总括全部这一层意思上两者可以互用。例如:

(14)箇蔸树上净₁是蚂蚁子。(这棵树上全是蚂蚁。)

(15)街上净₁是人。(街上全是人。)

(16)渠生个净₁是女伢。(她生的全是女儿。)

(17)娇娇一身净₁是名牌。(娇娇身上全是名牌。)

(18)渠拣个苹果净₁是好个。(她挑的苹果全是好的。)

4.1.1.2　一共、总共、一起₁、一下₂

赣西北表数量的统括性范围副词有"一共""总共""一起₁"①"一下₂",这类副词也可以称之为"统计副词"。各方言点使用情况见表 4-2。

表 4-2　表数量统括性副词

	丰城	樟树	新干	新余	分宜	袁州	萍乡	上栗	万载	宜丰	上高
一共	√					√		√	√	√	√
总共	√	√	√	√	√	√	√	√	√	√	√
一起₁	√	√	√	√	√				√	√	√
一下₂		√	√	√	√			√	√	√	√

	高安	奉新	靖安	武宁	修水	铜鼓	奉新客	靖安客	万载客	修水客	铜鼓客
一共	√	√	√	√	√						√

---

①"一起"有两种用法,表"总共"义的是统计数量的统括性范围副词,记为"一起₁";表"几个主体在同一时间发出同样的行为"义是情态副词,记为"一起₂"。

续　表

	高安	奉新	靖安	武宁	修水	铜鼓	奉新客	靖安客	万载	修水客	铜鼓客
总共	✓	✓	✓	✓	✓	✓	✓	✓	✓	✓	✓
一起$_1$	✓	✓	✓	✓	✓	✓	✓	✓	✓	✓	✓
一下$_2$			✓	✓	✓	✓		✓	✓	✓	✓

上表表明：赣西北客赣方言中，"总共"和"一起$_1$"使用最为广泛，其次是"一下$_2$""一共"，这四个范围副词可以表示数量的总计，后面常跟数量词或表数量的疑问词，可在句中作状语。例如：

(19) 箇几领衣服一共/总共/一起$_1$/一下$_2$ 几多仔钱？（这几件衣服一共多少钱？）

(20) 肉跟鱼一共/总共/一起$_1$/一下$_2$ 五十块钱。（肉和鱼一共五十块钱。）

(21) 我今冢一共/总共用哩五百多块钱。（我今天一共花了五百多元。）

(22) 箇个学堂一共/总共有一万多学生。（这个学校一共有一万多学生。）

4.1.1.3 交

赣西北除武宁点外的其他二十一个方言点都使用后置的范围副词"交"，相当于普通话中的"遍"，用于动词后作补语，表示遍及整个范围。例如：

(23) 我哪里都跑交哩，大家都话冇得卖。（我哪儿都走遍了，大家都说没有卖。）

(24) 亲戚朋友屋里我都寻交哩，硬就是冇寻到渠。（亲戚朋友家我都找遍了，硬就是没找到他。）

(25) 箇里有名个饭店渠都喫交哩。（这里有名的饭馆他都吃遍了。）

(26) 箇么多好耍个地方，一工哪里走得交哦！（这么多好玩的地方，一天哪里能走遍哦！）

(27) 明月山蛮大诶，你哪一下看交哩？（明月山很大，你哪里全部看完了？）

铜鼓客家话也有同样的用法，例如：

(28) 铜鼓县城唔蛮大，一日就走交哩。（铜鼓县城不大，一天就走遍了。）

(29) 一只锁匙不晓得跌到哪子去哩,到处都寻交哩。(一只钥匙不知道掉到哪里去了,到处找遍了。)

4.1.2 唯一性范围副词

所谓唯一性范围副词,就是指所概括的对象是整个范围的某个个体。在赣西北客赣方言中,唯一性范围副词主要有"只""只有""就$_1$"①"净$_2$""独""独故""独是"。萍乡、上栗、丰城、分宜、高安、上高、袁州、万载、铜鼓$_客$、奉新、靖安$_客$,修水多用"只",武宁、丰城、新余多用"就$_1$",丰城、袁州等地还会用"净$_2$"。这些都相当于普通话中的"只""只有",在句中充当状语。

4.1.2.1 只、只有

"只"是唯一性范围副词,可修饰动词性词语,限定动词所表示的行为动作或其所涉及事物的范围,也可以修饰名词性词语或数量结构,限定事物的范围。

1. 当"只"修饰动词性词语时,首先,可限定动词的宾语,一般情况下"只"用于主语后谓语动词前,语义可指向动词后的宾语。例如:

(30) 今年我只买哩一领衣裳。(今年我只买了一件衣服。)

(31) 我只到过北京。(我只去过北京。)

(32) 渠只喫精肉,一发仔肥肉都不得喫。(她只吃精肉,一点儿肥肉都不会吃。)

(33) 上转只买哩一本书,今家要多买几本。(上次只买了一本书,今天要多买几本。)

(34) 箇只电视我只看哩一集。(这部电视剧我只看了一集。)

其次,"只"可以限定谓语动词或动词短语。例如:

(35) 渠只摸哩下仔就走刮哩。(他只摸了一下就走了。)

(36) 我只听得发仔懂英语,话不正。(我只听得一点儿懂英语,不会说。)

2. "只有"修饰名词性词语时,限定事物的范围,表示数目单一。例如:

(37) 大家一下到齐哩,只有老张有来。(大家全到齐了,只有老张没来。)

---

① "就"有多种用法,表"光、只"义的是唯一性范围副词,记为"就$_1$";表"很短时间"义的是时间副词,记为"就$_2$";具有"强调语气"作用的是语气副词,记为"就$_3$";具有"前后相承的作用"的是关联副词,记为"就$_4$"。

(38) 屋里只有莉莉一个人,真个蛮冷清。(家里只有莉莉一个人,真的很冷清。)

"只有"修饰数量短语时表示主观小量,详细讨论见本书 9.3.2"与主观量相关的副词"。

4.1.2.2 就$_1$

"就$_1$"相当于普通话中的"只""只有",既可以修饰数量,也可以表示范围。

1. 当修饰数量时,"就"可以表达主观小量,详细讨论见本书 9.3.2"与主观量相关的副词"。

2. 当表示范围时,在句中可以限制主语、宾语和谓语,这一用法与副词"只"相似。例如:

(39) 大家都到哩,就$_1$张三冇来。(大家都到了,只有张三没来。)

(40) 我仂屋场就$_1$渠最斯气。(我们村就她最好看。)

(41) 就$_1$你跟我晓得箇只事,莫话诉别人家。(只有你和我知道这个事,不要告诉别人。)

(42) 我就$_1$去过北京跟上海。(我只去过北京和上海。)

(43) 教室里就$_1$盈得我一个人,真个蛮冷清。(教室里就剩下我一个人,真的很冷清。)

(44) 渠就$_1$挨哩下你,你咋嘛箇么着气?(他就碰了一下你,你怎么这么生气?)

4.1.2.3 净$_2$

"净$_2$"有"只"义,主要表示说话者对在某个时间内一直出现的某一种不好的行为、状态的责备和批评,有时候也表示对方进行劝阻的意思,要求对方不要继续这个动作或者状态。多用于否定句中。例如:

(45) 喫发仔饭,不要净$_2$喫菜。(吃点儿饭,不要只吃菜。)

(46) 渠净$_2$拣好菜喫。(他只挑好菜吃。)

(47) 精肉一下等拣刮哩,净$_2$盈得肥肉。(瘦肉都被挑掉了,只剩下肥肉。)

4.1.2.4 "唯独"类唯一性范围副词

在赣西北"唯独"类唯一性范围副词有:独、独故、独是。各方言点具体使用情况见表 4-3。

表 4-3 "唯独"类范围副词

	丰城	樟树	新干	新余	分宜	袁州	萍乡	上栗	万载	宜丰	上高
独	✓			✓	✓				✓	✓	✓
独故			✓			✓	✓	✓	✓	✓	✓
独是						✓					
	高安	奉新	靖安	武宁	修水	铜鼓	奉新客	靖安客	万载客	修水客	铜鼓客
独						✓					✓
独故											
独是	✓								✓		

上表表明：丰城、新余、分宜、宜丰、上高、万载、铜鼓、铜鼓客用"独"，新干、袁州、萍乡、上栗、宜丰、上高、万载用"独故"，高安、袁州还用"独是"，相当于普通话中的"唯独"。"独""独故""独是"不仅表"唯一"范围，还有反预期的意义。与"只""就$_1$"相比，"独"的语气最为强烈。客家方言奉新、靖安、修水三个点均不用"唯独"类副词。例如：

(48) 齐家一下会去，独故尔不去。（大家都会去，唯独你不去。）（上高）

(49) 人家都冇迟到，独故/独是你一个仔迟到。（别人都没迟到，唯独你一个人迟到。）（袁州）

(50) 箇次考试大部分同学都考哩八十分以上，独小明冇及格。（这次考试大部分同学都考了八十分以上，唯独小明冇及格。）（宜丰）

(51) 渠独不听尔个话。（他唯独不听你的话。）（上高）

(52) 渠就$_1$不听尔个话。（上高）

(53) 渠只不听尔个话。（上高）

(51)、(52)、(53)三例比较后发现，"独"的语气最强，且含有"偏偏""故意"的意思，"就$_1$"次之，相对而言"只"的语气最为和缓。

4.1.3 限定性范围副词

所谓限定性范围副词，就是指所概括的对象在某个范围内既不是全体也不是个体,而是其中的一部分。在赣西北客赣方言中,限定性范围副词主要有"最多""顶多""少话""起码""挨边""总是$_1$"①"正$_1$"②等。

4.1.3.1 最多、顶多

"最多""顶多"表达了主观小量,详细讨论见本书 9.3.2"与主观量相关的副词"。

4.1.3.2 少话、起码

"少话""起码"表达了主观大量,详细讨论见本书 9.3.2"与主观量相关的副词"。

4.1.3.3 挨边

"挨边"在袁州、靖安$_客$等方言点使用,相当于普通话中的"将近",表示接近某个时间,其后一般多接表时间的词,可在句中充当状语。例如:

(54)挨边夜里八点正到屋。(将近晚上八点才到家。)

(55)渠挨边下昼正困醒。(他将近下午才睡醒。)

(56)我老弟挨边开学正做完作业。(我弟弟将近开学才做完作业。)

(57)我参加工作挨边三十年哩。(我参加工作将近三十年了。)

4.1.3.4 总是$_1$

"总是$_1$"相当于普通话中的"大约""大概",不同的是,"总是"带有语气成分。其后一般多接数量,可在句中充当状语。例如:

(58)渠看起来总是$_1$四五十岁个样子。(他看起来大约四五十岁的样子。)

(59)能有几贵仔诶,总是$_1$二三十块钱仔吧?(能有多贵诶,大概二三十块钱吧?)

4.1.3.5 正$_1$

"正$_1$"是限定范围副词,相当于"才""刚刚",修饰数量短语,表主观小量。赣西北的丰城、新干、新余、分宜、袁州、萍乡、上栗、万载、万载$_客$、铜鼓、铜鼓$_客$、修水、修水$_客$、宜丰、上高、奉新、奉新$_客$、靖安$_客$都使用"正$_1$"。详细讨论见本书 9.3.2"与主观量相关的副词"。

---

① "总是"有三种用法,表"大概、大约"义的是限定性范围副词,记为"总是$_1$";表"持续不变、一直、一向"义的是频率副词,记为"总是$_2$";表"反正"义的是语气副词,记为"总是$_3$"。

② "正"有多种用法,表"才"义的是限定性范围副词,记为"正$_1$";表"刚"义的是时间副词,记为"正$_2$";表"再说"义的是句末语气助词,记为"正$_3$"。

4.2 程度副词

程度副词大致可以分为相对程度副词和绝对程度副词两种。凡是可以进入具有明确的比较项句法环境的程度副词都是相对程度副词,反之是绝对程度副词。详细讨论见本书 10.4"程度状语"。

4.3 时间副词

在赣西北客赣方言中,与普通话"刚""才"相当的时间副词主要有"正$_2$""还正""刚$_1$"①"就$_2$""易得""多时""起""一了仔""紧当""总算"等。

4.3.1 正$_2$、还正、刚$_1$、才

时间副词"正$_2$""还正""刚$_1$""才"赣西北各方言点使用情况见表 4-4。

表 4-4 时间副词表

	丰城	樟树	新干	新余	分宜	袁州	萍乡	上栗	万载	宜丰	上高
正$_2$	√			√	√	√		√	√	√	√
还正		√	√		√	√	√		√	√	√
刚$_1$	√	√	√	√							
才											

	高安	奉新	靖安	武宁	修水	铜鼓	奉新$_客$	靖安$_客$	万载$_客$	修水$_客$	铜鼓$_客$
正$_2$	√				√	√	√	√	√	√	√

① "刚"有两种用法,表"刚才"义的是时间副词,记为"刚$_1$";表"正好在那一点上,指时间、数量等不多不少"义的是情态副词,记为"刚$_2$"。

续 表

	高安	奉新	靖安	武宁	修水	铜鼓	奉新客	靖安客	万载客	修水客	铜鼓客
还正	√	√	√		√				√		√
刚₁	√	√	√		√						
才				√							

上表表明：赣西北客赣方言"正₂""还正₂"使用范围最广,使用频率最高,"刚₁"和"才"是普通话带进来的词汇,"刚₁"有丰城、樟树、高安等7个方言点使用,"才"只有武宁点使用。

1. "正₂"使用最广泛,都相当于普通话中的"才""刚₁",表示在某个行为、动作或状态说话前不久发生,或完成不久。例如：

(60) 我正₂到。(我刚到。)

(61) 你正₂来,有仔事还不晓得。(你刚来,有些事还不知道。)

(62) 我爷老子正₂到屋。(我爸爸刚到家。)

(63) 老张正₂话哩啥嘛？(老张刚才说了什么？)

(64) 我正₂到屋就落雨哩。(我刚到家就下雨了。)

(65) 正₂天光我爷老子就去栽禾哩。(刚天亮我爸爸就去插秧了。)

当"正₂"位于表时间概念的成分之后时,表示事情发生或结束得晚。例如：

(66) 我老弟挨夜正₂归来。(我弟弟傍晚才回来。)

(67) 你咋嘛而今正₂来？(你怎么现在才来？)

(68) 渠伫十二点正₂动身。(他们十二点才出发。)

2. "还正"相当于普通话的"才""刚",与"正"的用法一致,可以互相替换,表示事情在前不久发生。例如：

(69) 渠还正走,你就来哩。(她才走,你就来了。)

(70) 我还正从口前回来。(我才从外面回来。)

当"还正"位于表时间概念的成分之前时,表示事情发生或结束得早。例如：

(71) 渠个息还正两岁就认得字哩。(他的孩子才两岁就认识字了。)

(72) 小张还正二十岁就当哩老板。（小张才二十岁就当了老板。）

"还正"可以表示数量小，程度低，仅达到某种数量或程度。例如：

(73) 渠十几岁哩还正箇么高叽。（他十几岁了才这么高。）

(74) 我还正二十岁。（我才二十岁。）

(75) 渠还正夜里八点就回来哩。（渠才晚上八点就回来了。）

(76) 你还正喫一碗饭，喫碗饭凑吧。（你才吃了一碗米饭，再吃一碗吧。）

4.3.2 就$_2$

1. 赣西北各方言点都会使用时间副词"就$_2$"。"就$_2$"之前如果有时间词语，"就$_2$"强调事情发生了很久。例如：

(77) 我伍十几年前就$_2$认得。（我们十几年前就认识。）

(78) 渠二十年前就$_2$当上哩校长。（他二十年前就当上了校长。）

2. "就$_2$"也可以表示动作行为或情况在很短的时间内即将发生或出现。例如：

(79) 渠马上就$_2$回来。（他马上就回来。）

(80) 我下哩课就$_2$回屋里。（我下了课就回家。）

(81) 我吃哩饭就$_2$去学堂。（我吃了饭就去学校。）

3. "就$_2$"可以表示还未达到某种条件就可以达到某种目的。例如：

(82) 还冇到八点渠就$_2$来哩。（还没到八点他就来了。）

(83) 箇只题目都冇做，就$_2$八十分哩。（这个题目都没做，就八十分了。）

4. "就$_2$"还可以表未完成态，动作即将进行，有"马上"之义，多用在当事人被外界催促的时候，用来修饰动词，表示动作马上进行。例如：

(84) 我就$_2$去，你莫急啰！（我马上去，你不要着急啰！）

(85) 就$_2$起来哩，莫紧喊啰！（马上起来了，不要总叫啰！）

4.3.3 "快要"类时间副词

赣西北客赣方言中"快要"类时间副词有：快要、就会、就要、马上、易得。具体情况见表4-5。

表4-5 "快要"类时间副词

	丰城	樟树	新干	新余	分宜	袁州	萍乡	上栗	万载	宜丰	上高
快要			✓	✓	✓	✓	✓		✓	✓	✓
就会	✓	✓	✓							✓	✓
就要	✓	✓	✓	✓		✓	✓	✓		✓	✓
易得	✓			✓		✓		✓			
马上	✓	✓	✓	✓		✓	✓			✓	
	高安	奉新	靖安	武宁	修水	铜鼓	奉新客	靖安客	万载客	修水客	铜鼓客
快要	✓	✓	✓	✓	✓	✓					
就会	✓						✓		✓		✓
就要	✓		✓		✓						
易得					✓				✓	✓	✓
马上	✓	✓	✓	✓	✓						✓

上表表明:"快要""就会""就要""马上""易得"这五个时间副词使用范围差不多,每个方言点都会使用三个左右。"快要""就会""就要""马上"这四个在普通话也比较常见,"易得"是赣西北比较有特色的一个时间副词,客赣方言均使用。

1."易得"相当于普通话中的"快要""马上",表示时间上接近、很快就要出现某种情况。"易得"可以修饰动词、形容词、时间名词等在句中作状语,句尾一般要用将行体标记"格"①。例如:

(86)易得天光格。(快要天亮了。)

(87)快发仔走,易得落雨格。(快点儿走,快要下雨了。)

(88)易得做完格。(快要做完了。)

---

① "格"在袁州话中是将来时态助词,表示即将发生某种事件或达到某种状态。详见陈海波的《宜春话的将来时态助词"格"及其来源》。

(89) 你易得大学毕业格吧?(你快要大学毕业了吧?)

(90) 葡萄易得熟格。(葡萄快要熟了。)

(91) 渠个病易得好格。(她的病快要好了。)

(92) 易得过年格。(快要过年了。)

2. 此外,"易得"还有"事情很容易完成之意",可以受程度副词的修饰,"易得"一般用来修饰动词,可在句中充当状语。例如:

(93) 那只事易得做,莫著革,我帮你。(那件事情很容易做,不要担心,我帮你。)

(94) 箇只菜蛮易得做。(这个菜容易做。)

4.3.4 多时

"多时"用于丰城、新余、分宜、袁州、萍乡、宜丰、上高、修水、修水客、万载客等地,上高点可以单说"多",读为"高升调"。"多(时)"相当于"早就",在句中多和时间副词"就"共现,可在句中充当状语。例如:

(95) 客多时就走哩。(客早就走了。)

(96) 渠伇多时就回来哩。(他们早就回来了。)

(97) 学堂里多时就放哩假。(学校早就放假了。)

(98) 我多就跟渠话过,渠就是不听。(我早就跟他说了,他就是不听。)(上高)

4.3.5 "一直"类副词

赣西北客赣方言中"一直"类副词有:"一直""一向""一向子""向来""一贯""一头老""一股路""一了仔""总是₂"。各方言点使用情况见表4-6。

表4-6 "一直"类副词

方言点	丰城	樟树	新干	新余	分宜	袁州	萍乡	上栗	万载	宜丰	上高
"一直"类副词	一直	一直	向来	一向	一头老	一向 一了仔	一向	一股路	一直 总是₂	一直 总是₂	一直 一向

续 表

方言点	高安	奉新	靖安	武宁	修水	铜鼓	奉新客	靖安客	万载客	修水客	铜鼓客
"一直"类副词	一向	一向子	一向	一贯	一向 向来	一向	一向	一向	一直 向来	长时间	一向

上表表明：赣西北大多数方言点使用"一向"，其次是"一直"，该用法与普通话一致。分宜使用"一头老"；修水客使用"长时间"；上栗使用"一股路"；袁州使用"一了仔"；万载、宜丰还用"总是₂"这些用法都表示从过去到现在动作行为始终不间断或状态始终不变。以袁州话的"一了仔"为例：

(99) 渠从细到大一了仔是箇只样子,冇变一下。(她从小到大一直是这个样子,一点儿也没变。)

(100) 箇两兄弟一了仔不和气。(这两兄弟一直不和气。)

(101) 老李一了仔身体不好。(老李一向身体不好。)

(102) 阳阳一了仔作兴吃牛肉。(阳阳一向喜欢吃牛肉。)

(103) 老李真是一根筋,多次劝渠莫去赌过,渠总是不听。(老李真是一根筋,多次劝他别去赌博了,他总是不听。)(万载)

4.3.6 "正好₁"类副词[①]

赣西北客赣方言中"正好"类副词有："正好""正式""正当""合适""刚好""紧当""嵌好""嵌嵌仔""嵌点"。各方言点使用情况见表4-7。

表4-7 "正好"类副词

方言点	丰城	樟树	新干	新余	分宜	袁州	萍乡	上栗	万载	宜丰	上高
"正好"类副词	正式	刚好	正当	紧当	合适 紧当	紧当	嵌嵌仔 嵌好	正好	合适	正式	正式 嵌好

方言点	高安	奉新	靖安	武宁	修水	铜鼓	奉新客	靖安客	万载客	修水客	铜鼓客
"正好"类副词	嵌好 正当	正式	刚好	正好	正式	正式	正式	正式	嵌点	正式	正式

---

① "正好"类副词如果修饰时间,可以看作时间副词,记为"正好₁"；但如果修饰某种巧合的情况、机会条件等可看作情态副词,记为"正好₂"。

上表表明：赣西北大多数方言点使用"正式"，其次是"正好""合适""紧当""刚好""嵌好"等。这一类副词表示某种巧合（多指时间、情况、机会条件等），后面常跟表时间的成分。以袁州话的"紧当"为例：

(104) 而今紧当是喫西瓜个时候。（现在正好是吃西瓜的时候。）

(105) 而今紧当赚钱，冇得时间出去耍。（现在正好赚钱，没有时间出去玩。）

(106) 紧当读书个时仔，莫连常出去耍哦！（正好读书的时候，不要经常出去玩哦！）

4.3.7 总算

赣西北各个方言点都使用"总算"，相当于普通话中的"终于"，表示经过漫长过程最后出现某种结果，较多用于希望达到的结果。可修饰动词、形容词，在句中可充当状语。例如：

(107) 写刮箇久，总算易得写完格。（写了这么久，终于快要写完了。）

(108) 做刮几只月哩，明日总算要收工格。（做了几个月了，明天终于要收工了。）

(109) 易得毕业格，总算不要连常看到渠哩。（快要毕业了，终于不要经常看到她了。）

(110) 等刮箇么久，箇杯开水总算冷下来哩。（等了这么久，这杯热水终于冷下来了。）

4.4 频率副词

赣西北客赣方言中，常见的频率副词主要有"又""还""也""再""凑""过""经常""连常""紧"。下面考察主要频率副词的用法。

4.4.1 又

1. 赣西北各个方言点都使用频率副词"又"，表示同一动作行为的重复发生或反复进行，多用于已然的情况。例如：

(111) 渠又来晏哩。（他又来晚了。）

(112) 咋么正喫哩饭而今又喫？（怎么刚吃了饭现在又吃？）

(113) 渠伢妹仔今年又长高哩。（她妹妹今年又长高了。）

(114) 渠又同别人家斗闹哩。（他又跟别人争吵了。）

(115) 这只电视我看哩一到又一到。（这个电视剧我看了一遍又一遍。）

(116) 今家渠又骂刮我一餐。（今天他又骂了我一顿。）

2. "又"可以用来表示预计的重复，后面常用系词或能愿动词。例如：

(117) 明日又是礼拜天。（明天又是星期天。）

(118) 天气又要变冷哩。

3. "又"也可以表示两种情况或性状同时存在。例如：

(119) 姆妈听得我要出国做事，蛮高兴，又着革。（妈妈听见我要出国工作，很高兴又很担心。）

(120) 箇大个雨，又箇晏，今家就到我屋里困吧。（这么大的雨，又这么晚，今天就到我家睡吧。）

4. "又"还可以表示相继发生的动作。例如：

(121) 煮刮饭，又来炒菜。（煮完饭，又来炒菜。）

(122) 渠昨日正回来，明日又要去上海。（他昨天刚回来，明天又要去上海。）

4.4.2 还

1. 赣西北各个方言点都使用频率副词"还"，表示动作行为、性质状态或事物的累加。例如：

(123) 我买哩菜，还买哩水果。（我买了菜，还买了水果。）

(124) 箇只菜特加贵哩，还蛮难喫。（这个菜太贵了，还很难吃。）

(125) 老张个女崽俚蛮听话，还蛮会读书。（老张的女儿很听话，还很会读书。）

2. 当用于未然的情况时，表示"还"可以用"再"替换，表示动作行为的重复。例如：

(126) 你还骂渠，我就对你不客气哩。（你还骂他，我就对你不客气了。）

(127) 你还不听话就会挨打。(你再不听话就会挨打。)

(128) 你下转还有考好,就会挨骂。(要是你下次还没有考好,就会挨骂。)

4.4.3 也①

1. 赣西北各个方言点都使用类同副词"也",可以修饰动词(短语)和形容词(短语),作状语,用法与普通话相同。表示两个或两个以上的事物同属一类,或发出相同或相似的动作行为,或具有相同或类似的性状。例如:

(129) 你是宜春人,我也是宜春人。

(130) 你是老师,渠也是老师。(你是老师,他也是老师。)

(131) 我姆妈夜里九点困觉,我也九点困觉。(我妈妈晚上九点睡觉,我也九点睡觉。)

(132) 你明日去,渠明日也去。(你明天去,他明天也去。)

(133) 箇领衣服是红色个,那领衣服也是红色个。(这件衣服是红色的,那件衣服也是红色的。)

(134) 你老弟不懂事,你也不懂事。(你弟弟不懂事,你也不懂事。)

2. "也"也表示同一个人或事物同时具有两种属性或发出两个动作、具有两种性状。例如:

(135) 我是教书个,也是做生意个。(我是教书的,也是做生意的。)

(136) 我喜欢喫淮参,也喜欢喫芋仂。(我喜欢吃山药,也喜欢吃芋头。)

(137) 箇只西瓜不大一下,也不甜一下。(这个西瓜一点也不大,也一点儿也不甜。)

4.4.4 再、凑

赣西北各个方言点都使用频率副词"再""凑"和"再…凑"句式。详细讨论见本书8.8"重行体"。

4.4.5 重(新)、过

赣西北各方言点都使用频率副词"过""重(新)"和"重(新)…过"句式。详细

---

① "也"的基本作用表示类同,强调前后提到的两件事或两种情况在性质上有类同之处。"类同"也可以理解为某事件、某事物、某性状的累加,故归为"频率副词"类。

讨论见本书 8.8"重行体"。

4.4.6 "经常"类副词

赣西北客赣方言中"经常"类副词有:"经常""连常""常日""常事""常个""间间仔""时不时子"。各方言点使用情况见表 4-8。

表 4-8 "经常"类频率副词表

方言点	丰城	樟树	新干	新余	分宜	袁州	萍乡	上栗	万载	宜丰	上高
"经常"类副词	间间仔	经常	经常	经常	经常	连常	常事	经常	常日	经常	常个
方言点	高安	奉新	靖安	武宁	修水	铜鼓	奉新客	靖安客	万载客	修水客	铜鼓客
"经常"类副词	经常	连常	经常	经常	勤	经常 常日	经常	时不时子	经常	经常	常日

"经常"类副词表示行为、动作屡次发生,在句中可充当状语。以袁州话的"连常"为例:

(138) 多看下仔书啊,莫连常耍游戏。(多看看书啊,不要经常玩游戏。)

(139) 我爷老子蛮勤快,连常一天光就出去做事哩。(我爸爸很勤快,经常一天亮就出去做事了。)

(140) 细细仔个时候,我连常去河里洗冷水澡。(小时候,我经常去河里游泳。)

(141) 你伓两個人莫连常斗祸。(你们两个人不要经常吵架。)

4.4.7 紧

赣西北各个方言点都使用频率副词"紧"。详细讨论见本书 8.4"持续体"。

4.5 否定副词

赣西北客赣方言中使用最多的否定副词是"不/唔""冇"和"莫"。具体见本书第十三章"否定范畴"。

4.6 情态副词

情态副词就是表示或描述动作行为的方式、状态、情貌的这样一类副词。赣西北客赣方言中主要的情态副词有:"一起₂""特竟/特事/故意""特地""白/白白哩""够""合适""正好₂""消停""一口气/一耿气、一下仔""硬/硬是""好生(仔)、好正仔(子)""一个劲、拼命个、死命个"。下面考察这些主要情态副词的用法。

4.6.1 "一起₂"类情态副词

赣西北客赣方言中与"一起"相关的情态副词有:"一下""一同""同伴""一路""一道""一转"。各方言点使用情况见表4-9。

表4-9 "一起₂"类情态副词

方言点	丰城	樟树	新干	新余	分宜	袁州	萍乡	上栗	万载	宜丰	上高
"一起₂"类情态副词	一同	一起	一起	一起	一下	一起 同伴	一起	一起 同伴	一下	一起	一起 一转

方言点	高安	奉新	靖安	武宁	修水	铜鼓	奉新客	靖安客	万载客	修水客	铜鼓客
"一起₂"类情态副词	一起 一转	一起	一起	一起	一起 一路	一起 一路	一起 一下	一起	一起	一下 一起	一下 一道

上表表明:武宁、修水用"一路",丰城用"一同",分宜、万载、铜鼓客用"一下",上高还用"一转",其他方言点用"一起"。

1."一起"在这里是个副词,表示几个主体在同一时间发出同样的行为。例如:

(142)姆妈喊我伪一起去栽禾。(妈妈叫我们一起去插秧。)

(143)明日我同伴你一起去学堂。(明天我跟你一起去学校。)

(144)你伪后日一起过来吧。(你们后天一起过来吧。)

(145)几只事一起来,哪个做得赢?(几个事一起来,谁做得过来?)

2."一起"也可以表示同一主体对几个事物采取相同的动作。例如:

(146)我把书跟笔一起还得给小李哩。(我把书和笔一起还给小李了。)

(147)啥嘛时候带得你个伢仂女仂一起来我屋里做客呀?(什么时候带你的儿子女儿来我家做客呀?)

4.6.2 "故意"类情态副词

赣西北客赣方言中与"故意"相关的情态副词有:"特竟""特事""竟事""竟""平似""特眼仔""特为"。各方言点使用情况见表4-10。

表4-10 "故意"类情态副词

方言点	丰城	樟树	新干	新余	分宜	袁州	萍乡	上栗	万载	宜丰	上高
"故意"类情态副词	故意特竟	平似	平似	竟事	特竟特眼仔	特竟	特事竟事	特事	特竟特为	特竟	特竟特为
方言点	高安	奉新	靖安	武宁	修水	铜鼓	奉新客	靖安客	万载客	修水客	铜鼓客
"故意"类情态副词	故意拦竟	竟故喏	竟特竟	故意	特事	特事	竟	竟特事	特事	竟故喏	特事

上表表明:赣西北客赣方言中"特事""特竟"用得比较多。在普通话中"故意"与"特地"含有不一样的感情色彩,前者含贬义,后者是中性词。但在大多数赣西北客赣方言点中,"故意"与"特地"同用一个语音形式,此时感情色彩为中性。可修饰动词性短语,在句中充当状语。

1. 表示明知不应该或不必这样做而这样做。例如:

(148)老弟不是特竟打烂箇只碗唰。(弟弟不是故意打碎这个碗的。)

(149)渠特竟箇样话,莫搭什渠。(他故意这样说,不要理他。)

(150)我竟事不等渠晓得。(我故意不让他知道。)(新余)

(151)渠平似害别家。(他故意害别人。)(新干)

(152)渠特事害别人家。(他故意害别人。)(铜鼓客)

2. 表示动作是为了某种目的而专门进行的。例如:

(153) 我旧年特竟去哩一转上海。（我去年特地去了一趟上海。）

(154) 渠昨日夜里特竟来看你，你有在屋里。（他昨晚特地来看你，你不在家。）

上高话的"特竟"与"特为"有一定的分工。"特竟"中性偏贬义，"特为"中性偏褒义。例如：

(155) 渠特竟害我。（他故意害我。）（贬义）

(156) 我特竟/特为去过上海。（我特地去了上海。）（中性）

(157) 我特为过来看看尔。（我特地过来看看你。）（褒义）

例(155)的"特竟"不能换成"特为"，例(157)的"特为"也不能换成"特竟"。

4.6.3 白、白白哩

1. 赣西北各个方言点都使用"白"，奉新还会用"瞎"，表示没有效果、徒然。例如：

(158) 话哩也是白话。（说了也是白说。）

(159) 今家白跑哩一趟，一只事都有做正。（今天白跑了一趟，一件事都没办成。）

(160) 箇只头脑都不晓得，白读箇么多书。（这个道理都不知道，白读了这么多书。）

(161) 你做也是瞎做。（你做也是白做。）（奉新）

(162) 瞎等箇么久。（白等这么久。）（奉新）

2. 有时也会用重叠式"白白哩"，相当于普通话中的"白白地"，此时表达的程度更高。例如：

(163) 要帮个忙都有帮到，白白哩请渠吃刮一餐饭。（要帮的忙都没帮上，白白地请他吃了一顿饭。）

(164) 白白哩活刮箇么久，箇发仔人情世故都不晓得。（白白地活了这么久，这点儿人情世故都不知道。）

4.6.4 够

1. 赣西北各个方言点都使用"够"。"够"加在一般动词之前，也可放在主谓

句句首,同时常常与程度副词共现。表示持续时间长,超出所能忍受的时间限度,表主观大量,同时带有厌烦情绪。例如:

(165) 箇块肉蛮硬,够炆哩。(这块肉很硬,要炆很久。)

(166) 夜里十二点个车,够等哩咯。(晚上十二点的车,要等很久。)

(167) 细人仔还正三岁,我够带哩咯。(小孩子才三岁,我要带很久。)

(168) 咋么舞箇多菜,我伈够吃哩咯。(怎么做这么多菜,我们要吃很久。)

(169) 箇只事还冇影,渠伈够做哩咯。(这个事还没影,他们要做很久。)

2. 主语可放在"够+v"格式之前,也可以放在"够"与动词之间。例如:

(170) 箇么多作业,渠够写哩。(这么多作业,他要写很久。)

(171) 箇么多作业,够渠写哩。(这么多作业,他要写很久。)

3. 若在"够"前面加上副词"还",则表示动作发生了很久,并将持续下去。例如:

(172) 雨还够落得哩!(雨还要下很久。)

(173) 箇么多集,我还够看哩!(这么多集,我还要看很久。)

4. "够"还有"满足"的意思。例如:

(174) 等你话只够。(让你说个够。)

4.6.5 "正好₂"类情态副词

赣西北客赣方言中"正好₂"类副词有:"正好""刚好""合适""将将""刚刚""嵌好""嵌嵌仔""嵌点""嵌门"。各方言点使用情况见表4-11。

表4-11 "正好₂"类情态副词

方言点	丰城	樟树	新干	新余	分宜	袁州	萍乡	上栗	万载	宜丰	上高
"正好₂"类情态副词	刚好	刚好 将将 正好	刚好	合适	合适 正好	合适 嵌好 嵌嵌仔	嵌好 正好	嵌好 嵌嵌仔	嵌门 嵌好	嵌嵌 嵌点	嵌好 嵌点 嵌门
方言点	高安	奉新	靖安	武宁	修水	铜鼓	奉新客	靖安客	万载客	修水客	铜鼓客
"正好₂"类情态副词	嵌好 将好	刚好 合适	刚好	刚好 正好	刚好	正好	正好	正好	嵌点 嵌好	正好	正好

上表表明：沿三二〇国道线的袁州、萍乡、上栗、万载、宜丰、上高、高安主要用"嵌好"；客家方言点一般用"正好"；其余方言点一般用"刚好"。这一类副词是指"位置不前不后,体积不大不小,数量不多不少,程度不高不低",一般用于非消极性语言环境。例如：

(175) 合适你来哩。（正好你来了。）（袁州）

(176) 箇双鞋伲渠穿到合适。（这双鞋她穿着合适。）（袁州）

(177) 称得蛮准,嵌点三斤。（称得很准,正好三斤。）（万载客）

(178) 箇只袋仔蛮大,嵌好装得落。（这个袋子很大,正好能装下。）（上高）

(179) 正出门,刚好撞到落雨。（刚出门,正好遇到下雨。）（丰城）

(180) 渠正跌过一跤,脑壳嵌门撞到门架上。（他刚摔了一跤,脑袋正好撞到门架上。）（万载）

(181) 箇双鞋子渠穿到正好。（这双鞋他穿着刚好。）（铜鼓客）

(182) 嵌好坐满哩十個人,可以动筷子哩。（刚好坐满了十个人,可以动筷子了。）（袁州）

(183) 我正到,嵌嵌仔车子就来哒。（我刚到,恰好车子就来了。）（上栗）

4.6.6 消停

袁州、新余、分宜都会用"消停",相当于普通话中的"不慌不忙地""慢慢地",可修饰动词,在句中充当状语。例如：

(184) 发啥嘛慌,消停仔去也来得赢。（发什么慌,慢慢地去也来得及。）

(185) 消停做,反正还有蛮多时间。（慢慢做,反正还有很多时间。）

(186) （主人送客时）消停走哦,路上好正仔。（慢走哦,路上小心。）

4.6.7 一口气、一下子(仔)

赣西北大多数方言点都使用"一口气",袁州还用"一耿气",表示某种动作行为或事件不间断或不中断地迅速完成。可修饰动词,在句中充当状语。例如：

(187) 渠一口气吃过上十只包子。（他一口气吃了上十个包子。）（上高）

(188) 老李一口气游哩几百米远。（老李一口气游了几百米远。）（丰城）

(189) 老张一口气爬哒十几层楼也不歇一下。（老张一口气爬了十几层楼也不休息一下。）（修水）

(190) 渠一耿气跑哩十多里路。(他一口气跑了十多里路。)

(191) 莫一耿气把冰棒一下喫刮哩！(不要一口气把雪糕全吃掉了！)

(192) 我姆妈一耿气买哩十几个西瓜。(我妈妈一口气买了十几个西瓜。)

"一下仔(子)"与"一口气"略有区别，"一下仔(子)"一般表示某种动作发生、完成得迅速，或某种现象出现得突然，"一下仔(子)"常常会和"就"同时出现。例如：

(193) 冇得几远，一下仔就到哩。(没有多远，一下子就到了。)

(194) 一下仔就干人哩。(一会儿就口渴了。)

(195) 渠正等老师话刮一餐，面一下仔就红哩。(他刚被老师说了一顿，脸一下子就红了。)

4.6.8 硬₁、硬是₁

赣西北大多数方言点都使用"硬₁、硬是₁"，萍乡还用"把蛮"，表示不顾条件而执拗、勉强地做某事，也可以表示态度坚决。可修饰动词，在句中充当状语。例如：

(196) 我不去，渠硬₁拉得我去。(我不去，他硬拉着我去。)

(197) 要渠莫去，渠硬₁要去。(让他别去，他硬要去。)

(198) 那只细人仔硬₁要舞发仔汤正吃饭。(那个小孩子硬是要弄点汤才吃饭。)

(199) 连常话要渠懂发仔事，渠硬是₁不听。(经常说要他懂点儿事，他硬是不听。)

(200) 渠一刻都闲不下来，把蛮要寻发仔事做。(他一刻都闲不下来，硬是要找点儿事做。)(萍乡)

4.6.9 好生仔、好正仔、好好子

赣西北的袁州、萍乡、高安、上栗等方言点一般用"好生仔"；丰城、樟树、新干、新余、分宜、上高、宜丰等方言点一般用"好正仔"；铜鼓客、奉新客、靖安客、修水客、万载客这五个客家方言点一般用"好好子"；铜鼓点用"好好得"；修水方言点用"好生点"。这些用法与普通话的"好好儿"相当，多用于建议、劝诫，可修饰动词，在句中充当状语。例如：

(201) 好生仔行路,莫紧耍手机。(好好儿走路,不要总玩手机。)(袁州)

(202) 好生仔耍,莫斗闹。(好好儿玩,不要吵架。)(袁州)

(203) 有事好生仔讲,莫着气。(有事好好儿说,不要生气。)(袁州)

(204) 好正仔吃,莫畀鱼骨头卡到喉咙。(好好地吃,别被鱼刺卡着喉咙。)(上高)

(205) 好好子考试,争取考个好成绩。(好好地考试,争取考个好成绩。)(铜鼓客)

4.6.10 一個勁、死命个、拼命个

赣西北的袁州用"一個勁""赛力";萍乡用"一仗伙";万载、万载客用"杀青",这些情态副词表示动作行为连续不停或毫不松劲快速进行,可修饰动词,在句中充当状语,用法与普通话基本一致。例如:

(206) 渠一個勁个跑,冇哪个打得到渠。(他一个劲地跑,没谁能打到他。)(袁州)

(207) 渠赛力个同我打招呼,我冇看清。(他一个劲地跟我招手,但是我没看清楚。)(袁州)

(208) 别人家在困觉,他还在杀青个读书。(别人在休息,他还在努力地学习。)(万载)

(209) 箇只细人仔冇看得姆妈,就一仗伙个哭。(这个小孩没看见妈妈,就一个劲地哭。)(萍乡)

赣西北的铜鼓、修水、上栗、丰城等方言点用"拼命";萍乡、上高、宜丰、高安、奉新、奉新客等方言点用"死命"。这几个情态副词都表示做某件事付出了极大的努力,可修饰动词,在句中充当状语,用法与普通话基本一致。例如:

(210) 为哩在上海买套房,渠拼命个做事。(为了在上海买套房子,他拼命地工作。)(丰城)

(211) 一只狗追过来过,渠死命个跑。(一只狗追过来了,他拼命地跑。)(上高)

(212) 渠死命个读书,就是为嘚以后能考上大学找个好工作。(他拼命地读书,就是为了以后能考上大学找个好工作。)(高安)

4.7 语气副词

语气副词是表达说话者情感认识的副词。赣西北客赣方言中常见的语气副词有"反正""情愿/情肯/情管""好得""认真""左思""肯定/一定""硬$_2$/硬是$_2$""可能""就$_3$/就是$_3$""差点儿"。下面考察这些常见语气副词的用法。

4.7.1 "反正"类语气副词

赣西北的袁州、新干、新余、万载用"横直",修水用"横顺",铜鼓客、袁州用"总是$_3$",其他地方用"反正"。这些副词强调在任何情况下都不改变结论或结果,表示坚决肯定的语气。在句中充当状语,用法与普通话相似。例如:

(213) 莫急,总是还来得赢。(不用急,反正还来得及。)

(214) 横直你也不是外人,我就不客气哩。(反正你也不是外人,我就不客气了。)

(215) 横直要去喺,你就早发仔去噢!(反正要去,你就早点儿去噢!)

(216) 横顺还有时间,再坐下仔凑。(反正还有时间,再坐会儿。)(修水)

(217) 我等先走,反正渠伙走得快,勍得到我等。(咱们先走,反正他们走得快,能追上我们。)(丰城)

(218) 箇只事反正跟我有有关系。(这件事反正跟我无关。)(上高)

"反正"还可以指明情况或原因,意思与"既然"相近,而语气较强。多用在动词、形容词或主语前。例如:

(219) 箇双鞋仔反正不蛮贵,帮我买一件吧。(这双鞋子反正不很贵,帮我买一件吧。)(上高)

(220) 我反正要去宜春,我就因便帮尔带过去。(我反正要去宜春,我就顺便帮你带过去[这个包]。)(上高)

4.7.2 "情愿"类语气副词

赣西北客赣方言中与"情愿"相关的情态副词还有"情肯""情管"。各方言点使用情况见表4-12。

表 4-12 "情愿"类语气副词表

	丰城	樟树	新干	新余	分宜	袁州	萍乡	上栗	万载	宜丰	上高
情愿	√	√	√					√	√		
情肯				√	√	√	√		√		√
情管					√	√				√	
	高安	奉新	靖安	武宁	修水	铜鼓	奉新客	靖安客	万载客	修水客	铜鼓客
情愿	√	√	√	√	√	√	√	√	√	√	
情肯											√
情管					√						

1. 上表表明：赣西北大多数方言点都用"情愿"，其次是"情肯"和"情管"。这些说法都表示在权衡两方面的利害得失后选择其中的一面，相当于普通话中的"宁可""宁愿"，在句中常常与"也""不"等词共现。这件事情常常是假设的，并且往往含有夸张的意味，以衬托出更不希望另一事情的出现。例如：

(221) 我情肯早发仔动身，也不想迟到。(我宁愿早点儿出发，也不想迟到。)(袁州)

(222) 我伢娘爷情管自家吃苦，也不想苦哩我。(我的爸妈宁愿自己吃苦，也不想苦了我。)(袁州)

(223) 情愿买贵个。(宁可买贵的。)(奉新)

(224) 渠情肯不食饭也爱出去嫽。(他宁愿不吃饭也要出去玩。)(铜鼓客)

2. 一般用在动词前，也可以用在主语前。例如：

(225) 渠情管丢刮去，也不想把得你喫。(他宁可扔掉，也不想给你吃。)(袁州)

(226) 情管我自家多做忽仔，也不想累到尔。(宁可自己多做点儿，也不想累到你。)(宜丰)

(227) 情愿我个己一个人去，也不想跟渠一同去。(宁可我自己一个人去，也不想跟他一起去。)(丰城)

在上三句中,前一句是用在动词前,后两句是用在主语前。

4.7.3 "幸亏"类语气副词

赣西北客赣方言中"幸亏"类语气副词有"好得""多亏""还好""好正""幸得""亏得"等。各方言点具体见表4-13。

表4-13 "幸亏"类语气副词表

方言点	丰城	樟树	新干	新余	分宜	袁州	萍乡	上栗	万载	宜丰	上高
"幸亏"类语气副词	亏得 多亏 好得	好得 多亏	还好 好得	还好 幸得	好正	好得 还好 好正	好得	好得	好得 多亏	好得 还好	好得 得 还好

方言点	高安	奉新	靖安	武宁	修水	铜鼓	奉新客	靖安客	万载客	修水客	铜鼓客
"幸亏"类语气副词	好得 亏得	好得 还好	好得 还好	还好 亏得	多亏 好得 还好	好得	好得 多亏 还好	好得 多亏	好得 还好	好得	好得 还好

1. 上表表明:赣西北客赣方言中"好得"使用最为广泛,其次是"多亏""还好",分宜、袁州还会用"好正",高安还会用"亏得",上高还会用"得"。这些语气副词相当于普通话中的"幸亏",多用于句首,一般用在主语前,在句中充当状语,常带有感叹语气,指由于某种有利条件而侥幸避免不良后果。例如:

(228) 好得你带哩伞。(幸亏你带了伞。)(袁州)

(229) 还好箇里离学堂冇几远,走几脚就到哩。(幸亏这里离学校没多远,走几步就到了。)(新余)

(230) 我正滑哩一下,多亏渠扶哩一把。(我刚才滑了一下,幸亏他扶了一把。)(奉新客)

(231) 得你帮忙嘞,要不然箇事就黄泼过。(幸亏你帮忙,要不然这件事就办不成。)(上高)

2. 有些句子中"好得"会与连词"要不"共现,引出那个已经避免了的结果。例如:

(232) 好得我冇出去,要不就渌到雨哩。(幸亏我没出门,要不然就淋到雨了。)

(233) 好得渠来帮忙,要不还做不完。(幸亏他来帮忙,要不然还做不完。)

4.7.4 "确实"类副词

赣西北客赣方言中"确实"类副词有:真嘚、确真、认真。大多数方言点都用"真嘚",丰城还会用"确真",袁州还会用"认真"。这些副词都是确证类语气副词,表示对预料的真实性确认,在句中可作状语。例如:

(234) 尔真嘚要走噻?(你真的要走吗?)(上高)

(235) 真嘚是你啊!(真的是你啊!)(铜鼓客)

(236) 渠认真不搭什你哩啊?(她真的不理你了啊?)(袁州)

(237) 渠确真冇写作业,在屋里看哩一下昼电视!(他真的没写作业,在家里看了一下午电视!)(丰城)

4.7.5 硬$_2$/硬是$_2$

赣西北各个方言点都使用确证类语气副词"硬$_2$/硬是$_2$",相当于普通话中的"确实""真的",在句中可充当状语。例如:

(238) 箇只事硬是$_2$尔做得不对。(这件事确实是你做得不对。)(上高)

(239) 硬$_2$会等你气杀。(真的会被你气死。)(袁州)

(240) 渠硬$_2$冇走,不信你去看一下。(他真的没有走,不行你去看看。)(铜鼓客)

4.7.6 "干脆"类语气副词

赣西北客赣方言"干脆"类语气副词主要有"干脆""左思""左加"等。各方言具体使用情况见表 4-14。

表 4-14 "干脆"类语气副词表

方言点	丰城	樟树	新干	新余	分宜	袁州	萍乡	上栗	万载	宜丰	上高
"干脆"类语气副词	左思 干脆	左思 干脆	□□ san ŋa	左加	左加	左思 左加	左思	左思	左加	左加	左加

续 表

方言点	高安	奉新	靖安	武宁	修水	铜鼓	奉新客	靖安客	万载客	修水客	铜鼓客
"干脆"类语气副词	左加	左加	左加	干脆	左思	左加	干脆 左思	干脆 左思	左思 左加	左加	左思 左加

上表表明：大多数方言点使用"左加"和"左思"，相当于普通话中的"索性""干脆"，修饰动词，表示某种行为动作在说者看来是最干脆最彻底的。例如：

(241) 你箇么想渠,左思去寻渠。(你这么想她,干脆去找她。)

(242) 要是箇只店开不下去哩,左思不要开哩。(要是这个店开不下去了,干脆不要开了。)

(243) 撑伞也会汎湿,左思把伞收起来。(撑伞也会淋湿,索性把伞收起来。)

(244) 而今回去特加晏哩,左思到外地过夜。(现在回去太晚了,索性在外面过夜。)

(245) 反正渠快晓得箇只事哩,左思而今告诉渠。(反正他快知道这件事了,干脆现在告诉他。)

4.7.7 "肯定"类语气副词

赣西北客赣方言中与"肯定"类似的语气副词不多,奉新用"笃定",修水用"硬",分宜用"肯定"和"一定",其他地方都用"肯定"。表示有把握、有信心、有理由确信,在句中充当状语,用法与普通话相似。例如：

(246) 箇晏哩,渠肯定不得回来哩。(这么晚了,他肯定不会回来了。)

(247) 还正七点,你肯定还有困觉。(才七点,你肯定还没睡觉。)

(248) 箇只事渠肯定晓得。(这件事他一定知道。)

(249) 下转我肯定能考好。(下次我一定能考好。)

(250) 渠考试冇考好,而今肯定不高兴。(他考试没考好,现在一定不开心。)

另外,"一定"前可以加上"不",表示不肯定、对原来估计的怀疑。例如：

(251) 我不一定会去上海。

(252) 箇只大是大,但不一定蛮甜。(这只大是大,但不一定很甜。)

4.7.8 "可能"类语气副词

赣西北大多数方言点都用"话不定",其次是"可能",丰城还用"难话",上高还用"唔嘎[m˧ka³¹]",万载还用"冇论",奉新还用"疑惑"。可用在一般动词、助动词前,也可以用在主语前,在句中可以作状语,用法与普通话相似。例如:

(253) 寻下凑,话不定就在桌子上。(再找一下,说不定就在桌子上。)(袁州)

(254) 明年我可能会去外地做事。(明年我可能会去外面工作。)(袁州)

(255) 莫等渠,疑惑渠先去过。(不要等他,可能他先去了。)(奉新)

(256) 渠话不定还冇归来。(他可能还没回来。)(高安)

(257) 难话是渠来哩。(可能是他来了。)(丰城)

(258) 唔嘎是渠做个。(可能是他做的。)(上高)

在表示否定意义时,"可能"的用法与普通话相似,否定形式为"不可能",而其他的说法一般不在前面加否定词"不/唔",而是在后面表否定意义。但此时两者的意义完全不同,"不/唔可能"相当于百分百否定,而"话不定""冇论"等说法表否定时语气没有"不可能"那么强。例如:

(259) 不可能是渠做个。(不可能是他做的。)(分宜)

(260) 话不定不是渠做个。(可能不是他做的。)(袁州)

(261) 冇论不是渠做个。(可能不是他做的。)(万载)

(262) 疑惑不是渠做个。(可能不是他做的。)(奉新)

4.7.9 就$_3$、就是$_3$

赣西北各方言点都会用"就$_3$""就是$_3$",其意义与"偏偏"相近,表示故意与客观情况或外来要求相反,表示坚定的意志或信念,"就$_3$/就是$_3$"一般会重读。例如:

(263) 我就$_3$不信我学不会。

(264) 你要我去,我就是$_3$不去。

(265) 你伓不等我做,我就$_3$要做。(你们不让我做,我就要做。)

(266) 我就是₃不想读书,你能搦我怎嘛办?(我就是不想读书,你能拿我怎么样?)

(267) 我就₃晓得渠不得来。(我就知道他不会来。)

4.7.10 "差点儿"类语气副词

赣西北客赣方言"差点儿"类副词比较丰富:武宁用"差一小伙",新余用"差一划嘚",分宜用"差一会仔",高安用"差一忽子",上高用"差忽仇",萍乡、上栗用"差点仔",万载客、奉新客用"差点子",丰城用"差咪仔",袁州用"差发仔",万载用"差跌嘚",奉新用"差滴嘚",铜鼓客用"差滴子",修水用"差宁嘚",樟树、新干用"差毛仔"。

普通话中的"差点儿"后边所说的事情是说话人希望发生或实现的,肯定形式表示否定的意思,否定表示肯定的意思;"差点儿"后边所说的事情是说话人不希望发生或实现的,那么不管肯定形式或否定形式,实际含义都是否定的。赣西北客赣方言各方言点的"差点儿"类副词后边所说的事情不管是不是希望发生或实现的,都是肯定形式表示否定的意思,否定表示肯定的意思。例如:

(268) 差发仔捉到哩那只鸟仇。(差点儿抓住了那只鸟。)

(269) 期末考试差发仔冇及格。(期末考试差点儿没及格。)

(270) 差发仔迟到哩。(差点儿迟到了。)

(271) 差发仔跌一跤。(差点儿摔一跤。)

(272) 差发仔冇搭到车。(差点儿没搭到车。)

例(268)、(270)、(271)是肯定形式表达了否定;例(269)、(272)是否定形式表达了肯定。

4.8 本章小结

本章分别从范围、时间、频率、情态、语气五个方面探讨了赣西北二十二个客赣方言点的副词系统。(1) 范围副词分为统括性、唯一性和限定性,特别的统括性范围副词有"(一)下""一起"和"交",这与普通话有较大的区别;常用的唯一性范围副词主要用"只/只有""就""净"和"独";常见的限定性范围副词大多与普通话相似。(2)具有方言特色的时间副词有"正""还正""易得"和"多时"。(3)表频率的副词大多与普通话相似,最值得注意的是"凑"和"过"的现象。(4)较为特别的情态有"够""特竟/特事""消停""好生(仔)"。(5)具有特色的语气词有"反正/横直""情愿/情肯""好得""左思/左加""硬$_2$/硬是$_2$"。

第五章 介　词

介词主要是由动词演变而来①,有些介词兼具介词与动词两重性质。介词是指主要用在名词或名词性短语前面,也可以用在一些指称性的谓词性词语前面,共同组成介词短语,整体修饰谓词性词语,表示跟动作、性状有关的时间、处所、方向、范围、工具、依据、对待、原因、目的、与事、处置、被动、引进、伴随和比较等词。介词短语主要可以充当状语、定语、补语,有时用作句首修饰语。

关于介词的界定,赵元任(1979)、陈昌来(2002)和马贝加(2002)均有所论及,概括起来有以下几点:1. 缺少形态的变化,即没有表尝试的重叠,一般不带"体"标志,一般不跟动态助词。2. 介词一般不做谓语中心。3. 介词不能单独回答问题。4. 介词不能悬空,它的宾语不能省略。

我们结合赣西北客赣各方言点介词具体使用情况,探讨赣西北客赣各方言的常用介词区域分布及其特点,并以修水赣语介词的用法为例,具体描写其语义特征和句法分布。

5.1　表示时间、处所等的介词

赣西北客赣方言中,表示时间、处所和方向的介词主要有以下几个:从、在、往、顺倒、沿倒、向倒、得。

---

① 马贝加《近代汉语介词》(2002:10)指出:"如果从历时和共时两个角度仔细观察,在普通话平面上,就介词范畴来源而言,所有的单音介词都脱胎于动词。但是,双音介词不是这样的,双音介词可以分为五种情况:A. 由两个介词性语素复合而成,如'按照'等;B. 由一个介词性语素加一个助词性语素复合而成,如'为了'等;C. 由一个动词性语素加一个介词性语素复合而成,如'关于'等;D. 由一个名词性语素加一个动词性语素复合而成,如'根据';E. 由两个动词性语素复合而成,如'经过'等。"

5.1.1 从

赣西北各个方言点均使用介词"从",其用法与普通话一致,用在名词、名词性短语或动词前面构成介词短语。

1. 介词"从"的后面主要接名词,有时也可后接具有指称性的动词,构成介词结构,在句中作状语,标记时间、处所、方向。例如:

(1) 从早晨起,渠就在不停个做事。(从早上开始,他就在不停地工作。)

(2) 从话事起,渠个伢崽就满[mən³⁵]①听事。(从说话开始,她的小孩就特别听话。)

(3) 那两只狗崽从洞里爬出来哒。(那两只小狗从洞里爬出来了。)

(4) 从前地算起,第五个就是李老师。(从前面数起,第五个就是李老师。)

(5) 从箇里直走,就到哒尔要去个地方。(从这里直走,就到了你要去的地方。)

例(1)、(2)"从"分别引进"早晨""话事[的时候]",标记时间,其后往往还要接"起""开始"等词,表示时间的起点;例(3)、(4)的"从"分别引进"洞里""前地",标记处所;例(5)"从"引进"箇里",标记方向。

2. 当"从"标记时间时,可构成"从…开始"或"从…起"等的固定搭配,标记时间的起点。例如:

(6) 从而今开始,尔要听事。(从现在开始,你要听话。)

(7) 从今夜起,我再也不吃夜饭哒。(从今天晚上开始,我再也不吃晚饭了。)

3. "从"还可以引进处所的起点。例如:

(8) 从北门架势走,十分钟就到哒菜场。(从北门开始走,十分钟就到了菜市场。)

(9) 渠是从联盛广场出发嘅。(他是从联盛广场出发的。)

4. "从"还可以构成固定搭配"从…到…",表示起始范围。此固定搭配可接地点名词或方位名词。例如:

---

① 程度副词"满[mən³⁵]"的本字可能是"蛮",即"蛮"的音变现象。

(10) 从屋里到学堂,有两里路远。(从家里到学校,有两里路远。)

(11) 从上地到下地,中间要过一条河。(从上面到下面,中间要经过一条河。)

5. "从"后接名词或方位名词,表示经过的地方。例如:

(12) 渠从街上回来哒。(他从城里回来了。)

(13) 水是从上地流下来嘓。(水是从上面流下来的。)

5.1.2 在

赣西北各个方言点均使用介词"在",其用法与普通话一致,用在名词、名词性短语或动词前面构成介词短语,标记动作发生的时间、处所和范围等。例如:

(14) 舅舅在旧年年脚下买哒小车。(舅舅在去年年底买了小车。)

(15) 渠在屋里作田。(他在家里种田。)

(16) 在箇件事上我满争气。(在这件事上我很争气。)

在标记时间时,新余、靖安、修水_客不用介词"在"而用介词"从"。例如:

(17) 细人嘚从上昼就归来哩。(小孩从上午就回来了。)(靖安)

(18) 伢儿嘚从上昼就归来哩。(小孩从上午就回来了。)(新余)

(19) 伢仔从上昼就回来哩。(小孩从上午就回来了。)(修水_客)

除此之外,介词"在"的用法还有以下几个主要方面:

1. "在"可后接具有指称性的动词或动词性短语,再加"上/方面",表示某个方面,相当于"在…方面"。例如:

(20) 在打游戏上,我冇渠杀责。(在玩游戏方面,我没他厉害。)

(21) 在话别家坏话上,渠话得几日。(在说别人坏话方面,他能说几天。)

(22) 在做事方面,渠满舍几嘓。(在做事方面,他很认真的。)

2. 单音节动词后接"在",表示动作结果已经到达的处所。例如:

(23) 阿婆个衣服晾(倒/得)在竹竿上。(外婆的衣服挂在了竹竿上。)

(24) 屋做(倒/得)在田里。(房子建在了田地里。)

(25) 我困(倒/得)在凉席上。(我睡在了凉席上。)

动词后面可以后附持续体标记"倒"或"得",表示动作的持续,"在"再指明动作发生的处所。

3. "在"后可接数量短语。例如：

(26) 渠个身高在一米八左右。（他的身高在一米八左右。）

(27) 地里个西瓜在两千个上下。（田地里的西瓜在两千个左右。）

(28) 学堂里个班级人数规定在四十五左右。（学校的班级人数规定在四十五人左右。）

"在"后接的数词，常常是一个约数。另外，"在"接数词这样的格式中，能用的约数词极少，具有一定的限制性，比如"来""把"等。例如：

(29) 一吨钢筋个价钱估计在两千来块。（一吨钢筋的价格估计在两千块钱左右。）

(30) 在千把年前，古董不值钱。

5.1.3 往、向

赣西北各个方言点均使用介词"往""向"，常与方位词、处所词组成介词短语，用于动词前，表示动作的方向。例如：

(31) 往东门走。

(32) 人往高处走，水往低处流。

(33) 绳子往/向上地扯。（绳子往上面拉。）

另外，"向"具有表示引进与动作行为有关的对象的特征。例如：

(34) 向渠打哒个招呼。（向他打了个招呼。）

(35) 要我向渠认错，莫想。（要我向他认错，休想。）

(36) 瞴到老人家要向渠伔让座。（看到老人家要向他们让座。）

赣西北客赣方言中除了使用"向"之外，有些方言点，如樟树、新余、万载客、铜鼓客等还会使用"同"。例如：

(37) 同渠打哩个招呼。（向他打了个招呼。）（铜鼓客）

修水、樟树、奉新、上高、靖安还可用"跟"。例如：

(38) 跟渠打哩个招呼。（跟他打了个招呼。）（樟树）

奉新_客、万载_客、铜鼓_客等客家方言点较为特殊,还会用"绕"引进对象。例如:

(39) 绕渠打哩个招呼。(跟他打了个招呼。)(奉新_客)

5.1.4 当、等

赣西北各个方言点均使用介词"当""等",用以标记时间。"当""等"往往出现在"当/等…个时机/时间/时候"这一固定搭配中,表示动作发生的时间。例如:

(40) 当/等我散学个时机,饭舞好哒。(当我放学的时候,饭做好了。)

(41) 当/等日头落山个时机,鸭婆归来哒。(当太阳下山的时候,鸭子就回来了。)

(42) 当/等渠困觉个时机,电话响哒。(当他睡觉的时候,电话响了。)

"当"除了可以表示时间之外,还可以表示处所,后接表人或物的名词,"当"与"到"组合成"当到"。例如:

(43) 当到我个面,我伲把事话正来。(当着我的面,我们把话说清楚。)

(44) 当到老师个面,尔就莫话假事哒。(当着老师的面,你就别说假话了。)

有的地方用"对到"代替,如修水、上高、武宁、上栗等。例如:

(45) 对到天安门,我人一起照张相。(对着天安门,咱们一起拍个照。)(上高)

(46) 对到祖宗个灵牌发誓言,以后再也不赌博了。(武宁)

(47) 对到南边个山脱大个声喊几句,就会听到回响嘞。(对着南边的山大声叫几声,就会听到回声。)(上栗)

"等"除了可以代替"当"之外,也可以组成介宾短语表时间,但是它的动词意义比较明显,一般表示将来发生的时间。例如:

(48) 等我回来哒正晓得屋里冇电。(等我回来了才发现家里没电。)

(49) 等锅里个油滚哒再倒菜。(等锅里的油开了再放菜。)

(50) 等不落雨哒,我伲去打珠子。(等不下雨了,我们去玩珠子。)

5.1.5 沿到、顺到、遮到₁①

"沿到""顺到""遮到₁"相当于普通话中的"沿着",表示人或物经过的路线或者处所。武宁、丰城、樟树、新余、高安、铜鼓客、奉新、奉新客、靖安、靖安客、修水、修水客等方言点多用"沿到""顺到"。上栗、袁州、宜丰、上高、铜鼓、万载客、靖安客则多用"遮到₁"。在修水赣语中,除了"沿到""顺到"外,还可以用"向到",三者可以互换。例如:

(51) 沿到/顺到/向到箇条路走,尔就去回哒。(沿着这条路走,你就回家了。)

(52) 尔遮到箇条街直走三百米再右拐就到过医院。(你沿着这条街直走三百米再右拐就到了医院。)(上高)

另外,在修水赣方言中,"向到"除了可以经过的路线外,还可以引进受事对象,具有"帮着""照顾"的意思。赣西北大多数方言点也有此用法。例如:

(53) 渠总是向到尔话事。(他总是帮着你说话。)

(54) 老人家莫尽向到伢仔做事哦。(老人家别总帮着小孩收拾东西。)

(55) 和事个人不能只向到一边,要两边话拢来。(劝和的人不能只帮着一方,要两方都照顾到。)(上高)

5.1.6 "给"类介词

赣西北客赣方言"给"类介词有:"给""畀""到""得"。各方言点具体使用情况见表5-1。

表5-1 "给"类介词表

	丰城	樟树	新干	新余	分宜	袁州	萍乡	上栗	万载	宜丰	上高
得	✓	✓		✓		✓		✓	✓		✓
给			✓	✓	✓	✓				✓	
畀				✓			✓				
到	✓	✓	✓	✓	✓	✓	✓	✓	✓	✓	✓

---

① "遮到₁"引进经过的路线或处所;"遮到₂"引进方式、方法等。

续　表

	高安	奉新	靖安	武宁	修水	铜鼓	奉新客	靖安客	修水客	铜鼓客	万载客
得		√	√	√	√	√	√	√	√	√	√
给			√	√		√					
畀	√									√	
到	√	√	√	√	√	√	√	√		√	√

上表表明：赣西北大部分方言点使用"得"与"到"，构成"V＋得/到＋间接宾语"的结构。本小节探讨一下"得"的用法。

"得"兼有多种词性，也可做介词用法。在做介词时，"得"一般用于动词的后面。具体有如下几种情况：

1. "V＋得＋间接宾语"，"得"相当于普通话的"给"，表引进动作的对象。例如：

(56) 莫急，等我拿得尔吃。(不要急，让我拿给你吃。)

(57) 箇只事我不想话得尔听。(这件事我不想说给你听。)

(58) 尔快去买得渠吃，渠饿到哒。(你快去买给他吃，他饿了。)

2. "V＋得＋处所/时间"，"得"相当于普通话的"到"，表示动作到达的处所或者时间。例如：

(59) 渠冇天光就跑得我屋里来哒。(他天没亮就跑到我家来了。)

(60) 把箇仔东西贩得外地去。(把这些东西扔到外面去。)

(61) 我怕是要等尔等得明日下昼去。(我怕是要等你等到明天下午。)

也可以表示人或事物到达的位置，相当于普通话的"在"。例如：

(62) 莫夹得别家中间受气。(不要夹在别人中间受气。)

(63) 尔个崽啰事坐得地下哭。(你的孩子怎么坐在地上哭。)

(64) 夜里我就住得尔箇里。(晚上我就住在你这儿。)

在修水赣语中，"得"有时候还可以用在名词或名词性短语前构成介宾短语作状语，相当于"在"。例如：

(65) 尔得我箇里吃过饭去。(你在我这里吃了饭再走。)

(66) 尔得书上签个名,可以麽?(你在书上签个名,可以吗?)

(67) 得屋里拿仔鞋子出来。(在家里拿些鞋子出来。)

5.2 引进方式、手段等的介词

赣西北客赣方言中,关于引进方式和手段的介词主要有以下几个:靠、用、拿、借、照、照到、按照。

5.2.1 靠

赣西北各个方言点均使用介词"靠",表示凭借,其用法与普通话一致,用在名词、名词性短语或动词前面构成介词短语。例如:

(68) 作田个要靠天吃饭。(种田的人要靠天吃饭。)

(69) 老人家靠棍仂撑到走路。(老人家靠棍子撑着走路。)

(70) 告化子靠讨饭过日子。(叫花子靠要饭过日子。)

5.2.2 用

赣西北各个方言点均使用介词"用",表示工具、材料或手段,其用法与普通话一致,用在名词、名词性短语或动词前面构成介词短语。例如:

(71) 渠用牙齿开啤酒。(他用牙齿开啤酒。)

(72) 我是用手洗个衣服。(我是用手洗的衣服。)

(73) 箇仔床都是用木头做个。(这些床都是用木头做的。)

5.2.3 拿

赣西北各个方言点均使用介词"拿",表示凭借。例如:

(74) 尔跟我拿眼睛珠里瞷清楚。(你给我用眼睛看清楚。)

(75) 拿筷子喫饭,不要拿手喫。(用筷子吃饭,不要用手吃。)

(76) 我慢仔拿脚踢得来。(我等下用脚踢过来。)

"拿",还可表处置对象。例如:

(77) 我真是拿尔冇办法。(我真是拿你没办法。)

(78) 莫尽拿别家个事打着[to³⁵]嘴。(别总拿别人的事开玩笑。)

5.2.4 借、趁

赣西北各个方言点均使用介词"借",用来引出被凭借的条件,其用法与普通话一致。例如:

(79) 借箇個机会,我来看下尔。(借这个机会,我来看看你。)

(80) 借箇仔光,我可以睄下㖏书。(借这些光,我可以看一下书。)

(81) 借渠个光,办事满顺利。(借他的面子,办事很顺利。)

例(1)还可以用介词"趁"表示,表示与"借"相同的意思。例如:

(82) 趁箇個机会,我来看下尔。(趁这个机会,我来看看你。)

"趁"与"趁到"一样,还可以表示可利用的条件,相当于普通话的"趁着"。有时可以与"就""就到"互换,且意思相同("就""就到"详见本书5.3.3)。例如:

(83) 趁/趁到尔今日冇事,我来寻尔戏。(趁着你今天没事,我来找你玩。)

(84) 趁/趁到今日天晴,我伋出去走下㖏。(趁着今天天晴,我们出去走走。)

(85) 趁/趁到还有去回,吃下㖏酒正。(趁着还没回家,先喝点儿酒。)

5.2.5 照(到)、按(照)、依照、遮(到)₂

"照(到)""按(照)""依照""遮(到)₂"所表达的意思基本相当,表引进依据和方式。各方言具体使用情况见表5-2。

表5-2 "照(到)"类介词表

	丰城	樟树	新干	新余	分宜	袁州	萍乡	上栗	万载	宜丰	上高
照(到)	√	√		√	√	√		√	√		√
按(照)		√	√	√		√				√	√

续　表

	丰城	樟树	新干	新余	分宜	袁州	萍乡	上栗	万载	宜丰	上高
依照	✓								✓		
遮(到)₂				✓	✓	✓	✓	✓			✓

	高安	奉新	靖安	武宁	修水	铜鼓	奉新客	靖安客	修水客	铜鼓客	万载客
照(到)	✓	✓	✓	✓	✓	✓	✓	✓	✓	✓	✓
按(照)	✓		✓		✓				✓		
依照		✓	✓				✓	✓			
遮(到)₂								✓	✓		✓

修水赣语中主要使用"照(到)""按(照)"。例如：

(86) 照(到)/按(照)箇個样子画。(照这个样子画。)

(87) 照(到)/按(照)尔个意思做。(就照着你的意思做。)

(88) 照(到)/按(照)原来个方法慢慢做。(按照原来的方法慢慢做。)

新余、袁州、萍乡、上栗、上高、靖安客、万载客、铜鼓客等方言点中还可以用"遮(到)₂"。以上高话为例：

(89) 遮(到)₂老师话个去做，冇错。(照到老师说的去做，没有错。)

(90) 遮(到)₂老王个做法再做落去，就会有好个结果。(照到老王的做法再做下去，就会有好的结果。)

5.2.6　比

赣西北各个方言点均使用介词"比"，表示比较，用来引出比较的对象，其用法与普通话一致。例如：

(91) 我比尔更欢喜渠！(我比你更喜欢他！)

(92) 我罗事都比尔快。(我怎么都比你快。)

(93) 跍倒比倚倒更骇人。(蹲着比站着更累。)

根据调查，我们发现萍乡、袁州两个方言点还会使用"拼"来表示比较，以袁

州话为例:

(94) 该只拼那只贵。(这只比那只贵。)

(95) 我拼尔长得高。(我比你长得高。)

(96) 该件衣裳拼那件要好看滴仔。(这件衣服比那件要好看一些。)

5.3 引进关涉对象和范围的介词

赣西北客赣方言中引进关涉对象和范围的介词主要有:对到、跟、和、帮、就、对、对于、除刮、除泼、尽。

5.3.1 对到

赣西北各个方言点均使用介词"对到",引进对象。例如:

(97) 尔莫对到渠个脑壳打。(你别对着他的头打。)

(98) 尔莫对到渠个面话,要背到渠话。(你别当着他的面说,要背地里说。)

(99) 对到答案都不会抄,尔是蠢牯吧。(对着答案都不会抄,你是个傻子吧。)

当"对到"后所接宾语是某个部位时,可与"当到"互换。

(100) 尔莫当到渠个脑壳打。(你别对着他的头打。)

(101) 尔莫当到渠个面话,要背到渠话。(你别当着他的面说,要背着他说。)

5.3.2 跟、和、同、绕

赣西北各个方言点均使用介词"跟",部分方言点除了使用"跟"之外,还会用"同",比如新余、高安、上高、袁州、万载客、铜鼓、铜鼓客 等;丰城、分宜、万载用"和";万载赣、奉新、奉新客、修水客、靖安、靖安客、铜鼓客 比较特殊,他们一般用"绕"来表示。各方言具体使用情况见表5-3。

表 5-3 "跟"类介词表

	丰城	樟树	新干	新余	分宜	袁州	萍乡	上栗	万载	宜丰	上高
跟	√	√	√	√	√	√	√	√	√	√	√
同				√	√	√	√			√	
和	√				√	√			√	√	
绕											

	高安	奉新	靖安	武宁	修水	铜鼓	奉新客	靖安客	修水客	铜鼓客	万载客
跟	√	√	√	√	√	√	√	√	√	√	√
同	√	√			√					√	√
和			√		√		√				
绕			√	√		√	√	√	√	√	√

1. 介词"跟"标记关涉对象,与普通话的意思一样。例如：

(102) 渠伫跟我伫不一样。（他们跟我们不一样。）

(103) 尔跟我一起戏水去么？（你跟我一起去游泳吗？）

(104) 尔不晓得去啯话,就跟渠去。（你不知道去的话,就跟着他去。）

万载客、奉新、奉新客、修水客、靖安、靖安客、铜鼓客比较特殊,他们一般还可用"绕"来表示。例如：

(105) 渠伫绕我伫不一样。（他们跟我们不一样。）（万载客）

(106) 尔绕我一起去有用吗？（你跟我一起去有用吗？）（奉新客）

(107) 我绕爷娘吵了一架。（我跟爸妈吵了一架。）（靖安）

2. 赣西北客赣方言的"跟"还会经常放在句式"跟…一样"中构成比拟句格式,相当于普通话的"像…一样"。各点具体使用情况见表 5-4。

以修水赣语为例：

(108) 渠困觉跟只猪一样,叫都叫不醒。（他睡觉像头猪一样,叫都叫不醒。）

（109）那簡老人家走路跟跑一样,浑身都是劲。(那个老人家走路像飞一样,浑身都是劲。)

表 5-4 "跟…一样"类句式表

	丰城	樟树	新干	新余	分宜	袁州	萍乡	上栗	万载	宜丰	上高
跟…一样①	✓					✓	✓			✓	✓
跟…样个		✓									
像…一样	✓		✓		✓			✓	✓		
等…样个				✓			✓			✓	
绕…一样											
	高安	奉新	靖安	武宁	修水	铜鼓	奉新客	靖安客	修水客	铜鼓客	万载客
跟…一样	✓	✓			✓						
跟…样个											
像…一样				✓	✓	✓	✓	✓	✓	✓	✓
等…样个											
绕…一样		✓	✓			✓	✓	✓	✓	✓	✓

3. "跟"还能引进比较对象,比较的对象可以是人或物,相当于"和""同"。例如:

（110）崽跟爷一样高。(儿子和父亲一样高。)

（111）猫积跟老虎个样子差不多。(猫跟老虎的形状差不多。)

4. 修水、袁州、宜丰、高安、上高等方言点的"跟"还可以引进对象,相当于"给""替""为"。以上高话为例:

（112）赶紧跟我困觉,下昼还要上课。(赶紧给我睡觉,下午还要上课。)

（113）男客人不愿跟老婆带崽。(男人不愿意替老婆带孩子。)

（114）又跟渠讨过一只老婆。(又帮他找了一个老婆。)

---

① "跟…一样"的句式中的"一"有时可省去。

5. "跟"表示"替""为"含义时,往往可以换成介词"帮",且所有调查点都相同,意思不变。不过"帮"有时侧重于"帮助""与……一道"之意,引进帮助的对象。例如:

(115) 等下正,我帮尔抬下来。(等一会儿,我帮你抬下来。)
(116) 内里个人帮外里个开门。(里面的人帮外面的人开门。)
(117) 帮我爷娘买哒一身衣服。(帮我爸妈买了一套衣服。)

6. "和"还可以引进动作的对象,相当于普通话的"向""对"的意思。例如:

(118) 屋里和老王借哒几千块钱。(家里向老王借了几千块钱。)
(119) 我有事要和渠话。(我有事要向她说。)
(120) 不懂个问题可以和老师请教。(不懂的问题可以向老师请教。)

这里的介词"和",赣西北大部分方言点也可以换成"跟"或"同",即"跟""同"也有引进动作的对象的功能。

7. "跟"还有"依照""按照"的意思,表示方式和方法,一般要与表示假设的连词连用。例如:

(121) 要是跟箇样做嘓话,三日就好哒。(要是照这样做的话,三天就好了。)
(122) 要是跟老板话个样,我伱早就挣到哒钱。(要是按照老板说的那样,我们早就挣到了钱。)

5.3.3　就、就到

赣西北各个方言点均使用介词"就",表示关涉、谈论的对象,其用法与普通话相同。例如:

(123) 就箇個事,我话一下。(就这件事,我说一下。)
(124) 就渠箇個人,我觉得不罗事样。(就他这个人,我觉得不怎么样。)

"就"也可表示条件,表示趁、趁着之意。这一用法也可以使用"趁""趁到"来表达。例如:

(125) 就/趁/趁到手上有宁嘚钱,赶快到街上买套屋。(趁着手里有点钱,赶快到城里买套屋。)

"就到"也可表示条件,表示趁、趁着之意。"就"和"就到"可互换。例如:

(126) 就/就到冇落雨,把衣服拿出来晒一下。(趁着没下雨,把衣服拿出来晒晒。)

(127) 就/就到渠方便,我伲去渠屋里喫饭。(趁他方便,我们去他家吃饭。)

5.3.4 对、对于、话起

介词"对""对于",引进关涉对象,与普通话的意思差不多。新余、铜鼓ₐ、靖安ₐ等方言点一般用"对",其他方言点一般用"对于"。修水、樟树,上高等还可用"话起",比"对于"更常用些。"话起"是"说起"的意思,用法与"对于"略有不同。例如:

(128) 对于/话起作田,街上个人不懂。(对于种田,城里人不懂。)

(129) 对于/话起渠,各人个看法不一样。(对于他,每个人的看法都不一样。)

以上可以通用,但是当"对""对于"与其他表示趋向、状态等的词语连用,如"对⋯⋯来说","话起"则不能转换。例如:

(130) 对/对于渠来话,做家务事就是锻炼。(对他来说,做家务事就是锻炼。)

"对于"后接的宾语可以是名词、代词、名词性短语、动词和动词性短语;而"对"后一般接名词或名词性短语。例如:

(131) 对/对于水个问题,尔伲自家问下自家,是么伲原因。(对于水的问题,你们自己问自己,是什么原因。)

(132) 对/对于尔个事,渠比谁都更打紧。(对于你的事,他比谁都更上心。)

以上例句中,介词后接的宾语是名词性的,两者都可以搭配。若后面的宾语是表人的名词、代词或动词性的,只能用"对于"。例如:

(133) 对于村干部,我冇么话嘓。(对于村干部,我是没什么说的。)

(134) 对于我,渠觉得太勤快哒。(对于我,他觉得太勤快了。)

(135) 对于做事,谁都比不上尔大伯。(对于做事,谁都比不上你大伯。)

"对"还有"跟""向"的含义,可与"对到"互换。例如:

(136) 尔对/对到那箇人话哒么伲?(你对那个人说了什么?)

(137) 我不想对/对到渠话么仂。(我不想对他说什么。)

5.3.5 "除了"类介词

赣西北客赣方言中"除了"类介词有:"除了""除哩₁""除哒""除刮₁①""除泼"。各方言点具体使用情况见表5-5。

表5-5 "除了"类介词表

	丰城	樟树	新干	新余	分宜	袁州	萍乡	上栗	万载	宜丰	上高
除刮					✓	✓	✓		✓		✓
除泼											✓
除哩	✓	✓	✓	✓	✓						
除哒											
除了								✓		✓	

	高安	奉新	靖安	武宁	修水	铜鼓	奉新客	靖安客	修水客	铜鼓客	万载客
除刮		✓			✓	✓					
除泼					✓						✓
除哩		✓							✓	✓	✓
除哒			✓				✓	✓			
除了	✓		✓	✓			✓				

上表表明,"除哩""除刮"和"除了"使用频率较高。完成体标记为"哩"的方言点一般用"除哩"为多,其次是"除刮"。这些介词一般与"都"搭配,构成"除了/除哩/除哒/除刮/除泼…都"这样的结构。以上高话为例:

(138) 除刮/除泼老王,大家都斗过钱。(除了老王,大家都凑了钱。)

(139) 除刮/除泼冇来个,别个都记下来过。(除了没来得的,别的都记下来了。)

---

① "除哩₁""除刮₁"为介词,"除哩₂""除刮₂"为连词。

(140) 除刮/除泼尔个伢妹仔,别人个伢妹仔都满听话。(除了你的小孩,别人的小孩都很听话。)

5.3.6　尽、随、随便

介词"尽""随""随便",用以表示引进动作行为的主动者,相当于普通话的"让、任凭",表示不在范围、数量等方面加以限制,非被动义。武宁、樟树等地一般用"随便";上高、奉新、奉新_客、靖安等地一般用"随";新余、高安、宜丰、万载_客、靖安_客、修水等地一般用"尽"。不过,大多数方言点这几个词语是自由替换的,句意没变化。以修水话为例:

(141) 尽渠,等骇到哒渠就不哭哒。(让他哭,等会儿累了他就不哭了。)

(142) 山上个笋尽尔自家挖。(山上的竹笋任你自己挖。)

(143) 随渠去,莫管渠。(让他去,别管他。)

(144) 随尔罗事哦,我不管。(随你怎么样哦,我不管。)

(145) 随便渠去不去,都是一样嗰。(任凭他去不去,都是一样的。)

(146) 不要随便乱话事晓得吧?(不要随便乱说话知道吗?)

例(146)与前面的意思不同,表示的是对某事的不多加考虑,而不是"让"或者"任凭"。

5.4　引进原因、目的介词

赣西北各个方言点均使用"因为""为了",表示事物发展的原因或行为的目的。其用法与普通话基本相同。

5.4.1　因为

"因为",原因介词,用法与普通话相同,用来标记原因。例如:

(147) 因为尔冇叫我,让我迟到哩。(因为你没叫我,让我迟到了。)

(148) 渠因为冇做作业驮哒打。(他因为没写作业挨打了。)

(149) 考试因为落大雨推迟哒。(考试因为下大雨推迟了。)

"因为"构成的介词结构可以放在主语前也可放在主语后,作状语,用来引进原因。

5.4.2 为了、为哩、为哒、为过

"为了""为哩""为哒""为过",是"为"分别与完成体标记"了""哩""哒""过"的双音化结果。用来引进目的或原因,而不能引进施事和与事。石毓智(1995)认为"为了"要遵守"时间一维性原则",所以不能引进施事或与事(施事、与事要求时间为同一时间段)。介词"为了"带有体标记,所以要与主要动词错开时间,这就要求"为了"必须引进原因或目的。这一原则也适用于赣西北客赣方言原因介词"为哒""为哩""为过"。各方言点具体使用情况见表5-6。

表5-6 "为了"类介词表

	丰城	樟树	新干	新余	分宜	袁州	萍乡	上栗	万载	宜丰	上高
为了				✓				✓		✓	
为哩	✓	✓	✓		✓	✓	✓				
为哒											
为过									✓		✓

	高安	奉新	靖安	武宁	修水	铜鼓	奉新客	靖安客	修水客	铜鼓客	万载客
为了				✓	✓		✓			✓	
为哩					✓	✓	✓	✓	✓	✓	✓
为哒			✓		✓						
为过	✓	✓									

上表表明:部分方言点会使用两个介词,修水赣语有"为哒"和"为哩"。例如:

(150) 为哒/为哩尔读书个事,尔伢爷几夜冇困。(为了读书的事,你爸爸几晚没睡。)

(151) 为哒/为哩到街上买房,我伲要舍已赚钱。(为了到城里买房,我们要努力赚钱。)

(152) 为哒/为哩要吃零食,渠特事不吃饭。(为了要吃零食,他特意不吃饭。)

"为哒/为哩"往往位于句首,有时也可位于主语后:

(153) 我为哒/为哩让爷娘开心,日日做事。(我为了让父母开心,每天做事。)

(154) 渠为哒/为哩考试及格,特事去找同学请教问题。(他为了考试及格,特意去找同学请教问题。)

5.5 处置与被动类介词

处置与被动类介词主要有:拿、把、畀、捉到;被、拿、畀、等、让、讨。具体见第十一章处置与被动范畴。

5.6 本章小结

本章主要介绍了赣西北二十二个调查点的方言介词,我们把介词分成了五大类:1. 引进时间、处所、方向的介词,主要有:从、在、往、顺倒、沿倒、向倒、得等;2. 引进方式、手段等的介词,主要有:靠、用、拿、借、照、照到、按照;3. 引进关涉对象和范围的介词,主要有:对到、跟、和、帮、就、对、对于、除刮、除泼、尽;4. 引进原因、目的的介词,主要有:因为、为了;5. 处置与被动类介词主要有:拿、把、畀、捉到;被、等、让、讨。

赣西北客赣方言的介词有不少与普通话一致,但有些介词是赣西北特有的,比如:1. 介词"尽"用以表示引进动作行为的主动者,相当于普通话的"让""任凭",表示不在范围、数量等方面加以限制,非被动义;2. 修水赣语中的"得"可置于名词或名词性短语前构成介宾短语作状语,相当于"在"。

赣西北的浙赣线、三二〇国道这些交通大动脉和九岭山脉等因素对介词的使用也有一定的影响,呈现以下几个特点。1. 浙赣线对沿线的丰城、樟树、新干、分宜、袁州、萍乡使用介词"除哩";三二〇国道沿线的万载、铜鼓、奉新、上高则用"除过"。2. 根据九岭山脉的走向,某些介词的使用习惯会有所不同,比如九岭山西北侧的修水、武宁等地，一般较多地使用介词"跟"与"和"，而东南侧的新余、高安、上高、袁州、万载客、铜鼓、铜鼓客等方言点多使用"同"，偶尔使用"跟""和"。3. 赣西北客赣方言点中的介词用法大部分相同，其中也有些不同，比如客家方言用介词"绕"。4. 赣西北客赣方言之间几百年的接触与融合，奉新、靖安两地赣语受客家话的影响，有时也会用介词"绕"来标记关涉对象。

第六章
连　词

汉语的连词是一种具有多层级连接功能的虚词,既可以连接词和短语,也可以连接小句和句子,还可以连接句组。连词除了具有连接的语法功能之外,还有修饰的语义功能和表述的语用功能。连词既然是起连接作用,那么连词一定会与两个或两个以上的语言单位同时出现,并且连词前后所关涉的单位一定是处于平等的地位,使它们一起构成一个更大的语法单位,否则便不是连词。张斌(2010:198)指出:连词在句法功能上主要具有四个方面的特征:1. 连词是黏附的,连词本身不能单说,也不能同被连一方一起单说;2. 连词不能被其他词语修饰;3. 同类连词不能在同一层次上连用的;4. 有的连词的位置比较自由,可以位于主语之前,也可以位于主语之后。不过,单音节连词由于受音节的限制,一般只能位于主语之后。根据连词所表的意义类型,可以将连词分为联合关系连词和偏正关系连词两类。联合关系连词有:并列关系连词、连贯关系连词、递进关系连词、选择关系连词和顺承关系连词等;偏正关系的连词有:因果关系连词、转折关系连词、假设关系连词、条件关系连词、让步关系连词和目的关系连词等。由于连词的书面语色彩较浓,因此口语中使用连词的频率比较低,而方言又是一种口语现象,所以赣西北客赣方言中的连词的数量远不如现代汉语的数量。

6.1　联合关系连词

联合关系连词,主要包括并列关系连词、递进关系连词、选择关系连词、顺承关系连词和取舍关系连词。在赣西北客赣方言中,并列关系连词主要有:跟、和、同、同排、□[tɕʰieu³⁵]、一⋯⋯二⋯⋯、又⋯⋯又⋯⋯、一边⋯⋯一边⋯⋯;递进关系连词有:

不要话、莫话、不止…也(还)…、不单…也(还)…、不光…也(还)…；选择关系连词有：还是(系)…、是(系)…还是(系)…、要不…要不…、要么…要么…、或者…或者…、不是(系)…就是(系)…；顺承关系连词有：一…就…、正…就…、先…后/接到…、接到…再…；取舍关系连词有：情愿…也不/也要…、要是…(还)不如…。本章以修水赣语为主,同时兼顾其他方言点展开探讨。

6.1.1 并列关系连词

并列关系连词,大多兼作介词。唐钰明、徐志林(2015)认为:"并列关系连词经历过一个大致相同的虚化过程：由动词演变为介词,再发展为连词。"客赣方言是近代汉语的直接传承,赣西北客赣方言的不少连词还兼有介词与动词的用法,本节仅讨论连词的功能。

6.1.1.1 跟、和、同

"跟""和""同"在赣西北客赣方言中都可以用作连词,它们多用来连接词或短语,一般不能连接分句或句子,所连接的成分也必须是并列且同类的,这类连词称之为"组合连词"。修水赣语连词"跟"与"和"之间基本上可以互换。例如：

(1) 鸡跟/和鸭婆,我也喂哒食。(鸡和鸭,我都喂了食。)

(2) 我跟/和尔是好朋友。(我和你是好朋友。)

(3) 冬下跟/和热天,我也不欢喜。(冬天跟夏天,我都不喜欢。)

修水话一般不使用连词"同",但是新余、高安、上高、袁州、铜鼓、铜鼓客、奉新客多用"同"。以高安话为例：

(4) 鸡同鸭婆,我都喂哒食。(鸡和鸭,我都喂了食。)

(5) 我同渠都姓王。(我和他都姓王。)

另外,袁州还可用"同排"来表示,如：

(6) 小明同排小华是好兄弟。(小明和小华是好朋友。)

此外,分宜除了使用连词"跟"之外,还会用"□[tɕʰieu³⁵]",与"跟"一样。例如：

(7) 我□[tɕʰieu³⁵]渠一样高。(我和他一样高。)

6.1.1.2　一…二…、又…又…、一边…一边…

这几个连词的主要功能是连接由一个主体发出并进行的两个动作,表示二者联系紧密,这种连词也叫关联连词①,它们与普通话中的用法相同。例如:

(8) 渠一冇文化,二冇钱,尔寻渠做么。(他一没文化,二没钱,你找他[做老公]干嘛。)

(9) 渠又唱歌又跳舞,不晓得罗事回事。(她又唱歌又跳舞,不知道怎么回事。)

(10) 不要一边话事一边做作业。(不要一边说话一做作业。)

(11) 我伲边走边话。(我们边走边谈。)

但是,由于口语具有简洁、明了的性质,这种格式的连词在修水话实际生活中用得不多。另外连词"一边…一边…"有时会简缩成"边…边…"。赣西北的其他方言点也有同样的用法,此处不再赘述。

6.1.2　递进关系连词

递进关系连词连接的两个语法单位,语义重点往往放在后一个分句上。赣西北方言常用的表递进关系连词有:不要话②、莫话、不止…也(还)…、要不然…、不单…也(还)…、不光…也(还)…。我们以修水话为例进行说明。

6.1.2.1　不/唔要话、莫话/唔话

赣西北各方言点均使用表递进关系的单用连词③"不/唔要话""莫话/唔话",相当于现代汉语的"不要说""别说",且可以互换,可以连接名词、动词性短语,也能连接分句。"不/唔要话""莫话"后常伴有另一个分句,表关系的递进或强调作用,语义重点一般放在后一个分句上。例如:

(12) 不要话/莫话而今,原来我也不吃肉。(不要说现在,原来我也不吃肉。)

(13) 不要话/莫话南昌,上海我都去过。(不要说南昌,上海我都去过。)

(14) 不要话/莫话去旅游,去外地散步我都不想去。(不要说去旅游,去外

---

① 关联连词主要连接小句或句子,一般总是分别处在两个或几个结构体前面,其作用主要是互联、使两个或几个结构体组成一个互相呼应、相互联系的更大的语言单位。(张斌 2010:200)
② "不要话"在上高、宜丰等方言点会说出"不/唔着话",客家方言点会说"唔要(爱)话"。
③ 根据连词使用时是否配对,可以将连词分成单用连词和合用连词两类。(张斌 2010:200)

面散步我都不想去。)

"不要话""莫话"还可置于后一分句,但其强调部分仍在后一分句。例如:

(15) 我屋里都不想出去,不要话/莫话外地哒。(我都不想出门,别说外面了。)

(16) 我个话都不听,不要话/莫话尔个哒。(我的话都不听,别说你的了。)

6.1.2.2 不止/不光/不单…还/也…

"不止/不光/不单…还/也…"是正递式的递进连词,相当于普通话中的"不但…而且…",赣西北各方言点均会使用。例如:

(17) 渠不止/不光语文成绩好,数学还/也不错。(她不但语文成绩好,数学也不错。)

(18) 渠不止/不光日里上班,夜里也/还要上班。(他不但白天上班,晚上也要上班。)

(19) 当老师不止/不光有周末,还有寒暑假。(当老师不但有周末,还有寒暑假。)

上高、丰城一般用"不单…还…"。以上高话为例:

(20) 做老师不单有周末,还有寒暑假。(当老师不但有周末,还有寒暑假。)

6.1.2.3 不仅…反而…

"不仅…反而…"是反递式的递进连词,相当于普通话中的"不但…反…",赣西北各方言点均会使用。例如:

(21) 渠不仅不帮忙,反而在箇里捣乱。(他不但不帮忙,反而在这里捣乱。)

(22) 渠在领导面前不仅不话尔个好话,反而话尔个坏话。(他在领导前面不但不说你的好话,反而说你的坏话。)

6.1.3 选择关系连词

选择关系连词,用来连接两个语言单位,表示从两个选项中选择一个。赣西北客赣方言的选择关系连词主要有:还是…、是…还是…、要不…要不…、要么…要么…、要不然…、或者…或者…、不是…就是…。

6.1.3.1 还是…

单用连词"还是",表示对两种事物、情况来进行选择,引出另一种选择对象,一般置于后一分句,或后一选项前。例如:

(23) 尔明日回来,还是过两日回来?(你明天回来,还是过两天回来?)

(24) 尔今日上班还是休息?(你今天上班还是休息?)

(25) 尔夜边困得早,还是困得晏?(你晚上睡得早,还是睡得晚?)

客家话一般用"还系",与"还是"相同。例如:

(26) 尔明哺归来,还系过两日归来?(你明天回来,还是过两天回来?)(铜鼓客)

"还是"经常会与"是/系"搭配使用,构成"是/系…还是/系…"的固定结构。例如:

(27) 尔是江西个,还是福建个?(你是江西的还是福建的?)

(28) 等下是吃饭,还是唱歌?(等会儿是去吃饭还是唱歌?)

(29) 今日系礼拜二,还系礼拜三?(今天是星期二还是星期三?)(铜鼓客)

6.1.3.2 要么…要么…、要不…要不…、或者…或者…

"要么…要么…"这个合用选择关系连词可以表相容式的选择关系,也可以表析取式的选择关系。例如:

(30) 尔要么去回,要么莫去,尔自家看着办。(要么回家,要么别回,你自己看着办。)

(31) 尔今日下昼要么在屋里困觉,要么出去做事,莫出去赌钱。(你今天下午要么在家里睡觉,要么出去做事,不要去赌博。)

(32) 李娟个考试成绩特别好,要么得第一,要么得第二,从冇得第三。(李娟的考试成绩特别好,要么考第一,要么考第二,从没考第三。)

(33) 箇只人话事有宁嘚水平,要么是干部,要么是老师。(这个人讲话有点水平,要么是干部,要么是老师。)

例(30)、(31)表达的未然事件,两个选择项是相容的,随便选择哪一项;例(32)、(34)表达的事已然事件,两个选择项是析取的,即实际情况只有某一项存在。相容式选择关系相当于邢福义(2002:262)先生所指的"意欲性选择",析取式选择关系相当于邢福义(2002:262)先生所指的"析实性选择"。

此外,"要么"还可以单用,如:

(34) 尔要么莫来,来哒就舍己做事。(你要么别来,来了就认真工作。)

也可以用于后一分句:

(35) 尔打个电话得渠吧,要么直接去寻渠。(你给他打个电话吧,要么直接去找他。)

"要不…要不…"这个合用选择关系连词只可以表相容式的选择关系,不可以表析取式的选择关系。例如:

(36) 要不足球,要不篮球,只能买一样。

(37) *小李一向要不无所谓,要不蛮计较。(小李一向要不满不在乎,要不斤斤计较。)

在表示相容式(意欲性)的选择关系上,"要不…要不…"和"要么…要么…"基本意思相同。但在语气上,"要不…要不…"比"要么…要么…"的语气委婉一些。如果在表决心的时候,需要借助于较刚劲有力的语气,这个时候宜用"要么…要么…"。例如:

(38) 尔要么回家种红薯,要么就考上大学,冇别个路走。(你要么回家种红薯,要么就考上大学,没别的选择。)

(39) 尔要么脱贫致富,要么就箇样穷下去。(你要么脱贫致富,要么就一直这样穷下去。)

例(38)、(39)若改用"要不",语气则显得有些软弱。

上高、万载、袁州、樟树、分宜、奉新客等方言点还会用"要不然…要不然…",其作用与"要不…要不…"相同。以上高话为例:

(40) 天在块落大雨,要不然叫尔哥哥送尔归去,要不然等明日雨停过再归去,尔自家看着办啰。(天在下大雨,要不叫你哥哥送你回去,要不就等明天停雨了再回去,你自己看着办吧。)

"或者…或者…"也是相容式的选择连词,偏重于平实地说明情况。例如:

(41) 或者足球,或者篮球,尔只能买一样。(或者足球,或者篮球,你只能买一样。)

(42) 或者买蓝色个,或者买红色个,箇两种颜色都好看。(或者买蓝色的,或者买红色的,这两种颜色都好看。)

6.1.3.3 不是…就是…、是(系)…还是(系)…

"不是…就是…""是(系)…还是(系)…"是析取式的选择关系连词,即两个选项只能选择一项,选择了前项,就舍弃了后项,选择了后项,就舍弃了前项。例如:

(43) 尔不是瞓电视就是戏手机,箇样不好。(你不是看电视就是玩手机,这样不好。)

(44) 而今个后生家不是做事就是困觉,冇有么哩别个事。(现在的年轻人不是工作就是睡觉,没有什么别的事。)

(45) 不是看书就是做作业,躁人家。(不是看书就是做作业,烦死了。)

"是…还是…"一般用在选择问句中。例如:

(46) 尔是去上海,还是去北京?只能选一个地方。

(47) 尔上班是开车去还是坐公交去?

客家方言一般用"系…还系…",以铜鼓客家话为例:

(48) 尔明晡早饭系食饭还是食粥?(你明天早饭是吃饭还是喝粥?)

(49) 尔去上海系坐高铁去还系坐飞机去?(你去上海是坐高铁去还是坐飞机去?)

6.1.4 连贯关系连词

连贯关系连词,连接的是连续发生的事情或动作,这些事情或动作有先后顺序。从逻辑关系上来看,前后两个词语没有主次之别。表示连贯关系的连词比较简单,有"一…就…""正…就…""先…后…""接着…再…"等。

6.1.4.1 一…就…、正…就…

"一…就…"表示一种动作或情况出现后紧接着发生另一种动作或情况,表达了"行为紧接"的语义关系。该句式有时不出现主语,但也经常出现主语,有时前后分句主语不一样。例如:

(50) 渠在生人面前一话事,就面红。(他在陌生人前面一说话就脸红。)

(51) 一话事,渠就面红。(他一说话就脸红。)

(52) 渠一话事,我就会笑。(他一说话,我就会笑。)

"正…就…"句式相当于现代汉语的"刚…就…",既显示了"行为紧接"的基本语义关系,又强调了时点、时段、地段的始发点,给人以极为迅速的感觉。例如:

(53) 天正晴我就出去哒。(天刚晴我就出去了。)

(54) 天正落雨冇几久就出哒日头。(天刚下雨没多久就出了太阳。)

(55) 我正话渠几句,渠就哭起来哒。(我刚批评他几句,他就哭起来了。)

(56) 我正走几步,渠就追上来哒。(我刚走几步,他就追上来了。)

6.1.4.2 先…后/再/接到…、…接到…、接到…再…

"先…后/再/接到…""…接到…""接到…再…"这几个连贯句式,都表示动作的先后连贯,没有"一/正…就…"句式的"行为紧接"句意,比较客观表述了几个动作或事件的连贯承接。例如:

(57) 先做语文作业,后/再/接到做数学作业。

(58) 扫地时要先扫内地,后扫外地,莫搞反哒。(扫地时要先扫里面,后扫外面,别搞反了。)

(59) 小李抄完哒第一章,尔接到抄第二章。(小李抄完了第一章,你接着抄第二章。)

(60) 尔接到拿地扫干净后,再拿玻璃抹一下。(你把地扫干净之后,再把玻璃擦干净。)

6.1.5 取舍关系连词

取舍关系连词表示一种已经确定的选择。句子中提出两种事物或两种情况加以比较,有先取后舍和先舍后取两种情况。表示连贯关系的连词有"情愿/情管/情肯…也不/也要…""要是…不如/还不如…"等。

6.1.5.1 情愿/情管/情肯…也不/也要…

"情愿/情管/情肯…也不/也要…"是先取后舍的连词,"情愿/情管/情肯"表示选择的一面,"也不/也要"表示放弃的一面。例如:

(61) 娘爷情愿自家多吃宁嘚苦,也不愿让自家个崽多吃苦。(父母宁可让自己辛苦点,也不愿让自己的小孩多吃苦。)

(62) 而今个人情愿价钱贵宁嘚,也不买差东西。(现在的人宁愿价格贵一点,也不愿买次品。)

(63) 老弟情愿日日吃馒头,也要省落钱来买书。(弟弟宁愿每天吃馒头,也要省下钱买书。)

6.1.5.2 要是…不如/还不如…

"要是…不如/还不如…"是先舍后取的连词,"要是"表示放弃的一面,"不如/还不如"表示选择的一面。例如:

(64) 要是想尽办法做小抄,不如好好准备考试。(与其想尽办法作弊,还不如好好准备考试。)

(65) 尔要是睄书睄得脑壳痛,还不如出去走下嘚,减轻宁嘚自家个学习压力。(你要是看书看得头痛,还不如出去走一走,缓解一下自己的学习压力。)

(66) 要是想到话别家,还不如做好自家个事。(要是想着去批评别人,不如做好自己的事情。)

6.2 偏正关系连词

赣西北客赣方言中的偏正关系连词主要包括因果关系连词、转折关系连词、假设关系连词、条件关系连词、目的关系连词和让步关系连词。因果关系连词主要有:因为、就是、就怪你;转折关系连词有:莫看、不过、只不过;假设关系连词有:要是、万一、就算、打比、就是;条件关系连词有:不管、管、除非、只要…就…、只有…正…;目的关系连词有:为哒、为哩、省得。让步关系连词有:哪怕…也…、即便…也…、就是。

6.2.1 因果关系连词

赣西北客赣方言中,表示因果关系的连词"就是""就怪你"两者都有责备、埋怨之义。"因为"与普通话中的用法大致相同,可表行事缘由、推论缘由与客观现象的缘由。吕叔湘(1982)指出"'原因'是个总括的名称,至少可表事实的原因、行事的理由、推论的理由"。

6.2.1.1 因为

"因为"的用法与普通话一致,标示原因。年轻人用得较多,老年人用得较少。可放在前一个分句,也可放在后一个分句;放在前面时,后一个分句往往要加上"所以",标示结果。如:

(67) 西瓜不甜,因为雨水太多哒。(西瓜不甜,因为下多了雨。)

(68) 我不愿去,因为外地太热哒。(我不愿意去,因为外面太热了。)

(69) 因为外地太热哒,[所以]我不愿去。(因为外面太热了,所以我不愿意去。)

口语中往往会省去"因为"。例如:

(70) 雨水太多哒,西瓜不甜。

(71) 外地太热哒,我不愿去。

6.2.1.2 就是

"就是"一般带有一点表示责怪的情绪,后可接词、短语或句子,可在前一分句,也可在后一分句。例如:

(72) 就是尔,要不我早就归来哒。(就是你,否则我早就回来了。)

(73) 我也想去打球,就是日头满大哒。(我也想去打球,就是太阳太晒了。)

(74) 芒果就是太老哒正扔下嘞。(芒果就是太熟了才掉下来的。)

6.2.1.3 就怪你/尔

"就怪你/尔"也带有责备之义,是一个固定搭配,一般放于句首,其后可接可原因,也可省去原因,但是后面要加一个表结果的分句。例如:

(75) 就怪尔,拿我驮哒我娘个打。(就怪你,让我挨了妈妈的打。)

(76) 就怪尔伲总话事,我都困不着哩。(就是因为你们总说话,我都睡不着了。)

(77) 就怪尔不听事,不然就不会箇样哒。(就怪你不听话,不然就不会这样了。)

6.2.2 转折关系连词

一般情况,转折复句前面分句提出某种事实或情况,后面分句转而述说与前面分句相反或相对的意思,即后面分句才是说话人所要表达的真正意图。赣西北客赣方言中,表转折关系的连词主要有:莫看、不过、只不过。

6.2.2.1 莫看

张金圈在《"别看"的连词化及话语标记功能的浮现》(2016)一文中指出:"连词'别看'构成的复句的语义结构中总是隐含着受话人的某种认知推断及说话人做出的与之相对的反预期断言,倾向于出现在互动性的会话语篇中。"赣西北客赣方言的"莫看"也有这样的用法。"莫看"一般在前一分句句首,表达与预期相反的断言。例如:

(78) 莫看渠小,但是满会话事。(别看他小,但是很会说话。)

(79) 莫看有宁嘚人日里不读书,实际上是夜猫仔。(别看有些人白天不读书,实际上晚上在加班学习。)

(80) 莫看渠平常无所谓个样子,做起事来还是满认真嘞。(别看他平时无所谓的样子,做起事来还是很认真的。)

6.2.2.2 不过、只不过

赣西北客赣方言的"不过""只不过"连接两个分句,后一分句是对前一分句所说明情况的事情作修正性的补充,一般只用于后一分句前,表示转折。"只不过"比"不过"强调作用更加明显一些。例如:

(81) 菜蛮好吃,不过/只不过冷刮哒。(菜挺好吃的,只不过凉了。)

(82) 我想去写字,不过/只不过冇有笔。(我想去写字,只不过没有笔。)

(83) 会早就开完哒,不过/只不过冇话诉尔。(会早就开完了,不过没有告诉你。)

(84) 老张看起来气色还不错,不过/只不过胃口不大好。

"不过""只不过"还可以用"就是"来代替,以上例句均可换成"就是"。例如:

(85) 菜蛮好吃,就是冷刮哒。(菜挺好吃的,只不过凉了。)

(86) 我想去写字,就是冇有笔。(我想去写字,只不过没有笔。)

"就是"表转折的用法在赣西北的萍乡、上栗、樟树、新余、分宜、高安、上高、袁州、铜鼓_客_、奉新、靖安等方言点都存在。

6.2.3 假设关系连词

普通话中的假设关系连词较多,赣西北客赣方言中没有那么丰富,我们调查到的只有:要是、万一、就算、打比。假设连词连接的是一个未发生或想象的结果分句。

6.2.3.1 要是、万一

"要是""万一",假设关系连词,引导的是假设条件,相当于普通话的"如果",后面紧跟在此条件下发生的结果,或者后面接表示疑问的分句,表示此情况下,听话人应该如何做,主语的位置可前可后。例如:

(87) 要是/万一我冇在屋里,尔伲自家先吃哈。(万一我没在家,你们自己先吃吧。)

(88) 要是/万一渠不欢喜尔,尔罗事办?(万一他不喜欢你,你怎么办?)

(89) 学堂要是/万一关门哒,尔就回来睭书。(学校要是关门了,你就回来看书。)

(90) 要是/万一冇坐到班车,尔就打的归来。(要是冇坐到公交车,你就打车回来。)

"要是"与"万一"有一定的区别,在功能搭配上具有以下几方面特征,以下用法不能替换为"万一"。

1. "要是"可以连接名词、代词、动词等。例如:

(91) 要是饭,我就吃;要是面,我就不吃。(如果是饭,我就吃;如果是面,我就不吃。)

(92) 要是我,我会去问别家嗰。(如果是我,我会去问别人的。)

(93) 要是借钱,尔就莫开口哒。(如果是借钱,你就别开口了。)

2. "要是"可以连接短语。例如:

(94) 要是怕瘆人,就莫出门哒。(要是害羞,就不要出门了。)

(95) 要是不想做,尔就莫来哒。(要是不想做,你就不要来了。)

(96) 要是尔不吵我,我早就困哩。(要是你不吵我,我早就睡了。)

3. "要是"还能连接分句。例如:

(97) 要是渠是尔,渠就不会归来。(如果他是你,他就不会回来。)

(98) 要是我还冇毕业嘞话,我会去报考研究生。(如果我还没毕业的话,我会去报考研究生。)

"万一"连接的假设分句多表示不好的情况。例如:

(99) 万一车整不正,我仿只有走路去。(万一车子修不好,我们只有走路去。)

(100) 尔万一考不上大学,尔只有去打工哒。(你万一考不上大学,你只有去打工了。)

6.2.3.2 (要是)…时

赣西北客赣方言中有个分句句末的语气助词"时"可以表达假设关系,该用法在近代汉语和赣、客、湘等方言中也存在。邵宜在《赣方言语助词"时"的语法功能及与近代汉语之比较》(2010)中具体论述了"时"的来源、语法化历程和语法功能。刘星(2016)描写了宜春话(袁州)的"时"的话题标记、假设标记的功能及其句法分布。据调查,表假设关系的"时"在赣西北的樟树、新余、分宜、袁州、萍乡、万载、上高、宜丰、高安、奉新、修水、武宁、万载客、铜鼓客等14个方言点都使用。有两种使用情况:一、单用,"时"位于分句句末表示假设关系,相当于普通话的句末的"的话";二、"时"与假设连词"要是"连用,构成"要是…时"格式,有加强假设的作用,这应该是"要是…"句式与"…时"句式糅合而成的。下面以上高话为例展开探讨。

1. "时"单用,位于前一分句句末。例如:

(101) 尔不骂渠几句时,渠更会乱来。(你不骂他几句的话,他更会乱搞。)

(102) 身份证跌泼过时,火车都冇怎仔坐。(身份证丢掉的话,火车都没有办法坐。)

(103) 考过前十名时,学堂就会奖钱。(考了前十名的话,学校就会发奖金。)

(104) 考到过研究生时,尔就可以找个好工作呢。(考上了研究生的话,你就能找一个个好工作的。)

2. 前一分句是"要是…时"。例如:

(105) 要是落大雨时,屋里到处都会进水哦。(如果下大雨,房子到处都会进水。)

(106) 要是不吃昼饭时,下昼就冇力气做事哦。(如果不吃中饭,下午就没有力气干活。)

(107) 要是冇带伞时,衣裳早就打湿过。(如果没有带雨伞,衣服早就淋湿了。)

(108) 要是渠冇来时,今阿箇只事就办不正。(如果他没有来,今天这件事就办不成。)

6.2.3.3 就算

"就算"相当于普通话的"即使""尽管"。

(109) 就算尔去,又能罗事样?(就算你去,又能怎么样?)

(110) 就算崽姑不听事,也不能打渠伓。(就算孩子们不听话,也不能打他们。)

(111) 就算是礼拜天,渠伓也要做事。(就算是星期天,他们也要上班。)

"就是"也可以表示假设的意思,上述几例"就算"均可换成"就是"。从表达的语气上看,"就是"表示假设时语气相比"就算"更弱些。

6.2.3.4 "打比"类连词

赣西北客赣方言中"打比"类连词有:打比、打比方、打个比方、好比、比方说。万载、万载客、丰城、武宁、袁州、靖安、修水、修水客、铜鼓、宜丰、上高、高安等方言点一般用"打比";樟树、上栗一般用"打比方";奉新客、新余一般用"打个比方";新干一般用"比方说";丰城、上高还用"好比"。"打比"类连词一般用于句首,用来引出假设,相当于普通话的"比如""比方"。以上高话为例:

(112) 打比是我,就不会箇样做。(比如是我,就不会这样做。)

(113) 打比我跟渠借一万块钱,渠肯借噻?(比如我向他借一万块钱,他会借吗?)

(114) 打比夜头学堂停过电,就不着上晚自习吧?(比如晚上学校停了电,就不用去上晚自习吧?)

6.2.4 条件关系连词

条件关系连词分句之间的关系是条件和结果的关系,表示事情或动作的发生需要或排斥条件。分句之间有偏、正句之分,前偏后正。赣西北客赣方言表示条件关系的连词主要有:不管、管、只要…就…、只有…正…、除非。

6.2.4.1 不管/唔管、管

赣西北客赣方言中,"不管/唔管""管"大多数时候与"都"搭配使用,构成固定格式"不管/唔管…都…"和"管…都…",这两个句式表达意思基本相同。例如:

(115) 不管/管尔是谁,到哒读书个年纪都要去学堂读书。(不管你是谁,到了读书的年龄都要去学校读书。)

(116) 不管/管渠来不来,我伢先吃。(不管他来不来,我们先吃。)

(117) 不管/管渠用不用哰,先试一下。(不管/管它有没有用,先试一下。)

从语用上看,"管"与"不管"还是有一点细微的差别,肯定形式"管"带有一种说话人烦躁、不满的情绪,而否定形式"不管"只是对客观事实的表达,没有掺杂任何情感。

6.2.4.2 只要…就…、只有…正…

"只要…就…""只有…正…"都是表条件关系连词,前者与普通话完全一致,后者相当于普通话的"只有…才…"。例如:

(118) 只要不乱话事就有人欢喜尔。(只要不乱说话就有人喜欢你。)

(119) 只有不乱话事正有人欢喜尔。(只有不乱说话才有人喜欢你。)

但是条件的性质也有所不同。"只要…就…"偏重于跟充足条件相联系,"只有…正…"偏重于跟必要条件搭配。因此当前者表示单纯的充足条件时,不能改成后者。例如:

(120) 只要跟到前地个班车走,就可以到县政府哒。(只要跟着前面的公交车走,就可以到县政府的。)

满足了"跟着公交车"这个充足条件,就可以"到县政府"这个结果。但是,也可以有其他的方式得到结果。而"只有…正…"表示的是唯一性结果,所以不能换用。反之亦然。

其次,强调的重点有所不同。"只有…"表示的是强制性条件,口气坚定,要求偏严;"只要…"表示的是宽容性条件,口气缓和,要求偏宽。试比较:

(121) 只有尔去正能办好箇件事。(只有你去才能办好这件事。)

(122) 只要尔去就能办好箇件事。(只要你去就能办好这件事。)

例(121)限定非"尔去"不可,例(122)则有选择的余地。

6.2.4.3 "除非"类连词

赣西北客赣方言中"除非"类连词有如下几种:除非、除话、除哩₂、除过、除落、除嘥、除刮₂。修水、宜丰、铜鼓客一般用"除非";樟树、新干一般用"除落";新余、奉新客、靖安客一般用"除哩₂";上高、修水客、万载客一般用"除话";靖安一般用"除嘥";袁州一般用"除刮₂";上高还会用"除过"。"除非"类连词强调某一条件是先决条件。例如:

(123) 除非不买,一买就买几十斤。(修水)

(124) 除非尔也去,我正会去。(除非你也去,我才会去。)(宜丰)

(125) 除过/除话尔不话诉别人,我正会话诉你听。(除非你不告诉别人,我才会说给你听。)(上高)

(126) 除哩不买,一买就买几十斤。(铜鼓客)

(127) 除刮不买,一买就买几十斤。(袁州)

(128) 除嘥月工资上万,正买得起房。(除非每月工资上万,才买得起房。)(靖安)

(129) 除落娘爷帮忙能付首付,正会想去买房。(除非父母能帮忙付首付,才会考虑去买房。)(新干)

6.2.5 目的关系连词

由表目的关系的连词连接的句子,能够构成目的复句。在赣西北表目的关系最常用的连词是"省得"。"省得",表示避免发生某种不希望看到的结果,一般用于后一分句的开头。以修水话为例:

(130) 箇个事过几天再话,省得她担心。(这件事过几天再说,省得她担心。)

(131) 尔就住在箇里,省得日日来回跑。(你就住在这儿,省得天天来回跑。)

(132) 有事打电话,省得来回跑。

6.2.6 让步关系连词

吕叔湘《中国文法要略》指出:"容让句与纵予句属于同类,通常合称为让步句;所谓让步,即姑且承认之意。"也就是说,让步句,同时具有让步性和转折性都同时具有形式和意义两个方面的特征。让步性的形式特征,是特定的让步词;转折性的形式特征,是经常使用或在一定条件下使用的转折词。赣西北客赣方言中的让步连词主要有:哪怕…也…、即便…也…、就是…也…。

1. "哪怕/即便…也…"都表示先让步后转折。例如:

(133) 哪怕/即便满夜来哒,也要做完今日个作业。(哪怕再晚,也要把今天的作业做完。)

(134) 哪怕/即便再忙,也要记得吃饭。

2. "就是"可以表示因果关系、转折关系和假设关系,还可表示让步关系,相当于普通话的"即使",经常跟副词"也"搭配,构成"就是…也…"。例如:

(135) 就是落雨,我们也要去学堂。(即使下雨,我们也要去学校。)

(136) 为哒读书,就是再穷也要买书。(为了读书,即使再穷也要买书。)

(137) 后生家就是再苦也有有上辈人苦。(年轻人即使再苦也没有上一辈人苦。)

6.3 本章小结

赣西北客赣方言的连词没有普通话丰富,日常会话中往往会省去一些连词。在连词的使用上一般是连词单用较多,连词合用较少。赣西北客赣方言的连词可以分为联合关系连词和偏正关系连词两类。联合关系连词有:并列关系连词、连贯关系连词、递进关系连词、选择关系连词和顺承关系连词等;偏正关系的连词有:因果关系连词、转折关系连词、假设关系连词、条件关系连词、让步关系连词和目的关系连词等。赣西北各个方言点之间连词一致性较高,差异性主要体现在双音节连词的构词语素上。比如"除非"类连词,后一构词语素分别是"话""刮""泼""哩""哒"等。有些连词有多种功能,比如"就是"可以表示因果关系、转折关系和假设关系,还可表示让步关系。赣西北客赣方言中比较有特色的是句末的语气助词"时",可以表示假设关系,可以单用,也可以与"要是"合用,构成"要是…时"的句式。从客赣方言比较看,客赣方言的连词一致性较高。

赣西北客赣方言连词见表6-1。

表 6-1　赣西北客赣方言主要关联连词

			单　用	合　用
联合关系	并列		跟、和、同、同排、□[tɕʰieu³⁵]	一…二… 一边…一边… 边…边…
	递进	正递式	不要话 莫话/唔话	不光/不止/不单…也/还…
		反递式		不仅…反而…
	选择	相容式	还是(系)要不然	是(系)…还是(系)… 要么…要么… 要不…要不… 或者…或者…
		析取式	还是(系)	是(系)…还是(系)… 不是(系)…就(系)是…
	顺承	顺连式		一…就… 正…就…
		互连式		先…后/再/接到… 接到…再…
	取舍	先取后舍		情愿…也不/也要…
		先舍后取		要是…不如/还不如…
偏正关系	因果		因为 就是 就怪你/尔	
	转折		莫看 不过 只不过	
	假设		要是、万一 就算、打比 就是	(要是)…时

续 表

			单　用	合　用
偏正关系	条件	必要条件		只有…正…
		充分条件	除非	只要…就…
		无条件	不管 管	
	目的		省得	
	让步			哪怕…也… 即便…也…

第七章
助　词

　　助词是汉语中相当特殊又非常重要的词类。在印欧语系诸语言中,一般都没有"助词"这一词类,而在汉语中,不少语法意义需要添加助词来完成。助词在句子中无实义,但是可以表示语法结构关系或各种语气。张斌《现代汉语描写语法》(2009)中指出:"助词是附着在词、短语或句子上的,具有黏着、定位的性质,同时又表示一定的附加意义的虚词。"汉语语法学界一般将助词分为语气助词、结构助词和时态助词三种。语气助词又称"语气词",有学者认为是一种独立的词类。语气助词通常位于句中或者句末,表示说话时的语气或者状态。结构助词附着在词、词组的前面或后面,用以表示句子的结构关系。常见的结构助词有前缀的"所",以及后附的"的""地""得""似的"等。时态助词也称动态助词,通常附在动词或形容词后,表动作或变化的状态,可与时间副词连用。现代汉语主要有"着""了""过"等。本章主要探讨赣西北客赣方言的结构助词和语气助词,时态助词放在"体貌范畴"一章中探讨。

7.1　结构助词

　　现代汉语中"的""地""得"这三个结构助词的读音基本相同,读为轻声"[tə⁰]",其基本功用是分别充当定语、状语、补语的标志,是分别用在定中短语、状中短语、述补短语的修饰语和中心语之间的一个辅助性连接成分。赣西北客赣方言二十二个方言点中只有"个""得"这两个结构助词。"个"的功用相当于现代汉语的"的""地","得"相当于现代汉语的"得"。赣西北客赣方言的二十二个点的"个""得"的语法功能基本一致,下面以上高话为例展开探讨。

7.1.1 个[ko⁰]

上高话的"个"有四种用法,具体如下:

个₁:定语标记,在定语和中心语之间。例如:白个衣裳、新买个书。

个₂:转指标记,构成体词性的"个"字结构。例如:吃个、用个、活个。

个₃:状态形容词后缀。例如:㐄乌个,雪咕雪白个。

个₄:状语标记,附在副词性成分后面。例如:飞快个跑、一五一十个话。

7.1.1.1 个₁

"个₁"一般用在"名(代)+个₁+名"的格式中。

1. 名词修饰中心语时中间一般要插入"个₁",例如:

渠个脚他的脚、小张个爷小张的父亲、我个包我的包、阳阳个书阳阳的书、山上个树山上的树、昨日个饭昨天的饭、狐狸个尾牿狐狸的尾巴、屋下个凳仔家里的凳子、港里个鱼仔小河里的鱼、袋袋里个钱口袋里的钱、学堂里个车学校里的车、井里个水井里的水。

表质料和功能属性的定语和中心语之间一般不插入"个₁"。

表质料的,例如:木凳仔、樟木箱仔、土砖屋仔、玻璃门、毛线褂仔、皮沙发、棉拖鞋、铁皮桶仔、塑料面盆、铁筷子。

表功能属性的,例如:油壶、饭甑、谷仓、米桶、盐罐仔、饭勺仔、筷子筒、饮盆盛米汤的盆、饭桌、潲桶、糖罐仔、汤碗、饭碗。

一些动物的定语与动物相关部位、内脏等的中心语之间也一般不插入"个₁"。例如:牛肚、牛肝、牛脚、牛屎、牛粪、牛骨头、猪耳朵、猪肝、猪脚、猪肺仔、猪肚仔、猪头、鸡冠、鸡屁股、鸡脚爪、鸭翼膀鸭翅膀、鸭脚爪。

如果要特别强调所属,可以插入"个₁",比如:牛个脚、鸡个脚爪、鸭婆①个翼膀、猪个耳朵、猪个肚仔。

一些代词也可以直接修饰名词或量名短语。例如:

什伩事什么事、什伩东西什么东西、嗨块人哪里人、箇块地这块地、箇支笔这支笔、许双鞋仔那双鞋子、箇本书这本书、许只碗那只碗。

在上高话中,代词不能直接修饰表亲属称谓的名词,"我爸爸""尔哥哥你哥哥"

---

① 上高方言的"鸭婆"泛指"鸭子",只有在与"鸭公"对举时或特别强调雌雄时才指雌性的鸭子。由于公鸭与母鸭在外形上很难区别,人们便淡化了雌雄。比如"养鸭婆""睒鸭婆",这里就泛指"鸭子"。

"渠老妹他妹妹"这些说法是不允许的。代词和表亲属称谓的名词之间要插入人称代词复数标记"伲",即"我伲""尔伲""渠伲"这三个人称代词的复数兼表领属。例如:

我伲爷我的爸爸、渠伲娘他的妈妈、尔伲老妹你的妹妹、我伲婆婆我的奶奶。

赣西北客赣方言大多数方言点的人称代词的复数兼表领属。具体参见表7-1。

表 7-1　人称代词的复数兼表领属表

方言点	丰城	樟树	新干	新余	分宜	袁州	萍乡	上栗	万载	宜丰	上高
我的爸爸	我爷	我伲爷	我伲爷	我伲爷	我爷老子	我爷爷	巷伲爷爷	我伲爹仔	我伲爷	我伲爷	我伲爷
我们的爸爸	我伲爷	我伲爷	我伲爷	我伲爷	我嘚爷老子	我伲爷爷	巷伲爷爷	我伲爹仔	我伲爷	我伲爷	我伲爷

方言点	高安	奉新	靖安	武宁	修水	铜鼓	奉新客	靖安客	万载客	修水客	铜鼓客
我的爸爸	我伲爷	我伲爷	我伲爷	我伲爷	我伲爸爸	㑌爸爸	㑌爷子	㑌爷子	㑌爸爸	㑌爸爸	
我们的爸爸	我伲爷	我伲爷	我伲爷	我伲爷	我伲爸爸	㑌等爸爸	㑌等爷子	㑌等爷子	㑌等爸爸	㑌等爸爸	

上表表明:丰城、分宜、袁州、奉新客、靖安客、万载客、修水客、铜鼓客方言点的人称代词复数可以兼表领属,但只表复数,人称代词单数与亲属称谓之间一般不加领属标记"个"。樟树、新干、新余、萍乡、上栗、万载、宜丰、上高、高安、奉新、靖安、武宁、修水、铜鼓方言点人称代词复数兼表领属,即可以表复数,也可以表单数,没有单复数之分。

2. 区别词修饰中心语时,一般不插入"个₁"。例如:

金耳环、银戒指、男客人已婚男人、女客人已婚妇女、急性病、慢性病、上等香菇。

3. 动+个₁+名

吐个痰吐出的痰、跌个钱丢掉的钱、买个车、借个钱、洗个碗、修个桥、新来个同学、上学个路上、修车个技术、看人个眼神。

4. 形+个₁+名

进入这个格式的形容词,可以是状态形容词,也可以是性质形容词。单音节形容词作定语修饰名词可以不带"个₁",但有不少也可以加"个₁"。下面例子的"()"表示"个₁"也可以省去。例如:

穷人、懒鬼_懒人_、坏(个)手机、新(个)电脑、绿(个)叶仔、红(个)布、烂(个)鞋仔、新(个)裤仔、红(个)茶瓶_红的热水瓶_。

双音节性质形容词一般要带"个₁",极少可以不带。例如:

齐整个妹子_漂亮的女孩_、勤理个人_勤快的人_、便宜个菜、容易个题目、心善个人_善良的人_、老实个崽仔_老实的男孩_、新鲜(个)肉、伶俐(个)衣裳_干净的衣服_。

状态形容词一定要带"个₁",通常有三类,第一类是"XA"式状态形容词,"X"是附加在性质形容词 A 前的表示程度深的语素。例如:

乜乌个手、刮青个草、喷香个肉、雪白个纸、津甜个桃仔、焦干个衣裳、冰冷个水、忒重个包、揪酸个苹果、揪圆个饼。

第二类是四字格的状态形容词。例如:

雪咕雪白个衣裳、乱七八糟个房间、宝里宝气个家伙、妖里妖气个妹仔、神里神气个老张。

5. 介词短语+个₁+名词

该格式仅限于"对",例如:

对渠个态度、对我个看法、对箇只事个想法。

6. 其他用法

A:在指人的名词、代词和指职务、身份的名词后面加"个₁",表示某人取得某种资格、职务和身份。例如:

小强个值日、老李个庄_特指打扑克、麻将做庄家_、老冷个院长、老张个队长、渠个领队。

B:在某些动宾短语中间,插入指人的名词或代词,再加"个₁",表示某人是动作的对象。例如:

打渠个主意_打他的主意_、拆老李个台、跌我个面子_丢我的脸_、受尔个气_受你的气_、托渠个福_托他的福_。

C：在某些句子的动词(包括动词短语)和宾语中间加"个₁"强调已发生的动作行为的主语、宾语、地点、时间等。例如：

① 我打个人。(强调主语)
② 去上海坐个高铁。(强调宾语)
③ 旧年买个手机。(强调时间)
④ 我在乡下读个小学。(强调地点)

7.1.1.2　个₂

"个₂"相当于现代汉语表转指的"的"。个₂用于名词、代词、区别词和形容词、动词之后，构成"X+个₂"的短语，具有体词性。

1. 名词(包括代词)+个₂

"个"前面的名词主要是表质料的名词，例如：

铁个、铜个、银个、纸个、瓷个、泥个、木头个、尼龙个、布个、皮个、塑料个。

一些代词后面也可以加"个₂"，表示领属关系。例如：

人称代词：我个、尔个、渠个、我伲个。

表处所的指示代词：箇里个_{这里的}、箇块个_{这块的}、箇边个_{这边的}、许里个_{那里的}、许块个_{那块的}、许边个_{那边的}。

表处所的疑问代词：嗨里个_{哪里的}、嗨块个_{哪儿的}。

处所名词、处所名词兼实体名词后可以加"个₂"。例如：

房里个、田里个、山上个、锅里个、碗里个、屋下个_{家里的}、娘屋下个_{娘家的}、队上个、村里个、医院个、包里个。

指人名词、时间名词后也可以加"个₂"。例如：

老爷个_{父亲的}、老娘个_{母亲的}、哥哥个、姐姐个、昨日个、旧年个、今年个、早晨个。

2. 区别词+个₂

男式个、女式个、新式个、老式个、公个、母个、急性个、慢性个。

3. 形+个₂

该格式的形容词主要是性质形容词。例如：

活个、死个、新个、旧个、甜个、苦个、大个、细个、长个、扁个、直个、弯个、好个、坏个、白个、红个、新鲜个、齐整个、客气个。

4. 动+个₂

吃个、用个、坐个、着个穿的、买个、卖个、借个、剃脑个、舞饭个、打铁个、唱戏个、开点个、讨饭个。

"X+个₂"一般作主语、宾语,可以受数量短语修饰,在一定的语境中也可以作谓语。例如：

① （裙子）红个好看,绿个唔/不好看。（[裙子]红的好看,绿的不好看。）
② 渠吃到碗里个,看到锅里个。（他吃到碗里的,看到锅里的。）
③ 我买过三件红个（裙子）。（我买了三件红的[裙子]。）
④ 我买过两只西瓜,一只是好个,一只是坏个。（我买了两个西瓜,一个是好的,一只坏是的。）

7.1.1.3 个₃

"个₃"可作部分状态形容词后缀,"程度范畴"章会具体介绍,这里略举几例。

1. AA+个₃：圆圆个、扁扁个、长长个、大大个、白白个、矮矮个、旧旧个。
2. XA+个₃：雪白个、墨黑个、冰冷个、笔直个、血红个、津甜个、溜滑个、飞快个。
3. ABB+个₃：香喷喷个、光溜溜个、硬梆梆个、冷冰冰个、干焦焦个、红通通个、油干干个、轻飘飘个、乱哄哄个、眼巴巴个、笑嘻嘻个、气呼呼个、软绵绵个、水滴滴个。
4. AABB+个₃：客客气气个、伶伶俐俐个、秀秀气气个、清清爽爽个、随随便便个、落落心心个、结结巴巴个、磨磨蹭蹭个。
5. XAXA+个₃：雪白雪白个、喷香喷香个、冰冷冰冷个、焦干焦干个、墨黑墨黑个、飞快飞快个、梆硬梆硬个。
6. X咕XA+个₃：雪咕雪白个、焦咕焦干个、冰咕冰冷个、揪咕揪圆个、乜咕乜烂个、喷咕喷香个、津咕津甜个。
7. A里AB+个₃：糊里糊涂个、古里古怪个、古里古板个、啰里啰嗦个、懵里懵懂个、新里新鲜个、慌里慌张个。
8. A里A气+个₃：土里土气个、神里神气个、宝里宝气个、傻里傻气个、小里小气个、妖里妖气个、流里流气个。

9. AX巴B+个₃：津咕巴甜个、揪咕巴酸个、客里巴气个、老里巴实个、齐里巴整个、土里巴气个、干里巴净个。

10. A煞巴人+个₃：炙煞巴人个、累煞巴人个、冷煞巴人个、痛煞巴人个、晒煞巴人个、辣煞巴人个、臊煞巴人个、挤煞巴人个、胀煞巴人个。

以上格式可以作定语、谓语和补语。例如：

① 我不喜欢吃津咕津甜个东西。（定语）

② 箇只后生宝里宝气个。（谓语）

③ 箇只妹仔长得雪咕雪白个。（补语）

7.1.1.4 个₄

"个₄"附于形容词、副词、四字语和象声词等后，描述动作的情状或时间，大致相当于现代汉语的结构助词"地"。

1. 形+个₄

① 渠伲两个人和气个谈过一下午。（他们两个人和气地谈了一下午。）

② 尔随便个话下仔。（你随便地说说。）

③ 我要舒舒服服个瞌一下昼。（我要舒舒服服地睡一下午。）

④ 渠重重个打过我一拳。（他重重地打了我一拳。）

2. 副词+个₄

副词修饰动词、形容词一般不用"个₄"，只有少数副词后面可用可不用。例如：

① 我足足(个)等过你半日。（我足足等了你半天。）

② 渠特意(个)开玩笑。（他故意地开玩笑。）

3. 四字语+个₄

① 渠伲爷起早摸黑个做事。（他爸爸起早贪黑地干活。）

② 我老老实实个跟老师话过。（他老老实实地跟老师说了。）

4. 象声词+个₄

① 雷公在块轰隆轰隆个响，会落雨嗟。（雷公在轰隆轰隆地响，快要下雨了。）

② 狗在旺旺个叫。（狗在旺旺地叫。）

5. 动词+个$_4$

① 渠死命个逃。(他拼命地逃跑。)

② 雨在块不停个落。(雨在不停地下。)

6. 其他短语+个$_4$

① 渠飑箭样个跑归去过。(他像箭一样地跑回去了。)

② 小强杀猪样个哭起来过。(小强像正在被杀的猪一样地嚎啕大哭起来了。)

③ 老张像后生家一样个跑过来过。(老张像年轻人一样地跑过来了。)

7.1.2 得[ti⁰]

上高话的"得"可作三种补语的标记,具体如下:

得$_1$:作可能补语标记。例如:上得去,吃得完。

得$_2$:作状态补语标记。例如:睏得蛮香、洗得蛮白。

得$_3$:作程度补语标记。例如:好得很、怕得死。

另外还有一种特殊的用法,用于动词后面表示"懊悔"的主观情态义,记为"得$_4$",例如:上昼冇去得街上。

7.1.2.1 得$_1$

上高话的"得$_1$"作可能补语标记,有三种结构:V得、V得O、V得C。前两类是能性补语,后一类的"得"是联系动词和补语成分。

1. V得$_1$

"得$_1$"用于表示可能、可以、允许。"V得"格式的动词是单音节的,但其否定式的动词不限于单音节。"V得"的否定式是在"得"前加"唔/不"。例如:

① 箇被子晒得/晒唔/不得。

② 箇只箱子坐得/坐唔/不得。

③ 箇种野草吃得/吃唔/不得。

④ 学习放松唔/不得。

这种格式里的动词一般蕴含被动义,不能带宾语。但是"顾得、顾唔/不得、舍得、舍唔/不得"等有主动意义,可以带名词、动词作宾语。例如:

① 我顾得过你,就顾唔/不得渠。(我顾得了你,就顾不得他。)

② 渠蛮舍得吃，出什仂就买什仂。（他非常舍得吃，出什么就买什么。）

③ 老张蛮细毛，唔/不舍得买好吃个。（老张很节俭，不舍得买好吃的。）

2. V 得$_1$O

"V 得 O"式的宾语由体词性成分充当。例如：

① 箇壶油吃得两个月。（这壶油能吃两个月。）

② 两千块钱能用几久仔？——用得半年哟。（两千块钱能用多久？——能用半年哟。）

③ 箇块布做得三条短裤仔。（这块布能做三条短裤。）

3. V 得$_1$C

"C"为单个动词、简单形容词。例如：

拗得断、刹得住、受得住、解得开、考得上、塞得进、爬得上去、洗得伶俐$_{干净}$、看得清楚、吃得饱、填得满、晒得干、扎得紧、洗得白

"C"为半虚化的"刮""泼""到""完"。例如：

用得刮$_{掉}$、用得到、用得完、吃得刮$_{掉}$、吃得到、吃得完、卖得泼$_{掉}$、卖得完、买得到

丰城、樟树、新干方言点的"C"为半虚化的"落"。例如：

用得落$_{掉}$、吃得落$_{掉}$、卖得落$_{掉}$

"V 得 C"的否定形式是"V 唔/不 C"。例如：

拗唔/不断、解唔/不开、考唔/不上、爬唔/不上去

洗唔/不伶俐$_{干净}$、看唔/不清楚、吃唔/不饱、填唔/不满

用唔/不刮、用唔/不到、用唔/不完

4. V 得$_1$CO、V 得$_1$OC、VO 得$_1$C

"V 得 C"可以带宾语，但宾语有两种位置：一是位于"V 得 C"之后，构成"V 得 CO"的形式；二是位于"得"和可能补语 C 之间，构成"V 得 OC"的形式。"V 得 OC"形式最常用，"V 得 CO"形式次之。例如：

打得渠赢、考得渠赢、考得大学到、刹得车仔住

打得赢渠、考得赢渠、考得到大学、刹得住车仔

"V得CO"的否定形式是"V唔/不CO"。例如：

打唔/不赢渠、考唔/不赢渠、考唔/不到大学、刹唔/不住车仔

"V得OC"形式的否定形式是"V唔/不OC"和"VO唔/不C"。例如：

打唔/不渠赢、考唔/不渠赢、考唔/不到大学、刹唔/不住车仔

打渠唔/不赢、考渠唔/不赢、考大学唔/不到、刹车仔唔/不住

"VO唔/不C"形式的肯定形式极少用，口语化极强的补语"赢""到"上成立，"住""死"等就不成立。例如：

打渠得赢、考渠得赢、考大学的到

*刹车仔得住、打渠得死

据吴福祥(2003)研究："V得CO"和"V唔/不CO"是唐代产生的形式，后为绝大多数南方方言所继承；"V得OC"和"VO唔/不C"是宋元时期北方方言中产生的一种形式，这类格式进入通语后通过句法扩散进入了南方方言。因此前一种句式在上高话中更为常用，在赣西北客赣方言其他二十几个方言点中亦然。

7.1.2.2 得$_2$

"得$_2$"作状态补语标记，补语C可以是简单形容词、复杂形容词和动词性结构。

C为简单形容词：干得差、写得好、吃得饱、洗得白、长得客气_{漂亮}、扫得俊俐_{干净}

C为复杂形容词：痛得蛮厉害、讲得蛮清楚、搞得乱七八糟个、打扮得齐里巴整个_{漂漂亮亮的}、话得天花乱坠个

C为动词性结构：冷得打冷颤、痛得站不起来、话得渠抬不起头来

表示否定在"得"后加"唔/不"字。例如：

雪下得不细小、箇件衣服洗得唔/不白、渠话得唔/不蛮清楚

7.1.2.3 得$_3$

"得$_3$"作程度补语标记，构成"V/A得C"形式，述语为形容词或动词，"得$_3$"后是表程度的副词"很"，或习惯用语"半死""要死""要命""人死"等。例如：

好得很、白得很、痛得很、酸得很、苦得很

热得半死、冷得要命、累得人死、痛得要死、难得要命

笑得半死、哭得要死、骂得人死、打得要死、晒得要命

V/A 蕴含致使义时,可以带人称代词、亲属称谓、人名等宾语,其位置介于"得"与补语之间。例如:

冷得我要命、骂得渠半死、打得老妹_{妹妹}要死、笑得爸爸半死、痛得小李要死

7.1.2.4　得₄

"得₄"用于否定句的动词后面,表示"懊悔、自责"的主观情态义。黄晓雪《宿松方言语法研究》(2014:110—111)中有 6 例这样的用例,但她指出:"得"不表任何意义,去掉"得"意思不变,"得"仅带有一点强调动作的语气。而在上高话中"得"则有"懊悔、自责"的情态义,一般有后续小句解释懊悔的原因。例如:

① 昨日冇去当得圩,舞得冇买到便宜个布。(昨天没去集市,弄得没有买到便宜的布。)

② 今日上昼冇去斫得肉,舞得昼饭冇肉吃。(今天上午没买肉,弄得中饭没有肉吃。)

③ 尔调起冇叫得我一声,舞得我迟到过。(你起床没有叫我,弄得我迟到了。)

④ 昨日冇请得假,舞得上昼挨过老师个骂。(昨天没有请假,弄得上午挨了老师的骂。)

如果去掉"得",则只是一个客观否定句,加"得"则有强烈的"懊悔、自责"的主观情态义。试比较:

① 衣裳上昼冇洗。(衣服上午没有洗。)(客观陈述。)

② 衣裳上昼冇洗得。(衣服上午应该洗掉。)(说话者主观上自责上午没有洗衣服,应该洗掉衣服。)

从历史看,"得"最开始是"获得"义动词,然后到"达成"义,再到"完成"义助词,"达成"或"完成"义的"得"在方言中用于肯定句的用法已消失,但还能用于否定句中,表示没有达成某个动作。当没有达成某个动作而说话者又希望发生该动作、事件时,就有了"懊悔、自责"的主观情态意义。

经调查,赣西北二十二个方言点的"得"用于否定句的动词后面,均可以表示"懊悔""自责"的主观情态义。

7.2 语气助词

王力的《中国现代语法》(1985)指出:"在大多数情形之下,每一句话总带着多少情绪。这种情绪,有时候是由语调表示的。但是语调所能表示的情绪毕竟有限,于是中国语里还有些虚词帮着语调,使各种情绪更加明显。凡语言对于各种情绪的表示方式叫做语气;表示语气的虚词叫做语气词。"贺阳的《试论汉语书面语的语气系统》(1992)指出:"语气是通过语法形式表达的说话人针对句中命题的主观意识。从语义上看,语气是对句中命题的再表述,表述的内容或是说话人表达命题的目的,或是说话人对命题的态度、评价等,或是与命题有关的情感;从形式上看,语气要通过语法形式来加以表现,这个语法形式必须是封闭的。"他还继续把语气分为三类:功能语气(陈述、疑问、祈使、感叹)、评判语气(认知、模态、履义、能愿)和情感语气(诧异、料定、领悟、侥幸、表情)。齐沪扬的《语气词与语气系统》(2002)进一步指出:"评判语气中的认知语气,似乎与陈述语气中的肯定、否定有相同的一面,将认知语气放到功能类别中去似乎更为合适;而情感语气中的料定语气、领悟语气,也似乎放在意志语气中更合适一些。"他进一步把语气分为功能语气和意志语气两类。并指出:"以'表示说话人使用句子要达到的交际目的'为依据,划分出来的是语气的功能类别,语气词往往是功能类别的形式标志。…以'表示说话人对说话内容的态度或情感'为依据,划分出来的是语气的意志类别,助动词、语气副词往往是意志类别的形标志。"

综上所述,现代汉语的功能语气系统由陈述、祈使、疑问和感叹四种语气组成,句末语气词是形式标志。语气词在不同的语言环境中使用具有很大的灵活性,且自成系统。袁家骅《汉语方言概要》(2001)中指出:"任何方言的语气词都统一于自己的方音系统,这样有多少种方言,就有多少种语气词系统。"赣西北客赣方言的不同方言点所使用的语气词是根据其自身的方音特点选择不同的语气词来表达陈述、祈使、疑问和感叹等功能语气的。每个方言点都有着自成系统的丰富的语气词,并且比较复杂,同一种语气可以用多种不同的句末语气词进行表达,同一个句末语气词可以表达不同的语气。根据语气意义进行分类,一般可以分为:陈述语气词、疑问语气词、祈使语气词和感叹语气词。本章拟对上高话典型句中、句末语气词进行深入探讨,并进一步与丰城、袁州、铜鼓等方言点的典型句末语气词进行比较研究。

7.2.1 陈述语气词

7.2.1.1 嘞$_1$[læ^0]

1. "嘞$_1$"用于陈述句的句末,肯定事态出现了变化,有成句作用,相当于普通话的"了$_2$"。例如:[1]

① 我已经买过飞机票嘞。(我已经买了飞机票了。)
② 我教过二十年书嘞。(我教了二十年书了。)
③ 箇只题目我会做过嘞。(这道题目我会做了。)
④ 老师个头发白过嘞。(老师的头发白了。)

2. "嘞$_1$"还可以表示解释、提醒、申明、强调等语气。例如:

① 渠一定要走,我也拖不住渠嘞。(他一定要走,我也拖不住他啊。)
② 字写大忽仔喷,我看不清楚嘞。(字写大一点儿,我看不清楚啊。)
③ 尔衣裳上有粉笔灰嘞。(你衣服上有粉笔灰。)
④ 碗打烂过嘞。(碗打破了。)
⑤ 我还冇调起嘞。(我还没有起床呢。)
⑥ 老张还冇退休嘞。(老张还没有退休呢。)

3. "嘞$_1$"还可以用于前一小句的句尾,表示肯定、轻快的语气。例如:

① 好嘞,结果出来过就第一时间话诉尔嘞。(好呀,结果出来了就第一时间告诉你呀。)
② 要得嘞,你话个就是嘞!(可以呀,你说了就可以呀!)

7.2.1.2 喷$_1$[tsie^0]

"喷$_1$"用于陈述句的句末,说话人提出某种建议,表示委婉的语气。例如:

① 去试下仔喷,不试怎仔晓得自家行不行呢?(去试试吧,不试怎么知道自己行不行呢?)
② 我伱先走喷,让小刘留倒在箇里。(我们先走吧,让小刘留在这里。)

"喷"表示事实或道理显而易见,无须多说,加强确信的语气。例如:

---

[1] 本章没有特别注明出处的用例均为上高方言用例。

① 喜欢渠,就直接话诉渠啧。(喜欢她,就直接告诉她呗。)
② 爬个五楼就叫累,看来体力不行啧。(爬个五楼就叫累,看来体力不行呗。)
③ 尔小日子过得还可以啧。(你小日子过得还可以呀。)

"啧₁"还可以表示对出现的情况不介意,无所谓。例如:

① 事冇做好就冇做好,让渠骂啧。(事没有做好就没做好,让他骂呗。)
② 渠想看电影就让渠看啧,管箇紧做什仂啰!(他想看电影就让他看呗,管这么严格干什么呢!)

7.2.1.3 嗰₁[ko⁰]

"嗰₁"用于陈述句的句末,表示情况确实如此,一种明白无误、显而易见的语气。例如:

① 最后一只题目尔是做不出来嗰。(最后一道题目你是做不出来的。)
② 小张是旧年来宜春嗰。(小张是去年来宜春的。)
③ 数学蛮难学嗰。(数学很难学的。)

7.2.1.4 啰₁[lo⁰]

"啰₁"用于陈述句的句中或句末,表示肯定、建议、提醒、解释等语气。例如:

① 当然啰,谁都想过好日子。(当然啰,谁都想过好日子。)
② 箇件事我人还是听老张个啰。(这件事咱们还是听老张的吧。)
③ 我人冇什仂靠山,齐家互相帮衬下仔啰!(咱们没有什么靠山,大家互相帮助吧!)
④ 渠个收入也不高,冇帮上尔个忙也可以理解啰!(他收入不高,没有帮上你的忙也是可以理解的吧!)

"啰₁"还可以用于列举的各项之后,相当于普通话中的语气词"啦"。例如:

① 我种过蛮多菜,辣椒啰,长带啰,豆角啰,西红柿啰,一下吃不正。(我种了很多菜,辣椒啦,茄子啦,豆角啦,西红柿啦,都吃不完。)
② 我平常个娱乐活动蛮多嘞,比如跳舞啰,打球啰,看电影啰,真个蛮有味道嘞!(我平常的娱乐活动很多呀,比如跳舞啦,打球啦,看电影啦,真的很有味道哦!)

7.2.1.5 嘛[ma⁰]

"嘛"用于句中停顿处,表示举例。例如:

箇几个学生各有优点,李阳嘛,数学特别好;张军嘛,英语最厉害;王强嘛,作文写得蛮不错。(这几个学生各有优点,李阳嘛,数学特别好;张军嘛,英语最厉害;王强嘛,作文写得很不错。)

"嘛"还可以用在表指称义词语的后边,有改换话题的作用,其后续句进一步补充说明。例如:

① 至于学习成绩嘛,我不是看得蛮$_{很}$重,我更看重的是学习习惯。
② 年轻人嘛,是要多吃忽仔苦,要多锻炼下仔。(年轻人嘛,是要多吃点苦,要多锻炼锻炼。)

7.2.2 疑问语气词

7.2.2.1 咪[mi⁰]

"咪"相当于普通话"吗",用于是非问句的句末。说话人对客观事实未能掌握足够的信息,主观上无法作出肯定或否定判断,故通过提问来获得答案,"咪"表示疑问语气。例如:

① 天晴过咪?(天晴了吗?)
② 渠昨日下午上过课咪?(他昨天下午上了课吗?)
③ 尔拿得起咪?(你拿得起吗?)
④ 明日带尔去舅舅屋下好咪?(明天带你去舅舅家好吗?)
⑤ 只盈三分钟,来得赢咪?(只剩下三分钟,来得及吗?)

"咪"不可以用在特指问、正反问和选择问句中。但可以用在反问句中,表示质询、责备的反问语气。例如:

① 尔什仂事都不让息做,尔箇是关心渠咪?(你什么事都不让儿子做,你这是关心他吗?)
② 出门有不带锁匙个咪?等下看你怎仔进屋咧?(出门有不带钥匙的吗?等一会儿看你怎么打开家里的门?)
③ 渠不是蛮有钱咪?怎仔还向别人借钱呢?(他不是很有钱吗?怎么还向别人借钱呢?)

上高县的泗溪、野市、界埠等乡镇的典型的是非问的句末用疑问语气词"嚜[mæ⁰]",其意义、功能、用法与"咪"同。

7.2.2.2　呃[æ⁰]

"呃"用于特指问的句末,有舒缓语气的作用。例如:

① 尔是谁呃?——我是老三。(你是谁呀?——我是老三。)
② 尔去嗨块呃?——我去街上嘞。(你去哪里呀?——我去城里呀。)
③ 渠今年几大仔呃?——大概三十盈岁仔吧?(他今年多大呀?——大概三十多岁吧?)
④ 渠什辰间归来个呃?(他什么时间回来的呀?)
⑤ 渠有几姊妹呃?(他有几个兄弟姐妹呀?)

"呃"还可以用在求证式的是非问的句末,问话人对疑问的内容有某种程度的预判,但不能确定,提问的目的是要求得到证实。例如:

① 尔伢爷是经理呃?(你爸爸是经理啊?)
② 箇件事尔早就晓得呃?(这件事你早就知道啊?)
③ 老张昨日冇来办公室呃?(老张昨天没来办公室啊?)
④ 渠不去呃?(他不去啊?)

"呃"用于反问句的句末,语气和缓些,表达了出乎意料的语气。例如:

① 尔做什伢不耳人家呃?(你为什么不理人家啊?)
② 尔怎仔还冇给宝宝脏洗呃?(你怎么还没给宝宝洗澡啊?)

"咪"与"呃"都可以用在反问句的句末,表达了说话者对事实感到意外或者失望,但语气上是有区别的,"咪"除了表达了意外或失望之外,还传递了质询与责备的语气。

7.2.2.3　吧₁[pa⁰]

"吧"用于疑问句的句末,说话人询问的同时带有揣测的意味,希望得到对方的确认,疑问语气相对较弱,即信大于疑,表示不太肯定的语气。例如:

① 箇是尔伢娘吧?(这是你妈妈吧?)
② 来得箇晏,瞓着过觉吧?(来得这么晚,睡过了头吧?)
③ 渠是尔最近谈个女朋友吧?(她是你最近谈的女朋友吧?)

如果语气词换成"咪""呃",疑问语气要强一些,更要求对方给予回答。

7.2.2.4 喷$_2$[tsie⁰]

"喷$_2$"可用于否定句式的疑问句的句末,表示疑问语气,希望得到对方的否定的回答。与"吧"相比,揣测味小一些。例如:

① 尔总冇特渠喷?——冇特。(你总不会骗他吧?——没骗。)
② 箇转考试总不得塌八喷?——唔/不得。(这次考试总不会失败吧?——不会。)
③ 渠总冇打尔喷?——冇打。(他总没有打你吧?——没打。)

"喷$_2$"还可以用于反问句的句末,增强质询的语气,无疑而问。例如:

① 渠除话死冇个良心喷?(他难道死了良心吗?)
② 尔除话瞎个眼睛喷?(你难道瞎了眼睛吗?)
③ 尔除话在考场上瞌着过喷?只考箇多仔分。(你难道在考场上睡着了吗?只考这么一点分。)

"喷$_2$"还可以用于是非句的句末,无须回答,表示强烈的质询语气,还暗含威胁,一般有后续小句表达威胁。例如:

① 尔真个不去喷?等下打断尔个脚来。(你真的不去吗?等一会儿打断你的脚。)
② 尔总是话不当喷?我以后再也不管过尔。(你总是不听话吗?我以后再也不管你了。)

7.2.2.5 呢$_1$[ȵi⁰]

"呢$_1$"可用于特指问的句末,询问的焦点是"谁""许块""什仂""怎仔"等,一般由具体的语境而定。"呢"往往出现在不出现疑问代词的特指问的句末,其主要句式为"N+呢","N"为名词或名词性短语。这类问句的回答一般要对隐含的疑问焦点进行针对性的回答。例如:

① 老四呢?——老四在跟一个朋友话事。(老四呢?——老四正在和一个朋友说着话呢。)
② 宝宝呢?——宝宝在块瞌觉。(宝宝呢?——宝宝在睡觉。)
③ 老李家个两个崽读书都蛮厉害,听到话明明考上过复旦大学,阳阳呢?——阳阳考上过浙江大学。(老李家的两个儿子读书都很厉害,听

说明明考取了复旦大学,阳阳呢？——阳阳考取了浙江大学。)

④ 我个书包呢？——书包在茶几上。(我的书包呢？——书包在茶几上。)

还可以构成"VO+呢"的句式,其疑问焦点是"怎么样",回答时要针对"怎么样"给予回答。例如：

① 坐飞机去呢？——坐飞机忒贵过,还是坐火车吧。(坐飞机去呢？——坐飞机太贵了,还是坐火车吧。)

② 吃中药呢？——吃中药也可以啰。

③ 读文科呢？——读文科冇有读理科好,读理科更好找工作。(读文科呢？——读文科没有读理科好,读理科更好找工作。)

7.2.2.6 嗰₂[ko⁰]

"嗰₂"用于疑问句的句末,用于加强疑问点的确定。例如：

① 尔几点来嗰？(你几点钟到的?)

② 谁话诉尔嗰？(谁告诉你的?)

③ 渠怎仔钻进来嗰？(他怎么钻进来的?)

7.2.2.7 啰₂[lo⁰]

"啰₂"用于特指问、选择问句和正反问的句末,有增强疑问语气的作用,疑问语气略强于"啊"。例如：

① 渠是谁啰？(他是谁呀?)

② 手机放得在嗨块啰？(手机放在哪里呀?)

③ 老张住几楼啰？(老张住在几楼呀?)

④ 尔吃饭啊吃粥啰？(你吃饭还是吃稀饭呢?)

⑤ 尔有渠个电话啊有啰？(他的电话你有没有?)

⑥ 箇肉蛮便宜嘞,买啊不买啰？(这肉很便宜,买不买啊?)

7.2.2.8 哦₁[o⁰]

"哦₁"用于特指问的句末,选择问句和正反问的句末,有增强疑问语气的作用,往往出现在追问的语境中,表达了说话者略有不耐烦、不愉快的情绪。例如：

① 渠是尔伙谁哦？(他是你们家的什么人呀?)

② 老李是嗨块人哦？（老李是哪里人呀？）

③ 渠今年几大仔哦？（他今年多大呀？）

④ 总拿不定主意,尔到底买红个啊买白个哦？（总拿不定主意,你究竟买红的还是买白的啊？）

⑤ 蛮晏来过,尔走啊不走哦？（很晚了,你走不走啊？）

7.2.3 祈使语气词

7.2.3.1 啧$_3$[tsie⁰]

"啧$_3$"用于祈使句的句末,表示说话人提出提醒、请求、劝告、建议等语气。例如：

① 莫急着走啧,还有两个菜冇上嘞。（别急着走呀,还有两个菜没有上桌呀。）（提醒）

② 莫走箇快啧,等下仔我啧。（别走这么快呀,等下子我呀。）（请求）

③ 莫作客啧,尝下仔啧。（别客气呀,尝一尝呀。）（请求）

④ 莫总到口下啧,快归来啧！（别总在外边,快回家呀！）（劝告）

⑤ 走啧,去吃饭啧！（走呀,去吃饭呀！）（建议）

⑥ 尔坐过忽仔去啧！（你坐过去一点儿呀！）（建议）

7.2.3.2 嘞$_2$[læ⁰]

"嘞$_2$"用于祈使句的句末,表示提醒、劝告、叮嘱、催促的语气。例如：

① 车仔开过来过,快走开忽仔嘞！（车子开过来了,快走开一点儿呀！）（提醒）

② 出门坐火车千万莫来落身份证来嘞！（出门坐火车千万别忘了带身份证啊！）（提醒）

③ 阳阳,要好正仔读书嘞！（阳阳,要好好读书！）（劝告）

④ 看到老师要叫老师嘞！（看到老师要叫一声老师！）（叮嘱）

⑤ 到过屋要打个电话报平安嘞！（回到家里后要打电话报平安！）（叮嘱）

⑥ 菜已经冷过嘞,吃饭嘞！（菜已经冷了,吃饭啦！）（催促）

7.2.3.3 吧$_2$[pa⁰]

"吧$_2$"用于祈使句的句末,说话人提出某种建议,表示商量的语气。例如：

① 蛮晏过,我人走吧!(很晚了,咱们走吧!)

② 在屋里坐过蛮久嘞,出去走下仔吧!(在家里坐了很久了,出去走一走吧!)

7.2.3.4　啰₃[lo⁰]

"啰₃"用于祈使句的句末,表示催促、建议、劝告等语气,比"吧"的语气略强一些。例如:

① 蛮晏来过嘞,快去啰!(很晚了,快去吧!)(催促)

② 过去事就莫提过啰!(过去的事就别再提了吧!)(建议)

③ 总坐倒容易得病,平时多活动下仔啰!(总坐着容易生病,平时要多活动活动呀!)(劝告)

7.2.3.5　哦₂[o⁰]

"哦₂"用于祈使句的句末,表示催促的语气,比"啧""嘞""啰"的语气要强些。例如:

① 马上七点嗟,快去吃饭哦!(马上七点了,快去吃饭啦!)

② 快走哦！晏过就会赶不上火车嘞!(快走啦,晚了就会赶不上火车啦!)

7.2.4　感叹语气词

7.2.4.1　嘞₃[læ⁰]

"嘞₃"用于感叹句的句末,表示喜悦、惊讶、命令等语气。例如:

① 明月山个瀑布蛮好看嘞!(明月山的瀑布真好看啊!)

② 今年箇仔西瓜真个蛮甜嘞!(今年这些西瓜真的好甜啊!)

③ 尔个皮肤真个蛮白嘞!(你的肤色真的很白啊!)

④ 老张确实是個好人嘞,渠帮过我蛮多嘞!(老张确实是个好人,他帮了我好多呀!)

7.2.4.2　啰₄[lo⁰]

"啰₄"用于感叹句的句末,表示肯定、高兴、惊叹、命令等语气,比"嘞"略强一些。例如:

① 几年冇见,小敏长大过蛮多啰!(几年没见,小敏长大了很多呀!)(肯定)

② 饭做好过,齐家来吃饭啰!(饭做好了,大家来吃饭啊!)(高兴)

③ 明日会放假嗟啰,我人可以出去徕啰!(明天就要放假了,咱们可以出去玩啊!)(高兴)

④ 尔伲碰到过好人啰!(你们遇上了好人啊!)(惊叹)

⑤ 箇件事当然不能到口下乱话啰!(这件事当然不能外边乱说呀!)(命令)

7.2.4.3 哦₃[o⁰]

"哦₃"用于感叹句的句末,表示强烈的感叹语气,比"啰"略强一些。例如:

① 以后我人就是一家人哦!(以后我们就是一家人啦!)

② 尔伲又不欢迎我,我只有走哦!(你们又不欢迎我,我只有走啦!)

7.2.4.4 啊₂[a⁰]

"啊₂"用在感叹句中或句尾,表示强烈的感叹语气。例如:

① 老天啊!救救我个崽嘞。(老天呀,救救我的儿子吧。)

② 天老倌啊!一只牛讨雷火打死过嘞。(天老倌啊,一头牛被雷电打死了。)

③ 救命啊!救命啊!有伢妹仔跌到河里去过啊!(救命啊!救命啊!有小孩掉到河里去了啊!)

7.2.5 赣西北客赣方言典型语气词

目前赣西北的赣方言有三篇单点语气词的前期研究成果。简单介绍如下。

曾莉莉的《宜春方言常用语气词探析》(2013)一文描写了宜春(袁州)方言中的 16 个常用语气词,主要分析了它们的语音及功能。宜春方言语气词功能复杂,区别较小,且自成系统,部分语气词还能表现丰富的情态。

曾莉莉、刘英的《丰城方言常用语气词研究》(2015)一文描写了丰城方言 5 个句中语气词和 12 个句尾语气词。从语音上看,丰城方言语气词以单韵母为主,多读轻声,轻声调值受前字调影响,零声母音节的语气词会因前一音节的最后一个音素发生相应的音变现象;从功能上看,丰城方言的语气词用法较为复杂,部分语气词还能表现丰富的情态。

王建芳的《芦溪方言语气词研究》(2016)一文描写了芦溪方言 28 个常用的语气词,其中包括 24 个单音节语气词,4 个双音节语气词;并且对芦溪方言语气词的层级性和连用情况进行深入探讨,比较全面构建了芦溪方言的语气词系统。

赣西北各方言点的语气词比较丰富且自成系统,同一种语气可以用多种不同的句末语气词进行表达,同一个句末语气词可以表达不同的语气。非常准确描写各方言点的语气词有一定的难度。根据语气意义进行分类,一般可以分为:陈述语气词、疑问语气词、祈使语气词和感叹语气词。

我们对赣西北二十二个方言点的四类典型语气词进行了初步调查,调查情况见表7-2。

表 7-2 赣西北客赣方言典型语气词

语气类型	语法意义	例句	丰城	樟树	新干	新余	分宜	袁州	萍乡	上栗
陈述语气词	表示变化已经实现	树叶黄了好些天了。	哩	哩	哩	哩	哩	哩	哩	哒
	表示解释、提醒、强调语气	老张还没有退休呢。	呃	喔	喔	呢	呃	欸	欸	欸
	表示情况本来如此语气	我不会忘记你们的。	嗰	嗰	嗰	嗰	嗰	嗰	嘚	嗰
疑问语气词	非倾向性是非问	你昨天上课了吗?	么	么	么	么	么	么	么	啵
	倾向性是非问	你没有去过上海吗?	啊	呀	吗	吗	呀	吧	哇	呃
	测度问	你们是两姐妹吧?	吧	吧	吧	吧	吧	吧		吧
	特指问	她是谁的女儿呀?	哦哟	呀哦	呀	哦	哟	呀啊	哇	哦
	选择问	你坐飞机还是坐火车呢?	呃	哦	呀	呃	咧	呀啊	喂	哦
祈使语气词	提醒、请求、劝告、建议等语气	别急着走呀,还有两个菜没有上桌呀!	嘞	啊	嘞	哦	噶	该	哦喂	哦
	叮嘱、催促的语气	菜已经冷了,吃饭啦!	哦啰	啰哦	哈	哦	呃	欸啦	哈哇	啦
	表示商量的语气	很晚了,咱们走吧!	哦喔	吧	吧	哩	吧	吧	吧	吧

续 表

语气类型	语法意义	例 句	丰城	樟树	新干	新余	分宜	袁州	萍乡	上栗
感叹语气词	表示喜悦、惊讶、命令、惊叹等语气	你们遇上了好人啊!	耶哦啰	啰哦	啊	哦	啰	呀啊	啊	啊

语气类型	语法意义	例 句	万载	宜丰	上高	高安	奉新	靖安	武宁	修水
陈述语气词	表示变化已经实现	树叶黄了好些天了。	嗰	了	嘞嘞	嘚	嗰	啰	哆	哒
	表示解释、提醒、强调语气	老张还没有退休呢。	弄	呃	嘞	嘞	啊	哦	咯	哦
	表示情况本来如此语气	我不会忘记你们的。	嗰	嗰	嗰	嗰	嗰	嗰	嗰	嗰
疑问语气词	非倾向性是非问	你昨天上课了吗?	噻	噻	噻	噻	噻	么	么	吵
	倾向性是非问	你没有去过上海吗?	呃	噻	呃	呀啊	嘛嗰	啵	呃	呃
	测度问	你们是两姐妹吧?	噻	噻	吧	吧	吧	吧	吧	吧
	特指问	她是谁的女儿呀?	呀	呀	呃	嘞	呀	呃	呃	呃
	选择问	你坐飞机还是坐火车呢?	呦	呢	呃	嘞	呢	呃	呢	吵
祈使语气词	提醒、请求、劝告、建议等语气	别急着走呀,还有两个菜没有上桌呀!	啊	呃	嘞	嘞	啦	呃	呀	吵
	叮嘱、催促的语气	菜已经冷了,吃饭啦!	嘚	咧	嘞	嘞	叻啦	啰	呀	啦
	表示商量的语气	很晚了,咱们走吧!	吧	吧	吧	吧	么	哦	吧	吧
感叹语气词	表示喜悦、惊讶、命令、惊叹等语气	你们遇上了好人啊!	啊	啊	啊	啰	啊呐	哦	啊	啊

续 表

语气类型	语法意义	例 句	铜鼓	奉新客	靖安客	万载客	修水客	铜鼓客
陈述语气词	表示变化已经实现	树叶黄了好些天了。	过	哩	嘞	哩	哩	哩
	表示解释、提醒、强调语气	老张还没有退休呢。	呃	啊	哦	噶呢	呃	啊
	表示情况本来如此语气	我不会忘记你们的。	嗰	嗰	嗰	嗰	嗰	嗰
疑问语气词	非倾向性是非问	你昨天上课了吗?	啵	么	么	么	么	么
	倾向性是非问	你没有去过上海吗?	欸	么	呃	吧	吧	呃
	测度问	你们是两姐妹吧?	吧	吧	么	吧	啵	吧
	特指问	她是谁的女儿呀?	呃	哦	啊	啊	呃	呃
	选择问	你坐飞机还是坐火车呢?	欸	哦	哦	呢	啦	欸
祈使语气词	提醒、请求、劝告、建议等语气	别急着走呀,还有两个菜没有上桌呀!	呃	呀	啊	噶	哦啰	嘞
	叮嘱、催促的语气	菜已经冷了,吃饭啦!	啦	哎	啊	噶	啰	啦
	表示商量的语气	很晚了,咱们走吧!	吧	吧	吧	噶	哦	啦
感叹语气词	表示喜悦、惊讶、命令、惊叹等语气	你们遇上了好人啊!	啊	啊	哦	啊	哦	哦

7.3 本章小结

  赣西北客赣方言的各方言点的结构助词都是"个"和"得",其语法功能与句法分布也基本一致。赣西北的人称代词复数可以兼表领属,但在不同方言点有所区别:奉新客、靖安客、万载客、修水客、铜鼓客这五个客家方言点和丰城、分宜、袁州这三个赣方言点的人称代词复数可以兼表领属,但只表复数,人称代词单数与亲属称谓之间一般不加领属标记"个"。樟树、新干、新余、萍乡、上栗、万载、宜丰、上高、高安、奉新、靖安、武宁、修水、铜鼓这十四个赣语方言点人称代词复数兼表领属,即可以表复数,也可以表单数,没有单复数之分。赣西北客赣方言各方言点的"得"用于否定句的动词后面,均可以表示"懊悔、自责"的主观情态义。

赣西北各方言点的语气词比较丰富且自成系统,同一种语气可以用多种不同的句末语气词进行表达,同一个句末语气词可以表达不同的语气。由于各方言点音系不一样,且语气词多用音近字记录,各方言点一致性很小,客赣方言之间也没有明显的区别。但有如下几个语气词各方言点一致性较强,具体是:1. 表示变化已经实现的语气词"哩";2. 表示确认的语气词"嗰";3. 表测度问和商量的语气词"吧";4. 表非倾向性是非问的语气词"麼"和"嚜";5. 表强烈感叹语气词"啊"。

第八章
体貌范畴

　　戴耀晶(1994)指出:"汉语的体貌范畴及其形式表现,是汉语语法研究中最为复杂、最需要理论思考的问题之一。"关于汉语的体貌问题,汉语语法学界已经有了广泛、深入、细致的研究,除了赵元任、王力、吕叔湘、朱德熙、胡裕树等在各自的语法论著中作过描写之外,近几十年来不少学者专门研究汉语的体范畴或相关的时相、时制问题,如刘勋宁(1988)、龚千炎(1995)、戴耀晶(1997),中国东南方言语法比较研讨会将"动词的体"作为会议主题,会后出版了《动词的体》(1996)一书。但在体貌的名称、体貌范畴的界定、体貌系统的分类以及体貌标记的判定等方面尚存在争议。体貌的名称很多,如体、态、貌、动相、情貌、时态等,定义也各不相同,本研究采用学界较为一致的说法,称为体貌。体貌范畴是一个完整的层级系统,首先可以分为"体""貌"两大类,"体"反映动作、事件在一定时间进程中的状态,着重于对事件构成方式的客观观察;"貌"在对事件的构成方式进行观察的同时,还包含着事件主体或说话人的主观意愿和情绪。"体"又可以分为两类,其中一类是从外部观察事件所获得的,它把事件作为一个整体,结果得到完整体。另一类是从内部观察事件所获得的,把事件的进程分割为不同的部分和样态,结果得到非完整体(邢向东 2006)。完整体包括实现体、经历体等,非完整体包括进行体、持续体、起始体、继续体等。貌指动量减小貌等。体貌范畴的表达手段有体貌助词、部分时间副词、动词的重叠和包含体貌意义的语气词。

　　赣西北客赣方言的体貌范畴及其表达手段与普通话和其他方言存在若干差异。本章讨论实现体、经历体、持续体、进行体、起始体、继续体、已然体、重行体、先行体、将行体和动量减小貌等。

8.1 实 现 体

实现体表示动作、行为、事件成为"现实",或表示状态发生了变化。普通话用在动词后的"了$_1$"就是"实现体"的动态助词。关于"表示动作的完成"一说,语法学界认识不一致。刘勋宁(1998)认为,"V+了$_1$"表示完成仅仅是某种条件下的偶发现象,"了$_1$"真正的语法意义是表明动词、形容词和其他谓词形式的词义所指处于事实的状态下,"了$_1$"的语法意义是"动作的实现"。王还(1990)则认为"其实'实现'和'完成'是一致的"。彭小川(2010:42)赞成王还先生的见解。她认为动作的"完成"并不等于动作的"完毕"。比如,"他当了老师"中的"当老师"这一动作行为的实现过程已经完成,既成事实。至于"当老师"动作结束与否,则受着动词本身性质和句中其他成分的制约,有的甚至受上下文的制约。在一些情况下,"完成"与"完毕"可以重叠,比如"他吃了饭"中的"吃饭"这一动作行为的实现过程已经完成,同时也意味着动作结束。据此,我们把实现体分成两类:一种是动作或变化在某一参照时点已经完毕,我们称之为一般实现体,普通话由"了$_1$"承担,赣西北客赣方言22个方言点则由"了$_1$[liao⁰]""过$_1$[kɔ⁰]""哩$_1$[li⁰]""嘚[tɛt⁰、tə⁰]"和"哒[ta?⁰]"这五个语法标记承担;另一种表示动作或变化在某一参照时点已经生成某种结果,我们称之为结果实现体,普通话还是由"了$_1$"承担,而赣西北客赣方言则主要由尚未完成虚化的动态助词"刮[kuat⁰]""泼[pʰot⁰]""落[lot⁰]"这三个语法标记承担。赣西北客赣方言两类标记的具体分布见表8-1。

表8-1 赣西北客赣方言实现体标记分布

	丰城	樟树	新干	新余	分宜	袁州	萍乡	上栗	万载	宜丰	上高
一般实现体	哩$_1$	哩$_1$	哩$_1$	哩$_1$	哩$_1$	哩$_1$	哩$_1$	哒	过$_1$	了$_1$	了$_1$、过$_1$
结果实现体	落	落	落	泼	刮	刮	刮	刮	刮	刮	刮、泼

续 表

	高安	奉新	靖安	武宁	修水	铜鼓	奉新客	靖安客	万载客	修水客	铜鼓客
一般实现体	嘚₁	过₁	嘚₁	了₁	哒₁	过₁	哩₁	哩₁	哩₁	哩₁	哩₁
结果实现体	泼	刮	刮	刮	刮	刮	了哩	得哩	刮	刮	刮

上表表明：沿浙赣线的七个方言点和五个客家方言点的一般实现体标记是"哩₁"；上高部分乡镇、万载、奉新、铜鼓四个方言点的一般实现体标记是"过₁"；上高县部分乡镇、宜丰县、武宁县的实现体标记是"了₁"；高安、靖安用"嘚"；上栗、修水用"哒"。结果实现体用"刮"①的有十五个点：分宜、袁州、萍乡、上栗、万载、宜丰、上高②、靖安、奉新、武宁、修水、铜鼓、修水客、铜鼓客、万载客；结果实现体用"泼"的有新余、高安、上高三个点；结果实现体用"落"有丰城、樟树、新干三个点；奉新客用复合标记"了哩"，靖安客用复合标记"得哩"。

8.1.1 过₁

现代汉语普通话中的"过"有两个，一个是"用在动词后表示动作的完成"，另一个是"用在动词后表示过去曾经有这样的事情"。两个"过"都是动态助词，语音形式相同。前者用法记为"过₁"，后者用法记为"过₂"。本章主要讨论"过₁"。

实现体标记"过₁"在赣西北客赣方言的奉新、上高、铜鼓、万载这四个方言点使用。从历时角度看，"过"是由表达空间意义的"过"虚化而来，大约在唐代就产生了"过₁"的用法，后沿用至今。"过₁"虚化程度较彻底，依附性较强，往往紧挨在动词后面，表示动作行为已经完成或事件已经成为现实。"过₁"可以用在动词或动词组成的各种句法结构之中。例如③：

(1) 天阴落来过，要落雨嗟。（天空阴沉下来了，马上要下雨了。）（无宾语）④
(2) 我买过新个电视机。（我买了新的电视机。）（带宾语）
(3) 我喫过三碗饭。（我吃了三碗饭。）（带物量宾语）
(4) 我等过半日尔正来。（我等了半天你才来。）（带时量宾语）

---

① 各方言点"刮"的读音略有不同。
② 紧挨高安市的上高县泗溪、界埠等乡镇用"泼"。
③ 若未特别注明，本章所列举的用例是上高话。
④ 括号内的内容是对某语法成分所处句法环境的说明，下同。

(5) 我办正过事就打电话给尔。(我办完了事就打电话给你。)(连续动作)

(6) 老弟打烂过一只碗。(弟弟打破了一个碗。)(动补+过)

(7) 我话过渠蛮多转都冇用。(我说过他多次都没有用。)(过+宾+补)

(8) 渠作田作过一世。(他种田种了一辈子。)(重复动词)

(9) 老师送过一本书我。(老师送了我一本书。)(双宾语)

(10) 昨日老王叫过我打麻将。(昨天老王邀请过我打麻将。)(兼语句)

以上例(1)至例(10)中的"过"的体意义可概括为"现实性"。如"天阴落来过"指的是"天阴落来"这个事件在说话时间已成为现实;"我等过半日尔正来"指的是"我等过半日"成为事实,"等"的动作是否"完毕",需要受句中的其他成分制约。后面接续的句子"尔正来"表明"等"的动作完毕、结束了;后面接续的句子如果换成"尔还冇来",则表明"等"的动作也许还要持续下去。所以,"过$_1$"的语法意义是指明事件的现实性质,动作的完成(即实现),而不是动作的完毕(结束)。

"过$_1$"可以直接跟在形容词后面,表示一种变化已经完成,即形容词反映的性质或状态已成为现实。例如:

(11) 崽大过$_1$,做娘爷个也就轻松多过$_2$。(孩子大了,做父母的也就轻松多了。)

(12) 桃仔红过$_1$正好喫。(桃子红了才好吃。)

(13) 箇几年渠老过$_1$蛮多。(这几年他老了很多。)

(14) 头发白过$_1$,皱纹也多过$_1$。(头发白了,皱纹也多了。)

(15) 菜冷过$_1$不好喫,多喫忽仔。(菜冷了不好吃,多吃点儿。)

(16) 尔箇段时间长壮过$_1$蛮多嘞。(你这段时间长胖了很多。)

以上例(11)至例(16)中的形容词后加"过$_1$"表示某性质或状态已经成为现实,但不等于该性质或状态结束。如例(13)表示"他老过蛮多"已成为现实,但句子反映的事件没有结束,形容词"老"反映的状态也没有终结,仍然处于持续中。

如果动词不表示变化,或者表示经常性动作,则无所谓完成,不能加"过$_1$",如"属于""觉得""希望""需要""作为"等。例如:

(17) *渠需要过休息几日。(*他需要了休息几天。)

(18) *渠已经属于过老一辈。(*他已经属于了老一辈。)

(19) *我早先日日夜头九点困过觉。(*我以前每天晚上九点睡了觉。)

例(17)、例(18)的动词"需要""属于"不表示变化,例(19)"日日夜头九点困觉"表示经常性动作,都不是表动作、行为的实现,与完全体标记"过$_1$"前后矛盾,故不能加"过$_1$"。

赣西北客赣方言的实现体否定形式一般用"冇"表示,表示动作、行为或状态没有实现,其作用和意义相当于普通话的"没有"。在否定句中,"过$_1$"不出现。例如:

(20) 我还冇喫饭。(我还没吃饭。)

(21) 渠冇买到词典。(他没买到词典。)

如果在用否定副词"莫"的祈使句中,"过$_1$"可以出现。例如:

(22) 尔喫过$_1$蛮多酒嘞,莫喫过$_1$。(你吃了很多酒了,别吃了。)

(23) 莫想过$_1$,想最多也冇用。(别想了,想最多也没有用。)

(24) 蛮晏来过$_1$嘞,莫话过$_1$事。(已经很晚了,别说话了。)

8.1.2 哩$_1$

实现体标记"哩$_1$[li⁰]",用在动词后表示动作的完成(即实现)。在沿浙赣线的丰城、樟树、新干、新余、分宜、袁州、萍乡七个方言点和铜鼓$_客$、修水$_客$、万载$_客$、奉新$_客$、靖安$_客$五个客家方言点用"哩$_1$",用法与普通话的"了$_1$"基本相同。按语法结构分小类举例如下,以丰城话为例:

(25) 老张发财哩$_1$。(老张发财了。)(V 哩)

(26) 看哩$_1$电影。(看了电影。)(V 哩＋宾语)

(27) 新屋做哩$_1$半年,还冇做正。(新房做了半年,还没有做完。)(V 哩＋时量宾语)

(28) 我买哩$_1$三本书。(我买了三本书。)(V 哩＋物量宾语)

(29) 我写正哩$_1$。(我写完了。)(V＋补语＋哩)

(30) 我写正哩$_1$作业哩$_2$。(我写完了作业了。)(V＋补语＋哩＋宾语)

(31) 我扶起来哩$_1$一把自行车。(我扶起来了一辆自行车。)(V＋补语＋哩＋数量名宾语)

(32) 我拿哩$_1$一本书到渠。(我拿了一本书给他。)(V 哩＋直接宾语＋到＋间接宾语)

(33) 渠拿哩$_1$钱就走哩$_1$。(他拿了钱就走了。)(连动句)

"哩$_1$"可以直接跟在形容词后面,表示一种变化已经完成,即形容词反映的性质或状态已成为现实。以丰城话为例：

(34) 老张老哩₁好多哩₂。(老张老了好多了。)

(35) 前几日树叶仔就黄哩₁。(前几天树叶就黄了。)

(36) 天暗哩₁好久哩₂。(天黑了很久了。)

(37) 尔畀渠个手打青哩₁。(你把他的手打青了。)

(38) 我减肥半年,腰身细哩₁一圈哩₂。(我减肥半年,腰身变小了一圈了。)

8.1.3 了₁

上高部分乡镇、宜丰和武宁的实现体标记用"了₁",其用法与普通话相同。以宜丰话为例：

(39) 渠买了₁菜。(他买了菜。)

(40) 小张话了₁会来。(小张说了会来。)

(41) 渠买正了₁一个月喫个米。(他买好了一个月吃的米。)

(42) 渠斫了₁两担柴。(他砍了两担柴。)

(43) 衣裳干了₁就走。(衣服干了就走。)

(44) 明日我修正了₁线车仔再去做事。(明天我修理好了自行车再去上班。)

(45) 西瓜熟了₁更好喫。(西瓜熟了更好吃。)

"了₁"在上高部分乡镇、宜丰和武宁这几个方言点中作实现体标记,是一直使用还是后来受普通话影响所致,抑或曾经用"过₁",后来被"了₁"所取代,这需要继续调查,深入研究。据我们调查,宜丰县的澄唐乡、棠浦镇不用"了₁",而是用"过₁",这几个乡镇与上高县的野市乡、泗溪镇毗邻;上高县城区、锦江镇、徐市镇与宜丰县相邻,用"了₁"。

据我们调查,在铜鼓、万载、奉新这三个方言点的年轻人群中说"过₁",也说"了₁","了₁"的使用频率更高,这可能是受普通话的影响。可以预见,在不远的将来,年轻人群中的"了₁"肯定会取代"过₁"。

8.1.4 嘚₁、哒₁

高安、靖安的实现体标记用"嘚₁"[tet⁰、tət⁰];上栗、修水的实现体标记用"哒₁"[ta⁰、tə⁰]。其用法与普通话的"了"一样,不再展开分析,各列举一例：

(46) 我买嘚₁三本书。(我买了三本书。)(高安)

(47) 渠上嘚₁两节课。(他上了两节课。)(靖安)

(48) 老王欠哒₁银行蛮多钱。(老王欠了银行很多钱。)(上栗)

(49) 张明拿坏人抢哒₁一只包。(张明被坏人抢了一个包。)(修水)

8.1.5 泼、刮、落

"泼""刮"和"落"在赣西北客赣方言共时平面中均有动词、动态助词(结果实现体标记)用法,只是因方言点不同所使用的实现体标记不同。分宜、袁州、萍乡、上栗、万载、宜丰、上高、靖安、奉新、武宁、修水、铜鼓、修水客、铜鼓客、万载客主要用"刮";上高部分乡镇、新余、高安主要用"泼";丰城、樟树、新干主要用"落";奉新客、靖安客分别用复合标记"了哩""得哩"。

8.1.5.1 "泼""刮"和"落"的动词用法

"泼""刮""落"的动词用法有两种,一是作主要动词,例如:

(50) 今阿天气蛮热,尔到阳台上泼忽仔水。(今天天气很热,你到阳台上泼一点儿水。)(上高)

(51) 你刮一下箇只蘲瓜个皮。(你刮一下这个黄瓜的皮。)(袁州)

(52) 昨日夜晚落哩雨。(昨天晚上下了雨。)(丰城)

"泼""刮""落"还可以作主要动词的结果补语,相当于普通话的"掉""完"①。例如:

(53) 尔等下喫泼箇碗饭。(你等一会儿吃完这碗饭。)(上高)

(54) 我昨日跌刮一只手机。(我昨天丢掉一个手机。)(袁州)

(55) 我喫落两瓶水。(我吃了两瓶水。)(丰城)

(56) 手机昪贼牯偷泼过。(手机被小偷偷掉了。)(上高)

(57) 手机等贼牯偷刮哩。(手机被小偷偷掉了。)(袁州)

(58) 手机讨贼牯偷落哩。(手机被小偷偷掉了。)(丰城)

8.1.5.2 "泼""刮"和"落"实现体标记用法

"泼""刮""落"这三个动词进一步虚化,就变成了动态助词。刘丹青(1996)认

---

① "泼""刮""落"是表动作完成或实现的成分,意义比动补结构的补语要虚,但比实现体助词要实,有的学者称为动相补语。刘丹青(1996)把这种只能充当补语的词称之为"唯补词",并认为"结果补语虚化为标记的真正开端"。

181

为:"现代汉语方言的体貌形态手段,大都是从词汇手段虚化来的","结果补语是汉语体标记的重要来源"。赣西北客赣方言的实现体标记"泼""刮""落"来源于结果补语,作为实现体标记在句中只表示生成了结果的语法意义。"泼""刮""落"在表示动作、行为已经生成相应的结果,或是某一变化已经实现相应的状态时与"过$_1$""哩$_1$"是相通的,两者可以互换而基本意义不变,但语用义有所不同。例如:

(59) 我喫泼/过$_1$三碗酒。(我吃了三碗酒。)(上高)

(60) 我今阿买泼/过$_1$上百块钱彩票,一张都冇中。(我今天买了上百元钱彩票,一张都没有中。)(上高)

(61) 小张跌刮/哩$_1$一百块钱。(小张掉了一百块钱。)(袁州)

(62) 我白白等刮/哩$_1$你一日。(我白等了你一天。)(袁州)

(63) 渠走$_{高家}$落/哩$_1$半年还冇归来。(他走了半年还没有回来。)(丰城)

(64) 婆婆个脚痛落/哩$_1$几个月哩$_2$。(奶奶的脚痛了几个月了。)(丰城)

"泼""刮""落"与"过$_1$""哩$_1$"也有不同之处,下面的例子只能用"过$_1$""哩$_1$"。例如:

(65) 我写哩$_1$回信。(我写了回信。)(袁州)

(66) 渠两只崽齐考上过$_1$大学。(他两个儿子都考上了大学。)(上高)

(67) 昨日我叫哩$_1$渠帮忙。(昨天我叫了他帮忙。)(丰城)

(68) 渠早就买过$_1$小车啰。(他已经买了小车。)(奉新)

从上述例子可以看出,"泼""刮""落"与"过$_1$""哩$_1$"的用法有同有异。共同点是均表示"事件在参照时间之前已成为现实",即"动作行为已经实现"。不同点有三:一是"泼""刮""落"强调动作的完毕和事件的终结;二是"泼""刮""落"语用义强调宾语的物量大、时量久等,即具有主观大量的意味;三是"泼""刮""落"主要用在带有物量、时量的宾语的句子中,并且其数量相对来说是个大的数目。

例(59)至例(64),从表示"动作行为或事件实现"语法意义上来看,"泼""刮""落"与"过$_1$""哩$_1$"是可以互换的,如"我喫泼/过$_1$三碗酒",均表示"吃三碗酒"这一事件已经完成。但若细致考察其语用义还是有差别的。"我喫过$_1$三碗酒"是客观陈述"吃三碗酒"这一事件已经完成,也许还会吃第四碗酒,第五碗酒,"吃酒"这件事并没有终结。"我喫泼/刮/落三碗酒"是客观表达"吃三碗酒"这一事件完成且终结了,还主观表达了"三碗酒"数量多的主观义。

数量短语的宾语可以"使句子带上动作完成或者对象完结的含义"(戴耀晶1997:147)。"泼""刮""落"既表达动作事件完结义,又表达主观大量的语用义,因此"泼""刮""落"后跟数量宾语在语义上就协调了。例(65)至(68)由于后面没有数量短语的宾语,动词之后就只能用"过$_1$"和"哩$_1$"。

8.1.5.3 "了哩""得哩"实现体标记用法

奉新$_客$、靖安$_客$的结果实现体分别使用复合标记"了哩""得哩",既表示动作的完毕和事件的终结,又强调宾语的物量大、时量久等,即具有主观大量的意味。一般用在带有物量、时量的宾语的句子中。例如:

(69) 婆婆个脚痛了哩几个月。(奶奶的脚痛了几个月。)(奉新$_客$)

(70) 婆婆个脚痛得哩几个月。(靖安$_客$)

(71) 明明一个月就用了哩几千块钱。(明明一个月就用掉了几千块钱。)(奉新$_客$)

(72) 明明一个月就用得哩几千块钱。(靖安$_客$)

8.2 经 历 体

经历体是完整体的一种,"同实现体一样,它也是着眼于外部来观察时间进程中的事件构成,反映事件不可分解的整体性质。所不同的是,现实体强调句子所表达事件的现实性,而经历体强调的则是句子所表达事件的历时性"(戴耀晶1997:57)。经历体是指动作行为变化在此之前曾经发生、进行过,或情况状态在此之前曾经存在过。

在普通话里及绝大多数方言中,经历体的形态标记是"过",赣西北客赣方言除上高方言点外,经历体标记也是用"过",我们记作"过$_2$"。上高话的经历体标记是"来"。据调查,上高周边县市的宜丰、万载、高安的老人也使用标记"来"表示经历体,但绝大多数人尤其年轻人都用标记"过$_2$"。

8.2.1 经历体标记"过$_2$"

8.2.1.1 "过"的语法化

根据王力(1980)、太田辰夫(1987)、刘坚(1992)、曹广顺(1995)等研究,现代汉语中经历体标记"过₂"的语法化过程大致如下:"过"由表示经过某个地点或时间的动词虚化为趋向补语,然后虚化为"过₁"(完毕义),最后进一步虚化到"过₂"(经历体标记)。

"过"最初是实义动词,表示"从一个地点移到另一个地点、经过某个空间",然后逐渐地由空间概念引申为时间概念,表示"从一个时间移到另一个时间、经过某个时间"。"过"一般带处所宾语或时间宾语。例如:

(73) 齐侯之出也,过谭,谭不礼焉。(《左传·庄公十一年》)

(74) 过廿一日到莱州界崂山。(《入唐求法巡礼行记》)

先秦时,"过"可以单独作谓语,也可以用作连动式的后一动词,如:

(75) 左史倚相趋过。(《左传·昭公十二年》)

当连动式中的"过"逐步虚化成趋向补语后,"过"前面的动词不再局限于位移动词。唐、宋时期,"过"所表达的意义主要是动作的"完结"。例如:

(76) 婆云:"水不妨饮,婆有一问,须先问过。"(《瑞州洞山良价禅师语录》,《大正藏》卷47)

(77) 圣人言语,岂可以言语解过一遍便休了!(《朱子语类》卷26)

宋之后,当表示"完结"的"过"用在表述过去发生的事件的语境中,就有了"曾经"的意义,并随着使用的增多从而在"过"的功能中固定下来,最终形成动态助词经历体标记"过₂"。例如:

(78) 盖为是身曾亲历过,故不敢以是责人尔。(《朱子语类》卷133)

(79) 从来不曾断过如此体例,乞照验。(《元典章》卷18)

由上述过程可见,"过"经历了一个由实到虚的演变轨迹,可概括为:动词(空间经过—时间经过)→趋向动词(完毕义)→经历体标记。

"过"的历时虚化链条上的各种用法在赣西北客赣方言的共时平面中得到具体体现,以下以袁州话为例来说明。

1. 动词,作谓语

(80) 莫到桥上耍,好好仔过桥。(不要到桥上玩,过桥要小心。)

(81) 明日过中秋节,今家去买几斤月饼。(明天过中秋节,今天去买几斤月饼。)

(82) 你伲两公婆好好过日子,莫日日吵架。(你们两夫妻好好地过日子,不要天天吵架。)

2. 趋向动词,作补语

(83) 渠在你面前走过去哩,你都冇看到。(他在你前面走过去了,你都没有看见。)

(84) 一只鱼仔从我脚下钻过去哩。(一条鱼从我脚下钻过去了。)

3. 动态助词,作"重行体"标记

"重行体"标记"过"用在动词后,读为高升调[kɔ³⁵],表示"重新再做一遍",其核心意义往往表示对相关动作行为不如意结果的修正。可用于过去时、现在时和将来时。例如:

(85) 昨日小张(又)画过哩一张画仔。(昨天小张又画过了一张画。)

(86) 小明(又)写过哩一篇作文。(小明又写过了一篇作文。)

(87) 下只月你(再)染过头发。(下个月你染过头发。)

4. 动态助词,作"经历体"标记

(88) 渠去过北京。(他去过北京。)

(89) 十年前我教过书。

8.2.1.2 赣西北客赣方言经历体标记"过₂"

赣西北二十二个方言点,除上高方言点经历体标记用"来"以外,其余均用"过₂"。"过₂"除了部分静态性动词外,可以附着在各类动词之后,如动作行为动词、发展变化动词、心理活动动词、瞬间动词等。以袁州话为例:

(90) 我箇一世走过蛮多好地方。(我这一辈子走过很多好地方。)

(91) 渠在部队当过十几年个兵,落背仔转业哩。(他在部队当过十几年的兵,后来转业了。)

(92) 我一向冇打烂过东西。(我从来没有打烂过东西。)

(93) 我从来冇想过箇只问题。(我从来没有想过这个问题。)

(94) 我长箇大一直冇看到过箇么大个冰雹。(我长这么大从来没有见过这么大的冰雹。)

形容词带"过₂",一般需要说明时间,有同现在相比较的意思。例如:

(95) 前几工冷过一阵仔,箇几工又热起来哩。(前几天冷过一阵子,这几天又热起来了。)

(96) 上个礼拜箇仔树叶还黄过,箇几工又青哩。(上个星期这些树叶还黄了,这几天又青了。)

(97) 渠细细个时仔壮过。(他小时候胖过。)

戴耀晶(1997)指出:"'过'具有终结动态性的特点,因此,有些与终结语义不相容的静态动词不能带形态'过',如:认得、认识、认为、晓得、知道、包含、充满等。"这类静态动词在赣西北客赣方言中同样不能带"过$_2$",下面的句子是不合语法的。例如:

(98) *我晓得过箇只事。(我晓得过这件事。)

(99) *我认得过箇只人,渠是我同学个姐姐。(我认得过这个人,他是我同学的姐姐。)

8.2.2 上高话动态助词、事态助词"来"[①]

上高话中的"来"使用频率高,分布广,用法也极为复杂,"来"既可以作动词、趋向动词,又可以作动态助词、事态助词、概数助词、语气词等。本节拟对动态助词(经历体)、事态助词"来"的用法进行全面描写,并探讨其来源。

上高话中的"来"表过去经历、发生、完成某事,有如下三种用法:

1. V+O+来

(100) 尔去嗨块来?(你去哪里来?)——我去广东来。

(101) 尔来上海来噻?(你来过上海吗?)——我来上海来。

2. V+来+O

(102) 旧年尔去来嗨块?(去年你去过哪里?)——我去来广东。(我去过广东。)

(103) 尔来来上海噻?(你来过上海吗?)——我来来上海。(我来过上海。)

[①] 本小节除考察经历体"来"之外,还考察了事态助词"来"及其来源。本部分的一些内容先后发表:《赣语上高话动态助词、事态助词"来"研究》(《广西社会科学》2012年第5期);《赣语上高话经历体"来"和完成体"过"》(《中国语文》2013年第4期)。

3. V＋来＋O＋来

(104) 旧年尔去来嗨块来？（去年你去过哪里？）——我去来广东来。（我去过广东。）

(105) 尔来来上海来嘿？（你来过上海吗？）——我来来上海来。（我来过上海。）

"V＋O＋来"格式中的"来"位于句末，是事态助词（记作"来$_1$"），表示过去曾经发生过、完成了某事。"V＋来＋O"格式中的"来"位于谓词性成分之后，是动态助词（记作"来$_2$"），相当于现代汉语中的经历体"过$_2$"，表示曾经完成过某种动作、发生过某种变化或存在过某种情况。"V＋来＋O＋来"格式是前两种格式的叠加，由动态助词和事态助词"来"共同表示曾经经过、发生、完成某事。

8.2.2.1 事态助词"来$_1$"

1. "来$_1$"研究背景

事态助词"来$_1$"的语法特征有二：一、在语法意义上，"来$_1$"表示所陈述的事件或过程是曾经发生过的，有一个"曾经"的标记。二、在句法位置上，"来$_1$"通常附在分句或句子的末尾，是句子意义上的语法范畴，有成句的作用。

关于事态助词"来$_1$"所产生的时间，目前学界大致认为产生于六朝至唐代五代，只是时间早晚的问题。梁银峰（2004）、龙国富（2005）认为是南北朝及隋代，曹广顺（1995：98）、蒋冀骋、吴福祥（1997：544）认为是在初唐前后，太田辰夫（1987：361）、龚千炎（1995：56）认为产生于唐五代。关于事态助词"来$_1$"的语法化路径学界也持有不同观点。太田辰夫（1987：356）认为助词"来$_1$"来源于动词；曹广顺（1995：107）认为助词"来$_1$"可能来源于两种路径：一是源于结果补语，二是源于"以后、以来"义；江蓝生（1995）、蒋冀骋、吴福祥（1997：545）推测事态助词"来$_1$"可能与唐代表完成或实现的"来"（动态助词）有关；梁银峰（2004）指出：事态助词"来$_1$"不是从动态助词"来"直接转化而来，而是由连动式"V（＋NP）＋来"中的趋向动词"来"虚化而来；梁银峰（2005）又认为：事态助词"来"的另一来源是"以后、以来"义的发展。

事态助词"来"共时方面的研究主要集中于各地方言，其报道有：

(106) 发大水来。（曾经遭过洪水。）（林立芳 1997）

(107) 尔在路上碰着谁来？——我碰着我哥来。（吴怀仁、庞家伟 2008）

(108) 夜来，他给尔打电话来。（昨天，他给你打过电话。）（史素芬 2007）

(109) 这孩伢儿原根儿可胖来了。(邢向东 1991)

(110) 鸡蛋一斤几块钱？——三块钱一斤。——不是两块五一斤来？(刘玲玲 2009)

(111) (这电影)我夜来昨天看来。(史秀菊 2011)

另外在济南、西安、徐州、柳州、金华、广州等地的方言也仍保存着事态助词"来"的用法(李荣 2002)。

2. 上高话"来$_1$"的分布

上高话事态助词"来$_1$"大概产生于唐代，唐代的良价禅师语录可为证，如："师一日问雪峰：'作甚么来？'峰云：'斫槽来。'"(《洞山良价禅师语录》,《大正藏》卷 47)

历时文献和共时各地方言报道的事态助词"来$_1$"的功能、意义与上高话的"来$_1$"基本一致。"来$_1$"可用在句末的动词、动词结构和表示变化的性质形容词后，一般只出现在陈述句和疑问句句末，不出现在祈使句和感叹句句末。按语法结构分类举例如下：

A：V+来

(112) 下半夜鸡叫来。

(113) 夜头雷公响来嘪？(夜晚雷公响来吗？)

B：VO+来

(114) 昨日河里起大水来嘪？(昨天河里起大水来吗？)

(115) 我去街上卖西瓜来。

C：VC+来

(116) 我在操场上跑过/了三圈来。

(117) 我在上高二中读三年书来。(我在上高二中学习过三年。)

D：A+来

(118) 前一阵仔冷来。(前一阵子冷过。)

(119) 渠早先壮来。(他原先胖过。)

史秀菊(2011)认为："(山西晋语)在陈述句中，'来'一般出现在肯定句，不出现在否定句。例如可以说：'我去来'，不能说'我没去来'或'我不去来'。"按此观点检验上述例子，"来"前有补语和宾语成分的不能转换成否定句，如 B、C 两式。

A、D两式的"来"有两种理解：一是理解为经历体"来$_2$"（相当于"过$_1$"），A、D两式则可以转换成否定句，如"下半夜鸡冇叫来""前一阵仔冇冷来"；二是理解为事态助词"来$_1$"，A、D两式则不可以转换成否定句。有时 A、D 两式可在句末加上"来$_1$"，即变成"下半夜鸡叫来$_2$来$_1$""前一阵仔冷来$_2$来$_1$"。有事态助词的"来$_1$"的这两例不能转换成否定句。

8.2.2.2 动态助词"来$_2$"（经历体标记）

经历体的语法意义是：过去某个时候曾经完成过某种动作、发生过某种变化或存在过某种情况。据调查，共同语及其大多数方言的经历体用动态助词"过"表达，用动态助词"来$_2$"表达的仅见于陇东方言，吴怀仁、庞家伟（2008）指出："'来'字用在动词之后表示某种经历。如'见来''吃来'，意思是'见过''吃过'。如：'这是我走来的老路。''那是他喂来的黄狗。'"

赣语上高话的经历体用动态助词"来$_2$"表达（年纪大的多用"来$_2$"，年轻人"来$_2$"和"过"都用，应是受普通话影响）。上高话的"来$_2$"可用在动词、动结式、动趋式、形容词后边。按语法结构分类举例如下：

A：V+(C)来+(O/C)

(120) 去北京个事渠跟我话来。（去北京的事他跟我说过。）

(121) 渠早先做来生意。（他从前做过生意。）

(122) 我喫来箇种菜，唔怎仔好喫。（我吃过这种菜，不怎么好吃。）

(123) 我寻来渠蛮多转。（我找过他好多次。）

(124) 我去来上海三次。（我去过上海三次。）

(125) 渠喫醉来酒。（他喝醉过酒。）

"V+来"后的宾语也可以移到前面，例如：

(126) 我养来乌龟——乌龟我养来。（乌龟我养过。）

(127) 我老兄冇去来上海——上海我老兄冇去来。（上海我哥哥没去过。）

"V+(C)来+(O/C)"句式都表示过去的事，句子里可以不提时间；如果提时间，必须用指确定时间的词语。例如：

(128) 前年我去来长城。（"有一年，我去来长城"不说。）

B：A+来+(O/C)

能进入"A+来+(O/C)"格式中的形容词有严格限制，一般是口语中常用

的可以表示变化的性质形容词。该句式一般需要说明时间,如"早先""前几日"等,有同现在相比较的意思。例如:

(129) 老李屋里早先苦来蛮多年。(老李家里以前苦过很多年。)

(130) 前几日冷来刻仔,这两日又热起来过。(前几天冷过一阵,这两天又热起来了。)

(131) 上个月热来几日仔。(上个月热过几天。)

经历体"来"的否定格式是"冇/冇有＋V/A＋来＋O"。例如:

(132) 渠去来蛮多地方,就是冇去来西藏。(他去过很多地方,就是没有去过西藏。)

(133) 渠一转也冇找来我。(他一次也没找过我。)

(134) 冇敢浪费来一忽仔粮食。(没敢浪费过一点儿粮食。)

如果否定式是形容词作谓语,则"冇/冇有"前面也常加表过去概念的时间名词(细来_{小时候}、早先_{以前})或时间副词(从来),形容词前还可加表示程度的指示代词"箇(么)"。例如:

(135) 渠细来冇壮来几多仔。(他小时候没有胖过多少。)

(136) 尔做作业从来冇箇么认真来。(你做作业从来没有这么认真过。)

(137) 我早先冇看到渠箇么伤心来。(我以前没有看见他这么伤心过。)

从语气来看,"来"可用于陈述句、疑问句和感叹句,不用于祈使句。"来₂"之所以不用于祈使句是基于"现实—非现实情态"的对立,即有经历体标记"来₂"的句子是现实情态的,而祈使句则是非现实情态。例如:

A. 用于陈述句

(138) 我曾经谈来箇只问题。(我曾经谈过这个问题。)

(139) 渠后脑上长来疖仔。(他后脑上长过疖子。)(存在句)

B. 用于疑问句

(140) 尔什伫时候养来乌龟?(你什么时候养过乌龟?)(特指问)

(141) 尔养来乌龟啊冇?(你养过乌龟没有?)(选择问)

变式:(141a) 尔养来啊冇养来乌龟?(你养过还是没有养过乌龟?)

(141b) 尔养来乌龟啊冇养来?(你养过乌龟还是没养过?)

(142) 尔养来乌龟嘡？（你养过乌龟吗？）（是非问）

(143) 何尔养来乌龟呃？（难道你养过乌龟吗？）（反问）

C. 用于感叹句

(144) 我也曾经苗条来嘞！（我也曾经苗条过呀！）

(145) 我年轻个时候也齐整来嘞！（我年轻的时候也漂亮过呀！）

经历体"来"后无论是否有名词性成分，句子都可以用语气词来结句。例如：

(146) 我下来围棋嘞。（我下过围棋哟。）

(147) 围棋我下来嘞。（围棋我下过哟。）

8.2.2.3 "来$_2$"与"来$_1$"的区别

李小凡（1998：182）指出："事态和动态都属于体貌范畴，但事态又不同于动态。动态的着眼点是句中主要谓词所表示的动作变化的情状，事态的着眼点则是整句话所表示的事件发生与否、出现与否、存在与否，二者处于不同的句法层次，动态属词平面，事态属句平面。"曹广顺（1995：110）也指出："事态助词和动态助词的一个根本区别，就是前者总是加在一个句子（分句）之后，陈述一个事物、事件的状态；后者则总是跟在一个谓词性成分（动词或形容词）之后，表示一个动作、变化的状态。"

动态助词"来$_2$"标记的经历体是一种动态，表示动作行为变化在此之前曾经发生、进行过，或情况状态在此之前曾经存在过，属于某种经验或阅历。事态助词"来$_1$"标记的"已然态"则是一种事态，表示一个事件或过程是曾经发生过，多表示近过去时，也可称作"近经历体"。① 例如：

(148) 我去上海来/我想奶奶来/老屋漏雨来

(149) 我去来上海/我想来奶奶/老屋漏来雨

以上两组句子，笔者调查了多位上高人，他们共同语感是：例(148)表示最近不久发生的事情或现象，可以跟"刚刚""最近"等表示"近过去"概念的词语共现；例(149)则表示过去发生、存在过的一种经验、阅历、现象，可以与"十年前""早些年"等表示"远过去"概念的词语共现，也可与"近过去"概念词语共现。

---

① 郭校珍（2008：99）指出："山西晋语有近经历体和远经历体之分，分别用'来'和'过'作标记。""'来'经常出现在句子（分句）的末尾，表示在过去发生的动作或事件。"

事态助词"来₁"可以用在日常行为事件后面,如"买菜来""喫饭来""洗澡来"等,但动态助词"来₂"则一般不能用在日常行为事件的谓语动词之后,如,一般不能说"洗来澡""喫来饭",因为"洗澡""吃饭"是日常行为,不是一般的经验或阅历。

"来₁"与"来₂"可以共现在一个句子中,如例(104)、例(105),这类句式是套嵌格式,即事态助词"来₁"和动态助词"来₂"叠加,共同表示曾经经过、发生、完成某事。该类句式在语用上有强调"曾经"的作用,比单用"来₁"或"来₂"要强些。该类句式的语义重心在"来₂"上,凸显经验或阅历,"来₁"则进一步强化"曾经"这一信息。从语音角度看,"来₂"要重读,"来₁"则弱化轻读。

8.2.2.4 动态助词"来₂"与实现体"过₁"的区别

上高话动态助词"过₁"用在动词后,表示动作完成(即实现体标记),念轻声,与普通话"了₁"的用法相同。"了₁"用于句中谓词之后(即"V+了₁"),表示行为动作的完成。下列的"了"均可换成"过"。例如:

(150) 我喫了/过三碗饭。(我吃了三碗饭。)

(151) 我等了/过渠半日。(我等了他半天。)

(152) 箇两年渠老了/过蛮多。(这两年他老了很多。)

(153) 箇段时间渠胖了/过蛮多。(这段时间他胖了很多。)

(154) 渠搞烂了/过我个凳仔。(他搞坏了我的凳子。)

(155) 渠锯断了/过一只树。(他锯断了一棵树。)

(156) 渠日日喫了/过饭就去打牌。(他每天吃了饭就去打牌。)

(157) 渠喫了/过正会做。(他吃了才会做。)

经历体"来₂"与实现体"过₁"有相近之处,但仍然存在较大差别。"来₂"着重说明动作行为变化已经成为过去,表达的是经验上或阅历上的事件(事件已经终结);"过₁"则着重说明动作行为变化已经完成或实现,表达的是已然的现实事件(事件是否终结句子并未涉及。参看龚千炎1995:81)。例如:

(158) 喫过饭嘞?——还有喫嘞。(表"完毕"义)

(159) 喫来小米。——冇喫来小米。(表"曾经"义)

"动+过₁"和"动+来₂"表示否定都用"冇",但"来₂"在否定式里仍保留,"过₁"在否定式里不再保留。例如:

(160) 去来——冇去来

(161) 去过——冇去

"动+来₂"表示已有的经验,因此总是与过去的时间相联系;"动+过₁"表示完成,与过去没有必然的联系,可以用于过去,也可以用于现在和将来。例如:

(162) 旧年我喫来龙眼。(表示已有的经验,属于过去)

(163) 昨日我喫过龙眼。(表示完成,就过去而言)

(164) 我已经喫过一只冰棒。(表示完成,就现在而言)

(165) 明日上昼当过街再去喫酒。(明天上午逛了街再去喝酒。)(表示完成,就将来而言)

"动+来₂"所表示的动作不延续到现在,"动+过"所表示的动作却可能延续到现在。例如:

(166) 渠当来班长。(现在已经不当了)

(167) 渠当过班长了。(现在还在当班长)

(168) 这本小说我只看来一半。(现在不在看)

(169) 这本小说我看过一半了。(现在还在看)

"动+过₁"表示有一定的结果,"动+来₂"则不一定。例如:

(170) 渠学过英语。(含有学会的意思)

(171) 渠学来英语。(可能学会,也可能没学会)

8.2.2.5 动态助词"来₂"的来源

由于上高方言的历史文献几乎没有,经历体"来₂"发展演变过程我们也很难准确地进行描写,我们只能根据同类助词的演变规律及其他资料进行推演,其产生的客观原因主要是上高方言中没有产生"过₂"。

动态助词"过"在现代汉语中有两种含义,一种是表示动作结束、完成,一般称之为"过₁"(实现体),另一种是表示"过去曾经有过这样的事情"或"已有的经验",称之为"过₂"(经历体)。"过"在上高方言中只表动作结束、完成,即实现体"过₁",该用法大概产生于唐代,例如:

(172) 婆云:"水不妨饮,婆有一问,须先问过。"(《洞山良价禅师语录》,《大正藏》卷47)

"过₁"在唐产生时主要表示动作结束、完成,后面一般没有带宾语,随着"过₁"的进一步虚化,"过₁"后也可带宾语,标志动态助词基本成熟。"过₁"在近代汉语及其他方言中继续向"过₂"发展,但在上高方言中"过₁"基本停止向经历体"过₂"发展,占据着完成态的用法,这就给经历体留下了空位。这个空位后来由"来₂"填补了,具体途径可能有如下两条:

1. 格式类推。唐宋时期,"V+助词+O"格式日趋成熟,"却""着""过""将""取""得"等逐渐由动词虚化为助词,进入这一格式,受其格式类推作用,"来₁"由句末移位至句中谓语动词后,填补"过₁"留下的经历体空位,从而形成了经历体标记"来₂"。

2. "来"的语法化。"来"原为表趋向性运动的动词,后来也引申出"完成"的用法,即表"完成"的动态助词。例如:

(173) 教来鹦鹉语初成,久闭金笼惯认名。(王涯《宫词》,《全唐诗》第3878页)

(174) 如此而论,读来一百遍,不如亲见颜色,随问而对之易了。(韩愈《与大颠书》,《全唐文》卷554)

这种表"完成"的动态助词"来"产生于唐代,其用法与"过₁"同。曹广顺(1995:42)指出:当表"完结"的"过"用在表述过去发生的事件的句子(语境)中时,它就有了"曾经"的意思,而随着这种句子的增多,表示"曾经"逐渐在"过"的功能中固定下来,形成了一类,这种"过"就变成了"过₂"。上高方言中的"来₂"的产生可能与"过₂"的产生同理,是由表"完结"的动态助词"来"在"过去"的语境中逐步发展而来的。由于目前我们找不到上高方言的历史文献,无法证明这一演变过程。

"来₂"的发展演变也许只是其中的一条途径,也许是两条途径合力的结果,上述有关"来₂"的来源推演也不一定正确,其发展的全过程有待新材料的发掘,进一步展开研究。

8.3 进行体

进行体强调在某一个时间里动作正在进行。普通话中动词进行体有前加式"正在""正""在"和后附式"着"。赣西北客赣方言的进行体也有两种方式,但具体情况有所不同,下面具体探讨。

8.3.1 在、在块、在里、正在、正式

赣西北客赣方言大部分方言点一般只有前加式,标记有"在""在块""在里"等。"在"有两种用法,一是作副词:"在＋V";一是作介词:"在＋N＋V"。如果"在＋N＋V"中的"N"不需要特别指出,往往用"块""里"替代。"块""里"是指示代词"箇块""箇里"的意思,但"块""里"已虚化,并不一定表示实在的处所。赣西北二十二个方言点都用"在",万载、上高、宜丰、高安、奉新、靖安方言点还可以用"在块"或"在箇块",樟树、丰城、新干、铜鼓、靖安客、铜鼓客、修水客等方言点还可以用"在里"或"在箇里"。宜丰、上高用"正式"与"在"组合构成"正式在＋V";靖安用"合式"与"在箇里"组合构成"合式在箇里"。"正在"不少方言点也说,这是受普通话影响所致。"V稳₂/V稳₂V稳₂"仅见铜鼓客、万载等五个客家方言点。"在(＋N)＋V""在(箇)块/里＋V""正在/正式/合式(＋N)＋V""V稳₂/V稳₂V稳₂"具体分布见表8-2。

表8-2 赣西北客赣方言进行体标记分布

	丰城	樟树	新干	新余	分宜	袁州	萍乡	上栗	万载	宜丰	上高
在(＋N)＋V	√	√	√	√	√	√	√	√	√	√	√
在(箇)块/里＋V	√	√	√						√	√	√
正在/正式/合式(＋N)＋V		√							√	√	√
V稳₂/V稳₂V稳₂											
	高安	奉新	靖安	武宁	修水	铜鼓	奉新客	靖安客	万载客	修水客	铜鼓客
在(＋N)＋V	√	√	√	√	√	√	√	√	√	√	√
在(箇)块/里＋V			√								
正在/正式/合式(＋N)＋V					√	√		√	√		
V稳₂/V稳₂V稳₂					√	√	√	√			

"在(+N)+V"格式赣西北客赣方言各方言点都使用,以上高话为例:

(175) 老师在上课。

(176) 渠两个人在话事。(他们两个人正在说话。)

(177) 我在屋里上网。(我正在房间里上网。)

(178) 我在北京出差。(我正在北京出差。)

"在块+V"格式在万载、上高、宜丰、高安、奉新、靖安等方言点使用。以宜丰话为例:

(179) 阿在块看电视。(我正在看电视。)

(180) 阿在块喫饭。(我正在吃饭。)

"在里+V"格式在樟树、丰城、新干、铜鼓、靖安客、铜鼓客、修水客等方言点使用。以丰城话为例:

(181) 渠在里写字。(他正在写字。)

(182) 阳阳在里困觉。(阳阳正在睡觉。)

上栗、铜鼓方言点会用"在箇里+V",以上栗方言点为例:

(183) 我在箇里看电视。(我正在看电视。)

(184) 阳阳在箇里做作业。(阳阳正在做作业。)

据调查,在上高、宜丰、奉新、靖安等方言点,"在块"比"在"更常用,尤其在年纪稍长的人群中,基本上用"在块",只是说得非常快时才用"在"。丰城、樟树、铜鼓的"在里"也比"在"使用频率高。赣西北客赣方言多个方言点使用"在块""在里",表明"在"还未彻底虚化,用"在"作体标记时往往不单用,要在后面带上虚指成分"块""里"。"块"与"里"并不表示实在的处所,但若要强调地点也可以补出。"在块""在里"的使用也表明赣西北客赣方言的"在"还在语法化进程中。其演变路径可以概括为:在 NV——在块/里 V——在 V。以上高话为例:

(185) 我在客厅看电视。

(186) 我在块看电视。

(187) 我在看电视。

以上三种进行体表达方式在上高话中都使用,但侧重点有所不同。例(185)强调看电视的地点,例(186)强调动作"看"正在进行,但对动作行为发生的地方有所虚指,例(187)纯粹强调动作"看"正在进行。

由于受到普通话的影响,"正在"及其变体"正式""合式"与方言中固有的"在块""在(箇)里"结合,产生了一种糅合式,达到强调正在进行的表达效果。奉新的"在块"与"正在"糅合,构成"正在块"进行体表达标记;上高、宜丰的"在块"与"正式"糅合构成"正式在块"进行体表达标记;靖安的"合式"与"在箇里"糅合,构成"合式在箇里"进行体表达标记;丰城、樟树的"在箇里"与"正在"糅合,构成"正在箇里"进行体表达标记。例如:

(188) 我正在块打电话。(我正在打电话。)(奉新)

(189) 我正式在块看电视。(我正在看电视。)(宜丰)

(190) 宝宝合式在箇里困觉。(宝宝正在睡觉。)(靖安)

(191) 我正在箇里买菜。(我正在买菜。)(樟树)

8.3.2　V正、V正V仔

在宜丰话中,"正"紧跟动词后构成"V正"结构,表示动作正在进行,相当于普通话的"着"。据我们调查,"V正"这种后附式进行体用法一般是中老年人使用,年轻人不使用,且使用频率也不高。例如:

(192) 喫正饭,突然头痛。(正在吃饭,突然头痛。)[①]

(193) 瞌正觉,老妹打电话来了。(正在睡觉,妹妹打电话来了。)

在上高话中,"正"也可紧跟动词后,构成"V正V仔"格式,该格式构成的分句不能单独出现,通常要有后续小句来补充说明。上高话中没有"V正"用法。例如:

(194) 我做正做仔事,落起雨来过。(我正在做事,下起雨来了。)

(195) 我喫正喫仔饭,小张打电话来过。(我正在吃饭,小张打电话来了。)

8.3.3　V稳$_2$、V稳$_2$V稳$_2$

客家方言表示进行体除了与赣方言一样用"在"表示外,还可以用"V+稳"。"V+稳"的语法意义是"某一个动作发生时又出现了另一种情况"。如:

(196) A:小华和小李在话事个时间,电话就响过。(小华和小李在说话的

[①] 此例转引《宜丰县志·方言》,第 768 页。

时候,电话就响了。)(铜鼓_赣_)

B:小华和小李话稳事,电话就响哩。(小华和小李在说话的时候,电话就响了。)(铜鼓_客_)

例句(196)表示的是一个动作发生时又出现了另一种情况,铜鼓赣语仍用"在",而铜鼓客家方言则用了"稳"。

"V+稳"的形式还可以重叠为"V+稳V+稳",强调动作正在进行,同时还含有说话人对出现的新情况的惊奇的态度。如:

(197)话稳话稳,小王就来哩。(说着说着,小王就来了。)(铜鼓_客_)

例(197)中表示的是说话人对小王的到来很惊讶,出乎意料。

8.4 持续体

持续体表示动作所产生的状态的持续。普通话中动词持续体用助词"着"附在动词之后构成。胡松柏(2009:485)指出:"从形式上看,与进行体具有相同的'动+着'格式,但持续体与进行体是动作的不同状态类型。进行是动作的进行,状态还在变动之中,具有进行状态的一般是动态动词;持续是动作发生之后的状态持续,状态并未发生变化,具有持续状态的一般是状态动词。普通话中,进行体的'动+着'结构前可以加上'正在、在',而持续体的'动+着'结构前则不能加。"赣西北客赣方言的持续体与进行体的区分比普通话要明显,进行体多用前加体标记"在""在块/里"表示,而持续体一般多用后加体标记"倒"表示。

赣西北客赣方言的持续体借助词汇和形态两种手段来表示,其语法形式有:(1) V+倒;(2) V+稳$_1$;(3) V+过$_1$/哩$_1$/了$_1$/喏$_1$/哒$_1$;(4) 紧+V;(5) 动词重叠;(6) V着/倒N在。

8.4.1 V+倒

赣西北客赣方言22个方言点都可以用"倒"表示持续体。"倒"念轻声,相当于普通话念轻声的"着"。"倒"有两种句式:1. V+倒+(O),多为祈使句;2. V$_1$+倒+(O)+V$_2$+(O),"V$_1$倒"可以作为"V$_2$"的方式或手段。V多为状态动词"徛""坐""挂""笑""哭""靠""低"等。以上高话为例:

(198) 尔坐倒。(你坐着。)

(199) 墙上挂倒一幅字。(墙上挂着一幅字。)

(200) 尔坐倒话。(你坐着说。)

(201) 小张靠倒树上困觉。(小张靠着树上睡觉。)

例(198)至例(201)都是状态动词,后附持续体标记"倒",表示这些动作状态一直持续。

8.4.2　V＋稳$_1$

客家方言中的"稳"有三种情况:(1)作形容词用,意为"不松动",如"拿稳,别掉哩";(2)作持续体标记,由形容词虚化而来,记为"稳$_1$";(3)作进行体标记,记为"稳$_2$"。

"V＋倒"中"V"如果表示"保持不让松动"的动词,如"钳""夹""捧""提""抓"等,客家方言点一般要用"稳$_1$"作持续体标记,而不用"倒"。其他赣方言点都用"倒",但铜鼓赣语可以用"倒",也可以用"稳"。这显然是受铜鼓客家话的影响所致。例如:

(202) A:钳倒/稳箇只螺丝。(钳着这个螺丝。)(铜鼓$_赣$)

　　　B:钳稳该只螺丝。(钳着这个螺丝。)(铜鼓$_客$)

(203) A:渠捧倒/稳一个伢仔去街上。(他抱着一个小孩去街上。)(铜鼓$_赣$)

　　　B:渠捧稳一个细伢子去街上。(他抱着一个小孩去街上。)(铜鼓$_客$)

(204) A:抓倒/稳箇只把手,莫跌跤。(抓着这个把手,别摔跤。)(铜鼓$_赣$)

　　　B:抓稳该只把手,莫跌跤。(抓着这个把手,别摔跤。)(铜鼓$_客$)

8.4.3　V＋过$_1$/哩$_1$/了$_1$/嘚$_1$/哒$_1$

由于持续体表示的是一种已经完成了的动作,而存现句又具有状态持续的性质,因此可以在存现句的"V"(持续动词)后加实现体标记"过$_1$""哩$_1$""了$_1$""嘚$_1$""哒$_1$"表示持续。"过$_1$""哩$_1$""了$_1$""嘚$_1$""哒$_1$"在表示完成的同时兼表持续。赣西北各个方言点均有此用法。例如:

(205) 间里坐过/了十几个人。[房间里坐了(着)十几个人。](上高)

(206) 门口徛哩三只人。[门口站了(着)三个人。](袁州)

(207) 床上困了一个老人家。(床上躺着一个老人。)(武宁)

(208) 壁上贴哒一张地图。(墙上贴着一张地图。)(上栗)

(209) 墙上挂嘚一只钟。(墙上挂着一只钟。)(高安)

若该句式中的 V 是非持续动词,则表示完成。例如:

(210) 学堂里调走哩几只好老师。(学校调走了几位好老师。)(袁州)

8.4.4　紧/总＋V

若要表示动作一直持续着,赣西北客赣方言大多数点都可用副词"紧""总"加在动词前构成"紧/总＋V"格式。以上高话为例:

(211) 渠紧打电话。(他一直打电话。)

(212) 莫紧话事。(不要一直说话。)

(213) 姑姑紧坐倒屋里不出去。(姑姑一直坐在房间里不出去。)

"紧""总"后面还可以接进行体标记"在""在块""在里",以强调动作正在一直持续着,同时还含有说话人对这个动作的不满意的态度。例如:

(214) 渠紧/总在块话事,莫畀吵死人。(他一直在说话,确实很吵。)(上高)

(215) 渠紧/总在看电视,冇做一只作业。(他一直在看电视,没有做一个作业。)(袁州)

(216) 尔莫紧/总在里上网,快去看书。(你别一直在上网,快去看书。)(丰城)

(217) 渠上课紧/总话事。(他上课一直说话。)(铜鼓_客_)

"紧/总＋V"还可以重叠为"紧V紧V""总V总V",以加强语气,也含有不满烦躁的情绪。例如:

(218) 尔紧/总话紧/总话,耳朵都畀尔吵聋过。(你一直说话,耳朵都被你吵聋了。)(上高)

8.4.5　动词重叠

赣西北客赣方言的动词重叠表示持续有两种情况:(1)表示某一动作持续时又出现了另一种情况,"VVV,V"或者是"V啊V,V";(2)表示动作一直持续下去,且动词重叠出现在谓语的位置上,"V啊V"。以上高话为例:

(219) 我坐坐坐,坐倒都困着过。(我坐着坐着都睡着了。)

(220) 渠在圳仔边跳啊跳,跳到圳仔里去过。(他在小溪边跳啊跳,跳到小溪里去了。)

(221) 箇只狗看到客人来过尾牯就晃啊晃。(这条狗看见客人来了尾巴就会摇摆。)

"V 啊 V"这种形式前面还可以出现"紧"或"总"字,构成"紧/总 V 啊 V"或者"紧/总＋在/在块/在里＋V 啊 V"等句式,含有强调的语气。以上高话为例:

(222) 尔紧/总话啊话,等下渠会着气嗟。(你一直在说啊说,等下他会生气的。)

(223) 莫紧/总在块諜啊諜,快去做作业。(不要一直在玩呀玩,快去做作业。)

例(222)、例(223)中的动词重叠形式加上了"紧"之后语气较为强烈了,多含不满情绪。

8.4.6　V 着/倒(N)在(N)

陈小荷在《丰城赣方言语法研究》(2012：92—98)中报道了"V 着(N)在(N)"格式[①],表示状态持续,并指出该格式有三个特点:一、句重音是自然重音,不是逻辑重音;二、没有否定式;三、用作疑问句时只能带"啊",不能带"吗"。"V 着 N 在"表示状态的持续,与"在 V(N)"不同。有些状态的动词不能进入"在 V(N)",但可以进入"V 着(N)在(N)",例如"病""肿""哽"。下面例子均引自陈文。

(224) 渠病着在。(他正生病呢。)

(225) ＊渠在病。

(226) 人家哽着在。(人家喉咙正哽着呢。)

(227) ＊人家在哽。

(228) 尔许个疖子肿着在,莫舞破哩。(你那个疖子正肿着呢,别弄破了。)

(229) ＊尔许个疖子在肿,莫舞破哩。

表示动作的动词进入"V 着(N)在(N)"时,这一格式表示的是某动作所造成

[①] 本小节简要介绍陈小荷的观点。

的状态的持续。例如：

(230) 渠屋里在演电视。（他家在放电视。）

(231) 渠屋里演着电视在。（他家正放电视呢。）

前一句表示"演电视"这一动作的持续。后一句则表示这一动作造成了某种状态的持续。

陈小荷还指出："不论V是状态动词还是动作动词，'V着(N)在(N)'都强调跟V有关的人或物（施事、受事、工具、处所等等）处于一种不宜干扰的持续状态之中，因此这一格式总是起解释作用。"例如：

(232) 渠写着字在，尔莫吵渠。（他正写着字呢，你别吵他。）

(233) 渠病着在，尔多做微仔。（他正生着病呢，你多做一点儿事吧。）

(234) 许只间堆着化肥在，我等莫进去。（那个房间正堆着化肥呢，咱们别进去。）

我们认为"V着(N)在(N)"格式中的"着"可能就是"倒"，只是陈先生选择记录的字不一样而已。

其他方言点也有"V着/倒(N)在(N)"的类似格式，但各方言点有所不同。上高、宜丰的格式是"V倒(N)在块"，樟树的格式是"V倒(N)在里"，上栗、修水、万载$_{客}$、铜鼓、铜鼓$_{客}$等方言点的格式是"V倒(N)在简里"，该类格式使用频率不高。例如：

(235) 阳阳看倒书在块，莫吵渠。（阳阳正在看着书，别吵他。）（上高）

(236) 老妹开倒车在块，莫跟渠话事。（妹妹正在开着车，别跟她说话。）（宜丰）

(237) 宝宝困倒觉在里，莫搞醒哩渠。（宝宝正在睡觉，别弄醒了他。）（樟树）

(238) 渠生倒病在简里。（他生着病。）（修水）

(239) 宝宝哭倒在简里。（他一直在哭。）（铜鼓$_{客}$）

8.5 起始体

起始体表示动作或性状开始发生，并有延续下去的意思。赣西北客赣方言起始体与普通话相同,其标记是"起来",与动词或形容词构成"VP/AP+起来"格式。这里的"起来"不是趋向动词,而是体标记,意义已经虚化。当 VP 为动宾式,宾语经常用于"起"和"来"之间,构成"V+起+O+来"的嵌套式。以上高话为例:

(240) 还冇天光,叫鸡就叫起来过。(天还没亮,公鸡就叫起来了。)

(241) 天冷起来过。(天气冷起来了。)

(242) 妈妈突然唱起歌来。

例(240)、例(241)没有宾语;例(242)有宾语,则需要把宾语嵌入到"起来"的中间。

"起来"在现代汉语及其方言中可有谓语、趋向补语、起始体标记三种用法,以上高话为例:

(243) 尔快起来,莫坐倒地上。(你快起来,不要坐在地上。)

(244) 尔昇脑牯担起来。(你把头抬起来。)

(245) 天热起来过。(天热起来了。)

(246) 渠伆吵起来过。(他们吵起来了。)

例(243)"起来"直接作谓语,表示身体由坐着到站着的具体动作,是行为动词;例(244)"起来"作谓语动词"抬"的趋向补语,补充说明动作由下而上的方向或趋势,表达了空间域,是趋向动词;例(245)、例(246)的"起来"用在谓语动词或形容词后,表示动作或性状开始发生并将继续下去,表达了时间域。"起来"所表意义从人的行为,再到空间位移,再到时间变化,清晰地呈现出由实到虚的语法化进程。

能进入"VP+起来"格式中表示起始意义的动词或形容词是有一定的选择性的,在语义上要具备如下特点:从空间范畴看都没有由里向外做空间位移的语义特征,也就是说这些动词都不是表示位移行为;从时间范畴看都具有持续的语义特征;从动词的过程结构看,都有起始点和持续段。比如"哭""笑""想""打""骂""吃""读"等。

下列几类动词语义特点与"起来"语义特征有冲突,不能进入"VP+起来"格式中表示起始意义。

1. 关系动词。该类动词没有起始点,如"好像""等于""知道""晓得""有""显得"等。

2. 终结动词。该类动词包含了动作结果,与"起来"所要求动词具有持续语义特征相冲突,如"解散""开除""学会""批准"等。

3. 瞬间动词。该类动词起始点和终结点重合而具有非持续性,也与"起来"所要求动词具有持续特征不相容,如"看见""结束""死""听到""提出"等。

形容词能进入"VP+起来"格式的一般是具有性质状态变化的形容词,比如"红""胖""冷""老"等。

赣西北客赣方言中还有一个表示起始义的词"架式",可以带动宾结构。例如"架式做事""架式喫饭"。还有"架式"与"起来"的糅合式,例如"架式做起事来""架式喫起饭来"。

8.6 继 续 体

继续体是用来表示动作行为继续进行的。赣西北客赣方言继续体标记是用趋向义已虚化了的"落去"或"下去"。赣西北各方言点使用情况具体见表 8-3。

表 8-3 赣西北客赣方言继续体标记分布

	丰城	樟树	新干	新余	分宜	袁州	萍乡	上栗	万载	宜丰	上高
下去	√	√	√	√	√	√	√	√	√	√	√
落去										√	√
	高安	奉新	靖安	武宁	修水	铜鼓	奉新客	靖安客	万载客	修水客	铜鼓客
下去	√	√	√	√	√	√		√	√	√	√
落去		√	√			√					

"落去/下去"直接附加在动词和状态形容词之后构成"VP/AP+落去/下去"格式,"落去/下去"前面不能插入其他成分,整个结构也不能带宾语和补语。以上高话"落去"、袁州话"下去"为例:

(247) 让渠话落去,莫插嘴。(让他说下去,不要插嘴。)(上高)

(248) 箇样闹落去唔好。(这样闹下去不好。)(上高)

(249) 你接着做下去,莫停下来。(袁州)

(250) 你读下去,读到最后一页。(袁州)

"VP/AP+落去/下去"格式往往在前一分句,并且多含假设的意义,构成假设复句,表示"如果这个动作一直持续下去,将会产生某结果"。例如:

(251) 尔箇样学落去,一定会考上一个好大学。(你这样学下去,一定会考上一个好大学。)(上高)

(252) 尔箇样做落去,肯定会有好前途。(你这样做下去,肯定会有好前途。)(上高)

(253) 你箇样胖下去就会完蛋。(你这样胖下去就会完蛋。)(袁州)

(254) 渠再错下去就冇救哩。(他再错下去就没有救了。)(袁州)

"落去/下去"与"起来"一样,在现代汉语及其方言中可以作谓语、趋向补语、继续体标记,经历了由行为动词、趋向动词、继续体标记的由实到虚的语法化进程。例如:

(255) 路面上个积水落去过一半。(路面上的积水下去了一半。)(上高)

(256) 从山上慢慢走落去。(从山上慢慢走下去。)(上高)

(257) 尔箇样干落去,肯定能挣大钱。(你这样干下去,肯定能挣大钱。)(上高)

(258) 渠坐电梯下去哩。(他坐电梯下去了。)(袁州)

(259) 老张从山上滚下去哩。(老张从山上滚下去了。)(袁州)

(260) 天阴下去哩。(天空阴沉下去了。)(袁州)

例(255)的"落去"和例(258)的"下去"是动词,例(256)的"落去"和例(259)的"下去"是趋向动词,例(257)的"落去"和例(260)的"下去"是继续体标记。

能进入"VP/AP+落去/下去"格式中表示继续意义的动词或形容词是有一定的选择性的,这个与"VP/AP+起来"一样,动词需要具备"非位移义、持续义、持续段",形容词需具有状态变化性质,不再赘述。

赣西北客赣方言中还有一个表示"连着"义的词"接到",可以放在动词前构成继续体,例如"接到做""接到话"。还有"接到"与"落去/下去"的糅合式,例如"接到做落去/下去""接到话落去/下去"。

8.7 已然体

已然体表示动作行为所产生的状况已经成为事实。普通话中已然体"了$_2$"附加在句子末尾,例如:"这辆车我已经开了三年了。"该句中的"了$_1$"是实现体标记,句末的"了$_2$"是表示已然的语气词,有时也兼表完成,例如"他走了",这里的"了"是"了$_1$"加"了$_2$"。

赣西北客赣方言在已然体表达上有两种情况。一是用与一般实现体同形的标记附加在句子末尾构成,这可细分为五小类:(1)上高部分乡镇、宜丰、武宁与普通话一样,实现体用"了$_1$",已然体用"了$_2$";(2)丰城、樟树、新干、新余、分宜、袁州、萍乡、奉新$_客$、靖安$_客$、万载$_客$、修水$_客$、铜鼓$_客$十二个方言点的实现体用"哩$_1$",已然体用"哩$_2$";(3)高安、靖安实现体用"嘚$_1$",已然体用"嘚$_2$";(4)修水、上栗实现体用"哒$_1$",已然体用"哒$_2$";(5)上高部分乡镇、万载、铜鼓、奉新实现体用"过$_1$",已然体用"过$_2$"。二是绝大多数方言点用"来"或"去"与句末语气词"了$_2$""哩$_2$""嘚$_2$""过$_2$""哒$_2$"构成复合标记"来哩$_2$/嘚$_2$""去哩/了$_2$/过$_2$/哒$_2$"表示已然体。赣西北客赣方言已然体分布具体见表8-4。

表8-4 赣西北客赣方言已然体标记分布

	丰城	樟树	新干	新余	分宜	袁州	萍乡	上栗	万载	宜丰	上高
已然体	哩$_2$ 来哩$_2$	哩$_2$ 来哩$_2$	哩$_2$ 来哩$_2$	哩$_2$ 来哩$_2$	哩$_2$ 去哩$_2$	哩$_2$ 去哩$_2$	哩$_2$ 去哩$_2$	哒$_2$ 去哒$_2$	过$_2$ 去过$_2$	了$_2$ 去了$_2$	了$_2$ 过$_2$ 去过$_2$
	高安	奉新	靖安	武宁	修水	铜鼓	奉新$_客$	靖安$_客$	万载$_客$	修水$_客$	铜鼓$_客$
已然体	嘚$_2$ 去嘚$_2$	过$_2$ 去过$_2$	嘚$_2$ 去嘚$_2$	了$_2$ 去了$_2$	哒$_2$ 去哒$_2$	过$_2$ 去过$_2$	哩$_2$ 来哩$_2$	哩$_2$	哩$_2$ 去哩$_2$	哩$_2$	哩$_2$ 去哩$_2$

8.7.1 过$_2$、哩$_2$、哒$_2$、嘚$_2$

万载、铜鼓、上高、奉新的"过$_2$",丰城、樟树、新干、新余、分宜、袁州、萍乡、奉新客、靖安客、万载客、修水客、铜鼓客的"哩₂",高安、靖安的"嘚₂",上栗、修水的"哒₂",这四个已然体标记用在句末表示动作行为所产生的状况已经成为事实,如果句末是动词则兼表完成和已然,用法与"了₂"相同。单用"过₂""哩₂""嘚₂""哒₂"表示事情即将或已经实现。例如:

(261) 我快到上海哩₂。(我快到上海了。)(铜鼓客)

(262) 渠六十岁哩₂。(他六十岁了。)(袁州)

(263) 我拿衣裳收起来过₂!(我把衣服收起来了!)(奉新)

(264) 钱包寻到哒₂!(钱包找到了!)(修水)

(265) 宝宝一年一年个长大嘚₂。(宝宝一年一年地长大了。)(高安)

"过₁"与"过₂","哩₁"与"哩₂","嘚₁"与"嘚₂","哒₁"与"哒₂",配合使用,前者表示动作的完成,后者表示情况有了变化或状态已经实现。例如:

(266) 渠喫哩₁饭哩₂。(他吃了饭了。)(铜鼓客)

(267) 我读哩₁三遍哩₂。(我读了三遍了。)(袁州)

(268) 新屋做过₁半年过₂。(新房做了半年了。)(奉新)

(269) 我看嘚₁两转电影嘚₂。(我看了两场电影了。)(高安)

(270) 我读哒₁三年大学哒₂。(我读了三年大学了。)(修水)

如果"V+哩/过/嘚/哒"在句末,这个"哩/过/嘚/哒"是"哩哒₁/过哒₁/嘚哒₁/哒₁"和"哩₂/过₂/嘚₂/哒₂"的融合,可以标记为"哩₁₊₂/过₁₊₂/嘚₁₊₂/哒₁₊₂"。例如:

(271) 渠已经走哩₁₊₂/过₁₊₂/嘚₁₊₂/哒₁₊₂。(他已经走了₁₊₂。)

(272) 渠哭哩₁₊₂/过₁₊₂/嘚₁₊₂/哒₁₊₂。(他哭了₁₊₂。)

8.7.2　去哩₂、去了₂、去过₂、去哒₂、来哩₂、来嘚₂

赣西北客赣方言大多数方言点会用句末助词"去"或"来"与已然体标记"过₂""哩₂""嘚₂""哒₂"连用构成复合已然体标记"去哩₂""去了₂""去过₂""去哒₂""来哩₂""来嘚₂",表示事态出现了新情况、新变化,或状态已经实现,相当于普通话中的"了₂",但比"了₂"语气更强些。这些复合已然体标记可用于名词性谓语句的句末,具有独立成句的作用。例如:

(273) 老张就六十岁去哩₂。(老张就六十岁了。)(袁州)

(274) 渠二十岁来哩$_2$。(他二十岁了。)(新余)

(275) 小张混得不错哦,就副院长去过$_2$。(小张混得很好,就当上了副院长。)(上高)

(276) 今阿是十二月二十四去了$_2$,就要过年了。(今天是十二月二十四了,马上就要过年了。)(宜丰)

(277) 时间过得蛮快哟,就十二点钟去哒$_2$。(时间过得真快呀,就十二点钟了。)(修水)

(278) 明明长得蛮快,就一米七来哒$_2$。(明明长得很快,就有一米七了。)(靖安)

以上用例是名词性谓语句,其名词必须蕴含职位、等级、身高等单向顺序义或年龄、时间等推移义,比如"副院长、院长"为单向排序的职位名称,年龄、日期是具有时间推移义的名词。

"去哩$_2$""去了$_2$""去过$_2$""去哒$_2$""来哩$_2$""来嘚$_2$"还可以用于动词性谓语句、形容词性谓语句和"有"字句的句末。例如:

(279) 小宝会走路去哩$_2$/去了$_2$/去过$_2$/去哒$_2$/来哩$_2$/来嘚$_2$。(小宝会走路了。)

(280) 老王打麻将输泼/刮几千块钱去哩$_2$/去了$_2$/去过$_2$/去哒$_2$/来哩$_2$/来嘚$_2$。(老王打麻将输掉几千元了。)

(281) 老刘有九十几岁,蛮糊涂去哩$_2$/去了$_2$/去过$_2$/去哒$_2$/来哩$_2$/来嘚$_2$。(老刘有九十多岁,很糊涂了。)

(282) 箇张车开哩$_1$/了$_1$/过$_1$/哒$_1$/嘚$_1$上十年去哩$_2$/去了$_2$/去过$_2$/去哒$_2$/来哩$_2$/来嘚$_2$。(这辆车开了上十年了。)

(283) 老张有三个崽女去哩$_2$/去了$_2$/去过$_2$/去哒$_2$/来哩$_2$/来嘚$_2$。(老张有三个儿女了。)

以上用例句末的"去"或"来"均可以去掉,但去掉后只是客观陈述事态已经发生变化这一事实;使用复合已然体标记"去哩$_2$、去了$_2$、去过$_2$、去哒$_2$、来哩$_2$、来嘚$_2$"则具有强调的作用,肯定事态出现了变化;如果复合已然体标记位于数量短语后面则表达主观大量,如例(282)、例(283)。

8.8 重行体

重行体表示动作重复进行。普通话中动作行为的重行体一般用副词"再""重(新)"放在动词前构成"再/重(新)＋V＋(C)"式表示。例如"重做一遍""再来一次"等。赣西北客赣方言各方言点中的重行体按体标记位置的不同可以分为前加式和后附式两种。前加式的表示法及体标记与普通话相同。后附式重行体表示法一般用"V＋过＋(补语)"或"V＋补语＋凑"格式。这两种表达格式还经常糅合在一起，构成"再＋V＋(补语)＋凑"和"重(新)＋V＋过＋(补语)"格式。赣西北客赣方言各方言点以上格式都使用。

8.8.1 前加式

赣西北客赣方言各方言点都可以用副词"再""重(新)"放在动词前构成"再/重＋V＋(补语)"的格式，表达动作重复进行的语法意义，这一点与普通话一致。这应是受北方方言、普通话的影响而产生的一种用法。下面略举几例：

(284) 尔再话一遍。(你再说一遍。)(上高)

(285) 尔畀作业重抄一遍。(你把作业重抄一遍。)(上高)

(286) 你再听一遍磁带。(袁州)

(287) 箇件衣裳冇洗伶俐，重洗一下。(这件衣服没有洗干净，重洗一下。)(袁州)

(288) 你拿箇道题再讲一遍吧。(你把这道题再讲一遍吧。)(铜鼓客)

(289) 你拿地重扫一下。(你把地重扫一下。)(铜鼓客)

8.8.2 后附式

赣西北客赣方言各方言点使用副词"凑""过"后附在动词后面，构成"V＋过＋(C)"或"V＋C＋凑"格式，表示动作重复进行。这两个格式一般要插入数量补语，前者在"过"后，后者在"凑"前。能进入该格式的动词一般是动作性较强的自主动词，如"看""读""写""扫""抄""讲""话"等。这两个格式应是赣西北客赣方言固有的语言现象。例如：

(290) 箇只手机冇修好,修过。(这部手机没有修好,重新修。)(上高)

(291) 尔喫一碗凑。(你再吃一碗。)(上高)

(292) 我上昼冇寻到李老师,下昼还要去过。(我上午没有找到李老师,下午还要再去。)(袁州)

(293) 莫走,坐下仔凑。(别走,再坐一会儿。)(袁州)

(294) 箇只手机不好,换过一只。(这部手机不好,再换一个。)(铜鼓客)

(295) 地板冇拖伶俐,拖遍凑。(地板没有拖干净,再拖一遍。)(铜鼓客)

"过"后可以没有数量补语,如例(290)、例(292),但"凑"前一般是需要带上数量补语的,如例(291)、例(293)、例(294)。

8.8.3 糅合式

赣西北客赣方言各方言点还存在一种糅合式,即前加式和后附式糅合在一起构成"重(新)+V+过+(C)"或"再+V+补语+凑"格式,甚至还有多重重复的格式"重(新)/再+V+过+(C)+凑"和"再重新+V+过+(C)+凑"。"重(新)""再""过""凑"在这几个格式中共同修饰一个谓语中心,这种杂糅现象的产生是普通话与赣方言相互竞争而产生的一种妥协状态。汪化云在《鄂东方言研究》(2004:186)一书中借用语音方面"文白"的概念用于语序,认为:"文白异序现象是古今汉语演变,南北方言推移的中间现象,'白序'是鄂东方言固有的语序,'文序'则是今北方方言、普通话语序在该方言中的重叠,这种重叠仍在发展之中。"重行体的"文序"是前加式现象,"白序"是后附式现象,赣西北客赣方言的重行体也出现了文白异序的现象,并广泛存在于各方言点中。例如:

(296) 再去上海一转凑。(再去上海一次。)(上高)

(297) 再寻一转凑。(再找一次。)(上高)

(298) 前几遍都冇读好,重读过一遍。(前几遍都没有读好,重新读一遍。)(上高)

(299) 重读过一遍凑。(重新读一遍。)(上高)

(300) 再劝渠一转凑。(再劝说他一次。)(袁州)

(301) 再用一转凑。(再用一次。)(袁州)

(302) 车仔冇洗伶俐,重洗过遍。(车子没有洗干净,重新洗一遍。)(袁州)

(303) 重/再洗过一遍凑。(重新洗一遍。)(袁州)

(304) 再话一遍凑。(再说一遍。)(铜鼓客)

(305) 重话过一遍。(再说一遍。)(铜鼓客)

(306) 重/再话过一遍凑。(再说一遍。)(铜鼓客)

由上例可看出,"再+V+C+凑"格式中的动词后面可以接受事宾语,如例(296)、例(300),也可以省略,如例(297)、例(301)。"重+V+过+(补语)"格式中的动词后一般不再接名词性宾语,动作的受事要么在话语中省略,如例(298)省去了"课文",要么提前放在句首,如例(302)中的"车仔"。

"再+V+C+凑"格式中的 V 还可以换成不及物动词或者表状态变化的形容词,该句式就不再表示动作的重复,而是表示动作或状态的继续。以上高话为例:

(307) 尔再瞌下仔凑。(你再睡一会儿。)

(308) 西瓜熟忽仔凑就更好喫。(西瓜再熟一点就更好吃。)

例(307)表示继续睡下去,例(308)表示继续熟下去。

8.9 先 行 体

先行体表示某一动作、状态、事件在将来的某个时间(以说话时为参照点)先行实现。普通话先行体标记是"再说",现代汉语方言的先行体标记有"着"[①]"正"[②]"唆"[③]等。这些助词往往用于句子末尾,表示"…再说"的意思,同时还兼表延宕、预警等语气。

赣西北客赣方言先行体标记有三类:一是"着""纽"和"正"。袁州、分宜、新余、樟树、新干、丰城、高安、宜丰、奉新、靖安、奉新客、靖安客等用"着";万载、上高等用"纽"(本字不详,上高读为[ȵiu⁰]);萍乡、上栗、武宁、修水、铜鼓、万载客、修

[①] 先行体标记"着"分布区域较广,部分官话区(中原官话、兰银官话、西南官话、江淮官话的鄂东地区)、晋语、赣语、湘语,山东省沂水、寿光、淄川、临淄、临朐一带,陕南镇安、平利等地的"客户话"等(乔全生 2000,邢向东 2002,陈昌仪 1991,杨永龙 2002,罗自群 2004,丁崇明,荣晶 2003,胡明扬 2003 等)。见《陕北晋语语法比较研究》,邢向东,商务印书馆,2006:264。

[②] 从现有材料看来,"正"主要见于汉语东南部方言中的客家话,广及湖南、江西、广东、四川 4 省,还见于湖南东部湘、赣语以及湘南土话,广东粤语中也有零星分布。见陈山青《湖南汨罗方言的先行体貌助词"正"》,《长江学术》2011 年第 1 期。

[③] 见汪国胜《大冶方言语法研究》,湖北教育出版社,1994:197—199。

水客、铜鼓客用"正"。萍乡、上栗、武宁、修水、铜鼓这五个赣语点用"正"显然是受到周边客家话的影响。二是"起",赣西北客赣方言二十二个点都使用。三是"先",赣西北客赣方言都使用。"先"可以分别与前两个标记叠加使用,构成"先+VP+着/纽/起"格式。先行体标记具体分布见表8-5。

表8-5 赣西北客赣方言先行体标记分布

	丰城	樟树	新干	新余	分宜	袁州	萍乡	上栗	万载	宜丰	上高
VP+着	√	√	√	√	√	√				√	
VP+纽									√		√
VP+正							√	√			
VP+起	√	√	√	√	√	√	√	√	√	√	√
先+VP	√	√	√	√	√	√	√	√	√	√	√

	高安	奉新	靖安	武宁	修水	铜鼓	奉新客	靖安客	万载客	修水客	铜鼓客
VP+着	√	√	√				√	√			
VP+纽											
VP+正				√	√	√			√	√	√
VP+起	√	√	√	√	√	√	√	√	√	√	√
先+VP	√	√	√	√	√	√	√	√	√	√	√

8.9.1 着

8.9.1.1 先行体标记"着"的研究概述

刘平(2002)对袁州话的"着"[tɕoŋ³⁵]进行了研究,她认为"着"不能作动态助词,只能作语气助词,只用于句子末尾,表示先行语气、预警语气、违逆语气三种用法。现择其主要观点简述如下。

"着"在动词短语VP₁后面,表示说话人希望该动作行为先发生,语气较委婉。通常有与之配套的后发生的动作行为VP₂。表先行语气有三种格式。

1. 格式为"VP₁+着,VP₂"。表示VP₁与VP₂相比,具有先期实现的意义。

例如：

(309) 等我默下子神着,以后再答复尔。(等我想一想再说,以后再答复你。)

(310) ——尔几时做作业?(你什么时候做作业?)

——莫慌,看哩动画片着。(别慌,看了动画片再说。)

该格式中 VP_1 前可以有"等""先", VP_2 前可以有"再"等字与"着"呼应,但常可省略。

2. 格式为"VP？——TP+着",用于答语,表示答话者要先到了某一时间(TP),然后才实行或考虑是否实行问句中的 VP。例如：

(311) ——你如今去我屋里么?(你现在去我家里吗?)

——明日着。(明天再说。)

(312) ——几时去看电影?(什么时候看电影?)

——夜里着。(晚上再说。)

3. 格式为" VP_1？——VP_2+着?",用于答语。VP_2 可以是复杂的谓词结构。"VP_2+着"表示对方必须先回答自己的问题"VP_2？",然后才可答对方的问题"VP_1？"。例如：

(313) ——你那本书借得我看一下做得么?

——你要借几工_{几天}着?［时间不长就可以。］①

(314) ——妈妈,带我去公园好么?

——你考哩一百分么着?［考一百分就带你去。］

预警语气是制止对方正在进行或打算实施的行为 VP_1,并预警实施 VP_1 将发生不良后果 VP_2,或预警发生不良后果的时间。

(315) 莫到石头上耍,跌一跤着!［又会跌得要死。］

(316) 清明都到哩还不下种,冬下_{冬天}着!［会饿肚子!］

违逆语气是表示不顾对方的劝说或警告,执意要做某事。用于答语。格式为"VP+着"(祈使句/反问句)。

---

① 中括号的句子不是翻译,是补充对话中的后续句,下同。

(317)——那张凳坏哩,莫坐!
　　——管渠,坐哩着!(不管它,坐了再说!)
(318)——蘑菇有毒,喫不得!
　　——管渠,喫哩着!(不管它,吃了再说!)

"着"的预警语气和违逆语气是从先行语气引申而来。这两种用法中仍然含有"先行"的意思:带"着"的VP比省略了的后面的VP先发生。例如:

(319)还在笑,笑爆哩肚子着![就有你好看!]
(320)——又去捉蛤蟆,不怕下世变蛤蟆!
　　——捉哩着![下世变蛤蟆我也认!]

从以上论述来看,"着"无论是先行语气,还是预警语气、违逆语气,其核心语法意义是"表示事件先行实现",至于预警语气、违逆语气应该是前后语境所赋予的附加语法意义,不是"着"的核心语法意义。

陈小荷(2012:227)介绍了丰城话的"着$_2$[tsɔʔ^4]"①的四种句式:

A. NPt 着　　　　　　后日着/明年九月一号着
B. VP 着$_2$　　　　　洗哩着/洗一下着
C. (边)V 着$_1$(NP)着$_2$　居只凳仔高落哩!——你(边)坐着$_1$着$_2$,等一下换一只。
D. V 着$_1$ 着$_2$　　　站着$_1$ 着$_2$

陈小荷分析了上述四种句式语用功能。这四种句式都有"延宕"功能,A式和B式的前一种还具有"警告"功能。"着$_2$"字句表示警告的功能可能是从表示延宕的功能中派生出来的。

陈先生上述对丰城话的"着$_2$"语用功能的分析也说明"着$_2$"核心语法意义是"事件先行实现",附加意义才是"延宕、警告"。

关于"着$_2$"的性质,学界也有不同意见。陈小荷认为,丰城话的"着$_2$"不是"语气助词"而是"代动词",它可以指代语境中任何具体的动作和行为。他的理由有两个:第一,它可以受到副词"再"修饰,丰城话里能受副词"再"修饰的只有动词。第二,它前边可以加否定性词语"莫慌"(别忙)、"慢微仔(慢点儿)",丰城话里只有动词前边才可以加这两个否定性词语。谢留文(1998)在

---

① 陈小荷先生把表示先行意义的"着"记作"着$_2$",动词后缀"着"记作"着$_1$"。

《南昌县(将巷)方言的两个虚词"是"与"着"》一文中,也同意陈小荷的观点,认为南昌话的"着"也有作代动词的用法。刘平(2002)则认为"着"是个语气助词。她指出:宜春话(即袁州话)的"着"前面也可以加"莫慌"(别忙)、"慢微子"(慢点儿)。"再着"虽不常用,但在具体语境中偶尔也会说。并且,宜春话还可以有"不要+着""莫+着"。但是,这些显然是一种省略的用法,因此,宜春话中的"着"不是"代动词",例如:"慢微子(喫)着,先洗手!""你莫慌(哭)着,等医师来看哒。"

我们认同刘平"慢微仔""莫慌"后面省略主要动词的分析,"着"应该不是"代动词"。但我们认为"着"也不是一个单纯的"语气助词",而是先行体标记兼语气助词。"着"在句末表"事件先行实现"的核心语法意义后,还可以在不同语境中兼表警告、延宕、违逆等语气。

8.9.1.2 先行体标记"着"的句法分布

赣西北客赣方言的"着"使用频率高,用法广。它一般黏附在句子(包括小句)的句末,最常见的是谓词性句子,其次是体词性句子。

黏附"着"的谓词性句子的一般句式是"(S+)VP/AP+着"。这类句式表示必先实施 VP_1,再实施 VP_2,VP_2 有时候出现,但含"着"的句子往往不出现 VP_2,因为它是前文已出现的旧信息或可推导出来的信息,均能据语境补出。以 VP_2 的出现与否分成两类,以袁州话为例。

1. 格式:(S+)VP_1/AP_1+着,VP_2/AP_2

(321) 你做哩作业着,电视等下仔看。(你做了作业再说,电视等一下看。)

(322) 我喫哩饭着,等下仔同你伢耍。(我吃了饭再说,等会儿跟你们玩。)

(323) 你喫哩着,我晏滴仔喫。(你先吃了再说,我晚点儿吃。)

(324) 你伢先去哩着,我伢明日再去。(你们先去了再说,我们明天再去。)

(325) 饭熟哩着,等下仔再喫。(饭熟了再说,等会儿再吃。)

(326) 病好哩着,好哩我带你去喫肯德基。(病好了再说,好了我带你去吃肯德基。)

例(321)、例(322)动词后带宾语,前后两句的 S 是同质的,而 V_1 与 V_2 则不同质,V_2 作为 V_1 的对比项出现;例(323)、例(324)动词后必须带实现体标记"哩",前后两句的 S 不同质,而 V_1 与 V_2 则同质;例(325)、例(326)是具有状态变化的形容词作谓语。这个格式的句子多表达延宕、建议、命令或劝阻类的语用义。

2. 格式：VP/AP₁(S+)VP₁/AP₁＋着

(327) 姆妈,我想出去耍。——做正哩作业着。(妈妈,我想出去玩。——做完了作业再说。)

(328) 爸爸,帮我买只电脑吵。——考到大学着。(爸爸,帮我买台电脑。——考上大学再说。)

(329) 你还不找老婆呃?——耍几年着。(你还不找老婆吗?——玩几年再说。)

(330) 洗冷水澡会冷凉来。——洗哩着。(洗冷水澡会着凉。——洗了再说。)

(331) 我想去菲律宾耍下仔。——莫去着,中菲关系有滴仔紧张。(我想去菲律宾旅游。——先不要去,中菲关系有点儿紧张。)

(332) 你快滴仔帮我改一下论文吵。——莫急着,等下给你改。(你快点儿帮我修改一下论文呀。——先别着急,等下帮你修改。)

(333) 婆婆,我想去摘西瓜喫。——等西瓜熟哩着。(奶奶,我想去摘西瓜吃。——等西瓜熟了再说。)

(334) 我伱去河里游水吧。——等天热哩着。(我们去河里游泳吧。——等天气热了再说。)

该句式的 VP₁/AP₁ 通常不能为单音节,若是单音节动词、形容词,后面或者带上实现体标记"哩₁"等,如例(331)、例(334),或者前面带上"莫",表达否定性祈使语气,如例(332)、例(333);若是非单音节谓词,VP₁ 多是动结式(吃完)、动趋式(考上),或是动词性主谓、动宾、动补、连动、兼语词组。AP₁ 一般为表性质状态变化的义类,如"好""红""热"等,这些形容词加上相应的体貌助词,如"哩₁""过₁""起来"等,表示状态的变化,语法功能近似动词(VP)。这类格式多表达建议、警告、违逆类语用义。

黏附"着"的体词性句子的一般句式是"NP＋着"。这些体词性句子由顺序义时间名词以及其他名词性成分充当,具有谓词性。邢福义(1984)早就指出:能进入"NP了"句式的 NP 具有推移性…能受时间副词"都(＝已经)"的修饰,如"都十点钟了,他为什么还没到"。马庆株(2002:134—136)进一步提出:顺序义名词(或短语)具有谓词性,其词义中所含顺序义表示时间的推移及空间位置的移动…后面能加实体助词"了",前面可以有表示时间的副词"已经、都(＝已经)、就"等,如"过半年就春节了"。

赣西北客赣方言能进入"NP＋着"句式的"NP"具体可分成如下两类:

1. "NP"是时间名词或时间名词短语。以袁州话为例:

(335) 哥哥,我想去香港耍。——明年着。(明年再说。)

(336) 你何个时候有空来我这里耍下仔呀?——暑假着。(暑假再说。)

(337) 我想买只新手机?——下半年着。(下半年再说。)

2. "NP"是含有表示次序的方位词语素的名词或名词性短语。例如:

(338) 司机,我要方便一下。——下一站着。(下一站再说。)

(339) 哥哥,你带我去爬山吧。——下转着。(下一次再说。)

上例中的"下一站""下转"所表示的"次序"都是在说话时间之后的,所以"次序"实质上表达的还是将来时间概念。

从"着"的句法分布可知,"着"黏附在句子上,它所表示的 VP_1/AP_1 的先行实施具体包括动作行为、状态变化、时间及次序的先行实现。它出现的语境是:发话人要求实施事件二($VP_2/AP_2/NP_2$),答话人出于某种缘故,决定先行实施事件一($VP_1/AP_1/NP_1$)后再实施事件二;或者说话人直接表达先实现事件一(VP_1/AP_1),再实施事件二(VP_2/AP_2)。

8.9.2 纽

先行体标记"纽"(本字不详,用"纽"记录,上高读为[ȵiu⁰],万载读为[ȵi⁰]),在万载、上高等口语中是个高频词。其语法意义、语法功能、句法分布与赣西北客赣方言其他方言点的"着"基本相同。以上高话为例略举几例:

(340) A:尔打算什仂时候搬家?(你打算什么时候搬家?)
　　　　B:等放过寒假纽。(等放了寒假再搬。)

(341) A:树上个桃仔可以摘过吧?(树上的桃子可以摘了吧?)
　　　　B:等红过纽。(等红了再摘。)

(342) A:尔箇段时间闲得么?一起去明月山转下仔。(你这段时间有空吗?一起去明月山玩一玩。)
　　　　B:箇个月蛮多事,下个月纽。(箇个月很多事,下个月再说。)

(343) A：我想去新疆䖟。（我想去新疆旅游。）
　　　B：暑假纽。（暑假再说。）

8.9.3　正

萍乡、上栗、修水、武宁、万载客、修水客、铜鼓客的先行体标记"正"（本字不详，用"正"记录），在修水、修水客、萍乡等口语中是个高频词。其语法意义、语法功能、句法分布与赣西北客赣方言其他方言点的"着"基本相同。以修水话为例略举几例：

(344) 尔莫插嘴，等我话正哩正。（你别插话，等我说完了再说。）

(345) 莫紧催，等我吃正饭正。（别总催，等我吃完饭再说。）

(346) A：蛮想出去走下仔。（好想出去走一走。）
　　　B：病好哩正。（病好了再说。）

(347) A：尔打算年底结婚吧？
　　　B：明年正。（明年再说。）

8.9.4　起

赣西北二十二个方言点都可以用"起"表示动作先行，相当于普通话的前加式"先"，或者相当于粤语、闽语和客家话中的后附式"先"（如"吃饭先"），主要附于动词及动词短语后表示某种动作的发生先于其他动作的发生，也可以与副词"先"配合再用。以上高话为例：

(348) 是渠打我起。（是他先打我。）

(349) 渠话老婆起。（他先娶老婆。）

(350) 阳阳感冒起。（阳阳先感冒。）

(351) 尔走起。（你先下。下围棋、象棋时棋手甲让棋手乙先走）

(352) 让老师走起。（让老师先走。）

(353) 尔话起，我等下话。（你先说，我等下说。）

(354) 我人喫起，不等渠伆。（我们先吃，不等他们。）

(355) 饿人个话喫忽仔零食起，等饭好过再喫饭。（肚子饿的话先吃点儿零食，等饭弄好了再吃饭。）

(356) 早上起来喫杯蜂蜜水起，再喫其他东西。（早晨起来先吃一杯蜂蜜水,再吃其他东西。)

以上例子中的"起"的核心意义都是表示 A 事件先于 B 事件,但在具体语境中又有不同的语用义。例(348)、例(349)、例(350)是已然事件,句中隐含着比较的意义,隐性比较项可以补出,且谓语动词与显性项同质。例(351)、例(352)、例(353)是未然事件,该类句式一般是非现实情态的祈使句,表达说话者的礼貌或谦让。例(354)、例(355)、例(356)也是未然事件,该类祈使句往往表达建议或命令。

"起"还可以附于具有状态变化的形容词之后,表示某性质状态先于其他状态产生。例如:

(357) 箇只桃树个桃仔熟起。(这棵桃树的桃子先熟。)

(358) 箇朵花红起。(这朵花先红。)

(359) 我个左脚痛起。(我的左脚先痛。)

"起"原本是动词,表示离开原来的位置,如"起床""起立""起身""起跑"等,后进一步引申为"开始"(起初)、"拔出"(起锚)、"发生"(起诉)、"长出"(起痱子)、"拟定"(起草)、"建造"(白手起家)等;"起"还可以用在动词后面作趋向动词,如"想起""兴起"等;"起"用在动词后表示开始,如"从哪里话起?""唱起来";"起"用在时间词后,表示从那个时候开始,如"从明日起,尔就来这里上班"。

"起"的核心义素是[＋起点],后由"起点"引申为"开始"义,这经历了空间隐喻到时间隐喻的过程,即有空间上的"起点"到时间上的"开始",如果进一步隐喻至事理、关系上的"开始",即"优先",这时"起"也就虚化成了先行体标记,表示某动作行为或状态优于其他动作或状态产生。

赣西北客赣方言还用"先"表示动作先行,这与普通话完全相同,不过"先"还可以与"着""纽""正""起"叠加使用,构成"先＋VP＋着/纽/正/起"的格式,有强调先行的作用。例如:

(360) 先喫哩饭着,等下仔看电视。(先吃了饭再说,等一会儿看电视。)(袁州)

(361) 莫做过作业,先喫过饭纽。(别做作业了,先吃了饭再说。)(上高)

(362) 先洗哩手正,等下仔食饭。(先洗了手再说,等一会儿吃饭。)(铜鼓)

(363) 先写作文起,再写别个作业。(先写作文,再写别的作业。)(丰城)

这种格式也是赣方言固有格式"VP＋着/纽/正/起"与北方方言、普通话的

"先+VP"相互竞争而产生的。

8.10 将行体标记

将行体是指参照点之后，动作变化将要发生或情况状态将要出现。普通话往往采用"将要""就""马上"等时间副词作为标记，在谓词性成分前作状语。赣西北客赣方言的将行体标记有两类：一是前加式，即使用时间副词"马上""就"，构成"马上/就+VP"；二是后附式，即使用助词"嗟""格""去""去哩"等构成"VP+嗟/格/去/去哩"格式，一般后置于句末。这两类标记还可以叠加使用，构成"马上/就+VP+嗟/格"的糅合式，该格式是北方方言、普通话格式"马上/就+VP"与赣西北客赣方言固有格式"VP+嗟/格/去/去哩"相互竞争而产生的。有些方言点没有后附式格式，可能是前加式格式在竞争中胜出。赣西北客赣方言将行体标记具体分布见表8-6。

表8-6 赣西北客赣方言将行体标记分布

	丰城	樟树	新干	新余	分宜	袁州	萍乡	上栗	万载	宜丰	上高
前加式	√	√	√	√	√	√	√	√	√	√	√
后附式	—	—	嗟	格	格	格	去	去	嗟	嗟	嗟
糅合式	—	—	√	√	√	√	√	√	√	√	√
	高安	奉新	靖安	武宁	修水	铜鼓	奉新客	靖安客	万载客	修水客	铜鼓客
前加式	√	√	√	√	√	√	√				
后附式	嗟	格	格	格	格	格	格	去哩₂	去哩₂	去哩₂	去哩₂
糅合式	√	√	√	√	√	√	√	√	√	√	√

8.10.1 上高话将行体标记"嗟"[①]

上高话的将行体有两种形式。(1)以时间副词"就""快""马上"等作为标

[①] 本小节内容已经发表，见《赣语上高话的将行体"嗟"》(《语言研究集刊》第十一辑，2013年)。

记,其用法与普通话里的用法相同,本文不展开讨论。(2)以"嗟"[tɕiɛ⁰]为标记,用在句末表示事态即将实现或状态将有所变化。以下将重点讨论这个将行体标记"嗟"。

8.10.1.1 "嗟"的语义和功能

(一)"嗟"的语义特点

上高话的"嗟"常黏附于单句或分句的句末,表示相对于某一参照时间,所述事态、状态即将实现或有所变化。试比较如下例句:

(364) A. (我在)喫饭。   B. (我)喫饭嗟。(马上吃饭了。)

(365) A. 婆婆六十岁。   B. 婆婆六十岁嗟。(奶奶马上六十岁了。)

(366) A. 水冷。(水凉)   B. 水冷嗟。(水马上凉了。)

以上例子的 A 句只是客观叙述"我在吃饭""婆婆六十岁"的事态、"水凉"的状态,B 句则表示"我马上吃饭""婆婆马上满六十岁""水马上变凉"。

"嗟"所含的"将来"义因参照时间不同而有所不同。如果参照时间是说话时间,表示即将实现,是"近将来";如果参照时间是将来的某时,表示将来某时以后才实现,是"远将来";如果参照时间是过去的某时,表示过去某时之后才实现,是"过去将来"。例如:

(367) 我就去上班嗟。(我马上去上班了。)

(368) 等明年退过休,我去乡下住嗟。(等明年退了休,我马上去乡下住。)

(369) 我昨日赶到火车站个同拉,火车要开嗟。(我昨天赶到火车站的时候,火车马上要开了。)

"近将来"一般没有时间名词,往往还有时间副词"马上""就"与"嗟"同现,表达较强的"即将实现"意义;"远将来"和"过去将来"都有相应的时间名词作为参照时间,表示将来某个时间或过去某个时间之后实现某事。

将行体"嗟"不仅蕴含了"将来"时间信息,还蕴含了以施事为取向的认识情态:预测和意图。预测是说话者根据目前情况对未来事件发生可能性的估计;意图是说话者对未来的主观期望或者对未来行动的主观计划。"预测"是将行体"嗟"的核心认识情态,"意图"则是伴随认识情态。

当主语为第一人称,谓语为自主动词时,"嗟"表达了说话者的"意图"。例如:

(370) 我困觉嗟。(我马上睡觉了。)

(371) 我做作业嗟。（我马上做作业了。）

(372) 我走嗟。（我马上要走了。）

无论什么主语，谓语为非自主动词时，或主语为非第一人称，谓语为自主动词时，一般表达了说话者的"预测"。表达预测类的句子，谓语之前往往有助动词"会"同现，协同表达预测义，有时也可以不出现。例如：

(373) 我会下岗嗟。（我马上下岗了。）

(374) 渠明年会调走嗟。（他明年将要调走了。）

(375) 饭熟嗟。（饭马上熟了。）

(376) 渠会去上班嗟。（他马上要去上班了。）

据以上讨论，"嗟"的语法意义特征可归纳为：[＋预测/意图][＋将实现]。

(二)"嗟"的功能和分布

在上高话中，"嗟"既可用于谓词性成分之后，又可用于体词性成分之后，通常位于句末。

1. 用于动词谓语后，构成"VP 嗟"格式。例如：

(377) 我走嗟。（我马上走了。）

(378) 天会落雨嗟。（天空马下要下雨了。）

(379) 渠出去打工嗟。（他马上出去打工了。）

上高话中的绝大多数动词能进入"VP 嗟"格式，如行为动词、趋向动词、心理活动动词、存在消失动词等。例如：

(380) 我打球嗟。（我马上去打球了。）

(381) 我下来嗟。（我马上下来了。）

(382) 我喜欢莉莉嗟。（我马上喜欢莉莉了。）

(383) 渠会有钱嗟。（他马上会有钱了。）

表关系和属性的动词（如"是""等于""像""姓"等）和一些能愿动词、心理动词等不能进入"VP 嗟"格式（如"应当""可能""觉得""希望"等）。例如：

(384) ＊中国首都是北京嗟。

(385) ＊我希望身体健康嗟。

VP 在结构上可以是动宾、动补、状中、连动等各种动词短语，也可以是宾语、补语、状语几个成分同现。例如：

(386) 我看电视嗟。（我马上看电视了。）

(387) 鞋子补好嗟。（鞋子马上补好了。）

(388) 我认真看书嗟。（我马上认真看书了。）

(389) 我去图书馆看书嗟。（我马上去图书馆看书了。）

(390) 我马上修好电视机嗟。（我马上修好电视机了。）

2. 用于形容词谓语之后，构成"AP 嗟"格式。例如：

(391) 水冷嗟，快洗脚。（水马上冷了）

(392) 衣裳臭嗟，尔还不洗呃？（衣服马上要臭了，你还不洗吗?）

(393) 快做得去，天暗嗟嘞。（快点做事，天马上就黑了。）

上高话中的部分性质形容词能进入"AP 嗟"格式，这些形容词具有性质状态变化的特征，能够受"已经""冇"的修饰，如"饱""青""酸""绿""红""臭""老""瘦""穷""暗""好""冷""歪""旧"等。

3. 用于体词性谓语之后，构成"NP 嗟"格式。例如：

(394) 小明几大仔呃？——十岁嗟。（小明多大呀？——快十岁了。）

(395) 热天嗟，还不买空调呃？（马上要到夏天了，还不买空调吗?）

(396) 尔大学生嗟，还不会打借条？（你马上是大学生了，还不会写借条?）

(397) 李涛正厅嗟。（李涛马上当上正厅了。）

上高话中能进入"NP 嗟"格式的体词性成分有一定的要求，NP 所表示的事物具有顺序性或推移性语义特征。所谓具有推移性特征，是说 NP 表示的概念是由相对的概念推移而来的，有一个发展序列的存在。这类名词具体包括顺序义名词（如"部长""大学生""团长"等）、时间名词（如"春天""三月""星期一"等）、数量短语（如"三个""五万""千斤"）等。但如果 NP 表示的事物处在单向顺序义且不具有循环性的起始位置，是不能进入"NP 嗟"这一格式，如"士兵嗟""小学生嗟"等不能说。

(三) "嗟"可出现的句类

从句式来看，"嗟"可用于陈述句、疑问句、感叹句中。例如：

(398) 明明七岁嗟。（明明马上七岁了。）

(399) 尔大学毕业后去做什嗟呃？（你大学毕业后打算去做什么呢?）

(400) 尔是去读大学嗟嘿?(你是马上要去读大学吗?)

(401) 尔喫饭嗟啊还是喫粥嗟?(你打算吃饭呢还是吃粥呢?)

(402) 箇多事,烦死嗟!(这么多事,马上会烦死了!)

(403) 我人个生活越来越好嗟哦!(我们的生活马上会越来越好啊!)

"嗟"往往用在陈述句的肯定句式中,但有时也用于否定句中。例如:

(404) 喫过几个月个药也冇好,我唔喫药嗟。(吃了几个月的药也没有好,我马上不吃药了。)

(405) 尔夜头莫紧看电视,明日早上会起不来嗟唡。(你晚上不要一直看电视,明天早晨将会起不来了。)

如果否定句的预设是事件可能发生的,则带有警示语气。例如:

(406) 尔不来接我,我就不来嗟唡。(你不来接我,我就不来了。)

(407) 尔不做作业,等下仔冇有饭喫嗟唡。(你不做作业,等会儿将没有饭吃。)

有时候采用反问的句式表达肯定的将行体意义。例如:

(408) 何我不会做嗟呃? 莫紧催我。(难道我不会马上做吗? 不要一直催我。)

(409) 尔莫担心,尔伈息个病何不会好嗟呃?(你不要担心,你儿子的病难道不会马上好吗?)

"嗟"不用于祈使句中,没有"不许大声说话嗟"之类的祈使说法。祈使句是要求听话人或别的人做某件事或不做某件事,表达了命令、禁止、请求、劝说、催促、许可、警告等意义,而"嗟"表达的则是某事件即将或将要实现,表达了说话者的意图、推测等意义。试比较下列句子:

(410) A. 出去!(命令听话人)　　B. 出去嗟。(我马上出去了。)

(411) A. 快忽仔做啊!(催促听话人)　B. 快忽仔做嗟。(我将快点儿做。)

(412) A. 当心受骗!(提醒听话人)　　B. 当心受骗嗟。(我将当心受骗。)

(413) A. 少话几句唡!(劝说听话人)　B. 少话几句嗟。(我将少说几句。)

A组是祈使句,说话者要求听话人做某事,B组是说话者本人将要实现某事。如"出去!"是说话者命令听者出去,"出去嗟"是说话者自己马上要出去。

(四)"嗟"与其他语气词的组合

"嗟"作为将行体助词,并不排斥其后再带语气助词,根据句意表达的需要可以在"嗟"后附加陈述、感叹、疑问、揣测等语气词。"嗟"与语气词连用的时候,是逐层黏附在句子上的。例如:

(414) 我去北京/嗟/嘞。

(415) 我去北京/嗟/哦!

(416) 尔去北京/嗟/嘤?

(417) 尔也去读书/嗟/吧?

例(414)的"嘞"是表事态完成或新情况已出现,且略带夸张的句末语气词,用在"嗟"后表示出现了"我马上去北京"的新情况,且带有高兴、喜悦的语气。例(415)的"哦"是叹词,表达了说话者的极为兴奋、喜悦之情。例(416)的"嘤"疑问语气词。例(417)的"吧"是揣测语气词,用在疑问句中表示询问的同时带有揣测的意味。

8.10.1.2　将行体标记"嗟"字溯源

(一)"嗟"的本字考

上高话有动词"去[ɕiɛ²⁴]",助词"嗟[tɕiɛ⁰]",两者韵母相同,声母同为舌面音,"去"为擦音,"嗟"为塞擦音。我们认为"嗟"的本字为"去"。

"去"为中古见组溪母御韵开口三等去声遇摄字,拟音为[kʰio]。溪母字在上高话中分化为[ɕ](例如:欺、喫、欠、牵、墟、轻)和[kʰ](例如:考、敲、劝、缺、哭)。御韵字在上高话中一部分字分化为[iɛ],例如滤[liɛ²⁴]、锯[kʰiɛ²⁴]等。"去"(嗟)的声母由送气塞音[kʰ]到送气塞擦音[tɕʰ],然后兵分两路:一路演变为擦音[ɕ],一路演变为不送气塞擦音[tɕ]。"去"声母演变路径是:[kʰ]>[tɕʰ]>[h]>[ɕ],即[kʰ]遇介音[i]而腭化为[tɕʰ],[tɕʰ]塞音成分消失,只剩下送气成分转为[h],[h]再因[i]介音条件腭化为[ɕ]。与上高毗邻的高安把"去"读为[hiɛ],高安还处在[h]>[ɕ]的演变途中。"嗟"声母演变路径是:[kʰ]>[tɕʰ]>[tɕ],即[kʰ]遇介音[i]而腭化为[tɕʰ],然后送气成分脱落[tɕ]。与上高毗邻的袁州话的"去(记为"格",将来时态助词)"的声母为[k],而袁州话动词"去"的声母为[tɕʰ],这也证明了"去"的助词用法送气成分会脱落。

(二)"去—嗟"的语法化过程

"去"的语法化可以从历时和共时两个方面去考察。

从历时方面看,曹广顺(1995)、徐丹(2005)、梁银峰(2003,2007)等多位学者已经展开了深入研究,归纳其研究成果,"去"的语法化斜坡为:去$_{1a}$(位移动词,离开)＞去$_{1b}$(位移动词,往)＞去$_2$(趋向动词)＞去$_3$(方向性词缀)＞去$_4$(体标记)。例如:

(418) 鸟乃去$_{1a}$矣,后稷呱矣。(《诗经·大雅·生民》)

(419) "阿难,汝可起,去$_{1b}$静处思维。"贤者阿难从坐而起,往至林中。(《贤愚经》)

(420) 终与安社稷,功成去$_{1b}$五湖。(李白《赠韦秘书子春》)

(421) 旦辞爷娘去$_2$,暮宿黄河边。(《木兰辞》)

(422) 断尽遗香袅翠烟,独骑啼鸟上天去$_2$。(李贺《沙路曲》)

(423) 莫怪杏园憔悴去$_3$,满城多少插花人。(杜牧《杏园》)

(424) 只恐夜深花睡去$_3$,故烧高烛照红妆。(苏轼《海棠》)

(425) 一花却去$_4$一花新,前花是价(假)后花真。(《敦煌变文集》)

(426) 到这里却迷去$_4$。(《祖堂集》)

(427) 陆氏之学,恐将来亦无注解去$_4$。(《朱子语类》卷103)

例(418)的"去"是"离开"义;例(419)、例(420)的"去"是"往"义;例(421)、例(422)的"去"是趋向动词,表示人或事物随动作离开说话人所在地;例(423)、例(424)的"去"是方向性后缀,表示动作、状态的持续下去,例(425)、例(426)的"去"是标记动词的实现体,例(427)的"去"是标记动词的将行体。

"去"的体标记用法在北京话中没有保留下来,却在某些方言里面继续使用。根据李如龙(1996)的研究,在闽南泉州方言里的"去"可以表达动作的完成或事件的结束,相当于普通话动词后的"了$_1$",如"我怕破去(一块)碗"。陈山青(2012)也指出湖南汨罗湘方言的"去"可作体貌助词,表示事件的将要实现,如"不喫药感冒加重去(不吃药感冒会加重)"。

"去"的历时演变在上高话中基本上得到体现。例如:

(428) 我去街上剁肉。(我去街上买肉。)

(429) 尔带忽仔土特产去。(你带点儿土特产去。)

(430) 尔做得去,莫管闲事。(你继续做,不要管闲事。)

(431) 我走嗟。(我马上就走了。)

例(428)的"去"是一个典型的位移动词,表示空间中某一物体向着说话人所处位置做远向的移动。例(429)的"去"是趋向动词,一般用在表位移义、拿取义的谓词之后表趋向,"去"的位移义有了一定的虚化。例(430)的"去"是个没有完全虚化的继续体助词,一般用在弱持续义谓词之后作补语(中间必须用补语标记"得"),表示动作、状态的继续。"去"的"继续体"意义是以说话者的时间为参照点,某动作、状态在"将来时间轴"上延续下去。人们的认知开始由"空间域"逐步投向了"时间域",但这里的"将来时间"还隐藏在"继续"义的下面。例(431)的"嗟"是个将行体标记,表示即将或将要实现某事。已有研究结果表明,汉语的趋向动词语法化为助词是一种普通趋势,在类推和重新分析的机制下,"去"已经由"空间域"隐喻引申为"时间域",在结构关系上也由黏附在谓语动词之后变成黏附在全句上,其意义由表动作、状态的趋向、继续变为动作、状态、事态将发生某种变化。

吕叔湘(1941)最早观察到近代汉语的"去"表将然的用法,他指出"表事像之将然,不复可循'去'字本义为解""'去'预言动作之将有"。李崇兴(1990)、曹广顺(1995)、卢烈红(1998)等相继论证了"去"的这一用法。例如:

(432) 温公初起时,欲用伊川。伊川曰:"带累人去里。"(《上蔡语录》卷1)

(433) 山以竹篦头上打,曰:"这汉,向后乱作去在。"(《五灯会元》卷11)

上高话的将行体"嗟"是对近代汉语表将然的"去"的进一步发展,不仅可用在谓词性句子之后,也可用在体词性句子之后,发展成将行体标记。

上高话的"嗟"的语法化斜坡:去$_1$(位移动词)＞去$_2$(趋向动词)＞去$_3$(未完成虚化的继续体助词)＞嗟(去$_4$,将行体)。

8.10.1.3 将行体标记类型学考察

位移动词"去"演变成表"将然"的标记是许多语言的共性,根据 Bybee(1994)以及 Heine(2002)的考察(前者考察了500余种语言,后者调查了46种语言),有28种语言的"去"类位移动词发展出了"将来时"语法词或相关结构(如"be going to")。这28种语言是:阿比蓬语(Abipon)、亚齐语(Atchin)、巴里语(Bari)、法语(French)、海地克里奥尔法语(Haitian CF)、巴斯克语(Basque)、伊博语(Igbo)、巴萨语(Bassa)、德沃伊语(Dewoin)、科卡马语(Cocama)、厄瓜多尔凯楚阿语(Ecuadorian Quechua)、克劳语(Klao)、克拉恩语(Krahn)、克里奥尔英语(Krio CE)、克龙戈语(Krongo)、特波语(Tepo)、泰索语(Teso)、马诺语(Mano)、(Maung)、尼日尔克里奥尔荷兰语(Negerhollands CD)、怒语(Nung)、索托语(Sotho)、泰米尔语(Tamil)、佐齐尔语(Tzotzil)、英语(English)、马尔吉语(Margi),祖鲁语(Zulu),祖尼语(Zuni)。

现代汉语方言中由位移动词"去"演变而来的将行体标记"去"或者变体(如"格")主要散见于南方方言的客、赣语、湘语中。例如:

(434) 渠面色蛮不好,恐怕出病格。(宜春袁州区赣语,陈海波2006)

(435) 加把劲,就会完嘎工去。(萍乡赣语,魏钢强1998)

(436) 你肯盖倒被窝,嗯是会感冒去。(你最好盖上被子,要不然会感冒的。)(攸县赣语,陈立中2008)

(437) 穿齐多衣,热死人去。(汨罗湘语,陈山青2012)

(438) 你果会饿死甲猪去。(你这会把猪饿死的。)(衡山湘语,彭泽润1999)

(439) 小明明年就十八岁去。(小明明年就十八岁了。)(瑞金客语,刘泽民2003)

现代汉语方言将来时态助词还有"呀"(本字为"也")、"道"(本字为"着")等。"呀"主要见于晋语、中原官话。例如:

(440) 下雨也。(将要下雨了。)(山西代县晋语,郭校珍2008)

(441) 她明天回娘家呀。(山西太谷晋语,孟宪贞、刘够安2000)

(442) 明儿做手术也。(陕北神木晋语,邢向东2002)

(443) 我准备去也么。(我准备马上去。)(河南安阳晋语,王琳2010)

(444) 去放羊呀!(河南陕县中原官话,张邱林2007)

据王莉(2003)研究,吴语温州话的"道"可以用作将行体标记,表示即将发生的事态。例如:

(445) 开会道。(马上就开会了。)

(446) 名声臭道。(名声马上就臭了。)

(447) 居学生公务员道。(这学生马上就要当公务员了。)

上述资料显示,世界部分语言,近代汉语和不少现代汉语方言都有表达"将来时"或"将行体"的语法标记,这些语法标记的来源也存在一定的共性,如"去(go)"类动词由"空间域"(由近及远的远向动词)隐喻引申至"时间域"(将来时的语法标记词)。现代汉语方言的南北方言有差异性,但其内部又存在一定的一致性,如北方的晋语、中原官话的将行体标记是"呀",是由语气词"也"演变而来,南方的湘语、赣语、客语将行体标记是"去"或"去"的变体,是由动词"去"演变而来。

8.10.2 袁州话将行体标记"格"

陈海波的《宜春话的将来时态助词"格"及其来源》(2006)一文对袁州话的将行体标记"格"[kɛʔ⁵]进行了深入研究。"格"的用法与上高话的"嗏"的用法相当,我们择其主要观点简述如下:

"格"可以放在动词、形容词、少数名词、数量词之后,表示事件即将发生。例如:

(448) 莫躲到树下,等下打雷公_{打雷}格!(别躲到树下,马上要打雷了。)

(449) 我烧水洗澡格。(我马上要烧水洗澡了。)

(450) 打哩一工_{一天}禾,晒得一身都黑格。(收割了一天的稻子,晒得全身都将变黑了。)

(451) 快仔来喫饭,等下(饭)冷格。[快下来吃饭,(饭)马上要冷了。]

(452) 你老弟长得蛮快,(身高)快到一米七格。(你弟弟长得很快,快长到一米七了。)

(453) 伯伯后年就六十岁格。(伯伯后年就要满六十岁了。)

(454) 你明年就科长格吧?(你明年就要当科长了吧?)

(455) 渠个女蛮有出息,过几年肯定大学生格!(她儿女很有出息,过几年肯定是大学生了。)

"格"字结构主要充当句子的谓语,也可以放在"动/形+得"之后充当补语(如"气得哭格""富得流油格"),但一般不能充当主语、宾语、定语。从句式来看,"格"字结构最常出现于肯定的陈述句中,其次是感叹句、疑问句,否定句较少。祈使句则与"格"字结构不相睦,没有"帮我关门格"之类的祈使说法。"格"字还可以与其他语气词共现,如"耶""吧"。

"格"字结构与时间性密切相关。"X 格"中的 X 必须具有右向推移的时间特性和时间离散性,"格"具有离散功能,可看作离散标志。"格"字句还常表意愿、推测、提醒、警告。"格"的本字是"去"。据我们调查,与袁州毗邻的分宜、新余将行体使用助词"格"。

8.10.3 将行体标记"去"和"去哩₂"

赣西北客赣方言中还有"去"和"去哩₂"将行体标记,此处简单介绍一下。

1. 将行体标记"去"

萍乡、上栗这两个点在句末或句中停顿的地方使用"去",表示动作即将开始或事态即将发生。将行体标记"去"是由常居于句末的趋向动词"去"虚化而来。以萍乡话为例[①]:

(456) 我走去,慢仔晏刮哩。(我要走了,等会儿太晚了。)

(457) 加把劲,就会完工去。(加把劲,马上就会完共了。)

(458) 反走,慢仔落雨去。(快点走,等会儿就会下雨了。)

2. 将行体标记"去哩$_2$"

萍乡、万载$_客$、铜鼓$_客$、修水$_客$、万载$_客$等方言点在句末使用"去哩$_2$"[②],表示将要出现某种情况。以万载客家话为例:

(459) 阿婆八十岁去哩。(外婆马上要满八十岁了。)(万载$_客$)

(460) 等一报仔,他易得来去哩。(等一会儿,他就要来了。)(萍乡)

(461) 易得做正去哩。(快要做完了。)(修水$_客$)

8.11 动量减小貌

貌是从事件进行过程中动作的方式和动作者的态度、情绪方面观察事件的。(李如龙 1996)赣西北客赣方言中有动量减小貌。动量减小貌表示:"动作行为的幅度较小或用力较少,或延续的时间较短,或反复次数较少等,有时表示动作带有尝试意味。"(邢向东 2006:104)具有动量减小貌形式的都是自动动词,如"躺""跳""坐""看""走"等。

一般语法著作把以上语法意义称作"短时体/貌"或"尝试体/貌",邢向东认为,"动量减少"比"短时""尝试"等术语更为概况、抽象。杨平(2003)指出:"动量并非单指动作的轻重,也不是指动作反复次数的多少,而是一个更为广阔的意义范畴,这里的动量包括动作行为时间长短(时量)、次数多少(频量)、

[①] 萍乡话用例转引自《萍乡方言词典》(魏钢强,1990)。

[②] "去哩$_2$"在分宜、袁州、萍乡、万载$_客$、铜鼓$_客$等方言点可以作已然体标记,尤其在萍乡、万载$_客$、铜鼓$_客$这三个方言点中既可以做已然体标记,又可以作将行体标记。"去哩$_2$"因语境不同可以有理解为过去完成,也可以理解为将要实现。

力量轻重(力量)、社会价值的大小(价值量)等方面。"我们赞同邢向东、杨平的观点,采用"动量减小貌"概括赣西北客赣方言中的"短时体/貌"或"尝试体/貌"。

赣西北客赣方言各方言点的动量减小貌主要有四种形式:(1) VV(仔);(2) V 下仔;(3) VV 看;(4) V 下仔看。

8.11.1　VV(仔)

关于动词重叠的语法意义,很多学者做过研究,也提出过许多种意义解释,比如"多次""尝试""反复""经常""持续""轻量""短时""不定量""少量""强化能动性"等①,其中朱德熙先生提出的动词重叠"表示动作的时量小或动量小"影响最大,因此后来不少学者从体貌意义的角度把动词重叠归入了短时貌或尝试貌。我们认为:动词重叠的基本意义就是减小动量,属于"减小动量貌"的基本表达形式。在赣西北客赣方言中,VV 之后一般可以附加语缀"仔",表达更小的动量。以上高话为例:

(462) 我跟渠聊聊,渠心情会好忽仔。(我跟他聊聊,他心情会好点儿。)

(463) 喫过夜饭出去走走对身体有好处。(吃了晚饭出去走一走对身体有好处。)

(464) 下昼在屋里看看仔电视、听听仔歌。(下午在家里看一看电视,听一听歌。)

(465) 夜头冇事个话,出去打打(仔)麻将。(晚上没有事的话,出去打一打麻将。)

(466) 老师帮我改改文章吧。(老师帮我改一改文章吧。)

(467) 箇只事尔好正仔想想。(这件事你好好想一想。)

上述例子动词重叠均可表示"动量小",但在不同句式或语境中可产生其他的语用义,例(464)、例(465)有轻松、随意的意味,例(466)、例(467)是表达请求、命令的意愿句,使用重叠式可以起到语气缓和、轻松的作用。

---

① 可参看吕叔湘(1990)、朱德熙(1982)、王还(1963)、李人鉴(1964)、范方莲(1964)、赵元任(1979)、张静(1979)、刘月华(1983)、毛修敬(1985)、太田辰夫(2003)、郑良伟(1988)、张先亮(1997)、石毓智(1996)、朱景松(1998)、李宇明(1998)等。

8.11.2　VV看

动词重叠形式后加上"看",包含"尝试"的意思。例如:

(468) 我屋里个电脑坏过,尔帮我修修看。(我家里的电脑坏了,你帮我修修看。)

(469) 小罗冇考好,心下唔蛮舒服。——唔要紧,我跟渠聊聊看。(小罗没有考好,心里很不舒服。——不要紧,我跟他聊聊看。)

(470) 尔跟渠商量商量看。(你跟他商量商量看。)

8.11.3　V下(仔)

普通话中动词重叠的基本意义是"动量小""时量短"等,若要表示相同的意思,普通话还可以用"V一下"的结构形式,即"VV"式可以转换成"V一下"式,意思基本不变,如"看看——看一下""想想——想一下"等。而赣西北客赣方言中,则往往采用"V下(仔)"这种形式。我们认为,"V下(仔)"应该来源于"V一下"。"一下"原是动词的动量补语,如"我打/踢/推了他一下",这里的"一下"可能是实指,也可能是虚指"动量小"。随着与"一下"组合的动词范围扩大,"一下"也就逐渐虚化为表"动量小"的体貌标记了,如"想一下""骂一下""学一下""唱一下"等,并且由"动量小"逐渐引申出"尝试义""轻松、随意义"和委婉语气。

彭小川(2010)在分析广州话的"下"的来源时指出:"广州话中的'一'是入声字,说得快时不太顺口,久而久之人们便把'一'给略去了,形成现在'V下'这样的固定结构,'下'也虚化为动态助词。"赣西北客赣方言中"下"的来源应该与广州话差不多,"一"在赣方言中也是入声字,说得快就会省略掉,久而久之形成了"V下"结构,由于"仔"在赣西北客赣方言中使用频率高,且表"小"义,因此与"下"协同表达"动量少"义。以上高话为例:

(471) 明年我打算去欧洲𨑨下仔。(明年我打算去欧洲玩一下。)

(472) 我想去学下仔围棋。(我想去学学围棋。)

(473) 老李退休后日日夜头在操场上跳下仔舞、唱下仔歌。(老李退休后天天晚上在操场上跳跳舞、唱唱歌。)

(474) 尔过来帮我睰下仔牛。(你过来帮我放放牛。)

上述例子均表示"动量小",但句式与语境不同其语用义也不同,例(472)表示尝试义,例(473)表示轻松、随意义,例(474)是个祈使句,表示委婉义。

8.11.4　V下(仔)看

"V下(仔)"形式后加上"看",包含"尝试"的意思。例如:

(475) 尔去试下看。(你去试一下。)

(476) 尔走下看,有几远子?(你走一下看,看看有多远?)

(477) 尔来写下看,看看尔个字怎仔个?(你来写一下看,看看你的字怎么样?)

8.12　本章小结

本章考察了赣西北客赣方言十一个体貌范畴,一部分体貌范畴赣西北二十二个方言点都使用,存在一致性,如起始体、动量减小貌;一部分体貌范畴因交通线的不同其内部又存在一定的差异性,如实现体、已然体、进行体、持续体等。沿浙赣线的袁州、分宜、新余、樟树、新干、丰城有一定的一致性;沿三二〇国道的万载、上高、高安、奉新、靖安、铜鼓也存在一定的一致性;九岭山脉周边的客家方言和赣方言也存在一定的一致性。但这三条线又存在一定的差异性。比如沿浙赣线的七个方言点的实现体用"哩$_1$"、已然体用"哩$_2$",沿三二〇国道的四个方言点的实现体用"过$_1$"、已然体用"过$_2$",但"高安""靖安"用实现体与已然体分别用"嗻$_1$""嗻$_2$"。一部分体貌标记的使用情况也存在特殊性,比如上高县的经历体用"来$_1$";丰城、樟树、新干三地的结果实现体用"落"。

从客赣方言对比角度看,体貌范畴总体上有许多相似之处,但客家方言也存在几点的特色:1. "V稳$_1$"作持续体标记、"V稳$_2$"和"V稳$_2$V稳$_2$"作进行体标记;2. 奉新$_{客}$、靖安$_{客}$的结果实现体分别使用复合标记"了哩$_1$""得哩$_1$"。

个别语法标记在某些方言点可以做两种体貌标记,比如"去哩$_2$"在萍乡、万载、铜鼓这三个方言点中既可以做已然体标记,又可以作将行体标记。"去哩$_2$"因语境不同可以有理解为过去完成,也可以理解为将要实现。

就某个体貌范畴而言,语法标记存在多层次,即赣方言固有的语法标记,北方方言、普通话渗透的语法标记,还有两者竞争过程中相互妥协而产生的糅合式语法标记,比如持续体、先行体、重复体、将行体等都存在这种糅合式。

第九章
主观量范畴

9.1 主观量范畴研究综述

任何语言或方言的数量表达,都有客观量和主观量两个方面。所谓"主观量",指的是语言的主观性在量范畴上的具体体现,是一种带有主观的感受、态度和评价意义的量。国内最早涉及主观量的是熊正辉先生,他在《南昌方言的子尾》(1979)一文中指出:"在一部分数量结构后面可以加'子'尾。这个'子'尾不改数量结构的基本意义,但能表现说话人对数量的看法,通常是表示说话人认为这个数量小,不那么重视。"马真(1981)亦指出"现代汉语里,有一部分副词可以用来修饰数量词,表明说话人对某数量的看法和态度"。陈小荷首次提出并界定了"主观量"这一概念,他指出:"主观量是含有主观评价意义的量,与客观量相对立。"李宇明的《汉语量范畴研究》(2000)在前人研究的基础上进一步考察了汉语主观量范畴,发现并总结出了更多的表示主观量的手段及其相关的语言事实。李善熙的《汉语主观量表达研究》(2005)以现代汉语主观量的表达为研究对象,对汉语主观量的表达进行了系统的研究。罗荣华的《古代汉语主观量表达研究》(2012)以古代汉语主观量的表达为研究对象,对古汉语主观量的表达手段的来源发展进行了系统全面的研究。

从主观量视角研究方言的成果不多见,目前仅见如下几篇学术论文:《丰城话的主观量及其相关句式》(陈小荷 1997),《成都话主观量范畴的特殊表达形式》(张一舟 2001),《湖南慈利话的重叠儿化量词结构及其主观量》(王霞 2009),《罗回方言表主观大量的形容词"厚"》(张志华 2009),《赣语上高话主观量表达》(罗荣华 2011)。

普通话、方言中均存在主观量范畴,赣西北客赣方言也一样,只是表达形式有所不同而已。以上高话为例:

上高话　　　　　　　　　　　　普通话

(1) 我喫过一杯酒。　　　　　　我喝了一杯酒。

(2) 我喫过杯数杯酒。　　　　　我喝了将近一杯酒。

(3) 我喫过杯把仔酒。　　　　　我只喝了一杯酒。

以上三个例子中数量都是"一杯酒",例(1)是客观量,不带任何主观评价,例(2)、(3)则含有说话人的主观感受,例(2)说话人认为量多,上高话用了"杯数杯"的表达格式,普通话则用了"将近";例(3)说话人认为量少,上高话用了"杯把仔"的表达格式,普通话则用了限定副词"只"。可见,像上高话这种表达主观量范畴的"杯数杯""杯把仔"之类的格式在赣西北客赣方言的多个方言点存在,不同于普通话和其他方言,对其展开深入研究有一定的意义。

赣西北客赣方言的主观量范畴的表达形式有语音、词汇、语法三个层面,下面具体展开探讨。[①]

9.2　表达主观量的语音手段

语言是意义和语音的结合物,语义发生变化必定引起语音形式的变化;换句话说,语音形式变化能够反映出语义的变化。主观量语义范畴有主观大量和主观小量之分,表现在语音形式上也有不同的变化。具体的语音表达手段包括轻重音、变韵、变调、元音开口度、长短音等。不同的语言或方言会选择其中的一个或几个手段,赣西北客赣方言一般选择不同的重音位置来表达主观大量或主观小量。

9.2.1　重音手段

重音是主观量表达的重要语音手段。陈小荷(2012:130)对赣方言丰城话主观量表达式的重音规则归纳出了三条:

(A) 主观大量表达式重读量词,主观小量表达式重读数词。

[①] 本章部分内容已经发表,参见《赣语上高话主观量表达》,《汉语学报》2011年第2期。

(B) 主观大量表达式里有几个量词时,重读第一个量词。但相叠式(可分为前后并列的两部分的表达式)里有两个相同的量词时,重读第二个量词。主观小量表达式里有几个数词时,重读第一个数词。

(C) 数词"壹"和"几"不重读,它们在主观小量表达式里本应有的重音向后移一个音节(数词"壹"删除)。

上述三条规则也适用于赣西北客赣方言的其他二十一个方言点,但上述三条规则还可以归纳为更简单的规则:在表达主观小量的数量格式(附有后缀"仔")中,重音一般在数量格式最前头(数词或者量词,"几"除外);在表达主观大量的数量格式中,重音一定在量词上(并列结构重读后一段,非并列结构重读前一段)。以丰城话(用例来自陈小荷)为例说明。

1. 表达主观小量的数量格式的重音模式:

ˋ百把基①　　　　ˋ个把基
ˋ百把块基　　　　ˋ千把斤基
ˋ百多基　　　　　ˋ斤多基
ˋ千里多基　　　　ˋ百本多基
ˋ千把两千基　　　ˋ个把两个基
ˋ百把两百块基　　ˋ万把两万斤基
ˋ百多两百基　　　ˋ丈多两丈基
ˋ百多两百里基　　ˋ万多两万斤基
ˋ几百万基　　　　ˋ几千亩基

2. 表达主观大量的数量格式的重音模式:

ˋ百似②百　　　　ˋ斤似斤
一ˋ百张　　　　　几ˋ百万
四五ˋ千里　　　　百多两ˋ百
丈多两ˋ丈　　　　百多两ˋ百里

我们再以上高话为例:

---

① 陈小荷用后缀"基"来表达主观小量,我们则用"仔"。这两个形式标记语法意义一致,只是用字不同。

② 陈小荷用中缀"似"来表达主观大量,我们则用"数"。这两个形式标记语法意义一致,只是用字不同。

(4) A 李明屋里有五只牛。(李明家里有五头牛。)("五只牛"为客观量)

A₁ 李明屋里有五↘只牛,怎仔箇多?(李明家里有五头牛,怎么这么多?)("五只牛"为主观大量)

A₂ 李明屋里有↘五只仔牛。(李明家里只有五头牛。)("五只牛"为主观小量)

(5) A₁ 渠伙爷有六十盈↘岁。(他的爸爸有六十多岁。)("六十盈↘岁"为主观大量)

A₂ 渠伙爷有↘六十盈岁仔。(他的爸爸只有六十多岁。)("↘六十盈岁仔"为主观小量)

例(5)A₁ 若没有量词"岁",表示主观大量就要重读"盈",如"千↘盈(都一千多了)""碗↘盈(都一碗多了)"。

9.2.2 变音手段

变音指的是词的曲折变化形式,是通过词内部语音的变化来表示不同的语法意义,如大小、数量、程度、时体以及感情色彩等等。变音包括变声、变韵、变调等。通过变音表示主观量在汉语方言里比较普遍,尤其是通过变换语音表主观小量更为多见,这种现象也称之为"小称音变"。赣西北客赣方言多通过其他声调变为升调来表达主观小量,这种现象在赣方言区的黎川、萍乡、安福、永丰均见报道。以上高方言为例,上高话中多通过其他声调变为高升调(↗)来表主观小量。例如:

狗[tɕi³¹](大鸡)　　　　鸡[tɕi↗]仔(小鸡)

刀[tʰau³¹](普通刀)　　刀[tʰau↗]仔(小刀)

牛[ȵiɛu³³⁴](大牛)　　　牛[ȵiɛu↗]仔(小牛)

凳[tɛn³³⁴](普通凳子)　　凳[tɛn↗]仔(小凳子)

碗[vɛn²¹³](普通碗)　　　碗[vɛn↗]仔(小碗)

桶[tʰuŋ²¹³](普通桶)　　桶[tʰuŋ↗]仔(小桶)

以上本读阴平(鸡、刀)、阳平(牛、凳)、上声(碗、桶)在名词后缀"仔"(兼有小称作用)组合后表小义时,其声调相应地变成高升调(↗),这样就实际形成了既有变调又有"仔"尾协同表示小称的状况,这是"语义协同"现象,其主观小量意味更强。"鸡仔"这一组前面还可以加"细ₛ",使"小"义进一步凸显。

9.3 表达主观量的词汇手段

9.3.1 与主观量有关的数量词

具有标示主观量功能的数量词大体包括以下三种情况：一、数量词的重叠；二、一些特殊的数量结构；三、受一些词语直接修饰的数量结构。

9.3.1.1 数量词的重叠

数量词的重叠包括量词重叠和数量词重叠，表达主观量情况要具体情况而定，下面具体探讨。

1. 量词重叠

量词重叠一般表达周遍性、静态多量、动态多量等意义，即表达了主观大量。以上高话为例：

(6) 只只_{道道}作业要检查。

(7) 转转_{场场}考试都不及格。

(8) 田旷_{田野}上传来阵阵歌声。

(9) 大年三十爆竹声声。

例(6)、(7)的"只只""转转"表示周遍性，例(8)表示静态多量，例(9)表示动态多量。

2. 数量词重叠

数量词重叠有的表达主观大量，有的表达主观小量，要视量词的语义特征及其语境而定。一般来说，量词蕴含"大量"语义，则一般表主观大量，若蕴含"小量"语义，则一般表主观小量。以上高话为例：

(10) 我伱爷畀一担担牛粪担到田里去。（我的爸爸把一担担的牛粪挑到田里去。）

(11) 山上开倒一丛丛个映山红。（山上盛开着一丛丛的映山红。）

(12) 田里堆倒一堆又一堆个秆。（农田里堆着一堆又一堆稻草。）

(13) 村里刘大爷去归过，一帮又一帮个人来送葬。（村里刘大爷去世了，一拨又一拨的人为他送葬。）

(14) 昨日只做一忽忽仔事。（昨天只做一点点儿事。）

(15) 还盈一忽忽仔饭,你喫啊不喫?(我剩下一点点儿饭,你吃不吃?)

例(10)至(13)中的"担""丛""堆""帮"都蕴含着"大量"义,重叠后所表示的量就更多,即表达了主观大量。例(14)、(15)中的"忽"相当于普通话的"点",蕴含"小量"义,重叠后所表示的量更少,表达了主观小量。

9.3.1.2 与"一"相关的数量结构

1. "一＋量词_{临时}＋个＋NP"格式及其变式

"一＋量_{临时}＋个＋NP"结构是由"一"和临时量词组成的数量结构与名词(包括名词性短语)构成的。该结构中的"一"有"满"的意思,前面不能换成其他数词,"量词"都是临时从名词借来的,这些词多是表示身体和身体的某部位,或者能容载其他事物的工具、建筑物等。以上高话为例:

(16) 今阿蛮热人,我出过一身个汗。(今天很热,我出了一身的汗。)

(17) 老李屋里有一书厨个书。(老李家里有一书厨的书。)

(18) 小李跌过一跤,流过一地个血。(小李摔了一跤,流了一地的血。)

"一＋量词_{临时}＋个＋NP"格式在一定的条件下可以变换为"一＋量词_{临时}",比如"泼过一身个水",可变换为"水泼过一身"。

2. "一 V＋就(是)＋数量"格式

"一 V＋就＋数量"格式中的"一"是副词,修饰后面的动词时表示"动作时间短,或动量少",从而使动词带有"小量"的附加义。关联副词"就"把"一 V"与"数量短语"连接起来,其作用是凸显"一 V"的"动量小"与"数量短语"的"数量大"的强烈对比效果,从而使数量短语所表达的主观大量意味更强。以上高话为例:

(19) 我伈爷一病就四五年。(我爸爸一病就四五年。)

(20) 渠一跳就是五米盈远。(他一跳就是五米多远。)

9.3.1.3 受某些词语直接修饰的数量结构

数量结构直接受某些词语修饰时,也表示主观量。这些词语可以分为三类:一、可加在数量结构之间的;二、只直接出现在数量结构之前修饰数量结构的;三、既可直接出现在数量结构之前又可出现状语位置的。

1. 可加在数量结构之间的词语

可加在数量结构之间的词语主要有"大""小""满""整"等,"小"表主观小量,其他表主观大量。例如:

(21) 渠只喫过一小碗饭。（他只吃了一小碗饭。）

(22) 我挣过一大笔钱,买得起小车仔。（我挣了一大笔钱,买得起小汽车。）

(23) 渠担过一满担东西去卖。（他挑了一满担东西去卖。）

(24) 明明写满过一整张纸个字。（明明写满了一整张纸的字。）

2. 只直接出现在数量结构之前的词语

只出现在数量结构之前修饰数量结构的词语主要有"上""不到""细细"。其中"不到""细细"表示主观小量,"上"一般表主观大量。"上"后接的数词只能是位数词。以上高话为例：

(25) 今年亩产打过上千斤谷。（今年水稻亩产达到了近千斤。）

(26) 渠不到一米六,蛮矮。（他不到一米六,很矮。）

(27) 渠昇冇考及格个卷仔搓成细细个一团。（他把没有考及格的试卷揉成小小的一团。）

3. 既可直接出现在数量结构之前又可出现状语位置的词语

既可直接出现在数量结构之前又可出现状语位置的词语比较多,如"满满""整整""足足",这一组表主观大量,以上高话为例：

(28) A. 堆过满满一屋个西瓜。（堆了满满一屋子的西瓜。）

　　B. 西瓜满满装过一车。（西瓜满满装了一车。）

(29) A. 渠走过整整一年。（他走了整整一年。）

　　B. 渠个作业整整做过一下午。（他的作业整整做了一下午。）

(30) A. 我等过尔足足三个钟头。（我等了你足足三小时。）

　　B. 箇只蛇足足有两米长。（这条蛇足足有两米长。）

9.3.2 与主观量相关的副词

与主观量表达关系密切的副词是范围副词（限定副词）、语气副词和个别程度副词、时间副词。下面探讨赣西北客赣方言部分副词主观量情况。

1. 正

"正",副词,与现代汉语的"才""刚刚"相似。赣西北的丰城、新干、新余、分宜、袁州、萍乡、上栗、万载、万载客、铜鼓、铜鼓客、修水、修水客、宜丰、上高、奉新、奉新客、靖安客都使用"正",丰城、樟树、靖安、武宁用"才"。"正"有限定副词和时间副词两种用法,分别记为"正$_1$"和"正$_2$"。限定副词"正$_1$"修饰数量短语时,表达了主观小量的语法意义。以上高话为例:

(31) 我个崽正$_1$五岁就进过学堂。(我的儿子才五岁就上学了。)

(32) 渠个崽正$_1$十八岁就话过老婆。(他的儿子才十八岁就娶了老婆。)

(33) 小明正$_1$写三面字。(小明才写三页字。)

时间副词"正$_2$"前若有表时间概念等成分,表示事件发生或结束得晚的意义,即表达了主观大量的语法意义。以上高话为例:

(34) 渠八岁正$_2$进学堂。(她八岁才读书。)

(35) 昨日夜头我跟朋友话事,话到半夜正$_2$去困觉。(昨天晚上我跟朋友聊天,聊到半夜才去睡觉。)

(36) 本来话好过九点钟见面,渠到$_2$十点钟正来。(本来说好了九点钟见面,他到十点钟才来。)

例(34)表示读书年纪偏大,例(35)、(36)表示睡觉或来的时间晚。

2. 只

限定副词"只"常与谓词"有"连用,限定修饰数量短语,表达主观小量的语法意义。在赣西北各个方言点都使用"只"或"只有"。以上高话为例:

(37) 我身上只有十块钱。

(38) 明星小学只有二十几个仔学生。(明星小学只有二十几个学生。)

3. 莌莌[teu^{31}teu^0]

副词"莌莌"(该叠音副词有音无字,记为"莌莌")相当于现代汉语的"仅仅",修饰数量短语时表达主观小量的语法意义。"莌莌"只有上高话中使用。例如:

(39) 我身上莌莌两百块钱,怎仔会有钱借给尔呢?(我身上仅仅两百块钱,怎么会有钱借给你呢?)

(40) 箇只崽伙莌莌七八岁仔,怎仔看得懂《三国演义》呢?(这个男孩仅仅七八岁,怎么看得懂《三国演义》呢?)

4. 顶多、最多

"顶多""最多"是副词,表示最大的限度,言其数量少、程度浅或范围小,有往小里说的主观用意,表达了主观小量。这两个副词在赣西北各个方言点都使用。

以上高话为例：

（41）小李不蛮高，顶多/最多一米六。（小李不很高，最多一米六。）

（42）在自家屋里请客顶多/最多花三百块钱，在饭店里起码要花泼五百盈块钱。（在自己家里请客最多花三百块钱，在饭店里起码要花掉五百多块钱。）

（43）渠参加工作正几年仔，顶多/最多是个副科级。（他参加工作才几年，最多是个副科级。）

5. 起码、少话

"起码""少话"与"顶多""最多"相反，表示最小的限度，言其数量多，程度高、范围广，有往大里说的主观用意，表达了主观大量。这两个副词在赣西北各个方言点都使用。以上高话为例：

（44）李明屋里蛮有钱，起码/少话有上百万。（李明家里很有钱，起码有上百万。）

（45）小张长得箇样壮，起码/少话也有一百五十斤。（小张长得这么肥胖，起码也有一百五十斤。）

（46）老李在部队里呆过几十年，起码/少话也是个团级干部。（老李在部队里干了几十年，起码也是个团级干部。）

6. 就

副词"就"表达主观量的问题，不少学者从现代汉语的共时平面展开了深入研究，陈小荷（1994）指出："'就'不管用于前指还是后指，都是帮助表示主观小量的。前指的'就'的作用只是表示其前面的数量词是主观小量，至于它后面的数量言多，那是由于前后对比而显示出来的，不是由'就'直接决定的。"该观点有一定道理。"就"主要是表主观小量，具体可分为两种情况：一是限定副词，记为"就$_1$"；二是语气副词，记为"就$_3$"。赣西北各个方言点都使用"就"。以上高话为例：

（47）渠就$_1$要过三张票，冇多要。（他就要了三张票，没有多要。）

（48）老周就$_1$讲过半个钟头，别人都讲过一个盈钟头。（老周就讲了半个小时，别人都讲了一个多小时。）

（49）渠屋里就$_1$三个人，真个蛮冷清。（他家里就三个人，真是很冷清。）

(50) 光渠一个人就₃要过三张票,冇盈几张咧。(光他一个人就要了三张票,没有剩下几张了。)

(51) 光老周一个人就₃讲过半个钟头,别人都冇时间讲。(光老周一个人就讲了半个小时,别人都没有时间讲了。)

(52) 光渠一家就₃考过三个研究生,真个蛮喫价。(光他一家就考了三个研究生,真是厉害。)

例(47)、(48)、(49)中的"就₁"是限定副词,与"只""才"意同,表主观小量;这几例中的"就₁"和"语境小句"若去掉,所表示的数量则是客观量。例(50)、(51)、(52)中的"就₃"是语气副词,其后指的数量短语为主观大量;若去掉"就₃",句中后一数量短语依然为主观大量,可见与"就₃"的存在关系不是很密切,"就₃"后的数量短语为主观大量是与前一数量短语对比产生的,语气副词"就₃"的存在具有强调作用,从而表现更强的主观大量意味。

"就"若前指数量短语,也表主观小量。在这样句法环境中的"就"是不是"就₁"呢?我们考察了大量"数量短语+就"的用例,发现其数量短语多表"时间量"的体词性短语,"就"之后多是谓词性短语,表示"动作行为结果"。这里的"就"是关联副词,记为"就₄"。以上高话为例:

(53) 去上海蛮方便,坐火车半日就₄到过。(去上海很方便,坐火车半天就到了。)

(54) 渠个崽八个月就₄会走路咧。(他的儿子八个月就会走路了。)

(55) 渠个细女十八岁就₄话过老公。(他的小女儿十八岁就嫁了老公。)

以上用例的"就₄"前的"时量"为主观小量,关联副词"就₄"具有前后相承的作用,凸显了"时量条件"与"动作行为事件"之间的正比例紧密关系,即时间越短发生动作行为事件的可能性就越小,反之亦然。若"就₄+谓语动词"表明事件已经实现,根据其正比例关系,前面的数量短语则就越小,即为主观小量。关联副词"就₄"的作用正是实现这种正比例关系的重要标记,从而表达出主观小量。

综上所述,"就₁"是直接表主观小量,"就₄"是间接表主观小量,"就₃"间接表主观大量。

7. 都

语气副词"都"用在数量结构前有强调数量多的意义,表达了主观大量。这

与普通话相同,在赣西北各个方言点都使用。以上高话为例:

(56) 尔都三十盈岁个人去过①,怎仔还不话老婆叻?(你都三十多岁的人了,怎么还不娶老婆呀?)

(57) 箇两公婆结婚都三十几年去过,从来冇看到吵过一转架。(这两夫妻结婚都三十几年了,从来没有看到吵过一次架。)

当语气副词"都"位于数量结构后时,所表现的主观量可以是主观大量,也可以是主观小量,陈小荷(1994)曾用"比例关系"对此做出具体说明:"'都'前边的含数量词的体词性短语表示某种数量,'都'后边的谓词表示现实世界中的某种事件。如果数量越大,事件实现的可能性越大,则数量与事件成正比例关系。如果数量越大,事件实现的可能性越小,则数量与事件成反比例关系,如果存在正比例关系,则'都'前数量为主观小量;如果存在反比例关系,'都'前数量为主观大量。"其实"比例关系"背后是说话者的心理参照量问题,当"都"前指的数量小于心理参照量时为主观小量,当"都"前指的数量大于心里参照量时为主观大量。以上高话为例:

(58) 人家六岁吔妹仔都读过书,你八岁都还冇读书,怎仔行呢?(人家六岁的小孩都上了学,你八岁都还没有上学,怎么行呢?)

(59) 渠半斤酒都喫不得过。(他半斤酒都喝不得了。)

(60) 渠半斤酒都喫得咧。(他半斤酒都喝得了。)

例(58)说话者的心理参照量是"七岁",因此"六岁"为主观小量,"八岁"为主观大量。例(59)说话者心理参照量大于半斤,则半斤酒为主观小量,例(60)说话者的心理参照量小于半斤,则半斤酒为主观大量。

9.3.3 与主观量相关的助词

9.3.3.1 泼、刮、落、了哩、得哩

助词"泼"常用于动词之后,有两种用法,一种是用作结果补语性词尾,作用、意义与普通话的"掉"相似,但意义又不如"掉"那么明显实在,不能单独使用;另一种是作为结果实现体的标记,可单独用,也可与表实现体的"过"合用。若后面接时量宾语、数量宾语,则有表主观大量的意味。"泼"用于上高、高安、新余等

---

① 复合已然体标记"去过"有表主观大量的作用,与"都"协同表达了主观大量。

地。以上高话为例：

(61) 箇个月我喫泼几百块钱个药。（这个月我吃了几百块钱药。）

(62) 箇个月我用泼过两千盈块钱。（这个月我用了两千多块钱。）

(63) 我跟渠讲泼半日个道理，一忽仔作用都冇有。（我跟他讲了半天的道理，一点作用都没有。）

(64) 昨日在超市畀贼牯偷泼两千盈块钱。（昨天在超市被小偷偷掉了两千多元钱。）

"刮"用于分宜、袁州、萍乡、上栗、万载、宜丰、上高、靖安、奉新、武宁、修水、铜鼓、修水$_客$、铜鼓$_客$等地；"落"用于丰城、樟树、新干等地，其用法与"泼"一样，既可以做动词的结果补语，又可以作为结果实现体标记，可独用，也可与表实现体的"哩"合用，当后接数量短语时一般表达主观大量。例如：

(65) 渠困落八九个钟头。（他睡了八九个钟头。）（丰城）

(66) 渠喫落哩三碗饭。（他吃掉了三碗饭。）（丰城）

(67) 昨日丢刮哩千多块钱。（昨天丢掉一千多元钱。）（袁州）

(68) 你走刮半年也不跟我声一下。（你走了半年也不跟我说一声。）（袁州）

结果实现体复合标记"了哩"仅用于奉新$_客$，结果实现体复合标记"得哩"仅用于靖安$_客$，这两个标记后接数量短语时一般表达主观大量。例如：

(69) 老张个猪场死了哩上百只猪。（老张的猪场死掉了上百头猪。）（奉新$_客$）

(70) 渠昨晡用了哩几千块钱。（他昨天用掉了几千块钱。）（奉新$_客$）

(71) 老王喫得哩斤盈烧酒。（老张喝掉了一斤多白酒。）（靖安$_客$）

(72) 上个月用得哩几百度电。（上个月用掉了几百度电。）（靖安$_客$）

9.3.3.2 去哩$_2$、去了$_2$、去过$_2$、去哒$_2$、来哩$_2$、来嘚$_2$

赣西北客赣方言复合已然体标记"去哩$_2$""去了$_2$""去过$_2$""去哒$_2$""来哩$_2$""来嘚$_2$"，表示事态出现了新情况、新变化，或状态已经实现。如果用于数量短语后面，则表示"事情所延续的时间，或事物已达到的数量"超出说话者的心理参照量，表达了主观大量。例如：

(73) 小王就三十岁去哩$_2$。（小王就三十岁了。）（袁州）

(74) 老张八十岁来哩$_2$。（老张八十岁了。）（新余）

(75) 明明不到一个月就用泼几千块钱去过$_2$。（明明不到一个月就用掉几

千块钱了。)(上高)

(76) 娇娇三十岁去了₂,还有找对象。(娇娇三十岁了,还没有找对象。)
(宜丰)

(77) 就夜里十一点钟去哒₂,去困觉哦。(就晚上十一点了,去睡觉哦。)
(修水)

9.3.3.3 哩₂、过₂、哒₂、嘚₂、了₂

赣西北客赣方言中有五个已然体标记:"哩₂""过₂""哒₂""嘚₂""了₂",表示某种情况的变化或实现。如果"哩₂""过₂""哒₂""嘚₂""了₂"用于数量短语后面,则表示"事情所延续的时间,或事物已达到的数量",这个数量(时间量或物量)往往超出说话者的心理参照量,因而一般带有主观大量的色彩,但主观大量意味比"去哩₂""去了₂""去过₂""去哒₂""来哩₂""来嘚₂"要弱些。例如:

(78) 你个崽都八岁多哩₂,怎仔还冇去读书?(你儿子都八岁多了,怎么还没有去上学?)(袁州)

(79) 渠个女都读过大学,渠肯定有四十盈岁过₂。(他的女儿都读了大学,他肯定有四十多岁了。)(上高)

(80) A:老人家,你几大仔呀?(老人家,你多大年纪了?)
B:八十盈过₂!(八十多了!)(奉新)

(81) 小李蛮会挣钱,就攒哒十几万块钱哒₂。(小李很会挣钱,就攒了十几万块钱了。)(修水)

(82) 箇张车开嘚十年嘚₂。(这辆车开了十年了。)(高安)

9.3.4 与主观量相关的词缀

9.3.4.1 小称标记"子""仔""伢""嘚"

赣西北客赣方言中有"子"尾、"仔"尾、"伢"尾、"嘚"尾[①],相当于南昌话的"子"尾。"仔"尾依据其组合功能可分为"仔₁"和"仔₂"。"仔₁"是名词的构词后缀,如"桌仔""帽仔"等,这里的"仔"是一个名词化标记,使用上具有强制性。"仔₂"可用在名词、形容词、量词、动词后面,如"树仔""慢慢仔""几斤仔""走走仔","仔₂"有表小型、小量、可爱、弱化等语义特征,使用上是非强制性的,可以看

[①] 赣西北客赣方言中有"仔"尾、"子"尾、"伢"尾、"嘚"尾,其功能基本相同,其中"仔"尾使用最广泛,本部分以"仔"尾为例展开探讨。后缀"仔",已有研究成果袁州记作"积",丰城记作"基"。

作"小称标记"。

如果"仔₂"用在数量结构后面是不改数量结构的基本意义,但能表现说话人对数量的看法,通常是表示说话人认为这个数量小,即表主观小量。具体有如下几种组合格式。以上高话为例:

1. 数词＋量词＋仔＋名词:

三斤仔油	三个仔月	三个仔人
两里仔路	两条仔手巾	两条仔细绳
五尺仔布	五根仔笔	五根仔棍仔

在左排的量词都是度量词,中间和右排的是个体量词,但它们表示的意思可以是确数,也可以是概数。例如:"三斤仔油"可以表示恰好三斤,也可以是三斤左右;"三个仔月"可以是恰好三个月,也可以是三个月左右;"三个仔人"就只能是恰好三个人。以上考察可看出:一、含有"仔"的数量短语既可指确数的主观小量,也可指概数的主观小量;二、不含表概数语缀的数量短语,加上"仔"后会产生表概数的用法。

2. 邻近数词组合＋量词＋仔＋名词

三四斤仔落生	三四只仔鱼	三四个仔人
十一二里仔路	十一二只仔牛	十一二条仔烟
七八千斤仔谷	七八千块仔钱	七八千本仔书

3. 数量结构＋盈/多①(＋量词或数量结构)＋仔＋名词

五百盈斤仔谷(才五百多斤谷)	(一)千盈(里)仔路(才一千多里路)
三百盈度仔电(才三百多度电)	(一)斤盈仔油(才一斤多油)
(一)百盈两百里仔路(才一两百里路)	(一)丈盈两丈仔布(才一两丈布)

4. 量词＋把＋仔＋名词

斤把仔酒	里把仔路	支把仔笔	块把仔地
个把仔月	条把仔细绳	张把仔纸	封把仔爆竹
个把仔人	条把仔棍仔	本把仔书	封把仔信

从上述例子我们可以看出,第一排和第二排可以表示确数也可以表述概数。

---

① 宜丰、上高、分宜、新余等方言点用"盈"表示"多",赣西北客赣方言其他点则用"多"。

例如：斤把仔酒，可以指一斤酒，也可以指一斤左右的酒；个把仔月，可以指一个月，也可以指一个月左右；第三排"个把仔人"表示确数，只能是指"一个人"，因为这些名词都不可再切割。

5．（一）位词＋把＋（两＋位词）＋量词＋仔＋名词

（一）百把头仔牛(才一百头左右牛)　　（一）百把只仔鸡(才一百左右鸡)

（一）千把斤仔谷(才一千来斤谷)　　（一）万把块仔钱(才一万来块钱)

（一）千把两千吨仔煤(才一两千吨煤)　　（一）万把两万只仔树(才一两万只树)

以上组合用法，位词除"十"外，其他都可用，另外还可用于省略数词"一"数量结构，如"只把两只仔""斤把两斤仔""个把两个仔"等。

9.3.4.2　主观大量标记"数"①

赣西北各个方言点都使用中缀"数"。"数"可嵌在两个相同的位数词中间，如"十数十""百数百""千数千""万数万"，或者嵌在省略了数词"一"的两个相同的量词中间，如"斤数斤""米数米"等，这种用法表示数量接近某个位数词或量词，表达了表主观大量。以上高话为例：

（83）箇只妹仔挑得起百数百斤的东西，蛮喫价。（这个女孩挑得起近百斤东西，很厉害。）

（84）我的崽每個月能挣万数万块钱。（我的儿子每个月能挣近万块钱。）

（85）渠喫得斤数斤白酒，酒量真不错。（他喝得近一斤白酒，酒量真不错。）

（86）渠个崽正七八岁仔就跳得米数米高。（他的儿子才七八岁就能跳近一米高。）

（87）渠个数个礼拜冇洗澡去过。（他快一个星期没洗澡了。）

（88）我年数年冇看到过尔。（我快一年没看到你了。）

例(83)至(86)中的"百数百""万数万""斤数斤""米数米"都表示数量大，例(87)、(88)中的"个数个""年数年"表示时间长。

9.3.4.3　复合主观大量标记"呀似"②

上高、万载、万载客、宜丰、高安、樟树、丰城等方言点会用复合主观大量标记"呀似"。"呀似"一般用在数量短语后面，名词前面，其客观义表示接近某数量，

---

① 陈小荷在《丰城赣方言语法研究》一书中记为"似"，我们认为用"数"更妥当些。
② 丰城方言读成"啊似"。

主观义表示某数量比较多,即表达了主观大量。以上高话为例:

作文写过五页呀似纸　　　　　*写过五本呀似书

买过五封呀似爆竹　　　　　　*来过五个呀似人

买过八只呀似鱼　　　　　　　*买过八只呀似碗

以上例子中数量结构用的都是个体量词"本""封""只"等。这些个体量词与上面左右两排出现的名词都能搭配,但左排的短语能够成立,而右边的短语不能成立,原因有两个:一、名词所指的事物必须是可以分割的;二、个体量词与名词搭配时能表示一定的度量。

非个体量词构成的数量短语都可后加"呀似"表主观大量,例如"买过八斤呀似苹果""买过三吨呀似煤"。

9.4 与主观量有关的框架

9.4.1 "V下(仔)NP"结构

"V下(仔)NP"结构有将事情往"小"里说的意味,也就是说话人在主观上有意贬低某一事件或行为的价值,在情感上故意降低对某种行为或事件的重视程度,有意将其看"轻"。换句话说,当说话人使用这个结构时,是有意往"小"里评价某个事件体现的是一种主观小量。赣西北各个方言点都使用"V下(仔)NP"结构。以上高话为例:

(89) 今阿天气不错,一起出去钓下仔鱼吧!(今天天气不错,一起出去钓下子鱼吧!)

(90) 屋里冇过菜,要不尔下昼出去买下菜吧!(家里没了菜,要不你下午出去买一下菜吧!)

以上两例都是祈使句,用"V下(仔)NP"结构表达了主观小量意味。祈使句是要求对方做或不做某事的句子,直接表达说话人的意愿。据考察,在祈使句中经常会出现表小量的词语,究其原因主要是语用方面的。在一般情况下,当说话人要求听话人做或不做某件事情时,往往不会使用强烈的语势来要求对方,特别是当听话人和说话人的地位相当时,为了更好地达到自己的目的,说话人往往会有意降低自己要求的难度和强度,以避免引起听话人的反感或抵触。因此,为了

能够恰如其分地传达出主观小量的意味,说话人会尽量采用表达主观小量的语言形式。以上高话为例:

(91) 我人忙泼一日,䚯下仔牌吧。(我们忙了一天,玩玩牌吧。)

(92) 尔莫紧看电视,去看下仔书。(你不要一直看电视,去看看书。)

9.4.2 强调句式"连字句"

赣西北各个方言点都会使用"连字句"。"连字句"是一种强调句式,它通过"连"和"也/都"来协同表达周遍性的语用意义。为了考察的直观性,我们只讨论句式中蕴涵数量短语的用例,因其 VP 是肯定或否定形式的不同,表达主观量的情况也不同。具体可分为如下两种格式,以上高话为例:

1. 连＋数量短语＋也/都＋VP$_{否定}$

"连＋数量短语＋也/都＋VP$_{否定}$"格式是对数量短语否定,表达了主观小量。例如:

(93) 渠连六十分都考不到,读书蛮琐。(他连六十分都考不到,学习很差。)

(94) 渠连十斤东西也提不起,力气蛮小。(他连十斤东西也提不起,力气很小。)

(95) 渠身上连十块钱都冇有。(他身上连十块钱都没有。)

2. 连＋数量短语＋也/都＋VP$_{肯定}$

"连＋数量短语＋也/都＋VP 肯定"格式是对数量短语肯定,表达了主观大量。例如:

(96) 老李连两百盈斤重个石头都搬得起。(老李连两百多斤重的石头都搬得起。)

(97) 老李家个猪场死过五只猪婆,连一百盈只细猪仔也死过。(老李家的猪场死了五头母猪,连一百多头小猪也死了。)

9.4.3 反问句式"不就是…嘤/咪/么/啵/吵"

赣西北各个方言点都会使用反问句式"不就是…嘤/咪/么/啵/吵"。该反问句式常用来加强主观小量。以上高话为例:

(98) 箇只手表不就是一千块钱嘤/咪?谁买不起哦!(这只手表不就是一

千块钱吗？谁买不起呀！）

(99) 尔不就是考过八十分噻/咪？有什伩了不起哦！（你不就是考了八十分吗？有什么了不起呀！）

(100) 尔不就是个副处长噻/咪？我老爷还是个正厅呢！（你不就是副处长吗？我老爸还是个正厅呢！）

例(98)表示钱数少，例(99)表示分数不高，例(100)表示官衔级别不高。这几句均通过反问的句式表达出来的。

9.5 与主观量相关的复句

9.5.1 容认性让步句与主观量

容认性让步句前一分句表达的是"实让"，即对事实的让步。这种让步句承认 A 事实的存在，却不承认 A 事对 B 事的影响。它故意借 A 事来从相反的方向托出 B 事，使 B 事特别突出，引人注意。容认性让步句在现代汉语中典型的表达格式是"虽然 A,但 B"，赣西北客赣方言中与之相配的表达格式是"话起来是 A,不过 B"。如果 A 中没有特别的表达主观小量的词语的辖制，那么 A 内出现的数量词语一般是向多或大的方向说，即表达了主观大量。以上高话为例：

(101) 老刘话起来是七十盈岁，不过爬起山来跟年轻人一样嗰。（老刘虽然七十多岁，但爬起山来跟年轻人一样的。）

(102) 我人话起来是十几年冇见面，不过一看就认出来过。（我们虽然十几年没有见面，但一看就认出来了。）

如果 A 中的数量短语是小量，则 B 为主观大量。例如：

(103) 箇只伢妹仔话起来是只有五岁，不过能喫三碗饭。（这个小孩虽然只有五岁，但能吃三碗饭。）

(104) 我话起来是只有八十几斤仔，不过能挑一百多斤东西。（我虽然只有八十几斤，但能挑一百多斤东西。）

9.5.2 虚拟性让步句与主观量

虚拟性让步句的让步偏分句是对虚拟情况的让步，或者是带虚拟口气的让步。同"容认性让步句"一样,也是故意从相反的方向借 A 事来托出 B 事,强调 B 事不受 A 事的影响。赣西北客赣方言中的主要格式是"(就/就是/就算/)A,(也不/也冇)B",表达主观量情况因各分句的数量情况而定。

如果让步偏分句 A 中有数量短语时,所表达的往往是扩大性数量夸张的假言虚让,表达了主观大量。以上高话为例:

(105) 我就是一世冇老公,也不会跟尔结婚。(我就是一辈子没有老公,也不会跟你结婚。)

(106) 就算尔送我十万块钱,我也不会去做违法个事。(就算你贿赂我十万块钱,我也不会去做违法的事。)

有些让步偏分句 A 中的数量短语是缩小型数量夸张的假言虚让,所用数词一般是"一"或"半",表达了主观小量。例如:

(107) 尔就要我在箇里待上一分钟,我都不想待过。(你就要我在这里待上一分钟,我都不想待了。)

(108) 就算借一块钱,我也不会向尔借过。(就算借一块钱,我也不会向你借了。)

"莫话 A,就(就是)B,(也/还)C"格式有三个分句,即在让步偏分句之前,还可以出现"莫话 A"的起铺垫作用的分句,如果"A"中有数量短语,便会与"B"中的数量短语形成"阶梯"关系。当"A"中的数量小于"B"中的数量时,"B"中的数量为主观大量,如例(109)、(110);当"A"中的数量大于"B"中的数量时,"B"中的数量为主观小量,如例(111)、(112)。例如:

(109) 莫话一个,就是十个,我也会帮尔买。(别说一个,就是十个,我也会帮你买。)

(110) 莫话借一千块钱,就是一万块钱,我也会借给尔。(别说借一千块钱,就是一万块钱,我也会借给你。)

(111) 莫话借一千块钱,就是一块钱,我也不会借给尔。(别说借一千块钱,就是一块钱,我也不会借给你。)

(112) 莫话考九十分,就是六十分,尔都冇考来。(别说考九十分,就是六十分,你都没有考过。)

9.5.3 忍让性让步句与主观量

忍让性让步句的让步偏分句是表示心理上、意志上的让步。现代汉语中典型表达格式是"宁(宁可)A,(也)不 B"。"宁"或"宁可"一般表明在别无选择的情况下对不乐意而为之的事情不得不有所忍让,以便实现某种决心。如果"A"中有数量短语一般表主观大量,"B"中有数量短语则为主观小量。赣西北客赣方言中经典格式是"情管/情肯/情愿 A,(也)(不)B",以上高话为例:

(113) 我情管苦筒一个月,也不愿意去讨钱。(我宁可苦这一个月,也不愿意去乞讨。)

(114) 渠情管少活十年,也不想一日冇权。(他宁可少活十年,也不想一日没有权利。)

(115) 我情管花十万块钱,也要送明明出国留学。(我宁可花费十万块钱,也要送明明出国留学。)

有时候"A"中有数量短语也可表主观小量,"B"中有数量短语则为主观大量。例如:

(116) 我情管多活几日,哪怕名声搞臭过都可以。(我宁可多活几天,哪怕遗臭万年都可以。)

(117) 我情管少考几分,也不会去抄别人个。(我宁可少考几分,也不会去抄别人的。)

9.6 本章小结

本章从语音、词汇、特殊格式、强调句式、复句五方面初步探讨了赣西北客赣方言的主观量范畴问题,描写了一些常见的主观量表达形式,部分表达手段做出了一定的解释,但还有些表达手段,比如"呀似""数"表主观大量的深层原因,限于学力无法做出解释,有待进一步研究。一种语言或方言表达主观量的手段是多样的,就赣西北客赣方言而言,我们也仅仅揭示其常见的,易于感知、描写的表达手段,还有不少手段有待进一步研究挖掘。主观量表达手段上,客赣方言之间没有明显的差异性。

第十章
程度范畴

10.1 程度范畴概述

"量"是一种客观存在,是人类观察、把握以及表述客观世界的一种手段或方式,通常被视为与"质"相对互存的哲学范畴,是指"事物存在和运动的规模、程度、速度以及构成事物的共同成分在空间上的排列等可以用数量表示的规定性"(谭鑫田1992:299)。语言世界的"量"范畴是人类社会发展到一定阶段的产物。在人们的认知世界中,事物、动作、性状等均含有"量"的因素。例如,任何事物都含有空间量和数量等因素,任何事件都含有时间量和动作量等因素,任何性状都含有量级等因素。客观世界这些量的因素在人们的认知世界中逐渐形成了"量"的认知范畴。"量"的这种认知范畴投射到语言中就形成了语言世界的量范畴,具体体现在语言中就是一种语义范畴。汉语量范畴分为五种次范畴:物量、时间量、空间量、动作量、程度量。"程度量"就是事物性状的量性语义特征在程度上按照多少、高低、大小、深浅所进行的量化。尽管对程度范畴的认识是人类思维共有的,但是如何表达程度,用什么手段表达程度,不同语言、不同方言各不相同。赣西北客赣方言程度范畴主要包括三个层面的表现形式:一是词法层面,主要包括状态形容词、固定短语等形式。二是句法层面,主要包括程度状语、程度补语、表程度的句式、重叠等。三是语用层面,主要包括语气和重音等。

词法范畴内的程度表达与形容词关系密切。形容词可分为性质形容词和状态形容词两类。性质形容词(如"白""好""直")表示事物的属性,在量上代表量幅;状态形容词表状态,在量上多表量点或量段。换句话说,性质形容词表示隐性量,其程度性是潜在的,而状态形容词代表显性量,其程度性是固化的。状态形容词包括前缀式(如:乜乌个、雪白个)、后缀式(如:矮墩墩个、乱哄哄个)。状态形容词内部所蕴含的高程度量级别还有高低之分,如一般认为前加式比后加式程度量级别更高,如乜乌个＞乌沉沉个。固定格式的短语在形式上类似于短语,但功能上类似于词,此处放到词法手段来谈。固定格式的短语又分为两类:固定短语(熨似熨帖_{安排非常妥当}、火急火燎_{非常着急})和框式短语(A 咕 AB_{墨咕墨黑})。

句法层面的表现形式具体包括:程度状语、程度补语、程度的句式、重叠等。程度状语主要由程度副词、部分指示代词和语气副词充当,如"好""蛮""几""箇样""确实""真啯"等;程度补语主要由程度副词或正在虚化的短语等充当,如"死""伤""不过"等;程度的句式主要指表程度的特殊句式或框式结构,如表程度高的假设句(上高话:要话几 A,就有几 A),表程度高的否定句式(上高话:不晓得几 A)等。重叠指的是某一语言成分重复出现的语法手段。不同语言成分重叠形成了不同的重叠类型。具体可分为:构词重叠、构形重叠。构词重叠是构词方式,一般构成状态形容词,应当归入词法层面;只有构形重叠才是语法层面的表现形式。可是严格意义上的构词重叠和构形重叠在汉语里不容易区分,特别是与程度量紧密相关的重叠式形容词(包括构词重叠的状态形容词和构形重叠的形容词重叠式)更加复杂,难以区分。因此,这里我们统一称为表程度的重叠形式,放在句法层面来谈,不再区分构词重叠和构形重叠。

赣西北客赣方言方言的程度范畴表达手段将从如下四个方面展开:状态形容词、重叠式、程度状语、程度补语。

10.2 状态形容词

赣西北客赣方言方言里,状态形容词是最重要的程度表达形式之一。状态形容词往往采用附加法构词方式,通常由词根附加含程度义的词缀构成的,词缀在前的称为前缀式,词缀在后的称为后缀式。我们用 A 代表词根,用 X 代表词缀。

10.2.1 XA 式状态形容词

赣西北客赣方言方言中有一类比较有特色的状态形容词,如"津甜""乜烂""铁紧"等。这类形容词前一语素意义相对虚化,多表形象或色彩,且大多语源不明,常用同音字记录,后一语素为单音节形容词性语素,都是能独立成词的性质形容词。这类形容词语义重心多落在后一语素上,前一语素附加在后一语素上构成附加式状态形容词,表示程度很高义,为方便称说,把这类状态形容词记作"XA"式。

10.2.1.1 赣西北客赣方言中的 XA 式形容词

我们选取赣西北客赣方言中 93 个常用的单音节形容词性语素对丰城、袁州、上高、铜鼓客、奉新客五个方言点"XA"式状态形容词进行专项调查,调查表见附录三(表中第一列形容词性语素为"XA"中的 A,表中例词的前字均为 X,表示 A 的程度高,相当于普通话的"很")。

10.2.1.2 "XA"中的"X"

根据"X"不同,又可以分为以下几个类型。以上高话为例:

(1) X 是名词性的。例如:

| 墨黑 | 松黄 | 雪白 | 冰冷 |
| 梆硬 | 铁紧 | 笔直 | 血红 |

(2) X 是动词性的。例如:

| 飞快 | 登重 | 脱大 | 溜滑 |
| 喷香 | 削薄 | 拉粗 | 刮青 |

(3) X 是形容词词性的。例如:

| 焦干 | 津甜 | 清凉 | 揪酸 |
| 崭新 | 薄松 | 碧兰 | 稀软 |

(4) X 是有音无字的。例如:

| □[lo↗]活 | □[lai↗]尖 | □[sɛ³¹]薄 | □[tɕie↗]密 |
| □[təŋ↗]满 | □[kʰa↗]饱 | □[lat⁴]陡 | □[pʰo⁵²]松 |

对赣西北客赣方言"XA"中的"X"进行研究,可归纳出如下几个特点:

1. 根据"X"的表义的虚实特点,"X"可分为半虚化和基本虚化两类。上述(1)、(2)、(3)组的"X"可归为一类,它们有着比较明确而具体的词汇意义,一旦作为词缀与形容词构成"XA"式状态形容词后,词汇义的某一义素得到激活、凸显,形成一个表示高程度的标记。比如"笔直"的"笔",其义素有很多,但在与

"直"组合后,就只激活、凸显了笔杆外形上的"非常直、无弯曲"的语义特征,"笔"就成为单音节性质形容词"直"的高程度标记。第(4)组的"X"是有音无字的,语源不明,"X"意义基本虚化,且与"A"仅仅黏附在一起,除了表示极高程度之外,还表达了色彩、形状等生动形象。

2. "X"的组合能力有强有弱。X能力强的,能与多个A组合,如"脱"可以组合成"脱长""脱高""脱大"等。X能力弱的,只能与一个A组合,如"松黄""登重"等。还有一种情况是多个"X"与一个"A"组合,如"极冷""冰冷"等。

3. "X"语音色彩较响亮,以开音节为主。"XA"式状态形容词表示高程度,"X"的音响效果也必须符合高程度这一语义要求。开音节开口度大,能够表达表达较强的感叹语气,因此"X"多为元音[a][o][ɛ]或含[a][o][ɛ]的复元音结尾,如"刮青""脱大""乜烂"等。

10.2.1.3 "XA"中的"A"

对赣西北客赣方言"XA"中的"A"进行研究,也可归纳出如下几个特点:

1. "A"多为诉诸人感官的感觉类单音节性质形容词。具体可以分为如下几类:

视觉:黄、蓝、白、黑、绿、红、青、细、松、紧、瘦、胖、壮、肥

触觉:热、冷、凉、清、干、湿、软、硬

味觉:淡、咸、甜、苦、酸、涩

嗅觉:骚、臭、香、腥

听觉:尖、粗

其他:轻、重、饱、快

据统计,"A"主要以视觉词为主、触觉、味觉词次之、嗅觉、听觉和其他类较少。

2. 能进入"A"的性质形容词都是以人的感官器官相关的且与人日常生活密切的词语。人的语言生活也是"近取诸身"的,人在日常言语交际过程中所交流的内容往往是自身感官所接触到的东西,在表达事物性状时常常需要表达一定的主观量度。

10.2.1.4 "XA"后附成分"个"

赣西北客赣方言"XA"式经常使用与结构助词同形的后附成分"个",读轻声[ko⁰],"个"是"XA"式不可或缺的成分。绝大部分"XA"式作谓语、补语,还是定

语、状语都必须后附"个"。以上高话为例：

(1) 箇只崽仈恰[kʰa³¹]瘦个。（这个男孩很瘦。）

(2) 渠畀衣裳脱得□[tʰɛ³¹]光个。（他把衣服脱得一丝不挂。）

(3) 乜[mie³¹]烂个饭唔好喫。（很烂的饭不好吃。）

(4) 尔笔直个走，就能寻到国贸超市。（你笔直地走，就能找到国贸超市。）

赣西北客赣方言中的"个"跟普通话的"的"相当，例如：

(5) 都是一家人，还分尔个我个？（都是一家人，还分你的我的？）

(6) 喫个用个都买正过。（吃的用的都买好了。）

(7) 尔话个都是些有影个事。（你说的都是些没影儿的事。）

(8) 我是昨日到个。（我是昨天到的。）

附在"XA"式后的"个"与上述用法都不相同，那到底是什么成分呢？我们认为肯定不是典型的结构助词。"个"在"XA个"中不可或缺，是"XA个"式形容词的构词成分，换言之，"个"的加入，使得"XA"式才真正成为状态形容词。因此，"个"虽然没有表达具体的词汇意义，但它是"XA个"作为状态形容词的标记成分，看作状态形容词后缀更合适。

10.2.2 叠音后缀状态形容词

赣西北客赣方言的后缀式形容词为数不多，较为常见的是叠音后缀附加在单音节的形容词词根之后，构成AXX式形容词，表达了强程度的语法意义。需要注意的是，AX式形容词是不存在的。以上高话为例分两组来说明：

A：喷香——香喷喷　　溜光——光溜溜　　梆硬——硬梆梆
　　通红——红通通　　冰冷——冷冰冰　　焦干——干焦焦
　　津甜——甜津津

B：油干干　娇滴滴　轻飘飘　壮秃秃　热乎乎　气呼呼
　　气鼓鼓　笑眯眯　矮笃笃　甜兮兮　暗绰绰　乌治治
　　硬壳壳　弯丩丩　直挺挺　扁塌塌　乱哄哄　冷稀稀
　　瘦杆杆　圆绽绽　汗津津　文绉绉　好生生　空荡荡
　　孤零零　软绵绵　醉醺醺　阴沉沉　昏沉沉　水滴滴
　　眼巴巴　火辣辣　水灵灵　响当当　灰蒙蒙　笑嘻嘻

两组的区别在于：A 组都可以说成 XA 式，B 组不能。XA 式与 AXX 式在虽然都是表示高程度，但在语义上还是有细微差别，XA 式表示"非常 A"，侧重程度表达，而 AXX 式的描写性显得更强些，形象色彩显得更浓一些。比如：

焦干：非常干燥

干焦焦：很干燥且描摹出了毫无水分性状。

上述 AXX 式状态形容词中的 X 大多没有实在的而确切的词义，是基本虚化的词缀，附在形容词词根 A 之后表示性状的生动形象，其程度较强，与程度副词"很""蛮"相当。

B 组中有些词根相同的词由于叠音后缀"XX"不同而反映出某种语义上的差异。这种差异或表现在词义方面，或表现在感情色彩方面，或表现在形象色彩方面。例如：

气呼呼：形容生气时呼吸急促的样子。

气鼓鼓：形容生气时脸色阴沉难看的样子。

水滴滴：形容物体水分较多，成溢出状态。

水灵灵：形容女孩长得娇嫩。

与"XA"式一样，"AXX"也必须后附后缀"个"，才能使"AXX"作为状态形容词使用，作句子是谓语、补语、定语。例如：

(9) 箇只菜甜兮兮个，真嗰不好喫。（这个菜很甜，真的不好吃。）

(10) 我不找壮秃秃个妹仔做老婆。（我不找很胖的女孩做老婆。）

(11) 箇只西瓜长得圆绽绽个。（这个西瓜长得很圆。）

例(9)的"甜兮兮个"做谓语，例(10)的"壮秃秃个"做定语，例(11)的"圆绽绽个"做补语。

10.2.3 XA 式的重叠式

赣西北客赣方言 XA 式还可以采用重叠、中缀等手段构成重叠式，表达更强的程度义。具体可以构成如下重叠式：XAXA 式和 X 咕 XA 式。

10.2.3.1 XAXA 式

XA 式重叠后程度变得更加深。以上高话为例：

雪白：雪白雪白　　喷香：喷香喷香　　焦干：焦干焦干

登重：登重登重　　冰冷：冰冷冰冷　　刮淡：刮淡刮淡
墨黑：墨黑墨黑　　梆硬：梆硬梆硬　　飞快：飞快飞快 指刀刃锋利

10.2.3.2　X咕XA式

"X咕XA"比"XA"程度要深很多,该格式中的"咕"是个衬音,属于中缀,起着舒缓语气的作用。以上高话为例：

雪咕雪白　　喷咕喷香　　焦咕焦干　　墨咕墨黑
冰咕冰冷　　揪咕揪圆　　雪咕雪白　　乜咕乜烂

10.2.4　中缀状态形容词——四字格式

赣西北客赣方言中还存在不少附加中缀的四字格式,这类词均表达了程度很高,语法功能与其他状态形容词一致。下面分三类展开说明,均以袁州话为例①。

10.2.4.1　AX巴B

"AX巴B"式是以状态形容词"XA"式或双音节形容词"AB"是为基础,附加中缀"咕巴""里巴",表程度很高。这类词不多,能产性不强。例如：

津甜——津咕巴甜　　　　　　津咸——津咕巴咸
揪酸——揪咕巴酸　　　　　　客气——客里巴气
老实——老里巴实　　　　　　干净——干里巴净
啰嗦——啰里巴嗦　　　　　　齐整——齐里巴整
自在——自里巴在　　　　　　土气——土里巴气

10.2.4.2　A煞巴人

"A煞巴人"式主要有"A人"式为基础,附加中缀"煞巴",表示程度很高。"A人"多表"外界刺激、作用于人体自身或人体的某一部分,使人体产生某种不舒服的感觉","A煞巴人"则加深了这种"不舒服"的感觉。这类词有80个左右。例如：

炙人——炙煞巴人　　　　　　累人——累煞巴人
痛人——痛煞巴人　　　　　　硬人——硬煞巴人

---

① 袁州话的状态形容词部分用例转引自刘英、唐艳平的《袁州(天台)方言的状态形容词》,《宜春学院学报》2015年第11期。

冷人——冷煞巴人	胀人——胀煞巴人
咬人——咬煞巴人	晒人——晒煞巴人
呕人——呕煞巴人	辣人——辣煞巴人
臊人——臊煞巴人	挤人——挤煞巴人

这里的中缀"煞巴"的"煞"其实是有一定的实义,"煞"有"极"义,去掉"巴"这类词还可以说成"A 煞人",也表示程度极高,后面程度补语中会涉及,此处不详述。

"A 煞巴人"这种格式在上高话中可以说成"A 死巴人"和"A 死冇人",前者年纪稍大的人说得多些,后者年纪轻的人说得多些。

10.3 表程度的重叠形式

重叠是现代汉语的重要语法现象之一。汉语许多词类都可以重叠,如名词、动词、形容词等。不同词类重叠所涉及的量的次范畴不同,名词重叠与物量相关,动词重叠与动量相关,形容词重叠与程度量相关。

形容词重叠式是表达程度的重要形式之一。形容词重叠式,即以形容词为对象进行重叠的语言形式,是一种构形重叠。未重叠之前的形容词一般属于性质形容词,称之为基式,重叠之后一般能表达较强的程度。而由语素重叠构成的词,是一种构词重叠。若由形容词性语素构成的形容词,如"冉冉""袅袅""轰轰烈烈",可称作重叠式形容词,可归属于状态形容词。前面提到的"XAXA""X咕XA"也属于重叠式状态形容词。构词重叠和构形重叠有时难以区分,因为它们形式上都有重叠,整个结构的语法意义和句法功能也大致相同,所以我们不作具体区分,称作为表程度的形容词重叠形式。

赣西北客赣方言形容词重叠形式按内部构造可以分为完全重叠形式和不完全重叠形式。

10.3.1 完全重叠

完全重叠指重叠式中成分全部重叠,如 A 重叠为"AA",AB 重叠为"AABB"或"ABAB"。根据重叠时是否加附加成分,又可以分为附缀重叠和单纯重叠。

10.3.1.1 附缀式完全重叠

附缀重叠指重叠形式除重叠成分以外还有其他附加成分。赣西北客赣方言附缀式完全重叠主要包括"AA+后缀""A吖A"等。

1. "AA+后缀"式

"AA+后缀"式中的后缀在各方言点已有研究文献中都有所不同,丰城"基"、袁州"仔"、上高"唧"、铜鼓"子",这些后缀可能都是"子"尾变过来的,在赣西北客赣方言各点的读音相差不大,只是记录该词缀的用字不一样,我们认为是性质相同的后缀,此处统一采用"仔"来记录,即可称作"AA仔"式。

"AA仔"式的"A"是单音节性质形容词,单独使用时表示某种性状,A重叠后构成"AA"是形容词重叠式,这在普通话中比较常见,但在赣西北客赣方言中则非常少见,一般情况下需要加上后缀"仔"才能使用,即后缀"仔"不可省略。"AA仔"式表示程度较浅的某种状态,其程度比普通话中的"AA"式稍微弱些,这主要是后缀"仔"有表小的作用,附加在"AA"后面也有把程度量往小里调的作用。以袁州话为例:

| 红红仔 | 圆圆仔 | 软软仔 | 热热仔 |
| 壮壮仔 | 嫩嫩仔 | 咸咸仔 | 酽酽仔 |

我们以《现代汉语八百词》"形容词生动形式表"表一所收的130个单音形容词为材料,对赣西北客赣方言7个方言点进行调查,调查结果见表10-1。

表10-1 "AA仔"式

方言点	丰城	新余	袁州	上高	高安	铜鼓客	奉新客
"AA仔"式数目	76	73	85	71	74	81	79

从以上调查数据来看,各方言点相差不大。有些单音节形容词不能转换成"AA仔"式原因有二:一是该性质形容词在方言词中从来不说;二是有些形容词多用在程度强的语言环境中,一般采用"XA"式、"X咕XA"式,表示程度较轻一般不太说,也就不太采用"AA仔"式,如下列重叠式一般不说:

| 重重仔 | 硬硬仔 | 远远仔 |
| 厚厚仔 | 清清仔 | 坏坏仔 |

"AA仔"式的句法功能一般是作谓语,以袁州话为例:

(12) 箇猪肉红红仔,不晓得新鲜么?(这猪肉有点儿红,不知道新鲜不新鲜?)

(13) 箇几苹果圆圆仔,蛮好看。(这些苹果圆圆的,很好看。)

(14) 婆婆舞个菜淡淡仔。(奶奶做的菜有点儿淡。)

(15) 莫作急,话事要慢慢仔。(不要急,说话要慢慢儿。)

有些"AA仔"既能作状语又能作谓语,应该看成副词兼形容词。例如"慢慢仔""轻轻仔""斜斜仔"。以下例子中的A式是作状语,可看作副词,B式作谓语,可看作形容词。以袁州话为例:

(16) A:慢慢仔走。(慢慢儿走。)

　　　B:箇只老人家走起路来慢慢仔。(这位老人走路有点儿慢。)

(17) A:东西要轻轻仔放。(东西要轻点儿放。)

　　　B:进去要轻轻仔,莫吵到人家。(进去要轻点儿,不要吵到别人。)

(18) A:斜斜仔写。(斜斜儿地写。)

　　　B:我个字斜斜仔。(我的字有点儿斜。)

"AA仔"后面再后附"个",构成"AA仔个"格式,可作谓语、补语、定语、主语和宾语。以袁州话为例:

(19) 渠个衣裳厚厚仔个。(他的衣服有点儿厚。)(做谓语)

(20) 你拿排骨汤熬得酽酽仔个更好喫。(你把排骨汤熬得有点儿酽就更好吃。)(做补语)

(21) 弯弯仔个路不好走。(有点弯的路不好走。)(做定语)

(22) 蒸饭要多加滴仔水,软软仔个更好喫。(做饭要多放点水,软一点的更好吃。)(做主语)

(23) 加一滴仔糖,我要喫甜甜仔个。(加一点儿糖,我要吃有点儿甜的。)(做宾语)

2. A吁A

"A吁A"式是A重叠为"AA"后,再在中间嵌入词缀"吁",整个结构表程度很高,有强调的作用。万载、上高、宜丰、高安、奉新、铜鼓客、万载客、修水客、靖安客、奉新客等方言点有少量这样的用例,例如:实吁实、真吁真、稳吁稳、硬吁硬、明吁明等。"A吁A"式一般在句子中作状语、谓语。以上高话为例:

(24) 我今阿实叮实个挣过一千块钱。(我今天实实在在挣了一千块钱。)

(25) 箇份材料硬叮硬是渠写个。(这份材料确实是他写的。)

(26) 渠个崽考到过大学是真叮真嗰,我看到过录取通知书。(他的儿子考上了大学是确认无疑的,我看到了录取通知书。)

(27) 箇转干部选拔明叮明个,冇做一忽仔假。(这次干部选拔很透明,没有做一点儿假。)

10.3.1.2 单纯重叠

单纯重叠指重叠形式中没有添加附加成分。赣西北客赣方言单纯式完全重叠主要有"AABB""ABAB"两式。

赣西北客赣方言能够进行"ABAB"式重叠的主要是状态形容词"XA"式,如上高话的"拉粗拉粗""恰瘦恰瘦""墨黑墨黑",详见本书10.2.3.1节。部分性质形容词也可以进行"ABAB"式重叠,如"凉快凉快""快活快活",但这些形容词重叠后带有动词的"短时""尝试"等语义特征,不表程度,因此不是本文要考察的内容。

本节主要考察赣西北客赣方言"AABB"式,又可以细分为两类:一类是有基式AB的完全重叠式,属于形容词重叠式;另一类是没有基式AB的完全重叠式,是重叠式形容词。

1. 有基式AB的完全重叠式——"AABB"式

"AABB"式是基式"AB"分别重叠再叠加形成的,其作用是对基式AB所描述的程度进行加强,即表示的程度量比AB要高,或者增加AB的描状性。我们以上高话为例展开探讨。

(1) AB为形容词

伶俐_{干净}——伶伶俐俐_{干干净净}　　　随便——随随便便
拖拉——拖拖拉拉　　　　　　　斯文——斯斯文文
清爽——清清爽爽　　　　　　　秀气——秀秀气气
客气——客客气气　　　　　　　熨帖——熨熨帖帖
干爽——干干爽爽　　　　　　　匀称——匀匀称称
昏沉——昏昏沉沉　　　　　　　齐整——齐齐整整

(2) AB为动词

颠倒——颠颠倒倒　　　　　　　结巴——结结巴巴

磨蹭——磨磨蹭蹭　　　　　　落心——落落心心

（3）AB 为名词

四方——四四方方

　　上高话能够以"AABB"形式重叠的主要是形容词，其中又以性质形容词占了绝大多数，少数动词、名词也可以采用"AABB"式重叠。上高话的"AABB"式大部分普通话中也有，小部分普通话没有。

　　2. 无基式 AB 的完全重叠式——"AABB"式

　　赣西北客赣方言有一类"AABB"，没有基式 AB，是重叠式形容词，由语素 A 和 B 分别重叠再组成 AABB。该格式具有描状、增加感情色彩等作用。A 和 B 多为形容词性语素，也有的是名词性语素、动词性语素等。以上高话为例展开探讨。

　　（1）AA 和 BB 为并列关系

　　"AABB"式中的"A"和"B"语素存在反义①、近义、差义②叠结三种形式。例如：

反义叠结：大大细细　　　真真假假　　　高高低低
近义叠结：弯弯曲曲　　　疯疯癫癫　　　歪歪扭扭
　　　　　迷迷糊糊　　　吹吹打打　　　扭扭捏捏
差义叠结：花花绿绿　　　白白胖胖　　　婆婆妈妈

　　（2）AABB 为偏正式

　　这一类 A 主要是形容词，语义重心主要在 AA 上，BB 一般没有实际的意义，主要用来增强描绘性或是凑齐四字格以满足韵律要求，类似于叠音后缀。例如：

慢慢细细　　　　密密麻麻
慢慢吞吞　　　　松松垮垮

---

① 邢福义等（1993）提出了"AABB"的"反义叠结"式，由两个意义相反的单音形容词重叠之后再叠加形成，表示同类事物包含各种不同的属性。
② 储泽祥（1996）还提出了"AABB"的"差义叠结"式，由两个并列、同质的形容词 A 和 B 分别重叠然后再粘结形成，表示事物"又 A 又 B"的兼容性状。

10.3.2 不完全重叠——A 里 AB

赣西北客赣方言不完成重叠只有"A 里 AB"式,该式也是汉语方言常见的重叠形式,双音形容词 AB 逆向重叠第一个音节 A,再加上没有实义的词缀"里",帮助构成四音节的韵律模式。该格式表示程度较强且多为贬义。根据形容词"AB"的不同将"A 里 AB"分为一般形容词"AB"(如"暴躁""古怪"等)和地方特色的"A 气"(如"娇气""土气")。下面上高话为例:

10.3.2.1 A 里 A 气

"A 里 A 气"一般用来评价人的某种行为品质,带有不满的贬义感情色彩。其中的"A 气"少部分能成词单用,"A 里 A 气"比"A 气"贬损的程度更高。例如:

蠢气——蠢里蠢气　　　娇气——娇里娇气
土气——土里土气　　　小气——小里小气

大部分"A 气"不成词,A 一般为描写人的某种不良品质或的单音形容词。例如:

怪里怪气　　痞里痞气　　臊里臊气　　妖里妖气
流里流气　　憨里憨气　　死里死气　　邪里邪气

10.3.2.2 A 里 AB

"A 里 AB"中的 AB 是一般形容词,多用来形容人的行为特性,一般表贬义。"A 里 AB"比 AB 更增添了贬损的意味和程度。例如:

糊涂——糊里糊涂　　　古怪——古里古怪
粗心——粗里粗心　　　古板——古里古板
麻烦——麻里麻烦　　　邋遢——邋里邋遢

有一些"A 里 AB"同时也可以采用"AABB"式重叠。例如:

啰嗦——啰里啰嗦——啰啰嗦嗦
毛躁——毛里毛躁——毛毛躁躁
慌张——慌里慌张——慌慌张张
懵懂——懵里懵懂——懵懵懂懂
懒散——懒里懒散——懒懒散散

落心——落里落心——落落心心

大方——大里大方——大大方方

新鲜——新里新鲜——新新鲜鲜

这类有两种重叠形式的 AB 既可以是贬义形容词,如啰嗦、懵懂;也可以是褒义形容词,如大方、落心。两种重叠形式的意义和功能基本相同。

10.4 程 度 状 语

前加状语是汉语中最常用的一种程度表达手段。赣西北客赣方言表达程度的状语多数由程度副词充当,少数几个性状类指示代词和语气副词也可以充当程度状语。下面具体探讨。

10.4.1 程度副词充当程度状语

程度副词是表达程度量的主要语法手段,其主要作用是对所修饰的成分进行程度的量化和定位,或使连续的程度量有界化,因此,程度副词可看作程度的量化标记。程度副词可以修饰形容词、部分动词、动词短语及部分名词。蔺璜、郭姝慧(2003)指出普通话程度副词具有三个特点:粘着性强;定位性强;语义指向单一。林双萍(2007)认为除了上述三个特点,还应加上一条:意义的虚化程度高。赣西北客赣方言程度副词和普通话一样,是程度量化的标记词,同样具备以上四点。

有关程度副词分类,学界观点很多,比如周国光(1994)的"确认性程度副词与比较性程度副词",张国宪(2006)的"主观程度副词与客观程度副词",林双萍(2007)的"隐比程度副词与显比程度副词"。其中王力先生的观点影响最大,他在《中国现代语法》中提出区分"绝对程度副词"和"相对程度副词","凡无所比较,但泛言程度者,叫做绝对的程度副词","凡有所比较者,叫做相对的程度副词"。张斌(2010:152)指出"从句法功能角度看,凡是可以进入具有明确的比较项句法环境的程度副词都是相对程度副词;反之,则是绝对程度副词"。无论是相对程度副词,还是绝对程度副词,其内部都还可以根据程度的量幅进一步分出依次递降的小类,至少可以各分三类,大致可以列表归纳如表 10-2。

表 10-2 程度副词的量幅分类

	绝对程度副词	相对程度副词
高量级	特/特加_{上高、宜丰、高安、丰城、铜鼓、新干、万载、分宜、新余、袁州}、太_{奉新、靖安、丰城、新余}、伤_{樟树、丰城、新干}、死_{武宁、靖安、袁州、修水}、好益_{武宁}、太然_{萍乡}、忒眼_{上栗}、尾古_{丰城}、晓得几_{新余}、伤噢_{高安}、越则个_{上高}、得了/不得了_{袁州}、十分_{铜鼓(客)}	最_{赣西北22个方言点}、第一_{靖安}、顶_{武宁、新余、铜鼓、铜鼓(客)、奉新、靖安(客)}、头_{上高、宜丰}、格外_{萍乡、袁州、靖安(客)}
较高量级	几/蛮/相当_{赣西北22个方言点}、好_{高安、奉新、靖安、武宁、丰城、靖安(客)、修水}、满_{修水、修水(客)、铜鼓(客)}	更/更加、还/还要 各方言具体使用情况见表 10-3
较低量级	有发仔_{袁州}、有忽仔_{上高、宜丰、新余、分宜、高安}、有滴仔_{万载、靖安、奉新、铜鼓、修水(客)}、有毛仔_{丰城、新干、樟树}、有点子_{万载(客)、奉新(客)、靖安(客)}	稍微_{赣西北22个方言点}、比较_{赣西北22个方言点}

10.4.1.1 绝对程度副词

高量级绝对程度副词在赣西北客赣方言比较丰富,常用的有四个:"特/特加"赣西北大部分方言点都使用;"伤"非常有地域特色,仅仅用于以樟树为核心的樟树、丰城、新干三个方言点(丰城、新干与樟树毗邻的乡镇多用"伤",而有些乡镇用"特"和"特加"),"死"用于武宁、靖安、修水和袁州;"太"用于奉新、靖安、丰城、新余,这一用法与南昌话相同。较高量级程度副词主要有四个:"蛮""几""相当"这三个赣西北客赣方言都使用,其中"蛮""几"是赣西北客赣方言固有的语法成分,"相当"来自普通话的渗透;"好"主要用于高安、奉新、靖安、武宁、丰城、靖安_客、修水等方言点。在高安、奉新、靖安三地,"好"的使用频率高于"蛮"。较低量级的程度副词有四个:"有发仔"用于袁州,"有忽仔"用于上高、宜丰、新余、分宜、高安,"有滴仔"用于万载、铜鼓、靖安、奉新、铜鼓、修水_客,"有毛仔"用于丰城、樟树、新干,"有点子"用于万载_客、奉新_客、靖安_客。下面考察主要程度副词的用法。

1. 特/特加

"特/特加"表示程度极高,与普通话"太"相当。"特/特加"可以修饰性质形容词、心理动词、少量非心理动词和部分短语等,一般表达说话者的强烈主观感受,即认为性状、动作行为超出应有的限度、很突出、很过分。因此,对修饰对象有一定的选择,多为贬义词。如果是褒义词,也是表达一种超过一定限度的不满意。以上高话为例：

(28) 渠特/特加丑/懒/丑猾/刁钻过。(他太丑/懒/狡猾/刁钻了。)

(29) 莫特/特加伤心过，要保重身体。(不要太伤心了，要保重身体。)

(30) 莫特/特加浪费过。(不要太浪费了。)

(31) 渠做得特/特加过分过。(他做得太过分了。)

(32) 尔对我特/特加好过，我有忽仔不习惯。(你对我太好了，我有点儿不习惯。)

(33) 我就是特/特加关心过你，尔真是不识好拐。(我就是太关心了你，你真的不知道好坏。)

(34) 箇路特/特加远过，走得累死人。(这路太远了，走得累死人。)

例(28)至(31)都是贬义词，表示性状或动作行为远远超出了应有的限度，程度极高。例(32)、(33)是褒义词，例(34)是中性词，但均表达了说话者的因程度超出应有限度而产生了不满情绪。

2. 伤

"伤"在赣西北客赣方言中作程度副词用，相当于普通话中的"太"，表示程度很高。在赣西北客赣方言大多数方言点只能作补语，如"累伤哩""饿伤哩"等；而在樟树、丰城、新干三地则作状语，修饰形容词。"伤"字后必跟"哩"，构成格式"伤A哩"，该格式可以作谓语、补语、主语和定语。以丰城话为例①：

(35) 你伤客气哩。(你太客气了。)

(36) 该只伤重哩。(这只太重了。)

(37) 盐伤多哩。(盐太多了。)

(38) 盐放得伤多哩。(盐放得太多了。)

(39) 车开得伤快哩。(车开得太快了。)

(40) 渠骂得伤厉害哩。(他骂得太厉害了。)

(41) 伤多哩唔好。(太多了不好。)

(42) 伤重哩挑唔起。(太重了挑不起。)

(43) 伤细哩个人。(太小的人。)

(44) 伤远哩个路。(太远的路。)

---

① 用例转引自陈小荷《丰城赣方言语法研究》(2012：223—224)。

(45) 伤老实哩个牙仔。(太老实的小孩。)

"伤 A 哩"在例(35)、(36)、(37)作谓语,例(38)、(39)、(40)作补语,例(41)、(42)、(43)作主语,例(44)、(45)作定语,作定语一般要加上助词"个"。

"伤"还可以修饰心理动词、短语等。例如:

(46) 伤喜欢、伤难过、伤讨嫌

(47) 伤熟悉、伤浪费、伤流行

(48) 伤肯喫苦、伤要面子、伤有钱

3. 死

程度副词"死"表示程度深,相当于普通话里的"极"。但普通话中的"极"既可以表示褒义,又可以表示贬义。而赣西北客赣方言中的"死"只表示贬义。"死"可修饰形容词或动词性短语时作状语,它和形容词、动词构成的"死 A/V"格式只能作谓语。另外,"死"还可以用在少数形容词后面作补语。"死"用于武宁、靖安、袁州、修水等地,以袁州话为例:

(49) 渠死懒死懒个,连常不洗衣服。(他懒极了,经常不洗衣服。)

(50) 箇只女伢死拐,你话啥嘛渠都不听。(这个女孩坏极了,你说什么她都不听。)

(51) 箇条裤仔死贵哩。(这条裤子贵极了。)

(52) 死要面子活受罪。

4. 几

"几"在赣西北各方言点都可以做询问数目的疑问代词(去了几个人?),也可表示不定数目(几份、几个人),"几"还可以做程度副词,修饰形容词、心理动词、非心理动词及其短语,作状语。"几"多用于感叹句中,句末常带语气词,"几"多带有说话人的主观态度和感情色彩,表达说话人强烈、夸张的情感,较少用于纯客观的描述。"几"构成的"几 A/V(仔)"结构可充当句子的谓语、宾语、定语、补语,不能充当句子的主语和状语。其中的"A"只是性质形容词,状态形容词不受"几"的修饰。"V"是心理活动动词或表示评价意义的动词。以袁州话为例:

(53) 箇日子过得几快仔哟。(这日子过得非常快呀。)

(54) 你娘爷把你供到箇大,操哩几多仔心哟。(你父母把你养到这么大,不知道操了多少心呀。)

(55) 渠屋里几有钱哟。(他家里很有钱呀。)

(56) 渠哭得几伤心哟。(他哭得非常伤心。)

(57) 箇几个伢妹仔不晓得几吵人。(这几个小孩非常吵闹。)

(58) 你个崽几懂事哟,见到我就叫叔叔。(你儿子非常懂事,见到我就叫叔叔。)

(59) 箇河里个水几清仔哦!(这条河里的水多清啊!)

(60) 从慈化到街上几远仔哦,半工都不得到!(从慈化到街上非常远,半天都到不了!)

"几"的否定形式由"不、冇得"来实现。构成的第一种否定格式是"几不 A/V"和"几冇得 A/V",其中的动词或形容词往往表示消极的意义或带有批评的色彩,例如:几背时、几不大方、几冇得良心、几不会做事。构成的第二种否定格式是"冇得几 A/V",其中的 A 是"积极"的单音节形容词,用于客观的描述和评价。这种用法的"几"不表程度高,而是表示程度一般。以袁州话为例:

(61) 渠个女朋友冇得几高。(他的女朋友没多高。)

(62) 我学堂冇得几远。(我的学校没多远。)

5. 蛮

"蛮"是赣西北客赣方言中使用频率较高的程度副词,各方言点均使用,表示程度高,与普通话的"很"相当,但与"很"的用法有别。赣西北客赣方言的"蛮"与"很"有一定的分工,"蛮"只作状语,不作补语,而"很"则只作补语,不作状语。以上高话为例:

(63) 老张个身体蛮好。

(64) *老张个身体好得蛮。

(65) 老张个身体好得很。

(66) *老张个身体很好。[①]

"蛮"是绝对程度副词,不能用于"比"字句。"蛮"可以修饰性质形容词、心理动词、少量非心理动词和部分短语(具体包括动宾短语、动补短语、兼语短语、偏正短语)等。以上高话为例:

---

① 这句话现在的年轻人会说,但地道的上高话不说,只会说"蛮好"。

性质形容词：蛮深、蛮好、蛮远、蛮壮_胖、蛮懒、蛮高、蛮白、蛮重、蛮紧、蛮丑、蛮齐整_{漂亮}、蛮土气、蛮老实、蛮难看、蛮刁钻、蛮丑猾_{狡猾}

心理动词：蛮喜欢、蛮难过、蛮伤心、蛮操心、蛮想、蛮恨、蛮怕

非心理动词：蛮吵、蛮熟悉、蛮浪费、蛮作兴_{喜欢、仰慕}、蛮流行

部分短语：蛮肯喫苦、蛮肯帮人、蛮会话、蛮会做事、蛮要人_{与亲人保持良好的关系}、蛮要面子、蛮讲道理、蛮懂事、蛮做得出_{做事过分}、蛮做得、蛮喫得、蛮惹人喜欢、蛮惹人嫌、蛮有钱、蛮伤脑筋、蛮感兴趣

单音节的心理感受动词在赣西北客赣方言里多与表示感受主体的"人"结合成"V人"式形容词性结构，表示"使人感到V"。"V人"式约有八十来个，前面均可加"蛮"，表示某种感受达到较高程度。以上高话为例：

蛮累人、蛮热人、蛮痛人、蛮痒人、蛮吵人、蛮烦人、蛮汤人、蛮硬人、蛮气人、蛮吓人

"蛮"常常与副词"还"连用，含有出乎意料的语气，表达了一定的主观性。以上高话为例：

(67) 尔今阿起得还蛮早喷。（你今天起得还很早呀。）

(68) 想不到尔个力气还蛮大嘛。（想不到你的力气还很大呀。）

刘纶鑫(1999：706)指出："蛮"没有"不/唔蛮X"的说法。假如要表示否定意义，一般会用表示程度高的其他副词。经我们调查，"蛮"在赣西北客赣方言中可以用"不/唔蛮X"说法，该说法比"不/唔X"要委婉些，以上高话为例：

(69) 我炒个菜个味道还可以吧？——一般般哟，唔蛮好喫。

(70) 我炒个菜个味道还可以吧？——唔好喫。

6. 好

"好"主要用于高安、奉新、靖安、武宁、丰城、靖安_客、修水等方言点，尤其在高安、奉新、靖安三地，"好"的使用频率明显高于"蛮"。"好"与普通话的"很"相当，但"好"与"很"有一定的分工，"好"只作状语，不作补语，而"很"则只作补语，不作状语。例如：

高安话：

(71) 箇几日事情好多，拿我忙糊涂嘚。（这几天事情很多，把我忙得晕头

转向。)

(72) 箇只人喜欢话闲话,好讨人嫌。(这个人喜欢说闲话,很讨人嫌。)

(73) 我拿过好多钱给渠用。(我送了很多钱给他用。)

奉新话:

(74) 婆婆送过好多糖籽给我喫。(奶奶送了很多糖果给我吃。)

(75) 旧年天气好热。(去年天气很热。)

(76) 渠不到一米六,好矮。(他不到一米六,很矮。)

靖安话:

(77) 渠已经好高嘚。(他已经很高了。)

(78) 箇块布料好贵,莫裁坏嘚。(这块布料很贵,别裁坏了。)

(79) 莫紧张,考试题目好容易。(不用紧张,考试题目很简单。)

7. 满

"满"在修水、修水_客、铜鼓_客这三个方言点中使用,表示程度高,与普通话的"很"相当。以修水客家话为例:

(80) 河里满多细鱼仔在动。(河里游着好多小鱼。)

(81) 小张昨日钓过一只满大个鱼,我冇钓到鱼。(小张昨天钓了一条很大的鱼,我没有钓到鱼。)

(82) 老师拿过一本满大个书到尔吧。(老师给了你一本很厚的书吧?)

(83) 王先生个刀开嘚满好。(王先生的刀开得很好。)

8. 有发仔、有忽仔、有滴仔、有毛仔、有点子

赣西北客赣方言中有"有发仔""有忽仔""有滴仔""有毛仔"这四个是低量级程度副词,相当于普通话中的"有些""有点儿",可修饰形容词、心理动词、变化类动词和短语等,表示程度轻微或程度有轻微的变化、性质有轻度偏离、过分等意义。以袁州话为例:

(84) 有发仔傻、有发仔粗心、有发仔小气、有发仔解气_{调皮}、有发仔难过

(85) 有发仔讨嫌、有发仔担心、有发仔害怕、有发仔浪费、有发仔操心

(86) 有发仔长、有发仔大、有发仔硬、有发仔咸、有发仔多、有发仔薄

(87) 有发仔懂事哩、有发仔邋遢哩、有发仔凉快哩、有发仔聪明哩

(88) 有发仔增加、有发仔下降、有发仔上升、有发仔进步、有发仔变化

例(84)组的形容词,例(85)组是动词,这两组的形容词或动词一般是贬义词,如果相对应的褒义词前面一般不加"有发仔",而是加"蛮""几"等高量度程度副词,如果该类褒义词受否定副词"不"修饰后形成偏正结构后,也可以用"有发仔"修饰,这是因为说话者表达人不好一面的时候往往使用低量度程度副词,达到委婉批评的效果;若表达人好的一面时,则往往使用高量度程度副词,达到赞扬说话者的语用效果。例(86)组的形容词是中性词,加上"有发仔"表示某种性质轻度偏离,不合说话者的心意。例(87)组在形容词后加了"哩",表示某种性质状态有轻微变化,变化的幅度小。例(88)是含有变化的动词,加"有发仔"表示其变化幅度小。

10.4.1.2 相对程度副词

1. 最、第一

"最"是高量级相对程度副词,赣西北各方言点都使用,其用法与普通话相同,可修饰性质形容词和表心理的动词,作状语。以上高话为例:

(89) 箇只崽仂最听话。(这个男孩最听话。)

(90) 我最怕王老师。

(91) 渠是班上成绩最好个学生。(他是班上成绩最好的学生。)

靖安既用"最",也用"第一","第一"的使用频率更高。例如:

(92) 渠读书第一好。(他读书最好。)

2. 头

"头"是个高级量的相对程度副词,用于上高、宜丰,相当于普通话中的"最",多用在形容词前,在句中可充当状语。以上高话为例:

(93) 渠吃得头快。(他吃得最快。)

(94) 小王考上过研究生,渠头喫价哦!(小王考上了研究生,她最厉害!)

与普通话不同的是,上高话中的程度副词"头"可前置,虽然句意无较明显的差别,但可以达到强调的语用效果。例如:

(95) 头渠吃得快。(他吃得最快。)

(96) 小王考上过研究生,头渠吃价哦。(小王考上了研究生,他最厉害哟。)

3. 顶

"顶"是个高级量的相对程度副词,多用在形容词之前,相当于普通话中的"最"。"顶"被广泛地用于武宁、新余、铜鼓、铜鼓客、奉新、靖安等地。以奉新话为例:

(97) 兄弟中渠长得顶高。(兄弟中他长得最高。)

(98) 箇碗菜顶好吃。(这道菜最好吃。)

(99) 姐姐买个许本书顶好看。(姐姐买的那本书最好看。)

4. 格外

"格外"是个高级量的相对程度副词,多用在形容词之前,相当于普通话中的"最"。用于萍乡、袁州、靖安客等地,可在句中充当状语。以袁州话为例:

(100) 箇仔西瓜格外好喫。(这些西瓜最好吃。)

(101) 今家渠格外高兴。(今天他最高兴。)

(102) 对渠格外好。(对她最好。)

(103) 你今家格外好看!(你今天最好看。)

5. 更/更加、还/还要/还更

较高量级相对程度副词"更""更加""还""还要""还更"在赣西北各方言点的使用情况见表10-3。

表10-3 相对程度副词"更""更加""还""还要""还更"

	丰城	樟树	新干	新余	分宜	袁州	萍乡	上栗	万载	宜丰	上高
更	√	√	√	√	√	√	√	√	√	√	√
更加						√					
还			√	√			√				√
还要	√					√	√				√
还更											
	高安	奉新	靖安	武宁	修水	铜鼓	奉新客	靖安客	万载客	修水客	铜鼓客
更	√	√	√	√	√	√	√	√	√	√	√

续 表

	高安	奉新	靖安	武宁	修水	铜鼓	奉新客	靖安客	万载客	修水客	铜鼓客
更加			✓								
还	✓				✓						
还要					✓						
还更											✓

上表表明：赣西北所有方言点都会用"更"，铜鼓客用"还更"，相当于普通话中的"更/更加"，是较高量级相对程度副词，用法与普通话相同。以袁州话为例：

(104) 我写个字更好发仔。（我写的字更好一些。）

(105) 你比渠更好看发仔。（你比她还漂亮些。）

(106) 今家比昨日还(要)热。（今天比昨天更热。）

(107) 我比你还(要)壮。（我比你更胖。）

(108) 渠比你还(要)懒。（他比你更懒。）

6. 稍微

"稍微"是低量级相对程度副词，后接形容词，常常会和"发仔""忽仔""滴仔""毛仔""点子"相呼应。"稍微"在赣西北各个方言点都使用，以袁州话为例：

(109) 对联贴歪哩，稍微往左发仔。（对联贴歪了，稍微往左一点儿。）

(110) 箇领衣服蛮好看，就是稍微贵哩发仔。（这件衣服很好看，就是稍微贵了点。）

(111) 我个年纪稍微大发仔。（我的年龄稍微大点儿。）

(112) 特加烫哩，稍微冷发仔再喫。（太烫了，稍微冷点儿再吃。）

(113) 渠屋里个条件稍微好发仔。（他家里的条件稍微好点儿。）

(114) 今年个身体稍微好发仔。（今年的身体稍微好点儿。）

10.4.2 指示代词充当程度状语

赣西北客赣方言"箇(么)""许(么)"是指示代词，一般作主语、定语等句法成分，但有时候也可用在形容词、动词等前做状语，表示较高量级的程度，其功能相当于普通话中"这么""那么"。"箇(么)"作程度状语的使用频率远远高于"许(么)"。"箇(么)""许(么)"一般可以修饰形容词、心理动词、动宾短语等。以上高话为例:

(115) 箇口古井箇(么)深。(这个古井这么深。)

(116) 许(么)齐整个妹仔蛮难寻。(那么漂亮的女孩很难找。)

(117) 箇(么)臭人个水沟也冇人去清理。(这么臭的水沟也没有人去清理。)

(118) 箇(么)勤快个妹仔嫁给许(么)懒个息伢。(这么勤快的女孩嫁给那么懒惰的男孩。)

(119) 冇想到箇只人箇(么)难打交道。(没想到这个人这么难交往。)

(120) 许件衣裳许(么)经穿。(那件衣服那么耐穿。)

"箇""许"还可以与"样"结合构成复合指示代词,用在形容词、动词等前做状语,表示强程度,与"箇""许"在表达程度的强度上没有差别。以上高话为例:

(121) 渠箇样想挣钱,尔就带着渠做吧。(他这么想挣钱,你就带着他做吧。)

(122) 尔管得箇样宽,有几个人会听尔个。(你管得这么宽,有几个人会听你的。)

(123) 箇样乱个房间都不去打扫,硬有箇懒。(这么凌乱的房间都不去打扫,确实很懒惰。)

(124) 许样难搞个事,渠都搞定过!(那么难处理的事,他都办成了!)

(125) 许样会打算盘个人还会喫亏?(那么会算计的人还会吃亏?)

"箇(么)/箇样"与"许(么)/许样"在表达程度的强弱方面没有很大差别,说话者选择使用哪个主要是与说话人的心理距离有关,若距离较远用"许(么)/许样",距离较近则用"箇(么)/箇样"。这也表明"箇(么)/箇样"与"许(么)/许样"还没有完全虚化,对修饰成分的选择有一定的制约作用,尤其在对举中更是明显。以上高话为例:

(126) 尔挑箇(样)多东西,渠挑许(样)少东西。(你挑这么多东西,他挑那么少东西。)

(127) *尔挑许(样)多东西,渠挑箇(样)少东西。(*你挑那么多东西,他挑这么少东西。)

(128) 我箇(样)壮,尔许(样)瘦,真嗰不配。(我这么胖,你那么瘦,的确不般配。)

(129) *我许(样)壮,尔箇(样)瘦,真嗰不配。(*我那么胖,你这么瘦,的确不般配。)

一般来说,人称代词与说话者的心理距离,第一人称最近,第二人称次之,第三人称最远。"箇(么)/箇样"由近指代词发展而来,因此往往与心理距离最近的第一人称或第二人称搭配,"许(么)/许样"有远指代词发展而来,因此与心理距离稍远的第二人称或第三人称搭配。例(127)、(129)不合理也就得到合理解释了。

10.4.3 语气副词充当程度状语

赣西北客赣方言有几个确证类语气副词"真嗰""确实"等可以修饰形容词、形容词性短语等,充当程度状语,在表达确认语气的同时,同时表达了强程度义。以上高话为例:

(130) 李军读书真嗰(蛮)认真。(李军学习的确很认真。)

(131) 今阿听到箇件事真嗰气人。(今天听到这件事的确很生气。)

(132) 渠个水平确实(蛮)高,三分钟就修好过电脑。(他的水平的确很高,三分钟就修好了电脑。)

(133) 尔确实(蛮)有本事,不到三年就当上过处长。(你的确很有本事,不到三年就当上了处长。)

上述四个例句说话人使用确证类语气副词时,不仅确认了性状的存在,也附带确认了性状的程度量较高。程度副词"蛮"可出现,也可不出现,若出现则与"真嗰"或"确实"协同表达强程度义。

"真嗰""确实"还可修饰动词或动词性短语,也是在句中充当状语。以袁州话为例:

(134) 渠真嗰是只老实人。(他确实是个老实人。)

(135) 渠真嗰考上哩大学。(他确实考取了大学。)

(136) 我昨日真嗰冇在屋里。(我昨天确实不在家。)

(137) 我真嗰不晓得渠为啥嘛哭。(我真的不知道他为什么哭。)

袁州话"真嗰""确实"两者都可以用,虽然同为确证类语气副词,但存在细微的差别。"真嗰"多含有辩解、否定的语气,而"确实"多含有赞同的语气。例如:

(138) 箇只碗真嗰不是我打烂嗰。(这个碗真的不是我打烂的。)

(139) 箇纸碗确实不是我打烂嗰。(这个碗确实不是我打烂的。)

同是"碗被打烂了"这一情况,前一例是某人认为碗是"我"打烂的,而"我"极力否定;后一例是某人也认为碗不是"我"打烂的,所以"我"表示赞同。

10.5 程度补语

程度补语是用来表达程度的补语,充当补语的主要是程度副词以及熟语性质的句法成分。汉语中程度补语与结果补语、状态补语多有纠葛,龚娜(2011:239)认为判定程度补语可以遵循以下几条标准:语义上指向述语的程度,而且意义抽象,只用来表程度;形式上不能单说,不能单独回答问题,而且一般也不能否定,不能自由扩展。

根据上述标准,赣西北客赣方言的程度补语主要由程度副词(部分是准程度副词)或正在虚化的短语等充当,如:死、要死、半死、要命、很、不/唔得了、不/唔得过、死人、死过/死哩、绝过/绝哩、煞过/煞哩、伤过/伤哩、不/唔过、饱、透、多。

要深入考察程度补语的语义量级、语义色彩和述语的组合关系,就必须考察整个述补结构。我们把含程度补语的述补结构称为"述程式"。述程式可以分为表比较和不表比较两类。表比较的述程式比较少,可以表高程度义、也可表低程度义。例如:

(140) 我比你好得多。(丰城)

(141) 尔比渠穷多过。(你比他差多了。)(上高)

(142) 李仔比桃仔酸一毛仔。(李子比桃子酸点儿。)(樟树)

(143) 你比渠高一滴仔。(你比他高一点儿。)(袁州)

赣西北客赣方言中绝大多数述程式是非比较类,它们只表示高量级程度,不表示低量级程度,也不用于比较句,如上高话:累伤过、蠢绝过、拐㜷死过、气煞过、痛得要命、热得半死、冷得要死。

述程式中的述语主要由性质形容词(高、瘦、蠢)、心理动词(喜欢、气)、感受动词(晒、痒),以及部分短语(有钱、禁穿)来充当。

述程式能够充当的句法成分比较有限,主要是作谓语,其次是补语,少数加上结构助词后能作定语,或者与结构助词结合构成"个"字短语后再作主语、宾语("个字短语"的修饰对象由于交际双方所熟知,故省略不说),例如:

袁州话:

(144) 我上午累伤哩。(我上午非常累。)(做谓语)

(145) 渠个女长得丑绝哩。(她的女儿长得非常丑。)(做补语)

(146) 熟透哩个不要买。(熟透了的[西瓜]不要买。)(做主语)

(147) 蠢得要死个人冇人耳。(非常愚蠢的人没人理。)(做定语)

上高话:

(148) 昨日夜头冻得半死。(昨天晚上冻得半死。)(做补语)

(149) 我最烦许个丑绝过个老妇女。(我最烦那个很丑的老妇女。)(做定语)

(150) 丑绝过个我唔要。(非常丑的[女孩]我不要。)(做主语)

(151) 我唔喜欢丑绝过个。(我不喜欢非常丑的[女孩]。)(做宾语)

述程式的组合功能有两个特点:一是不能接受程度副词的修饰,比如一般不说"很丑绝哩"。二是述程式不能与否定词结合,形成否定结构,比如一般不说"冇累伤过"。石毓智(2001:53)概括了自然语言的肯定和否定公理:"语义程度极小的词语,只能用于否定结构;语义程度极大的词语,只能用于肯定结构。"非比较类的述程式只表示高量级程度,其程度补语为语义程度极大的词语,因此只能用于肯定结构,不能用于否定结构。

与程度状语相比,述程式的程度补语有如下几个特点。一是从感情色彩来说,程度补语以带贬义的居多,如死、半死、要死、要命等;也有少部分是程度补语为中性,如很、不过/唔过等。二是从程度语义量来说,程度补语表达高量级程度。马庆株(2005:144)指出:"程度补语表程度(degree)和幅度(extent),只表程度高,不表示同样的程度和较低的程度;而程度状语可以表示各种量。"

根据带不带"得"可以把述程式分为组合式述补结构(带"得",简称"组合式")和粘合式述补结构(不带"得",简称"粘合式")。下面择其主要的分别讨论。

10.5.1 组合式

赣西北客赣方言组合式主要有可以细分为两类：一是与"死"有关的组合式，如 V 得死、V 得人死、V 得要死、V 得半死、V 得要命；二是 V 得不得过、V 得很。补语标记只有一个"得"，这与普通话相同。

"死"本为动词，本义是"死亡"，后经隐喻引申，用来表达高程度，成为表高程度义的程度补语。"死"是人类最终归宿，但人们也非常惧怕甚至厌恶死亡，故带有令人厌恶的感情色彩，后虚化为程度补语就不可避免地带上了说话人极强的不满情绪。因此"死"类补语的述语一般是含有贬义色彩的词，如"痛""蠢""丑""臭"等；一些中性词或褒义词带上"死"类补语后，整个述程式都具有一定的贬义色彩，如"酸得死"表明酸得过了分，"精精明得死"表明精明得过了分，"好得死"带有说话人不以为然甚至是反讽的意味。不过随着"死"的高频使用，贬义色彩逐渐弱化、磨损，如"高兴得要死""喜欢得要死"更倾向于仅表程度高，而不含贬义感情。"要命"与"死"意义相当，作补语也表高程度，故归入到第一类中。

赣西北客赣方言与"死"相关的组合式有如下四类：V 得死、V 得要死、V 得半死、V 得人死。据调查，这四类在语义程度上差异不大，但在使用频率上有些差异，前两类的使用频率较高，后两类频率要低些，尤其是"V 得人死"的说法不大多。

"V 得很"中的"很"是个常用的程度副词，既可以作程度状语，也可以作程度补语。赣西北客赣方言中也有程度副词"很"，但一般作程度补语，不作程度状语，作程度状语的是"蛮/好"，两者分工明确。"很"一般构成"形容词/动词/动宾短语＋得＋很"结构，以上高话为例：

坏得很　苦得很　差得很　高兴得很　喜欢得很　怕得很
有本事得很　有钱得很　难缠得很

"V 得不得了"在普通话和许多汉语方言都使用，赣西北客赣方言由于表"完结"义一般用"过"，不用"了"，因此该格式就转换成"V 得不/唔得过"。"不得过"即"没法完结"，引申表示情况严重，或是心情、身体等很不舒服。"V 得不/唔得过"作性质形容词或心理动词、感受动词的补语，不能作短语的补语。以上高话为例：

热得不得过　冷得不得过　苦得不得过　痛得不得过

急得不得过　气得不得过　吵得不得过　挤得不得过
＊有钱得不得过　＊难缠得不得过

能够进入类组合式的述语多为感受类形容词、评价类形容词、心理动词和感受动词,个别短语。该格式带有贬义色彩,述语多为贬义词,也有中性或褒义词,如：辣、好、高兴、快活等。具体见表10-4。

表 10-4　述语分类

	例　　词
感受类形容词	长、短、大、细、多、少、重、轻、远、近、深、浅、高、矮、瘦、壮_胖、厚、薄、酸、甜、苦、辣、咸、淡、臭、腥、臊、热、冷
评价类形容词	拐_坏、蠢、丑、邋遢、小气、倒霉、野蛮、顽固、马虎、古怪、可鄙、懦弱
心理动词	喜欢、恨、气、怕、想、吓、羡_{羡慕}、担心、羞、悔_{后悔}
感受动词	吵、挤、冰_{动词}、晒、呛、哽、颠_{颠簸}、痒、勒_{调皮}、笑、哭
个别短语	有钱、有本事、难缠

10.5.2　粘合式

粘合式述程短语指述语和程度补语之间不需要标记词粘合的结构。赣西北客赣方言粘合式主要有：V 死过/哩、V 死过/哩人、V 伤过/哩、V 绝过/哩、V 煞过/哩、V 不/唔过等。这些粘合式在表达高程度语义方面相差不大,但在述语选择、语用特征等方面有一定的区别。下面分三类具体阐述。

1. V 死过/哩/了/哒/嘚、V 死(过/哩/了/哒/嘚)人

沿浙赣线的丰城、樟树、新干、新余、分宜、袁州、萍乡和九岭山脉周边的万载_客、铜鼓_客、修水_客、奉新_客、靖安_客一般用"V 死哩",沿三二〇国道的万载、铜鼓、上高、奉新一般用"V 死过",上栗、修水用"V 死哒",高安、靖安用"V 死嘚",宜丰一般用"V 死了"。

"V 死过/哩/了/哒/嘚"由三部分构成,述语、程度补语、完成体助词。述语一般为感受类形容词、评价类形容词、心理动词和感受动词,不能为短语,且以带贬义色彩的词居多。"死"为程度补语,表高程度。"过"或"哩"是赣西北客赣方言中常用的助词,它们在构成程度补语时作用相当于普通话的"了",是必不可少

的成分。例如：

上高话：蠢死过、累死过、臭死过、酸死过、吵死过、羞死过

袁州话：想死哩、急死哩、怕死哩、高兴死哩、操_{操心}死哩、笑死哩

宜丰话：热死了、气死了、痛死了、忙死了、哭死了、烦死了

上栗话：热死哒、气死哒、痛死哒、忙死哒、哭死哒、烦死哒

奉新_客：蠢死哩、累死哩、臭死哩、酸死哩、吵死哩、羞死哩

"V死过/哩/了/哒/嘚"整个结构可以作谓语、补语，偶尔加上"个"后作定语，以上高话为例：

(152) 箇条水沟臭死过。（这条水沟臭死了。）（做谓语）

(153) 箇几个人话事个声音脱大个，蛮吵人。（这几个人说话的声音很大，吵死人。）（做补语）

(154) 酸死过个苹果唔好喫。（酸死了的苹果不好吃。）（做定语）

"V死(过/哩/了/哒/嘚)人"是在"死"后加上"人"，构成"V死人"结构，该结构还可以在"V"和"死人"之间加上表高程度义的"个"，构成"V死个人"结构，所表程度义与"V死过/V死哩/V死了/V死哒/V死嘚"基本一致。但由于该结构附加上"人"后，对述词就有所限制了。一般要求述词是用来表示人的强烈主观感受的词，且基本上是贬义色彩。其句法功能主要作谓语，其次还可以作补语。如上高话：

辣死(过)人　咸死(过)人　酸死(过)人　苦死(过)人

累死(过)人　晒死(过)人　气死(过)人　吓死(过)人

(155) 箇个鸭蛋咸死(过)人。（这个鸭蛋咸死了。）（做谓语）

(156) 箇只包箇样重，背得累死(过)人。（这个包这么重，背得累死了。）（做补语）

2. V伤过/哩/了/哒/嘚、V绝过/哩/了/哒/嘚、V煞过/哩/了/哒/嘚

沿浙赣线的丰城、樟树、新干、新余、分宜、袁州、萍乡和九岭山脉周边的万载_客、铜鼓_客、修水_客、奉新_客、靖安_客一般用"V伤哩/V绝哩/V煞哩"，沿三二〇国道的万载、铜鼓、上高、奉新一般用"V伤过/V绝过/V煞过"，上栗、修水用"V伤哒/V绝哒/V煞哒"，高安、靖安用"V伤嘚/V绝嘚/V煞嘚"，宜丰一般用"V伤了/V绝了/V煞了"。

"V伤过/哩/了/哒/嘚""V绝过/哩/了/哒/嘚""V煞过/哩/了/哒/嘚"都用来形容V的程度高,同时"伤""绝""煞"也是该结构的语义重点和强调重音。"伤""绝""煞"这几个程度补语对述语V的限制较大,一般仅限于少数单音节性质形容词和心理动词,如冷、热、气、蠢、气、拐坏、累等,而且"伤""绝""煞"与V的搭配能力并不一致,多是约定俗成的。以上高话为例:

V伤过:累伤过、辣伤过、哭伤过

V绝过:拐坏绝过、丑绝过、苦绝过

V煞过:吵煞过、痒煞过、笑煞过

"伤""绝""煞"与"死"作程度补语虽然都是表高程度义,但其虚化程度却不一样。"死"的虚化程度最高,语义上比较抽象,"伤""绝""煞"基本虚化了,但还保留有一定的实际意义,制约了其搭配能力,使得它在与述语V结合时远不如"死"那样自由。

"V伤过/哩""V绝过/哩""V煞过/哩"主要作谓语,其次作补语和定语,在说话双方都知道对象的情况下也可以作主语。以上高话为例:

(157) 昨日晚上加班到十二点,昇我累伤过。(昨天晚上加班到十二点,把我累死了。)(做谓语)

(158) 盐放得多伤过。(盐放得非常多。)(做补语)

(159) 我不喜欢拐坏绝过个崽伢。(我不喜欢非常坏的男孩。)(做定语)

(160) 重伤过担不起。(很重的东西挑不起。)(做主语)

3. V不/唔过

"不过"是普通话中常用的一个词,《现代汉语词典》:"副词,用在形容词性的词组或双音节形容词后面,表示程度最高,如:再好不过;最快不过。"赣西北客赣方言用"不/唔过"作程度补语的现象比较普遍,搭配范围广,用法丰富远远超普通话。

普通话能进入"V不过"的V主要是性质形容词,如:好、快、乖巧等。赣西北客赣方言V的范围则大得多,包括性质形容词、状态动词、能愿动词、动作动词、动宾短语、动补短语、兼语短语等等,以上高话为例:

V为性质形容词:大不过、短不过、干不过、新不过、懒不过、辣不过、白不过、圆不过、早不过、细不过

V为状态动词:爱不过、气不过、怕不过、放心不过、满意不过

V 为动作动词：咬不过、晃_摇晃_不过、颠_颠簸_不过、咳_咳嗽_不过

V 为短语：有钱不过、吹牛_说大话_不过、讨人嫌不过

10.6　本章小结

本章从状态形容词、重叠、程度状语和程度补语四个方面详细考察了赣西北客赣方言的程度范畴。赣西北客赣方言程度范畴主要包括两个层面的表现形式。一是词法层面，主要包括状态形容词、固定短语等形式。状态形容词包括前缀式（如：墨乌、乜烂）、后缀式（如：矮墩墩、孤零零）、中缀式（如：津咕巴甜、老里巴实、累煞巴人）。状态形容词内部所蕴含的高程度量级别还有高低之分，如一般认为前加式比后加式程度量级别更高，如墨乌个＞乌沉沉。二是句法层面，主要包括程度状语、程度补语、表程度的句式、重叠等。程度状语主要由程度副词、部分指示代词和语气副词充当，如"蛮""几""箇样""确实"等；程度补语主要由程度副词或正在虚化的短语等充当，如"死""伤""不过"等；与程度量紧密相关的重叠式形容词包括构词重叠的状态形容词（梆咕梆硬、真真假假、婆婆妈妈、土里土气、古里古怪）和构形重叠的形容词重叠式（梆硬梆硬、红红仔、实咛实、熨熨帖帖）。从客赣比较角度看，客赣一致性较高，只有非常少数用法有各自特色，比如赣语区的樟树、丰城和新干有程度副词"伤"，客语区的铜鼓、修水有程度副词"满"；"A 咛 A"属于客家方言的用法，赣西北的铜鼓_客_、万载_客_、修水_客_、靖安_客_、奉新_客_五个客家点均有这个用法，后扩展至周边的万载、上高、宜丰、高安、奉新、靖安这几个赣语区。

第十一章
处置与被动范畴

　　处置式和被动式是汉语的两种重要的语法格式,存在于普通话和各个方言之中。它们之间存在着密切关系。从结构上看,它们标记的恰好是一对相反的语法成分:被动式标记的是施事名词,处置式标记的是受事名词。从功能上看,两种句式之间可以根据语用的要求相互转换,比如"杯子被他打破了"可以说成"他把杯子打破了"。虽然汉语的各个方言都有被动式和处置式,但是这两种句式的表现形式、使用频率、表达功能差别都非常大。这两种句式的语法标记的词汇来源在不同方言中也存在这样那样的差异。从共同语的角度看,常见的处置式的标记则为"将""把""拿"等,被动标记为"被""让""叫"等。赣西北客赣方言的处置式标记有"把""拿""畀"外,还有一个"捉到";被动式标记有除了有"被""让""拿"外,还有"等""讨"和"畀"。在共同语和大多数方言中,两类句式所标记的对象正好相反,它们的语法标记的词汇来源也互不交叉。从人类语言的普遍规律来看,施事标记和受事标记的来源也是相互对立的。但是在汉语方言却存在着大量的处置式和被动式共用一个语法标记的现象。赣西北客赣方言的上高、万载方言点,处置式和被动式共用一个标记"畀",如"我畀花瓶打烂哩""书畀渠撕烂哩"。"畀"原本是给予义动词(如"渠畀细女畀泼过_{他把小女儿送人了}"),后来语法化为处置式和被动式的共用标记,其演变路径具有方言类型学价值。本章探讨处置式、被动式的句法形式和语义特征,对部分语法标记的语法化和类型学进行深入考察;对共用标记"畀"进行个案分析。

11.1 处置式

11.1.1 处置式定义及其研究综述

处置式是汉语的一种重要的句法结构。最早提出这一概念的是王力(1943/1985):"凡用助动词将目的位提到叙述词的前面,以表示一种处置者,叫做处置式。"现代汉语普通话里,处置式常用"把"字来引出被处置的对象,所以又称作"把"字句。王力(1990:372)进一步指出,"处置式就是'把'字句。就形式上说,它是用介词'把'字把宾语提到动词的前面('一定要把淮河修好');就意义上说,他的主要作用在于表示一种有目的的行为,一种处置"。曹茜蕾(2007)从形式上对处置式下了个定义:"一种直接宾语位于主要动词之前而带有明显的标记的句法结构。我们把这种结构统一处理为'宾语带标记'结构(object-marking constructions)。"

自王力《中国现代语法》将处置式单独列出专节讨论以来,不少学者对此提出了不同意见,如:"不都表处置"说(吕叔湘 1948/1984)、"致使"说(薛凤生 1987)、部分"处置"部分"情态矢量"说(崔希亮 1995)、"结果、情态和动量"说(金立鑫 1997)、"完全受影响"说(张伯江 2000)、"位移"说(张旺熹 2001)、"主观处置"说(沈家煊 2002)等[1]这些学者对把字句语法意义的研究都从句子内部各句法成分之间的语义关系来观察,所概括出来的语法意义有些出入,但其核心语法义还是"处置"。总的看来,王力的处置说更具概括性、在学术界影响也最大,学术界多采用这一说法。

现代汉语处置式的研究,主要集中在对"把"字句的研究上。朱德熙(1982)、曹逢甫(1987)等多位学者研究了"把"字句,对"把"字句格式、"把"字句的受事主语、"把"字句的动词、"把"字句的焦点、"把"字句的典型语义等问题进行了深入探讨。汉语方言的处置式研究,则以对各个方言点处置句以及处置标记的描写为主,如黄伯荣(1996)收入了二十八个方言点的各种处置式和处置标记的研究成果。近年来,有些学者在充分掌握各方言点处置式描写语料的基础上,开始对汉语处置式的类型、处置式标记来源做全面的考察和探讨。远藤雅裕(2004)认

---

[1] 参考辛永芬(2006:286)。

为，汉语方言里表达处置并非只用狭义处置句（有标记的处置句），在南方非官话区其他类型的处置式占优势，东南沿海地区甚至不太使用狭义处置句。他还考察了汉语方言的三大处置标记"将""把""拿"及地区处置标记"给""拨""帮""共"等的分布及其来源，并绘出了诸多处置标记的方言地图。曹茜蕾（2007）认为汉语处置标记主要有三个来源：（1）"拿""握"一类意思的动词；（2）"给""帮"一类意思的动词；（3）伴随格。陈山青、施其生（2011）将汉语方言中表达处置的手段归纳为四种：（1）用处置介词加在处置对象前；（2）用处在宾语位置的一个代词（通常是第三人称单数）复指被处置对象；（3）用处置介词加复指被处置成分的代词；（4）用一个处置副词放在动词前。并指出在一些方言中存在以上四种基本处置式的叠加使用情况，从而造成方言里的处置表达形式丰富而复杂。

11.1.2 处置式的结构类型及其特点

汉语普通话的处置式一般是"把"字句，但在赣西北客赣方言中可用多种不同的句式来表达。根据有无处置标记，将其分为有标记处置式和无标记处置式（即"主动宾"句）。据刘伦鑫（1999）研究，奉新、新余等地受普通话影响较大，多使用有标记处置式，高安、上高、万载等地既受到普通话的影响，又保留了自己的表达方式，即有标记处置式和无标记处置式都用。

由于处置仅从语义上很难界定，无形式标记的处置式考察起来有点困难，所以本节仅探讨有标记处置式。赣西北客赣方言处置式标记有"拿""畀""把""捉到"等。赣西北的丰城、新余、萍乡、万载、宜丰、上高、高安、奉新、靖安、修水、奉新客、靖安客、铜鼓客用"拿"作为处置式标记，下面以上高话为例，对"拿"字句的结构、语义进行分析。

11.1.2.1 （NP$_1$）+拿+NP$_2$+VP

由处置标记"拿"构成的处置式基本句型是"（NP$_1$）+拿+NP$_2$+VP"。"NP$_1$"有时可省略。从处置意义上来说，"拿"字句可细分成以下三种：

（一）狭义处置式

这类处置式的题元结构是一个及物式，谓语动词所表示的动作一般只涉及一个域内题元（通常为介词后面的成分），谓语动词为及物动词，并且往往带上补语特别是结果补语，处置性比较强，表示将"拿"后宾语进行某种处置。例如：

（1）尔拿电视打开来。（你把电视打开来。）（趋向补语）

(2) 老师拿渠批评了一餐。(老师把他批评了一顿。)(数量补语)

(3) 我拿苍蝇打死过。(我把苍蝇打死了。)(结果补语)

(4) 日头拿我晒得半死。(太阳把我晒得半死。)(状态补语)

(5) 我拿谷卖泼过。(我把谷子卖掉了。)(完成体标记)

(二) 致使义处置式

这类处置式中"拿"的宾语语义上不是动词的受事,而是它的当事或施事,整个格式具有致使义,表示使"拿"后的宾语产生某种结果。VP 由不及物动词或形容词充当,处置性不是很显著。例如:

(6) 莫日日熬夜,拿身体搞垮过划不来。(别天天熬夜,把身体搞垮了不划算。)

(7) 箇件事拿我笑死过。(这件事把我笑死了。)

(8) 这几日拿老王累得半死。(这几天把老王累得半死。)

(三) 广义处置式

这类处置式通常是一个双及物式,述语动词所表示的动作涉及两个域内论元,语义上处置较弱。该处置式语义是,某一人或事物被看成或当作另一人或事物。这一类的动词多是"认定""当作"义的认知动词,如"当成、当作、看成"等。复合动词的第二成分一般是"成、为、作"等。"拿"后宾语受动词中的第一语素支配,动词后的宾语受动词中第二成分的支配。例如:

(9) 尔莫拿我当成阴奸,尔个诡计我还是看得出啯。(你别把我当成傻瓜,你的诡计我还是看得出的。)

(10) 我拿渠看成贼牯咧。(我把他看成了小偷了。)

"拿"字句有如下几个特点:

① 动词前后总有别的成分,一般不能是一个光杆动词,尤其是不能是个单音节动词(俗语、谚语除外),至少要加上完成体标记"过、了、哩、哒、嘚"等,否则的话,就很难用处置句。例如:

(11) 明明拿花瓶打烂过。(明明把花瓶打碎了。)

(12) 我上昼拿衣裳洗泼过。(我上午把衣裳洗掉了。)

② "拿"后边的名词语表示的事物必须是确指的、已知的事物,其前面常常带"箇""许"一类的指示代词。即使没有这类指示代词,意念上也须是一个确指

的事物,否则的话,就不能用处置句。例如:

(13) 拿许本书跌泼过。(把那本书丢掉了。)

(14) 拿箇只蛇打死过。(把这条蛇打死了。)

(15) 拿许张台盆搬到间里去。(把那种桌子搬到房间里去。)

③ "拿"字句中的动词要有"处置"的意义,也就是动词对"拿"字后的 NP_2 施加积极的影响,使它发生某种变化,或物体发生某种空间位移。动词往往是表示强烈动作的及物动词,一些表示感知活动,非动作性的动词是不能出现在处置句中的。下面的句子是不能说的。

(16) *我拿他个名字晓得。(我把他的名字知道。)

(17) *我拿一支笔有过。(我把一支笔有了。)

④ "拿"字句中,作为状语的否定副词、助动词一般只能放在"拿"的前面,而不能置于"拿"后动词前。例如:

(18) 我舞烂过渠个电脑,渠会拿我骂一餐嗏。(我弄烂了他的电脑,他将会把我骂一顿。)

(19) 我冇拿车仔开回来。(我没有把车子开回来。)

"拿"字句式 V 和 NP_2 的语义关系一般是受事,但也有施事。当 V 为及物动词时,NP_2 为受事,有如下几种情况:

① VP 是述补结构或包含述补结构的谓词性成分,补语可以是结果补语、状态补语、程度补语、趋向补语、数量补语。例如:

(20) 我拿线车仔修好过。(我把自行车修好了。)

(21) 尔不听话就拿尔关到屋下。(你不听话就把你关在家里。)

(22) 明明拿客厅搞得乱七八糟嘞。(明明把客厅搞得乱七八糟的。)

(23) 尔拿阳台上个衣裳收进来。(你把阳台上的衣服收进来。)

(24) 渠拿崽骂泼一餐。(他把儿子骂了一顿。)

② V 是"当、当成、看作"等认知动词时,表示认同、充当或转化。例如:

(25) 老张拿寄崽当亲崽看。(老张把干儿子当成亲儿子看待。)

(26) 渠拿我看作眼中钉肉中刺去过。(他把我看作眼中钉肉中刺了。)

③ NP_2 表示整体的名词,V 的宾语表示部分。例如:

(27) 明明拿鞋仔穿烂过一只。(明明把鞋子穿破了一只。)

(28) 老张拿一口田个禾割泼大半。(老张把一块田的水稻割了一大半。)

NP₂还可以是V的施事,V一般是不及物动词,V后一般用"得"引进状态补语,多表示不如意的情况。例如:

(29) 箇几日事情蛮多,拿我忙得晕头转向嘓。(这几天事情很多,把我忙得晕头转向的。)

(30) 老弟不听话,拿老爷气得半死。(弟弟不听话,把老爸气得半死。)

11.1.2.2 (NP₁)＋拿＋NP₂＋VP＋渠(＋去/来)

在"(NP₁)＋拿＋NP₂＋VP"句末加上第三人称代词"渠",有时还可在"渠"后加上趋向动词"去"或"来",构成"(NP₁)＋拿＋NP₂＋VP＋渠(＋去/来)"句式,代词"渠"用来复指标记词后被处置的对象,"去/来"是V的趋向动词,有强调对NP₂处置的作用。例如:

(31) 尔拿盈落来个菜喫正过渠。(你拿剩菜吃掉。)

(32) 尔今阿拿作文写正过渠,明日要去婆婆屋下。(你今天把作文写完,明天要去奶奶家。)

(33) 拿箇张票退泼过渠。(把这张票退掉。)

(34) 尔拿旧手机修正过渠去纽,落脚有过钱再买新个。(你把旧手机修好了再说,以后有了钱再买新的。)

(35) 拿箇仔旧书卖泼过渠去。(把这些旧书卖掉去。)

(36) 拿箇仔屑仂倒泼渠去。(把这些垃圾倒掉去。)

(37) 拿箇只贼牯赶下渠去。(把这个小偷赶下去。)

(38) 拿灶上个灰揩泼渠去。(把灶台上的灰擦掉去。)

(39) 我人明日拿许张车买得渠来。(我们明天把那辆车买来。)

(40) 尔拿许张线车仔搬进渠来。(你把那辆自行车搬进来。)

该类句式一般用在表示要求、希望、劝说的肯定祈使句中,表示一种未然的情况,若去掉"渠",句子仍表处置义,但句子往往由祈使句变成了陈述句,由表未然事件变成了已然事件;如果再把完成体标记"过"去掉,句子仍表示未然的祈使句。例如:

(41) A: 拿箇只蛇打死过渠(去)。(把这条蛇打死[去]。)

B：拿箇只蛇打死过。（把这条蛇打死了。）

C：拿箇只蛇打死。（把这条蛇打死。）

"(NP$_1$)＋拿＋NP$_2$＋VP＋渠（＋去/来）"句式对 VP 有一定的要求，VP 主要局限于"VC$_{结果补语}$过/了/哩/哒/嘚、VC$_{趋向补语}$过/了/哩/哒/嘚"这几类，如"丢泼、打死、卖泼、烧死、写正、买进、赶下"等。

这里句式对动词的要求在各个方言有所差别，但也有一定的共性。麦耘（2003）指出广州话里"这种句式一定要有表示结果的成分，如'净、埋（靠拢）、起、实（严实）、低（往下）、断'等"。陈山青、施其生（2011）也首先强调汨罗话里这种句式"谓语不能光杆动词"，并进而指出动词后有连带成分或体助词，如带有宾语、体貌助词、趋向补语、结果补语时能用这种句式。

在有标记处置句末加代词来复指被处置的对象的用法并不是赣方言所独有，该现象还普通存在于汉语诸多方言中。而且用来复指受事宾语的代词往往是第三人称单数形式，如"他、伊、渠、其"等。据黄伯荣（1996）、李如龙、张双庆（1997）、李小华（2006）、魏兆惠（2012）报道，官话、吴语、粤语、闽南语、客家话都有这样的用法，但具体表现形式有别，有的可以省略，有的不可以。例如：

(42) 今天去把名报了它。（今天去把名报了。）（四川西充话）

(43) 盘子收他，不用了。（湖北武汉话）

(44) 把脏水倒断$_{掉}$它。（安徽巢县话）

(45) 尔快去拿菜根倒掉它！（江苏泰兴话）

(46) 拿哀两段课文背熟俚。（把这两段课文背熟了。）（吴语苏州话）

(47) 拿旧书就报侪卖脱伊。（吴语上海话）

(48) 把钱用了它。（湖北英山话）

(49) 尔把衣衫洗干净其。（湖南洞口话）

(50) 把事情办好了它。（湖北鄂南话）

(51) 许的钱着共伊开伊了。（福建泉州话）

(52) 将佢打死佢！（福建永定话）

(53) 将只牛卖咗佢。（广州话）

"(NP$_1$)＋拿＋NP$_2$＋VP＋渠"是古汉语"标记词＋O＋V＋之"结构在方言中的遗留。梅祖麟、俞光中、植田均、曹广顺、龙国富先后考察了古代汉语处置式产生的来源。梅祖麟(1990)认为"唐代出现了一种新的产生处置式的方法：在用同一个宾语连谓式中省略第二个宾语"。如：$V_B+O+V+O\rightarrow V_B+O+V$，把卷看卷→把卷看。俞光中、植田均(1999)认为"把 NV 之"（"把身心细认之"）与"把 NV"（"把庭前竹马骑"）之间，很有可能是一种相承关系，即经历了"把茶树摇之—把茶树摇"这样的演变过程。曹广顺、龙国富(2005)认为狭义处置式的产生与演变是从连动式"$V_1O_1V_2O_2$"开始的，其过程图示为：$V_1O_1V_2O_2\rightarrow V_1O_1V_2O(O_1=O_2)\rightarrow POVO$。当 O_1 与 O_2 同指时，O_2 可由"之"充当，"之"复指"O_1"，这样可抽象出"标记词＋O＋V＋之"结构，汉语方言"(NP_1)＋标记词＋NP_2＋VP＋代词"的处置式差不多停留在这个阶段，只不过代词由"之"在各方言点被演变成了"他、俚、其、伊、佢（渠）"等。普通话的处置式则由 POVO 继续发展而来的。

11.1.3 处置式标记考察

11.1.3.1 赣西北客赣方言处置式标记分布及其特点

赣西北客赣方言处置式标记有"拿""畀""把"等，具体分布见表 11-1。

表 11-1 赣西北客赣方言处置式标记分布

	丰城	樟树	新干	新余	分宜	袁州	萍乡	上栗	万载	宜丰	上高
拿	√常用			√			√		√	√常用	√
把		√常用	√常用	√常用		√	√常用	√			
畀	√				√	√常用			√常用	√	√常用
捉到											
	高安	奉新	靖安	武宁	修水	铜鼓	奉新客	靖安客	万载客	修水客	铜鼓客
拿	√常用	√常用	√常用	√	√		√常用	√常用			√
把			√	√常用	√	√			√	√常用	√常用
畀											
捉到				√		√		√	√常用		

上表表明,赣西北客赣方言处置式标记有如下特点:

一、沿三二〇国道线的宜丰、高安、奉新、奉新客、靖安、靖安客的处置标记一般用"拿";沿浙赣线的樟树、新余、分宜、新干、袁州、萍乡、上栗的处置标记一般用"把"或"畀"。

二、部分方言点存在两个处置标记,如:丰城、新余、袁州、萍乡、万载、宜丰、上高、靖安、武宁、奉新客、靖安客、修水客;修水、铜鼓客这两个方言点还有三个处置标记。

三、铜鼓客、万载客、修水客、靖安客、奉新客、修水还会用双音节处置介词"捉到",这是客家方言的一个特色标记,修水赣语是受客家方言影响。

11.1.3.2 处置标记的语法化

曹茜蕾(2007)指出:"拿"义动词时汉语方言里最常见的来源;其他语言中,比如尼日尔刚果语族的很多西非 Benue-Kwa 语言(参看 Lord,1982,1993;Heine 和 Kuteva,2002),以及很多克里奥尔(creole)语言。

汉语方言"拿"和"握"义的动词演变成处置标记方言有:(1)普通话、中原官话、晋语中"把"的同源词和同义词;(2)南方方言比如客家话、闽语、粤语中,比较正规的语体中的"将";(3)吴语、湘语、赣语中的"拿",例如,上海话的[nɔ^{53}];(4)赣语中的"搦[laq^5](拿)",以及从北方话中借来的"把[pa^3]";(5)湘方言中的"担[tæ^{44}](带、拿)"。

曹茜蕾(2007)指出:操纵义动词,包括"拿"和"握"义,可以虚化为宾语标记,有时通过工具格这个中间阶段(比如古汉语的"以"和"将")(参看曹和遇 2000;Peyraube 1985,1989,1991;吴福祥 1997,2003)。这也是东南亚语言,包括苗语、越南语、泰语和高棉语宾语标记的来源(Bisang,1992)。据刘纶鑫(1999)所调查的 21 个赣方言点中,其中 13 个点用"拿"义动词(8 个点用"把"、4 个点用"拿"、1 个点用"提"),另外 8 个点的宾语标记同时用作给予义动词(3 个点用"把",5 个点用"畀")。由此可知,赣方言的处置标记主要来自"拿"和"握"义动词,其次是"给予"义动词。赣西北客赣方言的处置标记主要有三个:拿、畀、把。其中"畀"是由"给予"义动词发展而来,具体考察见 8.3 节;"拿""把"是分别来自"拿"和"握"义动词。

1. 处置标记"拿"的语法化

(一)"拿"的历时演变

何洪峰、苏俊波(2004)和陶振伟(2006)对"拿"的语法化过程进行了考察。何洪峰、苏俊波指出："拿"的处置义的语法化过程是：握持→引进对象→处置。其实现的句式是："N_1＋拿＋N_2＋V"。N_2有［—可握持］的特征，V有对N_2施加影响义，"拿"就可能有处置义。下面我们简述"拿"的历时演变过程。

"拿"是"拏"的异体字，《说文》："拏，牵引也。从手，奴声。""拿"字出现比较晚，在《太平广记》卷206中可见，如"如龙拿虎据，剑拔弩张"，这里的"拿"是"搏持"的意思。"拿"还有"擒捉""握持""掌握""取""得到"等动词义，这些动词用法从唐至明逐步引申发展而来的，句法功能上也从不带宾语到可以带宾语。例如：

(54) 少年心事当拿云，谁念幽寒坐鸣呃。（唐《李贺诗全集》）

(55) 是渠作障碍，使你事烦拿。（唐《王梵志诗》）

(56) 我伸手去拿，那四人亦伸手去拿，未必果谁得之。（宋《朱子语类》）

(57) 拿二十个钱的酒来。（明《老乞大谚解》）

"拿"字的介词功能大约始于元代。据太田辰夫（2003）研究，"拿"引进"材料、工具"大概是在元代。例如：

(58) 我拿一块砖头打的那狗叫，必有人出来。（《勘头巾》）

(59) 拿那大棒子着实的打上一千下。（《争报恩》）

(60) 我只要拿一匹粗麻布做件衰衣。（《二刻拍案惊奇》卷十）

"拿"在"N_1＋拿＋N_2＋V"句式中，如果N_2有［—可握持］义，"拿"便开始虚化，"拿"引进的不是工具、材料，而是对象，如例(61)。当"拿"与"当"等构成"拿…当/做…"句式时，"拿"就产生了弱处置义，但这还不是典型的处置式，如例(62)、(63)、(64)：

(61) 这个妈妈，他吃了酒，又拿我们来醒脾了！（《红楼梦》）

(62) 比不得你，拿着我的话当耳旁风。（《红楼梦》）

(63) 他分明拿我女儿做妾，这还了得！（《儒林外史》）

(64) 吴二浪子直拿许亮当做个老土。（《老残游记》）

"五四"至现代汉语中"拿"一直是弱处置义，例如：

(65) 这虽然给洋人一点面子，可是暗中有人拿他当作大马猴似的看着玩，也就得失平衡，安排得当。（老舍《正红旗下》）

(66) 我们也无意拿他去和什么人开玩笑哗众取宠。(王朔《千万别把我当人》)

(67) 莫拿生命当儿戏。(《现代汉语八百词》)

(二)"拿"在赣西北客赣方言的用法及其发展

"拿"在赣西北客赣方言的动词用法是给某人东西,相当于普通话中的"给","拿"引进间接宾语往往要借助"给[ku^{31}]"(如上高话)、"得"(如丰城话)等。例如:

(68) 箇本书我就不拿给尔,我拿给渠。(这本书我就不给你,我给他。)(上高)

(69) 爸爸拿过两百块钱给我。(爸爸给我两百块钱。)(上高)

(70) 箇仔东西拿得我。(这些东西给我。)(丰城)

"拿"在高安、奉新还有使役动词用法,例如:

(71) 明日要去学堂,拿伢俚早点仔困。(明天要上学,让孩子早点儿睡。)(高安)

(72) 拿客喫饱嘚着。(先让客人吃饱了再说。)(高安)

(73) 工资拿渠扣,我不怕。(工资让他扣,我不怕。)(奉新)

(74) 你比渠大一点,拿渠少挑点柴,你多挑点柴。(你比他大一点儿,让他少挑点柴,你多挑点柴。)(奉新)

赣西北客赣方言的介词"拿"一般与名词组成介宾结构充当状语,修饰形容词或动词,表示引进动作、行为所凭借的工具、材料或方法等,相当于普通话中的"用"。以上高话为例:

(75) 尔拿脑牯想过嘚?(你想事用脑子了吗?)

(76) 拿眼睛看,拿嘴巴话。(用眼睛看,用嘴巴说。)

(77) 尔拿毛笔写字。(你用毛笔写字。)

"拿"引进所处置的对象,构成"N$_1$+拿+N$_{2受事}$+V"格式,这是典型处置式。例如:

(78) 拿门关上。(要他把门关上。)

(79) 尔拿桌子搬过来。(你把桌子搬过来。)

(80) 我人拿教室扫一下。(咱们把教室扫一下。)

(81) 小明拿小刚打倒过。(小明把小刚打倒在地。)

近代汉语及其普通话中的"拿"只有弱处置义的用法,赣西北客赣方言则发展出了典型处置用法。

2. 处置标记"把"的语法化

把,最初是"持拿"义动词。《说文》:"把,握也。"赣西北客赣方言里"把"也还有"拿"义,在结构"把+N$_{1(直接宾语)}$+给+N$_{2(间接宾语)}$"里的"把"还是动词"拿"义。如"把本书给我看。"(新余话)就是"拿本书我看"。"把"在连动式"把支笔写字"中退居为次要动词,成为表工具、手段的边缘成分,这为"把"语法化为介词提供了语义、句法基础。如果"把"后名词宾语已经不是工具格,而是后一动词的受事,如"把水倒哩""把手机修好"。这样"把"也就由工具格标记语法化为宾语标记,这样"把"就变成了处置式标记了。

3. 处置标记"捉到"的语法化

本小节以修水客家话为例探讨"捉到"的语法化过程。"捉到"的意思是"抓到",是个动词。例如:

(82) 警察捉到哩贼牯。(警察抓到了小偷。)

"捉到"还存在着一种两可的状态,既可以用作动词,又可以用作介词。例如:

(83) 渠跑到外地去戏水,爸爸捉到渠打哩一餐。(他跑到外面去玩水,爸爸捉到他打了一顿。)

这里的"捉到"既可以表示动词义"抓住",表示"他跑到外面去玩水,被爸爸抓住打了一顿";又可以理解为介词,表示处置义,即"爸爸把他打了一顿"。另外,根据我们的调查发现,当"捉到"后接具有[+生命]语义特征的对象时,一般处在两可的状态,当后接具有[—生命]语义特征的对象时,一般用作处置式介词。例如:

(84) 捉到花瓶打碎哩。(把花瓶打碎了。)

(85) 不小心捉到书撕哩。(不小心把书撕了。)

(86) 尔捉到书包拿过来。(你把书包拿过来。)

11.2 被动式

11.2.1 被动式定义及其研究综述

王力(1985:131)指出:"谓语所叙述的行为系施于主语者叫被动式。"即表示某个事物受到另一主体事物的作用,从而产生某种结果变化。全句表达事物间一种特定的"被动"关系。一般认为,汉语的被动句有两种:一种带有被动标记,称为有标记被动句;一种不带有被动标记,采用零形式,称为无标记被动句,或称为意念被动句。

早在19世纪末的《马氏文通》就对被动句有所研究。在20世纪40年代,黎锦熙于《新著国语文法》中提出了"被动式"的概念,吕叔湘、王力在自己的语法著作中研究了被动式。20世纪五六十年代语法大讨论的时候,吕叔湘、朱德熙、丁声树等对"被"字的词性和功能、被动句的类别及被动句的用法意义等进行了深入探讨。80年代,李临定、龚千炎、刘叔新等详细分析了被字句的各种类型,将现代汉语的受事主语句分为"被字句"和"非被字句"两类,还提出了有标记的带"被"句和无标记的被动句两类。20世纪90年代至今,王洪君、冯胜利、石毓智等运用配价语法、转换生成语法、语法化理论、类型学、认知语言学等角度研究了汉语的被动式。唐钰明、蒋绍愚、张延俊等对被动式的历史发展演变作了深入研究。如蒋绍愚(2003)运用语法化理论阐释了汉语中"给"字句、"教"字句的来源问题。现代汉语方言被动式的研究成果也比较丰富,黄伯荣(1996)收了二十一个方言点被动式及被动标记的研究成果。之后,出版的方言语法专著、方言语法的博士或硕士学位论文都有相关章节专门探讨被动句,还有数十篇单篇论文描写了不同方言点的被动式及被动标记的语法化等语言现象。

11.2.2 被动式的结构类型及其特点

赣西北客赣方言的被动标记有"等""畀""讨""让""拿""被"等,各被动标记的地理分布和特点拟在下一节探讨。

赣西北客赣方言的新余、分宜、袁州、萍乡、万载、奉新、铜鼓、万载客、修水客、铜鼓客等方言点都用"等"作为被动标记,有一定的代表性。本节以袁州话的"等"字被动式为例,考察其在句法、语义、语用平面的一些特点。

11.2.2.1 "等"字被动式的句法格式

袁州话的"等"[ten^{31}]可以加在主动者的前面表示被动,根据"等"前是否出现体词性成分,可以把"等"字被动句分为两类:

Ⅰ式:A+等+B+VP+(C)

Ⅱ式:等+B+VP+(C)

A 表示在主语位置上的体词性成分,"等"是被动标记词,B 是紧跟被动标记词的体词性成分或谓词性成分,VP 指谓词性成分,C 是句末语气词。

1. Ⅰ式:A+等+B+VP+(C)

Ⅰ式结构是最为典型的被动式,A 可以是受事、准受事、使事或与事等,B 不能省去,VP 多表达不如意或不希望发生的事情,但也可以表是有幸的、愉快的事情或表示无所谓褒贬的"中性义"。例如:

(87) 窗子上个玻璃等老王打烂哩。(窗子上的玻璃被老王打烂了。)

(88) 老王等狗咬哩一口。(老王被狗咬了一口。)

(89) 明明等老师表扬哩。(明明被老师表扬了。)

(90) 桌子等渠揩干净哩。(桌子被他揩干净了。)

(91) 车子等老王骑走哩。(车子被老王骑走了。)

(92) 箇本书等老王借出去哩。(这本书被老王借出去了。)

例(87)、(88)是贬义的,例(89)、(90)是褒义的,例(91)、(92)是中性的。以上用例的 A 都是受事。再举几例非受事的,例如:

(93) 你做个事都等我晓得哩。(你做的事都被我知道了。)(准受事)

(94) 我等隔壁邻舍个伢仔吵醒哩。(我被隔壁邻居家的小孩吵醒了。)(使事)

(95) 渠等贼牯偷刮哩钱包。(他被小偷偷走了钱包。)(与事)

(96) 笔都等你写断哩。(笔都被你写断了。)(工具)

(97) 路上等挖哩一只坑。(路上被挖了一个坑。)(处所)

Ⅰ式的否定形式是在"等"前加否定词"冇",句末不出现表完成的语气词"哩"。例如:

(98) 钱冇等贼牯偷刮。(钱没有被小偷偷掉。)

(99) 房仔冇等台风吹倒。(房子没有被台风吹倒。)

2. Ⅱ式：等＋B＋VP＋(C)

Ⅱ式是句首省略了受事主语的被动式,这是由于语用表达经济原则的需要借助上下文环境而省略。例如：

(100) 渠要去广东打工,等老师拦住哩。（他要去广东打工,被老师拦住了。）

(101) 明明跑在前面,等蜂仔叮哩一口。（明明跑在前面,被黄蜂叮了一口。）

(102) 等大风一吹,箇仔麦秆就倒下哩。（被大风一吹,这些麦秆就倒下了。）

(103) 等老师批评哩一顿,我心下蛮不是滋味。（被老师批评了一顿,我心里很不是滋味。）

例(100)、(101)的主语"渠""明明"在前一分句中已经出现,所以在后面的分句"等"字句中承前省略。例(102)、(103)中的"等"字句的逻辑主语"箇仔麦秆""我"在后面的分句中有所照应,所以是蒙后省略。

11.2.2.2 "等"字被动式的特点

1. "等"的施事宾语

"等"字后一定要有施事出现,这是袁州话"等"字被动句在语义结构和句法结构上的双重特点。表被动的介词"等"必须带宾语,即动作的主动者必须在"等"字后出现,这个条件限制是绝对严格的,没有例外。"等"后的施事者大多数是有定的,有时也有表示无定的。如果施事者不明,也要用"人"或"人家"一类的代词来虚指一下。吴福祥(2011)指出：凡是从使役发展而来的被动标记都不能省去施事,比如现代汉语共同语的"叫""让"也是这样。因此,由使役动词语法化而来的被动标记"等"后的施事也是不能省去的。例如：

(104) 一碗汤等渠打刮哩。（一碗汤被他打掉了。）

(105) 收音机等我拆烂哩。（收音机被我拆烂了。）

(106) 渠等几只罗汉打哩一餐。（他被几个流氓打了一顿。）

(107) 我等渠气得半死。（我被他气得半死。）

(108) 衣裳等人捡刮哩。（衣服被人捡走了。）

在普通话里,"被"字后偶有不出现动作行为施事者的情况,这是因为"被"来自"遭受"义动词,不是来自使役动词。

2. "等"字被动句述语和连带成分

"等"字被动句的谓语中心词主要是及物动词但也有少量不及物动词。谓语中心词主要由自主性二价动作动词充当,其次是由自主性三价动作动词充当,极少的一价动词也可以充当。这些一价动词是部分述宾式双音节动词和具有致使力特征的动词。例如:

(109) 李校长等教育局撤职哩。(李校长被教育局撤职了。)

(110) 渠等箇重个农活累病哩。(他被这么重的农活累病了。)

"等"字被动句往往不能光杆动词,常带有后续成分,构成述补短语和述宾短语。述补短语的补语一般是结果补语、趋向补语、情态补语和数量补语。结果补语、趋向补语和情态补语的语义指向主语,而动量补语的语义指出动作。补语一般是"等"字被动句的句子焦点。例如:

(111) 狗等汽车压死哩。(狗被汽车压死了。)(结果补语)

(112) 渠心下个想法等我看出来哩。(他心里的想法被我看出来了。)(趋向补语)

(113) 我等渠气哭哩。(我被他气哭了。)(情态补语)

(114) 明明不听话,等老师批评哩几次。(明明不听话,被老师批评了几次。)(动量补语)

例(111)、(112)、(113)的补语"死""出来""哭"的语义指向主语,例(114)的动量补语"几次"指向谓语动词"批评"。

述宾短语的宾语在语义上具有多样性。宾语跟述语中的动词有一定的语义联系,可以是受事、成事、系事等。这些宾语通常也是句子的焦点所在。例如:

(115) 猪场等贼牯偷刮哩五只猪。(养猪场被小偷偷走了五头猪。)(受事)

(116) 衣裳等烟头烧哩一只眼。(衣服被烟头烧了一个洞。)(成事)

(117) 渠被狗咬伤哩手。(他被狗咬伤了手。)(系事)

"等"字被动句的谓语动词后面一般要附加经历体标记"过"或完成体标记"哩",表示事件已经发生或完成。例如:

(118) 渠等蛇咬过脚。(他被蛇咬过脚。)

(119) 我等渠打过。(我被他打过。)

(120) 箇件事等老师晓得哩。(这件事被老师知道了。)

(121) 正买个肉等狗衔走哩。(刚买的肉被狗叼走了。)

袁州话的"等"字被动句如果去掉体貌标记"哩"或"过",有些句子能够成立,不过句子不再表示被动意义,而是表示使役意义,"等"就成了使役义动词。

11.2.3 被动标记分布特点及其语法化考察

11.2.3.1 赣西北客赣方言被动标记分布特点

赣西北客赣方言的被动标记有"等""界""讨""让""拿""被"等,各方言点的具体情况见表11-2。

表11-2 赣西北客赣方言被动标记分布

	丰城	樟树	新干	新余	分宜	袁州	萍乡	上栗	万载	宜丰	上高
被		√常用	√常用	√				√			
等		√		√常用	√常用	√常用	√常用		√常用		
讨	√常用									√	√
拿	√	√									
界	√		√		√	√		√常用	√	√常用	
让	√	√	√	√	√	√		√	√	√	√

	高安	奉新	靖安	武宁	修水	铜鼓	奉新客	靖安客	万载客	修水客	铜鼓客
被				√						√	
等				√常用		√常用		√常用	√常用	√常用	
讨	√常用	√常用	√常用			√					
拿	√	√	√	√	√常用	√	√常用	√常用	√	√	
界											
让		√	√	√	√	√	√	√			

上表表明：沿三二〇国道线的方言点的被动标记多用"畀"，其次是"讨"和"让"；沿浙赣线的方言点的被动标记多用"等"，其次是"畀"和"让"；沿九岭山脉的方言点的被动标记多用"等"，其次是"拿"和"让"。赣西北客赣方言被动标记非常丰富，共有六个，每个方言点至少有两个，最多有四个，这体现了方言的复杂性和历史层次性。

11.2.3.2 被动标记"等"的语法化

"等"字在赣西北的新余、分宜、袁州、万载、铜鼓、万载$_客$、铜鼓$_客$等方言点不仅可以用为动词，也可以用为介词。作被动标记使用其语义理据和句法理据是什么？我们将考察其语法化历程。下面以袁州话为例展开探讨。

1. 从"等$_1$"到"等$_2$"

《字汇·竹部》："等，候待也。""等"的"等待""等候"义产生于唐代，至宋代其用例较常见。例如：

(122) 等鹊潜篱畔，听蛩伏砌边。（唐·路德延《小儿诗》）

(123) 师在街衢立。有僧问："和尚在遮里作什么？"师曰："等个人。"（《景德传灯录》卷27）

(124) 无路踏青斗草。人别后、碧云信杳。对好景、愁多欢少。等他燕子传音耗。红杏开也未到。（宋·朱敦儒《杏花天》）

至元代，"等"引申出了"使让"义，这一用法始见于元杂剧中，例如：

(125)（张千云）大姐，你且休过去。等我遮着，你试看咱。（正旦看科，云）这爷爷好冷脸子也！（元·关汉卿《钱大尹智宠谢天香》）

(126) 我不要半星热血红尘洒，都只在八尺旗枪素练悬。等他四下里皆瞧见，这就是咱苌弘化碧，望帝啼鹃。（元·关汉卿《感天动地窦娥冤》）

袁州话的"等"也有"等待"（记为"等$_1$"）用法。例如：

(127) 我等哩你半天，你正来。（我等了你半天，你才来。）

(128) 我等渠走哩再话诉你。（我等他走了再告诉你。）

袁州话的"等"还有使役用法（记为"等$_2$"），这是继承近代汉语用法，与普通话有所不同。例如：

(129) 箇担谷等男客人担，你莫担。（这担谷子让男人挑，你别挑。）（使令）

(130) 渠等伢仂打酱油去哩。（他让小孩打酱油去了。）（使令）

(131) 箇件事等我出尽哩丑。(这件事使我出尽了丑。)(致使)

(132) 你等我喫尽哩亏。(你使我吃尽了亏。)(致使)

(133) 我妈不等我上网。(我妈妈不允许我上网。)(容许)

(134) 等渠哭,莫搭渠!(让他哭,别理他!)(任凭)

(135) 工资等渠扣,我不怕!(工资让他扣,我不怕!)(任凭)

从"等待"义到"使役"义经历了句式上的变化,这是句式演变导致词义和功能变化的结果。

"等$_1$"的句式是"N$_1$+等$_1$+N$_2$",该句式中"等"往往是唯一的动词;而当"等$_1$+N$_2$"之后接续了另外一个动词,构成"N$_1$+等$_1$+N$_2$+V+(N$_3$)",该句式的N$_2$是"等"的受事,又是V的施事。整个句子由于信息的扩充而使"等$_1$"的地位下降,"等$_1$"所表示的意义往往可以作两种理解。例如:

(136) 我伙等渠来舞饭。(我们等待/让他来做饭。)

这里的"等渠来舞饭"既可以理解为"等待他来做饭",又可以理解为"让他来做饭"。因为"等渠来舞饭"这样的句子跟使役句的构造是完全相同的,具备重新分析的形式条件。何亮(2005)从认知心理解释了从"等待"义到"使役"义,他指出:时间的等待其实就是心理的期待过程,当这种期待是一种消极的期待时,"等"只能是普通意义上的等待,当这种期待是一种积极的愿望时,"等"就带有主观愿望、请求的意义,也就发展出"让""允许"的意义,而主观愿望特别强烈时,"等"就带有使令意义了。也就是说,当"等"由 N$_1$ 单方面行为的"等候、期待"转化为表 N$_1$、N$_2$ 双方关系(N$_1$ 让 N$_2$ 做某事)时,"等+N$_2$+V"可看作"让 N$_2$+V",这样"等$_1$"就发展为"等$_2$"。

例(129)至(136)均为"等"字使役句,其使役句句式为:N$_1$+等$_2$+N$_2$+V+(N$_3$)。

2. 从"等$_2$"到"等$_3$"

汉语的被动标记主要来源于"给予"类动词(如"给""畀"等),"使役"类动词(如"教""叫""让"等),"遭受"类动词(如"被""遭""吃"等)。袁州话被动标记"等$_3$"的虚化途径与汉语中"使役"类动词"教""叫""让"虚化为被动标记的途径是相同的。而给予义动词虚化为被动标记则是经过"使役"环节之后实现的。"等"字使役句转化为被动句是有条件的。它与汉语中使役句转化为被动句的条件相同:(1) 主语为受事;(2) 谓语动词是及物的;(3) 使役动词后的情况是已实现的。

使役句式转化为被动句式,首先使役句式"$N_1+等_2+N_2+V+(N_3)$"的名词性成分必须通过省略或移位手段,即 N_1 在一定的语境中隐含,N_3 则前移至句首成为受事主语。这就产生了新的使役句式"$N_3+(N_1)+等_2+N_2+V$",形式上与被动句式基本相同。例如:

(137) 电视机(我)等师傅修好。(电视机让师傅修好。)

(138) 笔(我)等渠拿走。(笔让他拿走。)

(139) 桌积(我)等老张搬走。(桌子让老张搬走。)

例(137)、(138)、(139)均为使役句,句子隐含了施事主语,一般是表示让某人做某事,"做某事"往往是未然,所以 V 后面一般不能用完成体标记"哩"。该使役句式要转化成被动句还需要实现第三个条件,即使役动词后的情况是已实现的,这就需要在 V 附加完成体标记"哩",其句式为"$N_3+等_3+N_2+V$"。例如:

(140) 电视机等师傅修好哩。(电视机被师傅修好了。)

(141) 笔等渠拿走哩。(笔被他拿走了。)

(142) 桌仔等老张搬走哩。(桌子被老张搬走了。)

"等"所处的特定的句法环境是诱发其成为被动标记的关键。使役句"$N_3+等_2+N_2+V$"与被动句"$N_3+等_3+N_2+V$"表层结构完成相同。因此既可以理解为"让某人做某事",也可以理解为"某事被某人做"。若 V 后附加完成体标记"哩"时,使役句"$N_3+等_2+N_2+V$"中的 N_2 便失去了它身兼"$等_2$"的受事,V 的施事的双重身份,只单一地表施事。这样"$等_2$"与 N_2(兼语)的动宾关系被重新分析为介宾关系;"$等_2+N_2+V$"结构关系由原来的连动关系,重新分析为以介宾短语修饰动词谓语的偏正关系;使役动词"$等_2$"也就语法化为被动标记"$等_3$"。标志"等"字被动句的成熟是"等"后的施事由有生命的人或动物向无生命的事物扩展,如"我等石头打破哩脑壳_{我被石头砸破了头}"。

任何语法标记的产生都不是单纯的词义内部引申问题,它们必须在特定的句法环境中进行。引发词汇语法化的句法环境的确立,是理解语法发展的一个关键。"等"从"$等_1$"到"$等_2$"既是词义内部引申的结果,也是连动句句法环境影响的结果,从"$等_2$"到"$等_3$"则属于因句法关系的变化而引起的重新分析,加之受

305

一般被动句的类推作用,最终语法化被动语法标记"等$_3$"。

"等"的语法化链条为：等$_{1等待}$→等$_{2使役}$→等$_{3被动}$。

3. "等"字兼表使役被动用法类型学考察

"等"字的使役、被动兼用并非袁州话所特有,赣语其他方言点、西南官话、湘方言、客家方言也有同样的情况。例如：

(143) 猪肠和猪心肺莫等老张搞去哆。(兼表使役被动)(赣语江西彭泽话,何亮 2006)

(144) 碗等我搭㨃破了。(被动)(赣语南昌话,熊正辉 1998)

(145) 脚等狗咬巴哒。(被动)(赣语湖南平江话,朱道明 2009)

(146) 等癞狗咬哩一口。(被动)(客话区江西上犹社溪方言,福建武平、武东方言)

汉语史及其现代汉语不少方言中都存在使役、被动兼用现象。对于其产生的原因,罗杰瑞与桥本万太郎都持阿尔泰系语言背景说。江蓝生对汉语使役、被动兼用的历史进行了考察,对使役、被动兼用的条件、原因进行了归纳和分析,得出了相反的结论,她认为使役、被动兼用完全是汉语语法本质特征的表现,与阿尔泰语的影响应无关系。蒋绍愚(2003)指出：唐代的"教"字句从使役发展为被动句,将近一千年后的"给"字句也从使役发展为被动句,这绝不是偶然的巧合,应该说,在这种发展后面有一种共同的机制。汉语方言中的"等"字句也从使役发展为被动句,这更不是偶然的巧合,它印证了偶然中存在的必然规律。"等"由原来的一般动词发展为使役动词,再虚化为被动标记的语法化过程,与"教""给"以及后面讨论的"让""畀"的语法化过程基本一致。"等"字句与"教"字句、"给"字句、"让"字句和"畀"字句一样,当表使役和表被动两者出现共同表层结构的时候,就有可能进行"重新分析";通过"重新分析",表使役的句式便出现了表被动的功能;再通过类推,最终实现"功能扩展"。汉语表被动的语法系统就是借助语法化和类推而得到改变的。

11.2.3.3 被动标记"让"的语法化

赣西北客赣方言的丰城、樟树、新干、新余、分宜、万载、宜丰、上高、奉新、靖安、武宁、修水、万载客、靖安客等十几个方言点的"让[lan^{24}]"的用法与普通话一样,既可充当一般动词,也可充当使令动词,还可作被动标记,介引动作的施事。"让"作介词表被动意义,介引施动者这种用法是其使令动词意义的直接发展。"让"字使役句发展成"让"字被动句,大概肇始于唐代,前人时贤有不少研究成果,此处不再赘述。我们拟从共时层面,以分宜话为例考察"让"的语法化历程。

"让"作一般动词时,表示退让、谦让、转让等意义,"让"后一般带宾语或补语、时态助词等,构成"$(N_1)+让_1+N_2$"句式。例如:

(147) 老弟仔还细,你要多让下仔渠。(弟弟还小,你要多让一下他。)

(148) 莫让来让去,你嘚谁大就谁坐上。(别让来让去,你们谁大就谁坐上座。)

(149) 你有几只手机,让只你老弟用吧。(你有几部手机,让一部你老弟用吧。)

"让"作使令动词时,后面必须带兼语,构成使役句式"$(N_1)+让_2+N_2+V+N_3$"。例如:

(150) 婆婆让渠扫地。(奶奶让他扫地。)

(151) 你让我仔细想下仔。(你让我仔细想想。)

(152) 守门个冇让渠进来。(守门的没有让他进来。)

"让"字使役句式通过省略或移位手段转化成与被动句式表层结构相同的句式,即 N_1 在一定的语境中隐含,N_3 则前移至句首成为受事主语,从而构成新的使役句式"$N_3+(N_1)+让_2+N_2+V$"。例如:

(153) 玩具(我)让哥哥修好。(玩具让哥哥修好。)

(154) 垃圾(我)让明明丢刮。(垃圾让明明丢掉。)

(155) 书(我)让小李拿走。(书让小李拿走。)

以上使役句式与被动句式表层结构虽然相同,但内部语义关系还是不同。该句式的 N_2 是兼语,既是"让"的受事,又是 V 的施事,句子所表达的是未然事件。如果该句的 V 后附加完成体标记"哩",则整个事件是已然的,句子的语义关系发生了变化,"让+N_2"的动宾关系重新分析为介宾关系,N_2 仅仅是 V 的施事,"让"也就由使役动词语法化为表被动的介词。让字被动句句式为:"$N_3+让_3+N_2+V$"。例如:

(156) 钱包让贼牯偷刮哩。(钱包被小偷偷掉了。)

(157) 狗让汽车撞死哩。(狗被汽车撞死了。)

(158) 许只树让台风吹倒哩。(那棵树让台风吹到了。)

由使役句转化而来的被动句的 N_2 大多数是表人或动物等有生命的名词，后来受一般被动句的类推作用，N_2 既可以是人或动物，也可以是无生命的事物，这也标志着"让"字被动句的基本成熟。

"让"的语法化链条为：让$_{1 谦让、转让}$ → 让$_{2 使役动词}$ → 让$_{3 被动标记}$。

11.2.3.4 被动标记"讨"的语法化①

赣西北客赣方言的丰城、高安、上高、宜丰、靖安、奉新、奉新$_{客}$等方言点中有一个比较特殊的被动标记"讨"，颜森(1982)最早报道"讨[hou^{42}]"用为被动标记，他举例为"细鸡子讨渠踩死箇②$_{小鸡被他踩死了}$""碗讨渠打烂箇$_{碗被他打破了}$"。再举几例高安(杨圩老屋)话的例子：

(159) 书讨渠借走过。(书被他借走了。)

(160) 手讨刀子划破过。(手被小刀划破了。)

上高县有些乡镇也用"讨[hau^{213}]"表达被动。例如：

(161) 草讨牛噢刮过。(草被牛吃掉了。)

(162) 渠讨老师骂过一餐。(他被老师骂了一顿。)

(163) 秧苗讨日头晒死过。(秧苗被太阳晒死了。)

"讨"的本义为"治理，整治"，《说文》："讨，治也。"后引申为"探讨""寻找""声讨""讨伐""索取""娶""招惹"等义项。在高安、上高话中，"讨"有"索取""娶""摘""招惹"等动词用法。以上高话为例：

(164) 今阿讨钱个人冇讨到钱。(今天讨钱的人没有讨到钱。)

(165) 渠旧年讨过一只老婆。(他去年娶了一个老婆。)

(166) 我去园地讨忽仔菜嗟。(我马上去菜园摘点儿菜。)

(167) 尔话事冇大冇细就会讨人嫌。(你说话没大没小就会遭人嫌弃。)

"讨"的语法化起点应该始自"索取"义，该义项产生与魏晋南北朝时期。《类篇》："讨，求也。"《晋书·卫恒传》："或时不持钱诣酒家饮，因书其壁，顾观者以酬酒，讨钱足而灭之。"唐寒山《诗三百三首》其九十八："凡事莫容易，尽爱讨便宜。"

---

① "讨"的语法化可参见罗荣华《赣语上高话被动标记"讨"》(《方言》2018年第1期)。
② 颜森把高安(杨圩老屋)话的完成体标记记为"箇"，实际应为"过"，是由动词"过"虚化而来。

现代汉语及其方言中有"讨债""讨钱""讨饭"等用法。这里的索取对象都是对索取者有益的事物。

随着"V+N"的类推作用,"讨"的对象不限于有益的事物,也可以有害的对象,而且这个有害的对象往往是一个主谓短语"N+V",构成"讨₁+[N+V]"连动结构。例如:

(168) 尔日日游手好闲嘔,真个要讨人骂。(你每天游手好闲的,真的要挨骂。)

(169) 箇只人嘴筒蛮碎,蛮讨人嫌。(这个人喜欢说闲话,很讨人嫌弃。)

(170) 尔动手动脚嘔,尔是讨我打吧。(你动手动脚的,你是要挨我的打吧。)

上述例句的"讨"后接有害的对象,语义上已经由"索取"义逐渐引申为"遭受"义。从认知心理出发,人们对有益的事物很乐意向对方"索取",但一旦是有害的事物,人们是不情愿接受,"讨"就转化为"遭受"义。另外,"讨₁+[N+V]"与被动式的"[讨₂+N]+V"表层形式相同。以上两点为"讨₁+[N+V]"结构重新分析为被动式结构"[讨₂+N]+V"准备了语义和句法结构基础。下面的句子可以做两种分析,例如:

(171) A:尔不做作业就会讨[老师骂]。(你不做作业就会挨老师的骂。)
    B:尔不做作业就会[讨老师]骂。(你不做作业就会被老师骂。)

(172) A:莫到箇块动手动脚,等下会讨[人打]。(别到这里动手动脚,否则会挨别人打。)
    B:莫到箇块动手动脚,等下会[讨人]打。(别到这里动手动脚,否则会被人打。)

上例的 A 句按"讨₁+[N+V]"的连动结构分析,"讨"是"遭受"义动词,与 N 之间是动宾关系;B 句按"[讨₂+N]+V"的被动式结构分析,"讨"是"被"义介词,与 N 之间是介宾关系。这样,"讨+N+V"结构关系由原来的连动关系,重新分析为以介宾短语修饰动词谓语的偏正关系;"遭受"义动词"讨₁"也就语法化为被动标记"讨₂"。标志"讨"字被动句的成熟是"讨"后的施事由有生命的人或动物向无生命的事物扩展,如"我讨小车仔撞断过脚(我被小汽车撞断了腿)"。

"讨"的语法化链条为:讨₁索取 → 讨₁遭受 → 讨₂被。

11.3 处置、被动共用同一标记现象研究

11.3.1 处置、被动共用同一标记现象综述[①]

被动式和处置式是汉语的两种重要句式,它们之间存在着密切关系。从结构上看,它们标记的恰好是一对相反的语法成分:被动式标记的是施事名词,处置式标记的是受事名词。从功能上看,两种句式之间可以根据语用的要求相互转换,比如"花瓶被他打碎了"可以说成"他把花瓶打碎了"。汉语的各个方言都有被动式和处置式,但是这两种句式的表现形式、使用频率、表达功能都存在一定的差异。这两种句式的语法标记的词汇来源在不同方言中也存在这样那样的差异。从本章前两节对赣西北客赣方言处置式和被动式的描写和分析来看,处置式标记主要有"拿""把""畀",被动式标记主要有"等""讨""畀""拿""让",有些方言点的处置式或被动式同时存在几个标记,这是方言接触的结果。一般说来,使用频率高且使用人群的年龄偏大的语法标记是该方言固有的、底层的语法成分,与之相反的语法标记,则是方言接触或受普通话的影响所致。赣西北的樟树、新干、新余、萍乡、上栗、铜鼓、万载客、修水客这八个方言点处置式和被动式使用不同的语法标记,但在丰城、分宜、袁州、万载、上高、宜丰等地有一个标记"畀"既可以用来引介受事表处置,也可以用来引介施事表被动;丰城、高安、奉新、靖安、武宁、修水、奉新客、靖安客、铜鼓客等地有一个标记"拿"既可以用来引介受事表处置,也可以用来引介施事表被动。具体情况见表11-3。

表11-3 赣西北客赣方言处置、被动共用标记分布

	丰城	樟树	新干	新余	分宜	袁州	萍乡	上栗	万载	宜丰	上高
拿	√										
畀	√				√	√			√	√	√

[①] 处置、被动共用标记"畀"的相关研究成果可参见罗荣华《赣语上高话处置、被动共用标记"畀"研究》,《宜春学院学报》2014年第8期。

续 表

	高安	奉新	靖安	武宁	修水	铜鼓	奉新客	靖安客	万载客	修水客	铜鼓客
拿	√	√	√	√	√		√	√			√
畀											

最早关注关注到处置式、被动式共用同一标记现象的是朱德熙(1982：179)，他早就注意到北京话中的"给"既可以引出施事，又可引出受事。徐丹(1992)进一步指出"给"的这种身兼二职的用法，在北京话的口语中尤为常见，并且开始注意到南方方言也有类似的例子。伍云姬(1999)考察了湖南境内107种方言发现，在湘南双语区的益阳话、双牌话、郴州话、蓝山话、江永话、嘉禾话、宜章话、宁远话、临武话、常宁话、冷水江花、汝城话等11种方言中，都存在处置标记和被动标记同形的现象。黄伯荣(1996)、黄晓雪(2006)、赵葵欣(2012)等均有研究。石毓智、王统尚(2009)也指出：同一方言处置式和被动式共标记的现象在地域上分布十分广，包括山西、河南、山东、湖北、湖南、江西、安徽、江苏等地区的方言，并不限于某一大方言区，是汉语方言的一种十分普遍的现象。例如：

(173) 我拿之吓甲一跳。

  A.（我把他吓了一跳。）（处置句）

  B.（我给他吓了一跳。）（被动句）（湖南汝城方言，黄伯荣 1996）

(174) A：你快点把渣滓倒了他。（处置式）

  B：蛮好的东西都把他糟蹋了。（被动式）（武汉方言，赵葵欣 2012）

(175) A：渠把谷割脱着。（处置式）

  B：衣裳把在风吹跑着。（被动式）（安徽宿松方言，黄晓雪 2006）

(176) A：把喉咙哇破了 将喉咙喊哑了。（处置式）

  B：山上的树把人砍光了 山上的树被人砍光了。（被动式）（鄂东方言，陈淑梅 2001）

(177) A：把衣服洗一下。（处置式）

  B：把蛇丫咬一口。（被动式）（江西萍乡方言，魏钢强 1998）

(178) A：拿得扇门锁得。（处置式）

  B：我拿□[sɔ³¹]打爪一餐 我被他打了一顿。（被动式）（涟源方言，吴

宝安、邓葵2006)

石毓智、王统尚(2009)在全面分析了汉语方言处置式、被动式语法标记的基础上指出：汉语方言中兼表处置式和被动式的语法标记最常来自"给予"义的动词(有45种方言的处置式是由"给予"类动词发展而来,48种方言的被动式是由"给予"类动词发展而来。),约占85%,其他来源的较少。赣西北客赣方言的"畀"①也是"给予"类动词,符合汉语方言语法化规律。

11.3.2 "畀"的功能分布

"畀[pai²¹³]"在赣西北客赣方言中的用法很多,有动词、介词用法,可以表使役、处置和被动。本节以上高话为例,分析"畀"的共时分布。

1. "畀"为动词

"畀"为"给予"义动词时,可以构成简单动宾句、双宾语句和连动句;"畀"为"使让""容许"义使役动词时,可以构成使役句。

① 畀+宾语

"畀"后接单宾语,有两种句式：一、"S+畀+O";二、"S+畀+给+O$_{间接宾语}$"。"给"[ku³¹]是引进与事的介词。例如：

(179) 老张畀泼过细女。(老张送掉了小女儿。)

(180) 炒菜少畀忽仔盐。(炒菜少放点盐。)

(181) 箇仔旧衣裳畀泼过。(这些旧衣服送掉了。)

(182) 箇仔菜畀给我。(这些菜送给我。)

(183) 箇本书尔又不要过,畀给我吧?(这本书你又不要了,送给我吧?)

(184) 我畀给渠,渠又不要。(我送给他,他又不要。)

② 畀+双宾语

由"畀"所构成的双宾语句有两种句式：一、"S+畀+O$_1$(直接宾语)+O$_2$(间接宾语)";二、"S+畀+O$_1$+给+O$_2$"。后一格式是在直接宾语后加上介词"给"引进与事(即直接宾语)。后一句式比前一句式更常用,应该是上高方言固有的表达方式,前一句式可能是受现代汉语共同语双宾语结构类推作用所致,但语序还是保留了上高方言"直接宾语"在"间接宾语"之前的语序。例如：

---

① 《上高县志》(1990)、《万载县志》(1990)的方言章节中把"畀"记为"摆",《中国方言地图集(语法卷)》(2008)也把表被动的标记为"摆"。

(185) 尔畀本书明明。（你送本书给明明。）

(186) 畀张票我。（给我一张票。）

(187) 我畀过蛮多钱给渠。（我送了很多钱给他。）

(188) 老张畀台电脑给我。（老张送一台电脑给我。）

③ 连动句

"畀"还可以用在连动结构中的 V_1 位置上，构成"S（施事）＋V_1（畀）＋N_1（受事）＋（给）＋N_2＋V_2"句式。例如：

(189) 婆婆畀过蛮多糖籽（给）我喫。（奶奶送了很多糖果给我吃。）（连动句）

(190) 渠畀过一只手机（给）我用。（他送了一部手机给我用。）（连动句）

(191) 渠畀过一瓶酒（给）老王喫。（他送了一瓶酒给老万喝。）

如果"畀"后的宾语是有定的，它可以用于句首作话题主语，"畀"的施事主语在句中也可以不出现，构成"S_{受事}（＋$N_{1施事}$）＋V_1（畀）＋给＋N_2＋V_2"的句式。例如：

(192) 糖籽（婆婆）畀给我喫个。（糖果是奶奶送给我吃的。）

(193) 箇瓶酒（老王）畀给我喫个。（这瓶酒是老王送给我吃的。）

(194) 箇仔现饭（尔）畀给狗喫。（这些剩饭倒给狗吃。）

(195) 箇件衣裳（尔）畀给我着一日吧。（这件衣服送给我穿一天吧。）

(196) 衣裳（尔）莫畀给渠洗。（衣服别送给他洗。）

"S（施事）＋V_1（畀）＋N_1（受事）＋（给）＋N_2＋V_2"句式还可以简省为"V_1（畀）＋N_1（受事）＋V_2"连动结构，即省去"给＋N_2"。该结构往往使用在说话者向对方祈求或要求某物的祈使句中。例如：

(197) 畀件衣裳着。（给件衣服穿。）

(198) 畀本书看。（给本书看。）

(199) 畀支烟（来）喫。（给支烟抽。）

④ 使役句

使役句又称致使句，江蓝生（2000）指出："所谓使役，是指动词有使令、致使、容许、任凭等意义。"冯春田（2000）认为："使役句式兼语句式的一种，第一个动词是'使（令）、教（交）、让'之类表示使役意义的动词。"赣西北客赣方言的使令动词一般是"让"(使令、使让)、"尽"(任凭),但表示"容许"义一般用"畀"。由"畀"构成的"容许"义使役句式是:"畀$_{容许}$＋N(给予对象/V的施事)＋V"。该句式的N既是"畀"给予动作终点,又是后面动作的施事。例如:

(200)明明做正过作业,畀渠看电视。(明明做完了作业,让他看电视。)

(201)我个电脑畀尔用。(我的电脑允许你用。)

(202)箇张车尔畀我开,我也不会开。(这辆车你让我开,我也不会开。)

(203)箇瓶酒莫畀老张喫正过。(这瓶酒别让老张吃完了。)

(204)姆妈畀哥哥看电视,不畀我看电视。(妈妈让哥哥看电视,不让我看电视。)

上高方言中的"使令、使让"义使役句一般用"让",但有时候也可用"畀"。由"畀"构成的"使让"义使役句式是:"畀$_{使让}$＋N＋V"。N一般是"畀"的受事,又是V的施事,但也有受事的。例如:

(205)尔畀秧苗长到六寸再打药。(你让秧苗长到六村再打药。)

(206)尔畀渠瞌下仔纽,莫喊渠。(你让他睡一会儿再说,别叫他。)

(207)老天莫落雨呀,畀箇仔谷晒燥过再落雨。(老天爷别下雨呀,让这些谷子晒干燥了再下雨。)

例(205)、(206)的N("秧苗""渠")是V("长""瞌")的施事,例(207)的N(箇仔谷)是V(晒燥)的受事。

2."畀"为处置式语法标记

"畀"构成的处置式有狭义处置式、致使义处置式、广义处置式三类。例如:

(208)我畀废纸卖泼过。(我把废纸卖掉了。)

(209)渠畀钱包跌泼过。(他把钱包丢掉了。)

(210)挑担谷就畀尔累成箇样,体力不够呀。(挑担谷子就把你累成这样,体力不够呀。)

(211)这几日畀我累死过,日日写东西。(这几天把我累死了,天天写材料。)

(212)我拿渠看成贼牯唎。(我把他看成了小偷了。)

(213)城里人畀狼看成狗。(城里人把狼看成了狗。)

例(208)、例(209)为狭义处置式,例(210)、例(211)为致使义处置式,例

(212)、例(213)为广义处置式。

3. "畀"为被动式语法标记

"畀"后引进施事,构成"(S)+畀+N(V 的施事)+VP"句式。该句式多表示不如意、意外语义。例如:

(214) 我个车仔畀老李开走过。(我的车子被老李开走了。)

(215) 渠畀老师批评过一顿。(他被老师批评了一顿。)

(216) 我畀骗仔手骗走过上万块钱。(我被骗子骗走了上万块钱。)

(217) 渠畀蜂子叮过一口。(他被黄蜂叮了一口。)

(218) 碗畀渠打烂过。(碗被他打碎了。)

普通话的被动句,"被"字后面可以省略施事。"书被他撕破了"可以说成"书被撕破了",而在上高话中,则一定要说"书畀渠撕烂过_{书被他撕烂了}",施事"渠"不可省略。

11.3.3 "畀"的语法化

从上高话"畀"的共时分布可知,"畀"既是处置标记,同时也可以表示使役和被动。"畀"的这些用法是从"给予"义动词语法化而来,下面将详细考察"畀"的语法化轨迹。

"畀"的本义是"给予"。《说文》:"畀,相付与之。"《尔雅·释诂下》:"畀,予也。"《诗经·鄘风·干旄》:"彼姝者子,何以畀之。"又《小雅·信南山》:"畀我尸实,寿考万年。"朱熹注:"畀,与也。"上高方言里"畀"也有"给予"义,如"老张畀台电脑给我_{老张送一台电脑给我}";并进一步引申出"馈赠",如"箇件衣裳尔不穿过,畀给我吧?_{这件衣服你不穿了,送给我吧?}"

1. "畀"字给予句

动词"畀"可以出现在两种句式里。一、"NP_1+畀+NP_2";二、"NP_1+畀+NP_2+NP_3+V_2"。

"NP_1+畀+NP_2"句式中的"畀"一般不能光杆动词,后面要有完成体标记"泼""过"等;如果是双宾语,一般还需要借助"给"引进与事(间接宾语),构成"NP_1+畀+NP_2+给+NP_3_{与事}"(NP_1 是施事主语,NP_2 是直接宾语,NP_3 是间接宾语)。例如:

(219) 老张畀泼过细女。(老张送掉了小女儿。)

315

(220) 小张畀过一瓶酒给老张。(小张送了一瓶酒给老张。)

"NP$_1$+畀+NP$_2$+NP$_3$+V$_2$"句式是连动双宾语句,但在上高方言中间接宾语往往需要借助介词"给"引进,构成"NP$_1$+畀+NP$_2$(+给)+NP$_3$+V$_2$"句式。例如:

(221) 小张畀过一瓶酒(给)老张喫。(小张送了一瓶酒给老张喝。)
(222) 小张畀过一本书(给)老张看。(小张送了本书给老张看。)
(223) 小张畀过一千块钱(给)老张用。(小张送了一千块钱给老张用。)

"NP$_1$+畀+NP$_2$(+给)+NP$_3$+V$_2$"句式的主语NP$_1$若隐去的话,NP$_2$则可以作为话题出现在句首,这样就成了"NP$_2$+(NP$_1$)+畀(+给)+NP$_3$+V$_2$"。例如:

(224) 一瓶酒(小张)畀(给)老张喫。(一瓶酒[小张]送给老张喝。)

以上双宾连动句的语义重心在V$_2$上,"畀"的动词性减弱,变成了次要动词,这为"畀"语法化为使役动词提供了必要句法环境。

2. "畀"字使役句

如果"NP$_2$+(NP$_1$)+畀(+给)+NP$_3$+V$_2$"句式中的"NP$_2$""给"进一步隐去,该句式简缩为"(NP$_1$)+畀+NP$_3$+V$_2$"。介词"给"的隐去让该句式重新分析为使役句成为可能。例如:

(225) (小张)畀老张喫。(小张给老张吃。)
(226) (我)畀渠看。(给他看。)

"畀+NP$_3$+V$_2$"句式与使役句"畀+NP(给予对象/V的施事)+V$_2$"表层形式相同,"畀"后的"NP$_3$"或"NP"是个兼语,既是"畀"的受事,又是V$_2$的施事,这两个句式语义关系也大致一样,都可以看作兼语句。当V$_2$是及物动词时,在使役句的类推作用下,"畀"由实在的动作行为动词义"给予"虚化为情态义"容让、允许","畀$_给$+NP$_3$+V$_2$"也可以重新分析为"畀$_让$+NP(给予对象/V的施事)+V$_2$"。如"畀老张喫$_给老张吃$""畀渠看$_给他看$"可以重新分析为"畀老张喫$_让老张吃$""畀渠看$_给他看$"。这样,"畀"字给予句变为使役句,"畀"也就由"畀$_1$(给予)"变为"畀$_2$(让)"。

蒋绍愚(2003)在研究古代汉语给予动词语法化为使役标记时曾经指出,给予义动词能出现在"N$_{1施事}$+V$_{1给予义动词}$+N$_{2给予对象/V2的施事}$+V$_2$"结构中,且必须出

现在这种结构中,给予动词才能发生使役化。上高方言的"畀"正好出现在这一结构中,所以得以使役化。例如:

(227)我畀明明䟢。(我让明明玩。)

(228)爸爸畀明明去。(爸爸让明明去。)

上例的"明明"既是"畀"的给予对象,又是"䟢"的施事,"畀"就发生了使役化,即由"给予"义向"容许"义转化。

上高话的使役句经典句式为"($N_{1施事}$)+$V_{1畀}$+$N_{2给予对象/V2的施事}$+V_2"。这一句式的$N_{1施事}$可以出现,也可以隐含,但必须是施事;N_2必须是"畀"的受事,又是V_2的施事;V_2可以是及物动词(如例225、226),也可以是不及物动词。我们再举两例不及物的。

(229)老师畀我坐落去。(老师让我坐下去。)

(230)队长畀我人休息。(队长让我们休息。)

3. "畀"字被动句

使役句式"($N_{1施事}$)+$V_{1畀}$+$N_{2给予对象/V2的施事}$+V_2"中的"V_2"一般是个"VP"结构,"VP"可能是个动宾结构(V_2+O),O是V_2的受事。这个使役句式可以表示为"$N_{1(施事)}$+畀$_{容许义}$+$N_{2(给予对象/V2的施事)}$+V_2+$O_{受事}$"。例如:

(231)我畀明明喫酒。(我允许明明喝酒。)

(232)爸爸畀明明晓得箇件事。(爸爸让明明知道这件事。)

根据汉语的特点,主语往往可以隐去,而受事却可以作为话题出现在句首,这样,就成了"$O_{受事}$+($N_{1施事}$)+畀$_{容许义}$+$N_{2(给予对象/V2的施事)}$+V_2"。例如:

(233)酒(我)畀明明喫。(酒我允许明明喝。)

(234)箇件事(爸爸)畀明明晓得。(这件事爸爸让明明知道。)

使役句与被动句的主要区别在于"畀"前的名词性成分是施事还是受事,使役句是施事,被动句是受事。如果使役句(如例226、227)"畀"前施事隐去,V_2的受事O又移位至句首,这就符合了被动句的句法结构和语义关系。因此,该句式可以做两种理解:一、V_2的受事O后隐含$N_{1施事}$,整句可理解为使役句;二、V_2的受事O后没有隐含$N_{1施事}$,且句末出现相关附加成分(如完成体标记、补语等)整句可理解为被动句。例如:

(235) A：箇件事(爸爸)畀明明晓得。(这件事爸爸让明明知道。)(使役句)
　　　B：箇件事畀明明晓得过。(这件事被明明知道了。)(被动句)

据洪波、赵茗(2005)研究,使役范畴的使役强度连续统大体可分为三个等级,命令型(高强度使役)、致使型(中强度使役)和容让型(弱强度使役)。其中只有容让型使役动词才能被动介词化。上高方言的"畀"符合这一条件,因此,"容许"义使役动词"畀"在"O$_{受事}$＋畀$_{容许义}$＋N$_{2(给予对象/V2的施事)}$＋V$_2$"句式中完成了被动介词化。例如：

(236) 箇瓶酒畀明明喫泼过。(这瓶酒被明明吃掉了。)

(237) 渠畀蜂子叮过一口。(他被黄蜂叮了一口。)

蒋绍愚(2003)在研究"给"字句由使役转化成被动时指出：使役句中的兼语"乙"通常只能是表人或动物的名词,所以由此转化来的被动句中的施动者"乙"也只能是人或动物；而一般被动句"N＋被＋乙＋V"中的"乙"可以是人或动物,也可以是无生命的事物。这最后一点差别是通过类推而消除的：当这种由使役转化来的"给$_3$"被动句使用得越来越多的时候,语言的使用者就逐渐忘记了它是由"给$_2$"的使役句转化而来的,而觉得它和一般的被动句一样。

上高话中的"畀"字使役句转化成被动句与"给"字句一样,在一般被动句的类推作用下,"N$_{2(给予对象/V2的施事)}$"由有生命的人或动物逐渐拓展到无生命的事物。例如：

(238) 渠个手畀刀割破过。(他的手被刀割破了。)

(239) 西瓜畀水浸杀过。(西瓜被水浸死了。)

(240) 线车仔个胎畀钉仔戳破过。(自行车的轮胎被钉子刺破了。)

"畀"字被动句完成成熟的标志是 V$_2$ 后附加完成体标记"过",因为使役句一般是表示让某人做某事,"做某事"往往是未实现的,所以 V$_2$ 后面一般不能用完成体标记"过"；而被动句(特别是肯定性的被动句)往往是对一种已实现的事情的陈述,是已然态,所以 V$_2$ 后面一般要加完成体标记"过"。

赵葵欣(2012:205)指出：凡是从使役发展而来的被动标记都不能省去施事,比如现代汉语共同语的"叫、让"也是这样。上高话的"畀"字被动句是由使役句发展而来,"畀"后的施事是不能省去的。这正好印证了这一结论。

"畀"字被动句语法化链条为：畀$_{给予}$→畀$_{容让}$→畀$_{被动}$。

4."畀"字处置句

曹茜蕾(2007)研究了闽、粤、赣、吴、客等十类汉语方言后指出：在汉语方言里,宾格标记有三个主要来源,(1)"拿"和"握"一类意思的动词,(2)"给"和"帮"一类意思的动词,(3)伴随格。其中"给"和"帮"义动词语法化为宾格标记的路径是：给/帮＞受益格(beneficiary)标记＞直接宾格标记。众所周知,给予义动词可以发展为与格标记和受益格标记(Newman,1996)。在汉语方言里,这一类意义的动词位于连动式的 V_1 位置时,在语法化的第一阶段,会虚化为受益格标记"为了""代表""替"。在某些汉语方言中,"给予"义动词或"帮助"义动词,可以从受益格这个阶段,进而发展为宾格标记。

考察上高方言的"畀"的共时用法,没有发现"畀"的受益格用法。因为当"畀"后接间接宾语时,往往要借助介词"给",构成"畀＋给＋O_2＋O_1"或"畀＋O_1＋给＋O_2(V_2)"(O_1 为直接宾语,O_2 为间接宾语)。例如：

(241)畀给我一本书。(送给我一本书。)

(242)拿/畀许本书畀给我。(把那本书送给我。)

(243)畀本书给我。(送本书给我。)

(244)畀瓶水给我喫。(送瓶水给我喝。)

从以上几例可看出,上高方言中已经存在受益格标记"给",当"畀"要引进间接宾语,就一定要借助"给","畀"在句中一直作为重要动词使用,因此无法发展成受益格标记。

上高方言的动词"畀"语法化为表处置用法是不是还有另外的途径呢？王健(2004)在讨论"给"字句表处置的来源时指出,处置标记"给"的来源可能有两个：一个来源于介词"给(为、替)",当"给"后的成分不局限于受益者的时候,后面动词的受事就有可能占据"给"后的位置,从而使"给"的功能发生转化；另一个来源于表示使役的"给",当"给＋NP＋VP"中的"NP"不是后面"VP"的施事时,"给"就有了表示处置的可能。这一论述给我们启示,上高方言处置式"畀"可能也是来自表使役的"畀"。前面我们考察了"畀"字使役句,有"容许"义使役句和"使让"义使役句两种用法,其中"畀"的被动用法是由"容许"义使役句发展而来,那"使让"义使役句就极有可能发展出处置用法。

上高方言中由"畀"构成的"使让"义使役句式是："畀_{使让}＋N＋V"。例如：

(245)尔畀秋苗长到半尺再打药。(你让秋苗长到半尺再打药。)

(246) 尔畀渠瞌下仔纽,莫喊渠。(你让他睡一会儿再说,别叫他。)

(247) 老天莫落雨呀,畀箇仔谷晒燥过再落雨。(老天爷别下雨呀,让这些谷子晒干燥了再下雨。)

前面我们已经分析了 N 既可以是施事,也可以是受事。如果当 N 时受事时,其句法结构与语义关系与一般处置式相同,"畀"就有了表示处置的可能。例如:

(248) 渠个一席话畀我感动过。(他的一席话使/把我感动了。)

(249) 风浪畀船沉泼过。(风浪使/把船沉掉了。)

(250) 今阿落大雨畀渠留下来过。(今天下大雨使/把他留下了。)

(251) 尔莫畀手机掉到地上。(你别使/把手机掉到地上。)

分析以上例子我们可以发现,从语义上说,"畀"后的"N"都是后面"V"的受事,这里的"畀"既可以理解为"使令"义,也可以理解为"处置"义。近代汉语许多"把"字句都有"致使"的意思。

蒋绍愚(1997)认为,表"致使"的"把"字句是在表"处置"的"把"字句的基础上,通过功能扩展形成的。王健(2004)的观点与此相反,表"处置"的"给"字句也有可能是在表"致使"的"给"字句的基础上形成的。到底何先何后,恐怕不是那么容易判别清楚。我们通过"畀"字处置式来源的考察,证明了"畀"字处置式来源于"畀"字"使让"义使役句。

从"使让"义使役句发展而来的"畀"字处置句又可称为"致使义处置句",例如:

(252) 这几日畀我累死过,日日写东西。(这几天把我累死了,天天写材料。)

受一般处置句功能的类推作用,"畀"字处置句也就扩展至一般处置、认为当作义处置等。例如:

(253) 渠畀手机跌烂过。(他把手机摔坏了。)

(254) 我畀渠当成老板咧。(我把他看成老板了。)

"畀"的语法化链条为:

畀$_1$(给予、赠送) → 畀$_2$(容许、使让) ⟨ 畀$_{3a}$(被动)
畀$_{3b}$(处置)

11.4　本章小结

赣西北客赣方言的处置式标记有"拿""畀""把"和"捉到"四个。处置标记在赣西北各方言点有如下分布特点：1. 沿三二〇国道线的宜丰、高安、奉新、奉新客、靖安、靖安客的处置标记一般用"拿"；沿浙赣线的樟树、新余、新干、萍乡的处置标记一般用"把"或"畀"；九岭山脉周边的铜鼓客、万载、修水、靖安客、奉新客客家方言点和修水赣语点还会用双音节处置介词"捉到"。2. 部分方言点存在两个处置标记，如：丰城、新余、袁州、萍乡、万载、宜丰、上高、靖安、武宁、奉新、靖安、修水客；修水、铜鼓客这两个方言点还有三个处置标记。"拿""把"和"捉到"是从"拿握"义动词发展成工具格，再进一步语法化为处置标记。"畀"是有"给予"义发展成使役动词，再进一步语法化为处置标记。

赣西北客赣方言的被动式标记比较丰富，共有"等""拿""畀""让""讨""被"六个。被动标记在赣西北各方言点有如下分布特点：1. 沿三二〇国道线的上栗、宜丰、上高方言点的被动标记多用"畀"，其次是"讨"和"让"；2. 沿浙赣线的新余、分宜、袁州、萍乡方言点的被动标记多用"等"，其次是"畀"和"让"；3. 沿九岭山脉的武宁、铜鼓、万载客、修水、铜鼓客方言点的被动标记多用"等"，其次是"拿"和"让"。赣西北的每个方言点至少两个被动标记，最多有四个被动标记，这体现了方言的复杂性和历史层次性。

"拿""等""让""畀"都是从使役动词语法化为被动标记，而"被""讨"则是从"遭受"义动词语法化为被动标记。

赣西北的樟树、新干、新余、萍乡、上栗、铜鼓、万载客、修水客这八个方言点处置式和被动式使用不同的语法标记，但在丰城、分宜、袁州、万载、上高、宜丰等方言点处置与被动共有介词"畀"；丰城、高安、奉新、靖安、武宁、修水、奉新客、靖安客、铜鼓客等方言点处置与被动共有介词"拿"。

第十二章
疑问范畴

疑问范畴包括是非问、特指问、选择问和正反问,以及语气词、疑问代词,还包括一些特殊的疑问结构和用法。赣西北客赣方言疑问句结构类型跟普通话相似,也可分为是非问、特指问、选择问和正反问四类。与普通话相比,其疑问句在语气词、疑问词、句式和句调等有一定的地方色彩。比如,上高赣语、宜丰赣语选择问句使用"V(O)+啊+V(O)"(你喫啤酒啊喫白酒呢?)的格式来表达;正反问使用"V+啊+不+V"(你走啊不走?)的格式来表达;赣西北大部分方言点的是非问句的疑问信息只能由语气词负载,其句末语气词多用"嘿""啊""吧"。

12.1 是非问句

是非问是"提出一个问题,要求作出肯定或否定回答"的问句。赣西北客赣方言的是非问只有语气词是非问,无语调是非问。但能够出现在是非问中表疑问的语气词较普通话丰富些。邵宜(2010)考察了宜丰话的是非疑问句,与普通话比较,宜丰话有以下两个特点:第一,在疑问信息的载体上,普通话的是非问句既可由语气词负载疑问信息,也可由句调(升调)负载疑问信息,而赣方言是非问句的疑问信息只能由语气词负载。第二,在语气词的运用上,普通话是非问句句末可用语气词"啊""吧""吗",赣方言是非问句末则用"嘿""啊""吧"。陈小荷(2012)也有类似的观点:疑问句的语段成分是疑问形式(包括"疑问代词、反复问、选择问")时,后边可以不带语气词;不是疑问形式时,后边一定带语气词。例如:"你去北京?"这样的问句在北京话里是成立的,在丰城话里则不成立,应带上语气词,说成:"你去北京啊?"等等。陈先生所说的"不是疑问形式"是指是非问。根据疑问度的高低,可以把是非问分为倾向性是非问和非倾向性是非问两类。

12.1.1 倾向性是非问

所谓"倾向性是非问",是指说话人对问题的答案已经有所肯定或否定,询问的目的是求得证实的是非问。根据语气词的不同,赣西北客赣方言的倾向性是非问可分为如下几种格式:"S+呃[æ⁰]?""S+吧[pa⁰]?""S+弄[kʰæ⁰]①?"。这几种格式之间的差异主要在疑问度的高低和情感色彩上。

1. S+呃?

"S+呃?"句式是一般求证非问句,问话人对疑问内容有某种程度的预判,只是主观上尚不能确定,故而发问求证。

宜丰话[②]:

(1) 尔不记得阿呃?(你不记得我了?)

(2) 松伢昨日冇上课呃?(松伢昨天没上课吗?)

(3) 尔伩嗨块通了火车呃?(你们哪儿通了火车了?)

(4) 讨尔伩喫得盈了两只呃?(被你们吃得剩下两只了?)

上高话:

(5) 饭熟过呃?(饭熟了吗?)

(6) 尔冇去来上海呃?(你没有去过上海吗?)

(7) 渠去广东打工去过呃?(他去广东打工了吗?)

(8) 尔伩崽读大学去过呃?(你的儿子去读大学了吗?)

铜鼓客家话:

(9) 你昨晡去哩宜春呃?(你昨天去了宜春吗?)

(10) 老李退哩休呃?(老李退了休吗?)

---

① "呃""吧""弄"的标音是以上高话为准,其他方言点略有差别,主要体现在元音开口度大小及其调值方面。

② 疑问范畴章的宜丰县用例均转引自邵宜《赣方言(宜丰话)疑问范畴研究》,见《汉语方言疑问范畴比较研究》(2010)。

(11) 老张个崽结哩婚呃?(老张的儿子结了婚吗?)

受前面音节韵尾的影响,语气词"呃"与普通话"啊"音变几乎一样,鼻音音尾后面变成"哪",前高元音韵尾后面变成"呀",后高元音韵尾后面变成"哇"。以宜丰话为例:

(12) 渠话了明日归呀?(他说了明天回来吗?)

(13) 你过了许只桥哇?(你过了那座桥哇?)

(14) 你认得简只人哪?(你认得这个人吗?)

(15) 你不晓得渠去了北京哪?(你不知道他去了北京吗?)

2. S+吧?

"S+吧?"句式是估测求证是非问,即该问句在求证的同时,旨在告诉对方说话人目前的答案是自我估测到的。这跟普通话的"吧"字疑问句类似。例如:

宜丰话:

(16) 简是尔伲爷吧?(这是你爸爸吧?)

(17) 简积晏正来,困着了觉吧?(这么晚才来,睡迷糊了吧?)

(18) 尔伲是两姊妹吧?(你们是两姐妹吧?)

(19) 看尔走路个样子,你喫了酒吧?(看你走路的样子,你喝了酒吧?)

袁州话:

(20) 九点多钟哩,你个作业做正哩吧?(九点多了,你的作业做完了吧?)

(21) 你个面色不好,莫是输哩钱吧?(你的脸色不好,别是输了钱吧?)

(22) 简只树吹倒哩,昨日夜里刮哩台风吧?(这棵树吹倒了,昨天晚上刮了台风吧?)

铜鼓客家话:

(23) 你是老张个崽吧?(你是老张的儿子吧?)

(24) 简只老人家有六十岁吧?(这位老人有六十岁吧?)

(25) 外头地上湿哩,昨晡夜头落哩雨吧?(外面地上湿了,昨天晚上下了雨吧?)

该格式疑问语气相比"啊"还要弱些,但还是希望对方作出肯定性的回答,如

果对方作出否定性回答,说话者往往会脱口追问一句,表达自己的意外之感。以袁州话为例:

(26) A:你还正四十岁吧?(你才十岁吧?)
　　 B:不止哦,五十多岁哩。(不止哦,五十多岁了。)
　　 A:你保养得箇好呀,真嗰冇想到!(你保养的这么好呀,真是没想到!)

有时"S+吧?"不是估测求证问,而只是问话人一种主观性意愿,表达了言语交际过程中的一种寒暄、问候功能,当然疑问还是有的,需要对方作出肯定或否定的回答。以上高话为例:

问候性对话:

(27) A:蛮久都冇看到你啧,箇段时间还好吧?(很久没有看见你啦,这段时间还好吧?)
　　 B:还可以啰!(还可以啦!)

寒暄性对话:

(28) A:尔去上班嗟吧?(你准备去上班吧?)
　　 B:嗯,是哦!

3. S+奔[kʰæ⁰]?

宜丰、上高、万载一带还有一个估测求证的语气词"奔",邵宜(2010)指出:"奔"不是一个专职疑问语气词,表示疑问语气是通常出现在否定句式中。以宜丰话为例:

(29) 尔总不会卢阿奔?(你总不会骗我吧?)
(30) 箇次总不得塌八奔?(这次总不会误事吧?)
(31) 箇次尔总怪不得别人奔?(这次你总怨不得别人吧?)
(32) 渠总冇话尔奔?(他总没有说你吧?)

上述例子"S"的谓语动词具有消极义,采用否定的句式则表达了对产生非消极事件可能性高的估测,希望得到对方的证实。该句式是降调,语气更舒缓,疑问度比"吧"稍弱些。

如果"S"是表即将可能发生的非消极事件的肯定句,"奔"也可以黏附于其

325

后,表示对事件发生的估测性求证。以上高话为例:

(33) 尔个病会好嗏㚘?(你的病马上会好了吧?)

(34) 尔伙老李会升官嗏㚘?(你家老李马上会升官了吧?)

(35) 天暗落来过,会落雨嗏㚘?(天空黑下来了,马上会下雨了吧?)

"呃""吧""㚘"这三个是非问疑问语气词的疑问度逐渐递减:呃>吧>㚘。以上高话为例,试比较:

(36) A:尔特渠嗰呃?(你骗他的吗?)

　　 B:尔特渠嗰吧?(你骗他的吧?)

　　 C:尔不会特渠㚘?(你不会骗他吧?)

4. 莫(是)+S?

"莫"是一个表估测的语气副词,相当于普通话的"别是""恐怕""莫非",表示对S所述内容持怀疑或猜测的态度。赣西北客赣方言大部分方言点(如樟树、袁州、新余、新干、铜鼓、高安、奉新等)的"莫"后往往要后附系词"是"。例如:

宜丰话:

(37) 莫渠不来了喔?(别是他不来了?)

(38) 莫是尔话讯到渠听嗰?(别不是你告诉他的?)

(39) 莫今阿不上课了喔?(别是今天不上课了?)

袁州话:

(40) 莫是手机坏哩?(别是手机坏了?)

(41) 莫是渠晓得哩?(别是他知道了?)

"莫+S"之后还可以黏附"吧",协同表达估测求证性是非问语气。以上例句的句末语气词均可换成"吧"。"㚘"也可黏附于其后,但S必须是将来事件。以上高话为例:

(42) 渠伙女肚子许大,莫会生嗏㚘?(他们的女儿肚子那么大,恐怕马上要生了吧?)

(43) 箇堵墙歪得箇厉害,莫会倒嗏㚘?(这扇墙倾斜得这么厉害,恐怕马上会倒掉吧?)

例(42)、(43)表达对未然事件去"渠会生""墙会到"的估测性求证。

12.1.2 非倾向性是非问

所谓"非倾向性是非问",是指说话人对问题的答案基本处于"无知"状态,询问的目的是从对方那里获取答案的是非问。这是典型的是非问句。说话人对客观事实未能掌握足够的信息,主观上无法作出肯定或否定的判断,故而通过提问来获得答案。赣西北客赣方言中非倾向性是非问的句末语气词主要有:"么[mo^0]""嚜[$mæ^0$]""啵[po^0]""吵[sa^0]""咪[mi^0]"。语气词"么""嚜""啵""吵""咪"相当于普通话的"吗"。赣西北各方言点具体使用情况见表 12-1。

表 12-1 赣西北非倾向性是非问的句末语气词

	丰城	樟树	新干	新余	分宜	袁州	萍乡	上栗	万载	宜丰	上高
句末语气词	么	么	么	么	么	么	么	啵	嚜	嚜	嚜、咪
	高安	奉新	靖安	武宁	修水	铜鼓	奉新客	靖安客	万载客	修水客	铜鼓客
句末语气词	嚜	嚜	么	么	吵	啵	么	么	么	么	么

上表表明:沿三二〇国道线的方言点一般用"嚜";沿浙赣线的方言点一般用"么";客家方言点一律用"么";上栗、修水方言点用"吵";铜鼓方言点用"啵";上高方言点靠近高安、宜丰的乡镇用"嚜",其他乡镇则用"咪"。例如:

宜丰话:

(44)尔昨日上了课嚜?(你昨天上了课吗?)

(45)尔伢爷晓得你归来了嚜?(你爸爸知道你回来了吗?)

(46)天气预报话明日会落雨嚜?(天气预报说明天会下雨吗?)

(47)渠是开得车仔来嘅嚜?(他是开着车来的吗?)

上高话:

(48)尔去暎牛咪/噻?(你去放牛吗?)

(49)尔读过大学咪/噻?(你读过大学吗?)

袁州话:

(50)饭蒸熟哩么?(饭蒸熟了吗?)

(51)你敢上桌么?(你敢上桌吗?)

丰城话:

(52)你买哩电脑么?(你买了电脑吗?)

(53)渠去哩上海么?(他去了上海吗?)

铜鼓客家话:

(54)上個月工资发哩么?(上个月的工资发了吗?)

(55)渠个病好哩么?(他的病好了吗?)

"S+么/噻/啵/唢/咪/?"中的"S"一般是肯定句,说话者没有对答案的肯定或否定情况怀有一定的企望心理。但是,如果"S"以否定的形式出现,那就带有企望性了,说话者希望出现的答案是否定性的。以上高话为例:

(56)尔路上冇碰到麻烦噻/咪?(你路上没有碰到麻烦吗?)

(57)尔昨日冇来落东西来噻/咪?(你昨天没有落下东西吗?)

S的谓语所述事件往往是消极的,这也是说话者不希望出现的,因此采用了否定格式来表达,希望对方也否定该消极事件的产生。例(57)的"来落_{落下}东西"是说话者不希望出现的情况,因此采用"冇+VP"格式发问,希望对方的回答是"冇+VP"。如果对方回答是肯定的,那说话者肯定会追问"你怎仔搞过?"等,表达出失望或者责备。

12.1.3 两种是非问的比较

赣西北客赣方言是非问虽无语调是非问,但由疑问语气词构成的是非问种类多样,色彩鲜明。倾向性是非问的"S+呢?""S+弄?"在普通话中还找不到相应的对应格式。为凸显各类问句的联系和区别,先把它们总括为表12-2。

表 12-2 倾向性是非问与非倾向性是非问比较

		语用色彩	语调	应答方式	与普通话对应格式
倾向性是非问	S+呃?	一般求证,疑问度较高	平调	一般为肯定式	——
	S+吧?	估测求证,疑问度一般	缓降调	一般为肯定式	S+吧?
	S+弄?	估测求证,疑问度较低	急降调	一般为肯定式	——
非倾向性是非问	S$_{肯定}$+么/嚜/啵/吵/咪/	疑问度很高	升调	肯定式或否定式	S$_{肯定}$+吗?
	S$_{否定}$+么/嚜/啵/吵/咪/	疑问度很高	升调	一般为否定式	S$_{否定}$+吗?

12.2 特指问

特指疑问句一般是指由疑问代词表示疑问焦点,并要求针对该疑问代词作出回答的疑问句。但也有不用疑问代词,而用句末的疑问语气词"呢"的特指问。根据使用疑问代词与否,赣西北客赣方言特指问可分为有疑问代词(包括疑问结构)的特指问和无疑问代词的特指问(即特指问的简略格式)两种。赣西北客赣方言常用的疑问代词有:"谁""嗨个""啥人""什""什伩""嗨块""哪里""什辰间""什伩时候""几久""几多""几""卤""怎仔"等。各方言点疑问代词有相同的,如问时间的疑问代词"几",也有不相同的,如问人、问事物、问方式等疑问代词。从语用功能来看,特指问可就人、物、处所、时间、数量、方式、原因、情况等多种情况进行提问。本节赣方言选择上高话、袁州话、丰城话作为代表点,客家话选择铜鼓作为代表点分析疑问代词的语法功能和意义①,下面分类说明。

12.2.1 特指问的一般格式

12.2.1.1 问人

赣西北客赣方言对人的提问由疑问代词"谁""嗨個""什伩人""哪個""哪仔"

---

① 袁州话的疑问代词参照孙多娇(2007)、丰城话的疑问代词参照陈小荷(2012)。

"哪人""谁家""啥么人"等承担。沿三二〇国道线的方言点一般使用"谁""嗨個"等,沿浙赣线的方言点一般使用"哪仔""哪個""啥么人"等;客家方言点一般用"哪人"。赣西北各方言点询问人的疑问代词具体见表12-3。

表12-3　询问人的疑问代词

	丰城	樟树	新干	新余	分宜	袁州	萍乡	上栗	万载	宜丰	上高
代词	嗨個 什仂人 嗨些人	哪個 什仂人	哪個 哪人	哪仔 哪個	哪只 哪個	哪個 哪個人 哪仔人 啥么人	哪仔	哪仔 哪个仔	啥人 哪人	谁 什仂人 嗨仔人	谁 嗨個 什人 什仂人 嗨仔人
	高安	奉新	靖安	武宁	修水	铜鼓	奉新客	靖安客	万载客	修水客	铜鼓客
代词	嗨個 谁家	嗨個 谁家	谁仂 谁家	什人 么人 哪個 谁人	么人 哪個 谁	谁 哪個	哪人	哪人	哪啥	哪人	哪人 哪薨人

上高话的"谁[fi↗]"①与"嗨個"相当,是最常用的询问人的疑问代词,"什人""什仂人"相当,可以互换,用于句中常有责备、埋怨等色彩,"嗨几人"相当于普通话的"哪些人",是复数的疑问代词。这些疑问代词都可以做主语、宾语、定语。例如:

(58) 渠是谁个女呃?(她是谁的女儿呀?)(做定语)

(59) 嗨個是尔仂老师?(哪个是你们的老师?)(做定语)

(60) 箇袋屑仂是什人丢个呃?(这袋垃圾是谁丢的呀?)(做宾语)

(61) 什仂人偷过我仂个菜呃?(什么人偷了我们的菜?)(做主语)

(62) 班上还有嗨仔人冇交钱呃?(班上还有哪些人没有交钱哪?)(做主语)

袁州话中用于问人的疑问代词是"哪個""哪個人",相当于普通话的"哪位""谁",属于单数的疑问代词。"哪個"是"哪個人"的省略形式,其用法和意义基本相同。"啥么人"在袁州话里也是用于问人的疑问代词,相当于普通话的"什么

---

① 赣西北的宜丰、万载和上高这三个方言点中有"高升调",该调是有别于阴平、阳平、上声、去声和入声的一个特殊的调类,为了便于标记,统一记为"↗"调。

人"。"哪仔人"相当于普通话里的"哪些人",是复数的疑问代词。两者都可以充当主语、宾语和定语。例如:

(63) 哪個(人)来哩?（谁来了?）（做主语）

(64) 我记性不好,你是哪個啊?（我记性不好,你是哪位?）（做宾语）

(65) 哪個(人)个书跌到地上?（谁的书掉在地上?）（做定语）

(66) 啥么人箇大个胆,敢偷我个东西?（什么人这么大的胆子,敢偷我的东西?）（做主语）

(67) 哪仔人愿意去支边?（哪些人愿意去支边?）（做主语）

(68) 哪仔人个笔记还冇交?（哪些人的笔记还没交?）（做定语）

丰城话中用于问人的疑问代词是"嗨個""什仿人""嗨些人"。"嗨個""什仿人"都表示单数,相当于普通话的"谁""什么人","嗨個"感情色彩中性,"什仿人"往往带有责备的意思。"嗨些人"是复数,相当于普通话的"哪些人",这几个疑问代词都可作主语、宾语、定语。例如:

(69) 嗨個话个?（谁说的?）（做主语）

(70) 嗨個老师上语文课呃?（哪个老师上语文课呀?）（做定语）

(71) 什仿人打哩我个崽?（什么人打了我的儿子?）（做主语）

(72) 上课话事个是嗨些人?（上课说话的是哪些人?）（做宾语）

例(71)的"什仿人"有责备人的语用色彩。

铜鼓客家话中用于问人的疑问代词是"哪個",相当于普通话的"谁";"哪兜人"是复数,相当于普通话的"哪些人",这几个疑问代词都可作主语、宾语、定语。例如:

(73) 哪個还在教室里话事?（谁还在教室里说话?）（做主语）

(74) 哪個领导来检查工作呃?（哪个领导来检查工作呀?）（做定语）

(75) 冇做正作业个是哪兜人?（没完成作业的是哪些人?）（做宾语）

12.2.1.2　问事物

赣西北赣方言对事物、事情的提问由疑问代词"什""什仿""嗨個""啥么"等承担;客家方言对事物、事情的提问由疑问代词"嘛格"承担。赣西北各方言点询问事物的代词具体见表12-4。

表 12-4 询问事物的疑问代词

	丰城	樟树	新干	新余	分宜	袁州	萍乡	上栗	万载	宜丰	上高
代词	什仍嗨個	什仍	什仍	啥嘛	啥嘛啥仍	啥嘛啥几哪個	咋個咋仍	啥仍	啥唧	什仍嗨個	什什仍嗨個

	高安	奉新	靖安	武宁	修水	铜鼓	奉新客	靖安客	万载客	修水客	铜鼓客
代词	什仍	什仍	什仍	什仍	么仍	什仍	嘛格	嘛格	嘛格	嘛格	嘛格

上高话用来询问事情、事物的疑问代词是"什"和"什仍",相当于普通话的"什么",一般加在名词或名词性词组前面,构成偏正结构,可以做定语、宾语。例如:

(76) 尔昨日买过什仍?(你昨天买了什么?)(做宾语)

(77) 尔找我有什(仍)事呃?(你找我有什么事呀?)(做定语)

(78) 什仍电影箇好看呃?(什么电影这么好看呀?)(做定语)

(79) 什仍东西丢泼过?(什么东西丢掉了?)(做定语)

"什"与"什仍"在与名词或名词性词组组合时有一定的差异,"什"和"什仍"都可以与单音节名词组合,如"什事""什仍事",但"什仍"还多与双音节组合,如"什仍东西","什"很少与双音节组合。

"什(仍)"如出现在句首位置,既表示特指问又表示反问,例如:

(80) 什(仍)罪冇受过咧?(什么罪没有受过啊?)

"什(仍)"如果重读,表示任指意义,句子则表示反问的语气,而不是特指问。"什(仍)"非重读,则表示特指问。

"嗨"相当于普通话的"哪",可以单用,但更多是与量词组合指代事物发出询问。在功能分布上,可作主语、宾语、定语。例如:

(81) 嗨件是尔个衣裳呃?(哪件是你的衣服哇?)(做主语)

(82) 尔跌泼过嗨只笔呃?(你丢掉了哪只笔呀?)(做定语)

(83) 尔个车仔是嗨张呃?(你的车子是哪辆哪?)(做宾语)

袁州话询问事情、事物的疑问代词有"哪""啥么""啥几"。"哪"在句中可以

充当主语。例如:

(84) 哪是你个书包?(哪个是你的书包?)

但更常见的是"哪"加上量词来指代事物发起疑问。在句中这种结构可以充当主语、宾语、定语。例如:

(85) 哪张是你个床?(哪张是你的床?)(做主语)

(86) 你伙个屋是哪栋呃?(你们的房子是哪栋呀?)(做宾语)

(87) 哪本书是你个呃?(哪本书是你的?)(做定语)

"啥么"和"啥几"在袁州话里是一对等义词,用法和意义完全相同。一般用于问物,相当于普通话的"什么"。在句中可以充当主语、宾语和定语。例如:

(88) 啥么都涨价!(什么[东西]都涨价!)(做主语)

(89) 你在看啥么?(你在看什么?)(做宾语)

(90) 你在看啥么书?(你在看什么书?)(做定语)

"啥么"也可以表示对事物的任指和不定指,并不一定有疑问。例如:

(91) 你晓得啥么就话啥么。(你知道什么就说什么。)(不定指)

(92) 啥么都无所谓。(什么都无所谓。)(任指)

丰城话询问事情、事物的疑问代词是"嗨+量词""什伙",在句中可以充当主语、宾语和定语。例如:

(93) 什伙跌落哩?(什么丢掉了?)(做主语)

(94) 你话什伙哦?(你说什么啊?)(做宾语)

(95) 箇是什伙东西哦?(这是什么东西?)(做定语)

(96) 嗨只是你个包?(哪个是你的包?)(做主语)

(97) 嗨只狗是你屋里个?(哪只狗是你家的?)(做定语)

(98) 西瓜破两边,你要嗨边?(西瓜切成两半,你要哪一半?)(做宾语)

"什伙"还可以表示对事物的任指和不定指,其用法与袁州话的"啥么"相同,不再赘述。

铜鼓客、万载客、奉新客、靖安客、修水客等方言点的客家话用来询问事情、事物的疑问代词是"嘛格",相当于普通话的"什么"或"哪个",可以做定语、宾语。以铜鼓客家话为例：

(99) 嘛格是你个书？（哪本是你的书？）（做主语）

(100) 你在做嘛格作业？（你在做什么作业？）（做定语）

(101) 你想吃嘛格？偓给你买。（你想吃什么？我给你买。）（做宾语）

12.2.1.3 问处所

赣西北的赣方言问处所所用的疑问代词主要有"嗨块""哪里""啥么地方""何里"等，客家方言一般用"哪子"。赣西北各方言点询问处所的代词具体见表12-5。

表12-5 询问处所的疑问代词

	丰城	樟树	新干	新余	分宜	袁州	萍乡	上栗	万载	宜丰	上高
代词	何里 何块仔	哪里	哪里 哪块嘚 哪底 哪场所 什哩场所	哪里	哪里	哪里 哪块仔 啥么地方	哪里	哪里	哪嘚	嗨嘚 嗨块	嗨块 嗨边

	高安	奉新	靖安	武宁	修水	铜鼓	奉新客	靖安客	万载客	修水客	铜鼓客
代词	嗨嘚	何里	何里	哪墠 哪团底 什仂地方	哪里 哪个地方	哪里	哪子	哪坨子	哪子	哪子	哪子

上高话中询问处所的疑问代词是"嗨块"，相当于普通话的"哪里""哪儿"。"嗨块"在句中可充当主语、宾语和定语。例如：

(102) 嗨块有便宜个屋卖呃？（哪里有便宜的房子买呀？）（做主语）

(103) 嗨块产个百合粉更好呃？（哪里出产的百合粉更好哇？）（做主语）

(104) 我个包尔放到嗨块呃？（我的包你放在哪儿了？）（做宾语）

(105) 尔是嗨块个人呃？（你是哪里的人哪？）（做定语）

"嗨块"位于句首还可以表示任指义，表达反问的语气。特指问与反问可以通过重读加以区别，重读"嗨块"表示反问。例如：

(106) 嗨块都莫想去？（哪里都别想去？）

位于句首的"嗨块"在反问的语境下，其处所义逐渐弱化，虚化为表反问的语气副词，与"难道"相当。例如：

(107) 嗨块读过书呃？一句都有读。（难道读了书吗？一句都没有读。）

(108) 嗨块话过渠啰？我根本有话渠。（难道说了他吗？我根本没有说他。）

袁州话中用来询问处所的疑问代词有"哪里""哪块仔""啥么地方"，在句中可以充当主语、宾语、定语。例如：

(109) 哪里在打爆竹？（哪里在放鞭炮？）（做主语）

(110) 巴西在哪里呃？（巴西在哪里呀？）（做宾语）

(111) 你是哪块仔个人呃？（你是哪里人哪？）（做定语）

(112) 你昨日在哪块仔呃？（你昨天在哪儿呀？）（做宾语）

(113) 你住在啥么地方？（你住在什么地方？）（做宾语）

(114) 啥么地方好耍？（哪些地方好玩呀？）（做主语）

"哪里"与"哪块仔"在使用上有细微的不同："哪里"所询问的处所区域较大，而"哪块仔"则更加具体。"哪块仔"与"啥么地方"用法基本相同。例如：

(115) A：你在哪里读大学？

　　　B：上海。

　　　A：上海哪块仔/啥么地方？

　　　B：杨浦区。

"哪里"还可以用来表示反问，意在否定，这与普通话的用法相同。例如：

(116) 哪里有你箇样个人？（哪里有你这样的人？）

(117) 箇么多人，哪里坐得下？（这么多人，哪里坐得下呀？）

(118) A：你仂息考得蛮好哟，第一名吧？（你的儿子考得很好呀，第一名吧？）

　　　B：哪里，正第六名。（哪里，才第六名。）

"哪里""哪块仔"都有任指、不定指的用法，并不表达疑问。例如：

(119) 我哪块仔都不去。（我哪里都不去。）（任指）

(120) 哪里需要我,我就去哪里。(不定指)

丰城话的问处所的疑问代词是"何里""何块仔",在句中可以充当主语、宾语、定语。例如:

(121) 你屋里在何块仔?(你家在哪?)(做宾语)

(122) 你是丰城何里个人?(你是丰城哪里[镇、街道等]的人?)(做定语)

(123) 何里买到哩箇好个橘仔?(哪里买到了这么好的橘子?)(做主语)

(124) 何块仔有箇本书卖哦?(哪里有这本书卖啊?)(做主语)

(125) 你是秀市何块仔个人哦?(你是秀市镇哪个地方[村]的人?)(做定语)

(126) 你上昼去何里哩?(你上午去哪里了?)(做宾语)

"何里""何块仔"也有任指、不定指用法,与袁州话的"哪里"相同,此处不赘述。

赣西北客家话问处所的疑问代词是"哪子",在句中可以充当主语、宾语、定语。以铜鼓客家话为例:

(127) 你阿姐嫁到哪子去哩?(你姐姐嫁到哪里去了?)(做宾语)

(128) 哪子个西瓜更好吃?(哪里的西瓜更好吃?)(做定语)

(129) 哪子有好水?(哪里有好水?)(做主语)

12.2.1.4 问时间

赣西北的客赣方言问时间所用的疑问代词比较丰富,主要有两类:一类是"几+时量词";另一类是"哪+时量词"。赣西北各方言点询问时间的疑问代词具体见表 12-6。

表 12-6 询问时间的疑问代词

	丰城	樟树	新干	新余	分宜	袁州	萍乡	上栗
代词	几间仔 什仂时候 几久仔 几点	哪阵仔 什么时候	几时 几时间 几点	几久 几时 几时间 几点钟	啥嘛时候 哪刻仔 几久仔 几点钟	哪刻仔 啥嘛时候 几时 几久仔 几点	咋个时候仔 哪时候 几点钟	哪时仔 哪薄仔 几点钟

续 表

	万载	宜丰	上高	高安	奉新	靖安	武宁	修水
代词	烂嗯 哪时候 几点钟	嗨时候 几点钟	什辰间 几辰间 嗨辰间 几久仔 几点钟	什仍时候 几点钟	什仍时候 几阵嗯 哪阵嗯 几点钟	什仍时候 几点钟	哪昼 什时间 哪阒间 几点	哪個时候 几时 几点

	铜鼓	奉新客	靖安客	万载客	修水客	铜鼓客
代词	什仍时候 哪阵嗯 几点	嘛格时候 哪子 几点钟	哪阵子 几点	啥嘛时间 几点 哪子	哪個时候 哪子 几点	嘛格时候 哪阵子 几点

上高话问时间用的疑问代词主要是"什辰间""几辰间""嗨辰间""嗨+时量词""几久仔""几+时量词（如'点、号、年'等）"。"什辰间""几辰间""嗨辰间""嗨+时量词"可以问时点，"什辰间""几辰间""嗨辰间"这三个意义基本相同，所问的时间点比较宽泛，可以过去、现在、将来，也可以是时、日、月、年的时点，但这一具体时点依语境而定。"嗨+时量词"询问的时间则是具体的时点。"几久仔""几+时量词"可以问时段。"几久仔"所问的时间段比较模糊，"几+时间量词"所问的时间段比较具体。例如：

（130）箇是什辰间个报纸？（这是什么时候的报纸？）

（131）尔几辰间去北京嗟呃？（你打算什么时候去北京哪？）

（132）尔嗨辰间来啯上海？（你什么时候来的上海？）

（133）你嗨日/月/年考大学呃？（你哪日/月/年考大学呀？）

（134）你在乡下住过几久仔呃？（你在乡下住了多久呀？）

（135）你在上海住过几日/月/年呃？（你在上海住了几日/月/年哪？）

例（131）至（133）是询问时点，例（134）、（135）是询问时段。

袁州话问时间的疑问词有"哪刻仔""啥么时候""几时（仔）""几久仔""几+时量词"。"哪刻仔""啥么时候""几时（仔）"用法基本相同，一般用来询问时点。"几久仔""几+时量词"一般用来询问时段，"几久"询问的时段较模糊，"几+时量词"询问的时段较具体。这些代词在句中可以充当主语、宾语、定语、状语。例如：

(136) 哪刻仔开会？（什么时候开会？）（做主语）

(137) 你出门是哪刻仔？（你出门是什么时候？）（做宾语）

(138) 你是哪刻仔来嘀？（你是什么时候来的？）（做状语）

(139) 箇是哪刻仔个事啊？（这是什么时候的事啊？）（做定语）

(140) 你啥么时候买哩屋？（你什么时候买了房子？）（做状语）

(141) 渠几时讨哩老婆呃？（他什么时候娶了老婆呀？）（做状语）

(142) 还有几久仔过年呃？（还有多久过年哪？）（做状语）

(143) 渠出去打哩几年工呃？（他出去打了几年工哪？）（做定语）

询问时段的疑问代词"哪刻仔""啥么时候"有任指、不定指用法，当位于句首时，还可以用来表示反问的语气。例如：

(144) 渠哪刻仔/啥么时候都是好喫懒做。（他什么时候都是好吃懒做。）（任指）

(145) 你伢爷哪刻仔/啥么时候归来，我伢就哪刻仔/啥么时候架式喫饭。（你爸爸什么时候回来，我们就什么时候开始喫饭。）（不定指）

(146) 你哪刻仔/啥么时候会听人家劝？（你什么时候会听别人劝？）（反问）

(147) 哪刻仔/啥么时候我不是认真工作？（什么时候我不是认真工作？）（反问）

丰城话中的问时间的疑问代词"什伢时间""几间仔"用来询问时点，"几久仔""几＋时量词"用来询问时段。这些代词在句中可以充当状语、定语、宾语等。例如：

(148) 你几间仔会来？（你什么时候会来？）（做状语）

(149) 箇是几间仔个事？（这是什么时候的事？）（做定语）

(150) 嘎到伢什伢时间？（现在到了什么时间？）（做宾语）

(151) 你要去几个月啰？（你要去几个月呢？）（做宾语）

(152) 今呀是几月几日？星期几？（今天是几月几日？星期几？）（做宾语）

(153) 渠几久仔回来一趟哦？（他多久回来一趟呢？）（做状语）

例(148)、(149)、(150)是询问时点，例(151)、(152)、(153)是询问时段。

赣西北客家方言问时间的疑问代词"嘛格时候""哪子"用来询问时点，"哪阵子""几＋时量词"用来询问时段。这些代词在句中可以充当状语、定语、宾语等。

以铜鼓客家话为例：

(154) 你舅爷嘛格时候会来？（你舅舅什么时候会来？）（做状语）

(155) 老张离婚是哪阵子个事？（老张离婚是什么时候的事？）（做定语）

(156) 箇条铁路修哩几年啰？（这条铁路修了几年呢？）（做宾语）

12.2.1.5 问数量

赣西北客赣方言各方言点问数量一般由疑问代词"几"和"几多（仔）"承担。"几"可单用，但更多的是与量词组合后修饰后面的名词，在句中可以充当主语、宾语、谓语。以上高话为例：

(157) 昨日礼拜几？（昨日星期几？）（做谓语）

(158) 几个人冇来？（几个人没来？）（做主语）

(159) 尔今年作过几亩田？（你今年种了几亩田？）（做宾语）

(160) 尔伲学堂有几多仔老师？（你们学校有多少老师？）（做定语）

"几"和"几多（仔）"在用法上的差异跟普通话"几"和"多少"的差异大体相当，具体有如下几方面：

① "几"一般用来问 1～10 之间的数字；"几多（仔）"一般问答案明显在 10 以上的数字。例如：

(161) 尔屋下有几只电脑？（你家里有几台电脑？）

(162) 尔学堂有几多仔电脑？（你学校有多少台电脑？）

(163) 箇支笔几块钱买嗰？（这支笔几元钱买的？）

(164) 箇只电脑几多仔钱买嗰？（这台电脑多少钱买的？）

② "几"与名词连用，一般要插入适当的量词；"几多（仔）"与名词连用时，一般不插入量词，但如果后缀"仔"脱落，那就要插入适当的量词。例如：

(165) 办公室有几张桌仔？（办公室有几张桌子？）

(166) 教室里有几多仔桌仔？（教室里有多少张桌子？）

(167) 尔今年看过几多本小说？（你今年读过多少本小说？）

③ "几"可以用在"个""十""百""千""万""十万""百万""千万""亿"等位数词前；"几多仔"只能用在"万""亿"两个位数词之前。例如：

(168) 许块有几个/十个/百个/千个/万个/人？（那里有几个/十个/百个/

千个/万个/人?)

(169) 李总一年挣几多仟万/亿?(李总一年挣多少万/亿?)

12.2.1.6 问程度

赣西北客赣方言各方言点对程度的提问是由疑问副词"几"承担的。"几"相当于普通话的"多",常用于单音节形容词前。以上高话为例:

(170) 尔有几重仔呃?(你有多重呀?)

(171) 箇只井有几深仔呃?(这口井有多深呀?)

(172) 尔个崽长得几高仔来过哇?(你儿子长得多高了?)

(173) 许张车开得有几快仔呃?(那辆车开得多快啊?)

例(170)至(173)的"几"位于形容词前询问程度,该句式的形容词后面一般需附上后缀"仔"。

12.2.1.7 问方式、性状、情况

赣西北赣方言询问方式用的疑问代词主要是"凶""咋么""咋仔""嗨仔""怎仔""怎个""怎哪""哪样""哟力仔"等;客家方言一般用"样么""样么個"具体见表12-7。

表12-7 询问方式、性状的疑问代词

	丰城	樟树	新干	新余	分宜	袁州	萍乡	上栗
代词	嗨仔 怎仔 怎仔样	怎個 哪种 哪样個	怎個 哪种	怎样	哪样 哪個	咋么样 咋么 咋仔	哟力仔 哟弟 哟弟仔	烂子
	万载	宜丰	上高	高安	奉新	靖安	武宁	修水
代词	怎样 怎哪	凶個 何样	凶仔 怎嘛	怎個	怎仍 哪样子	怎样	哪样 郎办	哪事样 哪事
	铜鼓	奉新客	靖安客	万载客	修水客	铜鼓客		
代词	哪式样	样么	样么	样么子	样么 哪样	样么個 样么		

上高话用"凶(仔)"询问方式,用在谓语动词前面,有时谓语动词也可以省略。例如:

(174) 箇只事我真个不晓得函办?（这件事我简直不知道怎么办?）

(175) 箇只字函仔写呃?（这个字怎么写呀?）

(176) 我函做尔正会满意呢?（我怎么做你才会满意呢?）

(177) 尔函教都冇用,尔话函啰?（你怎么教都没有用,你说怎么办呀?）

"函(仔)"还可以询问情况,相当于"怎样"。例如:

(178) 考试准备得函/函仔嗝?（考试准备得怎样?）（补语）

(179) 尔许边到底是函/函仔个情况?（你那边到底是怎样的情况?）（定语）

(180) 我走嗟,尔函啰?（我马上走,你怎么样?）（谓语）

"函(仔)"还可以用来表示反问语气,一般对已经发生的事情表达一种情绪。例如:

(181) 尔函跑得渠赢呢?渠比尔大几岁。（你怎么跑得他赢呢?他比你大几岁。）

(182) 渠函会不得醉呢?喫过斤数斤酒呀!（他怎么会不醉呢?喝了将近一斤酒呀!）

"函(仔)"还可以用于虚指、任指、程度。例如:

(183) 我晓得箇只菜函舞。（我知道这道菜怎么炒。）（虚指）

(184) 尔函下身成绩都冇渠样。（你怎么用功成绩都没有他好。）（任指）

(185) 今阿不函仔冷。（今天不怎么冷。）（程度,相当于"很"）

袁州话中用"咋么""咋仔"询问方式,用于谓语动词前作状语。例如:

(186) 箇只作业咋么做?（这道题怎么做?）

(187) 你是咋仔来嗝?（你是怎么来的?）

袁州话询问情况的疑问代词是"咋仔""咋么样",相当于"怎么样"。例如:

(188) 你咋仔/咋么样?去么?（你怎么样?去不去?）（谓语）

(189) 你要咋仔/咋么(样)呀?（你要怎么样哪?）（谓语）

(190) 作业做得咋仔/咋么(样)去哩?（你作业做得怎么样了?）（补语）

"咋仔"加上疑问语气词可以单独成句,用来询问原因或情况,相当于"为什么呢?"或"怎么样呢?","咋么(样)"只能询问情况。例如:

(191) A：你伲耍吧,我有发仔事来不哩。(你们玩吧,我有点事来不了。)
　　　B：咋仔哟?(为什么?)
(192) A：我昨日打哩一工个麻将。(我昨天打了一天的麻将。)
　　　B：咋仔?(怎么样?)

"咋仔""咋么样"用于虚指和任指。例如:

(193) 鱼仔咋仔/咋么样剖,咋仔/咋么样煎,咋仔/咋么样翻锅都有讲究。
　　　(鱼怎么杀,怎么煎,怎么翻锅都有讲究。)
(194) 你咋仔/咋么样舞(菜),我就咋仔/咋么样喫。(你怎么做[菜],我就怎么吃。)

丰城话中用"嗨仔""怎仔(样)"询问方式,用于谓词前作状语、谓语。例如:

(195) 你想嗨仔哟?(你想怎么样?)(做谓语)
(196) 你做事怎仔箇慢啊?(你做事怎么这么慢啊?)(做状语)
(197) 渠做人怎仔样啊?(他做人怎么样啊?)(做谓语)
(198) 箇只事怎仔话啰?(怎么说呢?)(做状语)
(199) 你话怎仔/嗨仔就怎仔/嗨仔。(你说怎样就怎样。)(做谓语)
(200) 你怎仔话怎仔好。(你怎么说就怎么好。)(做状语)

例(195)至(198)是询问方式,例(199)、(200)的"怎仔""嗨仔"并不是询问方式,而是不定指。

丰城话的询问情况的疑问代词是"怎仔样",一般在句中作谓语。例如:

(201) 你许边怎仔样?(你那边怎么样?)
(202) 你昨日打麻将打得怎仔样?(你昨天打麻将打得怎么样?)
(203) 你怎仔样?还好吧?(你怎么样?还好吧?)

铜鼓客家话中用"样么""样么个"询问方式、情况,用于谓词前作状语、谓语。例如:

(204) 老张箇只人样么箇坏呃?(老张这个人怎么这么坏啊?)(做状语)
(205) 箇只字样么写呃?(这个字怎么写呢?)(做状语)
(206) 渠到底想样么个呃?(他到底想怎么样?)(做谓语)
(207) 明明个学习成绩样么个呃?(明明的学习成绩怎么样啊?)(做谓语)

12.2.1.8 问原因

赣西北赣方言问原因的疑问代词一般是"为什仂""做什仂""做啥仔""为啥仔"等,客家方言一般是"做嘛格""为嘛格"等。赣西北各方言点询问原因的疑问代词具体见表12-8。

表12-8 询问原因的疑问代词

	丰城	樟树	新干	新余	分宜	袁州	萍乡	上栗
代词	为什仂 做什仂 怎仔	为什仂	做什仂 为什仂 怎個	为啥嘛	舞啥仂 做啥嘛	咋仔 咋么 为啥仔 做啥仔	哟仂 为咋仂	舞啥仂 烂子
	万载	宜丰	上高	高安	奉新	靖安	武宁	修水
代词	做啥嘚 为啥嘚	为什仂 做什仂	凼 为什仂 做什仂	做什仂 为什仂	为什仂	怎样 做什仂	做什仂	哪事
	铜鼓	奉新客	靖安客	万载客	修水客	铜鼓客		
代词	做什仂 哪式	为嘛格	做嘛格	为嘛格 样么子	做嘛格	为嘛格 做嘛格		

上高话中用于询问原因的疑问代词是"凼"和"做什(仂)",用于谓语动词前作状语,两者可以互换。例如:

(208)尔做什仂不做作业呃?(你为什么不做作业呀?)

(209)渠仂爷做什发箇大个气呃?(他爸爸为什么发这么大的火呀?)

(210)尔凼箇么晏正归来呃?(你为什么这么晚才回来呀?)

(211)尔凼正来开门呃?(你为什么才来开门哪?)

袁州话中用于询问原因的疑问代词是"咋仔""咋么""为啥仔""为啥么",相当于普通话的"为什么",常在句中修饰谓语充当状语。例如:

(212)老师为啥仔批评你?(老师为什么批评你?)

(213)你为啥么迟到?(你为什么迟到?)

(214)你咋仔不接我个电话?(你为什么不接我电话?)

(215) 今阿个菜咋仔箇好喫？（今天的菜为什么这么好吃？）

(216) 你个面咋么箇样黑？（你的脸为什么这么黑？）

丰城话用疑问代词"为什仍""做什仍""怎仔"来询问原因。例如：

(217) 你为什仍不理我？（你为什么不理我？）

(218) 渠做什仍哭哦？（他为什么哭呢？）

(219) 为什仍不去？（为什么不去？）

(220) 渠怎仔还冇来哦？（他怎么还没来呢？）

(221) 你怎仔感冒哩？（你怎么感冒的？）

例(217)至(221)中的疑问代词位于谓语前做状语，询问原因。

铜鼓客家话中用于询问原因的疑问代词是"为嘛格""做嘛格"，相当于普通话的"为什么"，常在句中修饰谓语充当状语。例如：

(222) 渠为嘛格骂你？（他为什么骂你？）

(223) 你做嘛格打人？（你为什么打人？）

(224) 你做嘛格迟到？（你为什么迟到？）

(225) 箇碗面为嘛格箇样咸？（这碗面为什么这么咸？）

12.2.2 特指问的简略格式

简略格式不出现疑问代词，但特指意味较浓，询问的焦点还是"谁""哪里""什么""怎样"等，依具体的语境而定。赣西北二十二个方言点均有这样的用法。本小节以上高话为例。

1. NP＋呢？

"NP＋呢？"主要用于询问处所。例如：

(226) 我个手机呢？（我的手机在哪儿？）

(227) 尔个电动车呢？莫畀贼牯偷走过哦？（你的电动车在哪里去了？别不是被小偷偷掉了？）

但是，"NP＋呢？"并不限于询问处所，当这种格式独立成句且居于后续句的位置时，还可以询问时间、情况等。例如：

(228) 上昼第一节课是八点开始上，下昼第一节课呢？（上午第一节课是八点钟开始上，下午第一节课呢？）（问时点）

(229) 我伲放七日假,尔伲呢?(我们放七天假,你们呢?)(问时段)

(230) 我伲坐动车来个,尔伲呢?(我们坐动车来的,你们呢?)(问情况)

(231) 老款个大衣要两千块钱,新款个呢?(老款的大衣要两千元,新款的呢?)(问价格情况)

2. VP+呢?

"VP+呢?"主要用于询问情况,一般用于询问假设条件下所产生的结果性情况。例如:

(232) 尔买箇多股票,要是亏过呢?(你买这么多股票,要是亏了呢?)

(233) 尔话箇里栽禾不好,种西瓜呢?(你说这里种水稻不好,种西瓜呢?)

(234) 尔话开车去中山路不方便,走路去呢?

由于"NP/VP+呢?"省略了疑问代词,但还有隐性疑问焦点,对这类问题的回答不能像一般的是非问那样简单肯定或否定,而是要针对疑问焦点作出相应的回答。如"老款个大衣要两千元,新款个呢?"的回答必须是价格多少;"走路去呢?"的回答必须是走路去的情况会如何。

12.3 选择问句

选择问是指由发话人提出并列的两项或多项,让对方从中进行选择的疑问句。赣西北客赣方言有些方言点的选择问句的两个选择项之间用"啊",其作用相当于"还是"。由于受到普通话的影响,年轻人多使用"还是"构成"VP₁+还是+VP₂+呢?",该句式与普通话一致,本节不展开探讨。

根据并列项组合情况的不同,可把选择问句格式分为三种类型。本节以上高话为例。

1. VP_1+啊+VP_2+呃?

两个或多个选择项的结构是相同的,谓语动词也相同,但宾语不同。例如:

(235) 尔喫啤酒啊喫白酒呃?(你喝啤酒还是喝白酒呢?)

(236) 尔坐飞机啊坐火车呃?(你坐飞机还是坐火车呢?)

(237) 我信尔啊信渠呃?(我相信你还是相信他呢?)

(238) 尔斫精肉啊斫肥肉呃?(你买精肉还是买肥肉呢?)

由于谓语动词相同,后项的谓语动词可以承前省略。例如:

(239)尔喫啤酒啊白酒呃?

(240)尔斫精肉啊肥肉呃?

(241)尔喫滚个啊冷个呃?(你喝热[开水]还是冷[开水]呢?)

如果选项的谓语动词不同,则不能省略。例如:

(242)尔开车去啊坐班车去呃?(你开车去还是坐班车去呢?)

(243)尔下昼写作文啊看书呃?(你下午写作文还是看书呢?)

2. NP$_1$+啊+NP$_2$+呃?

"NP$_1$+啊+NP$_2$+呃?"这一选择问的名词性短语的选择项一般为同一类属范围的,并且谓语动词为判断系词"是",有时也可省略。例如:

(244)渠是尔个老姊啊老妹呃?(她是你的姐姐还是妹妹呢?)

(245)篮球比赛谁赢过呃?广东队呀北京队呃?(篮球比赛谁赢了哇?是广东队还是北京队呀?)

(246)昨日礼拜一啊礼拜二?(昨天是星期一还是星期二?)

3. AP$_1$+啊+AP$_2$+呃?

"AP$_1$+啊+AP$_2$+呃?"这一选择问的形容词性短语的选择项一般为同一性质、状态范围的,并且意义相反,在句中作谓语。例如:

(247)尔养个猪壮啊瘦呃?(你养的猪是肥的还是瘦的呀?)

(248)锅里个水滚啊冷呃?(锅里的水是热的还是冷的呀?)

(249)昨日夜头落过雪大呀细呃?(昨天晚上下的雪是大的还是小的呀?)

12.4 正 反 问

正反问是并列正反两个方面的问题,要求选择其中一个方面的问题作出回答的问句。赣西北客赣方言的正反问句复杂多样,根据否定词的不同及其位置的不同,其正反问分为两大类:由否定词"不/唔"构成的正反问和由否定词"冇"构成的正反问。这两种正反问有各自的使用范围:"AB 不 AB"式用于未然态的正反问;"A(过/了/哩/哒/嘚)B 冇 AB"用于已然态正反问。本小节以上高话为例。

12.4.1　否定词"不"构成的正反问及其省略式

"AB+(啊)①不+AB?"是最为完整的正反问句式,但实际言语交际中,这种格式的使用频率不高。例如:

(250) 尔去读书啊不去读书呢?（你去读书不去读书?）
(251) 尔晓得啊不晓得箇件事呢?（你知道不知道这件事呀?）
(252) 渠开车去啊不开车去呢?（他开车去不开车去?）

"AB+(啊)不+AB?"格式有两种省略式,既可以蒙后省略为"A 不 AB",也可以承前省略为"AB(啊)不 A",该格式中的"啊"有些方言点可以省略。从使用情况看,"A 不 AB"结构紧凑,语气较急促,"啊"脱落。"AB(啊)不 A"式表达稍微舒缓些,"啊"一般保留。例如:

A 不 AB	AB(啊)不 A
(253) 喫不喫饭	喫饭啊不喫
(254) 洗不洗澡	洗澡啊不洗
(255) 会不会写字	会写字啊不会
(256) 上不上街	上街啊不上
(257) 负不负责	负责啊不负
(258) 生不生气	生气啊不生

据陈小荷(2012)对丰城话的研究,正反问形式能否省略、如何省略,取决于词和词组的结构关系。一般说来,AB②之间的结构是述宾式的蒙后省略和承前省略都可以,例如(253)至(258)。但当"AB"不是述宾式结构时,正反问形式不能承前省略,可以蒙后省略。例如:

A 不 AB	AB 不 A
(259) 送不送走	*送走不送
(260) 斫不斫倒（砍不砍倒）	*斫倒不斫（砍倒不砍）
(261) 下不下去	*下去不下
(262) 休不休息	*休息不休

---

① "啊"在正反问中有舒缓语气的作用,一般都会使用,但也可省去。
② 此处的"AB"不仅指谓词性词组,还包括动词和形容词,如"负责""生气""调皮""齐整(漂亮)"等。

(263) 喜不喜欢　　　　　　＊喜欢不喜
(264) 话不话诉(告不告诉)　　＊话诉不话(告诉不告)
(265) 过不过瘾　　　　　　＊过瘾不过
(266) 好不好过　　　　　　＊好过不好
(267) 老不老实　　　　　　＊老实不老

例(259)、(260)、(261)是述补短语，例(262)、(263)、(264)是并列式动词，例(265)、(266)、(267)是形容词，这些都不是述宾式结构或词语，因此都不能承前省略。

当述补结构"A得B"中的B为状态补语时，正反问"A得B(啊)A不B"可以承前省略，但不能蒙后省略。例如：

(268) 晒得燥啊晒不燥
　　　晒得燥(啊)不燥
　　　＊晒不晒得燥
(269) 洗得干净洗不干净
　　　洗得干净(啊)不干净
　　　＊洗不洗得干净

当述补结构"A得B"中的B为可能补语时，正反问"A得B(啊)A不B"没有省略形式。例如：

(270) 喫得完(啊)喫不完
　　　＊喫得完不完(承前省略)
　　　＊喫不喫得完(蒙后省略)
(271) 挑得起(啊)挑不起
　　　＊挑得起不起(承前省略)
　　　＊挑不挑得起(蒙后省略)

正反问除了以上两种省略格式外，邵宜(2010)还报道了宜丰县还有一种特殊的省略格式"AB不+语气词?"，他认为这种格式是"AB不A"的省略形式，句末一定要配有语气词"呃"或"咧"。例如①：

---

① 例(272)、(273)、(274)转引自邵宜(2010)。

(272) 阿出个价比渠高,卖得到啊不呃/咧?(我出的价比他高,卖给我行不行?)

(273) 暗边积舞得正不呃/咧?(傍晚能不能弄好?)

(274) 尔看桌上佥俐不呃/咧?(你看看桌上干净不?)

12.4.2 否定词"冇"构成的正反问及其省略式

否定词"冇"与普通话中的"没"相当,用于修饰动词,表达了已然的客观否定。由"冇"构成的正反问用于询问已经发生的动作或事件,也可以询问某一性状是否产生或发生变化。

由否定词"冇"构成的正反问形式有三种,并且都有相应的省略形式,下面具体分析。

(一) A 仂/了/过 B 冇 AB

赣西北客赣方言的实现体标记有"哩""了""过""哒""嘚",可插入 AB 之间,构成正反问格式"A 过/了/哩/哒/嘚 B 冇 AB",在实际言语交际中这种格式使用较少,更多的是使用其省略格式"A 过/了/哩/哒/嘚 B 冇"。"A 过/了/哩/哒/嘚 B"之间是述宾关系。这两种格式"冇"之前可以插入"啊"。以上高话为例:

A 过 B(啊)冇 AB	A 过 B(啊)冇
(275) 喫过饭啊冇喫饭?	喫过饭啊冇?
(276) 做正过作业啊冇做正作业?	做正过作业啊冇?(做完了作业没有?)
(277) 洗过衣裳啊冇洗衣裳?	洗过衣裳啊冇?
(278) 搞过溯啊冇搞溯?	搞过溯啊冇?(喂了猪食没有?)

(二) AB 哩/了/过冇 AB

赣西北客赣方言的正反问格式"AB 仂/了/过冇 AB"在口语交际中使用较少,更多的是使用其省略格式"AB 过/了/哩/哒/嘚冇"。"AB 过/了/哩/哒/嘚"之间是非述宾关系。这两种格式"冇"之前可以插入"啊"。以上高话为例:

AB 过(啊)冇 AB	AB 过(啊)冇
(279) 起来过啊冇起来?	起来过啊冇?(起床了没有?)
(280) 归来过啊冇归来?	归来过啊冇?(回来了没有?)
(281) 讨论过啊冇讨论?	讨论过啊冇?(讨论了没有?)

(282) 修正过啊冇修正？　　　　　修正过啊冇？（修好了没有？）

(三)"有 NP 冇 NP"正反问及其省略式

由"有"和"冇"构成的正反问"有 NP 冇 NP"格式,可以询问事物、事件、情况存在与否。该格式在实际口语中很少使用,往往使用其省略式"有 NP 冇"。在赣西北的上高、宜丰、万载方言点,这两个选项中间一定要出现语气词"啊",其他方言点也可以省略。以上高话为例:

(283) 尔有手机啊冇呃？（你有手机没有？）

(284) 尔有渠个电话号码啊冇呃？（你有他的电话号码没有？）

(285) 渠有老婆啊冇呃？（他有老婆没有？）

(286) 尔有钱啊冇呃？（你有钱没有？）

"有"的宾语 NP 如果移至句首作主语,或者 NP 在某种情况下省略,"有 NP 冇"格式还可以进一步省略为"有冇","有冇"之间必须插入"啊",不可以省略,句尾还要有语气词"呃"相配。以上高话为例:

(287) 渠伙屋下个锁匙尔有啊冇呃？（他们家里的钥匙你有没有？）

(288) 苹果手机尔有啊冇呃？（苹果手机你有没有？）

(289) 我有老弟、老妹,尔有啊冇呃？（我有弟弟、妹妹,你有没有？）

(290) 九队有碾米机,十队有啊冇呃？（九队有碾米机,十对有没有？）

12.4.3 "啊"的性质探讨

赣西北客赣方言中的选择问、正反问的选项之间一般有连接词"啊"$[a^0]$。"啊"在选择问中一般不能省略,其作用相当于选择连词"还是"。"啊"在正反问中有舒缓语气的作用,也有"还是"义,这里的"啊"可以看作起停顿作用的语气词,一般可以省略,意思不变。例如:

(291) 尔买个房是新房啊二手房？（你买的房是新房还是二手房？）

(292) 尔去上海啊北京？（你去上海还是北京？）

(293) 尔是工人啊不是？（你是不是工人？）

(294) 尔敢话啊不敢？（你敢不敢说？）

(295) 尔肯啊不肯？（你愿不愿意？）

"啊"用于选择项之间,是附在选择前项后的语气词,但其韵律延宕至选择后项,"啊"后不加逗号,是一个具有关联作用的疑问语气词,或者说是一个正在向选择连词过渡的疑问语气词。赣西北的丰城、樟树、新干、袁州、上栗、万载、铜鼓、修水、靖安、奉新、高安、上高、宜丰、铜鼓_客、奉新_客、万载_客、修水_客、靖安_客等方言点都用"啊",且使用频率比较高,有语法化为选择连词的可能。

现代汉语方言的客语、闽南语的选择问句中也用"啊"表示"还是"义。例如:

(296)汝有读册阿无?(你有没有念书?)(厦门话)

(297)汝爱去阿唔?(你要去吗?)(潮州话)

(298)你洗脚啊洗汤?(你洗脚还是洗澡?)(江西石城客家话)

(299)买赣州啊南昌个车票?(买赣州还是南昌的车票?)(江西石城客家话)

关于"啊"的来源、语义、语法功能还有待进一步深入研究。

12.5 本章小结

赣西北客赣方言的是非问一般需要借助语气词"呃""吧""噻""么""啵""吵"等来负载疑问信息,不能由句调负载疑问信息。"呃""吧"等附在句末构成倾向性是非问,"噻""么""啵""吵"等附在句末构成非倾向性是非问。赣西北客赣方言的特指问一般由疑问代词"谁""哪""什""啥么""几""卤""样"等来表示疑问焦点,可以询问人、物、处所、时间、数量、程度、方式情况和原因八个方面;另外还有由疑问语气词"呢"构成的无疑问代词的特指问。赣西北客赣方言的选择问一般需要借助具有关联作用的疑问语气词"啊"构成"A+啊+B"的格式。赣西北客赣方言的正反问可以由"不""冇"构成多种正反问及其省略格式,一般情况下正反选择项之间都可以插入"啊",但也可以省略。

赣西北客赣方言的疑问范畴大部分相同,但在疑问代词上,客赣方言有一定的区别;万载_客、铜鼓_客、靖安_客、奉新_客、修水_客这五个客家点的疑问代词基本相同,与赣方言有别。

第十三章
否定范畴

否定是与肯定相对的一个重要的语义范畴。语言中的否定一般表示对句子意义做部分或全部的反驳。从否定的最基本内容来看,否定可以分为外部否定和内部否定。外部否定不是对命题真假做出判断,而是表示对某一说法的不接受或不满意,即对陈述的前提、会话含义、言谈焦点和视点等对象否定,这与逻辑上的元语言否定相当。与之相对应的表达手段是隐含否定意义的词、一些表否定的固定用法、反问及特殊结构。内部否定式对某一命题的否定,是否定的基本形式。与之相对应的表达手段是否定词,如"不""没"①"别"等。

赣西北客赣方言也有内部否定和外部否定。内部否定所使用否定词有三类:唔/不、冇/冇有/冇得、莫/嫑/唔爱/唔着。"唔、不"相当于普通话的"不";"冇、冇有、冇得"相当于普通话的"没"和"没有";"莫、嫑、唔爱、唔着"相当于普通话的"别""不要"。

外部否定体现了一定的地方特色,比如上高话用"鬼""懒""难"构成的"鬼V""懒V""难V"表否定的构式,相当于"不V",但其否定的语气更加强烈;还有一种特殊的否定格式,如"动词+(人称代词)+会死/跌/难""V+个屁""关+人称代词+屁事",格式中的"死""跌""难""屁""屁事"不是表达诅咒或者刻毒的观点,而是表示说话人坚决的否定态度。以上高话为例:

(1) 我话过渠蛮多转都冇用,<u>懒</u>话过渠。(我说了他很多次都没有用,不说了他。)

---

① 有学者(如吕叔湘,1985)认为"没有"是"没"的变体,多数情况下可通用。但在上高话中的"冇有"和"冇"则有同有异,做否定动词时是一致的,做否定意愿动词基本一致,"冇"会有歧义,但"冇有"不会产生歧义,只有"冇"可以做否定副词,"冇有"不能做否定副词。

(2) A：尔打算买日本人个车噻？（你打算买日系车吗？）

　　B：我鬼买日本人个车！（我不买日系车！）

(3) 后生个同嘎先快活过呦,老来,老来再话,难想箇多。（年轻的时候先享受,老了,老了再说,不想这么多。）

(4) A：借忽仔钱我用吧？（借一点钱给我用吧？）

　　B：借过你会死！（我绝对不会借给你。）

(5) 日阿事不做,还话要喫以个,要喫许个,喫过尔会跌！（[你]每天都不干活,还说要吃这个,要吃那个,不给他吃。）

(6) 老罗只晓得做事,落雨也冇一下停,尔跟倒渠有坐啊？坐过你会难！（老罗只知道干活,下雨天也停不下来,你跟着他有休息啊？没得休息！）

(7) 尔晓得个屁！（你不知道。）

(8) 我想怎仔做就怎仔做,关渠屁事。（我想怎样做就怎样做,不关他事。）

本文不讨论上述外部否定,仅考察由否定词构成的内部否定,详细探讨"唔/不、冇/冇有/冇得、莫/耍/唔爱/唔着"这三类否定词的功能分布和语法意义。

现代汉语的"不""没""别"这三个否定词功能分布、语法意义不少学者对其展开了深入研究。吕叔湘(1985)指出："没"用于客观叙述、限于指过去和现在,不能指将来,"不"用于主观意愿,可指过去、现在和将来；"不"可用在所有的助动词前,"没"只限于"能""能够""要""肯""敢"等少数几个助动词前。白荃(2000)和文贞惠(2003)也认为："不"主要是从主观的角度否定动作发出者发出某个动作行为的主观意愿或说话者的主观评价；"没"是从客观陈述的角度否定某种事实。Li和Thompson(1981)认为"不"和"没"的区别只在于其功能的不同："不"用于中性否定,而"没"则用来否定事件的完成。石毓智(2001)认为："没"否定具有离散量语义特征的词语,"不"否定具有连续量语义特征的词语。郭锐(1997)指出,现代汉语否定词"不"和"没"的区别体现了两种时状的对立,即"不"是对非过程时状的否定,"没"是对过程时状的否定[①]。张立飞、严辰松(2011)从现实和

[①] 郭锐(1997)指出,所谓过程和非过程即谓词性成分的两种外在时间类型,前者与时间的流逝发生联系,把谓词性成分表示的状况放入时间流逝过程中来观察,即当做外部时间流逝过程中的一个具体事件,这种谓词性成分一般带有"了、着、过、在、正在、呢"等时间性成分；后者不与时间流逝发生联系,不放入时间流逝过程中来考察,只是抽象地表示某种动作、状态或关系,这种谓词性成分都不带上述时间性成分。

非现实的角度对否定词进行了分析,指出"没"否定现实范畴,"不"和"别"分别否定非现实范畴的认识模式和意愿模式。否定词"别"也有少数学者进行了研究。屈承熹(2005)认为"别"只用于祈使句。吕叔湘(1980)也认为,"别"表示"劝阻或禁止"。邵敬敏、罗晓英(2004)认为,典型"别"字句的语法意义就是表示"否定性意愿",即表达一种不希望某件事发生的意愿。

我们将借鉴上述现代汉语否定词的已有研究成果,深入考察赣西北客赣方言否定词的语法意义和功能分布,探究某些否定词的特殊用法。

13.1 否定词"不"和"唔"

13.1.1 "不""唔"的使用情况

赣西北客赣方言"不""唔"使用情况见表 13-1。

表 13-1 否定副词"不""唔"

	丰城	樟树	新干	新余	分宜	袁州	萍乡	上栗	万载	宜丰	上高
不	√	√	√	√	√	√	√	√	√	√	√
唔	√	√	√			√①			√	√	√

	高安	奉新	靖安	武宁	修水	铜鼓	奉新客	靖安客	万载客	修水客	铜鼓客
不	√	√	√	√	√	√					
唔	√	√	√	√②	√③		√	√	√	√	√

上表表明:奉新客、靖安客、万载客、铜鼓客、修水客只用"唔";新余、分宜、萍乡、上栗只用"不";丰城、樟树、新干、高安、上高、宜丰、万载、袁州"唔""不"并用;武宁、修水一般用"不","唔"只作否定的应答词。在丰城、樟树、新干、高安、上高、宜丰、万载"唔""不"并用的地方,"唔"是底层的语法成分,"不"是古汉语、北

---

① 袁州区靠近万载北部山区的竹亭、丰顶山、慈化、楠木、柏木等乡镇多用"唔"。
② 武宁赣语中几乎不用"唔",在做否定应答时单用"唔",后面不跟动词。
③ 修水赣语中几乎不用"唔",部分老年人在做否定的应答时会单用"唔",后面不跟动词。

方方言和普通话的语法成分。在受普通话影响较小的偏远农村的人们以及城镇中年龄偏大的中老年人一般说"唔",文化程度较高的城镇人一般说"不"。"不"还多用于书面语或略带文言色彩的口语中,如"不伦不类、不男不女"等。刘纶鑫(1999)指出"在'不'、'唔'兼用地区,也不是二者是可以互用,而是各有其使用条件的:'唔'字通常表示'未曾、不要'等意思,其他情况则多用'不'"。① 下面以上高话为例展开探讨。

13.1.2 "不""唔"的语法意义

张立飞、严辰松(2011)把"不"的语法意义概括为十种:(1)对事物性状的否定;(2)对惯常行为的否定;(3)对将来行为的否定;(4)对人和物所处位置的否定;(5)对心理状态的否定;(6)对正在进行的动作的否定;(7)对抽象关系的否定;(8)表示情理或道义上的不允许;(9)对能力的否定;(10)对可能性的否定。我们认为语法意义的概括应该更加精炼些,根据上高话的调查,"不"的语法意义可以概括为如下四种:(1)表示否定主观意愿或认定;(2)表示否定某种性质、性状、位置和习惯;(3)否定能性;(4)祈使否定。②

13.1.2.1 否定主观意愿或主观认定

1. "唔/不"修饰大部分动词可以否定主观意愿。"唔/不"在体貌上是未然的,与表已然的"有"形成对立。能表达这一语法意义的动词,必须具有[＋自主]、[＋可控]这两个语义特征。所谓"自主"是指动作行为可以由人的意志所决定。如"看、问、走、哭、去、做、坐、话诉、批评、招待"等,这些词语都是自主的可控的,有行为动词和心理、感觉动词。例如:

(9)我唔/不走。

(10)渠唔/不接我个电话。(他不接我的电话。)

(11)我唔/不去超市买菜咧。(我不去超市买菜了。)

(12)我唔/不喜欢渠箇种人。(我不喜欢他这样的人。)

(13)老师唔/不信渠个鬼话。(老师不相信他的鬼话。)

---

① 据我们对上高话的调查,"唔""不"的使用是自由的,没有用法上的差异性,但在语气上略有一点区别:"不"语气更强烈一些,"唔"稍微舒缓一些。

② 参考张立飞、严辰松的"不"的十种语法意义,并根据上高话的实际情况进行了如下归并:将第3种、第5种、第7种归并成"否定主观意愿和认定";将第1种、第2种、第4种归并成"否定性质、性状、位置和习惯";将第8种、第9种、第10种归并成"否定能力和能性";第6条上高话用"有"。

(14) 我唔/不放心阳阳自家过马路。(我不放心阳阳自己过马路。)

否定主观意愿不仅可以否定当下的动作行为,也可以否定将来的动作行为。例如:

(15) 等我唔/不上过班,就到处走走。(等我不上班了,就到处走走。)

(16) 等到过暑假尔唔/不上过课,就带尔去厦门躲。(等暑假到了,你不上课了,就带你去厦门玩。)

"唔/不"在体貌上是未然的,但在某些特殊语境(对比、非现实语境)中,可以用于否定过去的动作行为,如:

(17) 上次来吧唔/不买,箇几日涨过价喽。(上次来嘛不买,这几天涨了价哟。)(对比语境)

(18) 尔昨日做什唔/不去?(你昨天为什么不去?)(疑问语境)

(19) 钱不是年前还给尔过嘞?(钱不是年前还给你了吗?)(反问语境)

副词"早、要不然、本来"等,对过去已发生的事实进行相反的假设构成反事实语境或假设语境,例如:

(20) 早唔/不话,要不然唔/不得出现箇种个事啊!(早不说,要不然不会出现这样的事呀!)

(21) 本来唔/不想买东西,结果又跟伴买过一大堆。(本来不想买东西,结果又跟着朋友买了一大堆。)

反叙实动词"以为"也构成反事实语境,例如:

(22) 我以为渠唔/不来,落背渠还是来过。(我以为他不会来,后来他爱是来了。)

2. 否定主观认定是说话者对某些动作行为状态的否定性认定。例如:

(23) 渠唔/不懂箇只问题。(他不懂这个问题。)

(24) 尔台下讲得头头是道,一上讲台就唔/不行。

(25) 以前个事我唔/不记得过。(以前的事情我不记得了。)

"唔/不"可以修饰关系动词表示等同、称名、存在等抽象关系的否定。这种否定抽象关系也可看作否定主观认定。例如:

(26) 学习成绩好唔/不等于比别人更聪明。

(27) 我姓李,唔/不姓吕。

13.1.2.2　表示否定某种性质、性状、位置和习惯

"唔/不"可以修饰形容词表示某个性质或状态的不存在,例如:

(28) 大崽待我唔/不好。(大儿子待我不好。)

(29) 我唔/不饿人。(我不饿。)

"唔/不"也可以修饰动词表示不存在某种行为习惯。例如:

(30) 我一般唔/不喫绿茶。(我一般不喝绿茶。)

"唔/不"还可以修饰"在+N$_{处所}$",表示人或事物不在某位置。例如:

(31) 老李出差去过咧,唔/不在屋下。(老李出差去了,不在家里。)

13.1.2.3　否定能性

吴福祥在《汉语能性述补结构"V 得/不 C"的语法化》(2002)一文中认为"能性"包括以下五个次类:(1) 表示具备实现某种动作或结果的主观能力;(2) 表示具备实现某种动作或结果的客观条件;(3) 表示对某一命题的或然性的肯定;(4) 表示情理上的许可;(5) 表示准许。本节对"唔/不"否定能性分类参照了吴福祥先生的归类,分别有:(1) 表示对具备实现某种动作或结果的主观能力的否定;(2) 表示对具备实现某种动作或结果的客观条件的否定;(3) 表示对某一命题的可能性的否定;(4) 表示道义或情理上的不许可;(5) 表示禁止。例如:

(32) 箇個班个学生忒调皮过,我管唔/不住。(这个班的学生太调皮了,我管不住。)

(33) 箇张车装唔/不落箇仔东西。(这辆车装不下这些东西。)

(34) 箇几日天晴得蛮稳,应该唔/不会落雨吧。(这几天都是天晴,应该不会下雨吧。)

(35) 渠喫过酒唔/不能开车,捉到会扣分、罚款。(他喝了就不能开车,抓到会扣分、罚款。)

(36) 上课唔/不昇话事。(上课不允许说话。)

例(32)表示对主观能力的否定,例(33)表示对客观条件的否定,例(34)表示对可能性的否定,例(35)表示情理上的不许可,例(36)表示禁止。

13.1.2.4 祈使否定

"唔/不"可用于祈使语境,其作用相当于"莫",但与"莫"略有差别。例如:

(37) A:(妈妈哄孩子)好过好过,宝宝唔/不哭呵!(好了好了,宝宝别哭。)

　　　B:(妈妈哄孩子)好过好过,宝宝莫哭嘞!(好了好了,宝宝别哭。)

(38) A:别人个事唔/不去话,管好自家就是。(别人的事别去说,管好自己就行。)

　　　B:别人个事莫去话,管好自家就是。(别人的事别去说,管好自己就行。)

例(37)用"唔/不"是妈妈建议式的语气,更舒缓一些;用"莫"则是妈妈禁止式的语气,更直接些。例(38)用"唔/不"是说话者对自己行为的否定性禁止,用"莫"是说话者对他人行为的否定性劝阻。

13.1.3 "唔/不"功能分布

我们根据《汉语方言否定表达调查表》(草稿)[①]和《否定调查问卷》[②]调查了上高话的口语"唔/不"的功能分布。

13.1.3.1 唔/不＋V

大部分动词能进入"唔/不＋V"这一格式,可以是动态动词,也可以是静态动词。因否定对象 V 的不同,其语法意义也有所不同。

1. 否定主观意愿

具有[＋自主][＋可控]语义特征的动态动词进入"唔/不＋V"格式,一般是否定主观意愿。例如:

(39) 尔伢话,我唔/不话我个看法。(你们讨论,我不发表意见。)

(40) 渠读大学唔/不用娘爷一分钱。(他读大学不花父母一分钱。)

(41) 我礼拜五唔/不做作业。(我星期五不做作业。)

(42) 她死来两转咧,都冇死正,唔/不死$_{自杀}$过。(她死过两次了,都没死成,不死了。)

(43) 爸爸话今阿收工唔/不归来喫饭咧。(爸爸说今天下班不回来吃饭了。)

[①]《汉语方言否定表达调查表》(草稿)由陈振宇先生提供。
[②]《否定调查问卷》由盛益民先生提供。

一部分心理动词、感觉类动词等静态动词进入"唔/不＋V"格式,可以否定心理状态。这种心理状态也是一种主观意愿。心理动词的具体的意义类型包括：好恶类(如"喜欢""讨厌""满意""怕""爱"等),意愿类(如"愿意""肯""打算""想""让""希望""要""想要"等),信疑类(如"信""疑""承认"等)。例如：

(44) 我唔/不喜欢吹牛皮个人。(我不喜欢说大话的人。)

(45) 箇工作我唔/不想做下去过嘞。(这工作我不想做下去了。)

(46) 渠唔/不肯去宜春读大学。(他不肯去宜春上大学。)

(47) 鞋厂个工资低,渠唔/不愿做。(鞋厂工资太低,她不愿意做。)

(48) 渠唔/不信渠五十岁过还能学会电脑。(他不相信他五十岁了还能学会电脑。)

(49) 我唔/不疑渠偷过西瓜。(我不怀疑他偷了西瓜。)

2. 否定主观认定

知解类心理动词(如"记得""晓得""认得""明白"等)进入到"唔/不＋V"格式,一般是否定主观认定。例如：

(50) 我唔/不记得细来个事。(我不记得小时候的事情。)

(51) 隔过几年冇见,长得唔/不认得过。(隔了几年没有见面,长得不认识了。)

表示属性、关系类的动词进入"唔/不＋V"格式,一般是否定各种关系、判断,这也是否定主观认定。例如：

(52) 渠姓许,我姓徐,唔/不是同一家。(他姓许,我姓徐,不是同一家。)

(53) 在学堂里渠唔/不是个好学生。(在学校里他不是个好学生。)

(54) 李家村唔/不是每家人都姓李。

(55) 我唔/不姓许,我姓徐。

(56) 小暑唔/不算热,大暑正热。(小暑不算热,大暑才热。)

(57) 今年唔/不像旧年,旧年三个月冇落一滴雨。(今年不像去年,去年三个月没有下一滴雨。)

(58) 有钱唔/不意味着幸福。

3. 否定动作状态、习惯

"唔/不"可以对持续动作状态的否定。例如：

(59) 现在乡下都烧煤,唔/不烧过柴。(现在乡下都烧煤炭,不烧了柴。)

(60) 喫过两个礼拜中药,总算唔/不咳过。(吃了两个礼拜中药,总算不咳嗽了。)

"唔/不"也可以对惯常行为进行否定。例如:

(61) 我公公喫烟,我伢爷唔/不喫。(我爷爷抽烟,我爸爸不抽。)

(62) 老李一直唔/不坐班车,每日走路上下班。(老李从不坐公交车,每天走路上下班。)

(63) 小李唔/不喫烟,也唔/不喫酒,是个好后生。(小李不抽烟,也不喝酒,是个好青年。)

4. 否定位置

"唔/不"与介词"在"构成"唔/不+在+N$_{处所}$"格式,表示对某人或事物位置的否定。例如:

(64) 尔唔/不在学堂好正仔上课,跑归来做什伢?(你不在学校好好上课,跑回家来干什么?)

(65) 小车唔/不在楼下,在单位。

"唔/不"与位置动词构成"唔/不+V$_{位置动词}$"格式,"V$_{位置动词}$"包括"拿、放、抱、戴、挂、吊、托"等。例如:

(66) 箇幅画唔/不挂厅下,挂间里去。(这幅画不挂客厅,挂房间里。)

(67) 东西唔/不拿过去,麻烦。

5. 否定能性

"唔/不"与部分能愿动词(如"能""会""可以""应该"等)构成"唔/不+能愿动词+V"格式,表示对某种行为能力的否定、某事发生的可能性否定或情理上的不允许等。例如:

(68) 车仔坏过,唔/不能开过。(车子坏了,不能开了。)

(69) 我唔/不会用新个手机。(我不会用新的手机。)

(70) 尔唔/不能/可以/应该日阿上网諜游戏,要多读几本书。(你不能/可以/应该天天上网玩游戏,要多读几本书。)

例(68)是客观能性的否定,例(69)是主观能性的否定,例(70)是情理上的不允许。

13.1.3.2 唔/不+A

"唔/不"否定形容词,表示否定事物的性质或状态。例如:

(71) 李媛唔/不齐整。(李媛不漂亮。)

(72) 箇只人唔/不错。(这个人不错。)

(73) 箇盆水唔/不滚。(这盆水不热。)

(74) 我唔/不累。

(75) 今阿我唔/不轻快。(今天我不舒服。)

能进入"唔/不"字否定句的一般是性质形容词。具体有如下几类:(1) 表示人或事物某种性质的形容词:好、坏、傻、蠢、齐整(漂亮)、方便、麻烦、清楚等;(2) 表示味觉、嗅觉、触觉的形容词:甜、苦、酸、辣、咸、臭、滚(热)等;(3) 描写人类身体状况的形容词:痛、累、晕等;(4) 描写人类心理的形容词:烦、爽、难受、轻快等。

部分状态形容词不能进入"唔/不"字否定句的,但在一定的语境下否定词后加判断系词"是",可以修饰状态形容词,否定状态形容词所表示的性质、特征、属性等。例如:

(76) 渠还唔/不是最坏个人。(他还不是最坏的人。)

(77) 箇个妹子长得唔/不是蛮齐整。(这个女孩长得不是很漂亮。)

13.1.3.3 V+唔/不+C

"V+唔/不+C"格式中的补语有四种类型:结果补语、趋向补语、可能补语和状态补语。该结构表示对具备实现某种动作或结果的主观能力或客观条件的否定,还可以表示对某一命题的或然性的否定。例如:

(78) 今阿洗相片唔/不正咧。(今天洗不成照片了。)(C 是结果补语)

(79) 尔打渠不赢。(你打不赢他。)(C 是结果补语)

(80) 老张身体唔/不好,看样子是享恩女个福唔/不到。(老张身体不好,看样子是享不到儿女的福。)(C 是结果补语)

(81) 再唔/不好正仔读书,尔对你个娘爷唔/不起。(再不好好学习,你对不起你的父母。)(C 是可能补语)

(82) 渠唱歌一般般仔,话唔/不上好听。(他唱歌马马虎虎,谈不上好听。)(C 是可能补语)

(83) 日阿六点半起来,渠坚持唔/不下去过嘞。(天天六点半起床,他坚持不下去了。)(C 是趋向补语)

(84) 工资忒低,渠干唔/不下去过嘞。(工资太低,他干不下去了。)(C 是趋向补语)

(85) 渠屋里住嗨块我真搞唔/不清楚。(他家住哪儿我真搞不清楚。)(C 是状态补语)

(86) 尔话广东话我听唔/不懂。(你说广东话我听不懂。)(C 是状态补语)

如果是结果补语、可能补语后面还有宾语,上高话一般把宾语提到否定词前面,即构成"V+O+唔/不+C"结构(也可以构成"V+唔/不+O+C"结构,不常用),如例(78)至(82),这是古代汉语动补结构的遗留,现代汉语的宾语则在补语之后,即"V+不+C+O"结构。

13.1.3.4 "唔/不＋V＋C"

"唔/不＋V＋C"格式中的补语有四种类型:结果补语、趋向补语、状态补语和数量补语。该结构表示对具备实现某种动作或结果的主观能力,或客观条件、数量的否定。例如:

(87) 尔唔/不做正作业就冇有电视看。(你不做完作业就没有电视看。)(C 是结果补语)

(88) 我唔/不跑过去问,忒麻烦了。(我不跑过去问,太麻烦了。)(C 是趋向补语)

(89) 问题唔/不搞清楚个话,只会越积越多。(问题不搞清楚的话,只会越积越多。)(C 是状态补语)

(90) 箇只厂仔唔/不到半年就倒了。(这个工厂不到半年就倒闭了。)(C 是数量补语)

(91) 尔唔/不试一下怎仔晓得不行?(你不试一下怎么知道不行?)(C 是数量补语)

13.1.3.5 唔/不＋程度代词＋VP/AP

"唔/不"后接"箇么""怎仔",否定某种程度。例如:

(92) 要是尔唔/不箇么霸道,尔伲两个人还有可能处得更长久。(如果你不这么霸道,你俩还有可能处得更长久。)

(93) 渠长得唔/不怎仔齐整。(她长得不怎么漂亮。)

(94) 渠平常唔/不怎仔话事。(他平时不怎么说话。)

例(92)、(93)、(94)否定的是某种程度,如果谓语动词是中性或褒义词,所表达的否定效果比没有程度代词的否定格式要委婉些;如果是贬义词,所表达的否定效果比没有程度代词的否定格式要强些。

13.1.3.6 唔/不＋副词＋VP/AP

"唔/不＋副词＋VP/AP"格式中的副词可以是程度副词"蛮"、频度副词"常"、范围副词"全""总""一下全部"和时间副词"即刻""马上"等。例如:

(95) 我唔/不(是)蛮喜欢箇件衣服。(我不太喜欢这件衣服。)

(96) 菜舞得唔/不蛮(是)好喫。(菜做得不大好吃。)

(97) 北京我唔/不常去,上海倒是去得多。

(98) 西瓜唔/不一下卖,要留忽仔自家喫。(西瓜不全部卖,要留一点自己吃。)

(99) 尔唔/不马上出门,等下火车就赶不到嘞。(你不马上出发,等下火车就赶不到了。)

13.1.3.7 副词＋唔/不＋VP/AP

"副词＋唔/不＋VP/AP"格式中的副词可以是程度副词"蛮""忒""最""更""越",范围副词"都""总""一下",情态副词"肯定"和时间副词"再""还""又""紧""一直"等。否定副词居中时,一般多用"不",有些副词后面只能接"不"。例如:

(100) 箇幅画画得蛮不错。(这幅画画得很不错。)

(101) 一個人赚钱养家忒不容易啰。(一个人赚钱养家太不容易啰。)

(102) 我最唔/不会跳舞。

(103) 我等过渠半日,渠总唔/不出来。(我等了他半天,他总不出来。)

(104) 都十二点去过,还唔/不来。(都十二点了,还不来。)

(105) 渠肯定唔/不相信箇是真嘞。(他肯定不相信这是真的。)

(106) 箇只狗匍到门口,紧唔/不走。(这只狗趴在门口,一直不走。)

13.1.3.8 V＋唔/不＋程度词＋C

"V＋唔/不＋程度词＋C"格式中的程度词进入动补结构否定式中,位于补语前,仅限于程度副词"蛮"和程度代词"怎仔"。例如:

(107) 老师讲课忒快了,听唔/不蛮懂。(老师讲课太快了,听不太懂。)

363

(108) 渠人还细,话唔/不怎仔清楚。(他人还小,说不怎么清楚。)

13.1.3.9　唔/不＋介词＋V

"唔/不＋介词＋V"格式中的介词一般要与名词、代词组成介宾短语。例如:

(109) 我唔/不跟渠争。(我不跟他争。)

(110) 唔/不对别人好。

(111) 走路唔/不用眼睛看。

(112) 渠在块想怎仔藏钱不畀别人发现。(他在想怎样藏钱不被别人发现。)

13.1.3.10　介词＋唔/不＋V

"介词＋唔/不＋V"格式中的介词一般要与名词、代词组成介宾短语。例如:

(113) 跟渠唔/不话一句事。(跟他不说一句话。)

(114) 拿钱唔/不当事。

(115) 对别人唔/不好。

13.1.3.11　V/A＋(啊)＋唔/不＋V/A

"V/A＋(啊)＋唔/不＋V/A"格式是个正反问结构,"唔/不"前一般有插入"啊"①,连接正问项和反问项,也有舒缓语气的作用。若正问项为单音节反问项为双音节时,"啊"就不能出现。例如:

1. 光杆动词、形容词

A—(啊)— Neg—A：好(啊)唔/不好、去(啊)唔/不去

AB—(啊)— Neg—AB：喜欢(啊)唔/不喜欢

A— Neg—AB：喜唔/不喜欢

2. 动宾短语

VO—啊—Neg—VO：吃饭啊唔/不吃饭

V—Neg—VO：吃唔/不吃饭

---

① "啊"是一个具有关联作用的疑问语气词,或者说是一个正在向选择连词过渡的疑问语气词。"啊"会因前字的韵尾而发生相应的音变现象,分别读成"呀""哇""哪"等。赣西北的丰城、樟树、新干、袁州、上栗、万载、铜鼓、修水、靖安、奉新、高安、上高、宜丰、铜鼓客、奉新客、万载客、修水客、靖安客等方言点都使用"啊"。

VO—啊—Neg—V：吃饭啊唔/不吃（最常用）

3. 能性述补结构

VR—啊—V—Neg—R：吃得完啊吃唔/不完

13.1.3.12　不得/能/可能/会/是不＋V

"不得/能/可能/会/是不＋V"格式是双重否定结构,该结构比较书面化,一般多用"不",偶尔也用"唔"。双重否定可以加强语气,也可以减弱语气。例如：

1. 加强语气

(116) 箇么晏,我人不得不走嘞。（这么晚,我们不得不走呀。）

(117) 怕渠犯错误,我不能不话。（怕他犯错误,我不得不说。）

(118) 箇件事渠唔/不可能唔/不晓得。（这件事他不可能不知道。）

2. 减弱语气

(119) 渠唔/不是唔/不帮尔做,是冇时间。（他不是不帮你做,是没有时间。）

(120) 通知早就发出去过咧,渠不会不晓得吧。（通知早就发出去了,他不会不知道吧。）

13.1.3.13　"唔/不"的单用情况

"唔/不"做否定回答时不能单用,例如：

(121) A：渠喜欢小王吗？
　　　B：不/唔喜欢。（不能单说"唔"或"不"）

但是,"不"在极少数情况下可以单用,表示拒绝别人的请求、要求和命令；"唔"不能单用。如：

(122) A：拿点给我喫吧？（拿点给我吃吧？）
　　　B：不！（小孩在吃零食,大人逗小孩）

(123) A：喫正饭去做作业。（吃完饭去做作业。）
　　　B：不！

(124) A：关泼电视去！（关掉电视！）
　　　B：不！

13.2 冇、冇有、冇得

13.2.1 "冇""冇有""冇得"的使用情况

赣西北客赣方言中与"没""没有"功能相似的否定词是"冇""冇有""冇得",各方言点具体使用情况见表 13-2。

表 13-2 否定词"冇""冇有""冇得"

	丰城	樟树	新干	新余	分宜	袁州	萍乡	上栗	万载	宜丰	上高
冇	√	√	√	√	√	√	√	√	√	√	√
冇有	√	√	√	√					√	√	√
冇得					√	√	√	√	√		

	高安	奉新	靖安	武宁	修水	铜鼓	奉新客	靖安客	万载客	修水客	铜鼓客
冇	√	√	√	√	√	√	√	√	√	√	√
冇有	√	√	√	√	√①	√	√	√		√	√
冇得									√		√

上表表明:赣西北各个方言点均使用否定词"冇";袁州、萍乡、上栗用否定动词"冇得";万载赣语、万载客家话和铜鼓客家话"冇有""冇得"都说,"冇得"更常用一些;丰城、樟树、上高等十六个点用否定动词"冇有"。

13.2.2 "冇/冇有"的来源

否定副词"冇"(又写为"冒")来源于古代汉语的"无"。"冇"与"无"在词义方面是相通的。"无"的上古音为明母平声鱼部(黄侃认为是明母模部),《广韵》中的音韵地位为微母平声虞韵。《后汉书·冯衍传》:"饥者毛食。"唐代李贤注所加

---

① 修水赣方言还有否定词"冢"和"冢有",其语法功能与"冇"和"冇有"相同。

的案语云:"《衍集》'毛'字作'无',今俗语犹然者,或古亦通乎?"《冯衍传》中的"毛"即"冇"。明人方以智《通雅》说:"江楚广东呼'无'为'毛'。"赣方言表示"没有"义的"无"读[mau⁵³],字作"冇"。

香坂顺一(1997)指出:"'无'不是作为跟'有'相对的一个概念,而是意味着是跟'有'相对的否定词。可以解释成具有综合性的'无',也用作分析式的'无有'。""无有"最初应是一个偏正词组,随着"无"为"冇"所取代,出现了"无有""冇有"共存的现象,"冇有"逐渐取代了"无有",再加上汉语词汇双音化的影响,最终凝固成一个否定动词。

13.2.3 "冇/冇有"的语法意义①

本节以上高话为例探讨"冇"与"冇有"的语法意义。上高话的"冇"与普通话的"没有"一样,有动词和副词的用法。动词用法记作"冇₁",副词用法记作"冇₃"。除此之外,"冇"还有否定性意愿动词用法,记作"冇₂"。"冇有"有否定动词和否定性意愿动词用法,分别记作"冇有₁""冇有₂"。

(一)"冇₁/冇有₁"是存在否定词,有如下语法意义:

1. 对领有、具有的否定。例如:

(125) 我冇₁/冇有₁ 钱。(我没有钱。)

(126) 渠冇₁/冇有₁ 电脑。(他没有电脑。)

(127) 我冇₁/冇有₁ 时间陪尔,尔自家看电视。(我没有时间陪你,你自己看电视。)

(128) 许只人冇₁/冇有₁ 人情味。(那个人没有人情味。)

2. 对存在的否定。例如:

(129) 山上冇₁/冇有₁ 人。(山上没有人。)

(130) 屋下什伙也冇₁/冇有₁。(屋里什么都没有。)

(131) 今阿冇₁/冇有₁ 电。(今天没有电。)

3. 表示数量不足,构成"冇₁/冇有₁+数量"格式。例如:

(132) 我存折上冇₁/冇有₁ 一万块钱。

---

① "冇₂"和"冇有₂"否定性意愿动词用法的相关研究内容独立成文:《赣方言(上高话)"有"和"冇/冇有"情态动词用法》,《语言研究集刊》第11辑,2014年。

(133) 渠冇₁/冇有₁三十岁。(他没有三十岁。)

4. 表示不及,用于比较。例如:

(134) 我冇₁/冇有₁渠高。(我没有他高。)

(135) 箇里从来冇₁/冇有₁箇冷人。(这里从来没有这么冷过。)

(二)"冇₂/冇有₂"①的否定性意愿动词用法,表示禁止、不允许的情态意义,用于祈使句中。例如:

(136) 尔有喫,渠冇₂/冇有₂喫。(你可以吃,他不能吃。)

(137) 尔作业都冇做正,尔冇₂/冇有₂謀。(你作业都没有做完,你不能玩。)

(138) 渠冇₂/冇有₂看,尔有看。(他没有看,你有看。)

"冇"用在动词前有歧义,可以两种理解:一是否定性意愿动词,一是否定副词。例如"渠冇喫",可以理解为"说话者不允许他吃",即否定说话者意愿,用于禁止义的祈使句;也可以理解为"他没有吃",即否定"吃"这个动作没有发生。两者在体貌上有对立,前者是未然的,后者是已然的。"冇有"用在动词前没有歧义,仅表示"禁止"义。

(三)"冇₃"②是否定副词,主要否定已然的动作或行为,而"不/唔"是否定主观意愿或认定,一般是尚未发生的动作。"冇₃"与"不/唔"构成体貌上的对立。"冇₃"有如下语法意义:

1. 否定动作或行为已经发生。例如:

(139) 渠冇去。(他没有去。)

(140) 我冇看见尔个手机。(我没有看到你的手机。)

(141) 今阿冇落雪。(今天没有下雪。)

2. 否定状态已经发生。例如:

(142) 衣裳冇干。(衣服没有干。)

(143) 西瓜还冇熟。(西瓜还没有熟。)

(144) 水冇冷。(水没有冷。)

---

① 袁州、萍乡、上栗、万载、万载客、铜鼓客等方言点一般用"有得"和"冇得"表示肯定和否定的意愿情态。

② 普通话中否定副词"没""没有"语法功能相当,上高话与之相对应的则只有"冇₃","冇有"没有否定副词用法,只有否定意愿动词用法。

13.2.4 "冇/冇有"的否定式

"冇"有否定动词、否定性意愿动词、否定副词的用法;"冇有"有否定动词、否定性意愿动词的用法。"冇/冇有"与不同的否定项结合构成不同的否定式,表达不同的意义,下面具体分析。

13.2.4.1 "冇$_1$/冇有$_1$"的否定式

"冇$_1$/冇有$_1$"是否定动词,可以否定领有、具有和存在,其否定项一般是名词或名词性短语,在句中作宾语。上高话里有六种具体的表达式。

1. 冇$_1$/冇有$_1$+NP

(145) 桌仔上冇/冇有苹果。(桌子上没有苹果。)

(146) 今年水库冇/冇有水。(今年水库没有水。)

(147) 我冇/冇有房仔。(我没有房子)

(148) 渠冇/冇有钱。(他没有钱。)

例(145)、例(146)的主语是方位,否定存在,例(147)、例(148)是对领有关系的否定。

2. N+都冇$_1$/冇有$_1$

"N+都冇$_1$/冇有$_1$"这一格式不能单独成句,它往往用于复句的前一个分句,用于强调某事物的不存在,后续分句往往是个反问句。例如:

(149) 笔都冇/冇有,尔还做什仿作业呀?(笔都没有,你还做什么作业呀?)

(150) 钱都冇/冇有,尔还想买房仔?(钱都没有,你还想买房子吗?)

(151) 菜都冇/冇有,还喫什仿饭?(菜都没有,还吃什么饭?)

3. 冇$_1$/冇有$_1$+AP

"冇$_1$/冇有$_1$+AP"格式中的"AP"是由反义形容词构成的并列短语,如"轻重""大细""深浅""好拐""冷热""反顺"等,做句中的宾语,表示某人不具有某种状态。例如:

(152) 渠打人冇/冇有轻重嘓。(他打人没轻没重的。)

(153) 尔看到公公婆婆要喊嘞,莫冇/冇有大细嘞。(你见到爷爷奶奶要叫,别没大没小的。)

(154) 送礼冇/冇有多少,送多送少都是个意。(送礼不在乎多少,送多送少都是一份情意。）

(155) 赌博冇/冇有深浅,不招呼家门都会赌泼。(赌博没有深浅,一不小心所有家产都会赌掉。)

(156) 东西都一色个,冇/冇有好拐。(东西都一样的,没有好差。)

(157) 箇地方真是好过日,冇/冇有冷热。(这地方真是好舒服,没有冷热。)

(158) 箇件衣服两边都可以着,冇/冇有反顺。(这件衣服两面都可以穿,没有正反。)

4. A 冇$_1$/冇有$_1$ B＋AP

"A 冇$_1$/冇有$_1$ B＋AP"格式是常用的比较句格式,表示 A 不及 B。例如:

(159) 哥哥冇/冇有我高。(哥哥没有我高。)

(160) 老弟冇/冇有我个成绩好。(弟弟没有我的成绩好。)

(161) 箇件衣裳冇/冇有许件便宜。(这件衣服没有那件便宜。)

5. 冇$_1$/冇有$_1$＋N$_{受事}$＋V

"冇$_1$/冇有$_1$＋N$_{受事}$＋V"格式是连谓结构,第二个动词是及物动词,"N"既是"冇$_1$/冇有$_1$"的宾语,又是"V"的受事。"冇$_1$/冇有$_1$"的否定焦点是"N"。例如:

(162) 箇只商店冇/冇有酒卖。(这个商店没有酒卖。)

(163) 我去乡下冇/冇有车仔坐,莫昇累死过。(我去乡下没有车子坐,别让累死了。)

(164) 今阿停过电,冇/冇有电视看。(今天停了电,没有电视看。)

(165) 昨日洗个衣裳还冇干,今阿冇/冇有衣裳换。(昨天洗衣的衣服还没有干,今天没有衣服换。)

6. "有 NP(啊)冇$_1$?"或"NP 有(啊)冇$_1$?"

上高话否定动词"冇$_1$/冇有$_1$"与动词"有"相对,在询问事物的有无时,可以构成"有 NP(啊)冇$_1$?"或"NP(主语)有(啊)冇$_1$?"这两种正反问格式,这与普通话的"有没有＋NP"有别。例如:

(166) 尔有车啊冇?(你有车没有?)

(167) 老张有钱啊冇?(老张有钱没有?)

(168) 电脑尔有啊冇?(电脑有没有?)

(169) 5A 级景点江西有啊冇?(5A 级景点江西有没有?)

"NP冇(啊)冇₁"格式是把宾语"NP"移位至句首,主语往往可以省略。例如:

(170) 肥料(渠)有啊冇?(肥料他有没有?)

(171) 手机(你)有啊冇?(手机你有没有?)

13.2.4.2 "冇₂/冇有₂＋V"的否定式

1. "冇₂/冇有₂＋V"语义与功能

"冇₂/冇有₂＋V"这一格式中的"冇₂/冇有₂"在否定某些动词时,表达的是祈使否定,即说话者禁止或不允许对方做某事。

要探究"冇₂/冇有₂"语法意义的来源,首先要考察上高话"有"的语法意义。"有"在现代汉语中是个表"领有、存在"的动词,后面一般是体词性成分。但近几十年来的口语中"有"的后面也接谓词性成分,构成"有＋VP"格式,该格式中的"有"在动词前表示动作行为的曾经发生、业已完成、正在进行和说话人的某种"主观色彩和情感态度"的用法。这些用法还广泛存在南方方言的闽语、粤语、客语、吴语(瓯语片)中,也存在于港、台书面语中,还存在于唐以前的古代汉语中。例如:

(172) 有去北京。(去过北京。)(闽语区,许宝华、宫田一郎 1999)

(173) 今日我有头痛,所以唔上班。(今天我头痛,所以没有上班。)(粤语区,白宛如 1998)

(174) 昨天你有去赶集吗?(客家话,罗美珍、邓晓华 1995)

(175) 我阿哥这年有走归。(我哥哥今年回家了。)(吴语瓯语片,颜逸明 2000)

(176) 有点深奥,我不太懂了,但还是有懂一点。(李师江《要的就是走调》,《海峡》2000 年第 3 期)

(177) 说完这话,登时嘘声四起,但我有说错吗?(寂然《女朋友,男朋友》,《台港文学选刊》2005 年第 2 期)

(178) 吾私有讨于午也。(《春秋左氏传·定公十三年》)

这里的"有"是表示"完成"的意义,与之相对的是否定副词"没有",或者"冇有",所以"有"应该看作副词。

赣方言也有"有＋VP"的用法,但意义有别于上述用法。以上高话为例:

(179) 尔做正过作业,尔有嬲。(你做完了作业,你可以玩。)

(180) 尔完成过任务,尔有瞌。(你完成了任务,你可以睡。)

(181) 尔交过学费,书就有读。(你交了学费就可以读书。)

上述用例的"有"表示"允许、可以",是一种情态,可看作助动词(或称之为"意愿动词");与之相对的否定用法是"冇"或"冇有",表示"不允许,不可以",可以看作否定意愿动词。例如:

(182) 尔唔/不做正作业来,尔电视冇有看。(你不做完作业,电视不能看。)

(183) 尔唔/不听话,尔冇有喫。(你不听话不可以吃。)

(184) 尔唔/不喫正箇杯酒来,尔冇有走。(你不吃完这杯酒,你就不能离开。)

(185) 渠唔/不交进山费,树仔渠冇有斫。(他不交进山费,树他不能砍。)

2. "冇$_2$/冇有$_2$"对人称和否定项的选择

"冇$_2$/冇有$_2$＋VP"格式是祈使否定用法,即说话者禁止、不允许对方做某事。这种禁止义的祈使句,往往是长辈对晚辈、强者对弱者,因此第二人称往往做主语,如例(182)、例(183)、例(184);其次是第三人称,如例(185);第一人称的单数一般不可以做主语,但如果是包括式的复数是可以做主语的。例如:

(186) 任务冇完成,我人冇有走。(任务没有完成,咱们不能走。)

能进入"冇$_2$/冇有$_2$＋VP"格式的动词有较多的限制,首先是单音节,如"看、走、去、喫、瞌、嬲、斫、钓"等;其次是动作性较强的可控自主动词,即具有[＋可控][＋自主]的语义特征;最后,这些单音节动词具有使用频率比较高,口语化色彩比较浓的特征。符合这三个条件的动词不多,主要有"看""走""去""喫""瞌""嬲""斫""听""坐"等。

"冇$_2$/冇有$_2$＋VP"一般在假设复句的后一分句中做谓语,如例(182)、例(183)、例(184);也可以与"有＋VP"进行对举,对举时情态义更加显赫;还可以单说,但往往是说话者承相关语境而省略。例如:

(187) 做正过作业个人有饭喫,冇做正个人就冇喫。(做完作业的人可以吃饭,没有做完的人就不可以吃。)

(188) A:水库管理有规定,办过钓鱼证个可以在水库钓鱼仔。老张办过,老李冇办。(水库管理有规定,办过钓鱼证的可以在水库钓鱼。

老张办了,老李没有办。)

B:许就老张有钓,老李冇/冇有钓。(那就老张可以钓,老李不可以钓。)

3. "冇$_2$/冇有$_2$"的语法化

"冇$_2$/冇有$_2$"的情态义产生的句法环境是"冇$_1$/冇有$_1$＋N$_{受事}$＋V",这是"冇$_1$/冇有$_1$"向"冇$_2$/冇有$_2$"过渡的重要句法格式。例如:

(189)冇/冇有觉瞓。

(190)冇/冇有饭喫。

(191)冇/冇有书看。

如果说话者以第一人称或第三人称的客观视角去陈述某一件事的不存在,"冇/冇有"是动词,直接否定"N"的不存在,间接否定了"V",即"冇/冇有"的否定焦点是"N"。该结构的层次可分析为:

(192)昨日我[冇/冇有觉]瞓。(昨天我没有觉睡。)

(193)昨日我[冇/冇有饭]喫。(昨天我没有饭吃。)

(194)今阿我[冇/冇有书]看。(今天我没有书看。)

以上例句的时间可以是过去,也可以是现在,一般不能是将来。如果是将来时间范畴,就可能产生歧义。例如:

(195)明日我冇/冇有觉瞓。(明天我没有觉睡。)

(196)明日我冇/冇有饭喫。(明天我没有饭吃。)

(197)明日我冇/冇有书看。(明天我没有书看。)

以上例句可以两种理解:一是由于某种客观原因的存在,将来某个时间"我没有NV",如"明天我冇/冇有饭喫"的原因是"明天家里没有了米,或者没有电,或者没有水等,做不成饭"。二是由于外在的要求,将来某个时间"我不能VN",如"明天我冇/冇有饭喫"的原因是"医生下了医嘱,手术后三天不能吃饭,只能吃流质"。

以上例句的第二种禁止情态义还不是很显赫,如果换成第二人称且用祈使句的降调,说话者的禁止、不许可对方做某事的情态义就显现出来了。例如:

(198)明日尔冇/冇有觉瞓。(明天你没有觉睡。)

(199)明日尔冇/冇有饭喫。(明天你没有饭吃。)

(200)明日尔冇/冇有书看。(明天你没有书看。)

当然,如果使用陈述句的平稳语调,在一定的语境中还是可以理解为第一种句义。但如果该结构在假设复句中的后一分句出现,禁止情态义就完全显现出来了,不能理解为第一种句义了。例如:

(201)尔明日交唔/不出论文,明日尔冇/冇有觉瞓。(你明天交不出论文,明天你没有觉睡。)

(202)尔明日完唔/不成任务,明日尔冇/冇有饭喫。(你明天完不成任务,明天你没有饭吃。)

(203)尔明日唔/不买书,明日尔冇/冇有书看。(你明天不买书,明天你没有书看。)

上述例句中的"冇$_1$/冇有$_1$＋N$_{受事}$＋V"祈使格式获得了"禁止情态"的构式义,但"冇$_1$/冇有$_1$"的否定焦点依然是"N",因此"冇/冇有"还只能看作否定动词。

构式"冇$_1$/冇有$_1$＋N$_{受事}$＋V"经常使用在假设复句的后一分句中,且常用于口语中。在一定的语境中,"N$_{受事}$"成为交际双方的已知信息,说话者常会省去"N$_{受事}$",构式简缩为"冇/冇有＋V"。"冇$_1$/冇有$_1$"的否定焦点由"N$_{受事}$"变成了"V","冇$_1$/冇有$_1$"吸收了"禁止"构式义,也由否定动词语法化为否定意愿动词"冇$_2$/冇有$_2$",从而产生了一个新的祈使否定表达构式"冇$_2$/冇有$_2$＋V"。例如:

(204)尔明日交唔/不出论文,尔冇/冇有瞓。(你明天交不出论文,你不能睡。)

(205)尔明日完唔/不成任务,尔冇/冇有喫。(你明天完不成任务,你不能吃。)

(206)尔明日唔/不买书,尔冇/冇有看。(你明天不买书,你不能看。)

"冇$_2$/冇有$_2$"的语法化链条可以概括为:冇$_1$/冇有$_1$＋N$_{受事}$＋V→冇$_1$/冇有$_1$＋N$_{受事}$＋V$_{(处于假设复句中)}$→冇$_2$/冇有$_2$＋V。

4."冇$_2$/冇有$_2$"相关讨论

据我们初步调查,与上高毗邻的万载、宜丰、高安、奉新、分宜、丰城均有

"冇₂/冇有₂"的用法。铜鼓、修水、万载、奉新、靖安客家方言点也有"冇₂/冇有₂"的用法。在丰城话中"有"和"冇有₂"的用法有进一步的发展①。例如:

(207) 我有尔喫我个甘蔗。(我允许你吃我的甘蔗。)

(208) 我冇有尔喫我个甘蔗。(我不允许你吃我的甘蔗。)

(209) 尔冇有到我屋里来。(你不可以到我家里来。)

例(207)的"有"后是个主谓谓语句,"有"是"允许"义,例(208)的"冇有"后是个主谓谓语句,"冇有"是"不允许"义,这也是情态动词用法。

"有₂/冇₂/冇有₂"这种用法在赣语其他方言点或其他方言中是否存在,需要进一步调查。从"冇₁/冇有₁"发展到"冇₂/冇有₂"这种现象在方言中虽然不多见,但在古代汉语中也存在相类似的现象。古代汉语"无"就从事物存在否定,发展为事件存在否定(现实性)和祈使否定(禁止,非现实性)两种用法。吕叔湘先生(1921/1984:99—100)指出:"区别毋为禁止之义,無为有无之义,乃后来之事。古代不独禁止之义可作無,有无之义亦可作毋,如韩非子,说林上,'然使十人树之而一人拔至,则毋生杨矣';秦策3,'众口所移,毋翼而飞'皆是也。实则两义初俱有音無字;毋(母)与無(蕪)皆假借字,而二者皆兼有有无与禁止二用。"可见,"無"(无)可能既否定存在(当时间指向过去和现在时),又是否定性祈使(当时间指向未来时),这两个意义是相通的②。

张敏(2002)从类型学的角度提出:据Bybee & Pagliuca(1985)的研究,很多语言表示"存在""领有"的助动词形式与表示施事取向的情态有关,表示施事"存在""领有"的某个行为动作的事件状态中含有情态成分,无论是语境所蕴含的还是助动词所表达的,则可表达"施事取向的情态"(Agent-oriented modality)的意义,而"施事取向的情态"可以发展出"说者取向的情态"(Speaker-oriented modality)。具体到上古汉语,m-系否定词有存在否定演变出祈使否定的演变途径应该是:

存在否定＞施事取向的否定性情态＞说话者取向的否定性情态。

上高话中的"有/冇/冇有"的语言事实可以较好地证明上述演变途径。

---

① 该用法承蒙陈小荷先生提供。
② 关于"无"的否定功能的历时演变承蒙陈振宇先生告知。

肯定性演变途径	"有"用例	否定性演变途径	"冇/冇有"用例
存在、领有	桌仔上有电脑。桌子上有电脑。	存在否定	桌仔上冇/冇有电脑。桌子上没有电脑。
施事取向的情态	明日天有晴。明天会转晴。	施事取向的否定性情态	明日天冇/冇有晴。明天不会转晴。
说话者取向的情态	尔有去上海。你可以去上海。	说话者取向的否定性情态	尔冇/冇有去上海。你不可以去上海。

13.2.4.3 冇$_3$的否定式

1. 冇$_3$+V

"冇$_3$"是否定副词,能修饰由动词构成的谓语,因动词的次类不同,其语法意义也略有不同,下面分类介绍。

A:"冇$_3$+V$_{瞬间}$"

"冇$_3$"可否定瞬间动作构成的谓语,表示相应动作未能实现。例如:

(210)我当时冇看清。(我当时没看清。)

(211)今年冇买过车,明年再话。(今年不买车了,明年再说。)

B:"冇$_3$+V$_{行为}$"

"冇$_3$"可以否定由动作行为动词构成的谓语,表示动作行为没有发生。例如:

(212)渠冇走。(他没走。)

(213)火车还冇来。(火车还没有来。)

(214)老妹还冇瞌。(妹妹还买有睡觉。)

C:"冇$_3$+V$_{心理}$"

"冇$_3$"可以否定心理动词构成"冇$_3$+VP$_{心理}$"格式,该格式表示对心理状态的否定,或者否定心理状态发生了变化。例如:

(215)我冇喜欢来渠。(我没有喜欢过他。)

(216)我冇疑渠是贼牯。(我没有怀疑他是小偷。)

D:"冇$_3$+V+过/来+(O)"

"冇$_3$"可出现在包含体标记"过"或"来"的句子中,否定事件的历时性。

例如：

(217) 渠冇当过/来兵。（他没有当过兵。）

(218) 渠冇去过/来上海。（他没有去过上海。）

"冇$_3$＋V"可以做定语。例如：

(219) 冇来个人扣十块钱。（没来的人扣十块钱。）

(220) 冇卖个猪畜一个月凑。（没卖的猪再养一个月。）

(221) 冇撒个肥料带回去。（没撒的肥料带回去。）

"冇$_3$"可以修饰大部分动词，但属性、关系类动词（是、等于、属于）、能愿动词（肯、可以、应当、应该）、认知动词（晓得、认得、记得）等不能受"冇$_3$"的修饰。

2. 冇$_3$＋VO

"冇$_3$"可以否定一个动宾短语，表示所说的事情还没有发生。例如：

(222) 阳阳冇去读书。（阳阳没去读书。）

(223) 婆婆冇喫饭。（奶奶没吃饭。）

(224) 我今阿冇上网。（我今天没上网。）

(225) 渠冇带手机。（他没有带手机。）

"冇$_3$＋VO"式中的宾语一般可以提到否定词"冇$_3$"前面，构成"N＋冇$_3$＋V"。例如：

(226) 婆婆饭冇喫。（奶奶饭没有吃。）

(227) 渠手机冇带。（他没有带手机。）

"冇$_3$"还可以否定双宾语格式。例如：

(228) 我冇骂渠几句。（我没骂他几句。）

(229) 我冇借$_{借出}$几百块钱渠。（我没借给他几百块钱。）

3. 冇$_3$＋V＋C

"冇$_3$"否定的动补结构的焦点在补语上，根据动补结构的不同类型，我们可以把"冇$_3$＋V＋C"分成三类：C是结果补语，C是趋向补语，C是数量补语。

C是结果补语：

(230) 衣裳冇洗干净。（衣服没有洗干净。）

(231)箇件事还冇想好。(这件事还没有想好。)

C是趋向补语：

(232)我今阿冇出去。(我今天没有出去。)

(233)渠昨日夜头冇归来。(他昨天晚上没有回来。)

C是数量补语：

(234)箇瓶油冇喫一个月就喫正过。(这瓶油没有吃到一个月就吃完了。)

(235)A：我人出来打工有一个月吧？(咱们出来打工有一个月吧？)

B：还冇到一个月。(还冇到一个月。)

"冇$_3$+V+数量短语"表达的是"不到某数量"，往往表达了主观小量意味。

4. 冇$_3$+AP

"冇$_3$"否定某种性质状态时，一般放在性质状态的形容词前。"冇$_3$"对形容词有一定的选择性，即限于表状态变化的性质形容词，如"红""绿""黄""满""烂""臭""滚（热）""冷""熟""硬""软"等。"冇$_3$+AP"一般在句中作谓语。例如：

(236)西瓜瓤还冇红。(西瓜瓤还没有红。)

(237)猪脚还冇烂，要焖阵仔凑。(猪脚还没有烂，要再炖一会儿。)

(238)开水还冇冷。(开水还没有凉。)

(239)鸡蛋冇臭，还可以喫。(鸡蛋没有臭，还可以吃。)

5. 冇$_3$+代词+VP/AP

"冇$_3$"后接代词"箇么""许么""凶仔"，否定某种程度。例如：

(240)我冇箇么喜欢渠。(我没这么喜欢他。)

(241)我冇凶仔欺负渠。(我没怎么欺负她。)

(242)事情冇箇么简单。(事情没那么简单。)

(243)箇只手机冇许么贵。(这部手机没有那么昂贵。)

6. V/A①过(O)+也+冇$_3$？

上高话的"冇$_3$"可以出现在正反问句的末尾，形成"V/A 过(O)+也+冇$_3$？"句

---

① "A"是指表状态变化的性质形容词，如"烂""臭""熟""硬""黄"等。

式,往往用来询问动作、状态是否已经发生,相当于普通话的"V+过+没有",不用于询问未发生的事。而询问未发生的事用"不/唔"构成的正反问格式。例如:

(244) 箇本书尔看过也冇?(这本书你看了没有?)

(245) 尔早晨读过书也冇?(你早晨读了书没有?)

(246) 渠上过班也冇?(他上了班没有?)

例(244)至(246)正反问句式有上高话的特色,其一,"冇"前一般要出现语气词"也";其二,"冇"后一般省略 VP。

7. 冇$_3$+介词+V

介词有"在""到""从""对""向""靠""遮""拿""用""畀""让""跟""同""比"等。例如:

(247) 老王出过国,冇在北京住。(老王出国了,没在北京住。)

(248) 哥哥读大学冇向屋下要一分钱。(哥哥读大学没有向家里要一分钱。)

(249) 今阿运气好,冇畀雨淋到。(今天运气好,没有被雨淋到。)

(250) 箇件事我冇跟别人话来。(这件事我没有跟别人说过。)

(251) 渠冇比我大蛮多。(他没比我大很多。)

8. VC 过/V 过 O—啊—冇$_3$

"VC 过—啊—冇$_3$"是正反问结构,例如:

(252) 手表修好过啊冇?(手表修好了没有?)

(253) 作业做正过啊冇?(作业做完了没有?)

(254) 尔去过北京啊冇?(你去了北京没有?)

(255) 看过电影啊冇?(看了电影没有?)

13.3 莫、嫑、唔爱、唔着

13.3.1 "莫""嫑""唔爱""唔着"使用情况

赣西北客赣方言中与"别、不要"功能相似的否定词是"莫""嫑""唔爱""唔着",各方言点具体使用情况见表 13-3。

表 13-3　否定词"莫""覅""唔爱""唔着"

	丰城	樟树	新干	新余	分宜	袁州	萍乡	上栗	万载	宜丰	上高
别 普通话例词	莫	莫	莫	不要	覅、莫	莫	不要	不要	莫	莫	莫
甭 普通话例词	莫	莫		不要	覅、莫	莫	不要	不要	莫	莫	莫

	高安	奉新	靖安	武宁	修水	铜鼓	奉新客	靖安客	万载客	修水客	铜鼓客
莫 普通话例词	莫	莫	莫	覅	莫	莫	莫	莫	莫	莫	莫
甭 普通话例词	莫	莫		覅	莫		唔爱	唔着	唔爱	唔爱	唔爱

上表表明：在赣西北大多数方言点中，"别"和"甭"均用否定副词"莫"；武宁、分宜用"覅"；萍乡、上栗、新余用"不要"；其他地方都用"莫"。但铜鼓客、奉新客、修水客、万载客这四个客家点的"甭"用"唔爱"，靖安客点的"甭"用"唔着"。

13.3.2 "莫"字句的语义与功能①

本节以上高话为例深入探讨"莫"字句的语义和功能。上高话中的"莫"是个否定副词，其用法与普通话的"别"相当。由"莫"构成的否定句表达了"否定性意愿"的语法意义。"莫"字句因人称、否定对象等句法环境的不同，其语法意义、功能又可分为四类：(1) 否定性意愿(莫话事，用心做作业！别说话，认真做作业！)；(2) 否定性警告(尔落脚莫让我碰到，碰到一转打一转！你以后别让我碰到，碰到一次打一次！)；(3) 否定性估测(屋下乱七八糟个，莫着过贼吧？家里乱七八糟的，不会进了贼吧？)；(4) 否定性评价(一般个人就莫箇么高个要求。一般的人别那么高的要求了。)。

13.3.2.1 否定性意愿"莫"字句

"莫"字句的"否定性意愿"是指说话者在意愿上对对方的言行进行否定。根据"莫"的否定对象的不同，否定程度从强至弱具体表现为：禁止＞劝阻＞提醒＞安慰＞祈求。

1. 禁止

禁止往往是地位高者对地位低者发出命令，禁止对方做某事。这是"莫"字

---

① 上高话的"莫"字句相关研究内容独立成文：《赣语上高话的"莫"字句》，《宜春学院学报》2016 年第 7 期。

句祈使否定语气中最强的一种,不允许对方反驳,说话者对对方的言行能够达到制止或控制的效果。在语音上,"莫"的读音短促,不能拖长。能进入"莫$_{禁止}$＋VP"格式中的谓语动词是动作性较强的可控自主动词,如"走、跑、哭、打、洗、斫(砍)、摘"等。例如:

(256) 莫哭,吵死过!(别哭,吵死了!)

(257) 莫到河里壮洗!(别到河里洗澡!)

(258) 上课莫话事!(上课别说话!)

(259) 考试莫抄袭!(考试别抄袭!)

(260) 酒后莫开车!(酒后别开车!)

2. 劝阻

"劝阻"是当对方的言行举止不符合说话者期待时,说话者劝告对方不要做某事,语气比"禁止莫字句"要弱些。说话者的地位可以比对方更高,也可以对等。说话者的劝阻对方的言行没有约束力、控制力,对方是否接受完全在于自己。在语音上,"莫"的读音平缓,可延长。能进入"莫$_{劝阻}$＋VP"格式中的谓语动词也是动作性较强的可控性自主动词,如"看、跳、唱、哭、骂、话事(说话)、等、买、找"等。例如:

(261) 莫总看书嘞,眼睛会喫唔/不消嗰。(别一直看书嘞,眼睛会受不了的!)

(262) 尔上课莫话事嘞,尔话事影响别人听课。(你上课别说话嘞,你说话影响别人听课。)

(263) 尔早忽仔瞌嘞,莫总上网,明日还要上课。(你早点儿睡觉嘞,别一直上网,明天还要上课。)

(264) 莫熬夜嘞,当心身体嘞。(别熬夜嘞,当心身体嘞。)

(265) 尔要活正经命嘞,莫赌过钱咧!(你要过正常人的生活嘞,别赌了钱!)

"禁止"和"劝阻"的话语功能是一个大致的分类,有交叉是不可避免的。但对立差异还是明显的,首先是语气程度差异,邵敬敏(2001)指出"否定形式的祈使句,语气强烈的是禁止句,委婉的是劝阻句"。其次是语用差异,从语义上看,"禁止"和"劝阻"都属于"制止对方言行"范畴,但前者有约束力,后者没有约束力;最后是形式差异,禁止"莫"字句言语简洁,一般句末没有语气词,也没有相关解释和说明的小句出现,而劝阻"莫"字句的句末一般有表"劝阻"语气词"嘞",也有说话者的相关解释或说明出现在"莫"字句前后。如(258 例)和例(263)。

3. 提醒

"提醒"是当听话者表现出对某种言行的无知、忽视或遗忘,说话者通过提示、告诫等方法引起听话者的重视,唤起听话者注意,使对方不要做某事或避免发生某事,语气稍弱于"劝阻莫字句"。在语音上,"莫"的读音平缓,可延长。说话者与听话者的地位关系没有限制,可高可低,也可对等。能进入"莫_{提醒}+VP"格式中的谓语动词可以是动作性较强的可控性自主动词,如"走""跳""唱"等,也可以是可控性非自主动词,如"耽误""跌泼_{丢掉}""来落_{落下}"等。例如:

(266) 天在块落大雨,车仔莫开快过咧!(天在下大雨,车子别开快了!)

(267) 箇边有烂玻璃,莫走箇边!(这边有碎玻璃,别走这边!)

(268) 莫来落过锁匙!(别忘记了钥匙!)

(269) 莫跌泼过钱包咧!(别掉了钱包!)

部分与人情状相关的消极义形容词,如"小气""气人""急人""懒_{懒惰}""热杀_{顽皮}""傲气_{骄傲}""妖里妖气""懵里懵懂""笨手笨脚""扭扭捏捏"等,这一类词具有可控性,能够进入"提醒莫字句"。例如:

(270) 莫小气!(别小气!)

(271) 尔考得好也莫傲气!(你考得好也别骄傲!)

(272) 尔到客人屋里莫调皮嘞。(你到客人家里别调皮。)

(273) 大人叫尔做事要爽快忽仔,莫扭扭捏捏!(大人叫你做事要爽快点,别扭扭捏捏的!)

部分性质形容词,如"壮_胖""瘦""早""晏_晚""关_{聪明}""红""绿""甜""苦""远""近""白""暗"等,部分褒义形容词,如"大方""客气""高兴""用功"等,这两类形容词不能直接接受"莫"的修饰,必须在前面加一个程度副词"特"或指示程度词"箇/箇么",使之形成"过犹不及"的效果,即使性质形容词和褒义的形容词转化成贬义性质的形容性词组。袁毓林认为普通话[+自主][+褒义]形容词一般不能进入"别+形容词"格式。这一点赣语上高话的"莫"字句有相同的情况,据阮桂君报道的吴语宁波话的"莫"字句也有这种情况,如"莫大方""莫高兴""莫用功"是一般不说的,加上"特""箇/箇么"才能成立。"莫_{提醒}+特/箇/箇么+adj."格式表达了说话者提醒听话者的言行避免产生某种性质、状态。例如:

(274) 做人莫特关过！（做人别太聪明了！）

(275) 炒红烧肉莫特甜过，甜过唔好喫。（炒红烧肉别忒甜了，甜了不好吃。）

(276) 莫箇客气，齐家随便忽仔！（别这么客气，大家随便点！）

(277) 莫特用功过，要注意休息下仔。（别太刻苦了，要注意休息下子。）

4. 安慰

"安慰"是说话者在听话者遭遇到不太好的事情时，出言鼓励，使听话者不要或避免产生某种状态。语气比"提醒莫字句"更加平缓。说话者与听话者的地位关系没有限制，可高可低，也可对等。能进入"安慰莫字句"的否定项一般是具有贬义的形容词或形容词性词组，如"伤心""担心""生气""急（焦急）"等。例如：

(278) 妈妈莫生气，我保证不打过架。（妈妈别生气，我保证不打架了。）

(279) 尔莫担心，尔伲崽个病医得好。（你别担心，你儿子的病能医好。）

(280) 尔莫急，车票马上会送过来。（你别着急，车票马上会送过来。）

(281) 考试莫紧张，慢忽仔做。（考试别紧张，慢点儿做。）

5. 祈求

"祈求"是说话者认为听话者可能会做一件对自己或他人不利的事，而这件事不是自己能控制的，因此说话者以弱者身份或保护自身利益出发，恳切地希望对方不要做某件事或进行某种活动，语气与"劝阻莫字句"相当，"莫"的读音一般会拖长。说话者对对方几乎没有什么制约或控制能力。能进入"莫_{祈求}＋VP"格式中的谓语动词也是动作性较强的可控性自主或非自主动词，如"打、跳、唱、哭、骂、跌泼、来落"等，也可以是非可控性非自主动词，如"落雨""地震""捺雷火_{闪电}"等，这类"莫"字句的主语一般是超人力量的"神"，如"老天/老天爷"等。例如：

(282) 爸爸莫打过咧，我以后会听话咧。（爸爸别打了，我以后会听话了。）

(283) 尔莫去偷过东西咧，长大过会去坐牢咧。（你别去偷了东西，长大了会去坐牢的。）

(284) 尔莫赌过钱咧，家门都会畀你赌泼来嗟咧。（你别赌钱了，家都会被你赌掉。）

(285) 老天莫落过雨咧，禾会浸煞嗟咧。（老天别下雨了，水稻马上要淹死了。）

(286) 老天莫响过雷公咧，我吓得半死。（老天别打雷了，我吓得半死。）

13.3.2.2 否定性警告"莫"字句

"莫"字句的"否定性警告"是指说话者从对方立场出发,告诫对方不要发生某些错误言行,或不要让说话者知晓这些错误言行,否则说话者将采取相关反制手段。该句式语气很强烈,"莫"后往往采用第一人称,凸显了警告的语用效果。例如:

(287) 许只骗仔手,莫让我碰到,碰到过是,打死渠来。(那个诈骗犯,别让我碰到,要是碰到的话打死他。)

(288) 尔下次骂娘莫让我听到,听到过是,撕烂你个嘴筒来。(你下次骂娘别让我听到,要是听到了的话,将撕烂你的嘴巴。)

(289) 尔偷东西莫让我捉到,捉到过是,打死你来。(你偷东西别让我捉到,要是捉到的话会打死你。)

(290) 莫让我晓得,让我晓得你再打过我个崽是,我就剁落你个手来。(别让我知道,要是让我知道你再打了我的儿子的话,我就砍掉你的手。)

13.3.2.3 否定性估测"莫"字句

"莫"字句的"否定性估测"是指说话者估测某种事情可能或已经发生了。如果否定项是消极事件,那表达的是说话者不愿发生的事情可能或已经发生;如果否定项是非消极事件,那表达的是说话者猜测某事件可能或已经发生。该"莫"字句句末一定要用语气词"喔"(疑问语气)或"吧"(估测语气)相配,构成"莫估测＋VP＋喔/吧"句式,大部分动词都可进入该格式。具有性质变化的动态形容词(如"熟、红、冷、热人"等)可以进入莫字句,构成"莫估测＋adj.＋哦/吧"句式。例如:

(291) 渠莫走过喔/吧?(他不会走了吧?)

(292) 箇只手机箇便宜,尔莫买到水货喔/吧?(这部手机这么便宜,你不会买到水货吧?)

(293) 箇扇墙莫会倒嗟喔/吧?(这扇墙不会马上要倒塌吧?)

(294) 天莫会落雨嗟喔/吧?(天不会马上要下雨吧?)

(295) 田里个西瓜莫熟过喔/吧?(田里的西瓜不会熟了吧?)

(296) 锅里个水莫滚过喔/吧?(锅里的水不会热了吧?)

名词性短语也可以进入莫字句,但一般"莫"后要判断系词"是"相配,有时也

可省去,构成"莫_{估测}+(是)+NP+喔/吧"句式。例如:

(297) 尔莫是上海人喔/吧?(你不会是上海人吧?)

(298) 尔买个肉个颜色箇深,莫是死猪肉喔/吧?(你买的肉的颜色这么深,不会是死猪肉吧?)

(299) A:谁拿走过我个书叻?(谁拿走了我的书哇?)
B:莫小张喔/吧?(不会是小张吧?)

(300) A:阳阳许日满生日叻?(阳阳哪天过生日呀?)
B:莫后日喔/吧?(不会是后天吧?)

13.3.2.4 否定性评价"莫"字句

"莫"字句的"否定性评价"是指说话者对所述对象作出负面的评价。该类"莫"字句的主语不是听话者,而是第三方,或者第三人称。例如:

(301) 渠有忽仔本事也莫显摆。(他有点儿本事也别显摆。)

(302) 小李家下穷就莫去攀有钱个人家。(小李家里穷就别去攀有钱的人家。)

(303) 两口人相骂打架也莫在口下呀,箇会丢人现眼呀。(两口子相骂打架也别在外头啊,这会丢人现眼呀。)

阮桂君(2009)指出:表否定性评价的"莫"字句在宁波方言中多与被动句嵌套着用,而且多用于假设复句。赣语上高话也有同样的用法。例如:

(304) 老张偷人个事莫畀别人晓得,别人晓得过不好。(老张偷情的事别被别人知道,其别人知道了不好。)

(305) 做老师个人莫畀学生看不起,看不起时课就上不正。(做老师的人别被学生看不起,要是看不起的话课就上不成。)

(306) 做娘爷个人莫畀崽女骑在脑牿上作窠。(做父母的人被让子女骑在头上拉屎。)

13.3.3 "莫"字句的人称选择

不同功能的"莫"字句对人称的选择也不一样。一般来说,否定性意愿"莫"字句表达的是祈使否定语气,其主语一般是以第二人称为主,但在实际运用中,人称会经常省略。在例(258)至例(288)中,有27例是第二人称,其中17例省略了第二人称。

否定性估测"莫"字句的主语第一、第二、第三人称都可以充当,例如:

(307) 我莫会得病嗟喔?(我别不会生病吧?)

(308) 尔莫跌波过东西吧?(你别不会丢掉了东西吧?)

(309) 我冇看到渠,渠莫斫柴去过吧?(我没有看到他,他别不会砍柴去了吧?)

否定性评价"莫"字句的主语一般是第三人称。如例(303)至例(308)。

否定性警告"莫"字句主语一般是第二人称,但"莫"后的主谓谓语句的主语一般是第一人称,如例(289)至例(292)。

13.3.4 "莫"的语法化及类型学考察

"莫"在先秦是个否定性无定代词,至西汉时期就产生了否定副词的用法,《史记》中初见其用例。例如:

(310) 秦惠王车裂商君以徇,曰:"莫如商鞅反者!"(《史记·商君列传》)

(311) 子路曰:"吾姑至矣。"子羔曰:"不及,莫践其难。"(《史记·卫康叔世家》)

从中古至近代早期,"莫"逐渐发展成一个很常见的表示禁止的否定副词,与同期的"休""别"相比,处于绝对的优势。但到了元明时期,"休"处于绝对优势,"莫"在北方方言中开始衰落,到了现代,"莫"为"别"所取代。"莫"目前保留以南方方言为主的方言中,具体包括西南官话、江淮官话、吴语、湘语、客语、赣语及其部分闽语。例如:

(312) 莫哭,有啥好哭呢?(别哭,有什么好哭的呢?)(浙江宁波方言,阮桂君 2009)

(313) 你莫在这里现宝啊,硬像一辈子冇喫过肉的。(你别在这里丢人啊,很像一辈子没吃过肉一样。)(武汉方言,赵葵欣 2012)

(314) 百么事有人做,你就莫管。(什么事都有人负责,你就别管了。)(湖北安陆方言,盛银花 2010)

(315) 要他写欠条,莫到时不认账。(要他写欠条,别到时不认账。)(四川西充方言,王春玲 2011)

汉语"莫"由全量否定代词发展出祈使否定用法体现了语言学的共性。据刘丹青(2005)的研究,英语的"no"由一个全量否定词,逐渐发展出祈使否定的用法,如"no＋v＋ing"形式表示禁止。

13.3.5 本节小结

赣西北大部分方言点都用"莫",极少几个方言点用"不要""嫑""唔爱""唔着"。由"莫"构成的否定句表达了"否定性意愿"的语法意义。"莫"字句因人称、否定对象等句法环境的不同,其语法意义、功能又可分为四类：1) 否定性意愿；2) 否定性警告；3) 否定性估测；4) 否定性评价。其中"否定性意愿"句因否定对象的不同,否定程度从强至弱具体表现为：禁止＞劝阻＞提醒＞安慰＞祈求。

13.4 本章小结

本章考察了赣西北客赣方言否定词的使用情况,语法意义及其功能。"唔""不"是非现实范畴主观否定词,"唔"是客家方言的语法成分,也是赣方言底层的语法成分,"不"是普通话的语法成分。赣西北大多数赣方言点"唔""不"共用,"唔""不"的语法语义没有区别,绝大地方可自由替换,但书面语色彩浓厚的地方只能用"不"。"唔""不"的语法语义有四种：1) 表示否定主观意愿或认定；2) 表示否定某种性质、性状、位置和习惯；3) 否定能性；4) 祈使否定。赣西北客赣方言点均用"冇","冇"有否定动词、否定性意愿动词、否定副词的用法；大多数方言点用"冇有",少数方言点用"冇得"（袁州、萍乡、上栗、万载、万载客、铜鼓客),"冇有""冇得"有否定动词、否定性意愿动词的用法。"冇$_1$/冇有$_1$"是现实范畴的客观否定动词,是对领有、存在的否定,也可以表示数量不足和不及；否定性意愿动词"冇$_2$/冇有$_2$""冇得"用在祈使句中,表示"禁止、不允许"的非现实情态义；"冇$_3$"是现实范畴的客观否定副词,可以否定动作或行为已经发生,也可以否定状态已经发生,还可以否定心理状态的实现等。"莫"是个否定副词,其用法与普通话的"别"相当。由"莫"构成的否定句表达了"否定性意愿"的语法意义。"莫"字句因人称、否定对象等句法环境的不同,其语法意义、功能又可分为四类：1) 否定性意愿；2) 否定性警告；3) 否定性估测；4) 否定性评价。极少几个方言点用"不要""嫑""唔爱""唔着"表达祈使否定。

从客赣比较角度看,有如下几点区别:1. 客家方言用否定副词"唔",不用"不";赣方言小部分方言点只用"不",大部分方言点"不""唔"并用。2. 客赣方言都会使用"莫"表示祈使否定,但客家方言还可以用"唔爱""唔着"表达祈使否定,赣方言则用"不要""嫑"表达祈使否定。3. "冇得"主要在赣语区的袁州、萍乡、上栗使用,后扩展到毗邻的万载和铜鼓,导致万载赣语、万载客语和铜鼓客语也多说"冇得"。

第十四章
比较范畴

比较和辨别两种或两种以上同类事物的异同,是语言中一种重要的语义范畴。由相关比较参项构成一定格式表示比较关系的句子称为比较句。从构成上看,比较句通常包含比较项、比较值和比较词。比较项包括比项和被比项;比较项可以是体词性成分,也可以是谓词性成分。比较值可以是"笼统值"(或称"基本值"),也可以是量化值(或称"附加值")。比较词(也称"比较标记")一般由介词等承担,在古代汉语、现代汉语、方言中所用的形式不尽相同,主要有"比""于""跟""同"等。比较句中有时还出现比较点,比较点的隐现、位置与语用关系密切,情况也比较复杂。

关于比较句的内部划分,比较有代表性的有如下一些:《马氏文通》根据语义关系把古代汉语的比较范畴分为"平比、差比、极比"三级;吕叔湘(1942/1993)从"类同、比拟、近似、高下、不及、胜过、尤最、就动作比较、得失:宁、不如、倚变(比例)"十一个方面来讨论比较句,吕先生是从广义角度来讨论比较句的;丁声树(1961)把比较句分成平比句和差比句两种;汪国胜(2000)将比较句分为差比句、极比句、递比句、等比句。本章参照汪国胜先生的分类,考察赣西北客赣方言比较句的语义类型及基本格式,重点考察一些特殊的比较句式。比如,差比句在上高、袁州等地有"A+W+过/似+B"的句式,如"读书我差似你,做生意我强似你";极比句在万载、上高、高安等地有"A 不 A 似甲"的句式,如"香不香似大蒜葱"。

为了行文简洁,本章采用如下字母代替相关内容:

A:比项(又称"主体")

B:被比项(又称"基准")

W:比较结果的基本值

Z：比较结果的量化值

如：我(A)比你(B)大(W)三岁(Z)。

14.1 等 比 句

等比句用来比较事物的异同，表示相比的事物在某一方面或某个点上一致。赣西北客赣方言的等比句的比较词有"跟""望""□[tɕʰiɛu35]""同(拉/格)""绕"等。其中"跟"使用比较广泛，赣西北客赣方言的二十二个点都使用；万载、袁州还用"望"；分宜还用"□[tɕʰiɛu35]"，铜鼓客、奉新客等五个客家方言点还用"绕"；上高点还用"同拉"；高安点还用"同格"；丰城、新干、新余、袁州、上栗、奉新、修水还用"同"。各方言点具体使用情况见表14-1。

表14-1 赣西北客赣方言等比句比较词分布

	丰城	樟树	新干	新余	分宜	袁州	萍乡	上栗	万载	宜丰	上高
比较词	跟同	跟	跟同	跟同	□[tɕʰiɛu35]跟	望跟同	跟	同跟	望跟	跟和	跟同拉

	高安	奉新	靖安	武宁	修水	铜鼓	奉新客	靖安客	万载客	修水客	铜鼓客
比较词	跟同格	同跟绕	跟绕	跟	跟绕	跟同	同跟	绕跟	绕望跟	绕跟	绕跟

14.1.1 表肯定意义的等比句

1. A+跟/望/同(拉/格)/绕/□[tɕʰiɛu35]+B+一样/一色/差不多(+W)

"一样/一色/差不多"既是比较词，也表示比较的结果。"一样"和"一色"指比较结果完全一致，但感情色彩不一样，"一样"是中性偏褒义，"一色"中性偏贬义，赣西北客赣方言各方言点均用"一样"，万载、宜丰、上高、高安、奉新、靖安、奉新客、靖安客等还用"一色"；"差不多"表示比较结果非常接近，无感情色彩差异，赣西北客赣方言都使用，但使用频率不高。在一般情况下"一样/一色"后需要加结构助词"个","差不多"后需要加后缀"仔",有表差别小的作用。赣西北客赣方言比较词使用情况见"表 14-1"。该句式如果在前一分句,通常后续句加上表示类同的"也"字。例如①:

(1) 我个工资同拉/跟尔个一样个,也是两千一百块钱。(我的工资和你的一样的,也是两千一百块钱。)

(2) 渠个女同拉/跟渠一色个,也是一只狐狸婆。(她的女儿和她一样的,也是一个蛮横的女人。)

(3) 你个年纪□[tɕʰiɛu³⁵]/跟我爸爸差不多。(你的年纪和我爸爸差不多。)(分宜)

(4) 渠个崽望/跟你个崽一样个,今年也是十岁。(他的儿子和你的儿子一样的,今年也是十岁。)(袁州)

(5) 我望/跟尔一样个,也是中学老师。(我和你一样的,也是中学老师。)(万载)

(6) 渠绕/跟你个年纪一样个,都是二十岁。(我和你的年龄一样的,都是二十岁。)(奉新客)

"一样""一色"的比较点可以是数量、程度、类别等,但"差不多"比较点可以是数量、程度,但不能是"类别"。由于"差不多"在语义上虽"几乎相同",但仍旧有差别,而事物相比较,其结果不是等同,就是不同。例如:

(7) 我个手机同拉/跟尔个一样个,也是苹果手机。(我的手机和你的一样的,也是苹果手机。)

上例若把"一样"换成"差不多"就不能说。

"A+跟/望/同(拉/格)/绕/□[tɕʰiɛu³⁵]+B+一样/一色/差不多(+W)"句式后可加比较值"W","W"主要由形容词或动词充当。由于"一样"中性偏褒义,"一色"中性偏贬义,为了语义上的协调性,W 的感情色彩也应与之一致性;"差不多"与"W"相配,没有感情色彩要求。例如:

(8) 我同拉/跟尔一样高仔。(我和你一样高。)

(9) 李老师绕/跟张老师一样好。(李老师和张老师一样好。)(铜鼓客)

(10) 崽望/跟爷一色个坏。(儿子和父亲一样坏。)(袁州)

---

① 本章的例句如果没有标明方言点,均为上高话用例。

(11) 小张同拉/跟小李一色个丑猾。(小张和小李一样狡猾。)

(12) 我□[tɕʰiɛu³⁵]/跟渠差不多仔重(我和他差不多重。)(分宜)

(13) 明明同拉/跟兵兵差不多仔勒杀。(明明和兵兵差不多调皮。)

"A+跟/望/同(拉/格)/绕/□[tɕʰiɛu³⁵]+B+一样/一色/差不多+W"句式也可以省去比较词"跟/望/同(拉/格)/绕/□[tɕʰiɛu³⁵]",构成"A+B+一样/一色/差不多+W"的句式。A、B一般要求同类别事物或事件。例如:

(14) 张三、李四一样高。(张三和李四一样高。)

(15) 北大、清华一样好。(北大和清华一样好。)

(16) 爷、崽一色个心毒。(父亲和儿子一样的阴毒。)

(17) 湖南、湖北差不多大。(湖南和湖北差不多大。)

"A+跟/望/同(拉/格)/绕/□[tɕʰiɛu³⁵]+B+一样/一色/差不多(+W)"句式对W是有选择性的,一般来说,表性质的形容词以及表示多少等的数量形容词均可以作为比较的形容词,但一部分状态形容词不能用,如"雪白、鲜红、揪圆、飞薄、乜乌、松黄、冰冷、焦干、邦硬、拉粗"等。

W还可以是动词或动词短语,B为A的被比项,在语法功能上与"跟/望/同(拉/格)/绕/□[tɕʰiɛu³⁵]+B+一样/一色"一起作状语,修饰作谓词的动词或者动词短语。例如:

(18) 在乡下,女客人[同拉/跟男客人一样个]耕田挑担。(在乡下,女人和男人一样地犁田挑担。)

(19) 乡下人[望/跟城里人一样个]买车。(乡下人和城里人一样地买车。)(万载)

(20) 张三[绕/跟李四一色个]坑蒙拐骗。(张三和李四一样地坑蒙拐骗。)(铜鼓客)

W还可以是表示心理、生理状态的动词和"V人"类结构,例如喜欢、难过、瞎、聋、燥、醉、痛、酸、冷人、热人、辣人、痛人。例如:

(21) 我同拉/跟渠一样个难过。(我和他一样伤心。)

(22) 娘望/跟爷一样个聋。(妈妈和爸爸一样聋。)(袁州)

(23) 武汉绕/跟北京一样个冷人。(武汉和北京一样的冷。)(铜鼓客)

(24) 青辣椒同格/跟红辣椒一样个辣人。(青辣椒和红辣椒一样辣。)

(高安)

2. A+有+B+(样)W(形容词)

"A+有+B+(样)W"句式的等比标记为"有",表示存在"A 几乎等同 B"的情况。W是比较值,一般是形容词。赣西北客赣方言二十二个点均使用该句式。例如:

(25)明明读书有尔好。(明明学习成绩和你差不多好。)

(26)我个年纪有尔大。(我的年纪和你差不多大。)

(27)渠有尔高。(他和你差不多高。)

例(25)、(26)、(27)在分宜话中一般需要在形容词前加"样","样"是"一样"的省略。

"A+有+B+W"句式的 W 之前还可以加上表程度的指示代词"许样""许么"[1],构成"A+有+B+许样/许么/+W"句式,但还是表示"A 和 B 差不多"。例如:

(28)张三有李四许么高。(张三有李四那么高。)

(29)尔有渠许么壮。(你有他那么胖。)

(30)考研有考大学许样难。(考研有考大学那样难。)

(31)打禾有担谷许样累。(脱谷子有挑谷子那样累。)

14.1.2 表否定意义的等比句

1. A+跟/望/同(拉/格)/绕/□[$tɕʰiɛu^{35}$]+B+唔/不[2]+一样/一色+(W)

该格式是"A+跟/望/同(拉/格)/绕/□[$tɕʰiɛu^{35}$]+B+一样/一色+(W)"的否定式,但"A+跟/望/同(拉/格)/绕/□[$tɕʰiɛu^{35}$]+B+差不多+(W)"没有相对应的否定说法。例如:

(32)你个年纪望渠个不一样。(你的年龄和他的不一样。)(袁州)

(33)张三望李四不一样个高。(张三和李四不一样高。)(袁州)

(34)箇块田同拉/跟许块田不一样,箇块田更肥仔。(这块田跟那块田不一

---

[1] "许样""许么"是上高方言的指示代词,其他方言点的指示代词形式不同,但功用一样,为节省篇幅,文中不再列出。

[2] "唔"和"不"在上高、高安、丰城等方言点是可以自由替换使用的,为行为简洁,本章中的用例,一律用"不",不再"唔""不"并举。

样,这块田更肥点。)

(35) 尔同拉/跟渠不一样个重。(你和他不一样重。)

(36) 箇只手机同拉/跟许只手机不一色仔个。(这部手机和那部手机不一样的。)

(37) 尔伲个电视机同拉/跟我伲个电视机不一色仔个。(你家的电视机和我家的电视机不一样的。)

"一色"在肯定句式中往往表示贬义,但在否定句式中还可以表示中性。由于"色"在这里往往表示类型等概念,"一色"即同一种类型的事物或同一性质的事件等。例(35)、(36)表示中性义。

2. A+唔/不+跟/望/同(拉/格)/绕/□[tɕʰiɛu³⁵]+B+一样+(W)

该句式的否定词在比较词之前,直接否定"跟/望/同(拉/格)/绕/□[tɕʰiɛu³⁵]+B+一样+(W)"结构。例如:

(38) 我不同拉/跟渠一样个坏。(我和他不一样坏。)

(39) 明明不同拉/跟兵兵一样高仔。(明明不和兵兵一样高。)

(40) 张三不同拉/跟李四一色个好喫懒做。(张三不和李四一样的好吃懒做。)

以上两种类型主要是否定词的所在位置不同,在表意上也有细微差别。"A+跟/望/同(拉/格)/绕/□[tɕʰiɛu³⁵]+B+唔/不+一样/一色+(W)"句式强调两个比较对象的不同,"A+唔/不+跟/望/同(拉/格)/绕/□[tɕʰiɛu³⁵]+B+一样/一色+(W)"则是陈述不一样的事实。前一句式具有主观性,后一句式具有客观性。不过这两类句式都没有说出明确的比较结果量化值Z。

14.2 差比句

差比句就是两个(或多个)比较对象在程度、数量、性状等方面有差别的句子。差比句可以分成两种:表胜过的差比句和表不及的差比句。表胜过的差比句也就是表达肯定意义的差比句,表不及的差比句也就是表达否定意义的差比句。

14.2.1 表肯定意义的差比句

1. A 比 B＋W＋(Z)

这是汉语中比较常见的比较句式。在赣西北客赣方言中,比较项 A、B 可以是体词性的,也可以谓词性的。差比量化值 Z 可以是具体的精确数,也可以是不定量"一忽仔""一麻仔""一滴仔""好多""蛮多"等。例如:

(41) 我比渠壮。(我比他胖。)

(42) 广州比南昌暖活。(广州比南昌暖和。)

(43) 我比渠长忽仔/蛮多。(我比他高一点/很多。)

(44) 今阿落个雨比昨日落个雨大。(今天下的雨比昨天的大。)

(45) 用板车拖谷比用肩佬牯担谷轻快。(用板车拖谷子比用肩膀挑谷子轻松。)

(46) 耕整机耕田比牛耕田快蛮多。(耕整机耕田比牛耕田快很多。)

(47) 晚米比早米好喫多过。(晚米比早米好吃多了。)

(48) 老张比老李更有钱。

(49) 我比尔个损失还要大。(我比你的损失还要大。)

例(41)、(42)、(43)的比较点(体重、温度)隐含的句子中;例(44)是状动宾比较,比较点是"雨";例(45)是状动宾比较,比较点是运输谷子的方式;例(46)是主谓短语比较,比较点是耕田效率,Z 是"蛮多";例(47)的比较点是"口感",Z 是"多";例(48)、(49)在 W 前出现了程度副词"更""还",表示程度加深。

袁州话的 W 是形容词,后面的 Z 可以作补语。W 和补语 Z 之间用"得"或不用"得"而带"哩"尾,有强调语气的作用。以袁州话为例:

(50) 你比老王高得多。(你比老王高很多。)

(51) 你比老王高多哩。(你比老王高很多。)

(52) 你比老王高得一寸。(你比老王高一寸。)

例(51)中的"哩"必不可少,否则就不成句。

2. A＋W＋B＋Z

这个句式的特点是比较词为零形式,"A＋W＋B"是一种较早的古汉语比较句式,目前在汉语方言中比较少见,若在"A＋W＋B"后加上数量词,则是一种很常见的差比句。此句式的 B 项是比较简单的表人名词或代词,W 一般是常用的单音节性质形容词,如"大、重、矮、多、白"等。Z可以是具体的精确数,也可以是不定量"一忽仔""一麻仔""一滴仔""蛮多"等。"大""重""矮""多"可与精确数和不定量相配,但"白""黑""光亮"等只能与不定量相配。例如:

(53) 张三重李四二十斤/蛮多。(张三比李四重二十斤/很多。)

(54) 我大渠十岁/一忽仔。(我比他大十岁/一点儿。)

(55) 尔高我三公分/蛮多。(你比我高三公分/很多。)

(56) 尔白我蛮多。(你[的皮肤]比我白很多。)

(57) 张三黑李四一忽仔。(张三比李四黑一点儿。)

(58) 日光灯光白炽灯蛮多。(日光灯比白炽灯亮很多。)

3. A+W+过/似+B

"A+W+过+B"格式是古汉语常用的比较句格式,比较词"过"引进被比项。在赣西北的丰城、樟树、新干、新余、上栗、万载、宜丰、上高、高安、万载客、靖安客、修水客等方言点也有这种表达格式,但使用频率不高。丰城话在形容词前常常加上语气副词"确实",强调比较的结果。例如:

(59) 你高过老王。(你比老王高。)(新余)

(60) 尔强过渠。(你比他强。)(万载)

(61) 你好过我。(你比我好。)(樟树)

(62) 你确实高过我。(你确实比我高。)(丰城)

(63) 今年确实热过旧年。(今年确实比去年热。)(丰城)

(64) 你白过渠。(你比他白。)(修水客)

"A+W+似+B"也是古汉语比较句格式,这种差比句一般用于差距不是太明显的两个事物之间的比较。用"似"表示差异,不提差异的程度。W一般是单音节性质形容词。上高、万载、袁州有这种用法,但使用频率不高。以袁州话为例:

(65) 你强似渠。(你比他强。)

(66) 你好似我。(你比我好。)

(67) 我大似渠。(我比他大。)

(68) 跑步我快似渠。(跑步我比他快。)

(69) 语文我差似你,数学我强似你。(语文我比你差,数学我比你好。)

这两种格式在被比项 B 后面不能附加 Z，即该格式不能表达比项和被比项之间的比较量化值。

4. "A＋比得赢/过＋B"或"A＋比得＋B＋赢/过"

"A＋比得赢/过＋B"或"A＋比得＋B＋赢/过"都表达了 A 胜过 B 的语义，但由于重音、焦点往往在句末，前者强调被比项，后者强调比较结果。赣西北客赣方言对该差比句中的比较结果"赢"或"过"有一定的倾向性，袁州、万载、万载客、宜丰、上高、高安、分宜、新余、新干、萍乡、上栗、靖安、靖安客、修水客一般说"赢"；修水、武宁、铜鼓、奉新、丰城、樟树一般说"过"；高安、宜丰、新干等地偶尔也说"过"。例如：

(70) 读书我比得赢渠。（读书我比得过他。）

(71) 跑步我比不渠赢，跳远我比得渠赢。（跑步我比不过他，跳远我比得过他。）

(72) 背书我比得过渠。（背书我比得过他。）（丰城）

(73) 背书我比得渠过。（背书我比得过他。）（丰城）

上述四例的比较点都以话题的形式出现在句首，如"读书""跑步""背书"。

该句式的"比"有时还可以换成其他动词，构成"A＋V 得赢/过＋B"或"A＋V 得＋B＋赢/过"句式，其比较点就是 V。例如：

(74) 张三打得赢李四。（张三打得过李四。）

(75) 张三打得李四赢。（张三打得过李四。）

(76) 我跑得赢渠。（我跑得过他。）

(77) 我跑得渠赢。（我跑得过他。）

(78) 我跳得过渠。（我跳得过他。）（丰城）

(79) 我跳得渠过。（我跳得过他。）（丰城）

如果要强调比较点，还可以重复 V，构成"A＋VOV 得赢/过＋B"或"A＋VOV 得＋B＋赢/过"句式。例如：

(80) 张三打架打得赢李四。（张三打架打得过李四。）

(81) 张三打架打得李四赢。（张三打架打得过李四。）

(82) 我跑步跑得过渠。（我跑步跑得过他。）（丰城）

(83) 我跑步跑得渠过。（我跑步跑得过他。）（丰城）

14.2.2 表否定意义的差比句

1. A+唔/不+比 B+W+(Z)

"A 比 B+W+(Z)"句式的否定一般是用否定词"唔/不"插在"比"之前,构成"A+不/唔+比 B+W+(Z)"句式。例如:

(84) 我个成绩不比渠差。(我的成绩不比他差。)

(85) 渠个车仔不比我个贵。(他的车子不比我的车子贵。)

(86) 渠不比我高几多仔。(他不比我高多少。)

(87) 小李不比小张高蛮多。(小李不比小张高很多。)

(88) 我不比渠重二十斤。(我不比他重二十斤。)

从语义上看,用"唔/不"的否定句式是说话者主观认定"A+不及 B+W+(Z)",但如果 A 已经不及 B,且需要强调量化值 Z 时,则往往要用表示已然态的否定词"冇"。例如:

(89) A:尔比渠高十公分吧?(你比他高十公分吧?)

　　　B:我冇比渠高十公分。(我没有比他高十公分。)

(90) A:尔比渠重二十斤吧?(你比他重二十斤吧?)

　　　B:我冇比渠重二十斤。(我没有比他重二十斤。)

2. A+冇$_1$/冇有$_1$+B+W

"A+冇$_1$/冇有$_1$+B+W"这是最常用的否定形式差比句,表示不及。例如:

(91) 上海冇/冇有北京样。(上海没有北京好。)

(92) 我个成绩冇/冇有渠样。(我的成绩没有他好。)

(93) 我画画冇/冇有尔画得好。(我画画没有你画得好。)

(94) 大崽冇/冇有细崽孝顺。(大儿子没有小儿子孝顺。)

(95) 明明冇/冇有兵兵勒杀。(明明没有兵兵调皮。)

(96) 李老师冇/冇有张老师会上课。(李老师没有张老师会上课。)

(97) 渠教崽女冇/冇有尔有耐心。(他教子女没有你有耐心。)

(98) 福建人冇/冇有广东人有钱。(福建人没有广东人有钱。)

上述例句的 W 分别是形容词、动补结构、动词短语、有字结构。W 为形容词时一般是积极意义的,但消极意义也可以。该结构的语义重心是对 A 的否定。W 之后一般不能加量化值 Z。如"我冇/冇有你重"可以说,但"我冇/冇有你重十斤"不说。

当 W 为"会＋VP"或主谓结构时,"A＋冇$_1$/冇有$_1$＋B＋W"句式经常表示"反语",语义重心在 B,B 要重读,W 往往是贬义。该句式否定的是 B。例如:

(99) 我冇/冇有渠会吹牛拍马。(我没有他会吹牛拍马。)

(100) 我冇/冇有渠会话假事。(我没有你会说假话。)

(101) 渠冇/冇有尔心眼多。(他没有你心眼多。)

袁州、萍乡、上栗、万载、万载$_客$、铜鼓$_客$①的"没有"说成"冇得",构成"A＋冇得＋B＋W"的句式,也表示不及。例如:

(102) 我冇得渠年轻。(我不如她年轻。)(袁州)

(103) 我个手机冇得渠个好。(我的手机没有他的手机好。)(袁州)

3. A＋不如/不如＋B＋W

"A＋唔如/不如＋B＋W"句式的比较词"唔如/不如",这与普通话基本相同,所表达的语义是 A 在性状程度上比不上 B 那样的程度。铜鼓、宜丰、上高、高安、奉新、樟树、丰城等方言点使用该差比句式。例如:

(104) 尔不如渠听话。(你不如他听话。)

(105) 我个手机不如渠个好。(我的手机没有他的手机好。)

(106) 去闹市区嘛,开车不如走路方便。

(107) 去读大学不如去打工实在。

4. 基式:"A＋比＋唔/不＋赢/过＋B"

变式$_1$:"A＋比＋唔/不＋B＋赢/过"

变式$_2$:"A＋比＋B＋唔/不＋赢/过"

把"A＋比得赢/过＋B"句式的"得"替换成否定词"唔/不",构成"A＋比唔/不赢/过＋B"句式;把"A＋比得＋B＋赢/过"句式的"得"替换成否定词"唔/不",构成"A＋比唔/不＋B＋赢/过"句式;如果把该句式的 B 前移至"比"后,还可以构成"A＋比＋B＋唔/不＋赢/过"句式。这三个句子的语义都表示 A 不及 B,但语用义有所不同,基式强调被比项,变式$_2$强调比较结果,变式$_1$介于两者之间。前

---

① 万载赣语、万载客语和铜鼓客语"冇有""冇得"都说,"冇得"更常用一些。

面已经提及,袁州、万载、万载_客、宜丰、上高、高安、分宜、新余、新干、萍乡、上栗、靖安、靖安_客、修水_客一般说"赢";修水、武宁、铜鼓、奉新、丰城、樟树一般说"过";高安、宜丰、新干等地偶尔也说"过"。例如:

(108) 基式:我打牌比不赢渠。(我打牌比不过他)
　　　变式$_1$:我打牌比不渠赢。(我打牌比不过他)
　　　变式$_2$:我打牌比渠不赢。(我打牌比不过他)

(109) 基式:渠读书比不过我。(他读书比不过我。)(丰城)
　　　变式$_1$:渠读书比不我过。(他读书比不过我。)(丰城)
　　　变式$_2$:渠读书比我不过。(他读书比不过我。)(丰城)

该句式的"比"有时还可以换成其他动词,构成"A+V+唔/不+赢/过+B""A+V+唔/不+B+赢/过"和"A+V+B+唔/不+赢/过"句式,其比较点就是V。例如:

(110) 基式:张三打不赢李四。(张三打不过李四。)
　　　变式$_1$:张三打不李四赢。(张三打不过李四。)
　　　变式$_2$:张三打李四不赢。(张三打不过李四。)

(111) 基式:我跑不过渠。(我跑不过他。)(丰城)
　　　变式$_1$:我跑不渠过。(我跑不过他。)(丰城)
　　　变式$_2$:我跑渠不过。(我跑不过他。)(丰城)

如果要强调比较点,还可以重复V,构成"A+VOV+唔/不+赢/过+B""A+VOV+唔/不+B+赢/过"和"A+VOV+B+唔/不+赢/过"句式。例如:

(112) 基式:我话事话不赢渠。(我说话说不过他。)
　　　变式$_1$:我话事话不渠赢。(我说话说不过他。)
　　　变式$_2$:我话事话渠不赢。(我说话说不过他。)

(113) 基式:我写字写不过渠。(我写字写不过他。)(丰城)
　　　变式$_1$:我写字写不渠过。(我写字写不过他。)(丰城)
　　　变式$_2$:我写字写渠不过。(我写字写不过他。)(丰城)

这里的"赢/过"就是"胜过、超过"的意思,这也是比较结果。在"A+VOV+唔/不+赢/过+B"句式及其变式中的"赢/过"可以换成相应的形容词,如"快""好"等。例如:

(114) 我话事话渠不快。(我说话说不过他。)

(115) 我写字写渠不好。(我写字写不过他。)

14.3 递 比 句

递比句是表示程度逐次递加或递减的比较句,也有人称为渐进比较句或倚变句。递比也是一种特殊的差比,表示多个事物的逐次比较,而程度逐次加深或减轻;从形式上看,比较的 A 项和 B 项都是"一+量"短语。

14.3.1 表示肯定意义的递比句

1. A＋W＋似/过＋B[①]

该句式的 A 和 B 都是由相同的"一+量"充当;W 一般是性质形容词;"似"相当于"比",该句式的意义是"一量+比一量 W"。上高、万载、宜丰、丰城、袁州等方言点用"A＋W＋似＋B"句式;高安、樟树、新干、新余、萍乡、修水、武宁、万载客、修水客、奉新客、靖安客等方言点用"A＋W＋过＋B"句式。例如:

(116) 一日热似一日。(一天比一天热。)

(117) 分田到户后,我人屋下一年好似一年。(分田到户后,我们家里一年比一年好。)

(118) 一届好似一届。(一届比一届好。)(袁州)

(119) 山上个梯田,一块小似一块。(山上的梯田,一块田比一块田小。)(袁州)

(120) 生活一年好过一年。(生活一年比一年好。)(萍乡)

(121) 立冬后,一日冷过一日。(立冬后,一天比一天冷。)(奉新客)

2. A＋比＋B＋W

赣西北客赣方言二十二个点均使用"A＋比＋B＋W"句式,该句式的 A 和 B 都是由相同的"一+量"充当,W 一般是性质形容词,W 之前可以出现程度副词,强调其差比的程度。例如:

[①] 分宜点会把"A＋W＋似/过＋B"句式中的"似/过"省略掉,直接说成"A＋W＋B",比如"一工热一工"(一天比一天热)。

(122) 尔伲箇几人，一个比一个更坏。（你们这些人，一个比一个更坏。）

(123) 一日比一日更冷人。（一天比一天更冷。）

(124) 阳阳一年比一年高。

14.3.2　表示否定意义的递比句

A＋唔/不如＋B＋W、A＋唔/不比＋B＋W

赣西北大部分方言点一般使用"A＋唔/不如＋B＋W"句式，也可以使用"A＋唔/不比＋B＋W"句式；赣西北的分宜、上栗等方言点只用"A＋唔/不比＋B＋W"句式。该句式的 A 和 B 都是由"一量"结构充当，W 一般是性质形容词。例如：

(125) 小李一日不如一日勤快。（小李一天不如一天勤快。）

(126) 渠个身体一日不比一日。（他的身体一天不如一天。）（分宜）

表否定意义的递比句结构后面的形容词有时加，有时不加，后面加形容词的情况比较少，一般都用表肯定意义的递比句形式表示，把后面的形容词换成意义相反的词。例如：

(127) 渠一日比一日懒。（他一天比一天懒。）

14.4　极 比 句

极比句表示某一事物在某种性状上胜过或不及同类的其他事物。其实极比句也是比较事物的高下，是一种特殊的差比。它跟一般差比的不同在于比较的范围上：一般差比的 B 是特指的，而极比的 B 往往是任指或遍指的。赣西北客赣方言极比句的表达式有如下两种。

14.4.1　A＋最/不晓得几/第一/顶/头/格外＋W

"A＋不[①]晓得几/第一/顶/头/格外＋W"格式表达了比项 A 的程度最高。赣西北客赣方言都使用高量度的程度副词"最"；袁州、万载、宜丰、上高、新

---

① 赣西北的客家方言的否定副词用"唔"，赣方言大部分点也用"唔"，这里为了行文的方便省去"唔"。

余、丰城还使用"不晓得几"的否定句式表达程度最高；武宁、新余、铜鼓、铜鼓客、奉新、靖安使用高量度的程度副词"顶"；上高、宜丰使用高量度的程度副词"头"；萍乡、袁州、靖安客使用高量度的程度副词"格外"；靖安使用"第一"表示程度最高。例如：

（128）小明读书最喫价。（小明学习最好。）

（129）老李头有钱。（老李最有钱。）（宜丰）

（130）渠老弟不晓得几讨嫌仔哦！（他弟弟最讨厌。）（袁州）

（131）小明读书顶好。（小明学习最好。）（武宁）

（132）小明读书第一好。（小学学习最好。）（靖安）

（133）老张格外高兴。（萍乡）

A项前后可出现比较的范围。例如：

（134）全学堂渠读书最喫价。（全校他学习最好。）

（135）在宜丰李兵头有钱。（在宜丰李兵最有钱。）（宜丰）

"最W"也可作补语，构成"A＋VOV得＋最＋W"。例如：

（136）小明写字写得最好。（小明写字写得最好。）

（137）阳阳扫地扫得最伶俐。（阳阳扫地扫得最干净。）

（138）老张办事情办得最顺利。（老张办事情办得最顺利。）

14.4.2 "比"字极比句

1. A＋比＋B(任指)＋W

赣西北各个方言点都使用"A＋比＋B(任指)＋W"句式。该句式的A项可以是体词性的，也可以是谓词性的。B项根据A项的意思用相应的任指形式来对应，一般来说，A项指人，B项为"谁""嗨个""哪个""什仂人""啥么人"等，A项指物，B项则为"什仂""啥仔""啥么"，A项指事(谓词性)，B项则为"V什仂""V啥仔"。W一般是性质形容词，也可以是动词。例如：

（139）渠比谁都聪明。（他比谁都聪明。）

（140）老张比什仂人都老实。（老张比谁都老实。）

（141）尔什仂事都不会做，喫嘛比谁都会喫。（你什么事都不会做，吃倒是比谁都会吃。）

(142) 西瓜比什仂都好喫。（西瓜比什么都好吃。）

(143) 老李比啥么人都狡猾。（老李比谁都狡猾。）（袁州）

(144) 赌钱比啥么都好耍。（赌钱比什么都好玩。）（袁州）

(145) 读书比干啥仔都强。（读书比干什么都好。）（袁州）

例(139)、(140)、(143)的被比项是指人的疑问代词,例(141)、(142)的被比项是指物的疑问代词,例(144)、(145)的被比项是指事的疑问代词。

2. A(任指)＋比＋唔/不＋赢/过/上＋B

赣西北各个方言点都使用"A(任指)＋比＋唔/不＋赢/过/上＋B"。该句式表示不及,表示任何人或物不及B,即B是程度等级最高的。比较点一般在句中或上下文会有提及。否定词后可以后接"赢""过""上"。袁州、万载、万载客、宜丰、上高、高安、分宜、新余、新干、萍乡、上栗、靖安、靖安客、修水客一般用"赢";修水、武宁、铜鼓、奉新、丰城、樟树一般用"过";上高、樟树等方言点还可以用"上"。例如：

(146) 话畜猪个技术嘛,谁都比不赢老张。（论养猪的技术谁都比不过老张。）

(147) 上什仂班都比不赢做生意。（上什么班都比不过做生意。）

(148) 什仂禾种都比不上超级稻禾种。（什么水稻种子都比不过超级稻种子。）

(149) 吹牛皮哪个都比不过渠。（吹牛皮谁都比不过他。）（樟树）

(150) 喫白酒哪个都比不过老张。（喝白酒谁都比不过老张。）（樟树）

(151) 锻炼身体嘛,什仂运动都比不上散步。（锻炼身体嘛,什么运动都比不上散步。）（樟树）

"比＋唔/不＋赢/过＋B"该句式的比较点如果是"VO","比"就可以换成相应的"V",构成"VO＋A＋都 V＋唔/不赢/过＋B"[①]。例如：

(152) 唱歌谁都唱不赢渠。（唱歌谁都唱不过他。）

(153) 打架谁都打不赢渠。（打架谁都打不过他。）

(154) 搬石哪个都搬不过老张。（搬石谁都搬不过老张。）（樟树）

(155) 修车哪个都修不过老张。（修车谁都修不过老张。）（樟树）

---

① "上"不能进入该句式。

如果B是代词,B在"比(V)＋唔/不＋赢/过＋B"格式比较灵活,还有两种变式：一、"比(V)＋B＋唔/不＋赢/过";二、"比(V)＋唔/不＋B赢/过"。例如：

(156) 吹牛皮嘛,啥么人都比渠不赢。(吹牛皮,谁都比不过渠。)(袁州)

(157) 吹牛皮嘛,啥么人都比不渠赢。(吹牛皮,谁都比不过渠。)(袁州)

(158) 唱歌哪个都唱渠不过。(唱歌谁都唱不过他。)(樟树)

(159) 唱歌哪个都唱不渠过。(唱歌谁都唱不过他。)(樟树)

3. 冇有A(任指)＋比得赢/过/上＋B

赣西北各个方言点都使用"冇有A(任指)＋比得赢/过/上＋B"。该格式的A和B可指人,也可指物、事件。赣西北客赣方言中使用"赢"和"上"的方言点,"赢"和"上"有一定的分工,如果A和B指人,"比得"后面是"赢",如果A和B指物或事件,"比得"后面是"上"。赣西北客赣方言中使用"过"的方言点,A和B可指人,也可指物、事件。例如：

(160) 打乒乓球冇有谁比得赢渠。(打乒乓球冇有谁比得过他。)

(161) 锻炼身体,冇有什伩运动比得上游泳。(锻炼身体,没有什么运动比得过游泳。)

(162) 读书冇有哪个比得过渠。(学习没有谁比得过他。)(樟树)

(163) 冇有什伩手机比得过苹果手机。(没有什么手机比得过苹果手机。)(樟树)

该格式如果B为代词,B可以在"比得"之后,"赢"或"过"之前。例如：

(164) 治肝癌病冇有谁比得张医生赢。(治肝癌病没有谁比得过张医生。)

(165) 打篮球冇有哪个比得渠过。(打乒乓球冇有谁比得过他。)(樟树)

14.4.3 W唔/不W似B

"W唔/不W似B"句式中的B可指人,也可指物或事件,W一般由单音节性质形容词充当,"W唔/不W似B"句式是一个特殊的七字格,是高安、上高、万载等地的俗语格。它的意义是"没有什么人(东西)比B更W"。以高安话为例：

(166) 香不香似大蒜葱。(没有什么东西比大蒜和葱更香。)

(167) 坏不坏似"四人帮"。(没有人比四人帮更坏。)

(168) 热不热似七月半。(没有比七月半更热的时候。)

以上例句书面色彩浓厚,一般口语中一般不使用,往往是当地年长且有一定文化水平的人在一定的场合才会使用。

14.5 比较句结构分析

本节对赣西北客赣方言比较句结构类型及其成分进行分析,考察比较项 A、B 以及比较值 W 的句法形式和语义特征。

14.5.1 比较词、比较项和比较值的结合关系

赣西北客赣方言的四类比较句共有二十四种句式。从比较词相对于比较值 W 的位置看,大体上可以把它们归纳为两大类,一类是比较词位于 W 之前,一类是比较词位于 W 之后。第一类是普通话常用的比较句类型,即以"A+比较词+B+W"为代表的类型,只是比较词与普通话有所不同。赣西北客赣方言这一类比较句句式共有十四种,具体情况见表 14-2。

表 14-2 赣西北客赣方言"A+比较词+B+W"类型句式

类型		句 式	例 句①	使用范围
等比句	肯定式	A+跟/望/同(拉/格)/绕/□[tɕʰieu³⁵]+B+一样/一色/差不多(+W)	渠个崽望尔个崽一样个高。(万载)	赣西北二十二个方言点
		A+有+B+W	明明读书有你好。(丰城)	赣西北二十二个方言点
	否定式	A+跟/望/同(拉/格)/绕/□[tɕʰieu³⁵]+B+不+一样/一色+(W)	尔同拉/跟渠不一样个重。	赣西北二十二个方言点
		A+不+跟/望/同(拉/格)/绕/□[tɕʰieu³⁵]+B+一样/一色+(W)	明明不绕/跟兵兵一样高仔。(铜鼓)	赣西北二十二个方言点

---
① 未标明出处的例句均为上高方言。

续 表

类型		句 式	例 句	使用范围
差比句	肯定式	A 比 B＋W＋(Z)	我比渠壮。	赣西北二十二个方言点
	否定式	A＋不＋比 B＋W＋(Z)	小李不比小张高蛮多。	赣西北二十二个方言点
		A＋冇/冇有＋B＋W	大崽冇/冇有细崽孝顺。	赣西北客赣方言丰城、樟树等十九个点
		A＋冇得＋B＋W	我个成绩冇得渠个好。（袁州）	袁州、萍乡、上栗、万载、万载客、铜鼓客
		A＋唔如/不如＋B＋W	尔不如渠听话。	赣西北二十二个方言点
递比句	肯定式	A＋比＋B＋W	一日比一日更冷人。	赣西北二十二个方言点
	否定式	A＋唔如/不如＋B＋(W)	小李一日不如一日勤快。	赣西北二十二个方言点
		A＋唔比/不比＋B＋(W)	渠个身体一日不比一日。（分宜）	分宜、上栗①
极比句	高程度副词极比句	A＋最/不晓得几/第一/顶/头/格外＋W	老李最/不晓得几/第一有钱。	赣西北二十二个方言点
	比字极比句	A＋比＋B(任指)＋W	渠比谁都聪明。	赣西北二十二个方言点

从结构上看，这一类句式的比较词与被比项的关系较为紧密，结合成一个介词短语作状语。也就是说，在这一类型的比较句中比较词与被比项形成的介词短语位于比较值 W 之前。

第二类是赣西北客赣方言中具有地方特色的比较句类型，即以"A＋W＋比较词＋B"为代表的类型。这类句式的语序与古汉语"季氏富于周公"（《论语》）

---

① 赣西北其他方言点也偶尔用。

一致,是古汉语比较句句式在赣西北客赣方言中的遗存①。这一类句式由于书面色彩较浓,往往在比较正式场合使用。目前年长的文化人偶尔使用,年轻人几乎不用。使用地域也不广,高安、樟树、新干、新余、萍乡、修水、武宁、万载客、修水客、奉新客、靖安客等方言点有此用法。赣西北客赣方言这一类比较句句式共有六种,具体情况见表14-3。

表14-3 赣西北客赣方言"A+W+比较词+B"类型句式

类 型	句 式	例 句	使 用 范 围
差比句	A+W+B+Z②	尔白我蛮多。	赣西北二十二个方言点
	A+W+过+B	尔高过老王。	万载、上高、新余、樟树、新干、丰城
	A+W+似+B	跑步我快似渠。	上高、万载、袁州
递比句	A+W+似+B	一届好似一届。	上高、宜丰、万载、丰城、袁州
	A+W+过+B	生活一年好过一年。(高安)	高安、樟树、新干、新余、萍乡、修水、武宁、万载客、修水客、奉新客、靖安客
极比句	W唔/不W似B	香不香似大蒜葱。(高安)	高安、上高、万载

从结构上看,这一类中的比较词跟被比项的结合不如与W的结合紧密,"高过老王""快似渠""好似一届""香似大蒜葱"的结构关系应该是"[高过]我""[快似]渠""[好似]一届""[香似]大蒜葱",而不是"高[过我]""快[似渠]""好[似一届]""香[似大蒜葱]"。从语音停顿上看,"高过"与"我"之间有比较明显的语音停顿,而不是在"高"之后,从这一角度也可以看出比较词在语义结合上也是倾向于前面的比较值W的。

以上两种类型的被比项总是在标记之后,第一类比较句的被比项与比较词结合是紧密的,第二类比较句的被比项是相对独立的。

---

① 这种类型的比较句还存在于粤语、闽语、湘语、客家话和其他官话,如"佢细过我"(广州话)、"伊兮力大于我他的力气比我大"(闽南话)、"他高咖过你一点点"(湖南益阳话)、"厓大过佢我比他大"(广东大埔客家话)、"老三强似老四"(湖北英山话)。

② 该句式是省略比较词的比较句句式。

14.5.2 比较项(A、B)的类型、语义特点及其省略

比较项是比项 A 和被比项 B 的合称。从句法位置上看,A 与 B 以比较词为中心对称分布于一前一后。A 和 B 可以比较两种不同事物的性质和状态,也可以比较不同的行为、动作在程度或方式上的差异,或者是同一事物在某一方面的不同时间或不同处所的差别等等。一般来说,体词性成分(名词、代词、名词短语等)和谓词性成分(动词、形容词、动词短语、形容词短语等)。比较句的 A、B 是对称的,如果 A 是体词性成分,B 也是体词性成分;如果 A 是谓词性成分,B 也是谓词性成分。从 A、B 的语义特征看,A 与 B 在语义上也必须属于同一基本范畴,如果 A 是人,那么 B 也是人;A 是物,B 也是物;A 事件,B 也是事件;A 是性质、状态,B 也是性质、状态。总之,A 与 B"必须有相同的部分,又有相异的部分,才能同中见异,或异中见同,才能有比较关系"(吕叔湘 1942/1993)。例如:

(169) 飞机比火车快。
(170) 我比渠大。(我比他大。)
(171) 跑比走快。
(172) 笑比哭好。
(173) 胖比瘦好。
(174) 渠去比尔去更稳当。(他去比你去更稳妥。)
(175) 在屋下比在口下好。(在家里比在外边好。)
(176) 渠对别人比对自家好。(他对别人比对自己好。)
(177) 有钱比有钱好。(有钱比没钱好。)

典型的"A 比 B+W"句中的 A 和 B 是对称结构,上述例(169)至例(177)的 A 和 B 都是对称的,这些都是比较标准的比较句。但在实际的语言运用中受"语言经济原则"的支配,说话者往往会省略某些成分,从而造成比较句在句法上的不对称。赣西北客赣方言的比较句承前省略的情况较多,即被比项 B 承比项 A 而省略。例如:

(178) 我个手机比渠个贵。(我的手机比他的贵。)(省略 B 的中心语)
(179) 我个崽比渠个聪明。(我的儿子比他的聪明。)(省略 B 的中心语)
(180) 箇口田个禾比许口田个好。(这块田的水稻比那块田的好。)(省略 B 的中心语)

(181) 我个左手比右手长。(我的左手比右手长。)(省略 B 的定语)

(182) 箇只猪场个大猪比小猪多。(这个猪场的大猪比小猪多。)(省略 B 的定语)

(183) 渠跳高比我远。(他跳高比我远。)(省略 B 的谓词)

(184) 渠做作业比我快。(他做作业比我快。)(省略 B 的谓词)

有时也会出现承后省略的现象,但不多见。例如:

(185) 渠比我个年纪大。(他比我的年纪大。)(省略 A 的中心语)

(186) 明明比阳阳个成绩好多过。(明明比阳阳的成绩好多了。)(省略 A 的中心语)

有时还会省略整个 A 或 B,这样从语义上看是个比较句,但形式上已经不是比较句了。例如:

(187) 比旧年冷人多过。(比去年冷多了。)(省略 A)

(188) 今年更冷。(省略比较词和 B)

14.5.3 比较值(W、Z)的类型和语义特点

赣西北客赣方言比较句的基本值 W 可以由形容词、动词、主谓短语、"有"字短语等充当;量化值 Z 可以由程度副词、数量结构等充当。不同性质的 W 具有不同的语义特征,在不同的比较句式中充当不同的语法成分。

1. W 为形容词

W 为形容词时可以进入到赣西北客赣方言"A+比+B+W+(Z)"等十八种比较句句式中(具体见表 14-1 和表 14-2)。W(形容词)是用来描述比较内容属性的词语,它既是比较基本值,本身有含比较点,一般语义指向 A。如"我比渠壮胖"这个句子,比较基本值"壮"主要用来说明比项"我",重在突出"我很壮","壮"本身又是比较点。

比较值 W 一般由性质形容词充当,在量度上是个模糊量,如:好、高、重、大、多、聪明、香、快、强等。这些形容词在第一类比较句中做补语,在第二类比较句中做谓语。例如:

(189) 我跟尔一样大。

(190) 我比尔大。

(191) 阳阳比谁都聪明。

(192) 跑步我快过尔。(跑步我比你快。)

(193) 我强似尔。(我比你强。)

例(189)、(190)、(191)的"大""聪明"做补语,例(192)、(193)的"快""强"做谓语。

如果需要精确比较的结果,可以在 W(形容词)后补充 Z(量化值),Z 一般由程度副词、数量结构等充当。赣西北客赣方言有"A 比 B+W+(Z)""A+不+比 B+W+(Z)"和"A+W+B+Z"这三个比较句式可以附加 Z,使比较值量化。例如:

(194) 我比尔重蛮多。

(195) 我不比尔重蛮多。

(196) 我比尔重十斤。

(197) 我不比尔重十斤。(注:该句式一般用于回答、反驳对方)

(198) 我重尔十斤。

(199) 我重尔蛮多。

2. W 为动词或动词短语

赣西北客赣方言的 W 可以由动词性词语来充当,可以用在"A+比+B+W"的句式中。能够进入该句式的动词一般是心理动词,如"怕、放心、担心、恨、记挂、关心、喜欢"等。由于心理动词所表示的心理行为具有程度的差异,前面一般可以使用"有点""比较""蛮""更"等程度副词修饰。例如:

(200) 阳阳冇归,我比尔更担心。(阳阳没回家,我比你更担心。)

(201) 踢足球,我比尔更喜欢。

有些蕴含增加或缩减意思的动词也可以充当 W,如"长、增加、减少、提高、降低、浪费"等,句末一般要用完成体标记"过/哩/了/哒/嘚"既表示变化,又表示完成。如果需要进一步精确比较值,还可以附加 Z(程度副词,数量结构)。例如:

(202) 今年工资比旧年增加哩。(今年工资比去年增加了。)(袁州)

(203) 今年工资比旧年增加哩蛮多。(袁州)

(204) 今年工资比旧年增加哩五百块。(袁州)

助动词"会""肯"等与动词或动词短语结合,使整个结构带有量的级差,这样的结构也可以充当 W。例如:

(205) 阳阳比明明肯动脑筋。

(206) 阳阳比明明更会修电脑。

由"多""少""好""快"之类的形容词构成的动补短语,可以表示动词在程度上的差异,也可以充当 W。例如:

(207) 上海比北京发展快。

(208) 我写字比尔写得好。

由"有"构成的"有"字短语,如"有钱""有本事""有福气""有办法"等,这些短语在语义上有量的级差,也可以充当 W。例如:

(209) 老张比老李有福气。

(210) 老张比老李有本事。

14.6 本章小结

本章对赣西北客赣方言比较句的基本类型进行了分析、归纳,详细考察了等比句、差比句、递比句、极比句的二十四种比较句式;并从比较词、比较项、比较值的结构关系,比较项类型、语义特点和省略规律,比较值的类型、语义特点等多方面进行了较为深入的探讨。赣西北客赣方言比较句类型见表 14-4。

表 14-4 赣西北客赣方言比较句句式

类型		句 式	例 句	使用范围
等比句	肯定式	A+跟/㗎/同(拉/格)/绕/□[tɕʰieu³⁵]+B+一样/一色/差不多(+W)	渠个崽望尔个崽一样个高。(万载)	赣西北二十二个方言点
		A+有+B+W	明明读书有你好。(丰城)	赣西北二十二个方言点
	否定式	A+跟/㗎/同(拉/格)/绕/□[tɕʰieu³⁵]+B+不+一样/一色+(W)	尔同拉/跟渠不一样个重。	赣西北二十二个方言点
		A+不+跟/㗎/同(拉/格)/绕/□[tɕʰieu³⁵]+B+一样/一色+(W)	明明不绕/跟兵兵一样高仔。(铜鼓客)	赣西北二十二个方言点

续 表

类 型		句　　式	例　句	使用范围
差比句	肯定式	A比B+W+(Z)	我比渠壮。	赣西北二十二个方言点
		A+W+B+Z	尔白我蛮多。	赣西北二十二个方言点
		A+W+过+B	尔高过老王。	万载、上高、新余、樟树、新干、丰城
		A+W+似+B	跑步我快似渠。	上高、万载、袁州
		A+比得赢/过+B A+比得+B+赢/过	读书我比得赢/过渠。 读书我比得渠赢/过。	赣西北二十二个方言点
	否定式	A+不+比B+W+(Z)	小李不比小张高蛮多。	赣西北二十二个方言点
		A+冇/冇有+B+W	大崽冇/冇有细崽孝顺。	赣西北客赣方言丰城、樟树等十九个方言点
		A+冇得+B+W	我个成绩冇得渠个好。	袁州、萍乡、上栗、万载、万载客、铜鼓客
		A+不如/不比+B+W	尔不如/不比渠听话。	赣西北二十二个方言点
		基式：A＋比＋不＋赢/过+B 变式1：A＋比＋不＋B＋赢/过 变式2：A＋比＋B＋不＋赢/过	基式：我打牌比不赢/过渠。 变式1：我打牌比不渠赢/过。 变式2：我打牌比渠不赢/过。	赣西北二十二个方言点
递比句	肯定式	A+比+B+W	一日比一日更冷人。	赣西北二十二个方言点
		A+W+似+B	一届好似一届。	上高、宜丰、万载、丰城、袁州

413

续 表

类 型		句 式	例 句	使用范围
递比句	肯定式	A＋W＋过＋B	生活一年好过一年。（高安）	高安、樟树、新干、新余、萍乡、修水、武宁、万载客、修水客、奉新客、靖安客
	否定式	A＋唔如/不如＋B＋(W)	小李一日不如一日勤快。	赣西北二十二个方言点
		A＋唔比/不比＋B＋(W)	渠个身体一日不比一日。（分宜）	分宜、上栗①
极比句	高程度副词极比句	A＋最/不晓得几/第一/顶/头/格外＋W	老李最/不晓得几/第一有钱。	赣西北二十二个方言点
	比字极比句	A＋比＋B(任指)＋W	渠比谁都聪明。	赣西北二十二个方言点
		A(任指)＋比＋不＋赢/过/上＋B	吹牛皮哪个都比不赢/过渠。	赣西北二十二个方言点
		冇有 A(任指)＋比得赢/过/上＋B	打乒乓球冇有谁比得赢/过渠。	赣西北二十二个方言点
		W 唔/不 W 似 B	香不香似大蒜葱。	高安、上高、万载

上表标明：客赣方言比较句式方面没有明显差异，但书面色彩较浓的"A＋冇得＋B＋W""A＋W＋似＋B"和"W 唔/不 W 似 B"这三个句式不见于客家方言。

---

① 赣西北其他方言点也偶尔用。

第十五章
结　语

　　汉语共同语语法和汉语方言语法存在着许多共性特征,方言语法研究应该在关注共性特征的同时,深入挖掘和探讨那些富有个性特征的语法现象,并将其放在汉语语法规律的框架中予以考察和分析。我们从这一思路出发,以赣西北十九个县市区的十七个赣语调查点和五个客家方言调查点的口语为研究对象,不在于全面展示赣西北客赣方言语法的全体面貌,而是选择最具有特色、最能体现方言个性的问题,重点描写带地方特色的语法范畴。根据不同需要,从词语构成、虚词功能、句法分布、语义表现、语音影响、认知解释、历史层次、方言比较、方普比较、语言类型等方面发掘了赣西北客赣方言的词缀、构词法、代词、副词、介词、连词、结构助词、体貌范畴、程度范畴、主观量范畴、处置与被动范畴、疑问范畴、否定范畴和比较范畴等十三个专题的语法现象,并进一步比较赣西北客赣方言的联系与区别,考察客赣方言接触演变的方式和规律,得出了以下几点结论。

15.1　语法现象的一致性和差异性

　　赣西北十七个方言点赣方言点和五个客家方言点的方言语法存在着许多共性特征,将这些一致性的语法现象跟汉语共同语、汉语方言比较,存在两种情况:一是大部分一致性语法现象与汉语共同语、汉语大部分方言相同,这表明赣西北的客赣方言作为汉语的地域变体,继承了汉语的大量语法成分。比如:进行体标记"在",经历体标记"过",起始体标记"起来",继续体标记"下去",主观量表达标记"只""就""都"等,形容词的重叠方式,处置标记"把",被动标记"被",选择问连词"还是",否定词"不",比较词"比",还有不少虚词(副词、介词、连词和结构助词)、词缀(第、初、子、头)和构词法等等。二是小部分语法现象内部是一致的,但有别于共同语或其他方言。比如:"冇/冇有/冇得"的否定意愿动词用法,是非问的疑问信息只能由语气词负载,主观小量标记"仔"(袁州记为"积",丰城记为"基"),主观大量标记"数"(丰城记为"似")和"呀似"等,这体现了赣西北客赣方言的方言语法的个性特征,反映了赣西北客赣方言方言的自身发展和创新。

  赣西北的赣方言和客家方言有些语法现象整片不一致,但小片存在一致性。这种小片的一致性是因重要交通线和山川的不同而呈现出不同的语法特征,根据其特征可分为沿三二〇国道片、沿浙赣线片和九岭山脉片。三二〇国道贯穿高安、上高、宜丰、万载至袁州,奉新与高安毗邻,上栗与袁州毗邻,这是一条重要的公路交通线;浙赣线贯穿丰城、樟树、新余、分宜、袁州至萍乡,新干与樟树毗邻,这是一条重要的铁路交通线;九岭山脉为北东南西走向,绵延于赣西北奉新、靖安、武宁、修水、宜丰、万载、铜鼓,客家人聚居于此。重要的交通线给周边方言点人们的交往带来了便利,某些语法现象便逐渐趋同。比如:实现体标记在沿三二〇国道片的多数点用"过",而在沿浙赣线片和九岭山脉片多数点用"哩"。已然体标记、处置式标记、被动式标记等在各自小片中基本上呈现一致性。随着方言研究的深入,方言的分区、分片在参照语音标准的基础上,还要把各方言区、方言片的语法特征作为重要参数来考量。沿三二〇国道片、沿浙赣线片和九岭山脉片的语法特征区别见表15-1。

表15-1 沿三二〇国道片、沿浙赣线片与九岭山脉片语法特征区别

	实现体标记	已然体标记	处置式标记	被动式标记	极比句句式
沿三二〇国道片	过$_1$	过$_2$、嘚$_2$	拿	畀、讨	W不W似B
沿浙赣线片	哩$_1$	哩$_2$	把、畀	等、让	——
九岭山脉片	哩$_1$	哩$_2$	捉到	等、拿	——

  还有一些方言的语法现象完全有别于赣西北客赣方言的其他方言点,体现了较为明显的个性特征。比如,宜丰话、武宁话的实现体标记"了",修水话、上栗话的实现体标记"哒",高安话、靖安话实现体标记"嘚"有别于赣西北客赣方言的"哩"或"过";上高话的经历体标记"来",也有别于赣西北客赣方言的经历体

"过";宜丰话进行体表达格式"V 正"和上高话进行体表达格式"V 正 V 仔"都有别于赣西北客赣方言其他方言点;樟树话、丰城话程度副词"伤"也有别于赣西北客赣方言其他方言点的"蛮"或"好";丰城话、万载话、上高话的处置式和被动式共有语法标记"畀"有别于赣西北客赣方言其他方言点处置式与被动式语法标记的对立。这些仅存在于一两个方言点语法现象更加体现了方言的发展与创新。

15.2 语法形式的多样性

近几十年以来,普通话的强力推广,现代媒体的推波助澜,赣西北客赣方言受到了共同语的整体渗透,方言"普通话化"是大势所趋。加之现代社会人员流动、交往频繁,赣西北的赣方言在与周边的客家话、湘方言和其他赣方言的不断接触中发生演变,从而呈现出语法形式的多样性,同一语法功能存在着多种表达形式。比如,赣西北的上高、高安、丰城、樟树、宜丰等方言点表达主观否定词可以用客赣方言底层语法成分"唔",也可以说共同语的"不";丰城、樟树、高安、上高、宜丰等方言点的进行体表达形式有三种:客赣方言固有表达形式"在(+N)+V""在块"和"在里"等,共同语表达形式"在"或"正在",客赣方言与共同语的杂糅形式"正在/正式/合式(+N)+V""正式在块"和"正式在里"等;丰城、樟树、袁州、奉新客、靖安客等方言点先行体标记"着",武宁、修水、铜鼓、修水客、铜鼓客等方言点先行体比较"正",上高、万载等方言点先行体标记"纽",这些方言点可以单独使用各自的先行体标记,也可以使用共同语的"先",还可以使用糅合式"先 VP 着/正/纽";袁州、分宜、新余、奉新、靖安、武宁等方言点将行体标记"格",新干、万载、宜丰、上高、高安将行体标记"嗟",萍乡、上栗将行体标记"去",靖安客、修水客、万载客、铜鼓客将行体标记"去哩",这些方言点可以单独使用各自的将行体标记,也可以使用共同语的"马上""就",还可以使用糅合式"马上/就 VP 格/嗟/去/去哩";赣西北的每个方言点至少有两个被动标记,最多有四个被动标记,比如丰城、上高等方言点处置式标记可以用"拿",也可以用"畀";万载、袁州等方言点的被动标记可以是"等",也可以是"畀"。上述这些语法形式是可以自由变换,语法功能上并不互补。多种语法形式表达同一语法功能的语言现象与语言的经济原则相矛盾的,随着社会的发展,人们必定会放弃某些弱势语法形式,而选择强势语法形式。我们可以预见,随着社会经济的发展,赣西北客赣方言区人们文化水平的提高,赣西北客赣方言赣语逐渐会向共同语靠拢。

15.3　语法成分的历史层次性

由于历史发展过程的不同,赣西北客赣方言有许多不同于共同语的语法现象,其中有不少是古汉语的直接遗留,这些遗留在南方其他方言中也往往有所反映。比如,赣西北客赣方言比较句式有二十四种,其中十七种的与共同语的比较句类型一致,但还有六种比较句式与古汉语的"季氏富于周公"的语序一致,这是古汉语表达句式在赣西北客赣方言的遗留,这种句式在闽、粤、客、湘等南方方言中也存在。否定副词"莫"早在上古汉语中就存在,赣西北客赣方言至今还在使用。语气助词"时"常置于前一分句句末表示假设关系,这是近代汉语的遗留。

汉语共同语的有些语法标记都是位于谓语中心语之前,而在赣西北客赣方言中多数置于句末,比如先行体标记"着""正""组";将行体标记"格""嗟""去""去哩"。

15.4　客赣方言接触情况

赣西北客家方言被赣方言所包围,成为客家方言岛,客家方言保持独有的客家方言语法特征不是很多,根据目前调查所得,共有以下七条:

1. 后缀"嬷",如:虱嬷、牛嬷、勺嬷_瓢、舌嬷_{舌头}、婊子嬷。
2. 前缀"阿",仅限于"阿公""阿婆""阿姐"等亲属称谓前。
3. 第一人称代词"偓"。
4. 介词"绕",意义与"跟"同,如:渠伲绕我伲不一样。(他们跟我们不一样。)(万载_客)
5. 持续体标记"稳"。如:小华和小李话稳事,电话就响哩。(小华和小李在说话的时候,电话就响了。)(铜鼓_客)
6. 疑问代词:哪人_{询问人}、嘛格_{询问事物}、哪子_{询问处所}、样么_{询问方式、性状}、做嘛格_{询问原因}。
7. 祈使否定副词"唔爱"。

赣西北客赣接触将近三百年,总体呈现以下特点:

1. 赣西北客、赣方言的语法的总体特征是"同多异少"。在几百年的客、赣接触中逐渐形成了一些接触性共有成分，如：赣西北客家方言表追加的后置成分用赣语的"凑"而不用源出客家方言的"添"；赣西北客家方言用中缀"数"构成"X 数 X"格式表达主观大量，而不用源出客家方言的中缀"吖"构成"X 吖 X"格式表达主观大量。

2. 赣西北客、赣方言语法接触呈现如下特点：A. 地方经济行政中心的方言为优势方言，会将其语法成分移植给毗邻方言。铜鼓县城的客家方言移植了不少语法成分给铜鼓中部的赣语，如铜鼓高桥乡赣语的持续体格式由"V＋倒"变成了客家方言的"V＋稳"；反之，万载、奉新等县城的赣语也会影响毗邻的山区客家方言，如："冇得"主要在赣语区的袁州、萍乡、上栗使用，后扩展到毗邻的万载和铜鼓，导致万载赣语、万载客语和铜鼓客语也多说"冇得"；万载赣语中没有前缀"阿"，导致万载株潭镇客家话的亲属称谓"阿"前缀普遍失落。B. 方言特征显著的成分较难被新成分替换。如铜鼓赣语判断词"是"和人称代词复数标记"仂"未被客家方言"系"和"等"替换；奉新、万载的客家话的第一人称代词"偓"没有受到赣方言"我"的影响。

3. 赣西北客、赣方言存在独特的"岛中岛"方言接触现象，即铜鼓赣语被客家方言所包围，铜桂片客家方言又被赣语所包围。铜鼓赣语与客家方言发生了不平衡的深度接触，导致赣语借用了不少客家方言的语法成分，以后赣语有被客家方言替代的可能。比如，铜鼓赣语的先行体标记"正"是受铜鼓客家话的影响。

赣西北客家方言外围与赣语接触区域形成了客赣混合语，在万载、奉新、靖安、修水的部分乡镇的客赣混合语兼具客、赣方言特点，如奉新澡溪乡客赣混合语的第一人称代词复数"偓仂"，有别于客家方言的"偓等"和赣语的"我仂"。

15.5　需进一步研究的地方

由于赣西北客赣方言语法的已有研究成果不多，赣西北客赣方言区地域广，加上时间和水平有限，我们的研究还存在一些不足和有待深入研究的问题。

1. 部分语法标记的语法化有待进一步考察

本书对一些语法标记的语法化进行了相关讨论，比如经历体标记"来"的语法化、将行体标记"嗟""格"、被动标记"等""讨""界"的语法化做了较为深入探讨,但还有很多语法标记由于缺少相关文献没有进行考察,比如主观大量标记"数""呀似"、正反问标记"啊"和"A 不 A 似 B"极比句式的历时发展演变等,这些语法现象还需要借助将来发掘的相关地方文献进一步深入考察,探究其历时发展演变规律。

2. 相关专题还需展开调查研究

本书选择十三个专题进行了深入考察,但还有一些专题需要开展深入调查和描写。比如:构词法、语序、双宾句、语气范畴等。尤其是语气范畴,意义丰富但又虚灵,且最具有地方特色,赣西北客赣方言的各方言点又有一定的差异性,科学客观地描写出赣西北客赣方言各方言点的句末语气词、语气副词和叹词将会极大丰富赣西北客赣方言语法研究成果。

3. 理论有待进一步提升

本书在写作过程中运用了认知语言学、语义学、语用学、语言类型学等相关现代语言学理论,对赣西北客赣方言相关方言语法现象进行了解释,有些语法现象的解释可能有点牵强。今后,我们将进一步汲取现代语言学理论和前人研究成果,尤其是汲取方言地理学、接触语言学的理论成果,对赣西北客赣方言相关语法现象从方言接触视角切入,研究方言的发展与变化,并对赣西北客赣方言相关语法现象作出更加科学系统的理论阐释。

参考文献

1. 白荃."不","没(有)"教学和研究上的误区——关于"不","没(有)"的意义和用法的探讨[J].语言教学与研究,2000(03).
2. 白宛如.广州方言词典[M].南京:江苏教育出版社,1998.
3. 北京大学中文系(1955—1957级)语言班编.现代汉语虚词例释[M].北京:商务印书馆,2010.
4. 贝先明,石锋.方言的接触影响在元音格局中的表现——以长沙、萍乡、浏阳方言为例[J].南开语言学刊,2008(01).
5. 曹逢甫.从主题—评论的观点看把字句[J].中国语言学报,1987(01).
6. 曹广顺,龙国富.再谈中古汉语处置式[J].中国语文,2005(04).
7. 曹广顺.近代汉语助词[M].北京:语文出版社,1995.
8. 曹茜蕾.汉语方言的处置标记的类型[M]//语言学论丛(第三十六辑).北京:商务印书馆,2007.
9. 曹跃香,敖双.新余方言"够V哩"结构考察[J].语文建设,2014(06).
10. 曹志耘.汉语方言地图集(语音卷、词汇卷、语法卷)[M].北京:商务印书馆,2008.
11. 曾海清,曾文.新余方言部分形容词的演变分析[J].新余学院学报,2017(03).
12. 曾海清.江西新余方言的"A里AB"式形容词[J].励耘语言学刊,2016(03).
13. 曾海清.普通话与方言比较视角下的新余方言形容词重叠式[J].萍乡高等专科学校学报,2010(04).
14. 曾海清.新余方言三片及其三代人的形容词重叠式比较[J].新余高专学报,2010(04).
15. 曾海清.新余方言形容词重叠式A个AB式[J].宜春学院学报,2010(09).

16. 曾慧萍,刘爱秀.新余方言形容词与语文教学[J].新余学院学报,2017(03).
17. 曾莉莉,陈小荷.丰城方言研究[M].南昌:江西人民出版社,2016.
18. 曾莉莉,刘英.丰城方言常用语气词研究[J].宜春学院学报,2015(07).
19. 曾莉莉.丰城方言的连读变调研究[D].江西师范大学,2006.
20. 曾莉莉.从方言词汇看赣地传统农耕文化——以丰城方言为例[J].萍乡学院学报,2016(01).
21. 曾莉莉.从丰城方言的避讳语看赣地的避讳文化[J].宜春学院学报,2012(03).
22. 曾莉莉.从青老男方言的语音差异看普通话对方言的影响——以赣语丰城话为例[J].宜春学院学报,2017(10).
23. 曾莉莉.丰城方言的连读变调研究[D].江西师范大学,2006.
24. 曾莉莉.丰城方言的轻声和连读变调[J].方言,2007(02).
25. 曾莉莉.丰城方言个体特征词研究[J].宜春学院学报,2016(05).
26. 曾莉莉.丰城方言同音字汇[J].方言,2016(01).
27. 曾莉莉.赣语丰城话的"叽、仔、子"尾[J].宜春学院学报,2014(10).
28. 曾莉莉.宜春方言常用语气词探析[J].宜春学院学报,2013(11).
29. 陈昌来.介词与介引功能[M].合肥:安徽教育出版社,2002.
30. 陈昌仪.赣方言概要[M].南昌:江西教育出版社,1991.
31. 陈昌仪.宜丰话全升调的性质[J].修志文丛,1989(06).
32. 陈垂民.说"不"和"没有"及其相关的句式[J].暨南学报(哲学社会科学),1988(01).
33. 陈海波.宜春话的将来时态助词"格"及其来源[J].武汉大学学报(人文科学版),2006(02).
34. 陈立中.攸县方言中的"去"[J].湖南工业大学学报(社会科学版),2008(04).
35. 陈凌,汪平.江西省武宁话知系三等韵今读[J].苏州大学学报(哲学社会科学版),2009(05).
36. 陈山青,施其生.湖南汨罗方言的处置句[J].方言,2011(02).
37. 陈山青.湖南汨罗方言的将实现体助词"去"[J].中国语文,2012(02).
38. 陈文华.丰城段潭方言的几个语音问题研究[D].天津师范大学,2017.
39. 陈小荷.丰城赣方言语法研究[M].北京:世界图书出版公司,2012.

40. 陈小荷.丰城话的主观量范畴及其相关句式[M]//语言学论丛(第十九辑).北京：商务印书馆,1997.

41. 陈小荷.丰城话动词之后的"着"[M]//胡明扬主编.汉语方言体貌论文集.南京：江苏教育出版社,1996.

42. 陈小荷.主观量问题初探——兼谈副词"就""才""都"[J].世界汉语教学,1994(04).

43. 谌剑波.高安(灰埠)方言的轻声研究[D].江西师范大学,2005.

44. 谌剑波.高安灰埠方言的语音特点[J].新余学院学报,2017(05).

45. 储泽祥.汉语规范化中的观察、研究和语值探求——单音形容词的AABB差义叠结现象[J].语言文字应用,1996(01).

46. 崔希亮."把"字句的若干句法语义问题[J].世界汉语教学,1995(03).

47. 戴耀晶.汉语否定句的语义确定性[J].世界汉语教学,2004(01).

48. 戴耀晶.论现代汉语现实体的三项语义特征[J].复旦学报(社会科学版),1994(02).

49. 戴耀晶.试论现代汉语的否定范畴[J].语言教学与研究,2000(03).

50. 戴耀晶.现代汉语表示持续体的"着"的语义分析[J].语言教学与研究,1991(02).

51. 戴耀晶.现代汉语时体系统研究[M].杭州：浙江教育出版社,1997.

52. 单芸.宜春方言句尾"去了"的研究[D].华东师范大学,2012.

53. 邓强.一百七十年前的樟树方音[J].汉语史学报,2015.

54. 丁梦诗.重叠式在修水方言中的用法考察[J].黑龙江史志,2013(21).

55. 丁声树等.现代汉语语法讲话[M].北京：商务印书馆,1961.

56. 范颖,刘东升.丰城方言中的特殊量词及其产生理据[J].长江大学学报(社科),2015(06).

57. 范颖.江西丰城方言词汇研究[D].湖南师范大学,2016.

58. 分宜县志编纂委员会.分宜县志[M].北京：档案出版社,1993.

59. 丰城县县志编纂委员会.丰城县志[M].上海：上海人民出版社,1989.

60. 冯春田.近代汉语语法研究[M].济南：山东教育出版社,2000.

61. 奉新县地方志编纂委员会.奉新县志[M].海口：南海出版公司,1991.

62. 付婷.樟树方言的词缀研究[D].江西师范大学,2006.

63. 傅惠钧.明清汉语疑问句研究[M].北京：商务印书馆,2011.

64. 傅文臻.丰城方言"叽"尾的语法化考察[J].汉字文化,2017(14).

65. 高安县史志编纂委员会.高安县志[M].南昌:江西人民出版社,1988.

66. 高名凯.汉语语法论[M].北京:商务印书馆,1986.

67. 龚娜.湘方言程度范畴研究[D].湖南师范大学,2011.

68. 龚千炎.汉语的时相 时制 时态[M].北京:商务印书馆,1995.

69. 龚千炎.谈现代汉语的时制表示和时态表达系统[J].中国语文,1991(04).

70. 郭锐.过程和非过程——汉语谓词性成分的两种外在时间类型[J].中国语文,1997(03).

71. 郭锐.汉语动词的过程结构[J].中国语文,1993(06).

72. 郭校珍.山西晋语语法专题研究[M].上海:华东师范大学出版社,2008.

73. 韩佳琨.袁州方言的后缀"的"[J].宜春学院学报,2013(04).

74. 何洪峰,程明安.黄冈方言的"把"字句[J].语言研究,1996(02).

75. 何洪峰,苏俊波."拿"字语法化的考察[J].语言研究,2005(04).

76. 何亮.方言中"等"字表被动的成因探析[J].语言科学,2005(01).

77. 何余华.赣语新余方言本字考释[J].语文学刊,2014(13).

78. 何余华.赣语新余方言的指示代词[J].新余学院学报,2014(05).

79. 贺阳.试论汉语书面语的语气系统[J].中国人民大学学报,1992(05).

80. 洪波,赵茗.汉语给与动词的使役化及使役动词的被动介词化[M]//沈家煊,吴福祥,马贝加主编.语法化与语法研究(二).北京:商务印书馆,2005.

81. 胡明扬.汉语方言体貌论文集[M].南京:江苏教育出版社,1996.

82. 胡松柏,李军.赣方言研究(第二辑)[M].北京:中国社会科学出版社,2012.

83. 胡松柏等.赣东北方言调查研究[M].南昌:江西人民出版社,2009.

84. 黄伯荣.汉语方言语法类编[M].青岛:青岛出版社,1996.

85. 黄伯荣.汉语方言语法调查手册[M].广州:广东人民出版社,2001.

86. 黄建群.湖北阳新方言的"把"字句[J].汉语学报,2002(06).

87. 黄敏.高安方言中的今读擦音h[J].和田师范专科学校学报,2005(03).

88. 黄晓雪.方言中"把"表处置和表被动的历史层次[J].孝感学院学报,2006(04).

89. 黄晓雪.宿松方言的总括副词"一下"[J].语言研究,2013(04).

90. 黄晓雪.宿松方言语法研究[M].北京:中国社会科学出版社,2014.

91. 江蓝生.近代汉语探源[M].北京:商务印书馆,2000.

92. 江蓝生.吴语助词"来""得来"溯源[J].中国语言学报,1995.

93. 江西省地方志编纂委员会.江西省方言志[M].北京:方志出版社,2005.

94. 蒋冀骋,吴福祥.近代汉语纲要[M].长沙:湖南教育出版社,1997.

95. 蒋绍愚,曹广顺.近代汉语语法史研究综述[M].北京:商务印书馆,2005.

96. 蒋绍愚."给"字句、"教"字句表被动的来源——兼谈语法化、类推和功能扩展[M]//吴福祥,洪波主编.语法化与语法研究(一).北京:商务印书馆,2003.

97. 蒋绍愚.把字句略论——兼论功能扩展[J].中国语文,1997(04).

98. 金立鑫."把"字句的句法、语义、语境特征[J].中国语文,1997(06).

99. 靖安县县志编纂委员会.靖安县志[M].南昌:江西人民出版社,1989.

100. 孔令达.关于动态助词"过1"和"过2"[J].中国语文,1986(04).

101. 黎金飞.赣语武宁话古全浊声母字今读的社会语言学调查[D].中南大学,2013.

102. 黎锦熙.新著国语文法[M].长沙:湖南教育出版社,2007.

103. 黎运汉.汉语方言疑问范畴比较研究[M].广州:暨南大学出版社,2010.

104. 李崇兴.《祖堂集》中的助词"去"[J].中国语文,1990(03).

105. 李含茹.萍乡方言的三身代词[J].语言研究集刊,2010.

106. 李军.二十世纪二十年代的江西高安方音[J].方言,2009(03).

107. 李荣.现代汉语方言大词典(综合本)[M].南京:江苏教育出版社,2002.

108. 李如龙,张双庆.客赣方言调查报告[M].厦门:厦门大学出版社,1992.

109. 李如龙,张双庆.介词[M].广州:暨南大学出版社,2000.

110. 李如龙,张双庆.动词谓语句[M].广州:暨南大学出版社,1997.

111. 李如龙.汉语方言的比较研究[M].北京:商务印书馆,2001.

112. 李如龙.汉语方言学[M].北京:高等教育出版社,2001.

113. 李善熙.汉语"主观量"的表达研究[D].中国社会科学院研究生院,2003.

114. 李小凡.苏州方言语法研究[M].北京:北京大学出版社,1998.

115. 李小华.闽西永定客家方言虚词研究[D].中山大学,2006.

116. 李艳芳.萍乡方言小型口语语料库建设初探[D].暨南大学,2018.

117. 李瑶玲.论萍乡城关方言词汇的构成来源[J].萍乡高等专科学校学报,2011(04).

118. 李宇明.汉语量范畴研究[M].武汉:华中师范大学出版社,2000.

119. 李梓超.江西新干方言的语音系统[J].现代语文(语言研究版),2011(12).

120. 李梓超.新干方言语音研究[D].江苏师范大学,2012.

121. 梁银峰.汉语动相补语"来"、"去"的形成过程[J].语言科学,2005(06).

122. 梁银峰.汉语趋向动词的语法化[M].上海:学林出版社,2007.

123. 梁银峰.汉语事态助词"来"的产生时代及其来源[J].中国语文,2004(04).

124. 林立芳.梅县方言的"来"[J].语文研究,1997(02).

125. 林双萍.莆仙方言程度副词研究[D].福建师范大学,2007.

126. 蔺璜,郭妹慧.程度副词的特点范围与分类[J].山西大学学报(哲学社会科学版),2003(02).

127. 刘丹青.东南方言的体貌标记[M]//张双庆主编.动词的体.香港:香港中文大学吴多泰中国语文研究中心,1996.

128. 刘丹青.汉语否定词形态句法类型的方言比较[J].中国语学,2005(0252).

129. 刘丹青.语法调查研究手册[M].上海:上海教育出版社,2008.

130. 刘坚,江蓝生,白维国,曹广顺.近代汉语虚词研究[M].北京:语文出版社,1992.

131. 刘君君.新余方言形容词的程度表达及其量级[J].新余学院学报,2017(03).

132. 刘君君.新余方言形容词分析[J].新余高专学报,2004(04).

133. 刘玲玲.山西离石话助词"来"、"得来"的特殊用法[J].吕梁高等专科学校学报,2009(02).

134. 刘纶鑫.客赣方言比较研究[M].北京:中国社会科学出版社,1999.

135. 刘平.宜春话的语气助词"着"[J].语言研究,2002(S1).

136. 刘胜利.上栗方言中的客家方言成分研究[D].南昌大学,2005.

137. 刘松.分宜钤山镇方音及其归属问题[D].江西师范大学,2016.

138. 刘星.宜春方言中作为标记的"时"[J].兰州文理学院学报(社会科学版),2016(04).

139. 刘勋宁.现代汉语词尾"了"的语法意义[J].中国语文,1988(05).

140. 刘勋宁.现代汉语句尾"了"的语法意义及其与词尾"了"的联系[J].世界汉语教学,1990(02).

141. 刘英,唐艳平.袁州(天台)方言的状态形容词[J].宜春学院学报,2015(11).

142. 刘月华. 动态助词"过$_2$、过$_1$、了$_1$"用法比较[J]. 语文研究,1988(01).

143. 刘泽民. 客赣方言历史层次研究[M]. 兰州：甘肃民族出版社,2005.

144. 刘泽民. 瑞金方言的助词"去"、"却"和"来"[J]. 甘肃教育学院学报(社会科学版),2003(03).

145. 龙国富. 从中古佛经看事态助词"来"及其语法化[J]. 语言科学,2005(01).

146. 卢继芳,刘纶鑫. 赣语修水话语音的内部差异[J]. 龙岩学院学报,2013(03).

147. 卢继芳. 江西修水县客家话语音特点[J]. 宜春学院学报,2017(04).

148. 卢继芳. 语言视角下赣西北客家文化的变迁与发展——以修水县境内客家为例[J]. 赣南师范大学学报,2017(04).

149. 卢烈红.《古尊宿语要》代词助词研究[M]. 武汉：武汉大学出版社,1998.

150. 罗芬芳. 修水赣方言语法特色研究[D]. 广西师范学院,2011.

151. 罗芬芳. 修水赣方言动词的体[J]. 南宁师范高等专科学校学报,2009(04).

152. 罗美珍,邓晓华. 客家方言[M]. 福州：福建教育出版社,1995.

153. 罗荣华,姚永峰. 赣语上高话的"莫"字句[J]. 宜春学院学报,2016(07).

154. 罗荣华. 赣语上高话的主观量表达[J]. 汉语学报,2011(02).

155. 罗荣华. 赣方言(上高话)"有"和"冇/冇有"情态动词用法[J]. 语言研究集刊,2014(01).

156. 罗荣华. 赣语上高话处置、被动共用标记"畀"研究[J]. 宜春学院学报,2014(08).

157. 罗荣华. 赣语上高话的被动标记"讨"[J]. 方言,2018(01).

158. 罗荣华. 赣语上高话的将行体"嗟"[J]. 语言研究集刊,2013(02).

159. 罗荣华. 赣语上高话动态助词、事态助词"来"研究[J]. 广西社会科学,2012(05).

160. 罗荣华. 赣语上高话经历体"来"和完成体"过"[J]. 中国语文,2013(04).

161. 罗荣华. 古代汉语主观量表达研究[M]. 北京：中国社会科学出版社,2012.

162. 罗荣华. 主观量相关问题探讨[J]. 宁夏大学学报(人文社会科学版),2010(05).

163. 罗昕如. 湘语与赣语比较研究[M]. 长沙：湖南师范大学出版社,2011.

164. 罗秀云,罗荣华. 赣语上高话完成体"刮"[J]. 宜春学院学报,2017(11).

165. 罗秀云. 赣语上高话的体貌系统[D]. 华东师范大学,2019.

166. 骆厚生,李良华,陈茂华.靖安客语(内部刊印),2007.
167. 吕叔湘."把"字句用法研究[M]//汉语语法论文集(增订本).北京：商务印书馆,1984.
168. 吕叔湘.汉语语法分析问题[M].北京：商务印书馆,1979.
169. 吕叔湘.汉语语法论文集(增订本)[M].北京：商务印书馆,2002.
170. 吕叔湘.释《景德传灯录》中在、著二助词[J].华西协合大学中国文化研究所集刊,1941(03).又载汉语语法论文集(增订本)[M].北京：商务印书馆,1984.
171. 吕叔湘.现代汉语八百词(增订本)[M].北京：商务印书馆,1999.
172. 吕叔湘.疑问・否定・肯定[J].中国语文,1985(04).
173. 吕叔湘.中国文法要略[M]//吕叔湘文集(第一卷).北京：商务印书馆,1993.
174. 马贝加.近代汉语介词[M].北京：中华书局,2002.
175. 马春玲,李波.萍乡城关地区普通话语音训练策略之声母部分[J].萍乡高等专科学校学报,2009(02).
176. 马春玲.萍乡方言词汇管窥[J].萍乡高等专科学校学报,1996(01).
177. 马春玲.萍乡城关方言词汇说略[J].农业考古,2009(06).
178. 马春玲.萍乡城关话音系与普通话音系的比较[J].萍乡高等专科学校学报,2008(02).
179. 马春玲.萍乡方言的语音分析[J].萍乡高等专科学校学报,2008(01).
180. 马建忠.马氏文通[M].北京：商务印书馆,2010.
181. 马庆株.汉语动词和动词性结构[M].北京：北京语言学院出版社,1992.
182. 马庆株.著名中年语言学家自选集・马庆株卷[M].合肥：安徽教育出版社,2002.
183. 马真.修饰数量词的副词[J].语言教学与研究,1981(01).
184. 马重奇.闽台方言的源流与嬗变[M].福州：福建人民出版社,2002.
185. 麦耘.广州话以"佢"复指受事者的句式[M]//第八届国际粤方言研讨会论文集.北京：中国社会科学出版社,2003.
186. 梅之星,严修鸿.城镇化进程中江西省高安市语言使用情况调查及分析[J].新余学院学报,2019(03).
187. 梅祖麟.汉语方言里虚词"著"字三种用法的来源[M]//梅祖麟语言学论文

集.北京:商务印书馆,2000.
188. 梅祖麟.唐宋处置式的来源[J].中国语文,1990(03).
189. 孟丽娜,孙淑梅.上栗县方言声韵调及特点[J].绥化学院学报,2007(04).
190. 孟宪贞,刘够安.太谷话里的动态助词"来"、"呀"、"的"[J].晋中师范高等专科学校学报,2000(04).
191. 聂国春.丰城方言代词概要[J].新余高专学报,2004(01).
192. 聂有才.高安(太阳)方言单双字调声学实验研究[D].广西师范大学,2013.
193. 宁忌浮.《中原音韵》与高安方言[J].陕西师大学报(哲学社会科学版),1990(01).
194. 欧琳琪.江西萍乡方言"X+形"类形容词研究[J].现代语文(语言研究版),2008(01).
195. 彭浅生.语言接触视角下的宜春(水江)方言词汇变化研究[D].江西师范大学,2012.
196. 彭小川.广州话助词研究[M].广州:暨南大学出版社,2010.
197. 彭玉兰.衡阳方言语法研究[M].北京:中国社会科学出版社,2005.
198. 彭泽润.衡山方言研究[M].长沙:湖南教育出版社,1999.
199. 齐沪扬.语气词与语气系统[M].合肥:安徽教育出版社,2002.
200. 齐沪扬.现代汉语语气成分用法词典[M].北京:商务印书馆,2011.
201. 清江县志编纂委员会.清江县志[M].上海:上海古籍出版社,1989.
202. 屈承熹.汉语认知功能语法[M].哈尔滨:黑龙江人民出版社,2005.
203. 饶星.赣方言的"加"[J].宜春师专学报,1993(03).
204. 饶星.试论宜春方音与普通话语音教学[J].宜春学院学报,2007(03).
205. 饶星.袁州方言词汇(上)[J].宜春学院学报,2004(05).
206. 饶星.袁州方言词汇(下)[J].宜春学院学报,2005(01).
207. 阮桂君.宁波方言语法研究[M].武汉:华中师范大学出版社,2009.
208. 阮绪和,陈建华.武宁话的重叠式[J].九江学院学报,2006(03).
209. 阮绪和.江西武宁话的"拿"字句[J].江西教育学院学报(社会科学版),2006(01).
210. 阮绪和.赣方言武宁话的特殊三音节词[J].现代语文(语言研究版),2013(05).
211. 阮绪和.江西武宁(上汤)话的程度副词"死、几、蛮"[J].江西科技师范学院学报,2006(03).

212. 阮绪和.江西武宁(上汤)话一种特殊的动词重叠结构[J].江西教育学院学报(社会科学版),2003(02).

213. 阮绪和.武宁话的代词[J].西北民族大学学报(哲学社会科学版),2006(04).

214. 阮寅夏.新余方言中的语缀[J].新余高专学报,2009(02).

215. 上高县史志编纂委员会.上高县志[M].海口:南海出版公司,1990.

216. 邵敬敏,罗晓英."别"字句语法意义及其对否定项的选择[J].世界汉语教学,2004(04).

217. 邵敬敏.现代汉语通论[M].上海:上海教育出版社,2001.

218. 邵敬敏.现代汉语疑问句研究[M].上海:华东师范大学出版社,1996.

219. 邵宜.近代汉语介词"望"的形成及与"往"之比较[J].暨南学报(人文科学与社会科学版),2004(05).

220. 邵宜.从几个标记助词看赣方言与近代汉语的关系[J].暨南学报(哲学社会科学版),2007(03).

221. 邵宜.赣方言(宜丰话)疑问范畴研究[M]//黎运汉.汉语方言疑问范畴比较研究.广州:暨南大学出版社,2010.

222. 邵宜.赣方言语助词"时"的语法功能及与近代汉语之比较[J].暨南学报(哲学社会科学版),2010(04).

223. 邵宜.赣语宜丰话"得"的研究[J].语文研究,2007(01).

224. 邵宜.赣语宜丰话"约数(量)"的表示方式[J].韶关学院学报,2004(11).

225. 邵宜.赣语宜丰话词汇变调的类型及其表义功能[J].方言,2006(01).

226. 邵宜.介词"往"的语法化过程考察[J].华南师范大学学报(社会科学版),2005(06).

227. 沈家煊,吴福祥,马贝加.语法化与语法研究(一)[M].北京:商务印书馆,2005.

228. 沈家煊."语用否定"考察[J].中国语文,1993(05).

229. 沈家煊.如何处置"处置式"?——论把字句的主观性[J].中国语文,2002(05).

230. 盛银花.安陆方言语法研究[M].武汉:华中师范大学出版社,2010.

231. 施莎,辛颖.从"伢满子就打得来里"浅读江西宜春方言语法特点[J].语文学刊,2009(08).

232. 石毓智,王统尚.方言中处置式和被动式拥有共同标记的原因[J].汉语学报,2009(02).

233. 石毓智.肯定和否定的对称与不对称(增订本)[M].北京:北京语言文化大学出版,2001.

234. 石毓智.论现代汉语的"体"范畴[J].中国社会科学,1992(06).

235. 史素芬.山西长治方言"来"字的句法、语义、语用分析[J].长治学院学报,2007(04).

236. 史秀菊.山西晋语区的事态助词"来""来了""来来""来嘅"[J].语言研究,2011(03).

237. 帅曼萍.丰城方言两字组连读变调中前字去声变调的优选论分析[J].广东技术师范学院学报,2011(04).

238. 宋小花.新干方言代词研究[D].江西师范大学,2014.

239. 孙多娇.宜春(袁州区)方言代词研究[D].南昌大学,2007.

240. 孙宜志.江西万载方言的音韵特点[J].江西教育学院学报(社会科学版),2007(02).

241. 太田辰夫.中国语历史文法(第二版)[M].蒋绍愚、徐昌华,译.北京:北京大学出版社,2003.

242. 谭鑫田等.西方哲学词典[M].济南:山东人民出版社,1992.

243. 汤潍芬.万载方言特殊句式的结构考察[J].汉字文化,2016(03).

244. 陶振伟."拿"的语法化[J].安徽教育学院学报,2006(04).

245. 铜鼓县志编纂委员会.铜鼓县志[M].海口:南海出版公司,1989.

246. 童芳华.高安方言程度副词的五种类型[J].上饶师范学院学报,2013(04).

247. 童芳华.高安方言詈词的民俗内涵[J].湖北第二师范学院学报,2019(03).

248. 童芳华.入声汉字的高安话发音与日语发音对比[J].牡丹江大学学报,2014(04).

249. 万里阳.江西丰城话"拿"字浅析[J].语言本体研究,2013.

250. 万载县志编纂委员会.万载县志[M].南昌:江西人民出版社,1988.

251. 汪国胜.大冶方言语法研究[M].武汉:湖北教育出版社,1994.

252. 汪国胜.湖北大冶方言的比较句[J].方言,2000(03).

253. 汪国胜.湖北方言的"在"和"在里"[J].方言,1999(02).

254. 汪化云.鄂东方言研究[M].成都：巴蜀书社,2004.

255. 汪化云.汉语方言代词论略[M].成都：巴蜀书社,2008.

256. 王德全.江西省宜春市志[M].海口：南海出版公司,1990.

257. 王还.再谈现代汉语词尾"了"的语法意义[J].中国语文,1990(03).

258. 王洪钟.海门方言语法专题研究[M].芜湖：安徽师范大学出版社,2011.

259. 王建芳.芦溪方言语气词研究[D].云南师范大学,2016.

260. 王健."给"字句表处置的来源[J].语文研究,2004(04).

261. 王力.王力文集(第十一卷)[M].济南：山东教育出版社,1990.

262. 王力.中国现代语法[M].北京：商务印书馆,1985.

263. 王莉.温州话"道"的将行体用法及其本字[J].方言,2004(02).

264. 王琳.安阳方言将行体助词"也"及其溯源[J].宁夏大学学报(人文社会科学版),2010(03).

265. 王柔曼.新干方言词缀研究[D].江西师范大学,2015.

266. 王柔曼.新干方言亲属称谓考察[J].南昌工程学院学报,2014(02).

267. 王淑清.谈丰城话里"起"的一种用法[J].现代语文(语言研究版),2006(01).

268. 王霞.湖南慈利话的重叠儿化量词结构及其主观量[J].牡丹江大学学报,2009(01).

269. 王晓君.赣语新余方言的小称词缀"的"及其他相关词缀[J].上饶师范学院学报,2004(02).

270. 王晓君.赣语新余方言语气词的几个特点[J].新余高专学报,2006(05).

271. 王晓君.江西新余方言的变音[J].方言,2015(01).

272. 王晓君.江西新余赣方言音系[J].方言,2010(03).

273. 魏钢强.《萍乡方言词典》引论[J].方言,1995(03).

274. 魏钢强.萍乡方言词典[M].南京：江苏教育出版社,1998.

275. 魏兆惠.汉语处置式中代词回指的普遍性、共性和差异性[J].宁夏师范学院学报,2012(01).

276. 温爱华,曾海清.新余方言与普通话形容词三个平面比较[J].现代语文(语言研究版),2017(03).

277. 温爱华.赣语新余方言"X人"式形容词[J].汉字文化,2017(02).

278. 温爱华.新余方言三片形容词重叠式AA的比较研究[J].萍乡学院学报,

2017(01).

279. 温昌衍. 客家方言[M]. 广州：华南理工大学出版社,2006.
280. 文西. 萍乡话中的"个"[J]. 萍乡学院学报,2019(02).
281. 文贞惠. 现代汉语否定范畴研究[D]. 复旦大学,2003.
282. 吴福祥,洪波. 语法化与语法研究(一)[C]. 北京：商务印书馆,2003.
283. 吴福祥. 侗台语被动式的层次和渊源[J]. 第六届汉语语法化问题国际学术研讨会论文,2011.
284. 吴福祥. 汉语能性述补结构"V 得/不 C"的语法化[J]. 中国语文,2002(01).
285. 吴福祥. 南方方言里虚词"到[倒]"的用法及其来源[J]. 中国语文研究,2002(02).
286. 吴怀仁,庞家伟. 陇东方言中"来"的特殊用法[J]. 陇东学院学报,2008(01).
287. 吴慧. 江西樟树方言的跨类词缀"叽"[J]. 新余学院学报,2010(02).
288. 伍云姬. 湖南方言的代词[M]. 长沙：湖南师范大学出版社,2009.
289. 伍云姬. 汉语方言共时历时语法研讨论文集[C]. 广州：暨南大学出版社,1999.
290. 习晨,罗昕如. 论樟树方言被动标记"等"及其语法化[J]. 齐齐哈尔大学学报(哲学社会科学版),2019(06).
291. 习晨. 赣语樟树方言的体[J]. 绵阳师范学院学报,2019(04).
292. 习晨. 赣语樟树方言中的"得"[J]. 铜仁学院学报,2019(03).
293. 香坂顺一. 白话词汇研究[M]. 北京：中华书局,1997.
294. 项梦冰. 连城客家话语法研究[M]. 北京：语文出版社,1997.
295. 肖萍. 赣语吴城方言的 XA 式状态词[J]. 语言研究,2008(02).
296. 萧国政. 武汉方言"着"字与"着"字句[J]. 方言,2000(01).
297. 辛永芬. 浚县方言语法研究[M]. 北京：中华书局,2006.
298. 新余市地方志编纂委员会. 新余市志[M]. 上海：汉语大词典出版社,1993.
299. 邢福义,李向龙,丁力,储泽祥. 形容词的 AABB 反义叠结[J]. 中国语文,1993(05).
300. 邢福义. "有没有 VP"疑问句式[J]. 华中师范大学学报,1990(01).
301. 邢福义. 说"NP 了"句式[J]. 语文研究,1984(03).

302. 邢向东. 论现代汉语方言祈使语气词"着"的形成[J]. 方言,2004(04).

303. 邢向东. 陕北晋语语法比较研究[M]. 北京:商务印书馆,2006.

304. 邢向东. 神木方言研究[M]. 北京:中华书局,2002.

305. 邢向东. 神木话表过去时的"来"[J]. 延安大学学报(社会科学版),1991(01).

306. 熊杨清. 丰城(梅林)话语音研究及其归属再探讨[D]. 江西师范大学,2014.

307. 熊正辉,李荣. 南昌方言词典[M]. 南京:江苏教育出版社,1998.

308. 熊正辉. 南昌方言的子尾[J]. 方言,1979(03).

309. 徐丹. 北京话中的语法标记词"给"[J]. 方言,1992(01).

310. 徐丹. 趋向动词"来/去"的语法化——兼谈"去"的词义转变及其机制[A]. 沈家煊,吴福祥,马贝加主编. 语法化与语法研究(二). 北京:商务印书馆,2005.

311. 徐静. 永修方言虚词研究[D]. 江西师范大学,2018.

312. 徐时仪. 否定词"没""没有"的来源和语法化过程[J]. 湖州师范学院学报,2003(01).

313. 徐阳春. 南昌方言的体[J]. 南昌大学学报,1999(03).

314. 许宝华,宫田一郎. 汉语方言大词典[Z]. 北京:中华书局,1999.

315. 许国萍. 现代汉语差比范畴研究[M]. 上海:学林出版社,2007.

316. 薛凤生. 试论"把"字句的语义特征性[J]. 语言教学与研究,1987(01).

317. 颜森. 高安(老屋周家)方言的词汇[J]. 方言,1982(01).

318. 颜森. 高安(老屋周家)方言的词汇[J]. 方言,1982(02).

319. 颜森. 高安(老屋周家)方言的词汇[J]. 方言,1982(03).

320. 颜森. 高安(老屋周家)方言的语音系统[J]. 方言,1981(02).

321. 颜森. 新干方言本字考[J]. 方言,1983(03).

322. 颜逸明. 浙南瓯语[M]. 上海:华东师范大学出版社,2000.

323. 杨平. 动词重叠式的基本意义[J]. 语言教学与研究,2003(05).

324. 杨永龙. 汉语方言先时助词"着"的来源[J]. 语言研究,2002(02).

325. 姚奇. 萍乡方言特征词研究[D]. 厦门大学,2014.

326. 姚奇. 萍乡方言词汇的理据分析[J]. 萍乡高等专科学校学报,2012(02).

327. 宜丰县地方志编纂委员会. 宜丰县志[M]. 海口:南海出版公司,1989.

328. 易琼. 江西宜春话虚词研究[D]. 云南师范大学,2018.

329. 易琼.宜春方言话题句[J].四川职业技术学院学报,2017(06).

330. 易维.宜春方言称谓研究[J].宜春学院学报,2010(05).

331. 游汝杰.吴语里的反复问句[J].中国语文,1993(02).

332. 游汝杰.游汝杰自选集[M].桂林:广西师范大学出版社,1999.

333. 余颂辉.上高(镇渡)音系[D].南昌大学,2006.

334. 余心乐.赣西北方言词考释[J].江西师院学报,1964(02).

335. 余直夫.奉新音系[M].台北:艺文出版公司,1975.

336. 俞光中,植田均.近代汉语语法研究[M].上海:学林出版社,1999.

337. 袁家骅.汉语方言概要[M].北京:语文出版社,2001.

338. 袁婕妤.新余市分宜县赣语音韵特点[J].新余学院学报,2013(06).

339. 袁毓林.现代汉语祈使句研究[M].北京:北京大学出版社,1993.

340. 远藤雅裕.汉语方言处置标志的地理分布与几种处置句[J].中国语学,2004(251).

341. 岳立静.萍乡方言的文白异读及其音变特点[J].语文研究,1998(04).

342. 张斌.现代汉语描写语法[M].北京:商务印书馆,2010.

343. 张伯江.论"把"字句的句式语义[J].语言研究,2000(01).

344. 张国宪.现代汉语形容词功能与认知研究[M].北京:商务印书馆,2006.

345. 张立飞,严辰松.现代汉语否定构式的认知研究[M].北京:高等教育出版社,2011.

346. 张林林.九江话里的"着"[J].中国语文,1991(05).

347. 张邱林.河南陕县方言表将然的语气助词"呀"构成的祈使句[J].中国语文,2007(04).

348. 张双庆.动词的体[C].香港:香港中文大学吴多泰中国语文研究中心,1996.

349. 张旺熹."把"字句的位移图式[J].语言教学与研究,2001(03).

350. 张小柳.赣语新余(水北)方言"X+人"式形容词研究[J].新余高专学报,2010(05).

351. 张燕娣.南昌方言研究[M].北京:中国社会科学出版社,文化艺术出版社,2007.

352. 张一舟.成都话主观量范畴的特殊表达形式[J].四川大学学报(哲学社会科学版),2001(05).

353. 张志华. 罗回方言表主观大量的形容词"厚"[J]. 黄冈师范学院学报,2009(04).

354. 章蜜. 江西修水话程度副词"闷"和"几"的用法考察[J]. 语文知识,2011(03).

355. 赵葵欣. 武汉方言语法研究[M]. 武汉：武汉大学出版社,2012.

356. 赵艳芳. 认知语言学概论[M]. 上海：上海外语教育出版社,2001.

357. 赵元任. 汉语口语语法[M]. 北京：商务印书馆,1979.

358. 钟昆儿. 赣语新干三湖话语音研究[D]. 福建师范大学,2015.

359. 钟明立. 江西武宁礼溪话音系[J]. 方言,2004(04).

360. 周根飞. 丰城话中助词"哩"的考察[J]. 萍乡高等专科学校学报,2008(04).

361. 周国光. 程度副词和程度述语句的内部区别[A]. 邵敬敏主编. 语法研究与语法应用. 北京：北京语言学院出版社,1994.

362. 周洪学. 安仁方言语法研究[M]. 北京：社会科学文献出版社,2015.

363. 周玉芳. 赣语新余话的音韵特点[J]. 宜春学院学报,2011(03).

364. 朱道明. 平江方言研究[M]. 武汉：华中师范大学出版社,2009.

365. 朱德熙. "V—Neg—VO"与"VO—Neg—V"两种反复问句在汉语方言里的分布[J]. 中国语文,1991(05).

366. 朱德熙. 关于汉语方言里的两种反复问句[J]. 中国语文,1985(01).

367. 朱德熙. 语法讲义[M]. 北京：商务印书馆,1982.

368. 邹瑄. 萍乡方言的人称代词[J]. 语文学刊,2015(01).

369. Bybee, J. & Revere Perkins & William Pagliuca. *The Evolution of Grammar: Tense, Aapect and Modality in the Languages of the World* [M]. Chicago：University of Chicago Press, 1994.

370. Heine, Bernd & Tania Kuteva. *World Lexicon of Grammaticalization* [M]. Cambridge：Cambridge University Press, 2002.

371. Hopper, Paul J. & Elizabeth Traugott. *Grammaticalization* [M] Cambridge：Cambridge University Press, 1993.

372. Li, Charles N. & S. A. Thompson. *Mandarin Chinese: A Functional Reference Grammar* [M]. Berkeley：University of California Press, 1981.

附录一
赣西北二十二个方言点的音系

1. 丰城话（剑光镇）音系①

(1) 声母（21个）

p 八兵　　pʰ 派爬　　m 麦明　　f 飞副　　v 味活　　t 多张　　tʰ 讨甜　　n 脑南
l 老蓝　　ts 资争　　tsʰ 刺字　　s 丝祠　　tɕ 酒九　　tɕʰ 清全　　ȵ 年热　　ɕ 想顺
k 高　　kʰ 开权　　ŋ 软安　　h 好谢　　ø 用药

(2) 韵母（63个）

ɿ 师丝　　ɨ 试世　　i 雨米　　u 苦布　　ʉ 猪锄　　a 茶牙　　ia 写借
ua 瓜话　　ɛ 该这　　iɛ 鱼姐　　uɛ 喂　　ɵ 二儿　　yɵ 靴茄　　o 歌坐
uo 过果　　ai 排鞋　　uai 快怪　　ɛi 开赔　　uɐi 猥　　ui 鬼卫　　ɑu 宝饱
ɛu 豆走　　iɛu 笑桥　　ɐu 抽手　　iɐu 油　　an 山三　　uan 关弯　　ɛn 半灯
iɛn 盐年　　uɛn 官宽　　ɵn 看短　　yɵn 权　　yn 寸春　　ɪn 深升　　un 滚困
in 心新　　ɑŋ 硬争　　iɑŋ 病兄　　uɑŋ 横梗　　ŋ̍ 南糖　　iŋ̍ 响娘　　uɔŋ 王光
iuŋ 用　　uŋ 东永　　aʔ 辣八　　uaʔ 刮挖　　ɛʔ 热北　　iɛʔ 接节　　uɛʔ 活国
ɵʔ 郭刷　　yɵʔ 月雪　　iʔ 十直　　uiʔ 骨物　　iʔ 急七　　yʔ 橘出　　aʔ 塔白
iɑʔ 锡壁　　ɔʔ 盒托　　ɕiʔ 药脚　　uɔʔ 握　　iuʔ 六绿　　uʔ 谷木　　ŋ̍ 五

(3) 声调（6个）

① 阴平　25　东通罪卖洞开　　② 阳平　33　门龙牛铜皮糖
③ 上声　41　懂古统买苦老　　④ 去声　214　动近冻胃痛怪
⑤ 阴入　3　谷百节急哭月　　⑥ 阳入　5　毒六麦白盒罚

---

① 丰城音系由曾莉莉提供。

(4) 音系说明

① 阴平是个高扬调,记作[25]。② 阳平是个中平调,略升,调值[233],记作[33]。③ 上声是个中降调,略拱,记作[41]。④ 去声是个降升调,记作[214]。⑤ 阴入和阳入都是短促调,阴入低,记作[3]。阳入调值达到最高,记作[5]。⑥ 零声母合口呼音节,认真发时为合口呼,随意发时上齿会轻微触碰下唇,发出轻微的[v]音,此处仍记为零声母。⑦ [x]发音部位略偏后。⑧ 声母[l]与齐齿呼相拼时略带鼻音,发成[nd],音系仍记作[l]。⑨ 前[a]实际接近于央[ʌ]偏后,但没有到[ɑ]。⑩ 主要元音[ɛ]的舌面不前拱,略平。⑪ [əu]韵中的[ə]舌位略高,接近[i]。[iəu]韵中的[ə]动程较短,整个韵母接近[iu]。⑫ [ɛʔ]韵略带有一个过渡音[ɨ],即实际发音为[iɛʔ]。⑬ [ts、tsʰ、s、t、tʰ、l]后的[yʔ]实际为[ʏʔ]韵,今与[yʔ]合并。⑭ [ts、tsʰ、s、t、tʰ、l]后的[yn]实际为[ʏn]韵,今与[yn]合并。⑮ [ts、tsʰ、s、t、tʰ、l]后的[ɵn、ɵʔ]韵微带介音[u],音程很短,可忽略不计。⑯ [aʔ]韵实际读音为[æʔ]。

2. 樟树话(临江镇)音系①

(1) 声母(23个)

p 剥比	pʰ 皮白	m 麻明	f 飞灰	t 当得	tʰ 吐特	l 南吕	ts 糟祖
tsʰ 粗曹	s 思桑	tʂ 主指	tʂʰ 昌车	ʂ 蛇烧	ʐ 如闰	tɕ 机尖	tɕʰ 秋欺
ȵ 泥年	ɕ 休戏	k 家公	kʰ 苦确	ŋ 咬暗	h 下袋	∅ 云一	

(2) 韵母(60个)

ɿ 资思	ʅ 迟指	i 第地	u 故赌	y 雨虚	ə 二耳	o 河多
io 茄靴	uo 过果	ei 杯回	ui 堆推	e 妹灰	iɛ 鱼去	a 巴架
ia 借野	ua 瓜垮	oi 盖开	uoi 煨	ai 介街	uai 乖怪	au 包宝
iɛu 条小	uɛi 条小	eu 斗烧	ɯ 斗	iu 久流	nɛ 短酸	uən 官管	ɛn 梗庚	iɛn 捡年
yən 权园	an 胆山	uan 关惯	ən 魂文	in 林灵	un 滚困	yn 云群
ɔŋ 帮桑	iɔŋ 良奖	uɔŋ 光广	aŋ 争冷	iaŋ 晴井	oŋ 东红	ioŋ 穷胸
uoŋ 翁	ŋ 五	ɿʔ 湿失	ʅʔ 值食	iʔ 日急	uʔ 谷木	uiʔ 出骨
ɛʔ 色舌	iɛʔ 接铁	uɛʔ 国活	æʔ 辣甲	uæʔ 刮	oiʔ 合割	oʔ 郭落
ioʔ 药脚	aʔ 百客	iaʔ 壁踢	iuʔ 绿			

---

① 樟树音系转引刘纶鑫(1999)。

(3) 声调(5个)

① 阴平 35 刚开边三超飞　② 阳平 24 穷才唐朝麻文
③ 上声 31 古走口五女老　④ 去声 11 盖变唱菜大叔
⑤ 入声 3 急一七百铁六

(4) 音系说明

① 透,定母字部分读[h],或有读[h]的读音。② 泥,来洪混细分。③ 精,庄,知二读[ts、tsʰ、s],知三,章读[tʂ、tʂʰ、ʂ]。④ 不分尖团。⑤ 影母开口洪音字读[ŋ]。⑥ 晓、匣母合口字读[f]。⑦ 咸、山、蟹三摄一二等主要元音有别。⑧ 梗摄字有文白对立。

3. 新干话音系①

(1) 声母(20个)

p 波百　　pʰ 便别　　m 麻米　　f 飞花　　v 文滑　　t 刀当　　tʰ 定第　　l 拿来
s 灾争　　tsʰ 坐字　　s 梳思　　tɕ 基尖　　tɕʰ 牵切　　ȵ 软年　　ɕ 希修　　k 高架
kʰ 开敲　　ŋ 压岸　　h 大淡　　ø 一二

(2) 韵母(69个)

ɿ 资迟　　i 杯迷　　u 夫步　　y 居区　　ə 二耳　　ɛ 哎　　iɛ 锯去
uɛ 喂　　o 多货　　io 茄　　uo 过果　　oi 袋开　　uoi 煨　　ei 来
uei 贵鬼　　a 家麻　　ia 借野　　ua 瓜垮　　ai 街鞋　　uai 乖快　　əu 绸搜
iu 收九　　ɛu 走偷　　iɛu 勾狗　　au 包保　　iau 标小　　ən 真伸　　in 针仁
un 村困　　yn 军均　　ɛn 然灯　　iɛn 尖年　　uɛn 问轰　　on 干端　　uon 官管
yon 劝全　　an 三山　　uan 关弯　　ɕɔ 当双　　iɕɔ 枪良　　uɕɔ 光王　　aŋ 冷争
iaŋ 听晴　　uaŋ 横梗　　iuŋ 松用　　uŋ 东中　　m̩ 呒　　n̩ 九　　æ 瞎辣
uæt 刮活　　ot 合葛　　uot 抹　　ɛt 拆彻　　iɛt 业灭　　yɛt 决血　　ət 十不
it 急日　　uət 骨物　　yt 桔律　　ɛʔ 色北　　uɛʔ 国　　oʔ 落各　　ioʔ 脚削
uoʔ 郭扩　　aʔ 百白　　iaʔ 壁踢　　uaʔ 用手抓一把　　 　　iuʔ 育绿　　uʔ 谷木

(3) 声调(5个)

① 阴平 53 兵鲸清英天生　② 阳平 24 劳流棉麻城形
③ 上声 31 古口响远好两　④ 去声 33 盖冻唱菜用硬
⑤ 入声 2 只汁直吃百吉

---

① 新干音系转引刘纶鑫(1999)。

(4) 音系说明

① 透、定母洪音字读[h]。② 泥、来洪混细分。③ 精、庄、知二读[ts、tsʰ]，知三、章读[t、tʰ]。（三湖以北与清江县临界知、章读[tʂ、tʂʰ]。七琴、潭秋、城上三乡与乐安临界清从、初崇读[t、tʰ]。）④ 不分尖团。⑤ 晓、匣母合口读[f]。⑥ 影母开口洪音字读[ŋ]。⑦ 咸、山、蟹三摄一二等主要元音有别。⑧ 梗摄字有文白异读。⑨ 部分全浊上声字、少数次浊上声字归阴平。

4. 新余话（渝水区）音系①

(1) 声母（19个）

p 八兵	pʰ 派爬	m 麦明	f 飞副	t 多张	tʰ 甜抽	l 脑老	ts 资争
tsʰ 刺字	s 丝谢	tɕ 酒九	tɕʰ 清全	ȵ 年月	ɕ 想县	k 高	kʰ 开共
ŋ 熬安	x 讨好	∅ 味温					

(2) 韵母（50个）

ɿ 猪师	i 雨米	u 苦谷	y 区	a 茶白	ia 写	ua 瓦刮
æ 塔辣	uæ 刮	ɛ 十	iɛ 接急	yɛ 月橘	ɔ 盒	ɵ 二
e 北直	ie 鼻	o 歌托	io 药	uo 过活	ai 排鞋	uai 快
ɔi 开	ei 飞	uei 对鬼	au 宝饱	ɐu 豆走	iɐu 笑桥	ɘu 手
iu 绿油	an 南山	uan 关	ɛn 灯根	iɛn 盐年	yɛn 权	ɔn 半短
uɔn 官	ɯn 深升	in 心新	uɯn 寸滚	yŋ 云	ɑŋ 硬争	iɑŋ 病兄
uɑŋ 横	ɔŋ 糖双	iɔŋ 亮	uɔŋ 王	iuŋ 兄用	uŋ 东	uɘŋ 翁
ŋ̍ 五						

(3) 声调（7个）

① 全阴平　445　东该灯风　　② 次阴平　113　通开天春
③ 阳平　　42　 门筒冻痛龙皮 ④ 上声　　324　懂统买古苦老
⑤ 去声　　33　 卖洞动路地罪　⑥ 全入₁　 45　 谷六百搭节麦
⑦ 次入₂　 13　 哭毒刻拍塔切

(4) 音系说明

① 次阴平[113]收尾上升幅度较大，接近[114]。② 阳平[42]下降幅度较小，接近[43]。③ 全入[45]起点略低，接近[35]，无显著喉塞色彩。④ 次入与次阴平调值基本相当，接近[14]，略短促，无显著喉塞色彩。⑤ 全阴平[445]与全入

---

① 新余音系由张阳提供。

[45]有合流趋势,次阴平[113]与次入[13]有合流趋势。如:歌、郭。⑥ 部分单字声调特殊,如:茄、婆、儿、人、律、防、褥。⑦ f 有时发双唇清擦音[ɸ],如:活₁、副,均记作[f]。⑧ 合口呼零声母字音节开头部分略带摩擦,唇形略展。⑨ a、ia、ua 韵母中的[a]舌位偏后,实际音值接近后元音[ɑ]。⑩ ai 韵母中的[a]舌位略高,前为双唇辅音时接近[ɛ],如:排。⑪ ei、uei 韵母中[e]舌位偏后,近央元音[ə]。⑫ ɔi 韵母的唇形少展。⑬ 部分 i 韵母有圆唇色彩,如:西。

5. 分宜话音系①

(1) 声母(19 个)

p 八兵	pʰ 派爬	m 麦明	f 飞副	t 多张	tʰ 讨甜	l 老脑	ts 资争	
tsʰ 刺字	s 丝事	tɕ 酒主	tɕʰ 清全	ȵ 年月	ɕ 想谢	k 过高	kʰ 开共	
ŋ 熬安	x 河好	∅ 味温						

(2) 韵母(47 个)

ɿ 试十	ʮ 师丝	i 米戏	u 苦谷	y 猪橘	a 茶白	ia 写锡
ua 瓜	ɛ 北色	iɛ 接节	uɛ 国	yɛ 靴月	ər 二	o 歌托
uo 过	yo 药	ai 排塔	uai 快刮	ɔi 开盒	uoi 活	ui 对鬼
au 宝饱	ɛu 豆走	iɛu 笑桥	iu 油六	an 南山	uan 关	ən 深升
iən 心新	uən 寸滚	yən 云	ɔn 半短	uɔn 官	yɔn 权	ã 硬争
iã 病兄	uã 横	ɛ̃ 根灯	iɛ̃ 盐年	ɔ̃ 糖双	iɔ̃ 响	uɔ̃ 王
ŋ̍ 东	uŋ̍ 恭	yŋ̍ 用	ɲ̍ 五	m̩ 姆		

(3) 声调(4 个)

① 阴平　35　东通谷急六毒　　② 阳平　44　门铜冻痛龙皮
③ 上声　424　懂统买古苦老　　④ 去声　213　卖洞动路地罪

(4) 音系说明

① 阴平字的单字调有时实际调值接近[25]。② 入声整体来看归入阴平,但亦有少数例外字。如"集"调值为[44],读同阳平;"划""玉""浴"调值为[213],读同去声。③ n、l 为自由变体,不具有区别意义作用,使用频率以 l 居多,因此我们不再单列 n 声母。如有读为 n 声母的,我们皆记作 l,但会加音值说明。④ ts 组声母[ts、tsʰ、s]实际音值舌尖稍稍靠后,但并未达到舌尖后音 tʂ、tʂʰ、ʂ。⑤ ʮ 韵母的实际音值唇形略展,但区别于 ɿ 韵母,形成音位对立。如世 sɿ⁴⁴ ≠ 四 sʮ⁴⁴。

---

① 分宜音系由郭慧提供。

⑥ ər 韵母的实际音值为[ɤr]，且儿化的卷舌效果不明显。⑦ k 组声母可以与齐齿呼相拼，但是 i 介音有时明显，有时模糊，我们以实际音值记录。如 i 介音特征比较模糊，韵母记开口呼，但会加音值说明。

6. 袁州话音系

(1) 声母(22个)

p 八兵	pʰ 派爬	m 麦明	f 飞副	t 多东	tʰ 讨甜	l 老脑	ts 资争
tsʰ 刺字	s 丝谢	tʃ 张纸	tʃʰ 抽车	ʃ 顺手	tɕ 主九	tɕʰ 柱	ȵ 年热
ɕ 书响	k 高	kʰ 开共	ŋ 熬安	x 好	∅ 味月		

(2) 韵母(63个)

ɿ 师丝	i 米飞	u 苦	y 猪对	ɪ 试戏	a 茶牙	ia 写	
ua 瓜	o 歌坐	uo 过	e 锯	ɪe 去	ø 二开	yø 靴	
ai 排鞋	uai 快	au 宝饱	eu 豆走	ieu 笑桥	ɪu 州手	iu 油	
ui 鬼	an 南山	uan 关	en 根灯	ien 盐年	on 半短	ion 远	
uon 官	un 寸	yn 云	m̩ 深升	in 心新	uin 滚	aŋ 硬争	
iaŋ 病星	uaŋ 横	oŋ 糖双	ioŋ 响	uoŋ 王	əŋ 东	ieŋ 用	
uəŋ 翁	iʔ 七一	uʔ 谷六	yʔ 出橘	ɪʔ 十直	aʔ 白尺	iaʔ 锡	
oʔ 托壳	ioʔ 药	uoʔ 握	eʔ 北色	ieʔ 接热	øʔ 盒活	uøʔ 活国	
yøʔ 月	aiʔ 塔辣	uaiʔ 刮	iuʔ 肉	uiʔ 骨	m̩ 唔	ŋ̍ 五	

(3) 声调(5个)

① 阴平 24 东通洞动该开 ② 阳平 33 门铜冻痛龙皮
③ 上声 31 懂统买古苦老 ④ 去声 113 卖地罪路饭近
⑤ 入声 5 谷哭六毒百拍

(4) 音系说明

① 阴平调类的调值为[24]，调型为中升。② 阳平调类的调值为[33]，调型为中平，但有时后段略有上扬之势。大部分清去字归阳平。③ 上声调类的调值为[31]，调型为中降。④ 去声调类的调值为[113]，有时起点略高于[1]。调型为低升调，开头低平，尾部上扬。个别浊上字和浊去字的调值为[24]，比如"动""洞"，归为阴平字。⑤ 入声调类的调值为[5]。⑥ 唇齿声母 f 实际发音时带有双唇摩擦成分，严式标音为[fʷ]。⑦ 舌叶音[tʃ][tʃʰ][ʃ]与开口呼、合口呼相拼；舌面前音[tɕ][tɕʰ][ɕ]与齐齿呼、撮口呼相拼。⑧ 声母 x 与 o、on、oŋ、oʔ 四韵相拼时，受后高元音[o]的影响，发音部位后移，接近喉音[h]。⑨ 零声母出现在开口

呼前,有一个轻微的喉塞音[ʔ];在齐齿呼、合口呼前分别带上轻微的摩擦音[j] [w]。⑩ 宜春话 iu 韵是以[i]为介音,[u]为韵腹的二合元音;ui 韵则以[u]为介音,[i]为韵腹的二合元音,严式记音分别为[iǔ][ǔi]。⑪ 韵母 ɿ、ɿu、m、ɿʔ 只与舌叶音声母 tʃ、tʃʰ、ʃ 相拼。⑫ 部分入声字的入声塞尾模糊,不短促,有舒化倾向。

7. 萍乡(安源区)音系①

(1) 声母(22个)

p 八兵	pʰ 派爬	m 麦明	f 飞副	t 多东	tʰ 讨甜	l 脑老	ts 资争
tsʰ 刺字	s 丝事	tʂ 张纸	tʂʰ 抽车	ʂ 手十	tɕ 酒九	tɕʰ 清全	ȵ 年热
ɕ 想谢	k 高	kʰ 船开	ŋ 熬安	x 好	∅ 味软		

(2) 韵母(37个)

ɿ 师丝	i 米戏	u 苦骨	y 猪出	ɿ 试十	a 茶塔	ia 写锡
ua 刮	ɛ 靴二	iɛ 接热	uɛ 月橘	o 歌盒	io 药	uo 过郭
ai 排鞋	uai 快	ui 鬼	əɯ 开豆	uəɯ 外	iu 油	au 宝饱
iau 笑桥	ɛ̃ 根灯	iɛ̃ 盐年	uɛ̃ 权	ɔ̃ 半糖	iɔ̃ 响	uɔ̃ 官王
ān 南山	iān 病星	uān 横	ən 深寸	iən 心新	uən 滚	yən 春云
m̩ 姆	ŋ̍ 五					

(3) 声调(4个)

① 阴平 24 东通谷急该开　② 阳平 44 门龙牛油铜皮
③ 上声 35 懂统买古苦老　④ 去声 11 动冻痛卖洞六

(4) 音系说明

① 阴平[24]接近[13]。② 去声[11]实际调值有微弱的动程,接近[21]。③ 入声整体分配规律为清入读同阴平[24],浊入读同去声[11]。亦有少数入声字的今读调值并不符合这一规律,但因数量不多,并不影响调类的分配。例如:鹿[lu²⁴],肉[ȵiu²⁴],日[ȵi²⁴]。④ n/l 为自由变体,不具有区别意义作用,使用频率以 l 居多,因此我们不再单列 n 声母。如有读为 n 声母的,我们皆记作 l。⑤ tɕ 组[tɕ、tɕʰ]部分合口、撮口呼字,在老男音系中有舌根音色彩,实际音值介于 tɕ 组、k 组之间。亦有部分字有 tɕ 组、k 组声母两读,但属自由变体。⑥ ɕ 声母撮口呼字,在老男音系中有时读 f 声母,但属于自由变体,发音人并未意识到区别,且有时实际音值会介于[ɕ、f]之间。⑦ ān、iān、uān 韵母收鼻尾韵同时,主元音仍有

---

① 萍乡音系由郭慧提供。

明显的鼻化色彩,因此我们记作鼻尾加鼻化。⑧ [ɛ]开口稍大近[æ]。⑨ o、io、uo 韵母中的[o]开口稍大,近[ɔ]。⑩ əɯ 中的[ə]唇形略圆。⑪ ɔ̃ 有微弱动程,实际音值相当于[ɔ̃ʊ̃]。⑫ ən、iən、uən 中的[ə]稍闭,实际音值为[e],且鼻韵尾的实际音值介于[n、ŋ]之间。

8. 上栗(上栗镇)音系①

(1) 声母(22个)

p 八兵	pʰ 派爬	m 麦明	f 飞副	t 多张	tʰ 讨甜	l 脑老	ts 资争
tsʰ 刺字	s 丝事	tʂ 纸	tʂʰ 直	ʂ 十	tɕ 酒柱	tɕʰ 清全	ȵ 年热
ɕ 想书	k 高	kʰ 开共	ŋ 软熬	h 好活	ø 味温		

(2) 韵母(62个)

ɿ 师丝	ʅ 试	i 米戏	u 过苦	y 猪二	a 茶牙	ia 写
ua 瓜	ɛ 锯	iɛ 去	uɛ 大声喊叫	o 歌坐	io 戳	uo 禾
ɵ 靴	ai 排鞋	uai 怪快	ɛi 开飞	uɛi 鬼	au 宝饱	iau 笑桥
əɯ 路	iəɯ 油	ã 南山	uã 弯	ɔ̃ 根灯	ĩ 盐年	õ 半短
uɵ̃ 碗	ɔ̃ 深寸	iɛ̃ 心新	uɔ̃ 滚云	aŋ 硬争	iaŋ 病兄	uaŋ 横
oŋ 糖双	ioŋ 响	uoŋ 王	əŋ 东	uəŋ 翁	iʔ 卒	ʅʔ 十直
iʔ 急七	uʔ 谷	yʔ 出橘	aʔ 白尺	iaʔ 锡	aʔ 法辣	uaʔ 刮
ɛʔ 北色	iɛʔ 接热	oʔ 托壳	ioʔ 药	uoʔ 握	ɵʔ 盒活	uɵʔ 越
ɛiʔ 佛	uɛiʔ 骨	əɯʔ 六绿	iuɛʔ 肉	m̩ 姆	ŋ̍ 五	

(3) 声调(5个)

① 阴平 13 东该灯风通开   ② 阳平 334 门龙牛油铜皮
③ 上声 35 懂统买老古苦   ④ 去声 31   冻痛卖洞怪动
⑤ 入声 4   谷急六毒百拍

(4) 音系说明

① 上声[35]起点稍高于阳平,实际音值近[45]。② 入声[4]实际音值近[44],有些入声字发音时后段略降,近[43]。③ 有极少数字的归调不合规律,但因数量不多,并不影响调类的归配。如:"错、跳"读阳平、"梯"读去声、"块"读上声等;极个别入声字有非入声读法,"玉、浴"读去声。④ n/l 为自由变体,不具有区别意义作用。方言老男意识不到其区别。使用频率以 l 居多,因此我们不再

---

① 上栗音系由易志文提供。

单列 n 声母。⑤ tʂ、tʂʰ、ʂ 发音部位稍靠前,只与 ʅ、ʅʔ 韵母相拼形成音节。⑥ ɛ 开口偏小,近于[e]。⑦ əu、iəu 韵母中的[ə]开口稍大,近于[ɐ]。⑧ o、io、uo 韵母中[o]开口稍大,近于[ɔ]。⑨ iəu、uɛi 韵母中韵腹发音较明显和清晰。⑩ iĩ 有新派读法,新派读法韵腹开口较大,实际读法近于[iɛ]。大多情况下老男读老派读法。⑪ ã、uã、ə̃、uə̃、ə̃、iə̃ 韵母中的鼻化色彩有时不够明显,近前鼻韵母。

9. 万载(康乐镇)音系①

(1) 声母(22 个)

p 八兵	pʰ 派爬	m 麦明	f 飞副	t 多张	tʰ 讨甜	l 脑老	ts 资争
tsʰ 刺字	s 丝三	tʃ 纸	tʃʰ 池	ʃ 手十	tɕ 酒九	tɕʰ 清全	ȵ 年热
ɕ 想谢	k 高	kʰ 开共	ŋ 软熬	h 好	∅ 味问		

(2) 韵母(71 个)

ʅ 试	i 米戏	u 苦师	a 茶牙	ia 写	ua 瓜	e 二
ie 靴	o 歌坐	uo 过	ai 排鞋	uai 快	uei 柜	øi 对飞
uøi 赔鬼	ui 雨	oi 开	uoi 会	ɑu 宝饱	eu 豆走	ieu 笑桥
əu 抽	iəu 油	an 南山	uan 关	en 灯争	ien 盐年	uen 权
uien 圆	øn 寸	uøn 滚	on 半短	uon 官	ən 深升	in 心新
un 春	uin 云	ɑŋ 硬争	iɑŋ 病星	uɑŋ 横	oŋ 糖双	ioŋ 响
uoŋ 王	iuŋ 用兄	uŋ 东	aʔ 白尺	iaʔ 锡	uaʔ 划	eʔ 北色
ieʔ 热节	ueʔ 月国	uieʔ 越	oʔ 托壳	ioʔ 药	uoʔ 握	ʅʔ 出直
iʔ 七一	uiʔ 骨	iuʔ 六绿	uʔ 谷	aiʔ 辣八	uaiʔ 刮	øiʔ 卒
oiʔ 活	uoiʔ 活	ɑuʔ 盒塔	euʔ 设	ieuʔ 接贴	əuʔ 十	iəuʔ 急
n̩ 五						

(3) 声调(7 个)

① 阴平　31　东该灯风通开　　② 阳平　44　门铜冻痛龙皮
③ 上声　213　懂统买古苦老　　④ 去声　51　动卖洞路地罪
⑤ 阴入　3　谷百搭哭拍药　　　⑥ 阳入　5　毒白盒罚六麦
⑦ 高扬调　35　图

(4) 音系说明

① 上声调值接近[214]。② 有高扬调,调值为[35],实为小称变调。如:图

---

① 万载音系由曾莉莉提供。

[tʰu³⁵]。③ 声母 h 介于[x]与[h]之间。④ f 声母的发音不是典型的唇齿擦音，擦音力度较弱，可能跟个人发音习惯有关。⑤ 声母 ʦ、ʦʰ、s 接近齿间音。⑥ 舌叶音后的[ɪ]接近于[ʅ]。⑦ 音系中的[e]实际发音接近[ɛ]，部分 eu 韵发音接近[ɛu]。⑧ 合口呼韵母开头的 u 唇形较展，且略带摩擦音。⑨ on、uon 中的[o]实际发音是[ə]。⑩ oi、oi? 中的[o]开口度略大，接近于[ɔ]。⑪ 以 ø 开头的韵母中的[ø]唇形略展。⑫ oŋ、ioŋ、uoŋ 中的[o]开口度不稳定，时大时小。⑬ ui、uei、ui? 中的[i]实际发音接近于[ɪ]。⑭ 带-i、-u 的入声字喉塞尾不明显。

10. 宜丰话（新昌镇）音系①

(1) 声母（21 个）

p 边剥	pʰ 怕别	m 明米	f 花分	v 晚缘	t 主只	tʰ 同昌	l 老懒
n 脑怒	ʦ 祖摘	ʦʰ 抄锄	s 师香	ʨ 精结	ʨʰ 秋千	ȵ 年日	ɕ 修旧
k 家公	kʰ 跪确	ŋ 袄硬	h 下含	ø 而约			

(2) 韵母（41 个）

ø 知耳	i 女桂	u 土师	iø 是时	o 多波	oi 栽台	æ 扯靴
iæ 锯	əu 抽手	iu 有酒	eu 斗招	iɛu 口牛	au 包刀	əu 叫妖
øn 真东	iøn 用容	in 英斤	ɛn 边天	iɛn 牵连	ɔn 酸当	iɔn 良奖
æn 染邓	iæ 根肯	an 担硬	ian 晴醒	m̩ 姆	n̩ 五吴	øt 十湿
ot 合割	æt 舌阔	iɛt 接业	at 塔辣	it 力一	ø? 职直	o? 落学
io? 脚约	æ? 北国	a? 百客	ia? 吃	u? 木尾	iu? 六局	

(3) 声调（5 个）

① 阴平 42 高天边三低空　② 阳平 24 玫唐唱送妹骂
③ 上声 21 古口走比五好　④ 去声 53 共大病树岸用
⑤ 入声 5 急一出七月读

(4) 音系说明

① 有[v]声母。② 泥、来不混。③ 精、庄、知二读[ʦ、ʦʰ、s]，知三章读[t、tʰ]。溪、群母细音字读[ɕ]。④ 不分尖团。⑤ 影母开口洪音字读[ŋ]。⑥ 晓、匣母合口字读[f]。书、禅母部分字读[h]。⑦ 无撮口韵。除[u]韵之外无为介音的合口韵。⑧ 咸、山、蟹三摄一二等主要元音有别。⑨ 只有[n]一个鼻音韵尾，古[n]、[ŋ]尾字并入[n]。⑩ 去声清声母字和少数次浊声母字归阳平。

---

① 转引自刘纶鑫(1999)。

11. 上高话(敖阳镇)音系

(1) 声母(20个)

p 八兵　　pʰ 派爬　　m 麦明　　f 飞灰　　v 味活　　t 张多　　tʰ 天甜　　l 老脑
ts 资争　　tsʰ 刺字　　s 丝谢　　tɕ 酒九　　tɕʰ 清全　　ȵ 年热　　ɕ 手　　k 高
kʰ 开权　　ŋ 熬安　　h 讨好　　Ø 用药

(2) 韵母(42个)

i 雨米　　u 苦师　　a 茶瓦　　ia 爷野　　o 歌坐　　ɵ 试二　　ɛ 靴写
ie 锯去　　ai 排鞋　　oi 开对　　au 宝饱　　ɛu 豆走　　iɛu 笑桥　　iu 油
an 山硬　　ian 影赢　　oŋ 南短　　ioŋ 娘像　　en 半根　　ien 盐年　　ən 深寸
in 心新　　əŋ 滚东　　iəŋ 用　　at 塔辣　　ot 盒割　　et 折　　iet 接贴
ət 十出　　it 急七　　uət 骨物　　aʔ 白尺　　iaʔ 吃　　oʔ 托壳　　ioʔ 药
ɛʔ 活北　　ieʔ 热节　　iuʔ 六绿　　uʔ 谷　　m̩ 唔　　n̩ 尔　　ŋ̍ 五吴

(3) 声调(6个)

① 阴平　31　东该灯风通开　　② 阳平　334　门龙铜皮冻痛
③ 上声　213　懂统苦古鬼九　　④ 去声　52　卖路洞地饭动
⑤ 入声　4　谷百塔麦盒叶　　⑥ 高升调　↗　姐壶数犁蚁梨

(4) 音系说明

① 阴平是个中降调,一部分阴平字的实际调值接近[42],记为[31]。② 阳平是个中升调,开头中平,尾部稍微上扬,记作[334],大部分清去字归阳平。③ 上声是个降升调,下降的最低点略高于[1],记作[213]。④ 去声是个高降调,起点最高,但尚未降到最低点,记作[52]。⑤ 入声不是很短促,比舒声调略短些,调值略低于[5],记作[4]。⑥ 古全浊声母今读塞音、塞擦音者一律送气。⑦ 微、影、喻母合口字及少数匣母合口字今读[v]声母。⑧ 泥母与来母在洪音前均读[l],在细音前泥母读[ȵ],来母读[l]。⑨ 精、知二、庄组洪音读[ts、tsʰ、s],细音读[tɕ、tɕʰ、ɕ]。⑩ 知三、章组读[t、tʰ、s、ɕ](船书禅母洪音读[s],细音读[ɕ])。⑪ 日母洪音读[l](止摄字除外,读[Ø]),细音读[ȵ]。⑫ 见组洪音一律读[k、kʰ、ŋ](梗摄开口三等字白读[ts、sʰ]),细音一般读[tɕ、tɕʰ、ɕ、ȵ](遇、臻摄合口三等字今读细音,声母仍是[k、kʰ])。⑬ 晓组开口韵洪音读[h],细音读[ɕ],合口韵读[f](匣母白读为[v])。⑭ 古透、定母部分开口一等字在口语中读[h]。⑮ 声母[h]与[a、ai]等前元音相配时,发音部分偏前一点,接近舌面后音[x],但仍记为[h]。⑯ 没有撮口呼。⑰ 合口呼只有主要元音为[u]的[u][uət][uʔ]3个韵母。⑱ 塞

韵尾有[t][ʔ]两个。咸、深、臻摄的全部和山、曾、梗摄的部分入声字收[t]尾，宕、江、通摄的全部和山、曾、梗摄的部分入声字收[ʔ]。⑲文白异读多在蟹、梗两摄，文读主要元音舌位较高，白读主要元音略低。⑳咸、山两摄的部分鼻音字（贪、南、蚕、含、甘、肝、看、汉、安、端、短、暖、乱）与宕摄的部分鼻音字（帮、忙、糖、仓、抢、张、唱、光、方、窗）的韵母相同，比如：感＝讲，酸＝霜；这些字的鼻音比后鼻音略偏前一点，但仍记为后鼻音[oŋ]。㉑绝大部分通摄字的鼻音比后鼻音略偏前一点，但仍记为后鼻音；极少部分通摄字的鼻音是前鼻音，比如"风、丰、凤"。

12. 高安（筠阳）音系①

(1) 声母(18个)

p 布比	pʰ 怕别	m 门米	f 飞灰	t 招张	tʰ 昌肠	l 脑路	ts 糟争
tsʰ 曹拆	s 思生	tɕ 酒结	tɕʰ 全精	ɕ 旗线	k 家各	kʰ 空跪	ŋ 硬案
h 袋河	ø 软泥						

(2) 韵母(55个)

ø 支书	i 地回	u 租四	ɛ □撕	iɛ 去渠他	oi 该菜	a 架花
ia 野借	ua 瓜挂	ai 街买	uai 乖快	ou 保刀	au 饱闹	iau 笑要
ɛu 偷斗	iɛu 够口	iu 旧友	o 多左	io 茄	uo 过	on 寒端
ion 软穿	an 三山	uan 关惯	ɛn 欢能	iɛn 天边	uɛn 官管	øŋ 春真
in 宾民	uøn 温昆	ɔŋ 当仓	iɔŋ 养良	uɔŋ 光广	aŋ 争冷	iaŋ 惊镜
uaŋ 梗	iuŋ 用熊	uŋ 东红	øl 屈质	il 一笠	uøl 骨突	ɛl 折得
iɛl 杰歌	uɛl 活国	al 八甲	ual 刮袜	ol 合脱	iol 月血	oʔ 各落
ioʔ 药削	aʔ 百石	iaʔ 壁劈	uʔ 谷木	iuʔ 六育	ŋ̍ 五	

(3) 声调(7个)

① 阴平　24　高低开天三婚　　② 阳平　13　民年平人穷房
③ 上声　31　古口五老冷暖　　④ 阴去　55　盖唱菜送变怕
⑤ 阳去　22　病大岸在近动　　⑥ 阴入　4　急甲一八拍客
⑦ 阳入　1　杂白读学栗玉

(4) 音系说明

① 泥、来洪混细分，泥母细音字读零声母。② 透、定母洪音字读[h]。③ 精、庄、知二读[ts、tsʰ、s]，知三、章读[t、tʰ]。④ 不分尖团。溪、群母细音字读[ɕ]。

---

① 转引自刘纶鑫(1999)。

⑤ 影母开口洪音字读[ŋ]。⑥ 晓、匣母合口字读[f]。⑦ 书、禅母部分字读[h]。⑧ 咸、山、蟹、效四摄一二等主要元音有别。⑨ 无撮口韵。⑩ 梗摄字有文白对立。

13. 奉新话（冯川镇）音系

(1) 声母（17个）

p 八兵　　pʰ 派爬　　m 麦明　　t 多张　　tʰ 讨甜　　l 脑老　　ts 资争　　s 丝事
tɕ 酒九　　tɕʰ 清全　　ȵ 年热　　ɕ 想谢　　k 高　　kʰ 开　　ŋ 熬安　　h 风蜂
ø 飞副

(2) 韵母（60个）

i 对戏　　u 苦猪　　a 茶瓦　　ua 瓜花　　ɵ 试二　　ɛ 车蛇　　iɛ 靴写
o 歌坐　　uo 过　　ai 排鞋　　uai 快　　au 宝豆　　iau 笑桥　　uau 浮
ɛu 狗口　　ɛi 开赔　　ui 灰雨　　iu 油　　ən 深寸　　in 米心　　un 滚
an 山羊　　uan 官　　ɛn 根灯　　iɛn 盐年　　uɛn 换碗　　on 南短　　aŋ 硬争
iaŋ 病兄　　uaŋ 横　　ɔŋ 糖床　　iɔŋ 响　　uɔŋ 王　　oŋ 东　　ioŋ 用
əl 十出　　il 急七　　ul 骨　　al 塔辣　　ual 法　　ɛl 折舌　　iɛl 热月
uɛl 活刮　　ol 盒　　iʔ 锡　　uʔ 谷　　əʔ 直　　aʔ 白尺　　iaʔ 锡
uaʔ 划　　ɛʔ 北色　　iɛʔ 额　　uɛʔ 国　　oʔ 托壳　　ioʔ 药　　uoʔ 郭
iuʔ 六绿　　m̩ 姆　　n̩ 尔　　ŋ̍ 五红

(3) 声调（7个）

① 阴平　42　东该灯通开天　　② 阳平　213　门龙牛油铜皮
③ 上声　35　懂古统苦买老　　④ 阴去　44　冻怪痛快寸去
⑤ 阳去　32　卖路动罪洞地　　⑥ 阴入　4　谷百急塔切刻
⑦ 阳入　2　六麦叶月毒白

(4) 音系说明

① 阳平是个降升调，下降的最低点略高于[1]，记作[213]。② 阳去是个中降调，起点略低于[3]，记作[32]。③ 阳入绝大部分字不是很短促，比舒声调略短些，调值接近于[21]，仍记作[2]；阳入的极小部分（主要是次浊入）的字读音短促，与阴入同，记作[4]。④ 泥、来洪混细分。⑤ 无[f]声母，非组字及晓、匣母合口字读零声母。⑥ 无[tsʰ]声母，清、从及初、崇读[t]；知三、章读[t]、[tʰ]。⑦ 大部分通摄非组及匣母、影母字口腔紧闭，有较强的气流从鼻腔出，与喉擦音[h]略有差别，仍记作[h]，表示送气，如"红、奉、风、丰、冯、封、蜂"等字。⑧ 声母[h]与

[a、ai]等前元音相配时,发音部分偏前一点,接近舌面后音[x],但仍记为[h]。⑨ 咸、深、山、臻四摄的入声字的边音韵尾[l],宕、曾、梗、通四摄的入声字的喉塞韵尾[ʔ],阴入字明显,有舒化倾向的阳入字不太明显。⑩ 大部分全浊入声字的入声塞尾模糊,不短促,有舒化倾向。⑪ 韵母[oŋ][ioŋ]的主要元音介于[o]与[u]之间。

14. 靖安(双溪镇)音系①

(1) 声母(17个)

p 布笔　pʰ 怕别　m 麻网　f 飞灰　t 张章　tʰ 粗锄　l 难泥　ts 祖主
s 扇书　tɕ 精结　tɕʰ 枪桥　ɕ 线休　k 贵各　kʰ 可克　ŋ 岸案　h 冯河
ø 年女

(2) 韵母(61个)

ə 资支　　i 雨妹　　u 故收　　ei 开盖　　ui 桂贵　　o 河多　　uo 过禾
ɛ 蛇车　　iɛ 姐野　　a 架把　　ua 挂垮　　ai 介阶　　uai 乖怪　　ou 保刀
au 包交　iau 条笑　ɛu 斗走　　iu 流久　　om 甘含　　am 胆减　　iam 检镰
an 山间　uan 关惯　on 肝端　uon 官管　ɛn 根嗯　　iɛn 边年　　ən 尊村
in 亲林　un 温邑　ɔŋ 忙当　iɔŋ 相良　uɔŋ 光广　ŋ 庚等　　əŋ 争冷
iaŋ 钉晴　uaŋ 梗　　ŋ 东红　iŋ 穷灵　m̩ 姆　　ŋ̍ 五　　ap 甲
uɐu 活　　op 合磕　æt 八辣　uæt 刮　　ɛʔ 折　　iɛt 杰铁　ət 舌出
it 笔一　uət 骨　　tɕ 割　　əʔ 职直　　ɛʔ 北得　　uɜu 国　　oʔ 合洛
io 脚药　aʔ 百白　iaʔ 壁劈　iuʔ 六育　uʔ 屋谷

(3) 声调(7个)

① 阴平　53　高 山 低 边 三 飞　　② 阳平　24　床 才 平 人 麻 文
③ 上声　35　古 走 比 草 手 五　　④ 阴去　33　盖 变 唱 菜 送 放
⑤ 阳去　11　树 大 病 用 近 坐　　⑥ 阴入　5　急 一 七 湿 桌 发
⑦ 阳入　2　六 药 读 白 杂 舌

(4) 音系说明

① 泥、来大部分混同,只有少部分泥(娘)母字读零声母。② 清、从与初、崇洪音字读[tʰ]。知、章读[t、tʰ]。③ 不分尖团。④ 影母开口洪音字读[ŋ]。⑤ 晓、匣母合口字读[f],但"冯、红"等字读[h]。⑥ 无撮口韵。⑦ 咸、山、蟹、效四摄一

---

① 转引自刘纶鑫(1999)。

二等主要元音有别。⑧ 假摄三等字主要元音为[ɛ]。⑨ 保留[m、n、ŋ]三个鼻音韵尾和三个[p、pʰ、ʔ]塞音韵尾。⑩ 梗摄字有文白对立。

15. 武宁(新宁镇)音系①

(1) 声母(20个)

p 八病	pʰ 派片	m 麦明	f 飞灰	v 味王	t 多甜	tʰ 讨天	l 老脑
ts 租茶	tsʰ 草拆	s 三事	tɕ 酒张	tɕʰ 清抽	ȵ 年热	ɕ 想船	k 高共
kʰ 开	ŋ 熬安	h 风好	∅ 云药				

(2) 韵母(45个)

ɿ 丝师	i 戏赔	u 苦谷	y 猪对	a 茶鸭	ia 靴写	ua 刮
ɛ 锯	iɛ 接热	uɛ 骨国	yɛ 月	œ 二盒	uœ 阔	ɔ 壳托
iɔ 药学	o 歌坐	uo 过	ai 排鞋	uai 快	œi 开	au 宝饱
iau 笑豆	iəu 油六	ui 鬼	an 山	uan 关惯	ɛn 根	iɛn 盐年
œn 南短	uœn 官	yœn 权	ən 本盆	in 心新	un 寸滚	yn 云春
aŋ 硬横	iaŋ 病兄	uaŋ 梗筐	ɔŋ 糖床	iɔŋ 响讲	uɔŋ 狂光	əŋ 东
iəŋ 用	n̩ 那	ŋ̍ 五				

(3) 声调(7个)

① 阳平 24 东该灯风通开　② 阳平 22 门龙牛油铜皮
③ 上声 42 懂古鬼九统买　④ 阴去 35 冻怪半四痛快
⑤ 阳去 13 动罪近后洞卖　⑥ 阴入 54 谷百搭节哭六
⑦ 阳入 23 麦毒白盒罚

(4) 音系说明

① 阴平[24],升幅小。② 阳平[22],略高于[22],在通摄韵母[əŋ]上稍降,如"红""铜""龙"。③ 上声[42],降幅小,实际音值[32]。④ 阴去[35],稍短促,实际音值[45]。⑤ 阳去[13],实际音值[12],与阴平[24]不同音,如"动"不同于"东"。⑥ 阴入[54],稍短促,前面略升,可作[454]。⑦ 阳入[23],稍升,趋平,与阳去[13]相比稍急促。⑧ [v],在单元音[u]或[i]前,摩擦明显。⑨ [tɕ]组音,近乎[tʃ]组舌叶音。⑩ [k]和[kʰ],偏前。⑪ 全浊声母今读清化,但会与相应的浊音自由变读,特别是阳去字,在语流中尤为如此。⑫ 在介音[u]前面,[h][f]常常自由变读,多念作[f]。⑬ 在洪音前面,边鼻音[l][n]自由变读,但多念作边音。

---

① 武宁音系由陈凌提供。

⑭ [i]介音,在舌根音后面不大明显。⑮ [a]偏后,近于[A]。⑯ [ɛ]舌位,偏低稍后。⑰ [œ]偏后,在[ø]与[œ]之间,不甚圆,且在不同声母后面稍有变化。⑱ [ɔ]在[ɔ]与[o]之间。⑲ 在非舌根音声母后面,[un]接近[ɵn]。⑳ 在[iɐu]和[iɐn]中,过渡音[ɐ]很弱。

16. 修水(义宁镇)音系①

(1) 声母(23个)

p 八兵	b 派爬	m 麦明	f 飞副	t 多张	d 讨甜	l 脑老	ts 资
dz 刺字	s 丝事	tʂ 制	dʐ 直	ʂ 顺手	ʐ 热	tɕ 九酒	dʑ 清全
ȵ 年热	ɕ 想谢	k 高	g 开权	ŋ 软熬	h 好	ø 味活	

(2) 韵母(57个)

ɿ 师丝	ʅ 试直	i 米戏	u 苦谷	ui 鬼雨	a 茶白	ia 写锡
ua 瓜	ɛ 靴北	iɛ 去	uɛ 国	ə 二	ɔ 托壳	iɔ 药
uɔ 握	o 歌坐	uo 过	ai 排鞋	uai 快	ei 开豆	au 宝饱
iau 笑桥	iu 油六	an 山	uan 关	ɛn 根春	iɛn 盐年	uɛn 权
uiɛn 远	œn 南半	uœn 官	ən 深寸	in 心新	un 滚	uin 云
aŋ 硬争	iaŋ 病星	uaŋ 横	ɔŋ 糖双	iɔŋ 响讲	uɔŋ 王	əŋ 东灯
iŋ 用星	uŋ 翁	il 急七	uil 橘	al 塔辣	ual 刮	ɛl 热
iɛl 接贴	uɛl 月	uiɛl 越	œl 盒活	uœl 活	əl 出十	uəl 骨
ŋ̍ 五						

(3) 声调(8个)

① 阴平　334　东通开该灯风　　② 阳平　213　门龙铜皮牛油
③ 上声　31　懂统买古鬼九　　④ 全阴去 35　冻怪半四
⑤ 次阴去24　痛快寸去　　　　⑥ 阳去　44　卖洞动路硬乱
⑦ 入声1 54　谷哭六毒百搭　　⑧ 入声2 22　节切叶月急

(4) 音系说明

① 阴平[334],有时读成[33],有时读成[34]。② 阳平[213],曲折幅度不大,有时读成[13]。③ 上声[31],有时起点稍高。④ 全阴去[35],实为[45],都为全清声母。⑤ 次阴去[24],实近[45],都为次清声母,因与全阴去互补且调值相近而可合为一调。⑥ 阳去[44],有时稍降,近于[433]。⑦ 入声多与韵尾有

---

① 修水音系由陈凌提供。

关：入声1[54]多为弱喉塞韵尾，失去喉塞念作[42]，如"谷""哭""六""毒"；入声2[22]多为边音韵尾，实则稍高；入声1与入声2常自由变读。⑧ 全浊和次清多自由变读，今读时清时浊，但倾向于清化为送气声母；在语流中多读作浊音，特别是在句中位置：综合考量，本音系一律记作浊音。⑨ [k]组音，舌位偏前；溪母开口一、二等念[g]，但语流中常念作[h]，如"客"；舌根鼻音作声母，发音不明显，几近脱落。⑩ 在介音[u]前面，[h][f]常常自由变读，多念作[f]。⑪ 在洪音前面，边鼻音[l][n]自由变读，但多念作边音，语流中则分工明显些。⑫ 在细音前面，前鼻音时而念舌面音[ȵ]，时而又念前鼻音[n]。⑬ [tʂ]和[dʐ]偏前，多出现在止摄文读或语流中；[ʂ]偏前，语流中常与[s]自由变读。⑭ 边音[l]，在来母细音前常带有浊塞音色彩，近乎[dl]。⑮ [a]偏后，近于[ɑ]，在韵母[au]中近于[ɑ]。⑯ [ɛ]舌位，稍偏高偏后；[ə]韵母，稍偏前偏圆。⑰ [œ]稍偏后，在[œ]与[ɔ]之间；稍偏高，在[œ]与[ø]之间。⑱ [ɔ]在[ɔ]与[o]之间，在[ɔŋ]中更近于[o]。⑲ 在[ɛi]中，韵尾[i]很弱。⑳ [iu]，在舒声字中有较弱的过渡音[ə]。㉑ 在零声母音节中，[u]在[i]前近于无擦通音[ʋ]。㉒ 入声韵尾，喉塞尾较弱，音系中不计。㉓ 边音韵尾，有时明显，有时不大明显，在句中位置基本消失。

17. 铜鼓（温泉乡）音系①

(1) 声母（21个）

p 爸把	pʰ 扒怕	m 妈骂	f 放访	v 文武	t 遮打	tʰ 他尺	n 拿哪
l 兰拉	ts 渣抓	tsʰ 查差	s 沙所	tɕ 家姐	tɕʰ 且斜	ȵ 泥业	ɕ 希写
k 个哥	kʰ 科课	ŋ 牙岸	x 虾孝	∅ 衣乌

(2) 韵母（47个）

ɿ 世思	i 衣气	u 乌布	a 巴马	ia 爷呀	ua 瓜花	ai 柴矮
uai 怪乖	au 包刀	o 火歌	io 哟	uo 果窝	ɔi 哀来	ø 二而
iəu 腰肖	eu 欧斗	ø 二而	iu 优秋	ui 为葵	an 间奸	aŋ 撑争
iaŋ 赢影	on 安端	oŋ 江章	ioŋ 央抢	uoŋ 汪狂	en 参闪	ien 烟千
eŋ 通同	in 因新	iŋ 英平	ən 身慎	un 坤滚	it 急疫	et 特
iet 别	at 瞎扎	ot 割喝	øt 物骨	iøt 页节	eʔ 得德	oʔ 恶学
ioʔ 约却	aʔ 石摘	iaʔ 易	uoʔ 握扩	iuʔ 玉菊

① 转引自《铜鼓县志》。

(3)声调(5个)

① 阴平　34　诗梯刚开婚　　② 阳平　213　时题穷才寒
③ 上声　21　使五女古好　　④ 去声　51　试岸事是世
⑤ 入声　3　急曲岳局浊

(4)音系说明

① 有[v]声母。② 泥、来不混。③ 精、庄、知二读[ts、tsʰ、s],知三章读[t、tʰ]。溪、群母细音字读[ɕ]。④ 影母开口洪音字读[ŋ]。⑤ 晓、匣母合口字读[f]。书、禅母部分字读[h]。⑥ 无撮口韵。⑦ 咸、山、蟹三摄一二等主要元音有别。

18. 铜鼓(永宁镇)客家方言音系

(1)声母(24个)

p 八兵	pʰ 派爬	m 麦问	f 飞副	v 味活	t 多东	tʰ 讨甜	n 脑南
l 老蓝	ts 资争	tsʰ 刺字	s 丝三	tʃ 张纸	tʃʰ 抽柱	ʃ 船手	tɕ 举九
tɕʰ 轻权	ȵ 年	ɕ 喜县	k 高	kʰ 开共	ŋ 熬	h 好	ø 安云

(2)韵母(53个)

ɿ 师丝	ə 试	i 戏雨	u 苦猪	a 茶牙	ia 写	ua 瓜	
ɔ 歌坐	ɛɔ 靴	ai 排鞋	uai 快	ɛ 对	iɛ 开	iɔi 瘰	
ui 鬼	au 宝饱	iau 笑桥	ɐu 豆走	iu 油	in 心新	an 南山	
iɛn 盐年	uan 关	ɛn 根灯	ən 春深	uən 滚	ɔn 短官	nɛi 软	
aŋ 硬横	iaŋ 病星	uaŋ 梗	ɡɔ 糖双	iɔi 响	ɔŋ 东	iɔi 兄用	
it 急七	at 盒辣	uat 刮	tɜ 北白	tɜi 接热	tsu 国	ət 十直	
uət 骨出	ɔt 活	ak 白尺	iak 锡	ɔk 托壳	iɔk 药	uk 谷	
iuk 六绿	m̩ 唔	ŋ̍ 女	n̩ 五				

(3)声调(6个)

① 阴平　24　东通开毛买近　　② 阳平　212　门龙牛油铜皮
③ 上声　31　懂古鬼九老苦　　④ 去声　53　冻卖洞罪痛快
⑤ 阴入　2　谷急六刻百塔　　⑥ 阳入　5　麦叶月毒白盒

(4)音系说明

① 阴平[24]实际调值为[224]。② 阳平[212]有两个自由变体,一为[223],如"茄",一为[212],如"爬"。③ 上声[31]和阴入[2]都是低降调,调值非常接近,差别主要在时长。④ 阴入[2]实际调值为[21]。⑤ 阳入[5]实际调值为[53]。⑥ 知三章组声母是舌尖兼舌叶混合音[tʃ、tʃʰ、ʃ],其中[tʃ、tʃʰ]有少量口语常用字

读舌尖兼舌叶塞音,失去擦音成分,但与端组的[t、tʰ]不同,如:猪≠都,汁≠得;除≠图,鼠≠土。这种舌尖兼舌叶塞音与塞擦音[ʧ、ʧʰ]无对立,如"除"有时读塞音,有时读塞擦音,"煮"读塞音,"主"读塞擦音,所以是音位变体,仍记作[ʧ、ʧʰ]。⑦[v]韵摩擦轻微,实际音值为[ʋ]。⑧[ə]韵偏前,只拼[ʧ、ʧʰ、ʃ],带舌尖化色彩。⑨[ɐn、tɐ]韵中的[ɐ]也偏前,但[ɐŋ]韵中的[ɐ]略偏后。⑩[ɛi]韵实际音值为[ɛe],动程很小,部分字实际上为单元音[ɛ],但与[ɛe]无对立,这里统一记作[ɛi]。⑪入声韵尾[-t]音色较为清晰,韵尾[-k]在有些字中接近喉塞尾[-ʔ]。

19. 万载(高村)客家方言音系①

(1) 声母(22个)

p 碑剥	pʰ 婆薄	m 麻莫	f 灰法	v 温滑	t 冻队	tʰ 道毒	l 南兰
ȵ 肉让	ts 祖箭	tsʰ 曹绝	s 师新	tʂ 织招	tʂʰ 抽尺	ʂ 书湿	k 九贵
kʰ 欺开	ŋ 瓦眼	h 香海	Ø 爱雨	kv 工公	kʰv 空恐		

(2) 韵母(54个)

ɿ 思醋	ʅ 支诗	i 比四	u 猪受	ɛ □象声词	ei 堆倍	iɛ 锯鸡
ə 儿而	ɔ 河左	iɔ 茄靴	ɔi 改来	ui 鬼桂	a 荣家	ia 写野
ua 瓜挂	ai 柴买	uai 快怪	au 饱草	iau 条笑	ɛu 某厚	iu 牛幼
an 胆眼	uan 关惯	ɛn 恩等	iɛn 点烟	ən 本孙	in 心近	un 滚困
ɔn 短官	iɔn 软	aŋ 冷彭	iaŋ 醒病	uaŋ 梗	ŋ̍ 床狂	iɔŋ 让筐
əŋ 奉送	iəŋ 熊用	ait 辣甲	uait 刮阔	ɿt 直失	it 急力	ət 不突
uit 骨	ɔit 说脱	ɛk 则贼	uɛk 国	iɛt 雪热	ɔk 郭角	iɔk 脚药
ak 摘白	iak 锡劈	uk 鹿熟	iuk 六肉	m̩ 吴五		

(3) 声调(6个)

① 阴平 24 丁超开三近懒　　② 阳平 13 田红唐寒平人
③ 上声 42 草体好女五死　　④ 去声 53 醉菜放送怕唱
⑤ 阴入 2 克雪一七切百　　⑥ 阳入 5 绝玉杰药月白

(4) 音系说明

① 古知三、章读[tʂ、tʂʰ、ʂ],而精、庄、知二等韵字读[ts、tsʰ、s]。② 晓、匣母合口字读[f]。③"瓜""乖""关""梗"等字读合口韵。④ 山、蟹二摄一二等主要元

---

① 转引自刘纶鑫(1999)。

音有别,咸、效二摄一二等混同。⑤ 有-n\-ŋ及-t\-k四个辅音韵尾。古咸侵二摄字收-n\-t两种韵尾。⑥ 古泥母洪音字与来母相混,同读l母。⑦ 通摄一等字见组有kv、kʰv两个声母。⑧ "狗""扣"等字读[iau]韵。

20. 奉新(澡溪)客家方言音系[①]

(1) 声母(20个)

p 逼巴	pʰ 婆爬	m 磨面	f 花火	v 弯玉	t 招队	tʰ 道抽	n 南农
l 来犁	ts 曾精	tsʰ 村粗	s 山心	tɕ 今坚	tɕʰ 牵欺	ɕ 希宪	k 古交
kʰ 敲客	ŋ 瓦眼	h 下河	∅ 恶衣				

(2) 韵母(50个)

ɿ 支诗	i 比四	u 猪受	ui 桂鬼	ɛi 洗泥	iɛ 锯鸡	ɔ 何左
iɛ 茄靴	ɛu 某厚	iu 牛幼	ai 街买	uai 乖快	a 查家	ia 写野
ua 瓜垮	ɔi 改来	au 饱草	iau 条笑	ən 本孙	in 心近	un 滚困
ɛn 恩等	iɛn 边面	ɔn 官干	nɔi 软	an 班淡	uan 关惯	ɔŋ 帮糖
iɔŋ 良香	aŋ 冷生	iaŋ 平饼	uaŋ 梗	əŋ 东钟	iəŋ 穷共	ət 质失
it 急力	uit 骨	ɔit 刷脱	ait 辣狭	iɛt 热雪	uait 刮阔	ɛk 则德
uɛk 国	ɔk 角确	iɔk 脚药	uk 鹿熟	iuk 肉六	ak 白摘	iak 壁劈
m̩ 五鱼						

(3) 声调(6个)

① 阴平 24 天开丁超淡冷　② 阳平 13 才床娘龙田红
③ 上声 21 古口五有草体　④ 去声 53 怕送唱汉醉菜
⑤ 阴入 2 刻急一切百尺　⑥ 阳入 5 六月杂白绝玉

(4) 音系说明

① 古知、照两组声母三等字读[t、tʰ],与二等字[ts、tsʰ]有别。但是,由于奉新西部的西塔、七里等地仍读[tʂ、tʂʰ、ʂ],所以这些读[t、tʰ]的字偶尔也有读成[tʂ、tʂʰ、ʂ]的现象。② 晓、匣母合口字读[f]。③ 分尖团,尖音读[ts、tsʰ、s],团音读[tɕ、tɕʰ、ɕ]。④ "瓜""乖""关""梗"等字读合口韵。⑤ 山、蟹二摄一二等主要元音有别,咸、效二摄一二等混同。⑥ 有-n、-ŋ及-t、-k四个辅音韵尾。古咸侵二摄字收-n、-t两种韵尾。⑦ "狗""扣"等字读[iau],与万载高村相同。

[①] 转引自刘纶鑫(1999)。

21. 靖安(罗湾)客家方言音系[①]

(1) 声母(22个)

p 巴波	pʰ 爬步	m 马网	f 花灰	t 打刀	tʰ 通同	n 南牛	l 罗力
ts 渣奖	tsʰ 查粗	s 沙雪	tʃ 主遮	tʃʰ 车虫	ʃ 社书	tɕ 浇狗	tɕʰ 舅共
ɕ 向去	k 家交	kʰ 科亏	ŋ 牙瓦	h 学风	ø 移乌		

(2) 韵母(68个)

ᴀ 花马	iᴀ 斜夜	uᴀ 瓜话	o 多过	io 茄哟	uo 和窝	ᴇ 者个
ᴇə 汝如	iᴇ 姐腻	uᴇ □大声嚷	ɿ 苏诉	ʅ 尸时	i 衣计	u 乌猪
m̩ 唔	ŋ̍ 蜈五	uᴀi 歪乖	ᴀi 矮大	oi 爱灰	ioi 艾	uoi 煨会
ei 泥	ɘi 飞水	iei 鸡	uei 追贵	ᴀu 少高	iᴀu 骄标	ɘu 斗狗
iɘu 扣藕	iu 优牛	ᴀn 暗班	iᴀn 盐严	u'n 关万	on 安端	uon 碗换
ᴇn 缠善	iᴇn 圆烟	ən 分寸	nən 文温	in 因针	ɐŋ 冷成	iɐŋ 影坑
uɐŋ 横梗	oŋ 帮光	ioŋ 央船	uoŋ 黄望	ɘŋ 东孔	iɘŋ 龙弓	uɘŋ 翁
ᴀt 八发	iᴀt 帖劫	uᴀt 阔刮	ot 脱磕	uot 活	ᴇt 哲浙	iᴇt 别灭
tɐʔ 直质	uɐʔ 骨物	it 一笔	ɑʔ 百麦	iɑʔ 吃石	uɑʔ □胡乱吃	ʂoʔ 郭桌
ioʔ 要雀	ᴇʔ 国黑	iuʔ 六玉	uoʔ 镬	iᴇʔ 刻克	uʔ 屋木	

(3) 声调(6个)

① 阴平 45 高 东 礼 懒 满 冷 ② 阳平 224 胡 爬 题 穷 陈 床
③ 上声 11 古 口 短 草 好 手 ④ 去声 41 让 害 树 帽 望 用
⑤ 阴入 21 甲 七 尺 日 木 竹 ⑥ 阳入 5 白 集 力 杂 学 舌

22. 修水(黄港镇)客家方言音系

(1) 声母(21个)

p 碑剥	pʰ 婆薄	m 马密	f 灰红	v 温滑	t 东队	tʰ 吞毒	n 南泥
l 兰立	ts 糟酒	tsʰ 层插	s 沙先	tʂ 知招	tʂʰ 超昌	ʂ 烧失	ɕ 兴县
k 家鸡	kʰ 空克	ŋ 顽硬	h 河下	ø 袄远			

(2) 韵母(52个)

ɿ 资思	ʅ 支诗	i 比醉	u 猪书	ə 而儿	ɛ 锯鸡	uɛ □癞
ɛu 某厚	iu 牛幼	o 河左	io 茄癞	a 茶家	ia 也野	ua 瓜垮
ai 柴买	uai 乖怪	ɔi 改来	ui 鬼桂	au 饱草	in 心近	un 滚困

[①] 转引自骆厚生《靖安客语》(1999)。

ɛn 恩等	iɛn 点先	uɛn 劝权	ɔn 干短 nɔ	iɔn 软	an 班甘 uan 关惯
ɔŋ 党张	iɔŋ 羊强	aŋ 冷争 ŋ	iaŋ 听病 ŋai	uaŋ 梗	ɐŋ 东红 iɐŋ 穷凶
ɿ 质直	tɛ 突物	it 笔急	uil 骨	ail 辣达	iɛt 雪热 uail 刮阔
oil 脱夺	ɛk 得特	uɛk 国	ok 角博	iok 脚药	uk 木熟 iuk 肉六
ak 百白	iak 壁劈	m̩ 五吴			

(3) 声调(6个)

① 阳平　24　东高开轻坐暖　　② 阳平　13　年泥南人文平
③ 上声　21　老酒古口普粉　　④ 去声　53　唱菜大饭见赵
⑤ 阴入　2　百一七发谷客　　⑥ 阳入　5　杂六月药白局

(4) 音系说明

① 古知三、章读[tʂ、tʂʰ、ʂ]，而精、庄、知二等韵字读[ts、tsʰ、s]。② 晓、匣母合口字读[f]。③ 分尖团，尖音读[ts、tsʰ、s]，团音读[tɕ、tɕʰ、ɕ]。④ "瓜""乖""关""梗"等字读合口韵。⑤ 山、蟹二摄一二等主要元音有别，咸、效二摄一二等混同。⑥ 有-n、-ŋ及-t、-k四个辅音韵尾。古咸侵二摄字收-n、-t两种韵尾。⑦ "劝""权"等不读齐齿[iɛn]，而读合口[uɛn]。⑧ "雨""芋"读v声母。⑨ uil、ail、uail、oil等韵母收l尾，可能是受修水本地赣语的影响。

附录二
赣西北客赣方言两百常用词词缀比较表

	第一	初三	老虎	阿婆	阿哥	雪咕雪白	揪咕揪酸	土里土气	千数千	斤数斤
丰城赣	第一	初三	老虎	——	——	雪咕雪白	揪咕揪酸	土里土气	千数千	斤数斤
樟树赣	第一	初三	老虎	——	——	雪咕雪白	揪咕揪酸	土里土气	千数千	斤数斤
新干赣	第一	初三	老虎	——	——	雪咕雪白	揪咕揪酸	土里土气	千数千	斤数斤
新余赣	第一	初三	老虎	——	——	雪咕雪白	揪咕揪酸	土里土气	千数千	斤数斤
分宜赣	第一	初三	老虎	——	——	雪咕雪白	揪咕揪酸	土里土气	千数千	斤数斤
袁州赣	第一	初三	老虎	——	——	雪咕雪白	揪咕揪酸	土里土气	千数千	斤数斤
萍乡赣	第一	初三	老虎	——	——	雪咕雪白	揪咕揪酸	土里土气	千数千	斤数斤
上栗赣	第一	初三	老虎	——	——	雪咕雪白	揪咕揪酸	土里土气	千数千	斤数斤
万载赣	第一	初三	老虎	——	——	雪咕雪白	揪咕揪酸	土里土气	千数千	斤数斤
宜丰赣	第一	初三	老虎	——	——	雪咕雪白	揪咕揪酸	土里土气	千数千	斤数斤
上高赣	第一	初三	老虎	——	——	雪咕雪白	揪咕揪酸	土里土气	千数千	斤数斤
高安赣	第一	初三	老虎	——	——	雪咕雪白	揪咕揪酸	土里土气	千数千	斤数斤
奉新赣	第一	初三	老虎	——	——	雪咕雪白	揪咕揪酸	土里土气	千数千	斤数斤
靖安赣	第一	初三	老虎	——	——	雪咕雪白	揪咕揪酸	土里土气	千数千	斤数斤

续 表

	第一	初三	老虎	阿婆	阿哥	雪咕雪白	揪咕揪酸	土里土气	千数千	斤数斤
武宁赣	第一	初三	老虎	—	—	雪咕雪白	揪咕揪酸	土里土气	千数千	斤数斤
修水赣	第一	初三	老虎			雪咕雪白	揪咕揪酸	土里土气	千数千	斤数斤
铜鼓赣	第一	初三	老虎			雪咕雪白	揪咕揪酸	土里土气	千数千	斤数斤
奉新客	第一	初三	老虎			雪咕雪白	揪咕揪酸	土里土气	—	—
靖安客	第一	初三	老虎	阿婆	阿哥	雪咕雪白	揪咕揪酸	土里土气	千数千	斤数斤
修水客	第一	初三	老虎		阿哥	雪咕雪白	揪咕揪酸	土里土气	千数千	斤数斤
铜鼓客	第一	初三	老虎	阿婆	阿哥	雪咕雪白	揪咕揪酸	土里土气	千数千	斤数斤
万载客	第一	初三	老虎	阿婆	阿哥	雪咕雪白	揪咕揪酸	土里土气	千数千	斤数斤
	硬叮硬	实叮实	李子	桃子	橙子	柚子	橘子	叶子	竹子	笋
丰城赣	硬叮硬	实叮实	李子	桃子	橙子	柚子	柑子	叶子	竹子	笋
樟树赣	硬叮硬	实叮实	李子	桃子	橙子	柚子	柑子	叶仔	竹子	笋仔
新干赣	硬叮硬	实叮实	李仔	桃子	橙仔	柚子	柑子	叶子	竹子	笋
新余赣	硬叮硬	实叮实	李唧	桃唧	橙子	柑仂	柑唧	叶仂	竹子	笋
分宜赣	硬叮硬	实叮实	麻李	桃子	橙子	橙子	柑子	叶子	竹子	笋
袁州赣	硬叮硬	实叮实	李子	桃仂	橙子	橙子	柑子	叶仂	竹仂	笋
萍乡赣	硬叮硬	实叮实	李子	桃子	橙子	橙子	柑子	叶子	竹子	笋
上栗赣	硬叮硬	实叮实	李子	桃子	橙子	橙子	柑子	叶子	竹子	笋
万载赣	硬叮硬	实叮实	麦李	桃唧	橙子	柚子	柑子	叶唧	竹唧	笋
宜丰赣	硬叮硬	实叮实	李仔	桃仔	橙	橙	柑子	叶仔	竹仔	笋仔
上高赣	硬叮硬	实叮实	麦李	桃仔	橙子	梧子	柑子	叶仔	竹仔	笋仔
高安赣	硬叮硬	实叮实	李子	桃仂	橙子	柚子	柑子	叶子	竹子	笋

续　表

	硬町硬	实町实	李子	桃子	橙子	柚子	橘子	叶子	竹子	笋
奉新赣	硬町硬	实町实	李仂	桃仂	橙仂	柚仂	柑仂	叶仂	竹仂	笋
靖安赣	硬町硬	实町实	李仂	桃仂	橙子	柚仂	柑仂	叶子	竹子	笋
武宁赣	硬町硬	实町实	李子	桃	橙子	柚子	橘子	叶子	竹子	笋
修水赣	硬町硬	实町实	李子	桃	橙子	柚子	橘子	叶薄	竹子	笋
铜鼓赣	硬町硬	实町实	李嘚	桃嘚	橙子	柚子	橘嘚	叶嘚	竹子	笋
奉新客	硬町硬	实町实	李子	桃子	橙子	柚子	橘子	叶子	竹子	笋
靖安客	硬町硬	实町实	李子	桃子	橙子	柚子	橘子	叶子	竹子	笋
修水客	硬町硬	实町实	李子	桃子	花凤	柚子	橘子	叶子	竹子	笋
铜鼓客	硬町硬	实町实	李子	桃子	橙子	柚子	橘子	叶子	竹	笋
万载客	硬町硬	实町实	李子	桃子	橙子	柚子	橘子	叶子	竹子	笋
	包子	饺子	粽子	丝瓜	番薯	洋芋	莲子	豆子	绿豆	芝麻
丰城赣	包子	饺子	粽子	尼梿	山薯	芋头	莲子	豆子	绿豆	芝麻
樟树赣	包子	饺子	粽子	鱼子	薯仔	洋芋子	莲子	豆子	绿豆子	麻子
新干赣	包子	饺子	粽子	鱼子	薯仔	芋子	莲子	豆子	绿豆	芝麻
新余赣	包子	饺子	粽	□mi⁴⁵子	番薯	芋头	莲子	豆子	绿豆	麻子
分宜赣	包子	饺子	粽仔	丝瓜	番薯	芋仔	莲子	豆子	绿豆	麻仔
袁州赣	包子	饺子	粽仂	丝瓜	番薯	芋仂	莲子	豆子	绿豆	麻仂
萍乡赣	包子	饺子	粽子	丝瓜	番薯	洋芋仔	莲子	豆子	绿豆	芝麻
上栗赣	包子	饺子	粽子	丝瓜	番薯	芋仔	莲子	豆子	绿豆	麻子
万载赣	包子	饺嘚	粽子	线瓜	番薯	芋头	莲子	豆嘚	绿豆	麻
宜丰赣	包子	饺仔	粽仔	鱼子	番薯	洋芋仔	莲子	豆仔	绿豆仔	芝麻

续 表

	包子	饺子	粽子	丝瓜	番薯	洋芋	莲子	豆子	绿豆	芝麻
上高_赣	包子	饺仔	棕仔	鱼子	薯仔	芋仔	莲子	豆仂	绿豆仔	麻子
高安_赣	包子	饺子	粽子	鱼冻仂	薯子	芋头	莲子	豆子	绿豆仂	麻仂
奉新_赣	包子	饺子	粽仂	丝瓜仂	薯牯	芋仂	莲子	豆子	绿豆	麻仂
靖安_赣	包子	饺子	粽仂	丝窝仂	薯牯	洋芋	莲子	豆仂	绿豆	芝麻
武宁_赣	包子	饺子	粽子	丝瓜	红薯	毛芋头	莲子	豆子	绿豆	油麻
修水_赣	包子	饺子	粽子	臊瓜	薯	芋头	莲子	豆子	绿豆	麻子
铜鼓_赣	包子	饺子	粽嘚	丝瓜	番薯	洋芋子	莲子	豆子	绿豆	麻子
奉新_客	包子	饺子	粽子	丝瓜	番薯	洋芋	莲子	豆子	绿豆	麻子
靖安_客	包子	饺子	粽子	丝瓜	番薯	洋芋子	莲子	豆子	绿豆	麻子
修水_客	包子	饺子	粽子	丝瓜	番薯	芋子	莲子	豆子	绿豆子	麻子
铜鼓_客	包子	饺子	粽子	线瓜	番薯	芋子	莲子	豆子	绿豆子	麻子
万载_客	包子	饺子	粽子	线瓜	番薯	洋芋	莲子	豆子	绿豆	芝麻

	木耳	茶子	瓜子	公牛	母牛	公猪（种猪）	母猪	猪崽	公狗	母狗
丰城_赣	耳子	茶子	瓜子	牛牯	牛婆仔	猪牯子	猪婆	猪崽仔	公狗	狗婆仔
樟树_赣	耳子	茶子	瓜子	牛牯	牛婆	公猪	猪婆	猪崽	公狗	狗婆
新干_赣	耳子	茶子	瓜子	牛牯	牛婆	猪牯	猪婆	猪崽	公狗	母狗
新余_赣	耳子	茶子	瓜子	牛牯	牛婆	猪牯	猪婆	奶猪	狗牯	狗婆
分宜_赣	耳子	茶子	瓜子	牛牯	牛婆	猪牯	猪婆	猪崽仔	狗牯	狗婆
袁州_赣	木耳	茶子	瓜子	牛牯	牛婆	猪牯	猪婆	奶猪仔	狗牯	狗婆
萍乡_赣	耳子	茶子	瓜子	牛牯	牛婆	猪牯	猪婆	猪崽仔	狗牯	狗婆
上栗_赣	木耳	茶子	瓜子	牯牛	牛婆子	脚猪	猪婆子	猪崽	狗牯仂	狗婆子

续 表

	木耳	茶子	瓜子	公牛	母牛	公猪（种猪）	母猪	猪崽	公狗	母狗
万载赣	耳子	茶子	瓜子	牛牯	牛婆	猪牯	猪婆	奶猪嘚	狗牯	狗婆
宜丰赣	木耳	茶子	瓜子	牛牯	牛婆	猪牯	猪婆	几猪仔	狗公	狗婆
上高赣	耳子	茶子	瓜子	公牛	牛婆	猪牯	猪婆	奶猪	公狗	狗婆
高安赣	耳子	茶子	瓜子	公牛	母牛	猪牯仂	猪婆	猪崽子	公狗	母狗
奉新赣	木耳	茶子	瓜子	牛牯	牛婆仂	猪牯仂	猪婆仂	猪崽嘚	公狗	狗婆仂
靖安赣	木耳	茶子	瓜子	公牛	母牛	猪牯仂	猪婆仂	猪崽嘚	狗牯仂	母狗仂
武宁赣	木耳	茶子	瓜子	牛牯	牛婆	脚猪	猪婆	猪崽	公狗	狗婆
修水赣	耳子	茶子	瓜子	牛牯	牛婆	猪牯	猪婆	奶猪仔	狗牯	狗婆
铜鼓赣	耳子	茶子	瓜子	公牛	母牛	公猪	母猪	猪崽	公狗	母狗
奉新客	耳子	茶子	瓜子	牛牯子	牛嫲	猪牯	猪嫲	猪崽子	狗牯	狗嫲
靖安客	耳子	茶子	瓜子	牛公	牛嫲	猪公	猪婆	猪崽	狗公	狗嫲
修水客	耳子	茶子	瓜子	牛牯	牛嫲	猪嫲	猪嫲	猪崽子	狗牯	狗嫲
铜鼓客	耳子	茶子	瓜子	牛牯	牛嫲	猪牯	猪嫲	嫩猪子	狗牯	狗嫲
万载客	耳子	茶子	瓜子	公牛	牛嫲	公猪	猪婆	细猪子	公狗	狗嫲

	公鸭	母鸭	公鸡	母鸡	鸡崽	鸟	麻雀	鸽子	兔子	驴
丰城赣	公鸭	鸭婆	鸡公	鸡婆	鸡崽	雀仔	麻雀仔	鸽	兔子	驴狗仔
樟树赣	公鸭仔	鸭婆	鸡公	鸡婆	鸡崽	鸟仔	麻鸟仔	鸽子	兔仔	驴
新干赣	公鸭	母鸭	鸡公	鸡婆	鸡崽	鸟仔	麻鸟仔	鸽子	兔仔	驴
新余赣	鸭公	鸭婆	鸡公	鸡婆	鸡崽嘚	鸟嘚	麻鸟	鸽嘚	兔嘚	驴
分宜赣	鸭公	鸭婆	鸡公	鸡婆	细鸡仔	鸟仔	麻雀	鸽仔	兔子	驴狗
袁州赣	鸭公	鸭婆	鸡公	鸡婆	毛鸡崽	鸟仂	麻雀	鸽子	兔仂	驴狗仂

续　表

	公鸭	母鸭	公鸡	母鸡	鸡崽	鸟	麻雀	鸽子	兔子	驴
萍乡赣	公鸭	母鸭	鸡公	鸡婆	鸡崽仔	鸟仔	麻雀仔	鸽子	兔仔	驴狗子
上栗赣	鸭公仂	鸭婆仂	叫鸡	鸡婆子	鸡崽仔	鸟仔	麻雀鸟仔	鸽子	兔仔	驴狗子
万载赣	鸭公	鸭婆	鸟鸡	鸡婆	细鸡唧	鸟唧	奸精	鸽唧	兔唧	驴狗
宜丰赣	鸭公	鸭婆	鸡公	鸡婆	几鸡仔	鸟仔	米雀仔	鸽仔	兔仔	驴狗仔
上高赣	公鸭	鸭婆	叫鸡	鸡婆	几鸡仔	鸟仔	奸精	鸽仔	兔仔	驴狗
高安赣	公鸭子	母鸭子	阳鸡	鸡婆仂	鸡崽子	雀子	奸雀子	鸽子	兔子	驴
奉新赣	公鸭	母鸭	炀鸡	鸡婆仂	鸡崽唧	雀仂	奸雀唧	鸽仂	兔唧	驴狗仂
靖安赣	公鸭	母鸭	公鸡	鸡婆	鸡崽唧	雀仂	麻雀仂	鸽子	兔子	驴狗仂
武宁赣	公鸭	母鸭	炀鸡	鸡婆	鸡崽	鸟子	奸雀	鸽子	兔子	——
修水赣	公鸭	母鸭	雄鸡	鸡婆	鸡崽	鸟仔	奸鹊	鸽子	兔子	驴驹子
铜鼓赣	公鸭	母鸭	公鸡	母鸡	鸡崽	鸟唧	麻雀	鸽子	兔唧	驴
奉新客	鸭公	鸭嫲	鸡公	鸡嫲	鸡崽子	鸟子	麻鸟子	鸽子	兔子	驴
靖安客	鸭公	鸭嫲	鸡公	鸡嫲	鸡崽	鸟子	鸦下子	鸽子	兔子	驴
修水客	鸭公	鸭嫲	鸡公	鸡婆	鸡崽子	鸟子	洋鸟子	鸽子	兔子	驴子
铜鼓客	鸭公	鸭嫲	鸡公	鸡嫲	细鸡子	鸟子	麻鸟子	鸽子	兔子	驴狗子
万载客	公鸭	鸭嫲	鸡公	鸡婆	细鸡子	鸟子	麻脚	鸽子	兔子	驴
	蚂蚁	蚊子	蜜蜂	虫子	苍蝇	虱子	虾	鱼	鲤鱼	猴子
丰城赣	蚂蝇子	蚊虫	蜜蜂	虫仔	蝇子	虱	虾子	鱼	鲤鱼	猴子
樟树赣	蚂蚁子	蚊虫	蜜蜂	虫仔	蝇子	虱婆	虾子	鱼	鲤鱼	猴子
新干赣	蚂蚁	蚊子	蜜蜂	虫仔	苍蝇	虱婆	虾	鱼仔	鲤鱼	猴仔
新余赣	蚁公	蚊仂	蜜蜂	虫	蝇仂	虱婆	虾公	鱼唧	鲤鱼	猴唧

续 表

	蚂蚁	蚊子	蜜蜂	虫子	苍蝇	虱子	虾	鱼	鲤鱼	猴子
分宜赣	蚂[蚁儿]子	蚊仂	蜜仔	虫仔	蝇子	虱婆	虾公	鱼	鲤鱼	猴子
袁州赣	蚂蚁子	蚊虫	蜜蜂	虫仂	苍蝇	虱婆	虾子	鱼	鲤鱼	猴仂
萍乡赣	蚂蚁子	蚊子	蜜蜂	虫仔	饭蚊子	虱婆	虾公	鱼仔	鲤鱼	猴子
上栗赣	蚂蚁子	蚊子	□ləu³³⁴蜂	虫蚁	饭蚊子	虱婆子	虾公	鱼	鲤子	猴子
万载赣	蚂蚁	蚊唧	蜂唧	虫唧	蝇	虱婆	虾唧	鱼唧	鲤鱼	猴唧
宜丰赣	蚂蚁	蚊仔	蜜蜂	虫仔	苍蝇	虱婆	虾仔	鱼仔	鲤鱼	猴仔
上高赣	蚁	蚊仂	糖蜂仔	虫仔	蝇	虱婆	虾公	鱼仔	鲤子	猴仔
高安赣	蚂蚁	蚊虫	蜂仂	虫子	蝇仂	虱婆	虾仂	鱼	鲤鱼	猴子
奉新赣	蚂蚁仂	蚊仂	蜂仂	虫唧	蝇仂	虱婆	虾仂	鱼唧	鲤鱼	猴仂
靖安赣	蚂蚁仂	蚊虫仂	蜂仂	虫子	蝇仂	虱	虾仂	鱼	鲤鱼	猴仂
武宁赣	蚂蚁	蚊虫	蜜蜂	虫	蝇子	虱婆	虾	鱼	鲤鱼	猴子
修水赣	蚂蚁	蚊虫	蜜蜂	虫仔	苍蝇	虱	虾	鱼	鲤鱼	猴子
铜鼓赣	蚂蚁	蚊虫	蜂唧	虫唧	蝇唧	虱子	虾	鱼	鲤鱼	猴子
奉新客	蚁公	蚊家	糖蜂子	虫子	乌蝇	虱嫲	虾公	鱼子	鲤鱼	猴子
靖安客	蚁公	蚊家	蜂子	虫子	蝇子	虱嫲	虾公	鱼	鲤鱼	猴子
修水客	蚂公	蚊家	蜂子	虫子	乌蝇	虱嫲	虾公	鱼子	鲤鱼	猴子
铜鼓客	蚁公	蚊家	糖蜂子	虫	乌蝇	虱嫲	虾公	鱼	鲤鱼	猴子
万载客	蚂蚁	蚊子	蜂子	虫子	苍蝇	虱嫲	虾公	鱼	鲤鱼	猴子
	狮子	豹子	屋子	柱子	院子	窗子	梯子	台阶	亭子	胡同
丰城赣	狮子	豹子	间	柱头	院子	床子	楼梯	台阶	亭子	巷仔
樟树赣	狮子	豹子	屋仔	柱子	院子	窗子	楼梯步仔	台阶	亭子	巷仔

续　表

	狮子	豹子	屋子	柱子	院子	窗子	梯子	台阶	亭子	胡同
新干赣	狮子	豹仔	屋仔	柱子	院子	窗子	楼梯	台阶	亭子	巷仔
新余赣	狮子	豹子	间嘚	屋柱	院仂	床子	楼梯	台步	亭嘚	巷弄
分宜赣	狮子	豹子	房间	柱子	院子	床子	楼梯	步阶	亭子	弄巷
袁州赣	狮子	豹子	房间	柱子	院仂	床子	楼梯	步阶	亭子	巷仔
萍乡赣	狮子	豹子	房子	柱子	院子	窗子	楼梯	凳梯	亭子	巷子
上栗赣	狮子	豹子	房	木柱子	院子	床床	楼梯	楼梯	亭子	弄子
万载赣	狮子	豹嘚	间	屋柱	院嘚	槛嘚	梯嘚	台阶	亭嘚	巷嘚
宜丰赣	狮子	豹子	屋仔	屋树	院仔	槛仔	楼梯	步台	亭仔	巷仔
上高赣	狮子	豹老虎仔	房间	屋树	围仔	床仔	梯仔	步仔	亭仔	巷仔
高安赣	狮子	豹子	房间	屋柱	院子	床子	楼梯	台仔	亭子	巷仂
奉新赣	狮子	豹老虎嘚	房间	柱仂	围墙仂	格子	楼梯	按步嘚	亭子	巷嘚
靖安赣	狮子	豹子	屋子	柱仂	院子	窗仂	楼梯	台阶	亭子嘚	巷牯仂
武宁赣	狮子	豹子	房	柱子	院子	阆子	梯子	台阶	亭子	巷
修水赣	狮子	豹子	房间	柱头	院子	窗子	扶梯	台阶	亭子	巷
铜鼓赣	狮子	豹子	屋子	柱子	禾场	窗子	楼梯	断	亭子	巷嘚
奉新客	狮子	豹子	屋	柱子	禾场	窗子	楼梯	楼台	亭子	巷子
靖安客	狮子	豹子	屋仂	柱子	院子	窗子	楼梯	台阶	亭子	巷子
修水客	狮子	豹子	屋子	柱子	院子	窗子	楼梯	台阶	亭子	巷子
铜鼓客	狮子	豹子	间	柱头	禾坪	光窗	楼梯	断	亭子	巷子
万载客	狮子	豹子	屋子	柱子	坪下	光窗	楼梯	扶梯断	亭子	巷子

续 表

	小洞	对联	桌子	椅子	凳子	柜子	箱子	架子	夹子	板子
丰城赣	洞牯仔	对仔	桌子	椅子	凳仔	柜仔	箱子	架子	架子	板子
樟树赣	洞牯仔	对子	桌子	椅子	凳子	柜子	箱仔	架仔	夹子	板子
新干赣	小洞	对联	桌子	椅子	凳子	柜子	箱子	架子	夹仔	板子
新余赣	洞块	对联	桌子	交椅	凳嘚	橱嘚	箱嘚	架嘚	夹子	板嘚
分宜赣	暗子	对联	桌子	pɛ35椅	凳	柜仔	箱子	架仂	夹子	板子
袁州赣	小洞	对联	桌子	交椅	凳仔	柜仔	箱子	架仂	夹子	板子
萍乡赣	小洞	对联	桌子	椅子	凳子	柜子	箱子	架子	夹子	板子
上栗赣	小洞	对联	桌子	椅子	凳子	柜	箱子	架子	夹子	板子
万载赣	细洞嘚	对联	台嘚	椅嘚	凳嘚	柜嘚	箱嘚	架嘚	夹嘚	板嘚
宜丰赣	几几洞眼仔	对联	桌仔	仔子	凳仔	柜仔	箱仔	架仔	夹仔	板仔
上高赣	几几眼牯	对仔	桌仔	交椅	凳仔	柜崽	箱仔	架仔	夹仔	板仔
高安赣	细洞牯仂	对联	桌仂	交椅	凳子	柜子	箱子	架子	夹子	板子
奉新赣	水洞牯仂	对嘚	桌子	交椅	凳嘚	柜嘚	箱嘚	架仂	夹仂	板仂
靖安赣	细洞牯仂	对联仂	桌子	椅子	凳子	柜子	箱子	架仂	夹仂	板子
武宁赣	小洞	对联	桌子	椅子	凳	柜	箱子	架子	夹子	板子
修水赣	小洞	对联	桌子	椅子	凳	柜子	箱子	架子	夹子	板子
铜鼓赣	细洞	对联	桌子	椅子	凳子	柜嘚	箱嘚	架子	夹嘚	板子
奉新客	细眼子	对联	桌子	椅子	凳子	柜子	箱子	架子	夹子	板子
靖安客	洞牯子	对联	桌子	椅子	凳子	柜子	箱子	架子	夹子	板子
修水客	细洞	对联	桌子	椅子	凳子	柜子	箱子	架子	夹子	板子
铜鼓客	洞	对子	桌子	椅子	凳子	橱	箱子	架子	夹子	板子
万载客	细洞	对子	桌子	椅子	凳子	柜子	箱子	架子	夹子	板子

续　表

	蚊帐	毯子	被子	褥子	席子	枕头	炉子	铲子	锅	碗
丰城赣	帐子	毯子	被袱	垫被	席子	枕头	炉子	铲子	镬	碗
樟树赣	帐子	毯子	被子	褥子	席子	枕头	炉子	铲子	锅	碗
新干赣	帐子	毯子	毛细	褥子	席仔	枕头	炉仔	铲仔	镬	碗
新余赣	帐仂	毯唧	被袱	垫被	簟席	枕脑	炉子	铲子	镬	碗
分宜赣	帐子	毯子	被和	垫被	席	枕头	炉子	洋铲	镬	碗
袁州赣	帐子	毯子	被火	隔被子	席仔	枕头	炉仔	铲子	镬	碗
萍乡赣	帐子	毯子	被窝	被絮	席子	枕头	炉子	铲子	镬子	碗
上栗赣	帐子	毯子	被婆	垫被婆	席子	枕脑	炉子	铲子	镬子	碗
万载赣	帐子	毯子	被袱	垫被	褯唧	枕头	炉唧	铲唧	镬	碗
宜丰赣	蚊帐	毯子	被婆	被垫背	席仔	枕头	炉仔	铲仔	镬	碗
上高赣	帐仔	毯子	被窝	褥子	席仔	枕头	炉仔	铲仔	镬	碗
高安赣	帐仂	毯子	被窠	垫被卧子	席子	枕头	炉子	铲子	镬	碗
奉新赣	帐仂	毯子	被婆	夹被唧	垫仂	枕头	炉仂	铲仂	镬仂	碗
靖安赣	帐仂	毯子	被婆	褥子	席仂	枕头	炉仂	铲仂	锅仂	碗
武宁赣	蚊罩	毯子	被窝	褥子被	席子	枕头	炉子	铲子	锅	碗
修水赣	蚊帐	毯子	被窝	垫絮	席子	枕头	炉子	铲子	锅	碗
铜鼓赣	帐子	毯子	被婆	被婆心	席子	枕头	炉唧	铲子	镬	碗
奉新客	蚊帐	毯子	被婆	被婆毯子	席子	枕头	炉子	铲子	镬头	碗
靖安客	蚊帐	毯子	被婆	垫絮	席子	枕头	炉子	铲子	镬	碗
修水客	帐子	毯子	被婆	被絮	席子	枕头	炉子	铲子	镬头	碗
铜鼓客	蚊帐	毯子	被袱	垫被	席	枕头	火炉	火铲	镬头	碗
万载客	蚊帐	毯子	被婆	垫被	席子	枕头	炉子	铲子	镬	碗

续 表

	勺子	盖子	壶	盒子	瓶子	叉子	坛子	筷子	杯子	盘子
丰城赣	勺仔	盖仔	壶	盒仔	酒瓶子	叉子	坛子	筷子	杯子	盘子
樟树赣	勺仔	盖仔	壶	盒仔	瓶仔	叉子	坛仔	筷子	杯子	盘仔
新干赣	调羹	盖子	壶	盒仔	瓶仔	叉仔	坛子	筷子	杯仔	盘仔
新余赣	勺嘚	盖嘚	壶	盒嘚	罐嘚	叉子	坛子	筷子	杯嘚	盘嘚
分宜赣	调羹	盖仔	壶	盒子	罐仂	叉子	坛子	筷子	杯子	盘子
袁州赣	勺仂	盖仂	壶	盒仂	罐仂	叉仂	坛仂	筷子	杯子	盘仂
萍乡赣	勺子	盖子	壶	盒子	瓶子	叉子	坛子	筷子	杯子	盘子
上栗赣	勺嘚	盖子	壶	盒子	瓶子	叉子	坛子	筷子	杯子	盘子
万载赣	勺嘚	盖嘚	壶	盒嘚	瓶嘚	叉嘚	坛嘚	筷子	杯嘚	盘嘚
宜丰赣	勺仔	盖仔	壶	盒仔	瓶仔	叉仔	坛仔	筷子	杯仔	盘仔
上高赣	勺仔	盖盖	壶仔	盒仔	瓶仔	叉仔	坛仔	筷子	杯仔	盘仔
高安赣	勺子	盖子	壶	盒子	瓶子	叉子	坛子	筷子	杯子	盘子
奉新赣	勺嘚	盖仂	壶	盒嘚	瓶嘚	叉嘚	坛嘚	筷子	杯嘚	盘嘚
靖安赣	勺仂	盖仂	壶	盒仂	瓶仂	叉仂	坛	筷子	杯子	盘仂
武宁赣	调羹	盖	壶	盒子	瓶	叉子	坛	筷子	杯子	盘子
修水赣	勺子	盖子	壶	盒子	瓶	叉子	坛	筷子	杯子	盘子
铜鼓赣	勺嘚	盖嘚	壶	盒嘚	瓶嘚	叉子	坛嘚	筷子	杯嘚	盘
奉新客	勺子	盖子	壶	盒子	瓶子	叉子	坛子	筷子	杯子	盘子
靖安客	勺子	盖子	壶	盒子	瓶子	叉子	坛子	筷子	杯子	盘子
修水客	调羹	盖子	壶	盒子	瓶子	叉子	罂头	筷子	杯子	盘子
铜鼓客	勺子	盖子	壶	盒子	瓶子	叉子	罂头	筷子	杯子	盘子
万载客	勺子	盖子	壶	盒子	瓶子	叉子	坛子	筷子	杯子	盘子

469

续　表

	罐子	桶子	刷子	刀	刨子	锯子	钻	锤子	凿子	钉子
丰城赣	罐仔	桶仔	刷子	刀	刨子	锯子	钻	斫锤仔	凿子	钉子
樟树赣	罐仔	桶仔	刷仔	刀	刨子	锯子	钻	锤仔	凿子	钉子
新干赣	罐仔	桶仔	刷仔	刀	刨子	锯仔	钻仔	锤头仔	凿子	钉子
新余赣	罐㖒	桶㖒	刷子	刀	刨㖒	锯㖒	钻㖒	锤㖒	凿㖒	钉㖒
分宜赣	罐子	桶子	刷仂	刀	刨子	锯	钻	锤子	凿子	钉仔
袁州赣	罐仂	桶仂	刷仂花	刀	刨仔	锯	钻	铁锤	凿子	钉仂
萍乡赣	罐子	桶子	刷把	刀	刨子	锯	钻	锤子	凿子	钉子
上栗赣	罐㖒	桶㖒	刷子	刀㖒	刨子	锯子	钻子	锤子	凿子	钉子
万载赣	罐㖒	桶㖒	刷㖒	刀	刨㖒	锯㖒	钻	铁锤	凿㖒	钉㖒
宜丰赣	罐仔	桶仔	刷仔	刀	刨仔	锯仔	钻仔	铁锤	凿仔	钉桠
上高赣	罐仔	桶仔	刷仔	刀	刨仔	锯仔	钻	锤仔	凿仔	钉仔
高安赣	罐子	桶子	刷子	刀	刨子	锯子	钻子	锤子	凿子	钉子
奉新赣	罐仂	桶㖒	刷㖒	刀	刨仂	锯㖒	钻仂	钉锤仂	凿仂	钉仂
靖安赣	罐仂	桶仂	刷仂	刀	刨仂	锯	钻仂	锤仂	凿仂	钉仂
武宁赣	罐子	桶子	刷子	刀	刨子	锯子	钻	锤子	凿子	钉子
修水赣	罐子	桶子	刷子	刀	刨子	锯子	钻	铁锤	凿子	钉
铜鼓赣	罐	桶	刷子	刀	刨㖒	锯	钻	锤子	凿子	钉子
奉新客	罐子	桶子	刷子	刀	刨子	锯子	钻子	锤子	凿子	钉子
靖安客	罐子	桶子	刷子	刀	刨子	锯子	钻	锤子	凿子	钉子
修水客	罐子	桶	刷子	刀	刨子	锯子	钻	锤子	凿子	钉子
铜鼓客	罐子	桶子	刷子	刀	刨子	锯子	钻子	铁锤	凿子	钉子
万载客	罐子	桶子	刷子	刀	刨子	锯子	钻	锤子	凿子	钉子

续　表

	钳子	螺丝刀	棍子	绳子	袋子	带子	剪刀	镜子	梳子	扇子
丰城赣	钳子	起子	棍仔	绳仔	袋仔	带子	剪刀	镜子	梳子	扇子
樟树赣	钳子	起子	棍仔	绳仔	袋仔	带仔	剪刀	镜仔	梳仔	扇仔
新干赣	钳仔	螺丝刀	棍仔	绳仔	袋仔	带仔	剪刀	镜仔	梳仔	扇仔
新余赣	老虎钳	起子	棍仂	绳嘚	袋嘚	带嘚	剪刀	镜嘚	脑梳	扇子
分宜赣	钳子	起子	棍仔	绳仔	袋子	带子	剪刀	镜子	脑梳	扇子
袁州赣	钳子	起子	棍仂	绳仂	袋仂	带仂	剪刀	镜子	脑梳	扇子
萍乡赣	钳子	起子	棍子	绳子	袋子	带子	剪刀	镜子	梳子	扇子
上栗赣	钳子	起子	棍子	索子	袋子	带子	剪刀	镜子	梳子	扇子
万载赣	钳嘚	起嘚	棍嘚	绳嘚	袋嘚	带嘚	剪刀	镜嘚	脑梳	扇嘚
宜丰赣	钳仔	起仔	棍仔	绳仔	袋仔	带仔	剪刀	镜仔	梳仔	扇仔
上高赣	钳仔	起仔	棍仔	绳仔	袋仔	带仔	铰剪	镜仔	脑梳仔	扇仔
高安赣	钳子	起子	棍子	绳子	袋子	带子	剪刀	镜子	梳子	扇子
奉新赣	老虎钳	起子	棍仂	绳仂	袋嘚	带仂	剪刀	镜嘚	梳仂	扇嘚
靖安赣	钳仂	起子	棍仂	绳嘚	袋仂	带仂	剪刀	镜子	梳仂	扇仂
武宁赣	钳子	起子	棍子	绳子	袋子	带子	剪刀	镜子	梳子	扇子
修水赣	钳子	起子	棍子	绳子	袋子	带子	剪刀	镜子	梳子	扇子
铜鼓赣	钳子	起子	棍	绳嘚	袋子	带子	剪刀	镜	脑梳	扇
奉新客	钳子	螺丝刀	棍子	绳子	袋子	带子	剪刀	镜子	梳子	扇子
靖安客	钳子	起子	棍子	绳子	袋子	带子	剪刀	镜子	梳子	扇子
修水客	钳子	起子	棍子	绳子	袋子	带子	剪刀	镜子	梳子	扇子
铜鼓客	钳	起子	棍子	绳子	袋子	带子	剪子	镜子	梳子	扇子
万载客	钳子	起子	棍子	绳子	袋子	带子	剪刀	镜子	梳子	扇子

续　表

	斧头	锄头	榔头	砖头	木头	褂子	裤子	短裤	鞋子	帽子
丰城赣	斧头	耙仔	剁骨仔	砖头	木佬鬼仔	褂仔	裤	短裤子	鞋	帽子
樟树赣	斧头	锄头	榔头	砖头	木头	褂仔	裤仔	短裤仔	鞋仔	帽子
新干赣	斧头	耙仔	榔头	砖头	木佬仔	褂仔	裤仔	短裤仔	鞋仔	帽仔
新余赣	斧头	钁头	榔头	砖头牯	木佬	褂嘚	裤嘚	短裤嘚	鞋嘚	帽嘚
分宜赣	手斧	钁头	榔头	砖	木头	褂子	裤仂	短裤	鞋	帽子
袁州赣	手斧	锄头	榔头	砖头	木头	褂仂	裤仔	短裤	鞋仂	帽子
萍乡赣	斧头	锄头	榔头	砖头	木头	褂子	裤子	短裤子	鞋子	帽子
上栗赣	斧头	锄头	榔头	砖佬仂	树	褂子	裤子	短裤子	鞋子	帽子
万载赣	手斧	钁头	榔头	砖头	木佬	褂嘚	裤	短裤	鞋	帽嘚
宜丰赣	斧头	泥铲	铁锤	砖头	木头	褂仔	裤仔	短裤仔	鞋仔	帽仔
上高赣	斧头	钁头	榔头	砖头牯	木头	褂仔	裤仔	大短裤	鞋仔	帽仔
高安赣	斧头	耙仂	榔头	砖头	木头	汗褂子	裤子	拦襠	鞋子	帽子
奉新赣	斧头	锄头	榔头	砖头牯仂	木头牯仂	褂仂	裤仂	大短裤嘚	鞋仂	帽仂
靖安赣	斧头	锄头	钉锤仂	砖头	木头	褂仂	裤仂	短裤嘚	鞋仂	帽仂
武宁赣	斧头	锄头	榔头	砖头	木头	褂子	裤子	短裤	鞋	帽子
修水赣	斧头	锄头	榔头	砖头	木头	褂子	裤子	短裤	鞋子	帽子
铜鼓赣	斧头	锄头	榔头	砖头	木头	褂子	裤子	短裤	鞋嘚	帽子
奉新客	斧头	锄头	榔头	砖头	木头	褂子	裤子	短裤	鞋子	帽子
靖安客	斧头	锄头	榔头	砖头	木头	褂子	裤子	短裤	鞋	帽子
修水客	斧头	锄头	榔头	砖头	木头	褂子	裤子	短裤	鞋子	帽子
铜鼓客	斧头	钁头	榔头	砖头	树子	褂子	裤子	短裤	鞋子	帽子
万载客	斧头	锄头	榔头	砖头	木头	褂子	裤子	短裤	鞋子	帽子

续 表

	领子	裙子	扣子	镯子	头	额头	眼珠	鼻子	舌头	胡子
丰城赣	领子	裙子	扣子	手圈子	脑□kuɛi³³	额门	眼睛珠子	鼻公	赚头	胡子
樟树赣	领仔	裙仔	扣仔	手镯仔	脑	额头	眼珠子	鼻子	舌头	胡子
新干赣	领子	裙仔	扣子	镯子	头	额头	眼珠子	鼻子	赚仔	胡子
新余赣	领子	裙嘚	扣子	手圈	脑块	额门	眼珠仁	鼻子	赚仔	胡子
分宜赣	领子	裙子	扣子	手圈	脑壳	额门	眼珠子	鼻公	赚捞子	胡子
袁州赣	领	裙仔	扣伢	手圈	脑壳	额面前	眼珠伢	鼻子	赚头	胡子
萍乡赣	领子	裙子	扣子	镯子	脑壳	额壳	眼珠子	鼻子	舌头	胡子
上栗赣	领子	袖子	扣子	手圈子	脑壳	额壳	眼珠子	鼻子	舌头	胡子
万载赣	领嘚	袖嘚	搂嘚	手圈	脑壳	额壳	眼睛珠	鼻官	赚头	胡嘚
宜丰赣	领仔	裙仔	扣子	镯仔	脑牯	额脑	眼珠子	鼻子	舌头	胡子
上高赣	领仔	裙仔	扣子	手缠仔	脑牯	额面前	眼珠	鼻子	獠千	胡子
高安赣	领子	裙子	扣子	手镯	脑瓜	额面	眼珠	鼻公	舌头	胡子
奉新赣	领嘚	裙伢	扣子	手镯嘚	头牯伢	额面前	眼珠子伢	鼻公	舌头	胡子
靖安赣	领伢	裙伢	扣子	手镯嘚	头	额头	眼珠伢	鼻子	舌头	胡须
武宁赣	领子	裙子	扣子	手镯	头	额角脑	眼珠	鼻子	舌头	胡子
修水赣	领子	裙子	扣子	手镯	头	额盖	眼珠	鼻公	舌头	胡须
铜鼓赣	领子	裙子	扣子	镯子	脑盖	额头	眼珠子	鼻子	舌头	胡子
奉新客	领子	裙子	扣子	镯子	头拿	额门	眼珠仁子	鼻公	舌嫲	胡子
靖安客	领子	裙子	扣子	镯子	头	额门	眼珠子	鼻公	舌头	胡子
修水客	领子	裙子	纽子	手镯	头	额门	眼珠子	鼻公	舌嫲	胡子
铜鼓客	领子	裙子	纽子	手圈子	头拿	额头	眼珠仁子	鼻公	舌嫲	胡子
万载客	领子	裙子	扣子	手圈	头	额头	眼珠子	鼻公	舌嫲	胡子

续　表

	手指	拳头	膝盖	肚子	骨头	肾	腰	肠子	小孩	男孩
丰城赣	指毛□kuei⁵仔	拳头牯	膝头骨	肚子	骨头	腰子	腰子	肠子	细人仔	崽伲家
樟树赣	手指	拳头牯	膝头牯	肚子	骨头	腰子	腰	肠仔	细伢仔	伢仔
新干赣	手指	拳头	膝盖	肚子	骨头	肾	腰子	肠仔	细伢仔	伢仔
新余赣	指脑	拳母牯	膝盖	肚子	骨头	肾	腰子	肠嘚	伢儿嘚	伢嘚
分宜赣	手指脑	拳头	膝头牯	肚子	骨头	肾	腰子	肠子	□ma³⁵伢仔	伢仔
袁州赣	指头佬	拳头牯	膝头公盖伆	肚子	骨头	腰子	腰	肠仔	细人仔	伢仔
萍乡赣	手指脑	槌头牯	膝头牯	肚子	骨头	肾	腰子	肠子	伢妹仔	徕牯仔
上栗赣	手指脑	槌头牯	膝头牯	肚子	骨头	肾	腰子	肠子	伢妹仔	伢崽仔
万载赣	指头佬	拳头牯	膝头公	肚皮	骨头	肾	腰	肠嘚	伢妹嘚	伢嘚
宜丰赣	手指脑	拳头牯	膝头公	肚仔	骨头	肺仔	腰子	肠仔	细崽	崽伲仔
上高赣	指佬	拳佬牯	膝佬公	肚皮	骨头	腰子	腰	肠仔	伢妹崽	崽俚
高安赣	指咪伆	拳头	关节脝	肚子	骨头	腰子	腰	肠子	细人仔	崽伲子
奉新赣	指尾伆	拳头牯伆	膝头牯伆	肚伆	骨头	肾	腰子	肠伆	细人嘚	男崽嘚
靖安赣	手指	拳头	膝头	肚子	骨头	腰子	腰	肠伆	细人嘚	男崽嘚
武宁赣	手指头	拳头	膝头脑	肚	骨头	肾	腰	肠子	伢崽	崽儿
修水赣	手指头	拳头	膝盖	肚子	骨头	肾	腰	肠子	伢仔	崽儿
铜鼓赣	指脑	拳头	膝头盖	肚子	骨头	肾	腰	肠子	伢崽	崽伲
奉新客	手指	拳头	膝头盖	肚子	骨头	腰子	腰	肠子	细人子	男崽子
靖安客	手指	拳头	膝头盖	肚子	骨头	肾	腰子	肠子	细人子	倈子
修水客	手指	拳头	膝头盖	肚子	骨头	肾	腰	肠子	大崽子	大细倈子
铜鼓客	手指	拳头	膝头盖	肚子	骨头	腰子	腰	肠子	大细子	倈子
万载客	手指	拳头	膝盖	肚子	骨头	肾	腰	肠子	大细子	细子

续　表

	女孩	男人	女人	老人家	驼子	哑巴	外国人	婊子	骗子	孕妇
丰城赣	妹仔家	郎子客	女客们伢	老人家	驼背子	哑巴子	外国人	卖婆仔	骗子	大肚子
樟树赣	妹仔	男个	女个	老人家	驼子	哑巴子	外国人	婊子	骗子	大肚婆
新干赣	伢仔	男个	女个	老人家	驼子	哑巴子	外国人	婊子	骗子	大肚婆
新余赣	女㘥	男伢人	女伢人	老人家	驼子	哑巴子	洋人	婊子	骗子	大肚婆
分宜赣	女仔	男客人	女客人	老人家	驼背子	哑巴子	外国人	婊子	骗子手	大肚婆
袁州赣	女仔	男客人	女客人	老人家	驼背子	哑巴子	外国人	婊子	骗子	巴肚婆
萍乡赣	妹崽仔	男子人	婆娘人	老人家	驼子	哑巴子	外国人	婊子	骗子	大肚婆
上栗赣	妹崽仔	男子人	女子人	老人家	驼背子	哑巴子	外国人	婊子	骗子	大肚婆
万载赣	妹㘥	男子人	妇娘人	老人家	驼背	哑子	外国人	鸡婆	骗㘥	□pʰai²¹³肚妇娘
宜丰赣	妹仔	男客人	女客人	老人家	驼背	哑巴子	外国人	卖屄个	□sen³⁵人个	大肚仔
上高赣	妹崽	男客人	女客人	老人家	驼背	哑巴子	外国人	婊子	骗子	□pʰai²¹³崽娘
高安赣	妹子	男客人	女客人	老人家	驼背子	哑巴子	外国佬	婊子	骗子	大肚子
奉新赣	女崽㘥	男人	妇女婆伢	老人家	驼背伢	哑伢	外国佬	婊子	骗子	大肚妈伢
靖安赣	女崽㘥	男人	女人	老人家	驼伢	哑巴	外国人	婊子	骗子	大肚子伢
武宁赣	嬷子	男客人	女客人	老人家	驼子	哑子	外国人	婊子	骗子	湃肚婆
修水赣	姑儿	男客	女客	老脚	驼子	哑巴	外国人	婊子	骗子	驮肚婆
铜鼓赣	姑伢	男人	女人	老人家	驼子	哑巴	外国人	婊子	骗子	□kuan²¹肚婆
奉新客	女崽子	男人	妇女	老人家	驼子	哑巴	外国人	婊子	骗子	孕妇

续　表

	女孩	男人	女人	老人家	驼子	哑巴	外国人	婊子	骗子	孕妇
靖安客	妹子	男子人	妇女	老人家	驼子	哑子	外国人	婊子	骗子	大肚婆
修水客	大细妹子	男客	女客	老人家	驼背子	哑子	外国人	婊子	骗子	大肚
铜鼓客	妹子	男子人	妇娘子	老人家	驼背子	哑巴子	外国人	婊子	骗子	大肚婆
万载客	妹子	男子人	妇娘子人	老人家	驼背	哑巴	外国人	婊子	骗子	大肚客

	拐子	贼	扒手	嗜赌的人	嗜酒的人	乞丐	瞎子	聋子	傻女人	笨蛋
丰城赣	拐子	偷仔贼	扒手	赌博鬼	酒鬼	告话子	瞎子	聋子	蠢婆佲	憨个
樟树赣	拐子	贼牯	扒手	赌鬼	酒鬼	告花子	瞎子	聋子	僻姑仔	屠头
新干赣	拐子	贼牯	扒手	赌徒	酒鬼	告花子	瞎子	聋子	蠢婆	蠢子
新余赣	拐子	贼牯	扒手	赌客	酒客	告化子	瞎子	聋牯	蠢婆	蠢子
分宜赣	拐子	贼牯	扒子手	赌鬼	酒鬼	告化子	瞎子	聋牯	蠢婆	魔气
袁州赣	拐子	贼牯	扒子手	赌棍	酒癫子	□lo¹¹³食子	瞎子	聋牯	蠢婆	木佬
萍乡赣	拐子	贼牯	扒手	赌棍	酒鬼	告化子	瞎子	聋子	蠢婆	蠢牯
上栗赣	拐子	贼牯子	扒手	赌鬼	酒鬼	讨米告化子	瞎子	聋牯子	蠢婆	□ŋɛi¹³ □niã⁴ 佲
万载赣	拐子	贼牯	扒手	赌鬼	酒鬼	敲敲子	瞎子	聋牯	懂婆	木脑壳
宜丰赣	拐脚	贼牯	扒手	赌鬼	酒鬼	讨饭个	瞎仔	聋牯	蠢婆	蠢牯
上高赣	拐子	贼牯	扒手	赌鬼	酒鬼	告化子	瞎崽	聋牯	蠢婆	木佬
高安赣	拐脚子	贼牯子	扒手	赌鬼	酒鬼	告化子	光子	聋公	蠢婆佲	猷佲
奉新赣	拐佲	贼牯佲	扒手	赌鬼佲	酒鬼佲	告化佲	光佲	聋佲	蠢婆佲	蠢牯佲
靖安赣	拐佲	贼牯佬	扒手	赌鬼	酒鬼	告花佲	瞎佲	聋佲	蠢妈佲	蠢牯嘚

续　表

	拐子	贼	扒手	嗜赌的人	嗜酒的人	乞丐	瞎子	聋子	傻女人	笨蛋
武宁赣	拐子	贼	扒手	赌鬼	酒鬼	讨饭个	瞎子	聋子	傻女客	蠢子
修水赣	拐子	贼	扒手	赌鬼	酒鬼	讨饭个	瞎子	聋牯	蠢女人	蠢子
铜鼓赣	拐子	贼	扒手	赌鬼	酒鬼	告花子	瞎子	聋子	蠢女子	笨蛋
奉新客	拐子	贼	扒子手	赌棍	酒鬼	告花子	瞎子	聋子	蠢女个	笨蛋
靖安客	拐子	贼	扒手	赌鬼	酒鬼	讨饭个	瞎子	聋子	蠢女个	蠢子
修水客	拐子	贼	扒手	赌鬼	酒鬼	告花子	瞎子	聋子	蠢女客	蠢牯
铜鼓客	拐子	贼牯	扒手	老赌棍	老酒鬼	告化子	摸子	聋牯	蠢女客	蠢牯
万载客	拐子	贼牯	扒手	赌棍	酒鬼	告花子	瞎子	聋子	□ŋo¹³嬷	木□kʰui⁵
	短命鬼	士兵	胖子	瘦子	爷爷	奶奶	外公	外婆	丈夫	妻子
丰城赣	短命鬼	当兵个	胖子	瘦子	公公	婆婆	外公	外婆	老公	堂客
樟树赣	短命鬼	兵牯佬	胖子	瘦子	公公	婆婆	外公	外婆	老公	老婆
新干赣	短命仔	当兵个	胖子	瘦子	公公	婆婆	外公	外婆	老公	老婆
新余赣	短命鬼	当兵个	壮牯	瘦子	公公	婆婆	外公	外婆	老公	老婆
分宜赣	短命鬼	兵牯佬	胖牯子	瘦牯子	公公	婆婆	外公	外婆	老子	婆子
袁州赣	短命鬼	当兵个	壮牯子	瘦子	公公	婆婆	外公	外婆	老公	老婆
萍乡赣	短命鬼	当兵个	胖子	瘦子	公公	婆婆	外公	外婆	男子	婆娘
上栗赣	短命鬼	当兵个	壮牯子	瘦子	公公	婆婆	外公	外婆	男子	婆娘
万载赣	短命鬼	当兵个	胖牯	瘦牯	公公	吾嬷	外公	外婆	老人	屋里
宜丰赣	短命鬼	当兵个	胖子	瘦子	公公	婆婆	外公	外婆	老公	老婆
上高赣	短命鬼	兵牯佬	壮牯	瘦子	公公	婆婆	外公	外婆	老公	老婆

续　表

	短命鬼	士兵	胖子	瘦子	爷爷	奶奶	外公	外婆	丈夫	妻子
高安赣	短命鬼子	兵牯伲	胖牯子	瘦ken子	公公	嬷嬷	外公	外婆	男人家	女客人
奉新赣	短命鬼	兵牯伲	壮牯伲	瘦子	公公	婆婆	外公	外婆	男客	女客
靖安赣	短命鬼	兵牯佬	胖子	瘦子	公公	婆婆	外公	外婆	老公	老婆
武宁赣	短命鬼	当兵个	胖子	瘦子	公	婆	外公	外婆	男客	堂客
修水赣	短命鬼	当兵个	胖子	瘦子	公公	婆婆	公	嬷嬷	老公	老婆
铜鼓赣	短命鬼	当兵个	胖子	瘦子	公公	婆婆	阿公	阿婆	老公	老婆
奉新客	短命鬼	兵牯佬	胖子	瘦子	公公	婆婆	外公	外婆	老公	老婆
靖安客	短命鬼	当兵个	胖子	瘦子	公	婆	家公	家婆	老公	老婆
修水客	短命鬼	当兵个	胖子	瘦子	阿公	阿婆	外公	外婆	老公	老婆
铜鼓客	短命鬼	当兵个	胖子	瘦子	大大	姐姐	外公	外婆	老公	屋下个
万载客	短命鬼	士兵	骨壮	越瘦	阿公	阿婆	外公	外婆	老公	老婆
	爸爸	妈妈	哥哥	姐姐	弟弟	妹妹	日子	夜晚	你们	我们
丰城赣	爷娘	爷	哥哥	姐姐	老弟	弟新妇	日子	夜底	你伲	我伲
樟树赣	爸爸	姆嬷	哥哥	姐姐	老弟仔	妹妹	日子	夜伲	你伲	我伲
新干赣	爸爸	姆嬷	哥哥	姐姐	弟弟	妹仔	日子	夜干	你叽	我叽
新余赣	爸爸	姆妈	哥哥	姐姐	老弟	妹噚	日子	夜间	你来	我来
分宜赣	爸	姆□me³⁵	哥哥	姐姐	老弟	妹仔	日子	夜伲	你噚	我噚
袁州赣	爸爸	姆妈	哥哥	姐姐	老弟	妹仔	日子	夜伲	你伲	我伲
萍乡赣	爸爸	姆□me⁴	哥哥	姐姐	老弟	妹老子	日子	夜晡仔	□xɛ¹¹伲	□xɔ¹¹伲
上栗赣	爷爷	姆□me³⁵	哥哥	姐仔	老弟	老妹	日子	夜晡	□hɛ¹³伲	我伲
万载赣	爸爸	嫫驰	哥哥	姐姐	老弟	老妹	日子	夜伲	尔伲	我伲

续表

	爸爸	妈妈	哥哥	姐姐	弟弟	妹妹	日子	夜晚	你们	我们
宜丰赣	伢	姆嫲	哥哥	姐姐	老弟	老妹	日子	夜嘚	尔仈	阿仈
上高赣	爸爸	姨娅	哥哥	姐姐	老弟	老妹	日子	夜头	你仈	我仈
高安赣	爷爷	姨爷	哥哥	姐姐	弟子	妹	日子	夜仈	尔仈	我仈
奉新赣	爸爸	姆妈	哥哥	姐姐	老弟	老妹嘚	日子	夜仈	你仈	我仈
靖安赣	爸爸	姆嫲	哥哥	姐姐	老弟嘚	老妹嘚	日子	夜头	尔仈	我仈
武宁赣	爹	妈	哥哥	姐姐	老弟	老妹	日子	夜仈	你仈	我仈
修水赣	爸爸	姆妈	哥	姐	老弟	老妹	日子	夜仈	你仈	我仈
铜鼓赣	爸爸	姆妹	哥哥	姐姐	弟弟	妹妹	日子	夜边	你仈	我仈
奉新客	爸爸	姆妈	哥哥	姐姐	老弟	老妹	日子	夜晡	你仈	偱仈
靖安客	伢子	娭子	哥哥	姐姐	老弟	老妹	日子	夜晡	你等	偱等
修水客	爸爸	姆妈	哥哥	姐姐	弟弟	妹妹	日子	夜边	你等	偱等
铜鼓客	爸爸	姆嫛	哥哥	姊姊	老弟	老妹	日子	夜晡	你等	偱等
万载客	伢子	娭子	哥哥	姐姐	老弟子	老妹子	日子	暗晡	你等	偱等

	他们	火烧鬼	老瘟鬼	少亡鬼	细细仈	慢慢仔	轻轻仔	好好仔	狐狸婆	贱骨头
丰城赣	渠仈	火烧鬼	老瘟鬼	少亡鬼	细细仔	慢慢仔	轻轻仔	好好仔	狐狸婆	贱骨头
樟树赣	渠仈	火烧鬼	老瘟鬼	少亡鬼	细细仔	慢慢仔$_2$	轻轻仔$_2$	好好仔$_2$	狐狸婆	贱骨头
新干赣	渠叽	火烧鬼	老瘟鬼	少亡鬼	细细仔	慢慢仔	轻轻仔	好好仔	狐狸婆	贱骨脑
新余赣	渠来	火烧鬼	老瘟鬼	少亡鬼	细细仈	慢慢仈	轻轻仈	好好仈	狐狸婆	贱骨脑
分宜赣	渠嘚	火烧鬼	老瘟鬼	短命鬼	细细子	慢慢子	轻轻子	好好子	狐狸精	贱骨头
袁州赣	渠仈	火烧鬼	老瘟鬼	打命狗仈	细细仔	慢慢仔	轻轻仔	好好仔	狐狸婆	贱骨头
萍乡赣	□xān²⁴仈	烧死鬼	老瘟鬼	短命鬼	细细仔	慢慢仔	好生仔	轻轻仔	狐狸婆	贱骨头

续 表

	他们	火烧鬼	老瘟鬼	少亡鬼	细细仔	慢慢仔	轻轻仔	好好仔	狐狸婆	贱骨头
上栗赣	他伲	火烧鬼	老瘟鬼	早死鬼	细细仔	慢慢仔	轻轻仔	好好仔	狐狸婆	贱骨头
万载赣	渠伲	火烧鬼	老瘟鬼	少亡鬼	细细嘚	慢慢嘚	轻轻嘚	好好嘚	狐狸婆	贱骨头
宜丰赣	渠伲	火烧鬼	老瘟鬼	短命鬼	细细仔	慢慢仔	轻轻仔	好好仔	狐狸婆	贱骨头
上高赣	渠伲	火烧鬼	老瘟鬼	少忙鬼	细细仔	慢慢仔	轻轻仔	好好仔	狐狸婆	贱骨头
高安赣	渠伲	火烧鬼子	老病鬼子	少亡鬼子	细细子	慢慢子	轻轻子	好好子	狐狸婆	贱骨头
奉新赣	渠伲	火烧鬼	老瘟鬼	短命鬼伲	细细嘚	慢慢嘚	轻轻嘚	好好嘚	狐狸精	贱骨头
靖安赣	渠伲	火烧鬼	老瘟鬼伲	短命鬼伲	细细嘚	慢慢嘚	轻轻嘚	好好嘚	狐狸婆	贱骨头
武宁赣	渠伲	火烧鬼	老瘟鬼	少亡鬼	细细伲	慢慢仔	轻轻个	好好仔	狐狸婆	贱骨头
修水赣	渠伲	火烧鬼	老瘟鬼	少亡鬼	细细仔	慢慢仔	轻轻仔	好好仔	狐狸婆	贱骨头
铜鼓赣	渠伲	火烧鬼	老瘟鬼	少亡鬼	细细仔	慢慢仔	轻轻仔	好好仔	狐狸婆	贱骨头
奉新客	渠伲	火烧鬼	老瘟鬼	少亡鬼	细细子	慢慢子	轻轻子	好好子	狐狸婆	贱骨头
靖安客	渠等	火烧鬼	老瘟鬼	短命鬼	细细子	慢慢子	轻轻子	好好子	狐狸婆	贱骨头
修水客	渠等	火烧鬼	老瘟鬼	少亡鬼	细细伲	慢慢子	轻轻子	好好子	狐狸嫲	贱骨头
铜鼓客	渠等	火烧鬼	老瘟鬼	短命鬼	细细子	慢慢子	轻轻子	好好子	狐狸精	贱骨头
万载客	渠恁	火烧鬼	老瘟鬼	短命鬼	细细子	慢慢子	轻轻子	好好子	狐狸婆	贱骨头

附录三
赣西北客赣方言"XA"式状态形容词表

形容词	丰城话	袁州话	上高话	铜鼓客家话	奉新客家话
黄	森[sɛn²¹⁴]黄	森[sen³³]黄	松[suŋ³¹]黄 □[lən²⁴]黄	□[nen²⁴]黄	森[sen³³]黄
青	铁[tʰiɛʔ³]青	□[keŋ³³]青 揪[tsiou²⁴]青	刮[kaʔ⁴]青	□[keŋ²¹²]青	贡[koŋ⁵¹]青
绿	极[tɕiʔ⁵]绿	芽[ŋa²⁴]绿	刮[kaʔ⁴]绿	刮[kuɛt⁵]绿	
白	雪[ɕyɵʔ⁵]白	刮[kuɑ⁵]白 雪[siɛʔ⁵]白	寡[kua³⁵]白 雪[ɕiɛʔ⁴]白	寡[kua³¹]白 雪[ɕiɛt⁵]白	雪[ɕiɛʔ⁴]白
黑	墨[mɛ²⁵]黑 搭[taʔ⁵]黑	墨[mɛʔ⁵]黑	墨[miæ⁵¹]黑 □[taʔ⁴]黑	墨[mɛt⁵]黑	墨[mɛ³⁵]黑
乌	墨[mɛ²⁵]乌	墨[mɛʔ⁵]乌	乜[miæ⁵¹]乌	墨[mɛt⁵]乌	墨[me²⁴]乌
暗	墨[mɛ²⁵]暗	墨[mɛʔ⁵]暗	墨[miæ⁵¹]暗	墨[mɛt⁵]暗	墨[me²⁴]暗
红	宣[ɕyɵn²⁵]红	通[tʰeŋ²⁴]红	宣[ɕien³⁵]红 滴[tit⁴]红	宣[ɕien²⁴]红	
光	精[tɕin²⁵]光	彻[tɕʰe¹¹³]光 洌[liɛ²⁴]光	□[tsʰe³¹]光 □[lan⁵¹]光	□[vaŋ²⁴]光	精[tɕin⁵⁵]光
活		咯[loʔ⁵]活 啦[la⁵]活	□[lɔi³⁵]活		
尖	溜[liɵu²⁵]尖	咯[lo²⁴]尖 来[lai²⁴]尖	□[lai³⁵]尖 □[lat⁴]尖	□[lai²⁴]尖 溜[liu²⁴]尖	咯[lo⁵¹]尖

续 表

形容词	丰城话	袁州话	上高话	铜鼓客家话	奉新客家话
圆	揪[tɕiəu²⁵]圆	咯[lo²⁴]圆	揪[tɕiu³¹]圆	溜[liu²⁴]圆	揪[tɕiu⁵⁵]圆
方	凳[tɛn⁴¹]方	凳[tɛŋ²⁴]方	圆圆转转		
醲ᵖ浓	漆[tɕʰiʔ⁵]浓	羹[kɛʔ⁵]浓	刮[kat⁴]醲 □[kɛt⁴]醲	刮[kuɛt⁵]醲	
密		羹[kɛʔ⁵]密 □[tsʰiʔ⁵]密	□[tɕiæ³⁵]密 □[kɛ³⁵]密		
稀	□[lɑŋ²⁵]稀	垮[kʰua¹¹³]稀	□[lan³¹]稀		
薄	□[sɛ³³]薄	□[ʃiɛ³¹]薄	□[sæ³¹]薄 □[sæ³⁵]薄	□[ʃɛn²⁴]薄	□[sæ³¹]薄
厚	□[tʰɛn²⁵]厚	登[tɛŋ²⁴]厚	登[tɛŋ³¹]厚	登[tɛn²¹²]厚	登[tɛŋ⁵¹]厚
满	□[pʰɛʔ⁵]塞	喷[pʰɛn²⁴]满	□[tuŋ³⁵]满	□[pʰət⁵]满	
空				捞[lau²⁴]空	
瘪	□[sɛ³³]瘪	□[ʃiɛ²⁴/³¹]瘪		□[lai²⁴]瘪	
清	澄[tɛn²¹⁴]清	滚[kuin³¹]清	□[tin³⁵]清	□[kuɛt²]清	
浑	刮[kʰuaʔ⁵]浊	刮[kua⁵]浑	刮[kat⁴]浑	□[kuɛt²]浑	刮[kua⁵]浑
饱	□[tʰɛʔ⁵]饱	喷[pʰɛn²⁴]饱	□[kʰa²¹³]饱 □[tan³⁵]饱	□[kʰuɛt⁵]饱	
胀			□[fa²¹³]胀		
烂	乜[miɛ²⁵]烂	乜[miɛ²⁴]烂	乜[miɛ²¹³]烂 乜[miɛ³⁵]烂	乜[miɛt⁵]烂	
滚ᵖ热	飞[fi²⁵]滚	泡[pʰɑŋ²⁴]滚	□[pʰan³¹]滚	□[pʰaŋ²⁴]滚	
陡		□[pʰi³¹]陡	□[lat⁴]陡	笔[pit⁵]陡	
平	闪[sɛn²¹⁴]平	坡[pʰo⁵]平 匀[yn³¹]平	岭[lin²¹³]平 崭[tsan²¹³]平	岭[lin³¹]平	整[tɛŋ²¹⁴]平

续 表

形容词	丰城话	袁州话	上高话	铜鼓客家话	奉新客家话
齐		飒[saʔ⁵]齐	崭[tsan²¹³]齐	崭[tsan³¹]齐	
弄乱			卡[kʰat⁴]弄 卡[kʰat³⁵]弄		
直	笔[piɑʔ⁵]直	笔[piʔ⁵]直	笔[pit⁴]直	笔[pit²]直	笔[piʔ⁵]直
挺	笔[piɑʔ⁵]挺	笔[piʔ⁵]挺	笔[pit⁴]挺	笔[pit⁵]挺	笔[piʔ⁵]挺
新	崭[tsan²¹⁴]新	崭[tsan³¹]新 刮[kuɑ⁵]新	刮[kat⁴]新	崭[tsan³¹]新	崭[tsan²¹⁴]新
旧		刮[kuɑ⁵]旧		乜[miet⁵]旧	
老	巴[pa²⁵]老	巴[pa²⁴]老	巴[pa³¹]老	□[paŋ²⁴]老	
嫩	乜[miɛ²⁵]嫩	飞[fi²⁴]嫩	飞[fi³¹]嫩 □[fiɛ³⁵]嫩	□[fət⁵]嫩	旋[ɕian⁵⁵]嫩
粗	□[tʰɛ²⁵]粗	拉[la³¹]粗 卡[kʰa³¹]粗	拉[la³¹]粗	拉[lai²⁴]粗	
黏	□[ta²⁵]黏		□[kʰa²¹³]黏		
松	抛[pʰɑu²⁵]松	咯[lo²⁴]松	□[pʰɔ⁵¹]松	抛[pʰau²⁴]松	刮[kuɑ⁵¹]松
紧	贴[tʰiɛʔ⁵]紧	铁[tʰiɛʔ⁵]紧	铁[tʰiɛ⁵]紧	铁[tʰiɛt⁵]紧	铁[tʰiɛʔ⁵⁵]紧
大	偌[tʰɵʔ⁵]大		脱[tʰot⁴]大	坨[tʰo²¹²]大	坨[tʰo⁵⁵]大
细小		滴[ti⁵]细	□[fut⁴]细	滴[tit⁵]细	
高	□[lɑu²⁵]猛		□[tuŋ²¹³]高 □[tuŋ²⁴]高		
长	溜[liəu²⁵]长	拉[la²⁴]长	□[liæ²¹³]长 □[liæ²⁴]长	拉[lai²⁴]长	溜[liou⁵¹]长
深			□[tuŋ²¹³]深 □[tuŋ²⁴]深		
宽	□[tʰɛ²⁵]宽		□[tuŋ²¹³]宽 □[tuŋ²⁴]宽		

续　表

形容词	丰城话	袁州话	上高话	铜鼓客家话	奉新客家话
多	□[tʰε²⁵]多				
少	□[tʰε²⁵]少				
远			远远□□[ta³⁵ta⁰]	拉[lai²⁴]远	
快	飞[fi²⁵]快	飞[fi²⁴]快	飞[fi³¹]快	飞[fi²⁴]快	飞[fi⁵⁵]快
壮	□[luʔ⁵]壮	吕[ly⁵]壮 阔[kʰe⁵]壮	□[læ²¹³]壮 □[læ³¹]壮 □[tʰat⁴]壮	□[kət⁵]壮	满[man⁵]壮
瘦	□[kʰɑŋ³³]瘦	刮[kuɑ⁵]瘦	□[kʰat⁴]瘦	□[kuɛt⁵]瘦	
重	登[tʰɛn²⁵]重	登[teŋ²⁴]重	登[tən³¹]重 □[tʰɛt⁴]重 □[tɛ²⁴]重	登[ten²¹²]重	登[tən³¹]重
轻	飘[pʰiɛu²⁵]轻	飘[pʰiou²⁴]轻	□[pʰin³⁵]轻	飘[pʰiau²⁴]轻	飘[pʰiau⁵⁵]轻
咸		津[tɕin²⁴]咸	津[tɕin³¹]咸 □[kan²⁴]咸	□[tɕiu²⁴]咸	
淡	刮[kua²⁵]淡	刮[kuɑ⁵]淡	刮[kat⁴]淡 □[ɕiɛt⁴]淡	□[kuɛt⁵]淡	刮[ku⁵¹]淡
酸	揪[tɕiəu²⁵]酸	揪[tsiou²⁴]酸	揪[tɕiu³¹]酸	揪[tɕiu²⁴]酸	
甜	闷[mən²⁵]甜	津[tɕin²⁴]甜	津[tɕin³¹]甜	津[tɕin²⁴]甜	津[tɕin⁵⁵]甜
苦		芽[ŋa²⁴]苦	氨[ŋan³⁴]苦	揪[tɕiu²⁴]苦	囊[naŋ⁵⁵]苦
辣	靴[ɕyɵ²⁵]辣	硕[ʃuo²⁴]辣 颇[pʰo²⁴]辣	巴[pa³¹]辣		
涩		卡[kʰa³¹]涩	□[kʰiæ³¹]涩 □[tɕiɛt⁴]涩		
脆		炸[tsa³³]脆			
腥		喷[pʰəŋ²⁴]腥	□[piæ³¹]腥	喷[pʰəŋ²⁴]腥	□[piæ³¹]腥

续 表

形容词	丰城话	袁州话	上高话	铜鼓客家话	奉新客家话
臭	喷[pʰən²⁵]臭	喷[pʰəŋ²⁴]臭	喷[pʰəŋ²⁴]臭 □[pʰit⁴]臭 喷[pʰəŋ³¹]臭	喷[pʰəŋ²⁴]臭	喷[pʰeŋ⁵⁵]臭
香	喷[pʰuŋ²⁵]香	喷[pʰəŋ²⁴]香	喷[pʰəŋ²⁴]香 喷[pʰəŋ³¹]香	喷[pʰəŋ²⁴]香	喷[pʰeŋ⁵⁵]香
臊	喷[pʰuŋ²⁵]臊	喷[pʰəŋ²⁴]臊	□[pʰa³¹]臊	喷[pʰəŋ²⁴]臊	喷[pʰeŋ⁵⁵]臊
凉	沁[tɕʰin²¹⁴]凉	咻[ɕiu³¹]凉	沁[tɕʰin³¹]凉 沁[tɕʰin²¹³]凉		沁[tɕʰin²¹³]凉
冷	息[ɕiʔ⁵]冷	冰[pin²⁴]冷	极[tɕit⁴]冷 冰[pin³¹]冷	冰[pin²⁴]冷	冰[pin⁵⁵]冷
干		焦[tɕiou²⁴]干	焦[tɕiau³⁵]干	焦[tɕiau²⁴]干	喷[pʰeŋ⁵⁵]干
湿	辣[laʔ⁵]湿	结[tɕieʔ⁵]湿	沓[tʰat⁴]湿 □[kʰiɛ³¹]湿	结[tɕiet⁵]湿	辣[læʔ⁵¹]湿
滑	裂[liɛ²⁵]滑	撇[pʰiɛ²⁴]滑 沥[liɛ²⁴]滑	溜[liu³¹]滑 □[tʰi³¹]滑	溜[liuk⁵]滑	撇[pʰiɛ²⁴]滑
硬	绷[pɑŋ²⁵]硬	梆[paŋ²⁴]硬	梆[pan³¹]硬	梆[paŋ²⁴]硬	梆[paŋ⁵⁵]硬
软	息[ɕiʔ⁵]软	舍[ʃiɛ²⁴/³¹]软	□[sʰiɛ³⁵]软 □[ɕit⁵]软	□[siu²¹²]软	息[ɕiʔ⁵]软
木呆板	揩[khaʔ⁵]木	卡[kʰaʔ⁵]木 刮[kuɑ⁵]木	□[kʰiaʔ⁴]木 □[ŋi²⁴]	□[kuat⁵]木	
转圆滑			络[luo²¹³]转		
精精明		鬼[kui³¹]精	鬼[ki³¹]精	鬼[kui³¹]精	
腈	刴[tɔʔ⁵]腈	拔[pa³³]腈	驳[po⁵²]腈		
健	□[pɑŋ²¹⁴]健	飒[saʔ⁵]健	□[kiɛ³¹]健	□[fat⁵]健	
燥	绷[pɑŋ²⁵]燥	梆[paŋ²⁴]燥	梆[pan³¹]燥		绷[pang³⁵]燥

续　表

形容词	丰城话	袁州话	上高话	铜鼓客家话	奉新客家话
碎	乜[miɛ²⁴]烂	飞[fi²⁴]碎	□[fut⁴]碎 粉[fən²¹³]碎		
融	乜[miɛ²⁴]烊	乜[miɛ²⁴]融	□[tʰɛ²⁴]融	乜[miet²]融	
韧	揪[tɕiəu²⁵]韧	揪[tsiou²⁴]韧	揪[tɕiu³⁵]韧	揪[tsiu²⁴]韧	揪[tsiou⁵⁵]韧
急紧	绷[paŋ²⁵]急	巴[paʔ⁵]急	巴[paʔ⁴]急	绷[pang²⁴]急	绷[pang³⁵]急
阴		集[tsʰiʔ⁵]阴			
馊		喷[pʰəŋ²⁴]馊	喷[pʰəŋ²⁴]馊	喷[pʰəŋ²⁴]馊	喷[pʰəŋ⁵⁵]馊
晕	□[kʰuaʔ⁵]蒙	刮[kuɑ⁵]晕	化[fa³¹]晕	车[tʃʰa²⁴]晕	旋[ɕuan⁵⁵]晕

后　记

　　十五岁以前,我的学习、生活没有超出老家方圆五公里范围,幼儿园、小学前三年是在村里上的,小学后两年和初中三年是在乡里上的(从村里到乡里只有两公里)。那时候大家都说方言,幼儿园、小学阶段给我们上课的都是民办老师,课堂内外都是方言;上初中的时候,才能听到几位刚从大中专学校毕业的年轻老师用地方普通话给我们上课。我们偶尔从电视、广播中能够听到纯正的普通话,当时候我就琢磨着自己说的话为什么跟广播、电视里说的不一样,为什么亲戚说的话跟自己的也有些不一样。我时常会拿所学的汉字去转写自己的母语,有些可以写出来,但不少方言中的日常用语(如"徛站""跍蹲""斫砍"等)当时找不到相对应的汉字去记录。因此就萌发了一个这样的想法:要是有这样一部字典,将自己的母语注音释义,与普通话对照,那么我们这儿的人肯定都能学会普通话,我也能用汉字记录方言,那该多好!

　　这个梦想一直伴随着我学习和工作。直到2001年,我考取了宁夏大学汉语言文字学专业的研究生,有幸聆听了张安生先生的方言学、胡安顺先生的音韵学等课程,初步学习了国际音标、方言田野调查、音韵学等知识后,我就想尝试着去调查自己母语,但由于硕士、博士阶段都是致力于汉语历史语法的学习研究,方言研究并未付诸实践。2008年博士毕业后回宜春学院工作,从饶星教授手上接过了赣西语言研究所的管理工作,同时也把赣西北客赣方言的研究重担接了过来。这让我感觉到前所未有的、也是义不容辞的责任。于是,我与同事一道制定了赣西语言研究所的研究目标,即为宜春市所辖的十个县市区各写一部单点方言研究著作,编写宜春方言词典等。

　　我的硕博六年一直是从事历史语法的学习和研究,工作后转向方言研究确实是个不小的挑战。不过,我愿意接受这个挑战。邢福义先生曾经提出"普—方—古"的汉语研究方法,这是非常科学的。我们如果要把这个研究方法付诸实践的话,必须具备古代汉语、现代汉语、汉语方言学、音韵学等知识储备和理论素养,否则就是空谈。我转向方言研究,是工作的需要,也是个人想把历时和共时打通,让自己的研究视野更加开阔,让自己的语言研究之路走得更远些。

为了提升汉语方言研究水平,我于2011年秋进入复旦大学中国语言文学博士后流动站,先后在游汝杰、戴耀晶两位先生指导下完成了"赣语宜春片方言语法专题研究"的研究报告,博士后出站答辩时获得"优秀"等级。报告从立项、调查、写作到完成,都是在两位先生指导、关心下进行的。在复旦工作学习的两年中,曾多次就本报告的有关问题向两位先生请教,两位先生的耐心解答、悉心指导,使我获益良多;两位先生的谦诚、严谨、循循善诱也给我留下了深刻的印象,使我终生受益。谨此向两位先生致以衷心的谢意!

2014年,我以"赣语宜春片方言语法专题研究"的研究报告为基础申报的国家社科基金一般项目"基于语料库建设的赣西北客赣方言语法比较研究"获批立项(批准号:14BYY031)。2015年4月,吴福祥、沈明、赵日新、谢留文、庄初升、甘于恩、严修鸿、胡松柏八位先生参加了该课题的开题报告,提出了一些建设性指导建议。

2015年至2019年,我积极参加了"中国语言资源保护工程"专项项目,先后主持完成了铜鼓、宜春、上高、奉新四个语保项目,参与完成了丰城、万载两个语保项目;主持完成了"中国语言文化典藏·宜春"项目,与田志军、刘春荣合著出版了《中国语言文化典藏·宜春》(商务印书馆,2017年)。五年时间里我主持完成了五项语保项目,投入了很多精力和时间,但也进一步加深了对赣西北客赣方言的认识,为本书的完成奠定了扎实的基础。

我从2011年开始撰写博士后出站报告,到2020年国家社科项目结项,整整用了十年时间。这两年又根据一些专家的建议,陆续补充了一些材料,修改了一些地方。自2011年在《汉语学报》发表第一篇方言语法的论文以来,先后在《广西社会科学》《中国语文》《语言研究集刊》《宜春学院学报》《方言》等刊物上发表了十余篇方言语法论文,这些论文大部分收录到此书相关章节中去了。

书稿能够得以顺利完成,首先要感谢我的团队成员刘盼、冷志敏、王薇、甘紫莹,他们参与了第二章至第六章材料的收集与整理工作。其次要感谢曾莉莉、施光荣、刘贤武、郭龙俊、卢全玖、张启芳等四十六位发音合作人,他们大力配合我们完成了线下或线上的田野调查,使我们能够顺利建设成二十二个方言点的语法语料库。为了高效推进田野调查,我们还先后组建了"赣西北客赣方言QQ讨论群"和"赣西北客赣方言微信群",不少热爱方言的教师、朋友和学生加入了这两个群,他们或协助我方言调查录音,或帮助我进行语料核实,或解答我的相关问题,等等,还通过邮箱、微信、QQ等方式给我发送了大量录音材料,这让我节省了大量财力、物力,也大大提高了调查效率。他们是:陈练军、李苟生、罗寒秀、胡桃花、练勇明、巢禾根、黄永勤、胡清蓉、刘小娟、曾志峰、陈东军、廖娜娜、黄娇娇、郭龙俊、谢葆兰、袁晓芳、周戎若、杨林、杨金莲、王建芳、徐江曼、李萍、吴小娟、崔敏、许屏屏、刘星峰、杨兰等。谨在此表示最真诚的感谢!

此外,鲁国尧、柳士镇、刘晓南、陈小荷、汪维辉、曹志耘、顾黔、陶寰、陈振宇、汪化云、肖萍等先生都曾传我以道、授我以业、解我以惑,谨在此一并表示深切谢忱。

书稿能够出版还要感谢宜春学院科研处、文学与新闻传播学院的领导,南京晓庄学院科研处、文学院的领导,感谢他们对科研的重视以及对语言学学科的支持;感谢复旦大学出版社王汝娟编辑为本书出版所付出的努力。

最后,我要感谢我的父母,他们对我的方言研究工作给予极大的支持和配合,帮助核实了上高话的大部分语料;感谢丈母娘邱惠芬给予的帮助和关心;感谢我的妻子刘英女士,是她的理解、宽容和支持,让我没有后顾之忧,得以顺利完成这部书稿。

写后知不足。书稿的写作和修改过程也是我不断学习和不断提高的过程,更是发现自己不足的过程。本书对赣西北二十二个方言点的方言语法进行了描写与比较研究,还存在很多不足和些许差错,恳切地希望得到各位的批评指正,特别欢迎读者就书中的观点、材料与我讨论。我的电子邮箱地址是:61307462@qq.com。

罗荣华

2022年7月于方山

图书在版编目(CIP)数据

赣西北客赣方言语法比较研究 /罗荣华著. —上海:复旦大学出版社,2022.9
ISBN 978-7-309-16286-8

Ⅰ.①赣… Ⅱ.①罗… Ⅲ.①客家话-语法-对比研究-赣语 Ⅳ.①H176②H175

中国版本图书馆 CIP 数据核字(2022)第 117568 号

赣西北客赣方言语法比较研究
罗荣华　著
责任编辑/王汝娟

复旦大学出版社有限公司出版发行
上海市国权路 579 号　邮编:200433
网址:fupnet@fudanpress.com　http://www.fudanpress.com
门市零售:86-21-65102580　团体订购:86-21-65104505
出版部电话:86-21-65642845
江苏凤凰数码印务有限公司

开本 787×1092　1/16　印张 32　字数 591 千
2022 年 9 月第 1 版
2022 年 9 月第 1 版第 1 次印刷

ISBN 978-7-309-16286-8/H・3178
定价:98.00 元

如有印装质量问题,请向复旦大学出版社有限公司出版部调换。
版权所有　侵权必究